OEUVRES COMPLÈTES

DE

M. DE BALZAC.

PARIS, IMPRIMÉ PAR BÉTHUNE ET PLON.

SCÈNES

DE LA

VIE DE PROVINCE

TOME III.

Les Rivalités. (Première histoire.) La Vieille Fille. — (Deuxième histoire.)
Le Cabinet des Antiques. — Le Lys dans la Vallée.

PARIS,

FURNE, | J.-J. DUBOCHET ET CIE,
RUE SAINT-ANDRÉ-DES-ARTS, 55; | RUE DE SEINE, 33;

J. HETZEL,
RUE DE MÉNARS, 10.

1844

LA
COMÉDIE HUMAINE,

SEPTIÈME VOLUME.

PREMIÈRE PARTIE,

ÉTUDES DE MOEURS.

DEUXIÈME LIVRE.

LE CHEVALIER DE VALOIS D'ALENÇON

Son principal vice était de prendre du tabac dans une vieille boîte d'or.....

LA VIEILLE FILLE.

DEUXIÈME LIVRE,

SCÈNES DE LA VIE DE PROVINCE.

LES RIVALITÉS.

(PREMIÈRE HISTOIRE.)

LA VIEILLE FILLE.

A MONSIEUR EUGÈNE-AUGUSTE-GEORGES-LOUIS MIDY DE
LA GRÉNERAYE SURVILLE,
Ingénieur au Corps royal des Ponts-et-Chaussées,

Comme un témoignage de l'affection de son beau-frère,

DE BALZAC.

Beaucoup de personnes ont dû rencontrer dans certaines provinces de France plus ou moins de chevaliers de Valois : il en existait un en Normandie, il s'en trouvait un autre à Bourges, un troisième florissait en 1816 dans la ville d'Alençon, peut-être le Midi possédait-il le sien. Mais le dénombrement de cette tribu valésienne est ici sans importance. Tous ces chevaliers, parmi lesquels il en est sans doute qui sont Valois comme Louis XIV était Bourbon, se connaissaient si peu entre eux, qu'il ne fallait point leur parler des uns aux autres; tous laissaient d'ailleurs les Bourbons en parfaite tranquillité sur le trône de France, car il est un peu trop avéré que Henri IV devint roi faute d'un héritier mâle dans la première branche d'Orléans, dite de Valois. S'il existe des Valois, ils proviennent de Charles de Valois, duc d'Angoulême, fils de Charles IX et de Marie Touchet, de qui la postérité mâle s'est également éteinte, jusqu'à preuve contraire. Aussi ne fut-ce jamais sérieusement que l'on prétendit donner cette illustre origine au mari de la fameuse Lamothe-Valois, impliquée dans l'affaire du collier.

Chacun de ces chevaliers, si les renseignements sont exacts, fut, comme celui d'Alençon, un vieux gentilhomme, long, sec et sans fortune. Celui de Bourges avait émigré, celui de Touraine s'était caché; celui d'Alençon avait guerroyé dans la Vendée et quelque peu *chouanné*. La majeure partie de la jeunesse de ce dernier s'était passée à Paris, où la Révolution le surprit à trente ans au milieu de ses conquêtes. Accepté par la haute aristocratie de la province pour un vrai Valois, le chevalier de Valois d'Alençon avait, comme ses homonymes, d'excellentes manières et paraissait homme de haute compagnie. Quant à ses mœurs publiques, il avait l'habitude de ne jamais dîner chez lui; il jouait tous les soirs, et s'était fait prendre pour un homme très-spirituel. Son principal défaut consistait à raconter une foule d'anecdotes sur le règne de Louis XV et sur les commencements de la Révolution; et les personnes qui les entendaient la première fois les trouvaient assez bien narrées. S'il avait la vertu de ne pas répéter ses bons mots personnels et de ne jamais parler de ses amours, ses grâces et ses sourires commettaient de délicieuses indiscrétions. Ce bonhomme usait du privilége qu'ont les vieux gentilshommes voltairiens de ne point aller à la messe; mais chacun avait une excessive indulgence pour son irréligion, en faveur de son dévouement à la cause royale. Son principal vice était de prendre du tabac dans une vieille boîte d'or ornée du portrait d'une princesse Goritza, charmante Hongroise, célèbre par sa beauté sous la fin du règne de Louis XV, à laquelle le jeune chevalier avait été long-temps attaché, dont il ne parlait jamais sans émotion, et pour laquelle il s'était battu. Ce chevalier, alors âgé d'environ cinquante-huit ans, n'en avouait que cinquante, et pouvait se permettre cette innocente tromperie; car, parmi les avantages dévolus aux gens secs et blonds, il conservait cette taille encore juvénile qui sauve aux hommes aussi bien qu'aux femmes les apparences de la vieillesse. Oui, sachez-le, toute la vie, ou toute l'élégance qui est l'expression de la vie, réside dans la taille. Mais comme il s'agit des vertus du chevalier, il faut dire qu'il était doué d'un nez prodigieux. Ce nez partageait vigoureusement sa figure pâle en deux sections qui semblaient ne pas se connaître, et dont une seule rougissait pendant le travail de la digestion. Ce fait est digne de remarque par un temps où la physiologie s'occupe tant du cœur humain. Cette incandescence se plaçait à gauche. Quoique les jambes hautes et fines, le corps grêle et le teint blafard du chevalier n'annonçassent pas une forte santé, néanmoins il mangeait comme un ogre, et prétendait avoir une maladie désignée en province sous le nom de *foie chaud*, sans doute pour faire excuser son excessif appétit. La circonstance de sa rougeur appuyait ses prétentions ; mais dans un pays où les repas se développent sur des lignes de trente ou quarante plats et durent quatre heures, l'estomac du chevalier semblait être un bienfait accordé par la Providence à cette bonne ville. Selon quelques médecins, cette chaleur placée à gauche dénote un cœur prodigue. La vie galante du chevalier confirmait ces assertions scientifiques, dont la responsabilité ne pèse pas, fort heureusement, sur l'historien. Malgré ces symptômes, monsieur de Valois avait une organisation nerveuse, conséquemment vivace. Si son foie ardait, pour employer une vieille expression, son cœur ne brûlait pas moins. Si son visage offrait quelques rides, si ses cheveux étaient argentés, un observateur instruit y aurait vu les stigmates de la passion et les sillons du plaisir ; car aux tempes la *patte d'oie* caractéristique, et au front les *marches du palais* montraient des rides élégantes, bien prisées à la cour de Cythère. En lui tout révélait les mœurs de l'homme à femmes (*ladie's man*). Le coquet chevalier était si minutieux dans ses ablutions que ses joues faisaient plaisir à voir, elles semblaient brossées avec une eau merveilleuse. La partie du crâne que ses cheveux se refusaient à couvrir brillait comme de l'ivoire. Ses sourcils comme ses cheveux jouaient la jeunesse par la régularité que leur imprimait le peigne. Sa peau déjà si blanche semblait encore extrablanchie par quelque secret. Sans porter d'odeur, le chevalier exhalait comme un parfum de jeunesse qui rafraîchissait son aire. Ses mains de gentilhomme, soignées comme celles d'une petite maîtresse, attiraient le regard sur des ongles roses et bien coupés. Enfin, sans son nez magistral et superlatif, il eût été poupin. Il faut se résoudre à gâter ce portrait par l'aveu d'une petitesse. Le chevalier mettait du coton dans ses oreilles et y gardait encore deux petites boucles représentant des têtes de nègre en diamants, admirablement faites d'ailleurs ; mais il y tenait assez pour justifier ce singulier appendice en disant que depuis le percement de ses oreilles ses migraines l'avaient quitté. Nous ne donnons pas le chevalier pour un homme accompli ; mais ne faut-il point pardonner aux vieux célibataires, dont le cœur envoie tant de sang à la figure, d'adorables ridicules, fondés peut-être sur de sublimes secrets ? D'ailleurs, le chevalier de Valois rachetait ses têtes de nègre par tant d'autres grâces, que la société devait se trouver suffisamment indemnisée. Il prenait vraiment beaucoup de peine pour cacher ses années et pour plaire à ses connaissances. Il faut signaler en première ligne le soin extrême qu'il apportait à son linge, la seule distinction que puissent avoir aujourd'hui dans le costume les gens comme il faut; celui du chevalier était toujours d'une finesse et d'une blancheur aristocratiques. Quant à son habit, quoiqu'il fût d'une propreté remarquable, il était toujours usé, mais sans taches ni plis. La conservation du vêtement tenait du prodige pour ceux qui remarquaient la fashionable indifférence du chevalier sur ce point; il n'allait pas jusqu'à les râper avec du verre, recherche inventée par le prince de Galles; mais monsieur de Valois mettait à suivre les rudiments de la haute élégance anglaise une fatuité personnelle qui ne pouvait guère être appréciée par les gens d'Alençon. Le monde ne doit-il pas des égards à ceux qui font tant de frais pour lui? N'y a-t-il pas en ceci l'accomplissement du plus difficile précepte de l'Évangile qui ordonne de rendre le bien pour le mal? Cette fraîcheur de toilette, ce soin seyait bien aux yeux bleus, aux dents d'ivoire et à la blonde personne du chevalier. Seulement, cet Adonis en retraite n'avait rien de mâle dans son air, et semblait employer le fard de la toilette pour cacher les ruines occasionnées par le service militaire de la galanterie. Pour tout dire, la voix produisait comme une antithèse dans la blonde délicatesse du chevalier. A moins de se ranger à l'opinion de quelques observateurs du cœur humain, et de penser que le chevalier avait la voix de son nez, son organe vous eût surpris par des sons amples et redondants. Sans posséder le volume des colossales basses-tailles, le timbre de cette voix plaisait par un médium étoffé, semblable aux accents du cor anglais, résistants et doux, forts et veloutés. Le chevalier avait franchement répudié le costume ridicule que conservèrent quelques hommes monarchiques, et s'était franchement modernisé : il se montrait toujours vêtu d'un habit marron à boutons dorés, d'une culotte à demi juste en pout-de-soie et à boucles d'or, d'un gilet blanc sans broderie, d'une cravate serrée sans col de chemise, dernier vestige de l'ancienne toilette française auquel il avait d'autant moins su renoncer qu'il pouvait ainsi montrer son cou d'abbé commendataire. Ses souliers se recommandaient par des boucles d'or carrées, desquelles la génération actuelle n'a point souvenir, et qui s'appliquaient sur un cuir noir verni. Le chevalier laissait voir deux chaînes de montre qui pendaient parallèlement de chacun de ses goussets, autre vestige des modes du dix-huitième siècle que les Incroyables n'avaient pas dédaigné sous le Directoire. Ce costume de transition qui unissait deux siècles l'un à l'autre, le chevalier le portait avec cette grâce de marquis dont le secret s'est perdu sur la scène française le jour où disparut Fleury, le dernier élève de Molé. Sa vie privée était en apparence ouverte à tous les regards, mais en réalité mystérieuse. Il occupait un logement modeste, pour ne pas dire plus, situé rue du Cours, au deuxième étage d'une maison appartenant à madame Lardot, la blanchisseuse de fin la plus occupée de la ville. Cette circonstance expliquait la recherche excessive de son linge. Le malheur voulut qu'un jour Alençon pût croire que le chevalier ne se fût pas toujours comporté en gentilhomme, et qu'il eût secrètement épousé dans ses vieux jours une certaine Césarine, mère d'un enfant qui avait eu l'impertinence de venir sans être appelé.

— Il avait, dit alors un certain monsieur du Bousquier, donné sa main à celle qui lui avait pendant si long-temps prêté son fer.

Cette horrible calomnie chagrina d'autant plus les vieux jours du délicat gentilhomme, que la scène actuelle le montrera perdant une espérance long-temps caressée, et à laquelle il avait fait bien des sacrifices. Madame Lardot louait à monsieur le chevalier de Valois deux chambres au second étage de sa maison pour la modique somme de cent francs par an. Le digne gentilhomme, qui dînait en ville tous les jours, ne rentrait jamais que pour se coucher. Sa seule dépense était donc son déjeuner, invariablement composé d'une tasse de chocolat, accompagnée de beurre et de fruits selon la saison. Il ne faisait de feu que par les hivers les plus rudes, et seulement pendant le temps de son lever. Entre onze heures et quatre heures, il se promenait, allait lire les journaux et faisait des visites. Dès son établissement à Alençon, il avait noblement avoué sa misère, en disant que sa fortune consistait en six cents livres de rente viagère, seul débris qui lui restât de son ancienne opulence et que lui faisait passer par quartier son ancien homme d'affaires, chez lequel était le titre de constitution. En effet, un banquier de la ville lui comptait, tous les trois mois, cent cinquante livres envoyées par un monsieur Bordin de Paris. Chacun sut ces détails à cause du profond secret que demanda le chevalier à la première personne qui reçut sa confidence. Monsieur de Valois récolta les fruits de son infortune : il eut son couvert mis dans les maisons les plus distinguées d'Alençon et fut invité à toutes les soirées. Ses talents de joueur, de conteur, d'homme aimable et de bonne compagnie furent si bien appréciés qu'il semblait que tout fût manqué si le connaisseur de la ville faisait défaut. Les maîtres de maison, les dames avaient besoin de sa petite grimace approbative. Quand une jeune femme s'entendait dire à un bal par le vieux chevalier : « Vous êtes adorablement bien mise ! » elle était plus heureuse de cet éloge que du désespoir de sa rivale. Monsieur de Valois était le seul qui pût bien prononcer certaines phrases de l'ancien temps. Les mots *mon cœur, mon bijou, mon petit chou, ma reine,* tous les diminutifs amoureux de l'an 1770 prenaient une grâce irrésistible dans sa bouche ; enfin, il avait le privilége des superlatifs. Ses compliments, dont il était d'ailleurs avare, lui acquéraient les bonnes grâces des vieilles femmes ; ils flattaient tout le monde, même les hommes administratifs, dont il n'avait pas besoin. Sa conduite au jeu était d'une distinction qui l'eût fait remarquer partout : il ne se plaignait jamais, il louait ses adversaires quand ils perdaient ; il n'entreprenait point l'éducation de ses partners, en démontrant la manière de mieux jouer les coups. Lorsque, pendant la *donne,* il s'établissait de ces nauséabondes dissertations, le chevalier tirait sa tabatière par un geste digne de Molé, regardait la princesse Goritza, levait dignement le couvercle, massait sa prise, la vannait, la lévigeait, la façonnait en talus ; puis, quand les cartes étaient données, il avait garni les antres de son nez et replacé la princesse dans son gilet, toujours à gauche ! Un gentilhomme du *bon* siècle (par opposition au *grand* siècle) pouvait seul avoir inventé cette transaction entre un silence méprisant et l'épigramme qui n'eût pas été comprise. Il acceptait les mazettes et savait en tirer parti. Sa ravissante égalité d'humeur faisait dire de lui par beaucoup de personnes : — *J'admire le chevalier de Valois !* Sa conversation, ses manières, tout en lui semblait être blond comme sa personne. Il s'étudiait à ne choquer ni homme ni femme. Indulgent pour les vices de conformation comme pour les défauts d'esprit, il écoutait patiemment, à l'aide de la princesse Goritza, les gens qui lui racontaient les petites misères de la vie de province : l'œuf mal cuit du déjeuner, le café dont la crème avait tourné, les détails burlesques sur la santé, les réveils en sursaut, les rêves, les visites. Le chevalier possédait un regard langoureux, une attitude classique pour feindre la compassion, qui le rendaient un délicieux auditeur ; il plaçait un *ah!* un *bah!* un *Comment avez-vous fait?* avec un à-propos charmant. Il mourut sans que personne l'eût jamais soupçonné de se remémorer les chapitres les plus chauds de son roman avec la princesse Goritza, tant que duraient ces avalanches de niaiseries. A-t-on jamais songé aux services qu'un sentiment éteint peut rendre à la société, combien l'amour est sociable et utile ? Ceci peut expliquer pourquoi, malgré ses gains constants, le chevalier restait l'enfant gâté de la ville, car il ne quittait jamais un salon sans emporter environ six livres de gain. Ses pertes, que d'ailleurs il faisait sonner haut, étaient fort rares. Tous ceux qui l'ont connu avouent qu'ils n'ont jamais rencontré nulle part, même dans le Musée égyptien de Turin, une si gentille momie. En aucun pays du monde le parasitisme ne revêtit de si gracieuses formes. Jamais l'égoïsme le plus concentré ne se montra ni plus officieux ni moins offensant que chez ce gentilhomme, il valait une amitié dévouée. Si quelqu'un venait prier monsieur de Valois de lui rendre un petit service qui l'eût dérangé, ce quelqu'un ne s'en allait pas de chez le bon chevalier sans être épris de lui, sans être surtout convaincu qu'il ne pouvait rien à l'affaire ou qu'il la gâterait en s'en mêlant.

Pour expliquer la problématique existence du chevalier, l'historien à qui la Vérité, cette cruelle débauchée, met le poing sur la gorge, doit dire que dernièrement, après les tristes glorieuses journées de juillet, Alençon a su que la somme gagnée au jeu par monsieur de Valois allait par trimestre à cent cinquante écus environ, et que le spirituel chevalier avait eu le courage de s'envoyer à lui-même sa rente viagère, pour ne pas paraître sans ressources dans un pays où l'on aime le positif. Beaucoup de ses amis (il était mort, notez ce point !) ont contesté *mordicus* cette circonstance, l'ont traitée de fable en tenant le chevalier de Valois pour un respectable et digne gentilhomme que les libéraux calomniaient. Heureusement pour les fins-joueurs, il se rencontre dans la galerie des gens qui les soutiennent. Honteux d'avoir à justifier un tort, ces admirateurs le nient intrépidement ; ne les taxez pas d'entêtement, ces hommes ont le sentiment de leur dignité : les gouvernements leur donnent l'exemple de cette vertu qui consiste à enterrer nuitamment ses morts sans chanter le *Te Deum* de ses défaites. Si le chevalier s'est permis ce trait de finesse, qui d'ailleurs lui aurait valu l'estime du chevalier de Grammont, un sourire du baron de Fœneste, une poignée de main du marquis de Moncade, en était-il moins le convive aimable, l'homme spirituel, le joueur inaltérable, le ravissant conteur qui faisait les délices d'Alençon? En quoi d'ailleurs cette action, qui rentre dans les lois du libre arbitre, est-elle contraire aux mœurs élégantes d'un gentilhomme? Lorsque tant de gens sont obligés de servir des rentes viagères à autrui, quoi de plus naturel que d'en faire une, volontairement, à son meilleur ami? Mais Laïus est mort... Au bout d'une quinzaine d'années de ce train de vie, le chevalier avait amassé dix mille et quelques cents francs. A la rentrée des Bourbons, un de ses vieux amis, monsieur le marquis de Pombreton, ancien lieutenant dans les mousquetaires noirs, lui avait, disait-il, rendu douze cents pistoles qu'il lui avait prêtées pour émigrer. Cet événement fit sensation, il fut opposé plus tard aux plaisanteries inventées par *le Constitutionnel* sur la manière de payer ses dettes employée par quelques émigrés. Quand quelqu'un parlait de ce noble trait du marquis de Pombreton devant le chevalier, ce pauvre homme rougissait jusqu'à droite. Chacun se réjouit alors pour monsieur de Valois, qui allait consultant les gens d'argent sur la manière dont il devait employer ce débris de fortune. Se confiant aux destinées de la Restauration, il plaça son argent sur le Grand-Livre au moment où les rentes valaient 56 francs 25 centimes. Messieurs de Lenoncourt et de Navarreins, desquels il était connu, dit-il, lui firent obtenir une pension de cent écus sur la cassette du Roi, et lui envoyèrent la croix de Saint-Louis. Jamais on ne sut par quels moyens le vieux chevalier obtint ces deux consécrations solennelles de son titre et de sa qualité; mais il est certain que le brevet de la croix de Saint-Louis l'autorisait à prendre le grade de colonel en retraite, à raison de ses services dans les armées catholiques de l'Ouest. Outre sa fiction de rente viagère, de laquelle personne ne s'inquiéta plus, le chevalier eut donc authentiquement mille francs de revenu. Malgré cette amélioration, il ne changea rien à sa vie ni à ses manières; seulement le ruban rouge fit merveille sur son habit marron, et compléta pour ainsi dire la physionomie du gentilhomme. Dès 1802, le chevalier cachetait ses lettres d'un très-vieux cachet d'or, assez mal gravé, mais où les Castéran, les d'Esgrignon, les Troisville pouvaient voir qu'il portait *parti de France à la jumelle de gueules en barre*, et *de gueules à cinq mâcles d'or aboutées en croix. L'écu entier sommé d'un chef de sable à la croix pattée d'argent. Pour timbre, le casque de chevalier. Pour devise :* VALEO. Avec ces nobles armes, il devait et pouvait monter dans tous les carrosses royaux du monde.

Beaucoup de gens ont envié la douce existence de ce vieux garçon, pleine de parties de boston, de trictrac, de reversi, de wisk et de piquet bien jouées, de dîners bien digérés, de prises de tabac humées avec grâce, de tranquilles promenades. Presque tout Alençon croyait cette vie exempte d'ambition et d'intérêts graves ; mais aucun homme n'a une vie aussi simple que ses envieux la lui font. Vous découvrirez dans les villages les plus oubliés des mollusques humains, des rotifères en apparence morts, qui ont la passion des lépidoptères ou de la conchyliologie, et qui se donnent des maux infinis pour je ne sais quels papillons ou pour la *concha Veneris*. Non-seulement le chevalier avait ses coquillages, mais encore il nourrissait un ambitieux désir poursuivi avec une profondeur digne de Sixte-Quint : il voulait se marier avec une vieille fille riche, sans doute dans l'intention de s'en faire un marchepied pour aborder les sphères élevées de la cour. Là était le secret de sa royale tenue et de son séjour à Alençon.

Un mercredi, de grand matin, vers le milieu du printemps de l'année 16, c'était sa façon de parler, au moment où le chevalier passait sa robe de chambre en vieux damas vert à fleurs, il entendit, malgré son coton dans l'oreille, le pas léger d'une jeune fille qui montait l'escalier. Bientôt trois coups furent discrètement frappés à sa porte ; puis, sans attendre la réponse, une belle personne se coula chez le vieux garçon.

— Ah ! c'est toi, Suzanne ? dit le chevalier de Valois sans discontinuer son opération commencée qui consistait à repasser la lame de son rasoir sur un cuir. Que viens-tu faire ici, cher petit bijou d'espièglerie ?

— Je viens vous dire une chose qui vous fera peut-être autant de plaisir que de peine.

— S'agit-il de Césarine ?

— Je m'embarrasse bien de votre Césarine ! dit-elle d'un air à la fois mutin, grave et insouciant.

Cette charmante Suzanne, dont la comique aventure devait exercer une si grande influence sur la destinée des principaux personnages de cette histoire, était une ouvrière de madame Lardot. Un mot sur la topographie de la maison. Les ateliers occupaient tout le rez-de-chaussée. La petite cour servait à étendre sur des cordes en crin les mouchoirs brodés, les collerettes, les canezous, les manchettes, les chemises à jabot, les cravates, les dentelles, les robes brodées, tout le linge fin des meilleures maisons de la ville. Le chevalier prétendait savoir, par le nombre de canezous de la femme du Receveur-Général, le menu de ses intrigues; car il se trouvait des chemises à jabot et des cravates en corrélation avec les canezous et les collerettes. Quoique pouvant tout deviner par cette espèce de tenue en partie double des rendez-vous de la ville, le chevalier ne commit jamais une indiscrétion, il ne dit jamais une épigramme susceptible de lui faire fermer une maison (et il avait de l'esprit!). Aussi prendrez-vous monsieur de Valois pour un homme d'une tenue supérieure, et dont les talents, comme ceux de beaucoup d'autres, se sont perdus dans un cercle étroit. Seulement, car il était homme enfin, le chevalier se permettait certaines œillades incisives qui faisaient trembler les femmes; néanmoins toutes l'aimèrent après avoir reconnu combien était profonde sa discrétion, combien il avait de sympathie pour les jolies faiblesses. La première ouvrière, le factotum de madame Lardot, vieille fille de quarante-cinq ans, laide à faire peur, demeurait porte à porte avec le chevalier. Au-dessus d'eux, il n'y avait plus que des mansardes où séchait le linge en hiver. Chaque appartement se composait, comme celui du chevalier, de deux chambres éclairées, l'une sur la rue, l'autre sur la cour. Au-dessous du chevalier, demeurait un vieux paralytique, le grand-père de madame Lardot, un ancien corsaire nommé Grévin, qui avait servi sous l'amiral Simeuse dans les Indes, et qui était sourd. Quant à madame Lardot, qui occupait l'autre logement du premier étage, elle avait un si grand faible pour les gens de condition, qu'elle pouvait passer pour aveugle à l'endroit du chevalier. Pour elle, monsieur de Valois était un monarque absolu qui faisait tout bien. Une de ses ouvrières aurait-elle été coupable d'un bonheur attribué au chevalier, elle eût dit : — *Il est si aimable!* Ainsi, quoique cette maison fût de verre, comme toutes les maisons de province, relativement à monsieur de Valois elle était discrète comme une caverne de voleurs. Confident né des petites intrigues de l'atelier, le chevalier ne passait jamais devant la porte, qui la plupart du temps restait ouverte, sans donner quelque chose à ses petites chattes : du chocolat, des bonbons, des rubans, des dentelles, une croix d'or, toutes sortes de mièvreries dont raffolent les grisettes. Aussi le bon chevalier était-il adoré de ces petites filles. Les femmes ont un instinct qui leur fait deviner les hommes qui les aiment par cela seulement qu'elles portent une jupe, qui sont heureux d'être près d'elles, et qui ne pensent jamais à demander sottement l'intérêt de leur galanterie. Les femmes ont sous ce rapport le flair du chien, qui dans une compagnie va droit à l'homme pour qui les bêtes sont sacrées. Le pauvre chevalier de Valois conservait, de sa première vie, le besoin de protection galante qui distinguait autrefois le grand seigneur. Toujours fidèle au système de la petite maison, il aimait à enrichir les femmes, les seuls êtres qui sachent bien recevoir parce qu'ils peuvent toujours rendre. N'est-il pas extraordinaire que, par un temps où les écoliers cherchent, au sortir du collége, à dénicher un symbole ou à trier des mythes, personne n'ait encore expliqué les filles du dix-huitième siècle? N'était-ce pas le tournoi du quinzième siècle? En 1550, les chevaliers se battaient pour les dames; en 1750, ils montraient leurs maîtresses à Longchamps; aujourd'hui, ils font courir leurs chevaux; à toutes les époques, le gentilhomme a tâché de se créer une façon de vivre qui ne fût qu'à lui. Les souliers à la poulaine du quatorzième siècle étaient les talons rouges du dix-huitième, et le luxe des maîtresses était en 1750 une ostentation semblable à celle des sentiments de la Chevalerie-Errante. Mais le chevalier ne pouvait plus se ruiner pour une maîtresse! Au lieu de bonbons enveloppés de billets de caisse, il offrait galamment un sac de pures croquignoles. Disons-le à la gloire d'Alençon, ces croquignoles étaient acceptées plus joyeusement que la Duthé ne reçut jadis une toilette en vermeil ou quelque équipage du comte d'Artois. Toutes ces grisettes avaient compris la majesté déchue du chevalier de Valois, et lui gardaient un profond secret sur leurs familiarités intérieures. Les questionnait-on en ville dans quelques maisons sur le chevalier de Valois, elles parlaient gravement du gentilhomme, elles le vieillissaient; il devenait un respectable monsieur de qui la vie était une fleur de sainteté; mais, au logis, elles lui auraient monté sur les épaules comme des perroquets. Il aimait à savoir les secrets que découvrent les blanchisseuses au sein des ménages, elles venaient donc le matin lui raconter les cancans d'Alençon; il les appelait ses gazettes en cotillon, ses feuilletons vivants; jamais monsieur de Sartines n'eut d'espions si intelligents, ni moins chers, et qui eussent conservé autant d'honneur en déployant autant de friponnerie dans l'esprit. Notez que, pendant son déjeuner, le chevalier s'amusait comme un bienheureux,

Suzanne, une de ses favorites, spirituelle, ambitieuse, avait en elle l'étoffe d'une Sophie Arnould, elle était d'ailleurs belle comme la plus belle courtisane que jamais Titien ait conviée à poser sur un velours noir pour aider son pinceau à faire une Vénus; mais sa figure, quoique fine dans le tour des yeux et du front, péchait en bas par des contours communs. C'était la beauté normande, fraîche, éclatante, rebondie, la chair de Rubens qu'il faudrait marier avec les muscles de l'Hercule-Farnèse, et non la Vénus de Médicis, cette gracieuse femme d'Apollon.

—Hé! bien, mon enfant, conte-moi ta petite ou ta grosse aventure.

Ce qui, de Paris à Pékin, aurait fait remarquer le chevalier, était la douce paternité de ses manières avec ces grisettes; elles lui rappelaient les filles d'autrefois, ces illustres reines d'Opéra, dont la célébrité fut européenne pendant un bon tiers du dix-huitième siècle. Il est certain que le gentilhomme qui a vécu jadis avec cette nation féminine oubliée comme toutes les grandes choses, comme les Jésuites et les Flibustiers, comme les Abbés et les Traitants, a conquis une irrésistible bonhomie, une facilité gracieuse, un laissez-aller dénué d'égoïsme, tout l'incognito de Jupiter chez Alcmène, du roi qui se fait la dupe de tout, qui jette à tous les diables la supériorité de ses foudres, et veut manger son Olympe en folies, en petits soupers, en profusions féminines, loin de Junon surtout. Malgré sa robe de vieux damas vert, malgré la nudité de la chambre où il recevait, et où il y avait à terre une méchante tapisserie en guise de tapis, de vieux fauteuils crasseux, où les murs tendus d'un papier d'auberge offraient ici les profils de Louis XVI et des membres de sa famille tracés dans un saule pleureur, là le sublime testament imprimé en façon d'urne, enfin toutes les sentimentalités inventées par le royalisme sous la Terreur; malgré ses ruines, le chevalier se faisant la barbe devant une vieille toilette ornée de méchantes dentelles respirait le dix-huitième siècle!... Toutes les grâces libertines de sa jeunesse reparaissaient, il semblait riche de trois cent mille livres de dettes et avoir son vis-à-vis à la porte. Il était aussi grand que Berthier communiquant, pendant la déroute de Moscou, des ordres aux bataillons d'une armée qui n'existait plus.

— Monsieur le chevalier, dit drôlement Suzanne, il me semble que je n'ai rien à vous raconter, vous n'avez qu'à voir.

Et Suzanne se posa de profil, de manière à faire à ses paroles un commentaire d'avocat. Le chevalier, qui, croyez-le bien, était un fin compère, abaissa, tout en tenant le rasoir oblique à son cou, son œil droit sur la grisette, et feignit de comprendre.

— Bien, bien, mon petit chou, nous allons causer tout à l'heure. Mais tu prends l'avance, il me semble.

— Mais, monsieur le chevalier, dois-je attendre que ma mère me batte, que madame Lardot me chasse? Si je ne m'en vais pas promptement à Paris, jamais je ne pourrai me marier ici, où les hommes sont si ridicules.

— Mon enfant, que veux-tu, la société change, les femmes ne sont pas moins victimes que la noblesse de l'épouvantable désordre qui se prépare. Après les bouleversements politiques viennent les bouleversements dans les mœurs. Hélas, la femme n'existera bientôt plus (il ôta son coton pour s'arranger les oreilles); elle perdra beaucoup en se lançant dans le sentiment; elle se tordra les nerfs, et n'aura plus ce bon petit plaisir de notre temps, désiré sans honte, accepté sans façon, et où l'on n'employait les vapeurs que (il nettoya ses petites têtes de nègre) comme un moyen d'arriver à ses fins; elles en feront une maladie qui se terminera par des infusions de feuilles d'oranger (il se mit à rire). Enfin le mariage deviendra quelque chose (il prit ses pinces pour s'épiler) de fort ennuyeux, et il était si gai de mon temps! Les règnes de Louis XIV et de Louis XV, retiens ceci, mon enfant, ont été les adieux des plus belles mœurs du monde.

— Mais, monsieur le chevalier, dit la grisette, il s'agit des mœurs et de l'honneur de votre petite Suzanne, et j'espère que vous ne l'abandonnerez pas.

— Comment donc! s'écria le chevalier en achevant sa coiffure, j'aimerais mieux perdre mon nom!

— Ah! fit Suzanne.

— Écoutez-moi, petite masque, dit le chevalier en s'étalant sur une grande bergère qui se nommait jadis *une duchesse* et que madame Lardot avait fini par trouver pour lui.

Il attira la magnifique Suzanne en lui prenant les jambes entre ses genoux. La belle fille se laissa faire, elle si hautaine dans la rue, elle qui vingt fois avait refusé la fortune que lui offraient quelques hommes d'Alençon autant par honneur que par dédain de leur mesquinerie. Suzanne tendit alors son prétendu péché si audacieusement au chevalier, que ce vieux pécheur, qui avait sondé bien d'autres mystères dans des existences bien autrement astucieuses, eut toisé l'affaire d'un seul coup d'œil. Il savait bien qu'aucune fille ne se joue d'un déshonneur réel; mais il dédaigna de renverser l'échafaudage de ce joli mensonge en y touchant.

— Nous nous calomnions, lui dit le chevalier en souriant avec une inimitable finesse, nous sommes sages comme la belle fille dont nous portons le nom ; nous pouvons nous marier sans crainte; mais nous ne voulons pas végéter ici, nous avons soif de Paris, où les charmantes créatures deviennent riches quand elles sont spirituelles, et nous ne sommes pas sotte. Nous voulons donc aller voir si la capitale des plaisirs nous a réservé de jeunes chevaliers de Valois, un carrosse, des diamants, une loge à l'Opéra. Les Russes, les Anglais, les Autrichiens ont apporté des millions sur lesquels maman nous a assigné une dot en nous faisant belle. Enfin nous avons du patriotisme, nous voulons aider la France à reprendre son argent dans la poche de ces messieurs. Hé ! hé ! cher petit mouton du diable, tout ceci n'est pas mal. Le monde où tu vis criera peut-être un peu, mais le succès justifiera tout. Ce qui est très-mal, mon enfant, c'est d'être sans argent, et voilà notre maladie à tous deux. Comme nous avons beaucoup d'esprit, nous avons imaginé de tirer parti de notre joli petit honneur en attrapant un vieux garçon ; mais ce vieux garçon, mon cœur, connaît l'alpha et l'oméga des ruses féminines, ce qui veut dire que tu mettrais plus facilement un grain de sel sur la queue d'un moineau que de me faire croire que je suis pour quelque chose dans ton affaire. Va à Paris, ma petite, vas-y aux dépens de la vanité d'un célibataire, je ne t'en empêcherai pas, je t'y aiderai, car le vieux garçon, Suzanne, est le coffre-fort naturel d'une jeune fille. Mais ne me fourre pas là-dedans. Écoute, ma reine, toi qui comprends si bien la vie, tu me ferais beaucoup de tort et beaucoup de peine : du tort ? tu pourrais empêcher mon mariage dans un pays où l'on tient aux mœurs ; beaucoup de peine ? en effet, tu serais dans l'embarras, ce que je nie, finaude ! tu sais, mon chou, que je n'ai plus rien, je suis gueux comme un rat d'église. Ah ! si j'épousais mademoiselle Cormon, si je redevenais riche, certes je te préférerais à Césarine. Tu m'as toujours semblé fine comme l'or à dorer du plomb, et tu es faite pour être l'amour d'un grand seigneur. Je te crois tant d'esprit, que le tour que tu me joues là ne me surprend pas du tout, je l'attendais. Pour une fille, mais c'est jeter le fourreau de son épée. Pour agir ainsi, mon ange, il faut des idées supérieures. Aussi as-tu mon estime!

Et il lui donna sur la joue la confirmation à la manière des évêques.

— Mais, monsieur le chevalier, je vous assure que vous vous trompez, et que...

Elle rougit sans oser continuer, le chevalier avait, par un seul regard, deviné, pénétré tout son plan.

— Oui, je t'entends, tu veux que je te croie! Eh! bien, je te crois. Mais suis mon conseil, va chez monsieur du Bousquier. Ne portes-tu pas le linge chez monsieur du Bousquier depuis cinq à six mois? Eh! bien, je ne te demande pas ce qui se passe entre vous; mais je le connais, il a de l'amour-propre, il est vieux garçon, il est très-riche, il a deux mille cinq cents livres de rente et n'en dépense pas huit cents. Si tu es aussi spirituelle que je le suppose, tu verras Paris à ses frais. Va, ma petite biche, va l'entortiller; surtout sois déliée comme une soie, et à chaque parole, fais un double tour et un nœud; il est homme à redouter le scandale, et s'il t'a donné lieu de le mettre sur la sellette... enfin, tu comprends, menace-le de t'adresser aux dames du bureau de charité. D'ailleurs il est ambitieux. Eh! bien, un homme doit arriver à tout par sa femme. N'es-tu donc pas assez belle, assez spirituelle pour faire la fortune de ton mari? Hé! malepeste, tu peux rompre en visière à une femme de la cour.

Suzanne, illuminée par les derniers mots du chevalier, grillait d'envie de courir chez du Bousquier. Pour ne pas sortir trop brusquement, elle questionna le chevalier sur Paris, en l'aidant à s'habiller. Le chevalier devina l'effet de ses instructions, et favorisa la sortie de Suzanne en la priant de dire à Césarine de lui monter le chocolat que lui faisait madame Lardot tous les matins. Suzanne s'esquiva pour se rendre chez sa victime, dont voici la biographie.

Issu d'une vieille famille d'Alençon, du Bousquier tenait le milieu entre le bourgeois et le hobereau. Son père avait exercé les fonctions judiciaires de Lieutenant-Criminel. Se trouvant sans ressources après la mort de son père, du Bousquier, comme tous les gens ruinés de la province, était allé chercher fortune à

Paris. Au commencement de la Révolution, il s'était mis dans les affaires. En dépit des républicains qui sont tous à cheval sur la probité révolutionnaire, les affaires de ce temps-là n'étaient pas claires. Un espion politique, un agioteur, un munitionnaire, un homme qui faisait confisquer, d'accord avec le Syndic de la Commune, des biens d'émigrés pour les acheter et les revendre ; un ministre et un général étaient tous également dans les affaires. De 1793 à 1799, du Bousquier fut entrepreneur des vivres des armées françaises. Il eut alors un magnifique hôtel, il fut un des matadors de la finance, il fit des affaires de compte à demi avec Ouvrard, tint maison ouverte, et mena la vie scandaleuse du temps, une vie de Cincinnatus à sacs de blé récolté sans peine, à rations volées, à petites maisons pleines de maîtresses, et où se donnaient de belles fêtes aux Directeurs de la République. Le citoyen du Bousquier fut l'un des familiers de Barras, il fut au mieux avec Fouché, très-bien avec Bernadotte, et crut devenir ministre en se jetant à corps perdu dans le parti qui joua secrètement contre Bonaparte jusqu'à Marengo. Il s'en fallut de la charge de Kellermann et de la mort de Desaix que du Bousquier ne fût un grand homme d'État. Il était l'un des employés supérieurs du gouvernement inédit que le bonheur de Napoléon fit rentrer dans les coulisses de 1793 (voyez *Une ténébreuse Affaire*). La victoire opiniâtrément surprise à Marengo fut la défaite de ce parti, qui avait des proclamations tout imprimées pour revenir au système de la Montagne, au cas où le premier Consul aurait succombé. Dans la conviction où il était de l'impossibilité d'un triomphe, du Bousquier joua la majeure partie de sa fortune à la baisse, et conserva deux courriers sur le champ de bataille : le premier partit au moment où Mélas était victorieux ; mais dans la nuit, à quatre heures de distance, le second vint proclamer la défaite des Autrichiens. Du Bousquier maudit Kellermann et Desaix, il n'osa pas maudire le premier Consul qui lui devait des millions. Cette alternative de millions à gagner et de ruine réelle priva le fournisseur de toutes ses facultés, il devint imbécile pendant plusieurs jours, il avait abusé de la vie par tant d'excès que ce coup de foudre le trouva sans force. La liquidation de ses créances sur l'État lui permettait de garder quelques espérances ; mais, malgré ses présents corrupteurs, il rencontra la haine de Napoléon contre les fournisseurs qui avaient joué sur sa défaite. M. de Fermon, si plaisamment nommé *Fermons la caisse,* laissa du Bousquier sans un sou. L'immoralité de sa vie privée, ses liaisons avec Barras et Bernadotte déplurent au premier Consul encore plus que son jeu de Bourse; il le raya de la liste des Receveurs-Généraux où, par un reste de crédit, il s'était fait porter pour Alençon. De son opulence, du Bousquier conserva douze cents francs de rente viagère inscrite au Grand-Livre, un pur placement de caprice qui le sauva de la misère. Ignorant le résultat de la liquidation, ses créanciers ne lui laissèrent que mille francs de rente consolidés; mais ils furent tous payés par la vente des propriétés, par les recouvrements et par l'hôtel de Beauséant que possédait du Bousquier. Ainsi le spéculateur, après avoir frisé la faillite, garda son nom tout entier. Un homme ruiné par le premier Consul, et précédé par la réputation colossale que lui avaient faite ses relations avec les chefs des gouvernements passés, son train de vie, son règne passager, intéressa la ville d'Alençon où dominait secrètement le royalisme. Du Bousquier furieux contre Bonaparte, racontant les misères du premier Consul, les débordements de Joséphine et les anecdotes secrètes de dix ans de révolution, fut très-bien accueilli. Vers ce temps, quoiqu'il fût bien et dûment quadragénaire, du Bousquier se produisit comme un garçon de trente-six ans, de moyenne taille, gras comme un fournisseur, faisant parade de ses mollets de procureur égrillard, à physionomie fortement marquée, ayant le nez aplati mais à naseaux garnis de poils; des yeux noirs à sourcils fournis et d'où sortait un regard fin comme celui de monsieur de Talleyrand, mais un peu éteint; il gardait les nageoires républicaines, et portait fort longs ses cheveux bruns. Ses mains, enrichies de petits bouquets de poils à chaque phalange, offraient la preuve d'une riche musculature par de grosses veines bleues, saillantes. Enfin, il avait le poitrail de l'Hercule-Farnèse, et des épaules à soutenir la rente. On ne voit aujourd'hui de ces sortes d'épaules qu'à Tortoni. Ce luxe de vie masculine était admirablement peint par un mot en usage pendant le dernier siècle, et qui se comprend à peine aujourd'hui : dans le style galant de l'autre époque, du Bousquier eût passé pour un vrai *payeur d'arrérages*. Mais, comme chez le chevalier de Valois, il se rencontrait chez du Bousquier des symptômes qui contrastaient avec l'aspect général de la personne. Ainsi, l'ancien fournisseur n'avait pas la voix de ses muscles, non que sa voix fût ce petit filet maigre qui sort quelquefois de la bouche de ces phoques à deux pieds; c'était au contraire une voix forte mais étouffée, de laquelle on ne peut donner une idée qu'en la comparant au bruit que fait une scie dans un bois tendre et mouillé ; enfin, la voix d'un spéculateur éreinté.

Du Bousquier avait conservé le costume à la mode au temps de sa gloire : les bottes à revers, les bas de soie blancs, la culotte courte en drap côtelé de couleur cannelle, le gilet à la Roberspierre et l'habit bleu. Malgré les titres que la haine du premier Consul lui donnait auprès des sommités royalistes de la province, monsieur du Bousquier ne fut point reçu dans les sept ou huit familles qui composaient le faubourg Saint-Germain d'Alençon, et où allait le chevalier de Valois. Il avait tenté tout d'abord d'épouser mademoiselle Armande de Gordes, fille noble sans fortune, mais de qui du Bousquier comptait tirer un grand parti pour ses projets ultérieurs, car il rêvait une brillante revanche. Il essuya un refus. Il se consola par les dédommagements que lui offrirent une dizaine de familles riches qui avaient autrefois fabriqué le point d'Alençon, qui possédaient des herbages ou des bœufs, qui faisaient en gros le commerce des toiles, et où le hasard pouvait lui livrer un bon parti. Le vieux garçon avait en effet concentré ses espérances dans la perspective d'un heureux mariage, que ses diverses capacités semblaient d'ailleurs lui promettre ; car il ne manquait pas d'une certaine habileté financière que beaucoup de personnes mettaient à profit. Semblable au joueur ruiné qui dirige les néophytes, il indiquait les spéculations, il en déduisait bien les moyens, les chances et la conduite. Il passait pour être un bon administrateur, il fut souvent question de le nommer maire d'Alençon ; mais le souvenir de ses tripotages dans les gouvernements républicains lui nuisirent, il ne fut jamais reçu à la Préfecture. Tous les gouvernements qui se succédèrent, même celui des Cent-Jours, se refusèrent à le nommer maire d'Alençon, place qu'il ambitionnait, et qui, s'il l'avait obtenue, aurait fait conclure son mariage avec une vieille fille sur laquelle il avait fini par porter ses vues. Son aversion du gouvernement impérial l'avait d'abord jeté dans le parti royaliste où il resta malgré les injures qu'il y recevait ; mais quand, à la première rentrée des Bourbons, l'exclusion fut maintenue à la Préfecture contre lui, ce dernier refus lui inspira contre les Bourbons une haine aussi profonde que secrète, car il demeura patemment fidèle à ses opinions. Il devint le chef du parti libéral d'Alençon, le directeur invisible des élections, et fit un mal prodigieux à la Restauration

DU BOUSQUIER.

Il avait conservé le costume à la mode au temps de sa gloire.....

LA VIEILLE FILLE.

par l'habileté de ses manœuvres sourdes et par la perfidie de ses menées. Du Bousquier, comme tous ceux qui ne peuvent plus vivre que par la tête, portait dans ses sentiments haineux la tranquillité d'un ruisseau faible en apparence, mais intarissable ; sa haine était comme celle du nègre, si paisible, si patiente, qu'elle trompait l'ennemi. Sa vengeance, couvée pendant quinze années, ne fut rassasiée par aucune victoire, pas même par le triomphe des journées de juillet 1830.

Ce n'était pas sans intention que le chevalier de Valois envoyait Suzanne chez du Bousquier. Le libéral et le royaliste s'étaient mutuellement devinés malgré la savante dissimulation avec laquelle ils cachaient leur commune espérance à toute la ville. Ces deux vieux garçons étaient rivaux. Chacun d'eux avait formé le plan d'épouser cette demoiselle Cormon de qui monsieur de Valois venait de parler à Suzanne. Tous deux blottis dans leur idée, caparaçonnés d'indifférence, attendaient le moment où quelque hasard leur livrerait cette vieille fille. Ainsi, quand même ces deux célibataires n'auraient pas été séparés par toute la distance que mettaient entre eux les systèmes desquels ils offraient une vivante expression, leur rivalité en eût encore fait deux ennemis. Les époques déteignent sur les hommes qui les traversent. Ces deux personnages prouvaient la vérité de cet axiome par l'opposition des teintes historiques empreintes dans leurs physionomies, dans leurs discours, leurs idées, leurs costumes. L'un, abrupte, énergique, à manières larges et saccadées, à parole brève et rude, noir de ton, de chevelure, de regard, terrible en apparence, impuissant en réalité comme une insurrection, représentait bien la République. L'autre, doux et poli, élégant, soigné, atteignant à son but par les lents mais infaillibles moyens de la diplomatie, fidèle au goût, était une image de l'ancienne courtisanerie. Ces deux ennemis se rencontraient presque tous les soirs sur le même terrain. La guerre était courtoise et bénigne chez le chevalier, mais du Bousquier y mettait moins de formes, tout en gardant les convenances voulues par la société, car il ne voulait pas se faire chasser de la place. Eux seuls, ils se comprenaient bien. Malgré la finesse d'observation que les gens de province portent sur les petits intérêts au centre desquels ils vivent, personne ne se doutait de la rivalité de ces deux hommes. Monsieur le chevalier de Valois occupait une assiette supérieure, il n'avait jamais demandé la main de mademoiselle Cormon ; tandis que du

Bousquier, qui s'était mis sur les rangs après son échec dans la maison de Gordes, avait été refusé. Mais le chevalier supposait encore de grandes chances à son rival pour lui porter un coup de Jarnac si profondément enfoncé avec une lame trempée et préparée comme l'était Suzanne. Le chevalier avait jeté la sonde dans les eaux de du Bousquier; et, comme on va le voir, il ne s'était trompé dans aucune de ses conjectures.

Suzanne trotta de la rue du Cours par la rue de la Porte de Séez et la rue du Bercail, jusqu'à la rue du Cygne, où depuis cinq ans du Bousquier avait acheté une petite maison de province, bâtie en chaussins gris, qui sont comme les moellons du granit normand ou du schiste breton. L'ancien fournisseur s'y était établi plus comfortablement que qui que ce fût en ville, car il avait conservé quelques meubles du temps de sa splendeur; mais les mœurs de la province avaient insensiblement effacé les rayons du Sardanapale tombé. Les vestiges de son ancien luxe faisaient dans sa maison l'effet d'un lustre dans une grange, car il n'y avait plus cette harmonie, lien de toute œuvre humaine ou divine. Sur une belle commode se trouvait un pot à l'eau à couvercle, comme il ne s'en voit qu'aux approches de la Bretagne. Si quelque beau tapis s'étendait dans sa chambre, les rideaux de croisée montraient les rosaces d'un ignoble calicot imprimé. La cheminée en pierre mal peinte jurait avec une belle pendule déshonorée par le voisinage de misérables chandeliers. L'escalier, par où tout le monde montait sans s'essuyer les pieds, n'était pas mis en couleur. Enfin, les portes mal réchampies par un peintre du pays effarouchaient l'œil par des tons criards. Comme le temps que représentait du Bousquier, cette maison offrait un amas confus de saletés et de magnifiques choses. Du Bousquier pouvait être considéré comme un homme à l'aise, il menait la vie parasite du chevalier; et celui-là sera toujours riche qui ne dépense pas son revenu. Il avait pour tout domestique une espèce de Jocrisse, garçon du pays, assez niais, façonné lentement aux exigences de du Bousquier qui lui avait appris, comme à un orang-outang, à frotter les appartements, essuyer les meubles, cirer les bottes, brosser les habits, venir le chercher le soir avec la lanterne quand le temps était couvert, avec des sabots quand il pleuvait. Comme certains êtres, ce garçon n'avait d'étoffe que pour un vice, il était gourmand. Souvent, lorsqu'il se donnait des dîners d'apparat, du Bousquier lui faisait quitter sa veste de cotonnade bleue carrée à poches ballottantes sur les reins et toujours grosses d'un mouchoir, d'un eustache, d'un fruit ou d'un casse-museau, il lui faisait endosser un habillement d'ordonnance, et l'emmenait pour servir. René s'empiffrait alors avec les domestiques. Cette obligation que du Bousquier avait tournée en récompense lui valait la plus absolue discrétion de son domestique breton.

— Vous voilà par ici, mademoiselle, dit René à Suzanne en la voyant entrer; c'est pas votre jour, nous n'avons point de linge à donner à madame Lardot.

— Grosse bête, dit Suzanne en riant.

La jolie fille monta, laissant René achever une écuellée de galette de sarrasin cuite dans du lait. Du Bousquier se trouvait encore au lit, occupé à paresser, à remâcher les plans que lui suggérait son ambition, car il ne pouvait plus être qu'ambitieux, comme tous les hommes qui ont trop pressé l'orange du plaisir. L'ambition et le jeu sont inépuisables. Aussi, chez un homme bien organisé, les passions qui procèdent du cerveau survivront-elles toujours aux passions émanées du cœur.

— Me voilà, dit Suzanne en s'asseyant sur le lit en en faisant crier les rideaux sur les tringles par un mouvement de brusquerie despotique.

— *Quesaco*, ma charmante? dit le vieux garçon en se mettant sur son séant.

— Monsieur, dit gravement Suzanne, vous devez être étonné de me voir venir ainsi, mais je me trouve dans des circonstances qui m'obligent à ne pas m'inquiéter du qu'en dira-t-on.

— Qu'est-ce que c'est que ça! fit du Bousquier en se croisant les bras.

— Mais ne me comprenez-vous pas? dit Suzanne. Je sais, reprit-elle en faisant une gentille petite moue, combien il est ridicule à une pauvre fille de venir tracasser un garçon pour ce que vous regardez comme des misères. Mais si vous me connaissiez bien, monsieur, si vous saviez tout ce dont je suis capable pour l'homme qui s'attacherait à moi, autant que je m'attacherais à vous, vous n'auriez jamais à vous repentir de m'avoir épousée. Ce n'est pas ici, par exemple, que je pourrais vous être utile à grand'chose; mais si nous allions à Paris, vous verriez où je conduirais un homme d'esprit et de moyens comme vous, dans un moment où l'on refait le gouvernement de fond en comble, et où les étrangers sont les maîtres. Enfin, entre nous soit dit, ce dont il est question, est-ce un malheur? n'est-ce pas un bonheur que vous payeriez cher un jour? A qui vous intéresserez-vous, pour qui travaillerez-vous?

— Pour moi, donc! s'écria brutalement du Bousquier.

— Vieux monstre, vous ne serez jamais père! dit Suzanne en donnant à sa phrase l'accent d'une malédiction prophétique.

— Allons, pas de bêtises, Suzanne, reprit du Bousquier, je crois que je rêve encore.

— Mais quelle réalité vous faut-il donc? s'écria Suzanne en se levant.

Du Bousquier frotta son bonnet de coton sur sa tête par un mouvement de rotation d'une énergie brouillonne qui indiquait une prodigieuse fermentation dans ses idées.

— Mais il le croit, se dit Suzanne à elle-même, et il en est flatté. Mon Dieu, comme il est facile de les attraper, ces hommes!

— Suzanne, que diable veux-tu que je fasse? il est si extraordinaire.... Moi qui croyais... Le fait est que... mais non, non, cela ne se peut pas...

— Comment, vous ne pouvez pas m'épouser?

— Ah! pour ça, non! J'ai des engagements.

— Est-ce avec mademoiselle de Gordes ou avec mademoiselle Cormon, qui, toutes les deux, vous ont déjà refusé? Écoutez, monsieur du Bousquier, mon honneur n'a pas besoin de gendarmes pour vous traîner à la Mairie. Je ne manquerai point de maris, et ne veux point d'un homme qui ne sait pas apprécier ce que je vaux. Un jour vous pourrez vous repentir de la manière dont vous vous conduisez, parce que rien au monde, ni or, ni argent, ne me fera vous rendre votre bien, si vous refusez de le prendre aujourd'hui.

— Mais, Suzanne, es-tu sûre?...

— Ah! monsieur! fit la grisette en se drapant dans sa vertu, pour qui me prenez-vous? Je ne vous rappelle point les paroles que vous m'avez données, et qui ont perdu une pauvre fille dont le seul défaut est d'avoir autant d'ambition que d'amour.

Du Bousquier était livré à mille sentiments contraires, à la joie, à la défiance, au calcul. Il avait résolu depuis long-temps d'épouser mademoiselle Cormon, car la charte, sur laquelle il venait de ruminer, offrait à son ambition la magnifique voie politique de la députation. Or, son mariage avec la vieille fille devait le poser si haut dans la ville qu'il y acquerrait une grande influence. Aussi l'orage soulevé par la malicieuse Suzanne le plongea-t-il dans un violent embarras. Sans cette secrète espérance, il aurait épousé Suzanne sans même y réfléchir. Il se serait placé franchement à la tête du parti libéral d'Alençon. Après un pareil mariage, il renonçait à la première société pour retomber dans la classe bourgeoise des négociants, des riches fabricants, des herbagers qui certainement le porteraient en triomphe comme leur candidat. Du Bousquier prévoyait déjà le Côté Gauche. Cette délibération solennelle, il ne la cachait pas, il se passait la main sur la tête, et se tortillait les cheveux, car le bonnet était tombé. Comme toutes les personnes qui dépassent leur but et trouvent mieux que ce qu'elles espéraient, Suzanne restait ébahie. Pour cacher son étonnement, elle prit la pose mélancolique d'une fille abusée devant son séducteur; mais elle riait intérieurement comme une grisette en partie fine.

— Ma chère enfant, je ne donne pas dans de semblables *godans*, MOI!

Telle fut la phrase brève par laquelle se termina la délibération de l'ancien fournisseur. Du Bousquier se faisait gloire d'appartenir à cette école de philosophes cyniques qui ne veulent pas être *attrapés* par les femmes, et qui les mettent toutes dans une même classe *suspecte*. Ces esprits forts, qui sont généralement des hommes faibles, ont un catéchisme à l'usage des femmes. Pour eux, toutes, depuis la reine de France jusqu'à la modiste, sont essentiellement libertines, coquines, assassines, voire même un peu friponnes, foncièrement menteuses, et incapables de penser à autre chose qu'à des bagatelles. Pour eux, les femmes sont des bayadères malfaisantes qu'il faut laisser danser, chanter et rire; ils ne voient en elles rien de saint, ni de grand; pour eux ce n'est pas la poésie des sens, mais la sensualité grossière. Ils ressemblent à des gourmands qui prendraient la cuisine pour la salle à manger. Dans cette jurisprudence, si la femme n'est pas constamment tyrannisée, elle réduit l'homme à la condition d'esclave. Sous ce rapport, du Bousquier était encore la contre-partie du chevalier de Valois. En disant sa phrase, il jeta son bonnet au pied de son lit, comme eût fait le pape Grégoire du cierge qu'il renversait en fulminant une excommunication.

— Souvenez-vous, monsieur du Bousquier, répondit majestueusement Suzanne, qu'en venant vous trouver j'ai rempli mon devoir ; souvenez-vous que j'ai dû vous offrir ma main et vous demander la vôtre ; mais souvenez-vous aussi que j'ai mis dans ma conduite la dignité de la femme qui se respecte, que je ne me suis pas abaissée à pleurer comme une niaise, que je n'ai pas insisté, que je ne vous ai point tourmenté. Maintenant vous connaissez ma situation. Vous savez que je ne puis rester à Alençon : ma mère me battra, madame Lardot est à cheval sur les principes comme si elle en repassait ; elle me chassera. Pauvre ouvrière que je suis, irai-je à l'hôpital, irai-je mendier mon pain? Non! je me jetterais plutôt dans la Brillante ou dans la Sarthe. Mais n'est-il pas plus simple que j'aille à Paris? Ma mère pourra trouver un prétexte pour m'y envoyer : ce sera un oncle qui me demande, une tante en train de mourir, une dame qui me voudra du bien. Il ne s'agit que d'avoir l'argent nécessaire au voyage et à tout ce que vous savez...

Cette nouvelle avait pour du Bousquier mille fois plus d'importance que pour le chevalier de Valois ; mais lui seul et le chevalier étaient dans ce secret qui ne sera dévoilé que par le dénoûment de cette histoire. Pour le moment, il suffit de dire que le mensonge de Suzanne introduisait une si grande confusion dans les idées du vieux garçon, qu'il était incapable de faire une réflexion sérieuse. Sans ce trouble et sans sa joie intérieure, car l'amour-propre est un escroc qui ne manque jamais sa dupe, il aurait pensé qu'une honnête fille comme Suzanne, dont le cœur n'était pas encore gâté, serait morte cent fois avant d'entamer une discussion de ce genre, et de lui demander de l'argent. Il aurait reconnu dans le regard de la grisette la cruelle lâcheté du joueur qui assassinerait pour se faire une mise.

— Tu irais donc à Paris? dit-il.

En entendant cette phrase, Suzanne eut un éclair de gaieté qui dora ses yeux gris mais l'heureux du Bousquier ne vit rien.

— Mais oui, monsieur !

Du Bousquier commença d'étranges doléances : il venait de faire le dernier payement de sa maison, il avait à satisfaire le peintre, le maçon, le menuisier ; mais Suzanne le laissait aller, elle attendait le chiffre. Du Bousquier offrit cent écus. Suzanne fit ce qu'on nomme en style de coulisse une fausse sortie, elle se dirigea vers la porte.

— Eh! bien, où vas-tu? dit du Bousquier inquiet. Voilà la belle vie de garçon, se dit-il. Je veux que le diable m'emporte si je me souviens de lui avoir chiffonné autre chose que sa collerette !... Et, paf ! elle s'autorise d'une plaisanterie pour tirer sur vous une lettre de change à brûle-pourpoint.

— Mais, monsieur, dit Suzanne en pleurant, je vais chez madame Granson, la trésorière de la Société Maternelle, qui, à ma connaissance, a retiré quasiment de l'eau une pauvre fille dans le même cas.

— Madame Granson !

— Oui, dit Suzanne, la parente de mademoiselle Cormon, la présidente de la Société Maternelle. Sous votre respect, les dames de la ville ont créé là une Institution qui empêchera bien des pauvres créatures de détruire leurs enfants, qu'on en a fait mourir une à Mortagne, voilà de cela trois ans, la belle Faustine d'Argentan.

— Tiens, Suzanne, dit du Bousquier en lui tendant une clef, ouvre toi-même le secrétaire, prends le sac entamé qui contient encore six cents francs, c'est tout ce que je possède.

Le vieux fournisseur montra, par son air abattu, combien il mettait peu de grâce à s'exécuter.

— Vieux ladre ! se dit Suzanne.

Elle comparait du Bousquier au délicieux chevalier de Valois, qui n'avait rien donné, mais qui l'avait comprise, qui l'avait conseillée, et qui portait les grisettes dans son cœur.

— Si tu m'attrapes, Suzanne, s'écria-t-il en lui voyant la main au tiroir, tu...

— Mais, monsieur, dit-elle en l'interrompant avec une royale impertinence, vous ne me les donneriez donc pas, si je vous les demandais ?

Une fois rappelé sur le terrain de la galanterie, le fournisseur eut un souvenir de son beau temps, et fit entendre un grognement d'adhésion. Suzanne prit le sac et sortit, en se laissant baiser au front par le vieux garçon, qui eut l'air de dire : — C'est un droit qui me coûte cher. Cela vaut mieux que d'être engarrié par un avocat en Cour d'Assises, comme le séducteur d'une fille accusée d'infanticide.

Suzanne cacha le sac dans une espèce de gibecière en osier fin qu'elle avait au bras, et maudit l'avarice de du Bousquier, car elle voulait mille francs. Une fois endiablée par un désir, et quand elle a mis le pied dans une voie de fourberies, une fille va loin. Lorsque la belle repasseuse chemina dans la rue du Bercail, elle songea que la Société Maternelle présidée par mademoiselle Cormon lui compléterait peut-être la somme à laquelle elle avait chiffré ses dépenses, et qui, pour une grisette d'Alençon, était considérable. Puis elle haïssait du Bousquier. Le vieux garçon avait paru redouter la confidence de son prétendu crime à madame Granson; or, Suzanne, au risque de ne pas avoir un liard de la Société Maternelle, voulut, en quittant Alençon, empêtrer l'ancien fournisseur dans les lianes inextricables d'un cancan de province. Il y a toujours chez la grisette un peu de l'esprit malfaisant du singe. Suzanne entra donc chez madame Granson en se composant un visage désolé.

Madame Granson, veuve d'un lieutenant-colonel d'artillerie mort à Iéna, possédait pour toute fortune une maigre pension de neuf cents francs, cent écus de rente à elle, plus un fils dont l'éducation et l'entretien lui avaient dévoré ses économies. Elle occupait, rue du Bercail, un de ces tristes rez-de-chaussée qu'en passant dans la principale rue des petites villes le voyageur embrasse d'un seul coup d'œil. C'était une porte bâtarde, élevée sur trois marches pyramidales; un couloir d'entrée qui menait à une cour intérieure, et au bout duquel se trouvait un escalier couvert par une galerie de bois. D'un côté du couloir, une salle à manger et la cuisine; de l'autre, un salon à toutes fins et la chambre à coucher de la veuve. Athanase Granson, jeune homme de vingt-trois ans, logé dans une mansarde au-dessus du premier étage de cette maison, apportait au ménage de sa pauvre mère les six cents francs d'une petite place que l'influence de sa parente, mademoiselle Cormon, lui avait fait obtenir à la Mairie de la ville, où il était employé aux actes de l'État Civil. D'après ces indications, chacun peut voir madame Granson dans son froid salon à rideaux jaunes, à meuble en velours d'Utrecht jaune, redressant après une visite les petits paillassons qu'elle mettait devant les chaises pour qu'on ne salît pas le carreau rouge frotté; puis venant reprendre son fauteuil garni de coussins et son ouvrage à sa travailleuse placée sous le portrait du lieutenant-colonel d'artillerie entre les deux croisées, endroit d'où son œil enfilait la rue du Bercail et y voyait tout venir. C'était une bonne femme, mise avec une simplicité bourgeoise, en harmonie avec sa figure pâle et comme laminée par le chagrin. La rigoureuse modestie de la pauvreté se faisait sentir dans tous les accessoires de ce ménage où respiraient d'ailleurs les mœurs probes et sévères de la province. En ce moment le fils et la mère étaient ensemble dans la salle à manger, où ils déjeunaient d'une tasse de café accompagnée de beurre et de radis. Pour faire comprendre le plaisir que la visite de Suzanne allait causer à madame Granson, il faut expliquer les secrets intérêts de la mère et du fils. Athanase Granson était un jeune homme maigre et pâle, de moyenne taille, à figure creuse où ses yeux noirs, pétillants de pensée, faisaient comme deux taches de charbon. Les lignes un peu tourmentées de sa face, les sinuosités de la bouche, son menton brusquement relevé, la coupe régulière d'un front de marbre, une expression de mélancolie causée par le sentiment de sa misère, en contradiction avec la puissance qu'il se savait, indiquaient un homme de talent emprisonné. Aussi, partout ailleurs que dans la ville d'Alençon, l'aspect de sa personne lui aurait-il valu l'assistance des hommes supérieurs, ou des femmes qui reconnaissent le génie dans son incognito. Si ce n'était pas le génie, c'était la forme qu'il prend; si ce n'était pas la force d'un grand cœur, c'était l'éclat qu'elle imprime au regard. Quoiqu'il pût exprimer la sensibilité la plus élevée, l'enveloppe de la timidité détruisait en lui jusqu'aux grâces de la jeunesse, de même que les glaces de la misère empêchaient son audace de se produire. La vie de province, sans issue, sans approbation, sans encouragement, décrivait un cercle où se mourait cette pensée qui n'en était même pas encore à l'aube de son jour. D'ailleurs Athanase avait cette fierté sauvage qu'exalte la pauvreté chez les hommes d'élite, qui les grandit pendant leur lutte avec les hommes et les choses, mais qui, dès l'abord de la vie, fait obstacle à leur avénement. Le génie procède de deux manières : ou il prend son bien comme Napoléon et Molière aussitôt qu'il le voit, ou il attend qu'on le vienne chercher quand il s'est patiemment révélé.

Le jeune Granson appartenait à la classe des hommes de talent qui s'ignorent et se découragent facilement. Son âme était contemplative, il vivait plus par la pensée que par l'action. Peut-être eût-il paru incomplet à ceux qui ne conçoivent pas le génie sans les pétillements passionnés du Français; mais il était puissant dans le monde des esprits, et il devait arriver, par une suite d'émotions dérobées au vulgaire, à ces subites déterminations qui les closent et font dire par les niais : *Il est fou.* Le mépris que le monde déverse sur la pauvreté tuait Athanase : la chaleur énervante d'une solitude sans courant d'air détendait l'arc qui se bandait toujours, et l'âme se fatiguait par cet horrible jeu sans résultat. Athanase était homme à pouvoir se placer parmi les plus belles illustrations de la France ; mais cet aigle, enfermé dans une cage et s'y trouvant sans pâture, allait mourir de faim après avoir contemplé d'un œil ardent les campagnes de l'air et les Alpes où plane le génie. Quoique ses travaux à la Bibliothèque de la Ville échappassent à l'attention, il enfouissait dans son âme ses pensées de gloire, car elles pouvaient lui nuire ; mais il tenait encore plus profondément enseveli le secret de son cœur, une passion qui lui creusait les joues et lui jaunissait le front. Il aimait sa parente éloignée, cette demoiselle Cormon que guettaient le chevalier de Valois et du Bousquier, ses rivaux inconnus. Cet amour fut engendré par le calcul. Mademoiselle Cormon passait pour une des plus riches personnes de la ville ; le pauvre enfant avait donc été conduit à l'aimer par le désir du bonheur matériel, par le souhait mille fois formé de dorer les vieux jours de sa mère, par l'envie du bien-être nécessaire aux hommes qui vivent par la pensée ; mais ce point de départ fort innocent déshonorait à ses yeux sa passion. Il craignait de plus le ridicule que le monde jetterait sur l'amour d'un jeune homme de vingt-trois ans pour une fille de quarante. Néanmoins sa passion était vraie ; car ce qui dans ce genre peut sembler faux partout ailleurs, se réalise en province. En effet, les mœurs y étant sans hasards, ni mouvement, ni mystère, rendent les mariages nécessaires. Aucune famille n'accepte un jeune homme de mœurs dissolues. Quelque naturelle que puisse paraître, dans une capitale, la liaison d'un jeune homme comme Athanase avec une belle fille comme Suzanne ; en province, elle effraie et dissout par avance le mariage d'un jeune homme pauvre là où la fortune d'un riche parti fait passer pardessus quelque fâcheux antécédent. Entre la dépravation de certaines liaisons et un amour sincère, un homme de cœur sans fortune ne peut hésiter : il préfère les malheurs de la vertu aux malheurs du vice. Mais, en province, les femmes dont peut s'éprendre un jeune homme sont rares : une belle jeune fille riche, il ne l'obtiendrait pas dans un pays où tout est calcul ; une belle fille pauvre, il lui est interdit de l'aimer ; ce serait, comme disent les provinciaux, marier la faim et la soif ; enfin une solitude monacale est dangereuse au jeune âge. Ces réflexions expliquent pourquoi la vie de province est si fortement basée sur le mariage. Aussi les génies chauds et vivaces, forcés de s'appuyer sur l'indépendance de la misère, doivent-ils tous quitter ces froides régions où la pensée est persécutée par une brutale indifférence, où pas une femme ne peut ni ne veut se faire sœur de charité auprès d'un homme de science ou d'art. Qui se rendra compte de la passion d'Athanase pour mademoiselle Cormon? Ce ne sera ni les gens riches, ces sultans de la société qui y trouvent des harems, ni les bourgeois qui suivent la grande route battue par les préjugés, ni les femmes qui, ne voulant rien concevoir aux passions des artistes, leur imposent le talon de leurs vertus, en s'imaginant que les deux sexes se gouvernent par les mêmes lois. Ici, peut-être, faut-il en appeler aux jeunes gens souffrant de leurs premiers désirs réprimés au moment où toutes leurs forces se tendent, aux artistes malades de leur génie étouffé par les étreintes de la misère, aux talents qui d'abord persécutés et sans appuis, sans amis souvent, ont fini par triompher de la double angoisse de l'âme et du corps également endoloris. Ceux-là connaissent bien les lancinantes attaques du cancer qui dévorait Athanase; ils ont agité ces longues et cruelles délibérations faites en présence de fins si grandioses pour lesquelles il ne se trouve point de moyens; ils ont subi ces avortements inconnus où le frai du génie encombre une grève aride. Ceux-là savent que la grandeur des désirs est en raison de l'étendue de l'imagination. Plus haut ils s'élancent, plus bas ils tombent; et, combien ne se brise-t-il pas des liens dans ces chutes! leur vue perçante a, comme Athanase, découvert le brillant avenir qui les attendait, et dont ils ne se croyaient séparés que par une gaze; cette gaze qui n'arrêtait pas leurs yeux, la société la changeait en un mur d'airain. Poussés par une vocation, par le sentiment de l'art, ils ont aussi cherché maintes fois à se faire un moyen des sentiments que la société matérialise incessamment. Quoi! la province calcule et arrange le mariage dans le but de se créer le bien-être, et il serait défendu à un pauvre artiste, à l'homme de science, de lui donner une double destination, de le faire servir à sauver sa pensée en assurant l'existence? Agité par ces idées, Athanase Granson considéra d'abord son mariage avec mademoiselle Cormon comme une manière d'arrêter sa vie qui serait définie; il pourrait s'élancer vers la gloire, rendre sa mère heureuse, et il se savait capable de fidèlement aimer mademoiselle Cormon. Bientôt sa propre volonté créa, sans qu'il s'en aperçût, une passion réelle: il se mit à étudier la vieille fille, et par suite du prestige qu'exerce l'habitude, il finit par n'en voir que les beautés et par en oublier les défauts. Chez un jeune homme de vingt-trois ans, les sens sont pour tant de chose dans son amour ! leur feu produit une espèce de prisme entre ses yeux et la femme. Sous ce rapport, l'étreinte par laquelle Chérubin saisit à la scène Marceline est un trait de génie chez Beaumarchais. Mais si l'on vient à songer que, dans la profonde solitude où la misère laissait Athanase, mademoiselle Cormon était la seule figure soumise à ses regards, qu'elle attirait incessamment son œil, que le jour tombait en plein sur elle, ne trouvera-t-on pas cette passion naturelle ? Ce sentiment si profondément caché dut grandir de jour en jour. Les désirs, les souffrances, l'espoir, les méditations grossissaient dans le calme et le silence le lac où chaque heure mettait sa goutte d'eau, et qui s'étendait dans l'âme d'Athanase. Plus le cercle intérieur que décrivait l'imagination aidée par les sens s'agrandissait, plus mademoiselle Cormon devenait imposante, plus croissait la timidité d'Athanase. La mère avait tout deviné. La mère, en femme de province, calculait naïvement en elle-même les avantages de l'affaire. Elle se disait que mademoiselle Cormon se trouverait bien heureuse d'avoir pour mari un jeune homme de vingt-trois ans, plein de talent, qui ferait honneur à sa famille et au pays ; mais les obstacles que le peu de fortune d'Athanase et que l'âge de mademoiselle Cormon mettaient à ce mariage lui paraissaient insurmontables : elle n'imaginait que la patience pour les vaincre. Comme du Bousquier, comme le chevalier de Valois, elle avait sa politique, elle se tenait à l'affût des circonstances, elle attendait l'heure propice avec cette finesse que donnent l'intérêt et la maternité. Madame Granson ne se défiait point du chevalier de Valois ; mais elle avait supposé que du Bousquier, quoique refusé, conservait des prétentions. Habile et secrète ennemie du vieux fournisseur, madame Granson lui faisait un mal inouï pour servir son fils, à qui d'ailleurs elle n'avait encore rien dit de ses menées sourdes. Maintenant, qui ne comprendra l'importance qu'allait acquérir la confidence du mensonge de Suzanne, une fois faite à madame Granson ? Quelle arme entre les mains de la dame de charité, trésorière de la Société Maternelle ! Comme elle allait colporter doucereusement la nouvelle en quêtant pour la chaste Suzanne !

En ce moment, Athanase, pensivement accoudé sur la table, faisait jouer sa cuiller dans son bol vide en contemplant d'un œil occupé cette pauvre salle à carreaux rouges, à chaises de paille, à buffet de bois peint, à rideaux roses et blancs qui ressemblaient à un damier, tendue d'un vieux papier de cabaret, et qui communiquait avec la cuisine par une porte vitrée. Comme il était adossé à la cheminée en face de sa mère, et que la cheminée se trouvait presque devant la porte, ce visage pâle, mais bien éclairé par le jour de la rue, encadré de beaux cheveux noirs, ces yeux animés par le désespoir et enflammés par les pensées du matin, s'offrirent tout à coup aux regards de Suzanne. La grisette, qui certes a l'instinct de la misère et des souffrances du cœur, ressentit cette étincelle électrique, jaillie on ne sait d'où, qui ne s'explique point, que nient certains esprits forts, mais dont le coup sympathique a été éprouvé par beaucoup de femmes et d'hommes. C'est tout à la fois une lumière qui éclaire les ténèbres de l'avenir, un pressentiment des jouissances pures de l'amour partagé, la certitude de se comprendre l'un et l'autre. C'est surtout comme une touche habile et forte faite par une main de maître sur le clavier des sens. Le regard est fasciné par une irrésistible attraction, le cœur est ému, les mélodies du bonheur retentissent dans l'âme et aux oreilles, une voix crie : — *C'est lui.* Puis, souvent la réflexion jette ses douches d'eau froide sur cette bouillante émotion, et tout est dit. En un moment, aussi rapide qu'un coup de foudre, Suzanne reçut une bordée de pensées au cœur. Un éclair de l'amour vrai brûla les mauvaises herbes écloses au souffle du libertinage et de la dissipation. Elle comprit combien elle perdait de sainteté, de grandeur, en se flétrissant elle-même à faux. Ce qui n'était la veille qu'une plaisanterie à ses yeux, devint un arrêt grave porté sur elle. Elle recula devant son succès. Mais l'impossibilité du résultat, la pauvreté d'Athanase, un vague espoir de s'enrichir, et de revenir de Paris les mains pleines en lui disant : — Je t'aimais ! la fatalité, si l'on veut, sécha cette pluie bienfaisante. L'ambitieuse grisette demanda d'un air timide un moment d'entretien à madame Granson, qui l'emmena dans sa chambre à coucher. Lorsque Suzanne sortit, elle regarda pour la seconde fois Athanase, elle le retrouva dans la même pose, et réprima ses larmes. Quant à madame Granson, elle rayonnait de joie ! Elle avait enfin une arme terrible contre du Bousquier, elle pourrait lui porter une blessure mortelle. Aussi avait-elle promis à la pauvre fille séduite l'appui de toutes les dames de charité, de toutes les commanditaires de la Société Maternelle ; elle entrevoyait une douzaine de visites à faire qui allaient occuper sa journée, et pendant lesquelles il se formerait sur la tête du vieux garçon un orage épouvantable. Le chevalier de Valois, tout en prévoyant la tournure que prendrait l'affaire, ne se promettait pas autant de scandale qu'il devait y en avoir.

— Mon cher enfant, dit madame Granson à son fils, tu sais que nous allons dîner chez mademoiselle Cormon, prends un peu plus de soin de ta mise. Tu as tort de négliger la toilette, tu es fait comme un voleur. Mets ta belle chemise à jabot, ton habit vert de drap d'Elbeuf. J'ai mes raisons, ajouta-t-elle d'un air fin. D'ailleurs, mademoiselle Cormon part pour aller au Prébaudet, et il y aura chez elle beaucoup de monde. Quand un jeune homme est à marier, il doit se servir de tous ses moyens pour plaire. Si les filles voulaient dire la vérité, mon Dieu, mon enfant, tu serais bien étonné de savoir ce qui les amourache. Souvent, il suffit qu'un homme ait passé à cheval à la tête d'une compagnie d'artilleurs, ou qu'il se soit montré dans un bal avec des habits un peu justes. Souvent un certain air de tête, une pose mélancolique font supposer toute une vie ; nous nous forgeons un roman d'après le héros ; ce n'est souvent qu'une bête, mais le mariage est fait. Examine monsieur le chevalier de Valois, étudie-le, prends ses manières ; vois comme il se présente avec aisance, il n'a pas l'air emprunté comme toi. Parle un peu, ne dirait-on pas que tu ne sais rien, toi qui sais l'hébreu par cœur !

Athanase écouta sa mère d'un air étonné mais soumis, puis il se leva, prit sa casquette, et se rendit à la Mairie en se disant : — Ma mère aurait-elle deviné mon secret ? Il passa par la rue du Val-Noble, où demeurait mademoiselle Cormon, petit plaisir qu'il se donnait tous les matins, et il se disait alors mille choses fantasques : — Elle ne se doute certainement pas qu'il passe en ce moment devant sa maison un jeune homme qui l'aimerait bien, qui lui serait fidèle, qui ne lui donnerait jamais de chagrin ; qui lui laisserait la disposition de sa fortune, sans s'en mêler. Mon Dieu ! quelle fatalité ! dans la même ville, à deux pas l'une de l'autre, deux personnes se trouvent dans les conditions où nous sommes, et rien ne peut les rapprocher. Si ce soir je lui parlais ?

Pendant ce temps, Suzanne revenait chez sa mère en pensant au pauvre Athanase. Comme beaucoup de femmes ont pu le souhaiter pour des hommes adorés au delà des forces humaines, elle se sentait capable de lui faire avec son beau corps un marchepied pour qu'il atteignît promptement à sa couronne.

Maintenant il est nécessaire d'entrer chez cette vieille fille vers laquelle tant d'intérêts convergeaient, et chez qui les acteurs de cette scène devaient se rencontrer tous le soir même, à l'exception de Suzanne. Cette grande et belle personne assez hardie pour brûler ses vaisseaux, comme Alexandre, au début de la vie, et pour commencer la lutte par une faute mensongère, disparut du théâtre après y avoir introduit un violent élément d'intérêt. Ses vœux furent d'ailleurs comblés. Elle quitta sa ville natale quelques jours après, munie d'argent et de belles nippes, parmi lesquelles se trouvait une superbe robe de reps vert et un délicieux chapeau vert doublé de rose que lui donna monsieur de Valois, présent qu'elle préférait à tout, même à l'argent. Si le chevalier fût venu à Paris au moment où elle y brillait, elle eût certes tout quitté pour lui. Semblable à la chaste Suzanne de la Bible, que les vieillards avaient à peine entrevue, elle s'établissait heureuse et pleine d'espoir à Paris, pendant que tout Alençon déplorait ses malheurs pour lesquels les dames des deux Sociétés de Charité et de Maternité manifestèrent une vive sympathie. Si Suzanne peut offrir une image de ces belles normandes qu'un savant médecin a comprises pour un tiers dans la consommation que fait en ce genre le monstrueux Paris, elle resta dans les régions les plus élevées et les plus décentes de la galanterie. Par une époque où, comme le disait monsieur de Valois, la Femme n'existait plus, elle fut seulement *madame du Valnoble;* autrefois elle eût été la rivale des Rodhope, des Impéria et des Ninon. Un des écrivains les plus distingués de la Restauration l'a prise sous sa protection; peut-être l'épousera-t-il ? il est journaliste, et partant au-dessus de l'opinion, puisqu'il en fabrique une nouvelle tous les six ans.

En France, dans presque toutes les préfectures du second ordre, il existe un salon où se réunissent des personnes considérables et considérées, qui néanmoins ne sont pas encore la crème de la société. Le maître et la maîtresse de la maison comptent bien parmi les sommités de la ville et sont reçus partout où il leur plaît d'aller, il ne se donne pas en ville une fête, un dîner diplomatique, qu'ils n'y soient invités; mais les gens à châteaux, les pairs qui possèdent de belles terres, la grande compagnie du département ne vient pas chez eux, et reste à leur égard dans les termes d'une visite faite de part et d'autre, d'un dîner ou d'une soirée acceptés et rendus. Ce salon mixte où se rencontrent la petite noblesse à poste fixe, le clergé, la magistrature, exerce une grande influence. La raison et l'esprit du pays résident dans cette société solide et sans faste où chacun connaît les revenus du voisin, où l'on professe une parfaite indifférence du luxe et de la toilette, jugés comme des enfantillages en comparaison d'un *mouchoir à bœufs* de dix ou douze arpents dont l'acquisition a été couvée pendant des années, et qui a donné lieu à d'immenses combinaisons diplomatiques. Inébranlable dans ses préjugés bons ou mauvais, ce cénacle suit une même voie sans regarder ni en avant ni en arrière. Il n'admet rien de Paris sans un long examen, se refuse aux cachemires aussi bien qu'aux inscriptions sur le Grand-Livre, se moque des nouveautés, ne lit rien et veut tout ignorer : science, littérature, inventions industrielles. Il obtient le changement d'un préfet qui ne convient pas, et si l'administrateur résiste, il l'isole à la manière des abeilles qui couvrent de cire un colimaçon venu dans leur ruche. Enfin, là, les bavardages deviennent souvent de solennels arrêts. Aussi, quoiqu'il ne s'y fasse que des parties de jeu, les jeunes femmes y apparaissent-elles de loin en loin ; elles y viennent chercher une approbation de leur conduite, une consécration de leur importance. Cette suprématie accordée à une maison froisse souvent l'amour-propre de quelques naturels du pays qui se consolent en supputant la dépense qu'elle impose, et dont ils profitent. S'il ne se rencontre pas de fortune assez considérable pour tenir maison ouverte, les gros bonnets choisissent pour lieu de réunion, comme faisaient les gens d'Alençon, la maison d'une personne inoffensive de qui la vie arrêtée, dont le caractère ou la position laisse la société maîtresse chez elle, en ne portant ombrage ni aux vanités, ni aux intérêts de chacun. Ainsi, la haute société d'Alençon se réunissait depuis long-temps chez la vieille fille dont la fortune était à son insu couchée en joue par madame Granson, son arrière-petite-cousine, et par les deux vieux garçons dont les secrètes espérances viennent d'être dévoilées. Cette demoiselle vivait avec son oncle maternel, un ancien Grand-Vicaire de l'Évêché de Séez, autrefois son tuteur, et de qui elle devait hériter. La famille, que représentait alors Rose-Marie-Victoire Cormon, comptait autrefois parmi les plus considérables de la province; quoique roturière, elle frayait avec la noblesse à laquelle elle s'était souvent alliée, elle avait fourni jadis des intendants aux ducs d'Alençon, force magistrats à la Robe et plusieurs évêques au Clergé. Monsieur de Sponde, le grand-père

maternel de mademoiselle Cormon, fut élu par la Noblesse aux
États-Généraux, et monsieur Cormon, son père, par le Tiers-État ;
mais aucun n'accepta cette mission. Depuis environ cent ans, les
filles de cette famille s'étaient mariées à des nobles de la province,
en sorte qu'elle avait si bien *tallé* dans le Duché, qu'elle y embrassait tous les arbres généalogiques. Nulle bourgeoisie ne ressemblait davantage à la noblesse.

Bâtie sous Henri IV par Pierre Cormon, intendant du dernier
duc d'Alençon, la maison où demeurait mademoiselle Cormon avait
toujours appartenu à sa famille, et parmi tous ses biens visibles,
celui-là stimulait particulièrement la convoitise de ses deux vieux
amants. Cependant loin de donner des revenus, ce logis était une
cause de dépense ; mais il est si rare de trouver dans une ville de
province une demeure placée au centre, sans méchant voisinage,
belle au dehors, commode à l'intérieur, que tout Alençon partageait
cette envie. Ce vieil hôtel était situé précisément au milieu de la
rue du Val-Noble, appelée par corruption le Val-Noble, sans doute
à cause du pli que fait dans le terrain la Brillante, petit cours d'eau
qui traverse Alençon. Cette maison est remarquable par la forte architecture que produisit Marie de Médicis. Quoique bâtie en granit, pierre qui se travaille difficilement, ses angles, les encadrements des fenêtres et ceux des portes sont décorés par des bossages
taillés en pointes de diamant. Elle se compose d'un étage au-dessus
d'un rez-de-chaussée ; son toit extrêmement élevé présente des croisées saillantes à tympans sculptés, assez élégamment encastrées dans
le chéneau doublé de plomb, extérieurement orné par des balustres.
Entre chacune de ces croisées s'avance une gargouille figurant une
gueule fantastique d'animal sans corps qui vomit les eaux sur de
grandes pierres percées de cinq trous. Les deux pignons sont terminés par des bouquets en plomb, symbole de bourgeoisie, car aux
nobles seuls appartenait autrefois le droit d'avoir des girouettes. Du
côté de la cour, à droite, sont les remises et les écuries ; à gauche,
la cuisine, le bûcher et la buanderie.

Un des battants de la porte cochère restait ouvert et garni d'une
petite porte basse, à claire-voie et à sonnette, qui permettait aux
passants de voir, au milieu d'une vaste cour, une corbeille de fleurs
dont les terres amoncelées étaient retenues par une petite haie de
troène. Quelques rosiers des quatre saisons, des giroflées, des scabieuses, des lis et des genêts d'Espagne composaient le massif, au-

tour duquel on plaçait pendant la belle saison des caisses de lauriers, de grenadiers et de myrtes. Frappé de la propreté minutieuse qui distinguait cette cour et ses dépendances, un étranger aurait pu deviner la vieille fille. L'œil qui présidait là devait être un œil inoccupé, fureteur, conservateur moins par caractère que par besoin d'action. Une vieille demoiselle, chargée d'employer sa journée toujours vide, pouvait seule faire arracher l'herbe entre les pavés, nettoyer les crêtes des murs, exiger un balayage continuel, ne jamais laisser les rideaux de cuir de la remise sans être fermés. Elle seule était capable d'introduire par désœuvrement une sorte de propreté hollandaise dans une petite province située entre le Perche, la Bretagne et la Normandie, pays où l'on professe avec orgueil une crasse indifférence pour le *comfort*. Jamais ni le chevalier de Valois, ni du Bousquier ne montaient les marches du double escalier qui enveloppait la tribune du perron de cet hôtel sans se dire, l'un qu'il convenait à un pair de France, et l'autre que le maire de la ville devait demeurer là. Une porte-fenêtre surmontait ce perron et entrait dans une antichambre éclairée par une seconde porte semblable qui sortait sur un autre perron du côté du jardin. Cette espèce de galerie carrelée en carreau rouge, lambrissée à hauteur d'appui, était l'hôpital des portraits de famille malades : quelques-uns avaient un œil endommagé, d'autres souffraient d'une épaule avariée; celui-ci tenait son chapeau d'une main qui n'existait plus, celui-là était amputé d'une jambe. Là se déposaient les manteaux, les sabots, les doubles souliers, les parapluies, les coiffes et les pelisses. C'était l'arsenal où chaque habitué laissait son bagage à l'arrivée et le reprenait au départ. Aussi, le long de chaque mur y avait-il une banquette pour asseoir les domestiques qui arrivaient armés de falots, et un gros poêle afin de combattre la bise qui venait à la fois de la cour et du jardin. La maison était donc divisée en deux parties égales. D'un côté, sur la cour, se trouvait la cage de l'escalier, une grande salle à manger donnant sur le jardin, puis un office par equel on communiquait avec la cuisine; de l'autre, un salon à quatre fenêtres, à la suite duquel étaient deux petites pièces, l'une ayant vue sur le jardin et formant boudoir, l'autre éclairée sur la cour et servant de cabinet. Le premier étage contenait l'appartement complet d'un ménage, et un logement où demeurait le vieil abbé de Sponde. Les mansardes devaient sans doute offrir beaucoup de logements depuis long-temps habités par des rats et des souris dont les hauts-faits nocturnes étaient redits par mademoiselle Cormon au chevalier de Valois, en s'étonnant de l'inutilité des moyens employés contre eux. Le jardin, d'environ un demi-arpent, est margé par la Brillante, ainsi nommée à cause des parcelles de mica qui paillettent son lit ; mais partout ailleurs que dans le Val-Noble où ses eaux maigres sont chargées de teintures et des débris qu'y jettent les industries de la ville. La rive opposée au jardin de mademoiselle Cormon est encombrée, comme dans toutes les villes de province où passe un cours d'eau, de maisons où s'exercent des professions altérées ; mais par bonheur elle n'avait alors en face d'elle que des gens tranquilles, des bourgeois, un boulanger, un dégraisseur, des ébénistes. Ce jardin, plein de fleurs communes, est terminé naturellement par une terrasse formant un quai, au bas de laquelle se trouvent quelques marches pour descendre à la Brillante. Sur la balustrade de la terrasse imaginez de grands vases en faïence bleue et blanche d'où s'élèvent des giroflées ; à droite et à gauche, le long des murs voisins, voyez deux couverts de tilleuls carrément taillés ; vous aurez une idée du paysage plein de bonhomie pudique, de chasteté tranquille, de vues modestes et bourgeoises qu'offraient la rive opposée et ses naïves maisons, les eaux rares de la Brillante, le jardin, ses deux couverts collés contre les murs voisins, et le vénérable édifice des Cormon. Quelle paix ! quel calme ! rien de pompeux, mais rien de transitoire : là, tout semble éternel. Le rez-de-chaussée appartenait donc à la réception. Là tout respirait la vieille, l'inaltérable province. Le grand salon carré à quatre portes et à quatre croisées était modestement lambrissé de boiseries peintes en gris. Une seule glace, oblongue, se trouvait sur la cheminée, et le haut du trumeau représentait le Jour conduit par les Heures peint en camaïeu. Ce genre de peinture infestait tous les dessus de porte où l'artiste avait inventé ces éternelles Saisons, qui dans une bonne partie des maisons du centre de la France vous font prendre en haine de détestables Amours occupés à moissonner, à patiner, à semer ou à se jeter des fleurs. Chaque fenêtre était ornée de rideaux en damas vert relevés par des cordons à gros glands qui dessinaient d'énormes baldaquins. Le meuble en tapisserie, dont les bois peints et vernis se distinguaient par les formes contournées si fort à la mode dans le dernier siècle, offrait dans ses médaillons les fables de La Fontaine ; mais quelques bords de chaises ou de fauteuils avaient été reprisés. Le plafond était séparé en deux par une grosse solive au milieu de laquelle pendait un vieux lustre en cristal de roche, enve[loppé] d'une chemise verte. Sur la cheminée se trouvaient deux vase[s] en bleu de Sèvres, de vieilles girandoles attachées au trumeau [et] une pendule dont le sujet, pris dans la dernière scène du *Déser-teur*, prouvait la vogue prodigieuse de l'œuvre de Sédaine. Cett[e] pendule en cuivre doré se composait de onze personnages, ayan[t] chacun quatre pouces de hauteur : au fond le déserteur sortait d[e] sa prison entre ses soldats ; sur le devant la jeune femme évanoui[e] lui montrait sa grâce. Le foyer, les pelles et les pincettes étaien[t] dans un style analogue à celui de la pendule. Les panneaux de l[a] boiserie avaient pour ornement les plus récents portraits de la famille, un ou deux Rigaud et trois pastels de Latour. Quatre table[s] de jeu, un trictrac, une table de piquet encombraient cette immense pièce, la seule d'ailleurs qui fût planchéiée. Le cabinet d[e] travail, entièrement lambrissé de vieux laque rouge, noir et or, devait avoir quelques années plus tard un prix fou dont ne se doutait point mademoiselle Cormon ; mais lui en eût-on offert mill[e] écus par panneau, jamais elle ne l'aurait donné, car elle avait pou[r] système de ne se défaire de rien. La province croit toujours au[x] trésors cachés par les ancêtres. L'inutile boudoir était tendu de c[e] vieux perse après lequel courent aujourd'hui tous les amateurs d[u] genre dit Pompadour. La salle à manger, dallée en pierres noires e[t] blanches, sans plafond, mais à solives peintes, était garnie de ce[s] formidables buffets à dessus de marbre qu'exigent les batailles livrées en province aux estomacs. Les murs, peints à fresque, représentaient un treillage de fleurs. Les siéges étaient en canne ver[-]nie et les portes en bois de noyer naturel. Tout y complétait admirablement l'air patriarcal qui se respirait à l'intérieur comme [à] l'extérieur de cette maison. Le génie de la province y avait tou[t] conservé ; rien n'y était ni neuf ni ancien, ni jeune ni décrépi[t.] Une froide exactitude s'y faisait partout sentir.

Les touristes de la Bretagne et de la Normandie, du Maine e[t] de l'Anjou, doivent avoir tous vu, dans les capitales de ces provinces, une maison qui ressemblait plus ou moins à l'hôtel de Cormon ; car il est, dans son genre, un archétype des maison[s] bourgeoises d'une grande partie de la France, et mérite d'autan[t] mieux sa place dans cet ouvrage qu'il explique des mœurs, et re[-]présente des idées. Qui ne sent déjà combien la vie était calme e[t] routinière dans ce vieil édifice ? Il y existait une bibliothèque, mai[s] elle se trouvait logée un peu au-dessous du niveau de la Brillante, bien reliée, cerclée, et la poussière, loin de l'endommager, la faisait valoir. Les ouvrages y étaient conservés avec le soin que l'on donne, dans ces provinces privées de vignobles, aux œuvres pleines de naturel, exquises, recommandables par leurs parfums antiques, et produits par les presses de la Bourgogne, de la Touraine, de la Gascogne et du Midi. Le prix des transports est trop considérable pour que l'on fasse venir de mauvais vins.

Le fond de la société de mademoiselle Cormon se composait d'environ cent cinquante personnes : quelques-unes allaient à la campagne, ceux-ci étaient malades, ceux-là voyageaient dans le Département pour leurs affaires; mais il existait certains fidèles qui, sauf les soirées priées, venaient tous les jours, ainsi que les gens forcés par devoir ou par habitude de demeurer à la ville. Tous ces personnages étaient dans l'âge mur; peu d'entre eux avaient voyagé, presque tous étaient restés dans la province, et certains avaient trempé dans la Chouannerie. On commençait à pouvoir parler sans crainte de cette guerre depuis que les récompenses arrivaient aux héroïques défenseurs de la bonne cause. Monsieur de Valois, l'un des moteurs de la dernière prise d'armes où périt le marquis de Montauran livré par sa maîtresse, où s'illustra le fameux Marche-à-terre qui faisait alors tranquillement le commerce des bestiaux du côté de Mayenne, donnait depuis six mois la clef de quelques bons tours joués à un vieux républicain nommé Hulot, le commandant d'une demi-brigade cantonnée dans Alençon de 1798 à 1800, et qui avait laissé des souvenirs dans le pays (voyez *Les Chouans*). Les femmes faisaient peu de toilette, excepté le mercredi, jour où mademoiselle Cormon donnait à dîner, et où les invités du dernier mercredi s'acquittaient de leur visite de digestion. Les mercredis faisaient raout : l'assemblée était nombreuse, conviés et visiteurs se mettaient *in flocchi;* quelques femmes apportaient leurs ouvrages, des tricots, des tapisseries à la main; quelques jeunes personnes travaillaient sans honte à des dessins pour du point d'Alençon, avec le produit desquels elles payaient leur entretien. Certains maris amenaient leurs femmes par politique, car il s'y trouvait peu de jeunes gens; aucune parole ne s'y disait à l'oreille sans exciter l'attention : il n'y avait donc point de danger ni pour une jeune personne, ni pour une jeune femme d'entendre un propos d'amour. Chaque soir, à six heures, la longue antichambre se garnissait de son mobilier ; chaque habitué apportait qui sa canne, qui son manteau, qui sa lanterne. Toutes ces personnes se connaissaient si bien, les habitudes étaient si familièrement patriarcales, que, si, par hasard, le vieil abbé de Sponde était sous le couvert, et mademoiselle Cormon dans sa chambre, ni Pérotte la femme de chambre, ni Jacquelin le domestique, ni la cuisinière ne les avertissaient. Le premier venu en attendait un second ; puis, quand les habitués étaient en nombre pour un piquet, pour un wisth ou un boston, ils commençaient sans attendre l'abbé de Sponde ou Mademoiselle. S'il faisait nuit, au coup de sonnette, Pérotte ou Jacquelin accourait et donnait de la lumière. En voyant le salon éclairé, l'abbé se hâtait lentement de venir. Tous les soirs, le trictrac, la table de piquet, les trois tables de boston et celle de wisth étaient complètes, ce qui donnait une moyenne de vingt-cinq à trente personnes, en comptant celles qui causaient ; mais il en venait souvent plus de quarante. Jacquelin éclairait alors le cabinet et le boudoir. Entre huit et neuf heures, les domestiques commençaient à arriver dans l'antichambre pour chercher leurs maîtres ; et, à moins de révolutions, il n'y avait plus personne au salon à dix heures. A cette heure, les habitués s'en allaient en groupes dans la rue, dissertant sur les coups ou continuant quelques observations sur les mouchoirs à bœufs que l'on guettait, sur les partages de successions, sur les dissensions qui s'élevaient entre héritiers, sur les prétentions de la société aristocratique. C'était, comme à Paris, la sortie d'un spectacle. Certaines gens, parlant beaucoup de poésie et n'y entendant rien, déblatèrent contre les mœurs de la province ; mais, mettez-vous le front dans la main gauche, appuyez un pied sur votre chenet, posez votre coude sur votre genou ; puis, si vous vous êtes initié à l'ensemble doux et uni que présentent ce paysage, cette maison et son intérieur, la compagnie et ses intérêts agrandis par la petitesse de l'esprit, comme l'or battu entre des feuilles de parchemin, demandez-vous ce qu'est la vie humaine ? Cherchez à prononcer entre celui qui a gravé des canards sur les obélisques égyptiens et celui qui a bostonné pendant vingt ans avec du Bousquier, monsieur de Valois, mademoiselle Cormon, le Président du Tribunal, le Procureur du Roi, l'abbé de Sponde, madame Granson, *e tutti quanti ?* Si le retour exact et journalier des mêmes pas dans un même sentier n'est pas le bonheur, il le joue si bien que les gens, amenés par les orages d'une vie agitée à réfléchir sur les bienfaits du calme, diront que là était le bonheur.

Pour chiffrer l'importance du salon de mademoiselle Cormon, il suffira de dire que, statisticien né de la société, du Bousquier avait calculé que les personnes qui le hantaient possédaient cent trente et une voix au Collége électoral et réunissaient dix-huit cent mille livres de rente en fonds de terre dans la province. La ville d'Alençon n'était cependant pas entièrement représentée par ce salon, la haute compagnie aristocratique avait le sien, puis le salon du Receveur-Général était comme une auberge administrative due par le gouvernement où toute la société dansait, intriguait, papillonnait, aimait et soupait. Ces deux autres salons communiquaient au moyen de quelques personnes mixtes avec la maison Cormon, *et vice versâ;* mais le salon Cormon jugeait sévèrement ce qui se passait dans ces deux autres camps : on y critiquait le luxe des dîners, on y ruminait les glaces des bals, on discutait la conduite des femmes, les toilettes, les inventions nouvelles qui s'y produisaient.

Mademoiselle Cormon, espèce de raison sociale sous laquelle se comprenait une imposante coterie, devait donc être le point de mire de deux ambitieux aussi profonds que le chevalier de Valois et du Bousquier. Pour l'un et pour l'autre, là était la Députation ; et par suite, la pairie pour le noble, une Recette Générale pour le fournisseur. Un salon dominateur se crée aussi difficilement en province qu'à Paris, et celui-là se trouvait tout créé. Épouser mademoiselle Cormon, c'était régner sur Alençon. Athanase, le seul des trois prétendants à la main de la vieille fille qui ne calculât plus rien, aimait alors la personne autant que la fortune. Pour employer le jargon du jour, n'y avait-il pas un singulier drame dans la situation de ces quatre personnages ? Ne se rencontrait-il pas quelque chose de bizarre dans ces trois rivalités silencieusement pressées autour d'une vieille fille qui ne les devinait pas malgré un effroyable et légitime désir de se marier ? Mais quoique toutes ces circonstances rendent le célibat de cette fille une chose extraordinaire, il n'est pas difficile d'expliquer comment et pourquoi, malgré sa fortune et ses trois amoureux, elle était encore à marier. D'abord, selon la jurisprudence de sa maison, mademoiselle Cormon avait toujours eu le désir d'épouser un gentilhomme ; mais, de 1789 à 1799, les circonstances furent très-défavorables à ses prétentions. Si elle voulait être femme de condition, elle avait une horrible peur du tribunal révolutionnaire. Ces deux sentiments, égaux en force, la rendirent stationnaire par une loi, vraie en esthétique aussi bien qu'en statique. Cet état d'incertitude plaît d'ailleurs aux filles tant qu'elles se croient jeunes et en droit de choisir un mari. La France sait que le système politique suivi par Napoléon eut pour résultat de faire beaucoup de veuves. Sous ce règne, les héritières furent dans un nombre très-disproportionné avec celui des garçons à marier. Quand le Consulat ramena l'ordre intérieur, les difficultés extérieures rendirent le mariage de mademoiselle Cormon tout aussi difficile à conclure que par le passé. Si, d'une part, Rose-Marie-Victoire se refusait à épouser un vieillard ; de l'autre, la crainte du ridicule et les circonstances lui interdisaient d'épouser un très-jeune homme : or, les familles mariaient de fort bonne heure leurs enfants afin de les soustraire aux envahissements de la conscription. Enfin, par entêtement de propriétaire, elle n'aurait pas non plus épousé un soldat ; car elle ne prenait pas un homme pour le rendre à l'Empereur, elle voulait le garder pour elle seule. De 1804 à 1815, il lui fut donc impossible de lutter avec les jeunes filles qui se disputaient les partis convenables, raréfiés par le canon. Outre sa prédilection pour la noblesse, mademoiselle Cormon eut la manie très-excusable de vouloir être aimée pour elle. Vous ne sauriez croire jusqu'où l'avait menée ce désir. Elle avait employé son esprit à tendre mille piéges à ses adorateurs afin d'éprouver leurs sentiments. Ses chausses-trappes furent si bien tendues que les infortunés s'y prirent tous, et succombèrent dans les épreuves baroques qu'elle leur imposait à leur insu. Mademoiselle Cormon ne les étudiait pas, elle les espionnait. Un mot dit à la légère, une plaisanterie que souvent elle comprenait mal, suffisait pour lui faire rejeter ces postulants comme indignes : celui-ci n'avait ni cœur ni délicatesse, celui-là mentait et n'était pas chrétien ; l'un voulait raser ses futaies et battre monnaie sous le poêle du mariage, l'autre n'était pas de caractère à la rendre heureuse ; là, elle devinait quelque goutte héréditaire ; ici, des antécédents immoraux l'effrayaient ; comme l'Église, elle exigeait un beau prêtre pour ses autels ; puis, elle voulait être épousée pour sa fausse laideur et ses prétendus défauts, comme les autres femmes veulent l'être pour les qualités qu'elles n'ont pas et pour d'hypothétiques beautés. L'ambition de mademoiselle Cormon prenait sa source dans les sentiments les plus délicats de la femme ; elle comptait régaler son amant en lui démasquant mille vertus après le mariage, comme d'autres femmes découvrent les mille imperfections qu'elles ont soigneusement voilées ; mais elle fut mal comprise : la noble fille ne rencontra que des âmes vulgaires où régnait le calcul des intérêts positifs, et qui n'entendaient rien aux beaux calculs du sentiment. Plus elle s'avança vers cette fatale époque si ingénieusement nommée *la seconde jeunesse*, plus sa défiance augmenta. Elle affecta de se présenter sous le jour le plus défavorable, et joua si bien son rôle, que les derniers racolés hésitèrent à lier leur sort à celui d'une personne dont le vertueux colin-maillard exigeait une étude à laquelle se livrent peu les hommes qui veulent une vertu toute faite. La crainte constante de n'être épousée que pour sa fortune la rendit inquiète, soupçonneuse outre mesure; elle courut sus aux gens riches : et les gens riches pouvaient contracter de grands mariages ; elle craignait les gens pauvres auxquels elle refusait le désintéressement dont elle faisait tant de cas en une semblable affaire ; en sorte que ses exclusions et les circonstances éclaircirent étrangement les hommes ainsi triés, comme pois gris sur un volet. A chaque mariage manqué, la pauvre demoiselle, amenée à mépriser les hommes, dut finir par les voir sous un faux jour. Son caractère contracta nécessairement une intime misanthropie qui jeta certaine teinte d'amertume dans sa conversation et quelque sévérité dans son regard. Son célibat détermina dans ses mœurs une rigidité croissante, car elle essayait de se perfectionner en désespoir de cause. Noble vengeance ! elle tailla pour Dieu le diamant brut rejeté par l'homme. Bientôt l'opinion publique lui fut contraire, car le public accepte l'arrêt qu'une personne libre porte sur elle-même en ne se mariant pas, en manquant des partis ou les refusant. Chacun juge que ce refus est fondé sur des raisons secrètes, toujours mal interprétées. Celui-ci disait qu'elle était mal conformée ; celui-là lui prêtait des défauts cachés ; mais la pauvre fille était pure comme un ange, saine comme un enfant, et pleine de bonne volonté, car la nature l'avait destinée à tous les plaisirs, à tous les bonheurs, à toutes les fatigues de la maternité.

Mademoiselle Cormon ne trouvait cependant point dans sa personne l'auxiliaire obligé de ses désirs. Elle n'avait d'autre beauté que celle-ci improprement nommée *la beauté du diable*, et qui consiste dans une grosse fraîcheur de jeunesse que, théologalement parlant, le diable ne saurait avoir, à moins qu'il ne faille expliquer cette expression par la constante envie qu'il a de se rafraîchir. Les pieds de l'héritière étaient larges et plats. Sa jambe, qu'elle laissait souvent voir par la manière dont, sans y entendre malice, elle relevait sa robe quand il avait plu et qu'elle sortait de chez elle ou de Saint-Léonard, ne pouvait être prise pour la jambe d'une femme; c'était une jambe nerveuse, à petit mollet saillant et dru, comme celui d'un matelot. Sa bonne grosse taille, son embonpoint de nourrice, ses bras forts et potelés, ses mains rouges, tout en elle s'harmoniait aux formes bombées, à la grasse blancheur des beautés normandes. Ses yeux d'une couleur indécise arrivaient à fleur de tête et donnaient à son visage, dont les contours arrondis n'avaient aucune noblesse, un air d'étonnement et de simplicité moutonnière qui seyait d'ailleurs à son état de vieille fille : si elle n'avait pas été innocente, elle eût semblé l'être. Son nez aquilin contrastait avec la petitesse de son front, car il est rare que cette forme de nez n'implique pas un beau front. Malgré de grosses lèvres rouges, l'indice d'une grande bonté, ce front annonçait trop peu d'idées pour que le cœur fût dirigé par l'intelligence : elle devait être bienfaisante sans grâce. Or, l'on reproche sévèrement à la vertu ses défauts, tandis qu'on est plein d'indulgence pour les qualités du vice. Ses cheveux châtains, d'une longueur extraordinaire, prêtaient à sa figure cette beauté qui résulte de la force et de l'abondance, les deux caractères principaux de sa personne. Au temps de ses prétentions, elle affectait de mettre sa figure de trois quarts pour montrer une très-jolie oreille qui se détachait bien au milieu du blanc azuré de son col et de ses tempes, rehaussé par son énorme chevelure. Vue ainsi, en habit de bal, elle pouvait paraître belle. Ses formes protubérantes, sa taille, sa santé vigoureuse arrachaient aux officiers de l'Empire cette exclamation : « Quel beau brin de fille ! » Mais avec les années, l'embonpoint élaboré par une vie tranquille et sage, s'était insensiblement si mal réparti sur ce corps, qu'il en avait détruit les primitives proportions. En ce moment, aucun corset ne pouvait faire retrouver de hanches à la pauvre fille, qui semblait fondue d'une seule pièce. La jeune harmonie de son corsage n'existait plus, et son ampleur excessive faisait craindre qu'en se baissant elle ne fût emportée par ces masses supérieures; mais la nature l'avait douée d'un contre-poids naturel qui rendait inutile la mensongère précaution d'une *tournure*. Chez elle tout était bien vrai. En se triplant, son menton avait diminué

MADEMOISELLE CORMON.

Mais la pauvre fille avait déjà plus de quarante ans!

LA VIEILLE FILLE.

la longueur du col et gêné le port de la tête. Elle n'avait pas de rides, mais des plis ; et les plaisants prétendaient que, pour ne pas se couper, elle se mettait de la poudre aux articulations, ainsi qu'on en jette aux enfants. Cette grasse personne offrait à un jeune homme perdu de désirs, comme Athanase, la nature d'attraits qui devait le séduire. Les jeunes imaginations, essentiellement avides et courageuses, aiment à s'étendre sur ces belles nappes vives. C'était la perdrix dodue, alléchant le couteau du gourmet. Beaucoup d'élégants parisiens endettés se seraient très-bien résignés à faire exactement le bonheur de mademoiselle Cormon. Mais la pauvre fille avait déjà plus de quarante ans ! En ce moment, après avoir pendant longtemps combattu pour mettre dans sa vie les intérêts qui font toute la femme, et néanmoins forcée d'être fille, elle se fortifiait dans sa vertu par les pratiques religieuses les plus sévères. Elle avait eu recours à la religion, cette grande consolatrice des virginités ; son confesseur la dirigeait assez niaisement depuis trois ans dans la voie des macérations ; il lui recommandait l'usage de la discipline, qui, s'il faut en croire la médecine moderne, produit un effet contraire à celui qu'en attendait ce pauvre prêtre de qui les connaissances hygiéniques n'étaient pas très-étendues. Ces pratiques absurdes commençaient à répandre une teinte monastique sur le visage de mademoiselle Cormon, assez souvent au désespoir en voyant son teint blanc contracter des tons jaunes qui annonçaient la maturité. Le léger duvet dont sa lèvre supérieure était ornée vers les coins s'avisait de grandir et dessinait comme une fumée. Les tempes se miroitaient ! Enfin, la décroissance commençait. Il était authentique dans Alençon que le sang tourmentait mademoiselle Cormon ; elle faisait subir ses confidences au chevalier de Valois à qui elle nombrait ses bains de pieds, avec lequel elle combinait des réfrigérants. Le fin compère tirait alors sa tabatière, et, par forme de conclusion, contemplait la princesse Goritza.

— Le vrai calmant, disait-il, ma chère demoiselle, serait un bel et bon mari.

— Mais à qui se fier ? répondait-elle.

Le chevalier chassait alors les grains de tabac qui se fourraient dans les plis du pout-de-soie ou sur son gilet. Pour tout le monde, ce geste eût été fort naturel ; mais il donnait toujours des inquiétudes à la pauvre fille. La violence de sa passion sans objet était si grande qu'elle n'osait plus regarder un homme en face, tant elle craignait de laisser apercevoir dans son regard le sentiment qui la poignait. Par un caprice qui n'était peut-être que la continuation de ses anciens procédés, quoiqu'elle se sentît attirée vers les hommes qui pouvaient encore lui convenir, elle avait tant de peur d'être taxée de folie en ayant l'air de leur faire la cour, qu'elle les traitait peu gracieusement. La plupart des personnes de sa société, se trouvant incapables d'apprécier ses motifs, toujours si nobles, expliquaient sa manière d'être avec ses cocélibataires comme la vengeance d'un refus essuyé ou prévu.

Quand commença l'année 1815, elle atteignit à cet âge fatal qu'elle n'avouait pas, à quarante-deux ans. Son désir acquit alors une intensité qui avoisina la monomanie, car elle comprit que toute chance de progéniture finirait par se perdre; et ce que, dans sa céleste ignorance, elle désirait par-dessus tout, c'était des enfants. Il n'y avait pas une seule personne dans tout Alençon qui attribuât à cette vertueuse fille un seul désir des licences amoureuses: elle aimait en bloc sans rien imaginer de l'amour; c'était une Agnès catholique, incapable d'inventer une seule des ruses de l'Agnès de Molière. Depuis quelques mois, elle comptait sur un hasard. Le licenciement des troupes impériales et la reconstitution de l'armée royale, opéraient un certain mouvement dans la destinée de beaucoup d'hommes qui retournaient, les uns en demi-solde, les autres avec ou sans pension, chacun dans leur pays natal, tous ayant le désir de corriger leur mauvais sort et de faire une fin qui, pour mademoiselle Cormon, pouvait être un délicieux commencement. Il était difficile que, parmi ceux qui reviendraient aux environs, il ne se trouvât pas quelque brave militaire honorable, valide surtout, d'âge convenable, de qui le caractère servirait de passeport aux opinions bonapartistes: peut-être même s'en rencontrerait-il qui, pour regagner une position perdue, se feraient royalistes. Ce calcul soutint encore pendant les premiers mois de l'année mademoiselle Cormon dans la sévérité de son attitude. Mais les militaires qui vinrent habiter la ville se trouvèrent tous ou trop vieux ou trop jeunes, trop bonapartistes ou trop mauvais sujets, dans des situations incompatibles avec les mœurs, le rang et la fortune de mademoiselle Cormon, qui chaque jour se désespéra davantage. Les officiers supérieurs avaient tous profité de leurs avantages sous Napoléon pour se marier, et ceux-là devenaient royalistes dans l'intérêt de leurs familles. Mademoiselle Cormon avait beau prier Dieu de lui faire la grâce de lui envoyer un mari afin qu'elle pût être chrétiennement heureuse, il était sans doute écrit qu'elle mourrait vierge et martyre, car il ne se présentait aucun homme qui eût tournure de mari. Les conversations qui se tenaient chez elle tous les soirs faisaient assez bien la police de l'État Civil pour qu'il n'arrivât pas dans Alençon un seul étranger sans qu'elle ne fût instruite de ses mœurs, de sa fortune et de sa qualité. Mais Alençon n'est pas une ville qui affriande l'étranger, elle n'est sur le chemin d'aucune capitale, elle n'a pas de hasards. Les marins qui vont de Brest à Paris ne s'y arrêtent même pas. La pauvre fille finit par comprendre qu'elle était réduite aux indigènes ; aussi son œil prenait-il parfois une expression féroce, à laquelle le malicieux chevalier répondait par un fin regard en tirant sa tabatière et contemplant la princesse Goritza. Monsieur de Valois savait que, dans la jurisprudence féminine, une première fidélité est solidaire de l'avenir. Mais mademoiselle Cormon, avouons-le, avait peu d'esprit : elle ne comprenait rien au manége de la tabatière. Elle redoublait de vigilance pour combattre le *malin esprit*. Sa rigide dévotion et les principes les plus sévères contenaient ses cruelles souffrances dans les mystères de la vie privée. Tous les soirs, en se retrouvant seule, elle songeait à sa jeunesse perdue, à sa fraîcheur fanée, aux vœux de la nature trompée ; et, tout en immolant au pied de la croix ses passions, poésies condamnées à rester en portefeuille, elle se promettait bien, si par hasard un homme de bonne volonté se présentait, de ne le soumettre à aucune épreuve et de l'accepter tel qu'il serait. En sondant ses bonnes dispositions, par certaines soirées plus âpres que les autres, elle allait jusqu'à épouser en pensée un sous-lieutenant, un fumeur qu'elle se proposait de rendre, à force de soins, de complaisance et de douceur, le meilleur sujet de la terre ; elle allait jusqu'à le prendre criblé de dettes. Mais il fallait le silence de la nuit pour ces mariages fantastiques où elle se plaisait à jouer le sublime rôle des anges gardiens. Le lendemain, si Pérotte trouvait le lit de sa maîtresse cen dessus dessous, mademoiselle avait repris sa dignité ; le lendemain, après déjeuner, elle voulait un homme de quarante ans, un bon propriétaire, bien conservé, un quasi-jeune homme.

L'abbé de Sponde était incapable d'aider sa nièce en quoi que ce soit dans ses manœuvres matrimoniales. Ce bonhomme, âgé d'environ soixante-dix ans, attribuait les désastres de la Révolution française à quelque dessein de la Providence, empressée de frapper une Église dissolue. L'abbé de Sponde s'était donc jeté dans le sentier depuis long-temps abandonné que pratiquaient jadis les solitaires pour aller au ciel : il menait une vie ascétique, sans emphase, sans triomphe extérieur. Il dérobait au monde ses œuvres de charité, ses continuelles prières et ses mortifications; il pensait que les prêtres devaient tous agir ainsi pendant la tourmente, et il prêchait d'exemple. Tout en offrant au monde un visage calme et riant, il avait fini par se détacher entièrement des intérêts mondains : il songeait exclusivement aux malheureux, aux besoins de l'Église et à son propre salut. Il avait laissé l'administration de ses biens à sa nièce, qui lui en remettait les revenus, et à laquelle il payait une modique pension, afin de pouvoir dépenser le surplus en aumônes secrètes et en dons à l'Église. Toutes les affections de l'abbé s'étaient concentrées sur sa nièce qui le regardait comme un père ; mais c'était un père distrait, ne concevant point les agitations de la Chair, et remerciant Dieu de ce qu'il maintenait sa chère fille dans le célibat ; car il avait, depuis sa jeunesse, adopté le système de saint Jean-Chrysostome, qui a écrit que « *l'état de virginité était autant au-dessus de l'état de mariage que l'Ange était au-dessus de l'Homme.* » Habituée à respecter son oncle, mademoiselle Cormon n'osait pas l'initier aux désirs que lui inspirait un changement d'état. Le bonhomme, accoutumé de son côté au train de la maison, eût d'ailleurs peu goûté l'introduction d'un maître au logis. Préoccupé par les misères qu'il soulageait, perdu dans les abîmes de la prière, l'abbé de Sponde avait souvent des distractions que les gens de sa société prenaient pour des absences ; peu causeur, il avait un silence affable et bienveillant. C'était un homme de haute taille, sec, à manières graves, solennelles, dont le visage exprimait des sentiments doux, un grand calme intérieur, et qui, par sa présence, imprimait à cette maison une autorité sainte. Il aimait beaucoup le voltairien chevalier de Valois. Ces deux majestueux débris de la Noblesse et du Clergé, quoique de mœurs différentes, se reconnaissaient à leurs traits généraux ; d'ailleurs le chevalier était aussi onctueux avec l'abbé de Sponde qu'il était paternel avec ses grisettes. Quelques personnes pourraient croire que mademoiselle Cormon cherchait tous les moyens d'arriver à son but ; que, parmi les légitimes artifices permis aux femmes, elle s'adressait à la toilette, qu'elle se décolletait, qu'elle déployait les coquetteries négatives d'un magnifique port d'armes. Mais point ! Elle était héroïque et immobile dans ses guimpes comme un soldat dans sa guérite. Ses robes, ses chapeaux, ses chiffons, tout se confectionnait chez des marchandes de modes d'Alençon, deux sœurs bossues qui ne manquaient pas de goût. Malgré les instances de ces deux artistes, mademoiselle Cormon se refusait aux tromperies de l'élégance ; elle voulait être cossue en tout, chair et plumes ; mais peut-être les lourdes façons de ses robes allaient-elles bien à sa physionomie. Se moque qui voudra de la pauvre fille ! vous la trouverez sublime, âme généreuses qui ne vous inquiétez jamais de la forme que prend le sentiment, et l'admirez là où il est! Ici quelques femmes légères essaieront peut-être de chicaner la vraisemblance de ce récit, elles diront qu'il n'existe pas en France de fille assez niaise pour ignorer l'art de pêcher un homme, que mademoiselle Cormon est une de ces exceptions monstrueuses que le bon sens interdit de présenter comme type ; que la plus vertueuse et la plus niaise fille qui veut attraper un goujon trouve encore un appât pour armer sa ligne. Mais ces critiques tombent, si l'on vient à penser que la sublime religion catholique, apostolique et romaine, est encore debout en Bretagne et dans l'ancien duché d'Alençon. La foi, la piété, n'admettent pas ces subtilités. Mademoiselle Cormon marchait dans la voie du salut, en préférant les malheurs de sa virginité infiniment trop prolongée au malheur d'un mensonge, au péché d'une ruse. Chez une fille armée de la discipline, la vertu ne pouvait transiger ; l'amour ou le calcul devaient venir la trouver très-résolument. Puis, ayons le courage de faire une observation cruelle par un temps où la religion n'est plus considérée que comme un moyen par ceux-ci, comme une poésie par ceux-là. La dévotion cause une ophthalmie morale. Par une grâce providentielle, elle ôte aux âmes en route pour l'éternité la vue de beaucoup de petites choses terrestres. En un mot, les dévotes sont stupides sur beaucoup de points. Cette stupidité prouve d'ailleurs avec quelle force elles reportent leur esprit vers les sphères célestes ; quoique le voltairien monsieur de Valois prétendît qu'il est extrêmement difficile de décider si ce sont les personnes stupides qui deviennent dévotes, ou si la dévotion a pour effet de rendre stupides les filles d'esprit. Songez-y bien, la vertu catholique la plus pure, avec ses amoureuses acceptations de tout ca-c sa pieuse soumission aux ordres de Dieu, avec sa l'empreinte du doigt divin sur toutes les glaises de la vie, est la mystérieuse lumière qui se glissera dans les derniers replis de cette histoire pour leur donner tout leur relief, et qui certes les agrandira aux yeux de ceux qui ont encore la Foi. Puis, s'il y a bêtise, pourquoi ne s'occuperait-on pas des malheurs de la bêtise, comme on s'occupe des malheurs du génie? l'une est un élément social infiniment plus abondant que l'autre. Donc mademoiselle Cormon péchait aux yeux du monde par la divine ignorance des vierges. Elle n'était point observatrice, et sa conduite avec ses prétendus le prouvait assez. En ce moment même, une jeune fille de seize ans, qui n'aurait pas encore ouvert un seul roman, aurait lu cent chapitres d'amour dans les regards d'Athanase; tandis que mademoiselle Cormon n'y voyait rien, elle ne reconnaissait pas dans les tremblements de sa parole la force d'un sentiment qui n'osait se produire. Honteuse elle-même, elle ne devinait pas la honte d'autrui. Capable d'inventer les raffinements de grandeur sentimentale qui l'avaient primitivement perdue, elle ne les reconnaissait pas chez Athanase. Ce phénomène moral ne paraîtra pas extraordinaire aux gens qui savent que les qualités du cœur sont aussi indépendantes de celles de l'esprit que les facultés du génie le sont des noblesses de l'âme. Les hommes complets sont si rares que Socrate, l'une des plus belles perles de l'Humanité, convenait, avec un phrénologue de son temps, qu'il était né pour faire un fort mauvais drôle. Un grand général peut sauver son pays à Zurich et s'entendre avec des fournisseurs. Un banquier de probité douteuse peut se trouver homme d'État. Un grand musicien peut concevoir des chants sublimes et faire un faux. Une femme de sentiment peut être une grande sotte. Enfin, une dévote peut avoir une âme sublime, et ne pas reconnaître les sons que rend une belle âme à ses côtés. Les caprices produits par les infirmités physiques se rencontrent également dans l'ordre moral. Cette bonne créature, qui se désolait de ne faire ses confitures que pour elle et pour son vieil oncle, était devenue presque ridicule. Ceux qui se sentaient pris de sympathie pour elle à cause de ses qualités, et quelques-uns à cause de ses défauts, se moquaient de ses mariages manqués. Dans plus d'une conversation on se demandait ce que deviendraient de si beaux biens, et les économies de mademoiselle Cormon, et la succession de son oncle. Depuis long-temps elle était soupçonnée d'être au fond, malgré les apparences, une *fille originale*. En province il n'est pas permis d'être original : c'est avoir des idées incomprises par les autres, et l'on y veut l'égalité de l'esprit aussi bien que l'égalité des mœurs. Le mariage de mademoiselle Cormon était devenu dès 1804 quelque chose de si problématique que *se marier comme mademoiselle Cormon* fut dans Alençon une phrase proverbiale qui équivalait à la plus railleuse des négations. Il faut que l'esprit moqueur soit un des plus impérieux besoins de la France pour que cette excellente personne excitât quelques railleries dans Alençon. Non-seulement elle recevait toute la ville, elle était charitable, pieuse et incapable de dire une méchanceté ; mais encore elle concordait à l'esprit général et aux mœurs des habitants qui l'aimaient comme le plus pur symbole de leur vie ; car elle s'était encroûtée dans les habitudes de la province, elle n'en était jamais sortie, elle en avait les préjugés, elle en épousait les intérêts, elle l'adorait. Malgré ses dix-huit mille livres de rente en fonds de terre, fortune considérable en province, elle restait à l'unisson des maisons moins riches. Quand elle se rendait à sa terre du Prébaudet, elle y allait dans une vieille carriole d'osier, suspendue sur deux soupentes en cuir blanc, attelée d'une grosse jument poussive, et que fermaient à peine deux rideaux de cuir rougi par le temps. Cette carriole, connue de toute la ville, était soignée par Jacquelin autant que le plus beau coupé de Paris : mademoiselle y tenait, elle s'en servait depuis douze ans, elle faisait observer ce fait avec la joie triomphante de l'avarice heureuse. La plupart des habitants savaient gré à mademoiselle Cormon de ne pas les humilier par le luxe qu'elle aurait pu afficher ; il est même à croire que, si elle avait fait venir de Paris une calèche, on en aurait plus glosé que de ses mariages manqués. La plus brillante voiture d'ailleurs l'aurait conduite au Prébaudet tout comme la vieille carriole. Or, la Province, qui voit toujours la fin, s'inquiète assez peu de la beauté des moyens, pourvu qu'ils soient efficients.

Pour achever la peinture des mœurs intimes de cette maison, il est nécessaire de grouper, autour de mademoiselle Cormon et de l'abbé de Sponde, Jacquelin, Josette et Mariette la cuisinière qui s'employaient au bonheur de l'oncle et de la nièce. Jacquelin, homme de quarante ans, gros et court, rougeot, brun, à figure de matelot breton, était au service de la maison depuis vingt-deux ans. Il servait à table, il pansait la jument, il jardinait, il cirait les souliers de l'abbé, faisait les commissions, sciait le bois, conduisait la carriole, allait chercher l'avoine, la paille et le foin au

Prébaudet; il restait à l'antichambre le soir, endormi comme un loir. Il aimait, dit-on, Josette, fille de trente-six ans, que mademoiselle Cormon aurait renvoyée si elle se fût mariée. Aussi ces deux pauvres gens amassaient-ils leurs gages et s'aimaient-ils en silence, attendant et désirant le mariage de mademoiselle, comme les Juifs attendent le Messie. Josette, née entre Alençon et Mortagne, était petite et grasse, sa figure, qui ressemblait à un abricot crotté, ne manquait ni de physionomie ni d'esprit; elle passait pour gouverner sa maîtresse. Josette et Jacquelin, sûrs d'un dénoûment, cachaient une satisfaction qui faisait présumer que ces deux amants s'escomptaient l'avenir. Mariette, la cuisinière, également depuis quinze ans dans la maison, savait accommoder tous les plats en honneur dans le pays.

Peut-être faudrait-il compter pour beaucoup la grosse vieille jument normande bai-brun qui traînait mademoiselle Cormon à sa campagne du Prébaudet, car les cinq habitants de cette maison portaient à cette bête une affection maniaque. Elle s'appelait Pénélope, et servait depuis dix-huit ans; elle était si bien soignée, servie avec tant de régularité que Jacquelin et mademoiselle espéraient en tirer parti pendant plus de dix ans encore. Cette bête était un perpétuel sujet de conversation et d'occupation: il semblait que la pauvre mademoiselle Cormon, n'ayant point d'enfant à qui sa maternité rentrée pût se prendre, la reportât sur ce bienheureux animal. Pénélope avait empêché mademoiselle d'avoir des serins, des chats, des chiens, famille fictive que se donnent presque tous les êtres solitaires au milieu de la société.

Ces quatre fidèles serviteurs, car l'intelligence de Pénélope s'était élevée jusqu'à celle de ces bons domestiques, tandis qu'ils s'étaient abaissés jusqu'à la régularité muette et soumise de la bête, allaient et venaient chaque jour dans les mêmes occupations avec l'infaillibilité de la mécanique. Mais, comme ils le disaient dans leur langage, ils avaient mangé leur pain blanc en premier. Mademoiselle Cormon, comme toutes les personnes nerveusement agitées par une pensée fixe, devenait difficile, tracassière, moins par caractère que par le besoin d'employer son activité. Ne pouvant s'occuper d'un mari, d'enfants et des soins qu'ils exigent, elle s'attaquait à des minuties. Elle parlait pendant des heures entières sur des riens, sur une douzaine de serviettes numérotées Z qu'elle trouvait mises avant l'O.

— A quoi pense donc Josette ! s'écriait-elle. Josette ne prend donc garde à rien ?

Mademoiselle demandait pendant huit jours si Pénélope avait eu son avoine à deux heures, parce qu'une seule fois Jacquelin s'était attardé. Sa petite imagination travaillait sur des bagatelles. Une couche de poussière oubliée par le plumeau, des tranches de pain mal grillées par Mariette, le retard apporté par Jacquelin à venir fermer les fenêtres sur lesquelles donnait le soleil dont les rayons mangeaient les couleurs du meuble, toutes ces grandes petites choses engendraient de graves querelles où mademoiselle s'emportait. Tout changeait donc, s'écriait-elle, elle ne reconnaissait plus ses serviteurs d'autrefois ; ils se gâtaient, elle était trop bonne. Un jour Josette lui donna la *Journée du Chrétien* au lieu de la *Quinzaine de Pâques*. Toute la ville apprit le soir ce malheur. Mademoiselle avait été forcée de revenir de Saint-Léonard chez elle, et son départ subit de l'église, où elle avait dérangé toutes les chaises, fit supposer des énormités. Elle fut donc obligée de dire à ses amis la cause de cet accident.

— Josette, avait-elle dit avec douceur, que pareille chose n'arrive plus !

Mademoiselle Cormon était, sans s'en douter, très-heureuse de ces petites querelles qui servaient d'émonctoire à ses acrimonies. L'esprit a ses exigences ; il a, comme le corps, sa gymnastique. Ces inégalités d'humeur furent acceptées par Josette et Jacquelin, comme les intempéries de l'atmosphère le sont par le laboureur. Ces trois bonnes gens disaient : « Il fait beau temps ou il pleut ! » sans accuser le ciel. Parfois, en se levant, le matin dans la cuisine, ils se demandaient dans quelle humeur se lèverait mademoiselle, comme un fermier consulte les brumes de l'aurore. Enfin, nécessairement mademoiselle Cormon avait fini par se contempler elle-même dans les infiniment petits de sa vie. Elle et Dieu, son confesseur et ses lessives, ses confitures à faire et les offices à entendre, son oncle à soigner avaient absorbé sa faible intelligence. Pour elle, les atomes de la vie se grossissaient en vertu d'une optique particulière aux gens égoïstes par nature ou par hasard. Sa santé si parfaite donnait une valeur effrayante au moindre embarras survenu dans les tubes digestifs. Elle vivait d'ailleurs sous la férule de la médecine de nos aïeux, et prenait par an quatre médecines de précaution à faire crever Pénélope, mais qui la ragaillardissaient. Si Josette, en l'habillant, trouvait un léger bouton épanoui sur les omoplates encore satinées de mademoiselle, c'était un sujet d'énormes perquisitions dans les différents bols alimentaires de la semaine. Quel triomphe si Josette rappelait à sa maîtresse un certain lièvre trop ardent qui avait dû faire lever ce damné bouton. Avec quelle joie toutes deux disaient : — Il n'y a pas de doute, c'est le lièvre.

— Mariette l'avait trop épicé, reprenait mademoiselle, je lui dis toujours de *faire doux* pour mon oncle et pour moi, mais Mariette n'a pas plus de mémoire que...

— Que le lièvre, disait Josette.

— C'est vrai, répondait mademoiselle, elle n'a pas plus de mémoire que le lièvre, tu as bien trouvé cela.

Quatre fois par an, au commencement de chaque saison, mademoiselle Cormon allait passer un certain nombre de jours à sa terre du Prébaudet. On était alors à la mi-mai, époque à laquelle mademoiselle Cormon voulait voir si ses pommiers avaient bien *neigé*, mot du pays qui exprime l'effet produit sous ces arbres par la chute de leurs fleurs. Quand l'amas circulaire des pétales tombés ressemble à une couche de neige, le propriétaire peut espérer une abondante récolte de cidre. En même temps qu'elle jaugeait ainsi ses tonneaux, mademoiselle Cormon veillait aux réparations que l'hiver avait nécessitées ; elle ordonnait les façons de son jardin et de son verger, d'où elle tirait de nombreuses provisions. Chaque saison avait sa nature d'affaires. Mademoiselle donnait avant son départ un dîner d'adieu à ses fidèles, quoiqu'elle dût les retrouver trois semaines après. C'était toujours une nouvelle qui retentissait dans Alençon que le départ de mademoiselle Cormon. Ses habitués, en retard d'une visite, venaient alors la voir ; son appartement de réception était plein ; chacun lui souhaitait un bon voyage comme si elle eût dû faire route pour Calcutta. Puis le lendemain matin, les marchands étaient sur le pas de leurs portes. Petits et grands regardaient passer la carriole, et il semblait qu'on s'apprît une nouvelle en se répétant les uns aux autres : — Mademoiselle Cormon va donc au Prébaudet!

Par ici, l'un disait : — *Elle a du pain de cuit*, celle-là.

— Hé, mon gars, répondait le voisin, c'est une brave personne ; si le bien tombait toujours en de pareilles mains, le pays ne verrait pas un mendiant....

Par là, un autre : — Tiens, tiens, je ne m'étonne pas si nos vignobles de haute futaie sont en fleurs, voilà mademoiselle Cormon qui part pour le Prébaudet. D'où vient qu'elle se marie si peu ?

— Je l'épouserais bien tout de même, répondait un plaisant : le mariage est à moitié fait, il y a une partie de consentante ; mais l'autre ne veut pas. Bah ! c'est pour monsieur du Bousquier que le four chauffe !

— Monsieur du Bousquier ?... elle l'a refusé.

Le soir, dans toutes les réunions, on se disait gravement : — Mademoiselle Cormon est partie.

Ou : — Vous avez donc laissé partir mademoiselle Cormon ?

Le mercredi choisi par Suzanne pour son esclandre était, par un effet du hasard, ce mercredi d'adieu, jour où mademoiselle Cormon faisait tourner la tête à Josette pour les paquets à emporter. Donc, pendant la matinée, il s'était dit et passé des choses en ville qui prêtaient le plus vif intérêt à cette assemblée d'adieu. Madame Granson était allée sonner la cloche dans dix maisons, pendant que la vieille fille délibérait sur les encas de son voyage, et que le malin chevalier de Valois faisait un piquet chez mademoiselle Armande de Gordes, sœur du vieux marquis de Gordes dont elle tenait la maison, et qui était la reine du salon aristocratique.

S'il n'était indifférent pour personne de voir quelle figure ferait le séducteur pendant la soirée, il était important pour le chevalier et pour madame Granson de savoir comment mademoiselle Cormon prendrait la nouvelle en sa double qualité de fille nubile et de présidente de la Société de Maternité. Quant à l'innocent du Bousquier, il se promenait sur le Cours en commençant à croire que Suzanne l'avait joué : ce soupçon le confirmait dans ses principes à l'endroit des femmes. Dans ces jours de gala, la table était déjà mise vers trois heures et demie ; car en ce temps le monde fashionable d'Alençon dînait, par extraordinaire, à quatre heures. On y dînait encore, sous l'Empire, à deux heures après midi, comme jadis ; mais l'on soupait ! Un des plaisirs que mademoiselle Cormon savourait le plus, sans y entendre malice, mais qui certes reposait sur l'égoïsme, consistait dans l'indicible satisfaction qu'elle éprouvait à se voir habillée comme l'est une maîtresse de maison qui va recevoir ses hôtes. Quand elle s'était ainsi mise sous les armes, il se glissait dans les ténèbres de son cœur un rayon d'espoir : une voix lui disait que la nature ne l'avait pas si abondamment pourvue en vain, et qu'il allait se présenter un homme entreprenant. Son désir se rafraîchissait comme elle avait rafraîchi son corps ; elle se contemplait dans sa double étoffe avec une sorte d'ivresse, puis cette satisfaction se continuait alors qu'elle descendait pour donner son redoutable coup d'œil au salon, au cabinet et au boudoir. Elle s'y promenait avec le contentement naïf du riche qui pense à tout moment qu'il est riche et ne manquera jamais de rien. Elle regardait ses meubles éternels, ses antiquités, ses laques; elle se disait que de si belles choses voulaient un maître. Après avoir admiré la salle à manger, remplie par la table oblongue où s'étendait une nappe de neige ornée d'une vingtaine de couverts placés à des distances égales ; après avoir vérifié l'escadron de bouteilles qu'elle avait indiquées, et qui montraient d'honorables étiquettes; après avoir méticuleusement vérifié les noms écrits sur de petits papiers par la main tremblante de l'abbé, seul soin qu'il prît dans le ménage et qui donnait lieu à de graves discussions sur la place de chaque convive ; alors mademoiselle allait, dans ses atours, rejoindre son oncle, qui, vers ce moment le plus joli de la journée, se promenait sur la terrasse, le long de la Brillante, en écoutant le ramage des oiseaux nichés dans le couvert sans avoir à craindre les chasseurs ou les enfants. Durant ces heures d'attente, elle n'abordait jamais l'abbé de Sponde sans lui faire quelques questions saugrenues, afin d'entraîner le bon vieillard dans une discussion qui pût l'amuser. Voici pourquoi, car cette particularité doit achever de peindre le caractère de cette excellente fille.

Mademoiselle Cormon regardait comme un de ses devoirs de parler : non qu'elle fût bavarde, elle avait malheureusement trop peu d'idées et savait trop peu de phrases pour discourir ; mais elle croyait accomplir ainsi l'un des devoirs sociaux prescrits par la religion qui nous ordonne d'être agréable à notre prochain. Cette obligation lui coûtait tant qu'elle avait consulté son directeur, l'abbé Couturier, sur ce point de civilité puérile et honnête. Malgré l'humble observation de sa pénitente qui lui avoua la rudesse du travail intérieur auquel se livrait son esprit pour trouver quelque chose à dire, ce vieux prêtre, si ferme sur la discipline, lui avait lu tout un passage de saint François de Sales sur les devoirs de la femme du monde, sur la décente gaieté des pieuses chrétiennes qui devaient réserver leur sévérité pour elles-mêmes et se montrer aimables chez elles et faire que le prochain ne s'y ennuyât point. Ainsi pénétrée de ses devoirs, et voulant à tout prix obéir à son directeur qui lui avait dit de causer avec aménité, quand la pauvre fille voyait la conversation s'allanguir, elle suait dans son corset, tant elle souffrait en essayant d'émettre des idées pour ranimer les discussions éteintes. Elle lâchait alors des propositions étranges, comme celle-ci : *personne ne peut se trouver dans deux endroits à la fois, à moins d'être petit oiseau*, par laquelle, un jour, elle réveilla, non sans succès, une discussion sur l'ubiquité des apôtres à laquelle elle n'avait rien compris. Ces sortes de *rentrées* lui méritaient dans sa société le surnom de *la bonne mademoiselle Cormon*. Dans la bouche des beaux esprits de la société, ce mot voulait dire qu'elle était ignorante comme une carpe, et un peu *bestiote* ; mais beaucoup de personnes de sa force prenaient l'épithète dans son vrai sens et répondaient : — Oh, oui ! mademoiselle Cormon est excellente. Parfois, elle faisait des questions si absurdes, toujours pour être agréable à ses hôtes et remplir ses devoirs envers le monde, que le monde éclatait de rire. Elle demandait, par exemple, ce que le gouvernement faisait des impositions qu'il recevait depuis si long-temps. Pourquoi la Bible n'avait pas été imprimée du temps de Jésus-Christ, puisqu'elle était de Moïse. Elle était de la force de ce *country gentleman* qui, entendant toujours parler de la Postérité à la Chambre des Communes, se leva pour faire ce *speech* devenu célèbre :

— Messieurs, j'entends toujours parler ici de la Postérité, je voudrais bien savoir ce que cette puissance a fait pour l'Angleterre ? »

Dans ces circonstances, l'héroïque chevalier de Valois amenait au secours de la vieille fille toutes les forces de sa spirituelle diplomatie en voyant le sourire qu'échangeaient d'impitoyables demi-savants. Le vieux gentilhomme, qui aimait à enrichir les femmes, prêtait de l'esprit à mademoiselle Cormon en la soutenant paradoxalement ; il en couvrait si bien la retraite, que parfois la vieille fille semblait ne pas avoir dit une sottise. Elle avoua sérieusement un jour qu'elle ne savait pas quelle différence il y avait entre les bœufs et les taureaux. Le ravissant chevalier arrêta les éclats de rire en répondant que les bœufs ne pouvaient jamais être que les oncles des taures (nom de la génisse en patois). Une autre fois, entendant beaucoup parler des élèves et des difficultés que ce commerce présentait, conversation qui revenait souvent dans un pays où se trouve le superbe haras du Pin, elle comprit que les chevaux provenaient des *montes*, et demanda *pourquoi l'on ne faisait pas deux montes par an?* Le chevalier attira les rires sur lui.

— C'est très-possible, dit-il.

Les assistants l'écoutèrent.

— La faute, reprit-il, vient des naturalistes qui n'ont pas encore su contraindre les juments à porter moins de onze mois.

La pauvre fille ne savait pas plus ce qu'était une monte qu'elle ne savait reconnaître un bœuf d'un taureau. Le chevalier de Valois servait une ingrate : jamais mademoiselle Cormon ne comprit un seul de ses chevaleresques services. En voyant la conversatio ranimée, elle ne se trouvait pas si bête qu'elle pensait l'être. Enfin, un jour, elle s'établit dans son ignorance, comme le duc de Brancas, le héros du distrait, se posa dans le fossé où il avait versé, et y prit si bien ses aises, que quand on vint l'en retirer, il demanda ce qu'on lui voulait. Depuis cette époque assez récente, mademoiselle de Cormon perdit sa crainte, elle eut un aplomb qui donnait à ses rentrées quelque chose de la solennité avec laquelle les Anglais accomplissent leurs niaiseries patriotiques et qui est comme la fatuité de la bêtise. En arrivant auprès de son oncle d'un pas magistral, elle ruminait donc une question à lui faire pour le tirer de ce silence qui la peinait toujours, car elle le croyait ennuyé.

— Mon oncle, lui dit-elle en se pendant à son bras et se collant joyeusement à son côté (c'était encore une de ses fictions, elle pensait : — Si j'avais un mari, je serais ainsi !); mon oncle, si tout arrive ici-bas par la volonté de Dieu, il y a donc une raison de toute chose ?

— Certes, fit gravement l'abbé de Sponde qui chérissant sa nièce se laissait toujours arracher à ses méditations avec une patience angélique.

— Alors, si je reste fille, une supposition, Dieu le veut ?

— Oui, mon enfant, dit l'abbé.

— Mais, cependant, comme rien ne m'empêche de me marier demain, sa volonté peut être détruite par la mienne ?

— Cela serait vrai, si nous connaissions la véritable volonté de Dieu, répondit l'ancien prieur de Sorbonne. Remarque donc ma fille que tu mets un *si ?*

La pauvre fille, qui avait espéré entraîner son oncle dans une discussion matrimoniale par un argument *ad omnipotentem*, resta stupéfaite ; mais les personnes dont l'esprit est obtus suivent la terrible logique des enfants qui consiste à aller de réponse en demande, logique souvent embarrassante.

— Mais, mon oncle, Dieu n'a pas fait les femmes pour qu'elles restent filles; car, elles doivent être ou toutes filles, ou toutes femmes. Il y a de l'injustice dans la distribution des rôles.

— Ma fille, dit le bon abbé, tu donnes tort à l'Église qui prescrit le célibat comme la meilleure voie pour aller à Dieu.

— Mais si l'Église a raison, et que tout le monde fût bon catholique, le genre humain finirait donc, mon oncle?

— Tu as trop d'esprit, Rose, il n'en faut pas tant pour être heureuse.

Un mot pareil excitait un sourire de satisfaction sur les lèvres de la pauvre fille, et la confirmait dans la bonne opinion qu'elle commençait à prendre d'elle-même. Et voilà comment le monde, comment nos amis et nos ennemis sont les complices de nos défauts! En ce moment, l'entretien fut interrompu par l'arrivée successive des convives. Dans ces jours d'apparat, cette scène locale amenait de petites familiarités entre les gens de la maison et les personnes invitées. Mariette disait au Président du Tribunal, gourmand de haut bord, en le voyant passer : — Ah! monsieur du Ronceret, j'ai fait les choux-fleurs au gratin à votre intention, car mademoiselle sait combien vous les aimez, et m'a dit : — Ne les manque pas, Mariette, nous avons monsieur le Président.

— Cette bonne demoiselle Cormon! répondit le justicier du pays. Mariette, les avez-vous mouillés avec du jus au lieu de bouillon? c'est plus onctueux!

Le Président ne dédaignait point d'entrer dans la chambre du conseil où Mariette rendait ses arrêts, il y jetait le coup d'œil du gastronome et l'avis du maître.

— Bonjour, madame, disait Josette à madame Granson qui courtisait la femme de chambre, mademoiselle a bien pensé à vous, vous aurez un plat de poisson.

Quant au chevalier de Valois, il disait à Mariette, avec le ton léger d'un grand seigneur qui se familiarise : — Eh! bien, cher cordon bleu, à qui je donnerais la croix de la légion-d'honneur, y a-t-il quelque fin morceau pour lequel il faille se réserver?

— Oui, oui, monsieur de Valois, un lièvre envoyé du Prébaudet, il pesait quatorze livres.

— Bonne fille ! disait le chevalier en confirmant Josette. Ah ! il pèse quatorze livres !

Du Bousquier n'était pas invité. Mademoiselle Cormon, fidèle au système que vous savez, traitait mal ce quinquagénaire, pour qui elle éprouvait d'inexplicables sentiments attachés aux plus profonds replis de son cœur. Quoiqu'elle l'eût refusé, parfois elle s'en repentait ; elle avait tout ensemble comme un pressentiment qu'elle l'épouserait, et une terreur qui l'empêchait de souhaiter ce mariage. Son âme, stimulée par ces idées, se préoccupait de du Bousquier. Sans se l'avouer, elle était influencée par les formes herculéennes du républicain. Quoiqu'ils ne s'expliquassent pas les contradictions de mademoiselle Cormon, madame Granson et le chevalier de Valois avaient surpris de naïfs regards coulés en dessous, dont la signification était assez claire pour que tous deux essayassent de ruiner les espérances déjà déjouées de l'ancien fournisseur, et qu'il avait certes conservées. Deux convives, que leurs fonctions excusaient par avance, se faisaient attendre : l'un était monsieur du Coudrai, le conservateur des hypothèques ; l'autre, monsieur Choisnel, ancien intendant de la maison de Gordes, le notaire de la haute aristocratie par laquelle il était reçu avec une distinction que lui méritaient ses vertus, et qui d'ailleurs avait une fortune considérable. Quand ces deux retardataires arrivèrent, Jacquelin leur dit : en les voyant aller au salon : — *Ils* sont tous au jardin.

Sans doute les estomacs étaient impatients, car, à l'aspect du conservateur des hypothèques, un des hommes les plus aimables de la ville, et qui n'avait que le défaut d'avoir épousé, pour sa fortune, une vieille femme insupportable et de commettre d'énormes calembours dont il riait le premier ; il s'éleva le léger brouhaha par lequel s'accueillent les derniers venus en semblable occurrence. En attendant l'annonce officielle du service, la compagnie se promenait sur la terrasse, le long de la Brillante, en regardant les herbes fluviatiles, la mosaïque du lit, et les détails si jolis des maisons accroupies sur l'autre rive, les vieilles galeries de bois, les fenêtres aux appuis en ruines, les étais obliques de quelque chambre en avant sur la rivière, les jardinets où séchaient des guenilles, l'atelier du menuisier, enfin ces misères de petite ville auxquelles le voisinage des eaux, un saule pleureur penché, des fleurs, un rosier communiquent je ne sais quelle grâce, digne des paysagistes. Le chevalier étudiait toutes les figures, car il avait appris que son brûlot s'était très-heureusement attaché aux meilleures coteries de la ville ; mais personne ne parlait encore à haute voix de cette grande nouvelle, de Suzanne et de du Bousquier. Les gens de province possèdent au plus haut degré l'art de distiller les cancans : le moment pour s'entretenir de cette étrange aventure n'était pas arrivé, il fallait que chacun se fût recordé. Donc on se disait à l'oreille :— Vous savez ?

— Oui.

— Du Bousquier ?

— Et la belle Suzanne.

— Mademoiselle Cormon n'en sait rien.

— Non.

— Ah !

C'était le *piano* du cancan dont le *rinforzando* allait éclater quand on en serait à déguster la première entrée. Tout-à-coup monsieur de Valois avisa madame Granson qui avait arboré son chapeau vert à bouquets d'oreilles d'ours, et dont la figure pétillait. Était-ce envie de commencer le concert? Quoiqu'une semblable nouvelle fût comme une mine d'or à exploiter dans la vie monotone de ces personnages, l'observateur et défiant chevalier crut reconnaître chez cette bonne femme l'expression d'un sentiment plus étendu : la joie causée par le triomphe d'un intérêt personnel !.... Aussitôt il se retourna pour examiner Athanase, et le surprit dans le silence significatif d'une concentration profonde. Bientôt, un regard jeté par le jeune homme sur le corsage de mademoiselle Cormon, lequel ressemblait assez à deux timbales de régiment, porta dans l'âme du chevalier une lueur subite. Cet éclair lui permit d'entrevoir tout le passé.

— Ah! diantre, se dit-il, à quel coup de caveçon je suis exposé!

Monsieur de Valois se rapprocha de mademoiselle Cormon pour pouvoir lui donner le bras en la conduisant à la salle à manger. La vieille fille avait pour le chevalier une considération respectueuse; car certes son nom et la place qu'il occupait parmi les constellations aristocratiques du Département en faisaient le plus brillant ornement de son salon. Dans son for intérieur, depuis douze ans, mademoiselle Cormon désirait devenir madame de Valois. Ce nom était comme une branche à laquelle s'attachaient les idées qui *essaimaient* de sa cervelle touchant la noblesse, le rang et les qualités extérieures d'un parti; mais si le chevalier de Valois était l'homme choisi par le cœur, par l'esprit, par l'ambition, cette vieille ruine, quoique peignée comme le saint Jean d'une procession, effrayait mademoiselle Cormon : si elle voyait un gentilhomme en lui, la fille ne voyait pas de mari. L'indifférence affectée par le chevalier en fait de mariage, et surtout la prétendue pureté de ses mœurs dans une maison pleine de grisettes, faisaient un tort énorme à monsieur de Valois, contrairement à ses prévisions. Ce gentilhomme, qui avait vu si juste dans l'affaire de la rente viagère, se trompait en ceci. Sans qu'elle s'en doutât, les pensées de mademoiselle Cormon sur le trop sage chevalier pouvaient se traduire par ce mot : — Quel dommage qu'il ne soit pas un peu libertin! Les observateurs du cœur humain ont remarqué le penchant des dévotes pour les mauvais sujets, en s'étonnant de ce goût qu'ils croient opposé à la vertu chrétienne. D'abord, quelle plus belle destinée donneriez-vous à la femme vertueuse que celle de purifier à la manière du charbon les eaux troubles du vice? Mais comment n'a-t-on pas vu que ces nobles créatures, réduites par la rigidité de leurs principes à ne jamais enfreindre la fidélité conjugale, doivent naturellement désirer un mari de haute expérience pratique! Les mauvais sujets sont des grands hommes en amour. Ainsi, la pauvre fille gémissait de trouver son vase d'élection cassé en deux morceaux. Dieu seul pouvait souder le chevalier de Valois et du Bousquier. Pour bien faire comprendre l'importance du peu de mots que le chevalier et mademoiselle Cormon allaient se dire, il est nécessaire d'exposer deux graves affaires qui s'agitaient dans la ville, et sur lesquelles les opinions étaient divisées. Du Bousquier, d'ailleurs, s'y trouvait mystérieusement mêlé.

L'une concernait le curé d'Alençon, qui jadis avait prêté le serment constitutionnel, et qui vainquait en ce moment les répugnances catholiques en déployant les plus hautes vertus. Ce fut un Cheverus au petit pied, et si bien apprécié, qu'à sa mort la ville entière le pleura. Mademoiselle Cormon et l'abbé de Sponde appartenaient à cette Petite-Église sublime dans son orthodoxie, et qui fut à la cour de Rome ce que les ultras allaient être à Louis XVIII. L'abbé surtout ne reconnaissait pas l'Église qui avait transigé forcément avec les constitutionnels. Ce curé n'était point reçu dans la maison Cormon, dont les sympathies étaient acquises au desservant de Saint-Léonard, la paroisse aristocratique d'Alençon. Du

Bousquier, ce libéral enragé caché sous la peau du royaliste, savait combien les points de ralliement sont nécessaires aux mécontents qui sont le fond de boutique de toutes les Oppositions, et il avait déjà groupé les sympathies de la classe moyenne autour de ce curé. Voici la seconde affaire. Sous l'inspiration secrète de ce diplomate grossier, l'idée de bâtir un théâtre était éclose dans la ville d'Alençon. Les Séides de du Bousquier ne connaissaient pas leur Mahomet, mais ils n'en étaient que plus ardents en croyant défendre leur propre conception. Athanase était un des plus chauds partisans de la construction d'une salle de spectacle, et, depuis quelques jours, il plaidait dans les bureaux de la Mairie pour une cause que tous les jeunes gens avaient épousée. Le gentilhomme offrit à la vieille fille son bras pour se promener; elle l'accepta, non sans le remercier, par un regard heureux de cette attention, et auquel le chevalier répondit en montrant Athanase d'un air fin.

— Mademoiselle, vous qui portez un si grand sens dans l'appréciation des convenances sociales, et à qui ce jeune homme tient par quelques liens...

— Très-éloignés, dit-elle en l'interrompant.

— Ne devriez-vous pas, dit le chevalier en continuant, user de l'ascendant que vous avez sur sa mère et sur lui pour l'empêcher de se perdre? Il n'est pas déjà très-religieux, il tient pour l'assermenté; mais ceci n'est rien. Voici quelque chose de beaucoup plus grave, ne se jette-t-il pas en étourdi dans une voie d'opposition sans savoir quelle influence sa conduite actuelle exercera sur son avenir! Il intrigue pour la construction du théâtre; il est, dans cette affaire, la dupe de ce républicain déguisé, de du Bousquier...

— Mon Dieu! monsieur de Valois, répondit-elle, sa mère me dit qu'il a de l'esprit, et il ne sait pas dire *deux*; il est toujours planté devant vous comme un *terne*...

— *Qui ne* pense à rien! s'écria le Conservateur des hypothèques. Je l'ai saisi au vol, celui-là! Je présente mes *devoares* au chevalier de Valois, ajouta-t-il en saluant le gentilhomme avec l'emphase attribuée par Henri Monnier à Joseph Prud'homme, l'admirable type de la classe à laquelle appartenait le Conservateur des hypothèques.

Monsieur de Valois rendit le salut sec et protecteur du noble qui maintient sa distance; puis il remorqua mademoiselle Cormon à quelques pots de fleurs plus loin, pour faire comprendre à l'interrupteur qu'il ne voulait pas être espionné.

— Comment voulez-vous, dit le chevalier à voix basse en se penchant à l'oreille de mademoiselle Cormon, que les jeunes gens élevés dans ces détestables lycées impériaux aient des idées? C'est les bonnes mœurs et les nobles habitudes qui produisent les grandes idées et les belles amours. Il n'est pas difficile, en le voyant, de deviner que ce pauvre garçon deviendra tout à fait imbécile, et mourra tristement. Voyez comme il est pâle, hâve?.

— Sa mère prétend qu'il travaille beaucoup trop, répondit innocemment la vieille fille; il passe les nuits, mais à quoi? à lire des livres, à écrire. Quel état cela peut-il donner à un jeune homme d'écrire pendant la nuit?

— Mais cela l'épuise, reprit le chevalier en essayant de ramener la pensée de la vieille fille sur le terrain où il espérait lui voir prendre Athanase en horreur. Les mœurs de ces lycées impériaux étaient vraiment horribles.

— Oh! oui, dit l'ingénue mademoiselle Cormon. Ne les menait-on pas promener avec les tambours en tête? Leurs maîtres n'avaient pas autant de religion qu'en ont les païens. Et on mettait ces pauvres enfants en uniforme, absolument comme les troupes. Quelles idées!

— Voilà quels en sont les produits, dit le chevalier en montrant Athanase. De mon temps, un jeune homme aurait-il jamais eu honte de regarder une jolie femme : et il baisse les yeux quand il vous voit! Ce jeune homme m'effraie parce qu'il m'intéresse. Dites-lui de ne pas intriguer avec les bonapartistes comme il fait pour cette salle de spectacle; quand ces petits jeunes gens ne la demanderont pas insurrectionnellement, car ce mot est pour moi le synonyme de constitutionnellement, l'autorité la construira. Puis, dites à sa mère de veiller sur lui.

— Oh! elle l'empêchera de voir ces gens en demi-solde et la mauvaise société, j'en suis sûre. Je vais lui parler, dit mademoiselle Cormon, car il pourrait perdre sa place à la Mairie. Et de quoi lui et sa mère vivraient-ils?.... Cela fait frémir.

Comme monsieur de Talleyrand le disait de sa femme, le chevalier se dit en lui-même, en regardant mademoiselle Cormon : — Qu'on m'en trouve une plus bête? Foi de gentilhomme! la vertu qui ôte l'intelligence n'est-elle pas un vice? Mais quelle adorable femme pour un homme de mon âge! Quels principes! quelle ignorance!

Comprenez bien que ce monologue adressé à la princesse Goritza se fit en préparant une prise de tabac.

Madame Granson avait deviné que le chevalier parlait d'Athanase. Empressée de connaître le résultat de cette conversation, elle suivit mademoiselle Cormon qui marchait vers le jeune homme en mettant six pieds de dignité en avant d'elle. Mais en ce moment Jacquelin vint annoncer que mademoiselle était servie. La vieille fille fit par un regard un appel au chevalier. Le galant Conservateur des hypothèques, qui commençait à voir dans les manières du gentilhomme la barrière que vers ce temps les nobles de province exhaussaient entre eux et la bourgeoisie, fut ravi de primer le chevalier; il était près de mademoiselle Cormon, il arrondit son bras en le lui présentant, elle fut forcée de l'accepter. Le chevalier se précipita, par politique, sur madame Granson.

— Mademoiselle Cormon, lui dit-il en marchant avec lenteur après tous les convives, ma chère dame, porte le plus vif intérêt à votre cher Athanase, mais cet intérêt s'évanouit par la faute de votre fils : il est irréligieux et libéral, il s'agite pour ce théâtre, il fréquente les bonapartistes, il s'intéresse au curé constitutionnel. Cette conduite peut lui faire perdre sa place à la Mairie. Vous savez avec quel soin le gouvernement du roi s'épure! Où votre cher Athanase, une fois destitué, trouvera-t-il de l'emploi? Qu'il ne se fasse pas mal voir de l'Administration.

— Monsieur le chevalier, dit la pauvre mère effrayée, combien ne vous dois-je pas de reconnaissance! Vous avez raison, mon fils est la dupe d'une mauvaise clique, et je vais l'éclairer.

Le chevalier avait par un seul regard pénétré depuis long-temps la nature d'Athanase, il avait reconnu chez lui l'élément peu malléable des convictions républicaines auxquelles à cet âge un jeune homme sacrifie tout, épris par ce mot de *liberté* si mal défini, si peu compris, mais qui, pour les gens dédaignés, est un drapeau de révolte; et, pour eux, la révolte est la vengeance. Athanase devait persister dans sa foi, car ses opinions étaient tissues avec ses douleurs d'artiste, avec ses amères contemplations de l'État Social. Il ignorait qu'à trente-six ans, à l'époque où l'homme a jugé les hommes, les rapports et les intérêts sociaux, les opinions pour lesquels il a d'abord sacrifié son avenir doivent se modifier chez lui, comme chez tous les hommes vraiment supérieurs. Rester fidèle au Côté Gauche d'Alençon, c'était gagner l'aversion de mademoiselle Cormon. Là, le chevalier voyait juste. Ainsi cette société, si paisible en apparence, était intestinement aussi agitée que peuvent l'être les cercles diplomatiques où la ruse, l'habileté, les passions, les intérêts se groupent autour des plus graves questions d'empire à empire.

Les convives bordaient enfin cette table chargée du premier service, et chacun mangeait comme on mange en province, sans honte d'avoir un bon appétit, et non comme à Paris où il semble que les mâchoires se meuvent par des lois somptuaires qui prennent à tâche de démentir les lois de l'anatomie. A Paris, on mange du bout des dents, on escamote son plaisir ; tandis qu'en province les choses se passent naturellement, et l'existence s'y concentre peut-être un peu trop sur ce grand et universel moyen d'existence auquel Dieu a condamné ses créatures.

Ce fut à la fin du premier service que mademoiselle Cormon fit la plus célèbre de ses *rentrées*, car on en parla pendant plus de deux ans ; et la chose se conte encore dans les réunions de la petite bourgeoisie d'Alençon quand il est question de son mariage. Là conversation devenue très verbeuse et animée au moment où l'on attaqua la pénultième entrée, s'était naturellement prise à l'affaire du théâtre et à celle du curé assermenté. Dans la première ferveur où le royalisme se trouvait en 1816, ceux que, plus tard, on appela les Jésuites du pays, voulaient expulser l'abbé François de sa cure. Du Bousquier, soupçonné par monsieur de Valois d'être le soutien de ce prêtre, le promoteur de ces intrigues, et sur le dos duquel le gentilhomme les aurait d'ailleurs mises avec son adresse habituelle, était sur la sellette sans avocat pour le défendre. Athanase, le seul convive assez franc pour soutenir du Bousquier, ne se trouvait pas posé pour émettre ses idées devant ces potentats d'Alençon qu'il trouvait d'ailleurs stupides. Il n'y a plus que les jeunes gens de province qui gardent une contenance respectueuse devant les gens d'un certain âge, et n'osent ni les fronder, ni les trop fortement contredire. La conversation, atténuée par l'effet de délicieux canards aux olives, tomba soudain à plat. Mademoiselle Cormon, jalouse de lutter contre ses propres canards, voulut défendre du Bousquier, que l'on représentait comme un pernicieux artisan d'intrigues, capable de *faire battre des montagnes*.

— Moi, dit-elle, je croyais que monsieur du Bousquier ne s'occupait que d'enfantillages.

Dans les circonstances présentes, ce mot eut un prodigieux succès. Mademoiselle Cormon obtint un beau triomphe : elle fit choir la princesse Goritza le nez contre la table. Le chevalier, qui ne s'attendait point à un à-propos chez sa Dulcinée, fut si émerveillé qu'il ne trouva pas tout d'abord de mot assez élogieux ; il applaudit sans bruit, comme on applaudit aux Italiens, en simulant du bout des doigts un applaudissement.

— Elle est adorablement spirituelle, dit-il à madame Granson. J'ai toujours prétendu qu'un jour elle démasquerait son artillerie.

— Mais dans l'intimité elle est charmante, répondit la veuve.

— Dans l'intimité, madame, toutes les femmes ont de l'esprit, reprit le chevalier.

Ce rire homérique une fois apaisé, mademoiselle Cormon demanda la raison de son succès. Alors commença le *forte* du cancan. Du Bousquier fut traduit sous les traits d'un père Gigogne célibataire, d'un monstre qui, depuis quinze ans, entretenait à lui seul l'hospice des Enfants-Trouvés ; l'immoralité de ses mœurs se dévoilait enfin ! elle était digne de ses saturnales parisiennes, etc., etc. Conduite par le chevalier de Valois, le plus habile chef d'orchestre en ce genre, l'ouverture de ce cancan fut magnifique.

— Je ne sais pas, dit-il d'un air plein de bonhomie, ce qui pourrait empêcher un du Bousquier d'épouser une mademoiselle Suzanne *je ne sais qui*, comment la nommez-vous ? Suzette ! Quoique logé chez madame Lardot, je ne connais ces petites filles que de vue. Si cette Suzon est une grande belle fille, impertinente, œil gris, taille fine, petit pied, à laquelle j'ai fait à peine attention, mais dont la démarche m'a paru fort insolente, elle est de beaucoup supérieure comme manières à du Bousquier. D'ailleurs, Suzanne a la noblesse de la beauté ; sous ce rapport, ce mariage serait pour elle une mésalliance. Vous savez que l'empereur Joseph eut la curiosité de voir à Lucienne la du Barry, il lui offrit son bras pour la promener ; la pauvre fille, surprise de tant d'honneur, hésitait à le prendre : — La beauté sera toujours reine, lui dit l'empereur. Remarquez que c'était un Allemand d'Autriche, ajouta le chevalier. Mais, croyez-moi, l'Allemagne, qui passe ici pour très-rustique, est un pays de noble chevalerie et de belles manières, surtout vers la Pologne et la Hongrie, où il se trouve des...

Ici le chevalier s'arrêta, craignant de tomber dans une allusion à son bonheur personnel ; il reprit seulement sa tabatière et confia le reste de l'anecdote à la princesse qui lui souriait depuis trente-six ans.

— Ce mot était fort délicat pour Louis XV, dit du Ronceret.

— Mais il s'agit, je crois, de l'empereur Joseph, reprit mademoiselle Cormon d'un petit air entendu.

— Mademoiselle, dit le chevalier en voyant le Président, le Notaire et le Conservateur échangeant des regards malicieux ; madame du Barry était la Suzanne de Louis XV, circonstance assez connue de mauvais sujets comme nous autres, mais que ne doivent pas savoir les jeunes personnes. Votre ignorance prouve que vous êtes un diamant sans tache : les corruptions historiques ne vous atteignent point.

L'abbé de Sponde regarda gracieusement le chevalier de Valois et inclina la tête en signe d'approbation laudative.

— Mademoiselle ne connaît pas l'Histoire ? dit le Conservateur des hypothèques.

— Si vous me mêlez Louis XV et Suzanne, comment voulez-vous que je sache votre histoire ? répondit angéliquement mademoiselle Cormon joyeuse de voir le plat de canards vide et la conversation si bien ranimée, qu'en entendant ce dernier mot tous ses convives riaient la bouche pleine.

— Pauvre petite ! dit l'abbé de Sponde. Quand un malheur est venu, la Charité, qui est un amour divin, aussi aveugle que l'amour païen, ne doit plus voir la cause. Ma nièce, vous êtes présidente de la Société de Maternité, il faut secourir cette petite fille qui trouvera difficilement à se marier.

— Pauvre enfant ! dit mademoiselle Cormon.

— Croyez-vous que du Bousquier l'épouse ? demanda le Président du tribunal.

— S'il était honnête homme, il le devrait, dit madame Granson ; mais vraiment mon chien a des mœurs plus honnêtes.....

— Azor est cependant un grand fournisseur, dit d'un air fin le Conservateur des hypothèques en essayant de passer du calembour au bon mot.

Au dessert, il était encore question de du Bousquier qui avait donné lieu à mille gentillesses que le vin rendit fulminantes. Chacun, entraîné par le Conservateur des hypothèques, répondait à un calembour par un autre. Ainsi du Bousquier était un *père sévère*, — un *père manant*, — un *père sifflé*, — un *père vert*, — un *père rond*, — un *père foré*, — un *père dû*, — un *père sicaire*. — Il n'était ni *père*, ni *maire*; ni un *révérend père*; il jouait à *pair ou non*; ce n'était pas non plus un *père conscrit*.

— Ce n'est toujours pas un *père nourricier*, dit l'abbé de Sponde avec une gravité qui arrêta le rire.

— Ni un *père noble*, reprit le chevalier de Valois.

L'Église et la Noblesse étaient descendues dans l'arène du calembour en conservant toute leur dignité.

— Chut! fit le Conservateur des hypothèques, j'entends crier les bottes de du Bousquier qui, certes, sont plus que jamais *a revers*.

Il arrive presque toujours qu'un homme ignore les bruits qui courent sur son compte : une ville entière s'occupe de lui, le calomnie ou le tympanise ; s'il n'a pas d'amis, il ne saura rien. Or, l'innocent du Bousquier, du Bousquier qui souhaitait être coupable et désirait que Suzanne n'eût pas menti, du Bousquier fut superbe d'ignorance : personne ne lui avait parlé des révélations de Suzanne, et tout le monde trouvait d'ailleurs inconvenant de le questionner sur une de ces affaires où l'intéressé possède quelquefois des secrets qui l'obligent à garder le silence. Du Bousquier parut donc très-agaçant et légèrement fat, quand la société revint de la salle à manger pour prendre le café dans le salon où quelques personnes étaient déjà venues pour la soirée. Mademoiselle Cormon, conseillée par sa honte, n'osa regarder le terrible séducteur; elle s'était emparée d'Athanase qu'elle moralisait en lui débitant les plus étranges lieux-communs de politique royaliste et de morale religieuse. Ne possédant pas, comme le chevalier de Valois, une tabatière ornée de princesses pour essuyer ces douches de niaiseries, le pauvre poète écoutait d'un air stupide celle qu'il adorait, en regardant son monstrueux corsage qui gardait ce repos absolu, l'attribut des grandes masses. Ses désirs produisaient en lui comme une ivresse qui changeait la petite voix claire de la vieille fille en un doux murmure, et ses plates idées en motifs pleins d'esprit. L'amour est un faux-monnayeur qui change continuellement les gros sous en louis d'or, et qui souvent aussi fait de ses louis des gros sous.

— Eh! bien, Athanase, me le promettez-vous ?

Cette phrase finale frappa l'oreille de l'heureux jeune homme à la manière de ces bruits qui réveillent en sursaut.

— Quoi, mademoiselle? répondit-il.

Mademoiselle Cormon se leva brusquement en regardant du Bousquier qui ressemblait en ce moment à ce gros dieu de la fable que la République mettait sur ses écus; elle s'avança vers madame Granson et lui dit à l'oreille : — Ma pauvre amie, votre fils est idiot! Le lycée l'a perdu, dit-elle en se souvenant de l'insistance avec laquelle le chevalier de Valois avait parlé de la mauvaise éducation des lycées.

Quel coup de foudre! A son insu le pauvre Athanase avait eu l'occasion de jeter ses brandons sur les sarments amassés dans le cœur de la vieille fille; s'il l'eût écoutée, il aurait pu faire comprendre sa passion : car, dans l'agitation où se trouvait mademoiselle Cormon, un seul mot suffisait; mais cette stupide avidité qui caractérise l'amour jeune et vrai l'avait perdu, comme quelquefois un enfant plein de vie se tue par ignorance.

— Qu'as-tu donc dit à mademoiselle Cormon? demanda madame Granson à son fils.

— Rien.

— Rien, j'expliquerai cela! se dit-elle en remettant à demain les affaires sérieuses, car elle attacha peu d'importance à ce mot en croyant du Bousquier perdu dans l'esprit de la vieille fille.

Bientôt les quatre tables se garnirent de leurs seize joueurs. Quatre personnes s'intéressèrent à un piquet, le jeu le plus cher et auquel il se perdait beaucoup d'argent. Monsieur Choisnel, le Procureur du roi et deux dames allèrent faire un trictrac dans le cabinet des laques rouges. Les girandoles furent allumées; puis la fleur de la société de mademoiselle Cormon vint s'épanouir devant la cheminée, sur les bergères, autour des tables, après que chaque nouveau couple arrivé eut dit à mademoiselle Cormon : — Vous allez donc demain au Prébaudet?

— Mais il le faut bien, répondait-elle.

Généralement la maîtresse de la maison parut préoccupée. Madame Granson, la première, s'aperçut de l'état peu naturel où se trouvait la vieille fille : mademoiselle Cormon pensait.

— A quoi songez-vous, cousine? lui dit-elle enfin en la trouvant assise dans le boudoir.

— Je pense, répondit-elle, à cette pauvre fille. Ne suis-je pas présidente de la Société Maternelle, je vais vous aller chercher dix écus!

— Dix écus! s'écria madame Granson. Mais vous n'avez jamais donné autant.

— Mais, ma bonne, il est si naturel d'avoir des enfants!

Cette phrase immorale partie du cœur stupéfia la trésorière de la Société Maternelle. Du Bousquier avait évidemment grandi dans l'esprit de mademoiselle Cormon.

— Vraiment, dit madame Granson, du Bousquier n'est pas seulement un monstre, il est encore un infâme. Lorsqu'on a causé préjudice à quelqu'un, ne doit-on pas l'indemniser? Ne serait-ce pas à lui, plutôt qu'à nous, de secourir cette petite, qui, après tout, me semble un fort mauvais sujet, car il y avait dans Alençon mieux que ce cynique du Bousquier! Il faut être bien libertine pour s'adresser à lui.

— Cynique! votre fils vous apprend, ma chère, des mots latins qui sont incompréhensibles. Certes, je ne veux pas excuser monsieur du Bousquier; mais expliquez-moi comment une femme est libertine en préférant un homme à un autre?

— Chère cousine, vous épouseriez mon fils Athanase, il n'y aurait là rien que de très-naturel; il est jeune et beau, plein d'avenir, il sera la gloire d'Alençon; seulement tout le monde penserait que vous avez pris un si jeune homme pour être très-heureuse; les mauvaises langues diraient que vous faites vos provisions de bonheur pour n'en jamais manquer; il y aurait des femmes jalouses qui vous accuseraient de dépravation; mais, qu'est-ce que cela ferait? vous seriez bien aimée et véritablement. Si Athanase vous paraît idiot, ma chère, c'est qu'il a trop d'idées; les extrêmes se touchent. Il vit certes comme une jeune fille de quinze ans; il n'a pas roulé dans les impuretés de Paris, *lui!*... Eh! bien, changez les termes, comme disait mon pauvre mari: il en est de même de du Bousquier par rapport à Suzanne. Vous seriez calomniée, vous; mais, dans l'affaire de du Bousquier, tout est vrai. Comprenez-vous?

— Pas plus que si vous me parliez grec, dit mademoiselle Cormon qui ouvrait de grands yeux en tendant toutes les forces de son intelligence.

— Hé! bien, cousine, puisqu'il faut mettre les points sur les i, Suzanne ne peut pas aimer du Bousquier. Et si le cœur n'est pour rien dans cette affaire...

— Mais, cousine, avec quoi aime-t-on donc, si l'on n'aime pas avec le cœur?

Ici madame Granson se dit en elle-même ce qu'avait pensé le chevalier de Valois : — Cette pauvre cousine est par trop innocente, cela passe la permission. — Chère enfant, reprit-elle à haute voix, il me semble que les enfants ne se conçoivent pas uniquement par l'esprit.

— Mais si, ma chère, car la Sainte-Vierge...

— Mais, ma bonne, du Bousquier n'est pas le Saint-Esprit !

— C'est vrai, répondit la vieille fille, c'est un homme! un homme que sa tournure rend assez dangereux pour que ses amis l'engagent à se marier.

— Vous pouvez, cousine, amener ce résultat...

— Hé! comment? dit la vieille fille avec l'enthousiasme de la charité chrétienne.

— Ne le recevez plus jusqu'à ce qu'il ait pris une femme ; vous devez aux bonnes mœurs et à la religion de manifester en cette circonstance une exemplaire réprobation.

— A mon retour du Prébaudet, nous reparlerons de ceci, ma chère madame Granson, je consulterai mon oncle et l'abbé Couturier, dit mademoiselle Cormon en rentrant dans le salon qui se trouvait en ce moment à son plus haut degré d'animation.

Les lumières, les groupes de femmes bien mises, le ton solennel, l'air magistral de cette assemblée ne rendaient pas mademoiselle Cormon moins fière que sa société de cette tenue aristocratique. Pour beaucoup de gens, on ne voyait pas mieux à Paris dans les meilleures compagnies. Dans ce moment, du Bousquier, qui jouait au wisth avec monsieur de Valois et deux vieilles dames, madame du Couderai et madame du Ronceret, était l'objet d'une curiosité sourde. Il venait quelques jeunes femmes qui, sous prétexte de regarder jouer, le contemplaient si singulièrement, quoiqu'à la dérobée, que le vieux garçon finit par croire à quelque oubli dans sa toilette.

— Mon faux toupet serait-il de travers? se dit-il en éprouvant une de ces inquiétudes capitales auxquelles sont soumis les vieux garçons.

Il profita d'un mauvais coup qui terminait un septième *rubber*, pour quitter la table.

— Je ne peux pas toucher une carte sans perdre, dit-il, je suis décidément trop malheureux.

— Vous êtes heureux ailleurs, dit le chevalier en lui lançant un fin regard.

Ce mot fit naturellement le tour du salon où chacun se récria sur le ton exquis du chevalier, le prince de Talleyrand du pays.

— Il n'y a que monsieur de Valois pour trouver ces sortes de choses, dit la nièce du curé de Saint-Léonard.

Du Bousquier s'alla regarder dans la petite glace oblongue, au-dessus du Déserteur, et ne se trouva rien d'extraordinaire. Après d'innombrables répétitions du même texte varié sur tous les modes, vers dix heures, le départ s'opéra le long de l'embarcadère de la longue antichambre, non sans quelques conduites faites par mademoiselle Cormon à ses favorites qu'elle embrassait sur le perron. Les groupes s'en allaient, les uns vers la route de Bretagne et le Château, les autres vers le quartier qui regarde la Sarthe. Alors commençaient les discours qui, depuis vingt ans, retentissaient à cette heure dans cette rue. C'était inévitablement : — Mademoiselle Cormon était bien ce soir. — Mademoiselle Cormon?... je l'ai trouvée singulière. — Comme ce pauvre abbé baisse! Avez-vous vu comme il dort? Il ne sait plus où sont ses cartes, il a des distractions. — Nous aurons le chagrin de le perdre. — Il fait beau ce soir, nous aurons une belle journée demain! — Un beau temps pour que les pommiers passent fleur! — Vous nous avez battus; mais quand vous êtes avec monsieur de Valois, vous n'en faites jamais d'autres. — Combien a-t-il donc gagné? — Mais, ce soir, il a gagné trois ou quatre francs. Il ne perd jamais. — Oui, ma foi, savez-vous qu'il y a trois cent soixante-cinq jours dans l'année, et qu'à ce prix-là son jeu vaut une ferme! — Ah! quels coups nous avons essuyés ce soir! — Vous êtes bien heureux, monsieur et madame, vous voilà chez vous; mais nous, nous avons la moitié de la ville à faire. — Je ne vous plains pas, vous pourriez avoir une voiture et vous dispenser de venir à pied. — Ah! monsieur, nous avons une fille à marier qui nous ôte une roue, et l'entretien de notre fils à Paris nous emporte l'autre. — Vous en faites toujours un magistrat? — Que voulez-vous que l'on fasse des jeunes gens?... Et puis, il n'y a pas de honte à servir le roi. Parfois une discussion sur les cidres ou sur les lins, toujours posée dans les mêmes termes, et qui revenait aux mêmes époques, se continuait en chemin. Si quelque observateur du cœur humain eût demeuré dans cette rue, il aurait toujours su dans quel mois il était, en entendant cette conversation. Mais en ce moment elle fut exclusivement drolatique, car du Bousquier, qui marchait seul en avant des groupes, fredonnait, sans se douter de l'à-propos, l'air fameux de : *Femme sensible, entends-tu le ramage?* etc. Pour les uns, du Bousquier était un homme très-fort, un homme mal jugé. Depuis qu'il avait été confirmé dans son poste par une nouvelle institution royale, le Président du Ronceret inclinait vers du Bousquier. Pour les autres, le fournisseur était un homme dangereux, de mauvaises mœurs, capable de tout. En province, comme à Paris, les hommes en vue ressemblent à cette statue du beau conte allégorique d'Addisson, pour laquelle deux chevaliers se battent en arrivant chacun de leur côté au carrefour où elle s'élève : l'un la dit blanche, l'autre la tient pour noire; puis, quand ils sont tous deux à terre, ils la voient blanche à droite et noire à gauche, un troisième chevalier vient à leur secours et la trouve rouge.

En rentrant chez lui, le chevalier de Valois se disait : — Il est temps de faire courir le bruit de mon mariage avec mademoiselle Cormon. La nouvelle sortira du salon de mademoiselle de Gordes, ira droit à Séez chez l'Évêque, reviendra par les Grands-Vicaires chez le curé de Saint-Léonard, qui ne manquera pas de le dire à l'abbé Couturier; ainsi mademoiselle Cormon recevra ce boulet ramé dans ses œuvres-vives. Le vieux marquis de Gordes invitera l'abbé de Sponde à dîner, afin d'arrêter un cancan qui ferait tort à mademoiselle Cormon si je me prononçais contre elle, à moi si elle me refusait. L'abbé sera bien et dûment entortillé; puis mademoiselle Cormon ne tiendra pas contre une visite de mademoiselle de Gordes qui lui démontrera la grandeur et l'avenir de cette alliance. L'héritage de l'abbé vaut plus de cent mille écus, les économies de la fille doivent monter à plus de deux cent mille livres, elle a son hôtel, le Prébaudet et quinze mille livres de rente. Un mot à mon ami le comte de Fontaine, et je deviens Maire d'Alençon, Député; puis, une fois assis sur les bancs de la Droite, nous arriverons à la Pairie, en criant La clôture! ou A l'ordre!

Rentrée chez elle, madame Granson eut une vive explication avec son fils qui ne voulut pas comprendre la liaison qui existait entre ses opinions et ses amours. Ce fut la première querelle qui troubla l'harmonie de ce pauvre ménage.

Le lendemain, à neuf heures, mademoiselle Cormon, emballée dans sa carriole avec Josette, et qui se dessinait comme une pyramide sur l'océan de ses paquets, montait la rue Saint-Blaise pour se rendre au Prébaudet, où devait la surprendre l'événement qui précipita son mariage, et que ne pouvaient prévoir ni madame Granson, ni du Bousquier, ni monsieur de Valois, ni mademoiselle Cormon. Le hasard est le plus grand de tous les artistes.

Le lendemain de son arrivée au Prébaudet, mademoiselle Cormon était fort innocemment occupée, sur les huit heures du matin, à écouter pendant son déjeuner les divers rapports de son garde et de son jardinier, lorsque Jacquelin fit une vigoureuse irruption dans la salle à manger.

— Mademoiselle, dit-il tout ébouriffé, monsieur votre oncle vous expédie un exprès, le fils à la mère Grosmort, avec une lettre. Le gars est parti d'Alençon avant le jour, et ne le voilà pas moins arrivé. Il a couru presque comme Pénélope ! Faut-il lui donner un verre de vin ?

— Qu'a-t-il pu arriver, Josette, mon oncle serait-il.....

— Il n'écrirait pas, dit la femme de chambre en devinant les craintes de sa maîtresse.

— Vite ! vite ! s'écria mademoiselle Cormon après avoir lu les premières lignes, que Jacquelin attelle Pénélope. — Arrange-toi, ma fille, pour avoir tout remballé dans une demi-heure, dit-elle à Josette. Nous retournons à la ville...

— Jacquelin ! cria Josette excitée par le sentiment qu'exprima le visage de mademoiselle Cormon.

Jacquelin, instruit par Josette, arriva disant : — Mais, mademoiselle, Pénélope mange son avoine.

— Hé ! qu'est-ce que cela me fait ! je veux partir à l'instant.

— Mais, mademoiselle, il va pleuvoir !

— Eh ! bien, nous serons mouillés.

— Le feu est à la maison, dit en murmurant Josette piquée du silence que gardait sa maîtresse en achevant la lettre, la lisant et relisant.

— Achevez donc au moins votre café, ne vous tournez pas le sang ! Regardez comme vous êtes rouge.

— Je suis rouge, Josette ! dit-elle en allant se regarder dans une glace dont le tain tombait et qui lui offrit l'image de ses traits doublement renversés. Mon Dieu ! pensa mademoiselle Cormon, si j'allais être laide ! — Allons, Josette, allons, ma fille, habille-moi. Je veux être prête avant que Jacquelin n'ait attelé Pénélope. Si tu ne peux remettre mes paquets dans la voiture, je les laisserai ici, plutôt que de perdre une minute.

Si vous avez bien compris l'excès de monomanie à laquelle le désir de se marier avait fait arriver mademoiselle Cormon, vous partagerez son émotion. Le digne oncle annonçait à sa nièce que monsieur de Troisville, ancien militaire au service de Russie, petit-fils d'un de ses meilleurs amis, souhaitait se retirer à Alençon, et lui demandait l'hospitalité, en se recommandant de l'amitié que l'abbé portait à son grand-père, le comte de Troisville, chef d'escadre sous Louis XV. L'ancien Vicaire-Général épouvanté priait instamment sa nièce de revenir pour l'aider à recevoir leur hôte et à lui faire les honneurs de la maison, car la lettre avait éprouvé quelque retard, monsieur de Troisville pouvait lui tomber sur les bras dans la soirée. A la lecture de cette lettre pouvait-il être question des soins que demandait le Prébaudet ? En ce moment, le garde et le fermier, témoins de l'effarouchement de leur maîtresse, se tenaient cois en attendant ses ordres. Quand ils l'arrêtèrent au passage afin d'obtenir leurs instructions, pour la première fois de sa vie mademoiselle Cormon, la despotique vieille fille qui voyait tout par elle-même au Prébaudet, leur dit un *comme vous voudrez !* qui les frappa de stupéfaction ; car leur maîtresse poussait le soin administratif jusqu'à compter ses fruits et les enregistrait par sortes, afin de diriger la consommation suivant le nombre de chaque espèce de fruit.

— Je crois rêver, dit Josette en voyant sa maîtresse volant par les escaliers comme un éléphant auquel Dieu aurait donné des ailes.

Bientôt, malgré une pluie battante, mademoiselle sortit du Prébaudet, laissant à ses gens la bride sur le cou. Jacquelin n'osa prendre sur lui de presser le petit trot habituel de la paisible Pénélope, qui, semblable à la belle reine dont elle portait le nom, avait l'air de faire autant de pas en arrière qu'elle en faisait en avant. Voyant cette allure, mademoiselle ordonna d'une voix aigre à Jacquelin d'avoir à faire galoper, à coups de fouet s'il le fallait, la pauvre jument étonnée ; tant elle avait peur de ne pas avoir le temps d'arranger convenablement la maison pour recevoir monsieur de Troisville. Elle calculait que le petit-fils d'un ami de son oncle pouvait n'avoir que quarante ans ; un militaire devait être immanquablement garçon, elle se promettait donc, son oncle aidant, de ne pas laisser sortir du logis monsieur de Troisville dans l'état où il y entrerait. Quoique Pénélope galopât, mademoiselle Cormon, occupée de ses toilettes et rêvant une première nuit de noces, dit plusieurs fois à Jacquelin qu'il n'avançait pas. Elle se remuait dans la carriole sans répondre aux demandes de Josette, et se parlait à elle-même comme une personne qui roule de grands desseins. Enfin, la carriole atteignit la grande rue d'Alençon qui s'appelle la rue Saint-Blaise en y entrant du côté de Mortagne; mais vers l'hôtel du More elle prend le nom de la rue de la porte de Séez, et devient la rue du Bercail en débouchant sur la route de Bretagne. Si le départ de mademoiselle Cormon faisait grand bruit dans Alençon, chacun peut imaginer le tapage que dut y faire son retour le lendemain de son installation au Prébaudet, et par une pluie battante qui lui fouettait le visage sans qu'elle parût en prendre souci. Chacun remarqua le galop fou de Pénélope, l'air narquois de Jacquelin, l'heure matinale, les paquets cen dessus dessous, enfin la conversation animée de Josette et de mademoiselle Cormon, leur impatience surtout. Les biens de monsieur de Troisville se trouvaient situés entre Alençon et Mortagne, Josette connaissait les branches diverses de la famille de Troisville. Un mot dit par Mademoiselle en atteignant le pavé d'Alençon avait mis Josette au fait de l'aventure; la discussion s'était établie entre elles, et toutes deux avaient arrêté que le de Troisville attendu devait être un gentilhomme entre quarante et quarante-deux ans, garçon, ni riche ni pauvre. Mademoiselle se voyait comtesse ou vicomtesse de Troisville.

— Et mon oncle qui ne me dit rien, qui ne sait rien, qui ne s'informe de rien? Oh! comme c'est mon oncle! il oublierait son nez s'il ne tenait pas à son visage!

N'avez-vous pas remarqué que, dans ces sortes de circonstances, les vieilles filles deviennent comme Richard III, spirituelles, féroces, hardies, prometteuses, et, comme des clercs grisés, ne respectent plus rien? Aussitôt la ville d'Alençon, instruite en un moment, du haut de la rue Saint-Blaise jusqu'à la porte de Séez, de ce retour précipité accompagné de circonstances graves, fut perturbée dans tous ses viscères publics et domestiques. Les cuisinières, les marchands, les passants se dirent cette nouvelle de porte à porte; puis elle monta dans la région supérieure. Bientôt ces mots : — Mademoiselle Cormon est revenue! éclatèrent comme une bombe dans tous les ménages. En ce moment, Jacquelin quittait le banc de bois poli par un procédé qu'ignorent les ébénistes et où il était assis sur le devant de la carriole; il ouvrait lui-même la grande porte verte, ronde par le haut, fermée en signe de deuil, car pendant l'absence de mademoiselle Cormon l'assemblée n'avait pas lieu. Les fidèles festoyaient alors tour à tour l'abbé de Sponde. Monsieur de Valois payait sa dette en l'invitant à dîner chez le marquis de Gordes. Jacquelin appela familièrement Pénélope qu'il avait laissée au milieu de la rue; la bête habituée à ce manège tourna d'elle-même, enfila la porte, détourna dans la cour de manière à ne pas endommager le massif de fleurs. Jacquelin la reprit par la bride et mena la voiture devant le perron.

— Mariette! cria mademoiselle Cormon.

Mais Mariette était occupée à fermer la grande porte.

— Mademoiselle?

— Ce monsieur n'est pas venu?

— Non, mademoiselle.

— Et mon oncle?

— Mademoiselle, il est à l'église.

Jacquelin et Pérotte étaient en ce moment sur la première marche du perron et tendaient leurs mains pour manœuvrer leur maîtresse sortie de la carriole et qui se hissait sur le brancard en s'accrochant aux rideaux. Mademoiselle se jeta dans leurs bras; car depuis deux ans elle ne voulait plus se risquer à se servir du marchepied en fer et à double maille fixé dans le brancard par un horrible mécanisme à gros boulons. Quand mademoiselle Cormon fut sur le haut du perron, elle regarda sa cour d'un air de satisfaction.

— Allons, allons, Mariette, laissez la grande porte et venez ici.

— Le torchon brûle, dit Jacquelin à Mariette quand la cuisinière passa près de la carriole.

— Voyons, mon enfant, quelles provisions as-tu? dit mademoiselle Cormon en s'asseyant sur la banquette de la longue antichambre comme une personne excédée de fatigue.

— Mais je n'ai *rin*, dit Mariette en se mettant les poings sur les hanches. Mademoiselle sait bien que, pendant son absence, monsieur l'abbé dîne toujours en ville; hier je suis allée le quérir chez mademoiselle de Gordes.

— Où est-il donc?

— Monsieur l'abbé, il est à l'église; il ne rentrera qu'à trois cures .

— Il ne pense à rien, mon oncle. N'aurait-il pas dû te dire d'aller au marché! Mariette, vas-y; sans jeter l'argent, n'épargne rien, prends-y tout ce qu'il y aura de bien, de bon, de délicat. Va t'informer aux diligences comment l'on se procure des pâtés. Je veux des écrevisses des rû de la Brillante. Quelle heure est-il?

— Neuf heures *quart moins*.

— Mon Dieu, Mariette, ne perds pas le temps à babiller; la personne attendue par mon oncle peut arriver d'un instant à l'autre; s'il fallait lui donner à déjeuner, nous serions de jolis cœurs.

Mariette se retourna vers Pénéloppe en sueur, et regarda Jacquelin d'un air qui voulait dire : Mademoiselle va mettre la main sur un mari, de cette fois.

— A nous deux, Josette, reprit la vieille fille, car il faut voir à coucher monsieur de Troisville.

Avec quel bonheur cette phrase fut prononcée ! *voir à coucher monsieur de Troisville* (prononcez Tréville), combien d'idées dans ce mot ! La vieille fille était inondée d'espérance.

— Voulez-vous le coucher dans la chambre verte?

— Celle de monseigneur l'Évêque, non, elle est trop près de la mienne, dit mademoiselle Cormon. Bon pour monseigneur, qui est un saint homme;

— Donnez-lui l'appartement de votre oncle.

— Il est si nu, que ce serait indécent.

— Dame , mademoiselle ! faites arranger en deux temps un lit dans votre boudoir, il y a une cheminée. Moreau trouvera bien dans ses magasins un lit à peu près pareil à l'étoffe de la tenture.

— Tu as raison, Josette. Eh ! bien, cours chez Moreau ; consulte avec lui sur tout ce qu'il faut faire, je t'y autorise. Si le lit (le lit de monsieur de Troisville!) peut être monté ce soir sans que monsieur de Troisville s'en aperçoive, au cas où monsieur de Troisville nous viendrait pendant que Moreau serait là ; je le veux bien. Si Moreau ne s'y engage pas je mettrai monsieur de Troisville dans la chambre verte, quoique monsieur de Troisville sera là bien près de moi.

Josette s'en allait, sa maîtresse la rappela.

— Explique tout à Jacquelin, s'écria-t-elle d'une voix formidable et pleine d'épouvante , qu'il aille lui-même chez Moreau ! Ma toilette donc ! Si j'étais surprise ainsi par monsieur de Troisville, sans mon oncle pour le recevoir ! Oh ! mon oncle, mon oncle ! Viens, Josette, tu vas m'habiller.

— Mais Pénélope ! dit imprudemment Josette.

Les yeux de mademoiselle Cormon étincelèrent pour la seule fois de sa vie : — Toujours Pénélope ! Pénélope par ci, Pénélope par là ! Est-ce donc Pénélope qui est la maîtresse ?

— Mais elle est en nage et n'a pas mangé l'avoine !

— Et qu'elle crève ! s'écria mademoiselle Cormon ; mais que je me marie, pensa-t-elle.

En entendant ce mot qui lui parut un homicide, Josette resta pendant un moment interdite ; puis elle dégringola le perron à un geste que lui fit sa maîtresse.

— Mademoiselle a le diable au corps, Jacquelin ! fut la première parole de Josette.

Ainsi tout fut d'accord dans cette journée pour produire le grand coup de théâtre qui décida de la vie de mademoiselle Cormon. La ville était déjà cen dessus-dessous par suite des cinq circonstances aggravantes qui accompagnaient le retour subit de mademoiselle Cormon, à savoir : la pluie battante, le galop de Pénélope essoufflée, en sueur et les flancs rentrés ; l'heure matinale, les paquets en désordre, et l'air singulier de la vieille fille effarée. Mais quand Mariette fit son invasion au marché pour y tout enlever, quand Jacquelin vint chez le principal tapissier d'Alençon, rue de la Porte de Séez, à deux pas de l'église, pour y chercher un lit, il y eut matière aux conjectures les plus graves. On discuta cette étrange aventure au Cours, sur la Promenade ; elle occupa tout le monde, et même mademoiselle de Gordes chez qui se trouvait le chevalier de Valois. A deux jours de distance, la ville d'Alençon était remuée par des événements si capitaux, que quelques bonnes femmes disaient : — Mais c'est la fin du monde ! Cette dernière nouvelle se résuma dans toutes les maisons par cette phrase : — Qu'arrive-t-il donc chez les Cormon ? L'abbé de Sponde, questionné fort adroitement quand il sortit de Saint-Léonard pour aller se promener au Cours avec l'abbé Couturier, répondit bonnement qu'il attendait le vicomte de Troisville, gentilhomme au service de Russie pendant l'émigration, et qui revenait habiter Alençon. De deux à cinq heures, une espèce de télégraphe labial joua dans la ville et apprit à tous les habitants que mademoiselle Cormon avait enfin trouvé un

mari par correspondance, et qu'elle allait épouser le vicomte de
Troisville. Ici l'on disait : Moreau fait déjà le lit. Là, le lit avait six
pieds. Le lit était de quatre pieds, rue du Bercail, chez madame
Granson. C'était un simple lit de repos chez du Ronceret où dînait
du Bousquier. La petite bourgeoisie prétendait qu'il coûtait onze
cents francs. Généralement on disait que *c'était vendre la peau
de l'ours.* Plus loin, les carpes avaient renchéri ! Mariette s'était
jetée sur le marché pour y faire une rafle générale. En haut de la
rue Saint-Blaise, Pénélope avait dû crever. Ce décès se révoquait
en doute chez le Receveur-Général. Néanmoins, il était authentique
à la Préfecture que la bête avait expiré en tournant la porte de l'hôtel Cormon, tant la vieille fille était accourue avec vélocité sur sa
proie. Le sellier qui demeurait au coin de la rue de Séez fut assez
osé pour venir demander s'il était arrivé quelque chose à la voiture
de mademoiselle Cormon, afin de savoir si Pénélope était morte.
Du haut de la rue Saint-Blaise jusqu'au bout de la rue du Bercail,
on apprit que, grâce aux soins de Jacquelin, Pénélope, cette silencieuse victime de l'intempérance de sa maîtresse, vivait encore,
mais elle paraissait souffrante. Sur toute la route de Bretagne, le
vicomte de Troisville était un cadet sans le sou, car les biens du
Perche appartenaient au marquis de Troisville, pair de France qui
avait deux enfants. Ce mariage était une bonne fortune pour le
pauvre émigré, le vicomte était l'affaire de mademoiselle Cormon;
l'aristocratie de la route de Bretagne approuvait le mariage, la vieille
fille ne pouvait faire un meilleur emploi de sa fortune. Mais, dans
la bourgeoisie, le vicomte de Troisville était un général russe qui
avait combattu contre la France, qui revenait avec une grande fortune gagnée à la cour de Saint-Pétersbourg; c'était un *étranger*,
un des *alliés* pris en haine par les Libéraux. L'abbé de Sponde
avait sournoisement moyenné ce mariage. Toutes les personnes qui
avaient le droit d'entrer chez mademoiselle Cormon comme chez
eux se promirent d'aller la voir le soir. Pendant cette agitation
transurbaine, qui fit presque oublier Suzanne, mademoiselle Cormon n'était pas moins agitée; elle éprouvait des sentiments tout
nouveaux. En regardant son salon, son boudoir, le cabinet, la salle
à manger, elle fut saisie d'une appréhension cruelle. Une espèce
de démon lui montra ce vieux luxe en ricanant; les belles choses
qu'elle admirait depuis son enfance furent soupçonnées, accusées
de vieillesse. Enfin elle eut cette crainte qui s'empare de presque

tous les auteurs, au moment où ils lisent une œuvre qu'ils croient parfaite à quelque critique exigeant ou blasé : les situations neuves paraissent usées ; les phrases les mieux tournées, les plus léchées, se montrent louches ou boiteuses ; les images grimacent ou se contrarient, le faux saute aux yeux. De même la pauvre fille tremblait de voir sur les lèvres de monsieur de Troisville un sourire de mépris pour ce salon d'évêque ; elle redouta de lui voir jeter un regard froid sur cette antique salle à manger ; enfin elle craignit que le cadre ne vieillît le tableau. Si ces antiquités allaient jeter sur elle un reflet de vieillesse ? Cette question qu'elle se fit lui donna la chair de poule. En ce moment, elle aurait livré le quart de ses économies pour pouvoir restaurer sa maison en un instant par un coup de baguette de fée. Quel est le fat de général qui n'a pas frissonné la veille d'une bataille ? La pauvre fille était entre un Austerlitz et un Waterloo.

— Madame la vicomtesse de Troisville, se disait-elle, le beau nom ! Nos biens iraient au moins dans une bonne maison.

Elle était en proie à une irritation qui faisait tressaillir ses plus déliés rameaux nerveux et leurs papilles depuis si long-temps noyées dans l'embonpoint. Tout son sang, fouetté par l'espérance, était en mouvement. Elle se sentait la force de converser, s'il le fallait, avec monsieur de Troisville.

Il est inutile de parler de l'activité avec laquelle fonctionnèrent Josette, Jacquelin, Mariette, Moreau et ses garçons. Ce fut un empressement de fourmis occupées à leurs œufs. Tout ce qu'un soin journalier rendait si propre fut repassé, brossé, lavé, frotté. Les porcelaines des grands jours virent la lumière. Les services damassés numérotés A, B, C, D furent tirés des profondeurs où ils gisaient sous une triple garde d'enveloppes défendues par de formidables lignes d'épingles. Les plus précieux rayons de la bibliothèque furent interrogés. Enfin mademoiselle sacrifia trois bouteilles des fameuses liqueurs de madame Amphoux, la plus illustre des distillatrices d'outre-mer, nom cher aux amateurs. Grâces au dévouement de ses lieutenants, mademoiselle put se présenter au combat. Les différentes armes, les meubles, l'artillerie de cuisine, les batteries de l'office, les vivres, les munitions, les corps de réserve furent prêts sur toute la ligne. Jacquelin, Mariette et Jossette reçurent l'ordre de se mettre en grande tenue. Le jardin fut ratissé. La vieille fille regretta de ne pouvoir s'entendre avec les rossignols logés dans les arbres pour obtenir d'eux leurs plus belles roulades. Enfin, sur les quatre heures, au moment même où l'abbé de Sponde rentrait, où mademoiselle croyait avoir vainement mis le couvert le plus coquet, apprêté le plus délicat des dîners, le clic-clac d'un postillon se fit entendre dans le Val-Noble.

— *C'est lui !* se dit-elle en recevant les coups de fouet dans le cœur.

En effet, annoncé par tant de cancans, un certain cabriolet de poste où se trouvait un monsieur seul avait fait une si grande sensation en descendant la rue Saint-Blaise et tournant la rue du Cours, que quelques petits gamins et de grandes personnes l'avaient suivi, et restaient groupés autour de la porte de l'hôtel Cormon pour le voir entrer. Jacquelin, qui flairait aussi son propre mariage, avait entendu le clic-clac dans la rue Saint-Blaise, il avait ouvert la grand'porte à deux battants. Le postillon, qui était de sa connaissance, mit sa gloire à bien tourner, et arrêta net au perron. Quant au postillon, vous comprenez qu'il s'en alla bien et dûment grisé par Jacquelin. L'abbé vint au-devant de son hôte dont la voiture fut dépouillée avec la prestesse qu'auraient pu y mettre des voleurs pressés. Elle fut remisée, la grand'porte fut fermée, et il n'y eut plus de traces de l'arrivée de monsieur de Troisville en quelques minutes. Jamais deux substances chimiques ne se marièrent avec plus de promptitude que la maison Cormon n'en mit à absorber le vicomte de Troisville. Mademoiselle, de qui le cœur battait comme à un lézard pris par un pâtre, resta héroïquement dans sa bergère, au coin du feu. Josette ouvrit la porte, et le vicomte de Troisville suivi de l'abbé de Sponde se produisit aux regards de la vieille fille.

— Ma nièce, voici monsieur le vicomte de Troisville, le petit-fils d'un de mes camarades de collége. — Monsieur de Troisville, voici ma nièce, mademoiselle Cormon.

— Ah ! le bon oncle, comme il pose bien la question ! pensa Rose-Marie-Victoire.

Le vicomte de Troisville était, pour le peindre en deux mots, du Bousquier gentilhomme. Il y avait entre eux toute la différence qui sépare le genre vulgaire et le genre noble. S'ils avaient été là tous deux, il eût été impossible au libéral le plus enragé de nier l'aristocratie. La force du vicomte avait toute la distinction de l'élégance ; ses formes conservaient une dignité magnifique ; il avait des yeux bleus et des cheveux noirs, un teint olivâtre, et il ne devait pas

6.

avoir plus de quarante-six ans. Vous eussiez dit un bel Espagnol conservé dans les glaces de la Russie. Les manières, la démarche, la pose, tout annonçait un diplomate qui avait vu l'Europe. La mise était celle d'un homme comme il faut en voyage. Monsieur de Troisville paraissait fatigué, l'abbé lui offrit de passer dans la chambre qui lui était destinée, et fut ébahi quand sa nièce ouvrit le boudoir transformé en chambre à coucher. Mademoiselle Cormon et son oncle laissèrent alors le noble étranger vaquer à ses affaires avec l'aide de Jaquelin, qui lui apporta tous les paquets dont il avait besoin. L'abbé de Sponde et sa nièce allèrent se promener le long de la Brillante, en attendant que monsieur de Troisville eût fini sa toilette. Quoique l'abbé de Sponde fût, par un singulier hasard, plus distrait qu'à l'ordinaire, mademoiselle Cormon ne fut pas moins préoccupée que lui. Tous deux ils marchèrent en silence. La vieille fille n'avait jamais rencontré d'homme aussi séduisant que l'était l'olympien vicomte. Elle ne pouvait se dire à l'allemande : — Voilà mon idéal ! mais elle se sentait prise de la tête aux pieds, et se disait : — Voilà mon affaire ! Tout à coup elle vola chez Mariette pour savoir si le dîner pouvait subir un retard sans rien perdre de sa bonté.

— Mon oncle, ce monsieur de Troisville est bien aimable, dit-elle en revenant.

— Mais, ma fille, il n'a encore rien dit, fit en riant l'abbé.

— Mais cela se voit dans la tournure, sur la physionomie. Est-il garçon ?

— Je n'en sais rien, répondit l'abbé qui pensait à une discussion sur la grâce émue entre l'abbé Couturier et lui. Monsieur de Troisville m'a écrit qu'il désirait acquérir une maison ici. — S'il était marié il ne serait pas venu seul, reprit-il d'un air insouciant; car il n'admettait pas que sa nièce pût penser à se marier.

— Est-il riche ?

— Il est le cadet d'une branche cadette, répondit l'oncle. Son grand-père a commandé des escadres; mais le père de ce jeune homme a fait un mauvais mariage.

— Ce jeune homme ! répéta la vieille fille. Mais il me semble, mon oncle, qu'il a bien quarante-cinq ans, dit-elle; car elle éprouvait un excessif désir de mettre leurs âges en rapport.

— Oui, dit l'abbé. Mais à un pauvre prêtre de soixante-dix ans, Rose, un quadragénaire paraît jeune.

En ce moment, tout Alençon savait que monsieur le vicomte de Troisville était arrivé chez mademoiselle Cormon. L'étranger rejoignit bientôt ses hôtes, et se prit à admirer la vue de la Brillante, le jardin et la maison.

— Monsieur l'abbé, dit-il, toute mon ambition serait de trouver une habitation semblable à celle-ci. La vieille fille voulut voir une déclaration dans cette phrase, et baissa les yeux. — Vous devez bien vous y plaire, mademoiselle? reprit le vicomte.

— Comment ne m'y plairais-je pas! elle est dans notre famille depuis l'an 1574, époque à laquelle un de nos ancêtres, intendant du duc d'Alençon, acquit ce terrain et la fit bâtir, dit mademoiselle Cormon. Elle est sur pilotis.

Jacquelin annonça le dîner; monsieur de Troisville offrit son bras à l'heureuse fille qui tâcha de ne pas trop s'y appuyer, elle craignait encore tant d'avoir l'air de faire des avances!

— Tout est très-harmonieux ici, dit le vicomte en s'asseyant à table.

— Nos arbres sont pleins d'oiseaux qui nous font de la musique à bon marché; personne ne les tracasse et toutes les nuits le rossignol chante, dit mademoiselle Cormon.

— Je parle de l'intérieur de la maison, fit observer le vicomte qui ne se donna pas la peine d'étudier mademoiselle Cormon et ne reconnut point sa nullité d'esprit. — Oui, tout y est en rapport, les tons de couleur, les meubles, la physionomie.

— Cependant, elle nous coûte beaucoup, les impositions sont énormes, répondit l'excellente fille frappée du mot *rapport*.

— Ah! les impositions sont chères ici? demanda le vicomte qui préoccupé de ses idées ne remarqua point le coq-à-l'âne.

— Je ne sais pas, dit l'abbé. Ma nièce est chargée de l'administration de nos deux fortunes.

— Les impositions sont des misères pour des personnes riches, reprit mademoiselle Cormon qui ne voulut point paraître avare. Quant aux meubles, je les laisserai comme ils sont et n'y ferai rien changer : à moins que je ne me marie; car alors il faudra que tout ici soit au goût du maître.

— Vous êtes dans les grands principes, mademoiselle, dit en souriant le vicomte, vous ferez un heureux...

— Jamais personne ne m'a dit un si joli mot, pensa la vieille fille.

Le vicomte complimenta mademoiselle Cormon sur le service, sur la tenue de la maison, en avouant qu'il croyait la province arriérée, et qu'il la trouvait *très-comfortable.*

— Qu'est-ce que c'est que ce mot-là, bon Dieu? pensa-t-elle. Où est le chevalier de Valois pour y répondre? Comfortable? Y a-t-il plusieurs mots là-dedans? Allons, du courage, se dit-elle, c'est peut-être un mot russe, je ne suis pas obligée d'y répondre. — Mais, reprit-elle à haute voix en se sentant la langue déliée par l'éloquence que trouvent presque toutes les créatures humaines dans les circonstances capitales, monsieur, nous avons ici la plus brillante société. La ville se réunit précisément chez moi. Vous pourrez en juger tout à l'heure, car quelques-uns de nos fidèles auront sans doute appris mon retour, et viendront me voir. Nous avons le chevalier de Valois, un seigneur de l'ancienne cour, homme d'infiniment d'esprit, de goût; puis monsieur le marquis de Gordes et mademoiselle Armande sa sœur (elle se mordit la langue et se ravisa) : une fille remarquable dans son genre, ajouta-t-elle. Elle a voulu rester fille pour laisser toute sa fortune à son frère et à son neveu.

— Ah! fit le vicomte, oui, les Gordes, je me les rappelle.

— Alençon est très-gai, reprit la vieille fille une fois lancée. On s'y amuse beaucoup, le Receveur-Général donne des bals, le préfet est un homme aimable, monseigneur l'Évêque nous honore quelquefois de sa visite...

— Allons, reprit en souriant le vicomte, j'ai donc bien fait de vouloir revenir, comme le lièvre, mourir au gîte.

— Moi aussi, dit la vieille fille, je suis comme le lièvre, je meurs où je m'attache.

Le vicomte prit le proverbe ainsi rendu pour une plaisanterie, et sourit.

— Ah! se dit la vieille fille, tout va bien, il me comprend, celui-là!

La conversation se soutint sur des généralités. Par une de ces mystérieuses puissances inconnues, indéfinissables, mademoiselle Cormon retrouvait dans sa cervelle, sous la pression de son désir d'être aimable, toutes les tournures de phrases du chevalier de Valois. C'était comme dans un duel où le diable semble ajuster lui-même le canon du pistolet. Jamais adversaire ne fut mieux couché en joue. Monsieur de Troisville était beaucoup trop homme de bonne compagnie pour parler de l'excellence du dîner ; mais son silence était un éloge. Il avait, en buvant les vins délicieux que lui servait profusément Jacquelin, l'air de reconnaître des amis. Il paraissait grand connaisseur, et le véritable amateur n'applaudit pas, il jouit. Le vicomte s'informa curieusement du prix des terrains, des maisons, des emplacements ; il se fit longuement décrire par mademoiselle Cormon l'endroit du confluent de la Brillante et de la Sarthe. Il s'étonnait que la ville se fût placée si loin de la rivière, la topographie du pays l'occupait beaucoup. L'abbé, fort silencieux, laissa sa nièce tenir le dé de la conversation. Véritablement, mademoiselle crut occuper monsieur de Troisville qui lui souriait avec grâce, et qui s'engagea pendant ce dîner beaucoup plus que ses plus empressés épouseurs ne s'étaient engagés en quinze jours. Aussi, comptez que jamais convive ne fut mieux ouaté de petits soins, enveloppé de plus d'attentions. Vous eussiez dit un amant chéri, de retour dans le ménage dont il fait le bonheur. Mademoiselle prévoyait le moment où il fallait du pain au vicomte, elle le couvait de ses regards ; quand il tournait la tête, elle lui mettait adroitement un supplément du mets qu'il paraissait aimer ; elle l'aurait fait crever s'il eût été gourmand ; mais quel délicieux échantillon n'était-ce pas de ce qu'elle comptait faire en amour ? Elle ne commit pas la sottise de se déprécier, elle mit bravement toutes voiles dehors, arbora tous ses pavillons, se posa comme la reine d'Alençon et vanta ses confitures ; enfin elle pêcha des compliments, en parlant d'elle-même, comme si tous ses trompettes étaient morts. Elle s'aperçut qu'elle plaisait au vicomte, car son désir l'avait si bien transformée, qu'elle était devenue presque femme. Au dessert, elle n'entendit pas sans un ravissement intérieur des allées et des venues dans l'antichambre et des bruits au salon qui annonçaient que sa compagnie habituelle venait. Elle fit remarquer cet empressement à son oncle et à monsieur de Troisville comme une preuve de l'affection qu'on lui portait, tandis que c'était l'effet de la lancinante curiosité qui avait saisi toute la ville. Impatiente de se produire dans sa gloire, mademoiselle Cormon dit à Jacquelin que l'on prendrait le café et les liqueurs dans le salon où le domestique alla, devant l'élite de la société, étaler les magnificences d'un cabaret de Saxe qui ne sortait de son armoire que deux fois par an. Tout ceci fut observé par la compagnie en train de gloser à petit bruit.

— Peste! fit du Bousquier, rien que les liqueurs de madame Amphoux qui ne servent qu'aux quatre fêtes carillonnées!

— C'est décidément un mariage arrangé depuis un an par correspondance, dit monsieur le Président du Ronceret. Le directeur des postes reçoit ici, depuis un an, des lettres timbrées d'Odessa.

Madame Granson frissonna. Monsieur le chevalier de Valois, quoiqu'il eût dîné comme quatre, pâle jusque dans la section senestre de sa figure, sentit qu'il allait livrer son secret et dit : — Ne trouvez-vous pas qu'il fait froid aujourd'hui, je suis gelé?

— C'est le voisinage de la Russie, fit du Bousquier.

Le chevalier le regarda d'un air qui voulait dire : — Bien joué.

Mademoiselle Cormon apparut si radieuse, si triomphante, qu'on la trouva belle. Cet éclat extraordinaire n'était pas dû seulement au sentiment; toute la masse de son sang tempêtait en elle-même depuis le matin, et ses nerfs étaient agités par le pressentiment d'une grande crise : il fallait toutes ces circonstances pour lui avoir permis de se ressembler si peu à elle-même. Avec quel bonheur elle fit les solennelles présentations du vicomte au chevalier, du chevalier au vicomte, de tout Alençon à monsieur de Troisville, de monsieur de Troisville à ceux d'Alençon! Par un hasard assez explicable, le vicomte et le chevalier, ces deux natures aristocratiques, se mirent à l'instant même à l'unisson; elles se reconnurent; tous deux se regardèrent comme deux hommes de la même sphère. Ils se mirent à causer, debout devant la cheminée; le cercle s'était formé devant eux, et leur conversation, quoique faite *sotto voce*, fut écoutée dans un religieux silence. Pour bien saisir l'effet de cette scène, il faut se figurer mademoiselle Cormon occupée à cuisiner le café de son prétendu prétendu, le dos tourné à la cheminée.

M. DE VALOIS.

Monsieur le vicomte vient, dit-on, s'établir ici?

M. DE TROISVILLE.

Oui, monsieur, je viens y chercher une maison... (*mademoiselle Cormon se retourne, la tasse à la main*). Et il me la faut grande, pour loger... (*mademoiselle Cormon tend la tasse*) ma famille. (*Les yeux de la vieille fille se troublent.*)

M. DE VALOIS.

Vous êtes marié?

M. DE TROISVILLE.

Depuis seize ans, avec la fille de la princesse Scherbelloff.

Mademoiselle Cormon tomba foudroyée : du Bousquier la vit chanceler, il s'élança, la reçut dans ses bras, on ouvrit la porte. Le fougueux républicain, conseillé par Josette, trouva des forces pour emporter la vieille fille dans sa chambre où il la déposa sur le lit. Josette, armée de ciseaux, coupa le corset serré outre mesure. Du Bousquier jeta brutalement des gouttes d'eau sur le visage de mademoiselle Cormon et sur le corsage qui s'étala comme une inondation de la Loire. La malade ouvrit les yeux, vit du Bousquier, et la pudeur lui fit jeter un cri en reconnaissant cet homme. Du Bousquier se retira, laissant entrer six femmes à la tête desquelles était madame Granson rayonnante de joie.

Qu'avait fait le chevalier de Valois? Fidèle à son système, il avait couvert la retraite.

— Cette pauvre mademoiselle Cormon, dit-il à monsieur de Troisville en regardant l'assemblée dont le rire fut réprimé par ses coups d'œil aristocratiques, le sang la tourmente horriblement, elle n'a pas voulu se faire saigner avant d'aller au Prébaudet (sa terre), et voilà l'effet des mouvements du sang au printemps.

— Elle est venue par la pluie ce matin, dit l'abbé de Sponde, elle a pu prendre un peu de froid qui aura causé cette petite révolution à laquelle elle est sujette. Mais ce ne sera rien.

— Elle me disait avant hier qu'elle ne l'avait pas eue depuis trois mois, en ajoutant que ça lui jouerait un mauvais tour, reprit le chevalier.

— Ah! tu es marié? dit Jacquelin en regardant monsieur de Troisville qui buvait son café à petits coups.

Le fidèle domestique épousa le désappointement de sa maîtresse, il la devina, il remporta les liqueurs de madame Amphoux offertes au célibataire et non au mari d'une Russe. Tous ces petits détails furent remarqués et prêtèrent à rire.

L'abbé de Sponde savait le motif du voyage de monsieur de Troisville; mais, par un effet de sa distraction, il n'en avait rien dit, ne sachant pas que sa nièce pût porter à monsieur de Troisville le moindre intérêt. Quant au vicomte, préoccupé par l'objet de son voyage et, comme beaucoup de maris, peu pressé de parler de sa femme, il n'avait pas eu l'occasion de se dire marié; d'ailleurs il croyait mademoiselle Cormon instruite. Du Bousquier reparut et fut questionné à outrance.

L'une des six dames descendit en annonçant que mademoiselle

Cormon allait beaucoup mieux, et que son médecin était venu ; mais elle devait rester au lit, il paraissait urgent de la saigner. Le salon fut bientôt plein. L'absence de mademoiselle Cormon permit aux dames de s'entretenir de la scène tragi-comique étendue, commentée, embellie, historiée, brodée, festonnée, coloriée, enjolivée qui venait d'avoir lieu et qui devait le lendemain occuper tout Alençon de mademoiselle Cormon.

— Ce bon monsieur du Bousquier, comme il vous portait! Quelle poigne! dit Josette à sa maîtresse. Vraiment, il était pâle de votre mal, il vous aime toujours.

Cette phrase servit de clôture à cette solennelle et terrible journée.

Le lendemain, pendant toute la matinée, les moindres circonstances de cette comédie couraient dans toutes les maisons d'Alençon, et, disons-le à la honte de cette ville, elles y causaient un rire universel. Le lendemain, mademoiselle Cormon, à qui la saignée avait fait beaucoup de bien, eût paru sublime aux plus intrépides rieurs s'ils avaient été témoins de la dignité noble, de la magnifique résignation chrétienne qui l'anima quand elle donna le bras à son mystificateur involontaire pour aller déjeuner. Cruels farceurs qui la plaisantiez, pourquoi ne la vîtes-vous pas disant au vicomte : — Madame de Troisville trouvera difficilement ici un appartement qui lui convienne ; faites-moi la grâce, monsieur, d'accepter ma maison pendant tout le temps que vous serez à vous en arranger une en ville.

— Mais, mademoiselle, j'ai deux filles et deux garçons, nous vous gênerions beaucoup.

— Ne me refusez pas, dit-elle avec un regard plein d'attrition.

— Je vous l'offrais dans la réponse que je vous ai faite à tout hasard, dit l'abbé, mais vous ne l'avez pas reçue.

— Quoi, mon oncle, vous saviez...

La pauvre fille s'arrêta. Josette fit un soupir. Ni le vicomte de Troisville ni l'oncle ne s'aperçurent de rien. Après le déjeuner, l'abbé de Sponde emmena le vicomte, comme ils en étaient convenus la veille, pour lui montrer dans Alençon les maisons qu'il pouvait acquérir ou les emplacements convenables pour bâtir.

Restée seule au salon, mademoiselle Cormon dit à Josette d'un air lamentable : — Mon enfant, je suis à cette heure la fable de toute la ville.

— Eh! bien, mademoiselle, mariez-vous!

— Mais, ma fille, je ne me suis point préparée à faire un choix.
— Bah ! si j'étais à votre place, je prendrais monsieur du Bousquier.
— Josette, monsieur de Valois dit qu'il est si républicain !
— Ils ne savent ce qu'ils disent, vos messieurs : ils prétendent qu'il volait la République, il ne l'aimait donc point, dit Josette en s'en allant.
— Cette fille a étonnamment d'esprit, pensa mademoiselle Cormon qui demeura seule en proie à ses perplexités.

Elle entrevoyait qu'un prompt mariage était le seul moyen d'imposer silence à la ville. Ce dernier échec, si évidemment honteux, était de nature à lui faire prendre un parti extrême, car les personnes dépourvues d'esprit sortent difficilement des sentiers bons ou mauvais dans lesquels elles entrent. Chacun des deux vieux garçons avait compris la situation dans laquelle allait être la vieille fille ; aussi tous deux s'étaient-ils promis de venir dans la matinée savoir de ses nouvelles, et, en style de garçon, *pousser sa pointe*. Monsieur de Valois jugea que la circonstance exigeait une toilette minutieuse, il prit un bain, il se pansa extraordinairement. Pour la première et dernière fois, Césarine le vit mettant avec une incroyable adresse un soupçon de rouge. Du Bousquier, lui, ce grossier républicain, animé par une volonté drue, ne fit pas la moindre attention à sa toilette, il accourut le premier. Ces petites choses décident de la fortune des hommes, comme de celle des empires. La charge de Kellermann à Marengo, l'arrivée de Blücher à Waterloo, le dédain de Louis XIV pour le prince Eugène, le curé de Denain ; toutes ces grandes causes de fortune ou de catastrophes, l'histoire les enregistre ; mais personne n'en profite pour ne rien négliger dans les petits faits de sa vie. Aussi, voyez ce qui arrive ? La duchesse de Langeais (voir *l'Histoire des Treize*) se fait religieuse pour n'avoir pas eu dix minutes de patience, le juge Popinot (voir *l'Interdiction*) remet au lendemain pour aller interroger le marquis d'Espard, Charles Grandet vient par Bordeaux au lieu de revenir par Nantes, et l'on appelle ces événements des hasards, des fatalités. Un soupçon de rouge à mettre tua les espérances du chevalier de Valois, ce gentilhomme ne pouvait périr que de cette manière : il avait vécu par les Grâces, il devait mourir de leur main. Pendant que le chevalier donnait un dernier coup d'œil à sa toilette, le gros du Bousquier entrait au salon de la fille désolée. Cette entrée se combina avec une pensée favorable au républicain, à travers une délibération où le chevalier avait néanmoins tous les avantages.

— Dieu le veut, se dit la vieille fille en voyant du Bousquier.

— Mademoiselle, vous ne trouverez pas mon empressement mauvais ; je n'ai pas voulu me fier à cette grosse bête de René pour savoir de vos nouvelles, et je suis venu moi-même.

— Je vais parfaitement bien, répondit-elle d'une voix émue. Je vous remercie, monsieur du Bousquier, fit-elle après une pause et d'une voix très-accentuée, de la peine que vous avez prise et que je vous ai donnée hier.....

Elle se souvenait d'avoir été dans les bras de du Bousquier, et ce hasard surtout lui paraissait un ordre du ciel. Elle avait été vue pour la première fois par un homme, sa ceinture brisée, son lacet rompu, ses trésors violemment lancés hors de leur écrin.

— Je vous portais de si grand cœur que je vous ai trouvée légère.

Ici mademoiselle Cormon regarda du Bousquier comme elle n'avait encore regardé aucun homme dans le monde. Encouragé, le fournisseur jeta une œillade à la vieille fille.

— C'est dommage, ajouta-t-il, que cela ne m'ait pas donné le droit de vous garder pour toujours à moi. (Elle écouta d'un air ravi.) — Évanouie, là, sur ce lit, entre nous, vous étiez ravissante ; je n'ai jamais vu dans ma vie de plus belle personne, et j'ai vu beaucoup de femmes !... Les femmes grasses ont cela de bien qu'elles sont superbes à voir, elles n'ont qu'à se montrer, elles triomphent !

— Vous voulez vous moquer de moi, fit la vieille fille, et ce n'est pas bien quand toute la ville interprète mal peut-être ce qui m'est arrivé hier.

— Aussi vrai que j'ai nom du Bousquier, mademoiselle, je n'ai jamais changé de sentiments à votre égard, et votre premier refus ne m'a pas découragé.

La vieille fille avait les yeux baissés. Il y eut un moment de silence cruel pour du Bousquier. Mais mademoiselle Cormon prit son parti, elle releva ses paupières, des larmes roulaient dans ses yeux, elle regarda du Bousquier tendrement.

— Si cela est, monsieur, dit-elle d'une voix tremblante, promettez-moi seulement de vivre en chrétien, de ne jamais contrarier mes habitudes religieuses, de me laisser maîtresse de choisir mes directeurs, et je vous accorde ma main, dit-elle en la lui tendant.

Du Bousquier saisit cette bonne grosse main pleine d'écus, et la baisa saintement.

— Mais, dit-elle en lui laissant baiser sa main, je demande encore une chose.

— Elle est accordée, et si elle est impossible, elle se fera (réminiscence de Beaujon).

— Je désire, reprit la vieille fille, que notre mariage se fasse dans le plus bref délai, que toute la ville le sache ce soir. Puis... (elle hésita) pour l'amour de moi, il faut vous charger d'un péché que je sais être énorme, car le mensonge est un des sept péchés capitaux; mais vous vous en confesserez, n'est-ce pas? Nous en ferons tous deux pénitence... Ils se regardèrent tous deux tendrement. — D'ailleurs, peut-être rentre-t-il dans les mensonges que l'Église nomme officieux...

— Serait-elle comme Suzanne? se disait du Bousquier. Quel bonheur! — Hé! bien, mademoiselle? dit-il à haute voix.

— Il faut, reprit-elle, que vous puissiez prendre sur vous...

— Quoi?

— De dire que ce mariage était convenu depuis six mois entre nous...

— Charmante femme, dit le fournisseur avec le ton d'un homme qui se dévoue, on ne fait ces sacrifices que pour une créature adorée pendant dix ans.

— Malgré mes rigueurs donc? lui dit-elle.

— Oui, malgré vos rigueurs.

— Monsieur du Bousquier, je vous avais mal jugé.

Elle lui retendit sa grosse main rouge que rebaisa du Bousquier. En ce moment, la porte s'ouvrit, les deux amants regardèrent qui entrait et ils aperçurent le délicieux mais tardif chevalier de Valois.

— Ah! dit-il en entrant, vous voilà debout, belle reine.

Elle sourit au chevalier et sentit au cœur une pression. Monsieur de Valois était remarquablement jeune, séduisant; il avait l'air de Lauzun entrant au Palais-Royal chez Mademoiselle.

— Eh! cher du Bousquier, dit-il d'un ton railleur, tant il se croyait sûr du succès, monsieur de Troisville et l'abbé de Sponde examinent votre maison comme des toiseurs.

— Ma foi, dit du Bousquier, si le vicomte de Troisville en veut, elle est à lui pour quarante mille francs. Elle me devient fort inutile! Si mademoiselle me le permet... Il faut que cela se sache. — Mademoiselle, puis-je le dire? — Oui! — Hé! bien, soyez le premier, *mon cher chevalier*, à qui j'apprenne... (mademoiselle Cormon baissa les yeux) l'honneur, dit l'ancien fournisseur, la faveur que me fait mademoiselle, et que j'ai gardée sous le secret depuis quelques mois. Nous nous marions dans quelques jours, le contrat est rédigé, nous le signerons demain. Vous comprenez que ma maison de le rue du Cygne me devient inutile. Je cherchais sous main des acquéreurs, et l'abbé de Sponde, *qui le savait*, a naturellement conduit chez moi monsieur de Troisville...

Ce gros mensonge avait une telle couleur de vérité, que le chevalier y fut pris. *Mon cher chevalier* était comme la revanche prise par Pierre-le-Grand à Pultawa de toutes ses précédentes défaites. Du Bousquier se vengeait là délicieusement de mille traits piquants qu'il avait reçus en silence. Dans son triomphe, il fit un geste de jeune homme, il se passa la main dans son faux toupet comme si c'était une chevelure véritable, et..... il l'enleva.

— Je vous en félicite l'un et l'autre, dit le chevalier d'un air agréable, et souhaite que vous finissiez comme les contes de fées : *Ils furent très-heureux et eurent beau*—COUP D'ENFANTS! Et il massait une prise de tabac. — Mais, monsieur, vous oubliez que vous avez un faux toupet, ajouta-t-il d'une voix railleuse.

Du Bousquier rougit, car il avait le faux toupet à dix pouces de son crâne. Mademoiselle Cormon leva les yeux, vit la nudité du crâne et baissa les yeux par pudeur. Du Bousquier lança sur le chevalier le plus venimeux regard que jamais crapaud ait arrêté sur sa proie.

— Canailles d'aristocrates qui m'avez dédaigné, je vous écraserai quelque jour! pensait-il.

Le chevalier de Valois crut avoir ressaisi tous ses avantages. Mais mademoiselle Cormon n'était point fille à comprendre la connexité que mettait le chevalier entre son souhait et le faux toupet, d'ailleurs, l'eût-elle comprise, sa main ne lui appartenait plus. Monsieur de Valois vit bientôt que tout était perdu. En effet, l'innocente fille, en apercevant ces deux hommes muets, voulut les occuper.

— Faites donc tous deux un piquet, dit-elle sans y mettre de malice.

Du Bousquier sourit, et alla, comme futur maître du logis, prendre la table de piquet. Le chevalier de Valois, soit qu'il eût perdu la tête ; soit qu'il voulût rester là pour étudier les causes de son désastre, et y remédier, se laissa faire comme un mouton qu'on mène à la boucherie. Il avait reçu le plus violent coup de massue qui puisse atteindre un homme ; un gentilhomme pouvait être étourdi à moins. Bientôt le digne abbé de Sponde et le vicomte de Troisville rentrèrent. Aussitôt mademoiselle Cormon se leva, courut dans l'antichambre, prit son oncle à part, lui dit sa résolution à l'oreille, et, apprenant que la maison de du Bousquier convenait à monsieur de Troisville, elle pria celui-ci de lui rendre le service de dire que son oncle la savait à vendre ; car elle n'osa pas confier ce mensonge à l'abbé, de peur d'une distraction. Le mensonge prospéra mieux que si c'eût été une action vertueuse. Dans la soirée, tout Alençon apprit la grande nouvelle. Depuis quatre jours, la ville était occupée comme aux jours néfastes de 1814 et de 1815. Les uns riaient, les autres admettaient le mariage, ceux-ci le blâmaient, ceux-là l'approuvaient. La classe moyenne d'Alençon en fut heureuse, c'était une conquête. Le lendemain, chez les Gordes, le chevalier de Valois dit un mot cruel.

— Les Cormon finissent comme ils ont commencé : d'intendant à fournisseur, il n'y a que la main !

La nouvelle du choix fait par mademoiselle Cormon atteignit au cœur le pauvre Athanase, mais il ne laissa rien transpirer des horribles agitations auxquelles il fut en proie. Quand il apprit le mariage, il était chez le Président du Ronceret où sa mère faisait un boston ; madame Granson regarda son fils dans une glace, elle le trouva pâle ; mais il l'était depuis le matin, car il avait entendu parler vaguement de ce mariage ; mademoiselle Cormon était une carte sur laquelle il jouait sa vie, le froid pressentiment d'une catastrophe l'enveloppait déjà. Lorsque l'âme et l'imagination ont agrandi le malheur, en ont fait un fardeau trop lourd pour les épaules et pour le front ; quand une espérance long-temps caressée, dont les réalisations apaiseraient le vautour ardent qui ronge le cœur, vient à manquer, et que l'homme n'a foi ni en lui malgré ses forces, ni en Dieu malgré sa puissance, alors il se brise. Athanase était un fruit de l'éducation impériale. La fatalité, cette religion de l'empereur, descendit du trône jusque dans les derniers rangs de l'armée, jusque sur les bancs du collége. Athanase arrêta ses yeux sur le jeu de madame du Ronceret avec une stupeur qui pouvait si bien passer pour de l'indifférence, que madame Granson crut s'être trompée sur les sentiments de son fils. Cette apparente insouciance expliquait son refus de faire à ce mariage le sacrifice de ses opinions *libérales*, mot qui venait d'être créé pour l'empereur Alexandre, et qui procédait, je crois, de madame de Staël par Benjamin Constant. A compter de cette fatale soirée, Athanase alla se promener à l'endroit le plus pittoresque de la Sarthe, sur une rive d'où les dessinateurs qui se sont occupés d'Alençon se sont placés pour y prendre des points de vue. Il s'y trouve des moulins. La rivière égaie les prairies. Les bords de la Sarthe sont garnis d'arbres élégants de forme et bien jetés. Si le paysage est plat, il ne manque pas des grâces décentes qui distinguent la France où les yeux ne sont jamais ni fatigués par un jour oriental, ni attristés par de trop constantes brumes. Ce lieu était solitaire. En province, personne ne fait attention à une jolie vue, soit que chacun soit blasé, soit défaut de poésie dans l'âme. S'il existe en province un mail, un plan, une promenade d'où se découvre une riche perspective, c'est l'endroit où personne ne va. Athanase affectionna cette solitude animée par l'eau, où les prés reverdissaient sous les premiers sourires du soleil printanier. Ceux qui l'y voyaient assis sous un peuplier, et qui recevaient son regard profond, dirent parfois à madame Granson : — Votre fils a quelque chose.

— Je sais ce qu'il fait ! répondait la mère d'un air satisfait en donnant à entendre qu'il méditait une grande œuvre.

Athanase ne se mêla plus de politique, il n'eut plus d'opinion ; mais il parut, à plusieurs reprises, assez gai, gai d'ironie comme ceux qui insultent à eux seuls tout un monde. Ce jeune homme, en dehors de toutes les idées, de tous les plaisirs de la province, intéressait peu de personnes, il n'était même pas matière à curiosité. Si l'on parla de lui à sa mère, ce fut à cause d'elle. Il n'y eut pas une âme qui sympathisât avec celle d'Athanase ; pas une femme, pas un ami ne vinrent à lui pour sécher ses larmes, il les jeta dans la Sarthe. Si la magnifique Suzanne eût passé par là, combien de malheurs n'aurait pas enfantés cette rencontre, car ces deux êtres se seraient aimés ! Elle y vint cependant. L'ambition de Suzanne eut pour cause le récit d'une aventure assez extraordinaire qui, vers 1799, avait commencé à l'auberge du More, et dont le récit avait ravagé sa cervelle d'enfant. Une fille de Paris, belle comme les anges, avait été chargée par la police de se faire aimer du marquis de Montauran, l'un des chefs envoyés par les Bourbons pour commander les Chouans; elle l'avait rencontré précisément à l'auberge du More au retour de son expédition de Mortagne : elle l'avait séduit et l'avait livré. Cette fantastique personne, ce pouvoir de la beauté sur l'homme, tout dans l'affaire de Marie de Verneuil et du marquis de Montauran, éblouit Suzanne; elle éprouva dès l'âge de raison un désir de se jouer des hommes. Quelques mois après sa fuite, elle ne se refusa donc pas à traverser sa ville natale pour aller en Bretagne avec un artiste. Elle voulut voir Fougères où s'était dénouée l'aventure du marquis de Montauran, et parcourir le théâtre de cette guerre pittoresque dont les tragédies, encore peu connues, avaient bercé son jeune âge. Puis elle désirait traverser Alençon dans un si brillant entourage et si bien métamorphosée que personne ne la reconnût. Elle comptait en un seul moment mettre sa mère à l'abri du malheur, et délicatement envoyer au pauvre Athanase la somme qui, dans notre époque, est pour le génie ce qu'était, au Moyen-âge, le cheval de combat et l'armure que Rebecca procure à Ivanhoé.

Un mois se passa dans les plus étranges alternatives, relativement au mariage de mademoiselle Cormon. Il y eut un parti d'Incrédules qui nia le mariage, et un parti de Croyants qui l'affirma. Au bout de quinze jours, le parti des Incrédules reçut un vigoureux échec : la maison de du Bousquier fut vendue quarante-trois mille francs à monsieur de Troisville, qui ne voulait qu'une maison fort simple à Alençon; car il devait aller plus tard à Paris quand la princesse Sherbellof serait décédée : il comptait attendre paisiblement cet héritage en s'occupant à reconstituer sa terre. Ceci semblait positif. Les Incrédules ne se laissèrent pas accabler. Ils prétendirent que, marié ou non, du Bousquier faisait une excellente affaire; sa maison ne lui était revenue qu'à vingt-sept mille francs. Les Croyants furent battus par cette péremptoire observation des Incrédules. Choisnel, le notaire de mademoiselle Cormon, n'avait pas encore entendu parler du premier mot relativement au contrat, dirent encore les Incrédules. Les Croyants, fermes dans leur foi, remportèrent, le vingtième jour, une victoire signalée sur les Incrédules. Monsieur Lepressoir, notaire des Libéraux, vint chez mademoiselle Cormon où le contrat fut signé. Ce fut le premier des nombreux sacrifices que devait faire mademoiselle Cormon à son ma . Du Bousquier portait une haine profonde à Choisnel; il lui attribuait le premier refus qu'il avait essuyé chez les Gordes, et le refus de mademoiselle Armande avait, selon lui, dicté celui de mademoiselle Cormon. Le vieil athlète du Directoire fit si bien auprès de la noble fille, qui croyait avoir mal jugé la belle âme du fournisseur, qu'elle voulut expier ses torts : elle sacrifia son notaire à l'amour ! néanmoins, elle lui communiqua le contrat, et Choisnel, qui était un homme digne de Plutarque, défendit par écrit les intérêts de mademoiselle Cormon. Cette circonstance seule faisait traîner le mariage en longueur. Mademoiselle Cormon reçut plusieurs lettres anonymes. Elle apprit, à son grand étonnement, que Suzanne était une fille aussi vierge qu'elle pouvait l'être elle-même, et que le séducteur au faux toupet ne devait jamais se trouver pour quelque chose en de pareilles aventures. Mademoiselle Cormon dédaigna les lettres anonymes ; mais elle écrivit à Suzanne, dans le but d'éclairer la religion de la Société de Maternité. Suzanne, qui sans doute avait appris le futur mariage de du Bousquier, avoua sa ruse, envoya mille francs à l'Association ; et desservit fortement le vieux fournisseur. Mademoiselle Cormon convoqua la Société de Maternité, qui tint une séance extraordinaire, où l'on prit un arrêté portant que le bureau ne secourrait plus les malheurs à échoir, mais uniquement ceux échus. Nonobstant ces menées qui défrayaient la ville de cancans distillés avec friandise, les bans se publiaient aux Églises et à la Mairie. Athanase dut préparer les actes. Par mesure de pudeur publique et de sûreté générale, la fiancée alla au Prébaudet où du Bousquier, flanqué d'atroces et somptueux bouquets, se rendait le matin et revenait pour dîner, le soir. Enfin, par une pluvieuse et triste journée de juin, à midi, le mariage entre mademoiselle Cormon et le sieur du Bousquier, disaient les Incrédules, eut lieu à la paroisse d'Alençon, à la vue de tout Alençon. Les époux se rendirent de chez eux à la Mairie, de la Mairie à l'église dans une calèche, magnifique pour Alençon, que du Bousquier avait fait venir de Paris en secret. La perte de la vieille carriole fut aux yeux de toute la ville une espèce de calamité. Le sellier de la Porte de Séez jeta les hauts cris, car il perdait cinquante francs de rente que lui rapportaient les raccommodages. Alençon vit avec effroi le luxe s'introduisant dans la ville par la maison Cormon. Chacun craignit le renchérissement des denrées, l'exhaussement du prix des loyers, et l'invasion des mobiliers parisiens. Il y eut des personnes assez piquées de curiosité pour donner quelque dix sous à Jacquelin afin de regarder de près la calèche attentatoire à l'économie du pays. Les deux chevaux achetés en Normandie effrayèrent aussi beaucoup.

— Si nous achetons ainsi nous-mêmes nos chevaux, dit la société du Ronceret, nous ne les vendrons donc plus à ceux qui les viennent chercher.

Quoique bête, le raisonnement parut profond en ce qu'il empêchait le pays d'accaparer l'argent étranger. Pour la province, la richesse des nations consiste moins dans l'active rotation de l'argent que dans un stérile entassement. Enfin la meurtrière prophétie de la vieille fille fut accomplie. Pénélope succomba à la pleurésie qu'elle avait gagnée quarante jours avant le mariage, rien ne la put sauver. Madame Granson, Mariette, madame du Coudrai, madame du Ronceret, toute la ville remarqua que madame du Bousquier était entrée à l'église *du pied gauche!* présage d'autant plus horrible que déjà le mot *La Gauche* prenait une acception politique. Le prêtre chargé de lire la formule ouvrit par hasard son livre à l'endroit du *De profundis*. Ainsi ce mariage fut accompagné de circonstances si fatales, si orageuses, si foudroyantes, que personne n'en augura bien. Tout alla de mal en pis. Il n'y eut point de noces, car les nouveaux mariés partirent pour le Prébaudet. Les coutumes parisiennes allaient donc triompher des coutumes provinciales, se disait-on. Le soir, Alençon commenta toutes ces niaiseries; et il y eut un déchaînement assez général chez les personnes qui comptaient sur une de ces noces de Gamache qui se font toujours en province, et que la société considère comme lui étant dues. La noce de Mariette et de Jacquelin se fit gaiement : ils furent les deux seules personnes qui contredirent les sinistres prophéties.

Du Bousquier voulut employer le gain fait sur sa maison à restaurer et moderniser l'hôtel Cormon. Il avait décidé de passer deux saisons au Prébaudet, et il y emmena son oncle de Sponde. Cette nouvelle répandit l'effroi dans la ville, où chacun pressentit que du Bousquier allait entraîner le pays dans la funeste voie du comfort. Cette peur s'augmenta quand les gens de la ville aperçurent un matin du Bousquier venant du Prébaudet au Val-Noble pour surveiller ses travaux, dans un tilbury attelé d'un nouveau cheval, ayant à ses côtés René en livrée. Le premier acte de son administration avait été de placer toutes les économies de sa femme *en rentes* sur le Grand-Livre, lesquelles étaient à 67 fr. 50 cent. Dans l'espace d'une année, pendant laquelle il joua constamment à la hausse, il se fit

7.

une fortune personnelle presque aussi considérable que l'était celle de sa femme. Mais ces foudroyants présages, ces innovations perturbatrices furent dépassés par un événement qui se rattachait à ce mariage et le fit paraître encore plus funeste. Le soir même de la célébration, Athanase et sa mère se trouvaient, après leur dîner, devant un petit feu de bourrées, nommées des *régalades*, et que la servante leur allumait au dessert dans le salon.

— Eh! bien, nous irons ce soir chez le président du Ronceret, puisque nous voilà sans mademoiselle Cormon, dit madame Granson. Mon Dieu! je ne m'habituerai jamais à l'appeler madame du Bousquier, ce nom-là me déchire les lèvres.

Athanase regarda sa mère d'un air mélancolique et contraint, il ne pouvait plus sourire, et il voulait comme saluer cette naïve pensée qui pansait sa blessure sans la guérir.

— Maman, dit-il en reprenant sa voix d'enfance, tant sa voix fut douce, de même qu'il reprenait ce mot abandonné depuis quelques années ; ma chère maman, ne sortons pas encore, il fait si bon là, devant ce feu !

La mère entendit sans la comprendre cette suprême prière d'une mortelle douleur.

— Restons, mon enfant, dit-elle. J'aime certes mieux causer avec toi, écouter tes projets, que de faire un boston où je puis perdre mon argent.

— Tu es belle ce soir, j'aime à te regarder. Puis je suis dans un courant d'idées qui s'harmonient à ce pauvre petit salon où nous avons tant souffert.

— Où nous souffrirons encore, mon pauvre Athanase, jusqu'à ce que tes ouvrages réussissent. Moi, je suis faite à la misère ; mais toi, mon trésor, voir ta belle jeunesse passée sans plaisir ! rien que du travail dans ta vie ! Cette pensée est une maladie pour une mère ; elle me tourmente le soir, et le matin elle me réveille. Mon Dieu ! mon Dieu ! que vous ai-je fait ? de quel crime me punissez-vous ?

Elle quitta sa bergère, prit une petite chaise et se colla contre Athanase de manière à mettre sa tête sur la poitrine de son enfant. Il y a toujours la grâce de l'amour chez une maternité vraie. Athanase baisa sa mère sur les yeux, sur ses cheveux gris, au front, avec la sainte volonté d'appuyer son âme partout où s'appuyaient ses lèvres.

— Je ne réussirai jamais, dit-il en essayant de tromper sa mère sur la funeste résolution qu'il roulait dans sa tête.

— Bah! ne vas-tu pas te décourager? Comme tu le dis, la pensée peut tout. Avec dix bouteilles d'encre, dix rames de papier et sa forte volonté, Luther a bouleversé l'Europe? eh! bien, tu t'illustreras, et tu feras le bien avec les mêmes moyens qui lui ont servi à faire le mal. N'as-tu pas dit cela? Moi, je t'écoute, vois-tu; je te comprends plus que tu ne le crois, car je te porte encore dans mon sein, et la moindre de tes pensées y retentit comme autrefois le plus léger de tes mouvements.

— Je ne réussirai pas ici, vois-tu, maman; et je ne veux pas te donner le spectacle de mes déchirements, de mes luttes, de mes angoisses. Oh! ma mère, laisse-moi quitter Alençon; je veux aller souffrir loin de toi.

— Je veux être toujours à tes côtés, moi, reprit orgueilleusement la mère. Souffrir sans ta mère, ta pauvre mère qui sera ta servante s'il le faut, qui se cachera pour ne pas te nuire si tu le demandais; ta mère qui alors ne t'accuserait point d'orgueil. Non, non, Athanase, nous ne nous séparerons jamais.

Athanase embrassa sa mère avec l'ardeur d'un agonisant qui embrasse la vie.

— Je le veux cependant, reprit-il. Sans cela, tu me perdrais... Cette double douleur, la tienne et la mienne, me tuerait. Il vaut mieux que je vive, n'est-ce pas?

Madame Granson regarda son fils d'un air hagard. — Voilà donc ce que tu couves! On me le disait bien. Ainsi tu pars!

— Oui.

— Tu ne partiras pas sans me tout dire, sans me prévenir. Il te faut un trousseau, de l'argent. J'ai des louis cousus dans mon jupon de dessous, il faut que je te les donne.

Athanase pleura.

— C'est tout ce que je voulais te dire, reprit-il. Maintenant je vais te conduire chez le président. Allons...

Le fils et la mère sortirent. Athanase quitta sa mère sur le pas de la porte de la maison où elle allait passer la soirée. Il regarda long-temps la lumière qui s'échappait par les fentes des volets; il s'y colla, il éprouva la plus frénétique des joies quand, au bout d'un quart d'heure, il entendit sa mère disant: — *Grande indépendance en cœur!*

— Pauvre mère ! je l'ai trompée, s'écria-t-il en gagnant la rive de la Sarthe.

Il arriva devant le beau peuplier sous lequel il avait tant médité depuis quarante jours, et où il avait apporté deux grosses pierres pour s'asseoir. Il contempla cette belle nature alors éclairée par la lune ; il revit en quelques heures tout son avenir de gloire : il passa dans les villes émues à son nom ; il entendit les applaudissements de la foule ; il respira l'encens des fêtes, il adora toute sa vie rêvée, il s'élança radieux en de radieux triomphes, il se dressa sa statue, il évoqua toutes ses illusions pour leur dire adieu dans un dernier banquet olympique. Cette magie avait été possible pendant un moment, maintenant elle s'était à jamais évanouie. Dans ce moment suprême il étreignit son bel arbre, auquel il s'était attaché comme à un ami ; puis il mit chaque pierre dans chacune des poches de sa redingote et la boutonna. Il était à dessein sorti sans chapeau. Il alla reconnaître l'endroit profond qu'il avait choisi depuis long-temps ; il s'y glissa résolument en tâchant de ne point faire de bruit, et il en fit très-peu. Quand, vers neuf heures et demie, madame Granson revint chez elle, sa servante ne lui parla pas d'Athanase, elle lui remit une lettre, madame Granson l'ouvrit et lut ce peu de mots : *Ma bonne mère, je suis parti, ne m'en veux pas !*

— Il a fait là un beau coup ! s'écria-t-elle. Et son linge, et de l'argent ! Il m'écrira, j'irai le retrouver. Ces pauvres enfants se croient toujours plus fins que père et mère. Et elle se coucha tranquille.

La Sarthe avait eu dans la matinée précédente une crue prévue par les pêcheurs. Ces crues d'eaux troubles amènent des anguilles entraînées de leurs ruisseaux. Or, un pêcheur avait tendu ses engins dans l'endroit où s'était jeté le pauvre Athanase en croyant qu'on ne le retrouverait jamais. Vers six heures du matin, le pêcheur ramena ce jeune corps. Les deux ou trois amies qu'avait la pauvre veuve employèrent mille précautions pour la préparer à recevoir cette horrible dépouille. La nouvelle de ce suicide eut, comme on le pense bien, un grand retentissement dans Alençon. La veille, le pauvre homme de génie n'avait pas un seul protecteur ; le lendemain de sa mort, mille voix s'écrièrent : — « Je l'aurais si bien aidé, moi ! » Il est si commode de se poser charitable *gratis*. Ce suicide fut expliqué par le chevalier de Valois. Le gentilhomme raconta, dans un esprit de vengeance, le naïf, le sincère, le bel amour d'Athanase pour mademoiselle Cormon. Madame Granson, éclairée par le chevalier, se rappela mille petites circonstances, et confirma les récits de monsieur de Valois. L'histoire devint touchante, quelques femmes pleurèrent. Madame Granson eut une douleur concentrée, muette, qui fut peu comprise. Il est pour les mères en deuil deux genres de douleur. Souvent le monde est dans le secret de leur perte; leur fils apprécié, admiré, jeune ou beau, sur une belle route et voguant vers la fortune, ou déjà glorieux, excite d'universels regrets; le monde s'associe au deuil et l'atténue en l'agrandissant. Mais il y a la douleur des mères qui seules savent ce qu'était leur enfant, qui seules en ont reçu les sourires, qui ont observé seules les trésors de cette vie trop tôt tranchée; cette douleur cache son crêpe dont la couleur fait pâlir celle des autres deuils; mais elle ne se décrit point, et heureusement il est peu de femmes qui sachent quelle corde du cœur est alors à jamais coupée. Avant que madame du Bousquier ne revînt à la ville, la présidente de Ronceret, l'une de ses bonnes amies, était allée déjà lui jeter ce cadavre sur les roses de sa joie, lui apprendre à quel amour elle s'était refusée; elle lui répandit tout doucettement mille gouttes d'absinthe sur le miel de son premier mois de mariage. Quand madame du Bousquier rentra dans Alençon, elle rencontra par hasard madame Granson au coin du Val-Noble ! Le regard de la mère, mourant de chagrin, atteignit la vieille fille au cœur. Ce fut à la fois mille malédictions dans une seule, mille flammèches dans un rayon. Madame du Bousquier en fut épouvantée, ce regard lui avait prédit, souhaité le malheur. Le soir même de la catastrophe, madame Granson, l'une des personnes les plus opposées au curé de la ville, et qui tenait pour le desservant de Saint-Léonard, frémit en songeant à l'inflexibilité des doctrines catholiques professées par son propre parti. Après avoir mis elle-même son fils dans un linceul, en pensant à la mère du Sauveur, madame Granson se rendit, l'âme agité d'une horrible angoisse, à la maison de l'assermenté. Elle trouva le modeste prêtre occupé à emmagasiner les chanvres et les lins qu'il donnait à filer à toutes les femmes, à toutes les filles pauvres de la ville afin que jamais les ouvrières ne manquassent d'ouvrage, charité bien entendue qui sauva plus d'un ménage incapable de mendier. Le curé quitta ses chanvres et s'empressa d'emmener madame Granson dans sa salle où la mère désolée reconnut, en voyant le souper du curé, la frugalité de son propre ménage.

— Monsieur l'abbé, dit-elle, je viens vous supplier... Elle fondit en larmes sans pouvoir achever.

— Je sais ce qui vous amène, répondit le saint homme ; mais je me fie à vous, madame, et à votre parente madame du Bousquier, pour apaiser Monseigneur à Séez. Oui, je prierai pour votre malheureux enfant ; oui, je dirai des messes ; mais évitons tout scandale et ne donnons pas lieu aux méchants de la ville de se rassembler dans l'église... Moi seul, sans clergé, nuitamment...

— Oui, oui, comme vous voudrez, pourvu qu'il soit en terre sainte ! dit la pauvre mère en prenant la main du prêtre et la baisant.

Vers minuit donc, une bière fut clandestinement portée à la paroisse par quatre jeunes gens, les camarades les plus aimés d'Athanase. Il s'y trouvait quelques amies de madame Granson, groupes de femmes noires et voilées ; puis les sept ou huit jeunes gens qui avaient reçu quelques confidences de ce talent expiré. Quatre torches éclairaient la bière couverte d'un crêpe. Le curé, servi par un discret enfant de cœur, dit une messe mortuaire. Puis le suicide fut conduit sans bruit dans un coin du cimetière où une croix de bois noirci, sans inscription, indiqua sa place à la mère. Athanase vécut et mourut dans les ténèbres. Aucune voix n'accusa le curé, l'évêque garda le silence. La piété de la mère racheta l'impiété du fils.

Quelques mois après, un soir, la pauvre femme, insensée de douleur, et mue par une de ces inexplicables soifs qu'ont les malheureux de se plonger les lèvres dans leur amer calice, voulut aller voir l'endroit où son fils s'était noyé. Son instinct lui disait peut-être qu'il y avait des pensées à reprendre sous ce peuplier ; peut-être aussi désirait-elle voir ce que son fils avait vu pour la dernière fois ? Il y a des mères qui mourraient de ce spectacle, d'autres s'y livrent à une sainte adoration. Les patients anatomistes de la nature humaine ne sauraient trop répéter les vérités contre lesquelles doivent se briser les éducations, les lois et les systèmes philosophiques. Disons-le souvent : il est absurde de vouloir ramener les sentiments à des formules identiques ; en se produisant chez chaque homme, ils se combinent avec les éléments qui lui sont propres, et prennent sa physionomie.

Madame Granson vit venir de loin une femme qui s'écria sur le lieu fatal : — *C'est donc là !*

Une seule personne pleura là, comme y pleurait la mère. Cette créature était Suzanne. Arrivée le matin à l'hôtel du More, elle avait appris la catastrophe. Si le pauvre Athanase avait vécu, elle aurait pu faire ce que de nobles personnes, sans argent, rêvent de faire, et ce à quoi ne pensent jamais les riches, elle eût envoyé quelque mille francs en écrivant dessus : *Argent dû à votre père par un camarade qui vous le restitue.* Cette ruse angélique avait été inventée par Suzanne pendant son voyage.

La courtisane aperçut madame Granson, et s'éloigna précipitamment en lui disant : — *Je l'aimais !*

Suzanne, fidèle à sa nature, ne quitta pas Alençon sans changer en fleurs de nénuphar les fleurs d'oranger qui couronnaient la mariée. Elle, la première, déclara que madame du Bousquier ne serait jamais que mademoiselle Cormon. Elle vengea d'un coup de langue Athanase et le cher chevalier de Valois.

Alençon fut témoin d'un suicide continu bien autrement pitoyable, car Athanase fut promptement oublié par la société qui veut et doit promptement oublier ses morts. Le pauvre chevalier de Valois mourut de son vivant, il se suicida tous les matins pendant quatorze ans. Trois mois après le mariage de du Bousquier, la société remarqua, non sans étonnement, que le linge du chevalier devenait roux, et ses cheveux furent irrégulièrement peignés. Ébouriffé, le chevalier de Valois n'existait plus ! Quelques dents d'ivoire désertèrent sans que les observateurs du cœur humain pussent découvrir à quel corps elles avaient appartenu, si elles étaient de la légion étrangère ou indigènes, végétales ou animales, si l'âge les arrachait au chevalier ou si elles étaient oubliées dans le tiroir de sa toilette. La cravate se roula sur elle-même, indifférente à l'élégance ! Les têtes de nègre pâlirent en s'encrassant. Les rides du visage se plissèrent, se noircirent et la peau se parchemina. Les ongles incultes se bordèrent parfois d'un liséré de velours noir. Le gilet se montra sillonné de roupies oubliées qui s'étalèrent comme des feuilles d'automne. Le coton des oreilles ne fut plus que rarement renouvelé. La tristesse siégea sur ce front et glissa ses teintes jaunes au fond des rides. Enfin, les ruines si savamment réprimées lézardèrent ce bel édifice et montrèrent combien l'âme a de puissance sur le corps ; puisque l'homme blond, le cavalier, le jeune premier mourut quand faillit l'espoir. Jusqu'alors, le nez du chevalier s'était produit sous une forme gracieuse ; jamais il n'en était tombé ni pastille noire humide ni goutte d'ambre; mais le nez du chevalier barbouillé de tabac qui débordait sous les narines, et déshonoré par les roupies qui profitaient de la gouttière située au milieu de la lèvre supérieure ; ce nez, qui ne se souciait plus de paraître aimable, révéla les énormes soins que le chevalier prenait autrefois de lui-même et fit comprendre, par leur étendue, la grandeur, la persistance des desseins de l'homme sur mademoiselle Cormon. Il fut écrasé par un calembour de du Coudrai qu'il fit d'ailleurs destituer. Ce fut la première vengeance que le bénin chevalier poursuivit; mais ce calembour était assassin et dépassait de cent coudées tous les calembours du Conservateur des hypothèques. Monsieur du Coudrai, voyant cette révolution nasale, avait nommé le chevalier, Nérestan. Enfin, les anecdotes imitèrent les dents; puis les bons mots devinrent rares; mais l'appétit se soutint, le gentilhomme ne sauva que l'estomac dans ce naufrage de toutes ses espérances; s'il prépara mollement ses prises, il mangea toujours effroyablement. Vous devinerez le désastre que cet événement amena dans les idées en apprenant que monsieur de Valois s'entretint moins fréquemment avec la princesse Goritza. Un jour il vint chez le marquis de Gordes avec un mollet devant son tibia. Cette banqueroute des grâces fut horrible, je vous jure, et frappa tout Alençon. Ce quasi-jeune homme devenu vieillard, ce personnage qui sous l'affaissement de son âme passait de cinquante à quatre-vingt-dix ans, effraya la société. Puis il livra son secret, il avait attendu, guetté mademoiselle Cormon; il avait, chasseur patient, ajusté son coup pendant dix ans, et il avait manqué la bête. Enfin la République impuissante l'emportait sur la vaillante Aristocratie et en pleine restauration. La forme triomphait du fond, l'esprit était vaincu par la matière, la diplomatie par l'insurrection. Dernier malheur ! une grisette blessée révéla le secret des matinées du chevalier, il passa pour un libertin. Les Libéraux lui jetèrent les enfants trouvés de du Bousquier, et le faubourg Saint-Germain d'Alençon les accepta très-orgueilleusement; il en rit, il dit : — *Ce bon chevalier, que vouliez-vous qu'il fît?* Il plaignit le chevalier, le mit dans son giron, ranima ses sourires, et une haine effroyable s'amassa sur la tête de du Bousquier. Onze personnes passèrent aux Gordes et quittèrent le salon Cormon.

Ce mariage eut surtout pour effet de dessiner les partis dans Alençon. La maison de Gordes y figura la haute aristocratie, car les Troisville revenus s'y rattachèrent. La maison Cormon représenta, sous l'habile influence de du Bousquier, cette fatale opinion qui sans être vraiment libérale, ni résolument royaliste, enfanta les 221 au jour où la lutte se précisa entre le plus auguste, le plus grand, le seul vrai pouvoir, la *Royauté*, et le plus faux, le plus changeant, le plus oppresseur pouvoir, le pouvoir dit *parlementaire* qu'exercent des assemblées électives. Le salon du Ronceret, secrètement allié au salon Cormon, fut hardiment libéral.

À son retour du Prébaudet, l'abbé de Sponde éprouva de continuelles souffrances qu'il refoula dans son âme et sur lesquelles il se tut devant sa nièce ; mais il ouvrit son cœur à mademoiselle de Gordes à laquelle il avoua que, folie pour folie, il eût préféré le chevalier de Valois à *monsieur du Bousquier*. Jamais le cher chevalier n'aurait eu le mauvais goût de contrarier un pauvre vieillard qui n'avait plus que quelques jours à vivre. Du Bousquier avait tout détruit au logis. L'abbé dit en roulant de maigres larmes dans ses yeux éteints : — Mademoiselle, je n'ai plus le couvert où je me promène depuis cinquante ans ! Mes bien-aimés tilleuls ont été rasés ! Au moment de ma mort, la République m'apparaît encore sous la forme d'un horrible bouleversement à domicile !

— Il faut pardonner à votre nièce, dit le chevalier de Valois. Les idées républicaines sont la première erreur de la jeunesse qui cherche la liberté, mais qui trouve le plus horrible des despotismes, celui de la canaille impuissante. Votre pauvre nièce n'est pas punie par où elle a péché.

— Que vais-je devenir dans une maison où dansent des femmes nues peintes sur les murs ? Où retrouver les tilleuls sous lesquels je lisais mon bréviaire !

Semblable à Kant qui ne put donner de lien à ses pensés, lorsqu'on lui eut abattu le sapin qu'il avait l'habitude de regarder pendant ses méditations, de même le bon abbé ne put obtenir le même élan dans ses prières en marchant à travers des allées sans ombre. Du Bousquier avait fait planter un jardin anglais !

— C'était mieux, disait madame du Bousquier sans le penser, mais l'abbé Couturier l'avait autorisée à commettre beaucoup de choses pour plaire à son mari.

Cette restauration ôta tout son lustre, sa bonhomie, son air patriarcal à la vieille maison. Semblable au chevalier de Valois dont l'incurie pouvait passer pour une abdication, de même la majesté bourgeoise du salon des Cormon n'exista plus quand il fut blanc et or, meublé d'ottomanes en acajou, et tendu de soie bleue. La salle à manger, ornée à la moderne; rendit les plats moins chauds, on n'y mangeait plus aussi bien qu'autrefois. Monsieur du Coudrai prétendit qu'il se sentait les calembours arrêtés dans le gosier par les figures peintes sur les murs, et qui le regardaient dans le blanc des yeux. A l'extérieur, la province y respirait encore; mais l'intérieur de la maison révélait le fournisseur du Directoire. Ce fut le mauvais goût de l'agent de change : des colonnes de stuc, des portes en glace, des profils grecs, des moulures sèches, tous les styles mêlés, une magnificence hors de propos. La ville d'Alençon glosa pendant quinze jours de ce luxe qui parut inouï; puis, quelques mois après, elle en fut orgueilleuse, et plusieurs riches fabricants renouvelèrent leur mobilier et se firent de beaux salons. Les meubles modernes commencèrent à se montrer dans la ville. On y vit des lampes astrales! L'abbé de Sponde pénétra l'un des premiers les malheurs secrets que ce mariage devait apporter dans la vie intime de sa nièce bien-aimée. Le caractère de simplicité noble qui régissait leur commune existence fut perdu dès le premier hiver, pendant lequel du Bousquier donna deux bals par mois. Entendre les violons et la profane musique des fêtes mondaines dans cette sainte maison! l'abbé priait à genoux pendant que durait cette joie! Puis, le système politique de ce grave salon fut lentement perverti. Le Grand-Vicaire devina du Bousquier : il frémit de son ton impérieux; il aperçut quelques larmes dans les yeux de sa nièce alors qu'elle perdit le gouvernement de sa fortune, et que son mari lui laissa seulement l'administration du linge, de la table et des choses qui sont le lot des femmes. Rose n'eut plus d'ordres à donner. La volonté de monsieur était seule écoutée par Jaquelin devenu exclusivement cocher, par René, le groom, par un chef venu de Paris, car Mariette ne fut plus que fille de cuisine. Madame du Bousquier n'eut que Josette à régenter. Sait-on combien il en coûte de renoncer aux délicieuses habitudes du pouvoir? Si le triomphe de la volonté est un des enivrants plaisirs de la vie des grands hommes, il est toute la vie des êtres bornés. Il faut avoir été ministre et disgracié pour connaître l'amère douleur qui saisit madame du Bousquier, alors qu'elle fut réduite à l'ilotisme le plus complet. Elle montait souvent en voiture contre son gré, elle voyait des gens qui ne lui convenaient pas; elle n'avait plus le maniement de son cher argent, elle qui s'était vue libre de dépenser ce qu'elle voulait et qui alors ne dépensait rien. Toute limite imposée n'inspire-t-elle pas le désir d'aller au delà? Les souffrances les plus vives ne viennent-elles pas du libre arbitre contrarié? Ces commencements furent des roses. Chaque concession faite à l'autorité maritale fut alors conseillée par l'amour de la pauvre fille pour son époux. Du Bousquier se comporta d'abord admirablement pour sa femme; il fut excellent, il lui donna des raisons valables à chaque nouvel empiétement. Cette chambre, si long-temps déserte, entendit le soir la voix des deux époux au coin du feu. Aussi, pendant les deux premières années de son mariage, madame du Bousquier se montra-t-elle très-satisfaite. Elle avait ce petit air délibéré, finaud qui distingue les jeunes femmes après un mariage d'amour. Le sang ne la tourmentait plus. Cette contenance dérouta les rieurs, démentit les bruits qui couraient sur du Bousquier et déconcerta les observateurs du cœur humain. Rose-Marie-Victoire craignait tant, en déplaisant à son époux, en le heurtant, de le désaffectionner, d'être privée de sa compagnie, qu'elle lui aurait sacrifié tout, même son oncle. Les petites joies niaises de madame du Bousquier trompèrent le pauvre abbé de Sponde, qui supporta mieux ses souffrances personnelles en pensant que sa nièce était heureuse. Alençon pensa d'abord comme l'abbé. Mais il y avait un homme plus difficile à tromper que toute la ville! Le chevalier de Valois, réfugié sur le mont sacré de la haute aristocratie, passait sa vie chez les Gordes; il écoutait les médisances et les caquetages, il pensait nuit et jour à ne pas mourir sans vengeance. Il avait abattu l'homme aux calembours, il voulait atteindre du Bousquier au cœur. Le pauvre abbé comprit les lâchetés du premier et dernier amour de sa nièce, il frémit en devinant la nature hypocrite de son neveu, et ses manœuvres perfides. Quoique du Bousquier se contraignît en pensant à la succession de son oncle, et ne voulût lui causer aucun chagrin, il lui porta un dernier coup qui le mit au tombeau. Si vous voulez expliquer le mot *intolérance* par le mot *fermeté de principes*, si vous ne voulez pas condamner dans l'âme catholique de l'ancien Grand-Vicaire le stoïcisme que Walter Scott vous fait admirer dans l'âme puritaine du père de Jeanie Deans, si vous voulez reconnaître dans l'Église romaine le *potiùs mori quàm fœdari* que vous admirez dans l'opinion républicaine, vous comprendrez la douleur qui saisit le grand abbé de Sponde alors qu'il vit dans le salon de son neveu le prêtre apostat, renégat, relaps, hérétique, l'ennemi de l'Église, le curé fauteur du serment constitutionnel. Du Bousquier, dont la secrète ambition était de régenter le pays, voulut, pour premier gage de son pouvoir, réconcilier le desservant de Saint-Léonard avec le curé de la paroisse, et il atteignit à son but. Sa femme crut accomplir une œuvre de paix, là où, selon l'incommutable abbé, il y avait trahison. Monsieur de Sponde se vit seul dans sa foi. L'évêque vint chez du Bousquier et parut satisfait de la cessation des hostilités. Les vertus de l'abbé François avaient tout vaincu, excepté le Romain Catholique capable de s'écrier avec Corneille :

> Mon Dieu, que de vertus vous me faites haïr !

L'abbé mourut quand expira l'Orthodoxie dans le diocèse.

En 1819, la succession de l'abbé de Sponde porta les revenus territoriaux de madame du Bousquier à vingt-cinq mille livres, sans compter ni le Prébaudet, ni la maison du Val-Noble. Ce fut vers ce temps que du Bousquier rendit à sa femme le capital des économies qu'elle lui avait livrées ; il le lui fit employer à l'acquisition de biens contigus au Prébaudet, et rendit ainsi ce domaine l'un des plus considérables du Département, car les terres appartenant à l'abbé de Sponde jouxtaient celles du Prébaudet. Personne ne connaissait la fortune personnelle de du Bousquier, il faisait valoir ses capitaux chez les Keller à Paris, où il faisait quatre voyages par an. Mais, à cette époque, il passa pour l'homme le plus riche du département de l'Orne. Cet homme habile, l'éternel candidat des Libéraux, à qui sept ou huit voix manquèrent constamment dans toutes les batailles électorales livrées sous la Restauration, et qui ostensiblement répudiait les Libéraux en voulant se faire élire comme royaliste ministériel, sans pouvoir jamais vaincre les répugnances de l'administration, malgré le secours de la congrégation et de la magistrature ; ce républicain haineux, enragé d'ambition, conçut de lutter avec le royalisme et l'aristocratie dans ce pays, au moment où ils y triomphaient. Du Bousquier s'appuya sur le sacerdoce par les trompeuses apparences d'une piété bien jouée : il accompagna sa femme à la messe, il donna de l'argent pour les couvents de la ville, il soutint la congrégation du Sacré-Cœur, il se prononça pour le clergé dans toutes les occasions où le clergé combattit la

Ville, le Département ou l'État. Secrètement soutenu par les Libéraux, protégé par l'Église, demeurant royaliste constitutionnel, il côtoya sans cesse l'aristocratie du département pour la ruiner, et il la ruina. Attentif aux fautes commises par les sommités nobiliaires et par le gouvernement, il réalisa, la bourgeoisie aidant, toutes les améliorations que la Noblesse, la Pairie et le Ministère devaient inspirer, diriger, et qu'ils entravaient par suite de la niaise jalousie des pouvoirs en France. L'opinion constitutionnelle l'emporta dans l'affaire du curé, dans l'érection du théâtre, dans toutes les questions d'agrandissement pressenties par du Bousquier, qui les faisait proposer par le parti libéral, auquel il s'adjoignait au plus fort des débats, en objectant le bien du pays. Du Bousquier industrialisa le Département. Il accéléra la prospérité de la province en haine des familles logées sur la route de Bretagne. Il préparait ainsi sa vengeance contre les gens à châteaux, et surtout contre les Gordes, au sein desquels un jour il fut sur le point d'enfoncer un poignard envenimé. Il donna des fonds pour relever les manufactures de point d'Alençon ; il raviva le commerce des toiles, la ville eut une filature. En s'inscrivant ainsi dans tous les intérêts et au cœur de la masse, en faisant ce que la Royauté ne faisait point, du Bousquier ne hasardait pas un liard. Soutenu par sa fortune, il pouvait attendre les réalisations que souvent les gens entreprenants, mais gênés, sont forcés d'abandonner à d'heureux successeurs. Il se posa comme banquier. Ce Laffitte au petit pied commanditait toutes les inventions nouvelles en prenant ses sûretés. Il faisait très bien ses affaires en faisant le bien public ; il était le moteur des Assurances, le protecteur des nouvelles entreprises de voitures publiques ; il suggérait les pétitions pour demander à l'administration les chemins et les ponts nécessaires. Ainsi prévenu, le gouvernement voyait un empiétement sur son autorité. Les luttes s'engageaient maladroitement, car le bien du pays exigeait que la Préfecture cédât. Du Bousquier aigrissait la noblesse de province contre la noblesse de cour et contre la pairie. Enfin il prépara l'effrayante adhésion d'une forte partie du royalisme constitutionnel à la lutte que soutinrent le *Journal des Débats* et monsieur de Chateaubriand contre le trône, ingrate Opposition basée sur des intérêts ignobles, et qui fut une des causes de triomphe de la bourgeoisie et du journalisme en 1830. Aussi, du Bousquier, comme les gens qu'il représente, eut-il le bonheur de voir passer le convoi de la Royauté, sans qu'aucune sympathie l'accompagnât dans la province désaffectionnée par les mille causes qui se trouvent encore incomplétement énumérées ici. Le vieux républicain, chargé de messes, et qui pendant quinze ans avait joué la comédie afin de satisfaire sa *vendetta*, renversa luimême le drapeau blanc de la Mairie aux applaudissements du peuple. Aucun homme, en France, ne jeta sur le nouveau trône élevé en août 1830 un regard plus enivré de joyeuse vengeance. Pour lui, l'avénement de la branche cadette était le triomphe de la Révolution. Pour lui, le triomphe du drapeau tricolore était la résurrection de la Montagne, qui, cette fois, allait abattre les gentilshommes par des procédés plus sûrs que celui de la guillotine, en ce que son action serait moins violente. La Pairie sans hérédité, la Garde nationale qui met sur le même lit de camp l'épicier du coin et le marquis, l'abolition des majorats réclamée par un bourgeoisavocat, l'Église catholique privée de sa suprématie, toutes les inventions législatives d'août 1830 furent pour du Bousquier la plus savante application des principes de 1793. Depuis 1830, cet homme est Receveur-Général. Il s'est appuyé, pour parvenir, sur ses liaisons avec le duc d'Orléans, père du roi Louis-Philippe, et avec monsieur de Folmon, l'ancien intendant de la duchesse douairière d'Orléans. On lui donne quatre-vingt mille livres de rente. Aux yeux de son pays, *monsieur* du Bousquier est un homme de bien, un homme respectable, invariable dans ses principes, intègre, obligeant. Alençon lui doit son association au mouvement industriel qui en fait le premier anneau par lequel la Bretagne se rattachera peut-être un jour à ce qu'on nomme la civilisation moderne. Alençon, qui ne comptait pas en 1816 deux voitures propres, vit en dix ans rouler dans ses rues des calèches, des coupés, des landau, des cabriolets et des tilburys, sans s'en étonner. Les bourgeois et les propriétaires, effrayés d'abord de voir le prix des choses augmentant, reconnurent plus tard que cette augmentation avait un contre-coup financier dans leurs revenus. Le mot prophétique du président du Ronceret : — *Du Bousquier est un homme trèsfort!* fut adopté par le pays. Mais, malheureusement pour sa femme, ce mot est un horrible contre-sens. Le mari ne ressemble en rien à l'homme public et politique. Ce grand citoyen, si libéral au dehors, si bonhomme, animé de tant d'amour pour son pays, est despote au logis et parfaitement dénué d'amour conjugal. Cet homme si profondément astucieux, hypocrite, rusé, ce Cromwel du Val-Noble, se comporte dans son ménage comme il se comportait envers l'aristocratie, qu'il caressait pour l'égorger. Comme son ami Bernadotte, il chaussa d'un gant de velours sa main de fer. Sa femme ne lui donna pas d'enfants. Le mot de Suzanne, les insinuations du chevalier de Valois se trouvèrent ainsi justifiées. Mais la bourgeoisie libérale, la bourgeoisie royaliste-constitutionnelle, les hobereaux, la magistrature et le parti-prêtre, comme disait le *Constitutionnel*, donnèrent tort à madame du Bousquier. Monsieur du Bousquier l'avait épousée si vieille! disait-on. D'ailleurs quel bonheur pour cette pauvre femme, car à son âge il était si dangereux d'avoir des enfants! Si madame du Bousquier confiait en pleurant ses désespoirs périodiques à madame du Coudrai, à madame du Ronceret, ces dames lui disaient : — Mais vous êtes folle, ma chère, vous ne savez pas ce que vous désirez, un enfant serait votre mort! Puis, beaucoup d'hommes qui rattachaient, comme monsieur du Coudrai, leurs espérances au triomphe de du Bousquier, faisaient chanter ses louanges par leurs femmes. La vieille fille était assassinée par ces phrases cruelles.

— Vous êtes bien heureuse, ma chère, d'avoir épousé un homme capable, vous éviterez les malheurs des femmes qui sont mariées à des gens sans énergie, incapables de conduire leur fortune, de diriger leurs enfants.

— Votre mari vous rend la reine du pays, ma belle. Il ne vous laissera jamais dans l'embarras, celui-là! Il mène tout dans Alençon.

— Mais je voudrais, disait la pauvre femme, qu'il se donnât moins de peine pour le public, et qu'il...

— Vous êtes bien difficile, ma chère madame du Bousquier, toutes les femmes vous envient votre mari.

Mal jugée par le monde, qui commença par lui donner tort, la chrétienne trouva, dans son intérieur, une ample carrière à déployer ses vertus. Elle vécut dans les larmes et ne cessa d'offrir au monde un visage placide. Pour une âme pieuse, n'était-ce pas un crime que cette pensée qui lui becqueta toujours le cœur : J'aimais le chevalier de Valois, et je suis la femme de du Bousquier! L'amour d'Athanase se dressait aussi sous la forme d'un remords et la poursuivait dans ses rêves. La mort de son oncle, dont les chagrins avaient éclaté, lui rendit son avenir encore plus douloureux, car elle pensa toujours aux souffrances que son oncle dut éprouver en voyant le changement des doctrines politiques et religieuses de la maison Cormon. Souvent le malheur tombe avec la rapidité de la foudre, comme chez madame Granson; mais il s'étend, chez la vieille fille, comme une goutte d'huile qui ne quitte l'étoffe qu'après l'avoir lentement imbibée.

Le chevalier de Valois fut le malicieux artisan de l'infortune de madame du Bousquier. Il avait à cœur de détromper sa religion surprise; car le chevalier, si expert en amour, devina du Bousquier marié comme il avait deviné du Bousquier garçon. Mais le profond républicain était difficile à surprendre : son salon était naturellement fermé au chevalier de Valois, comme à tous ceux qui, dans les premiers jours de son mariage, avaient renié la maison Cormon. Puis il était supérieur au ridicule, il tenait une immense fortune, il régnait dans Alençon, il se souciait de sa femme comme Richard III se serait soucié de voir crever le cheval à l'aide duquel il aurait gagné la bataille. Pour plaire à son mari, madame du Bousquier avait rompu avec la maison de Gordes, où elle n'allait plus; mais quand son mari la laissait seule pendant ses séjours à Paris, elle faisait alors une visite à mademoiselle Armande. Or, deux ans après son mariage, précisément à la mort de l'abbé de Sponde, mademoiselle de Gordes aborda madame du Bousquier au sortir de Saint-Léonard, où elles avaient entendu une messe noire dite pour l'abbé. La généreuse fille crut qu'en cette circonstance elle devait des consolations à l'héritière en pleurs. Elles allèrent ensemble, en causant du cher défunt, de Saint-Léonard au Cours; et, du Cours, elles atteignirent l'hôtel de Gordes où mademoiselle Armande entraîna madame du Bousquier par le charme de sa conversation. La pauvre femme désolée aima peut-être à s'entretenir de son oncle avec une personne que son oncle aimait tant. Puis elle voulut recevoir les compliments du vieux marquis de Gordes, qu'elle n'avait pas vu depuis près de trois années. Il était une heure et demie, elle trouva là le chevalier de Valois venu pour dîner, qui, tout en la saluant, lui prit les mains.

— Eh! bien, chère vertueuse et bien-aimée dame, lui dit-il d'une voix émue, *nous* avons perdu notre saint ami; nous avons épousé votre deuil; oui, votre perte est aussi vivement sentie ici que chez vous... mieux, ajouta-t-il en faisant allusion à du Bousquier.

Après quelques paroles d'oraison funèbre où chacun fit sa phrase, le chevalier prit galamment le bras de madame du Bousquier et le mit sur le sien, le pressa fort adorablement et l'emmena dans l'embrasure d'une fenêtre.

— Êtes-vous heureuse au moins? dit-il avec une voix paternelle.

— Oui, dit-elle en baissant les yeux.

En entendant ce *oui*, madame de Troisville, la fille de la princesse Sherbellof et la vieille marquise de Castéran vinrent se joindre au chevalier, accompagnées de mademoiselle de Gordes. Toutes allèrent se promener dans le jardin en attendant le dîner, sans que madame du Bousquier, hébétée par la douleur, se fût aperçue que les dames et le chevalier menaient une petite conspiration de curiosité. « Nous la tenons, sachons le mot de l'énigme? » était une phrase écrite dans les regards que ces personnes se jetèrent.

— Pour que votre bonheur fût complet, dit mademoiselle Armande, il vous faudrait des enfants, un beau garçon comme mon neveu....

Une larme roula dans les yeux de madame du Bousquier.

— J'ai entendu dire que vous étiez la seule coupable en cette affaire, que vous aviez peur d'une grossesse? dit le chevalier.

— Moi, dit-elle naïvement, j'achèterais un enfant par cent années d'enfer!

Sur la question ainsi posée, il s'émut une discussion conduite avec une excessive délicatesse par madame la vicomtesse de Troisville et la vieille marquise de Castéran qui entortillèrent si bien la pauvre vieille fille qu'elle livra, sans s'en douter, les secrets de son ménage. Mademoiselle Armande avait pris le bras du chevalier et s'était éloignée, afin de laisser les trois femmes causer mariage. Madame du Bousquier fut alors désabusée des mille déceptions de son mariage; et comme elle était restée *bestiote*, elle amusa ses confidentes par de délicieuses naïvetés. Quoique dans le premier moment le mensonger mariage de mademoiselle Cormon fît rire toute la ville bientôt initiée aux manœuvres de du Bousquier, néanmoins madame du Bousquier gagna l'estime et la sympathie de toutes les femmes. Tant que mademoiselle Cormon avait couru sus au mariage sans réussir à se marier, chacun se moquait d'elle; mais quand chacun apprit la situation exceptionnelle où la plaçait la sévérité de ses principes religieux, tout le monde l'admira. *Cette pauvre madame du Bousquier* remplaça *cette bonne demoiselle Cormon.* Le chevalier rendit ainsi pour quelque temps du Bousquier odieux et ridicule, mais le ridicule finit par s'affaiblir; et quand chacun eut dit son mot sur lui, la médisance se lassa. Puis, à cinquante-sept ans, le muet républicain semblait à beaucoup de personnes avoir droit à la retraite. Cette circonstance envenima la haine que du Bousquier portait à la maison de Gordes à un tel point, qu'elle le rendit impitoyable au jour de la vengeance. Madame du Bousquier reçut l'ordre de ne jamais mettre le pied dans cette maison. Par représailles du tour que lui avait joué le chevalier de Valois, du Bousquier, qui venait de créer le *Courrier de l'Orne*, y fit insérer l'annonce suivante :

« Il sera délivré une inscription de mille francs de rente à la per-
» sonne qui pourra démontrer l'existence d'un monsieur de Pom-
» breton, avant, pendant ou après l'Émigration. »

Quoique son mariage fût essentiellement négatif, madame du Bousquier y vit des avantages : ne valait-il pas mieux encore s'intéresser à l'homme le plus remarquable de la ville, que de vivre seule? Du Bousquier était encore préférable aux chiens, aux chats, aux serins qu'adorent les célibataires; il portait à sa femme un sentiment plus réel et moins intéressé que ne l'est celui des servantes, des confesseurs, et des capteurs de successions. Plus tard, elle vit dans son mari l'instrument de la colère céleste, car elle reconnut des péchés innombrables dans tous ses désirs de mariage; elle se regarda comme justement punie ainsi des malheurs qu'elle avait causés à madame Granson, et de la mort anticipée de son oncle. Obéissant à cette religion qui ordonne de baiser les verges avec lesquelles on administre la correction, elle vantait son mari, elle l'approuvait publiquement ; mais, au confessionnal ou le soir dans ses prières, elle pleurait souvent en demandant pardon à Dieu des apostasies de son mari qui pensait le contraire de ce qu'il disait, qui souhaitait la mort de l'aristocratie et de l'Église, les deux religions de la maison Cormon. Trouvant en elle-même tous ses sentiments froissés et immolés, mais forcée par le devoir à faire le bonheur de son époux, à ne lui nuire en rien, et attachée à lui par une indéfinissable affection que peut-être l'habitude engendra, sa vie était un contre-sens perpétuel. Elle avait épousé un homme dont elle haïssait la conduite et les opinions, mais dont elle devait s'occuper avec une tendresse obligée. Souvent elle était aux anges quand du Bousquier mangeait ses confitures, quand il trouvait le dîner bon ; elle veillait à ce que ses moindres désirs fussent satisfaits. S'il oubliait la bande de son journal sur une table, au lieu de la jeter, madame disait : — René, laissez cela, monsieur ne l'a pas mis là sans intention. Du Bousquier allait-il en voyage, elle s'inquiétait du manteau, du linge ; elle prenait pour son bonheur matériel les plus minutieuses précautions. S'il allait au Prébaudet, elle consultait le baromètre dès la veille pour savoir s'il ferait beau. Elle épiait ses volontés dans son regard, à la manière d'un chien qui, tout en dormant, entend et voit son maître. Si le gros du Bousquier, vaincu par cet amour ordonné, la saisissait par la taille, l'embrassait sur le front, et lui disait : — Tu es une bonne femme ! des larmes de plaisir venaient aux yeux de la pauvre créature. Il est probable que du Bousquier se croyait obligé à des dédommagements qui lui conciliaient le respect de Rose-Marie-Victoire, car la vertu catholique n'ordonne pas une dissimulation aussi complète que le fut celle de madame du Bousquier. Mais souvent la sainte femme restait muette en entendant les discours que tenaient chez elle les gens haineux qui se cachaient sous les opinions royalistes-constitutionnelles. Elle frémissait en prévoyant la perte de l'Église ; elle risquait parfois un mot stupide, une observation que du Bousquier coupait en deux par un regard. Les contrariétés de cette existence ainsi tiraillée finirent par hébéter madame du Bousquier, qui trouva plus simple et plus digne de concentrer son intelligence sans la produire au dehors, en se résignant à mener une vie purement animale. Elle eut alors une soumission d'esclave, et regarda comme une œuvre méritoire d'accepter l'abaissement dans lequel la mit son son mari. L'accomplissement des volontés maritales ne lui causa jamais le moindre murmure. Cette brebis craintive chemina dès lors dans la voie que lui traça le berger ; elle ne quitta plus le giron de l'Église, et se livra aux pratiques religieuses les plus sévères, sans penser ni à Satan, ni à ses pompes, ni à ses œuvres. Elle offrit ainsi la réunion des vertus chrétiennes les plus pures, et du Bousquier devint certes l'un des hommes les plus heureux du royaume de France et de Navarre.

— Elle sera niaise jusqu'à son dernier soupir, dit le cruel Conservateur destitué qui dînait cependant chez elle deux fois par semaine.

Cette histoire serait étrangement incomplète si l'on n'y mentionnait pas la coïncidence de la mort du chevalier de Valois avec la mort de la mère de Suzanne. Le chevalier mourut avec la monarchie, en août 1830. Il alla se joindre au cortége du roi Charles X à Nonancourt, et l'escorta pieusement jusqu'a Cherbourg avec tous les Troisville, les Castéran, les Gordes, etc. Le vieux gentilhomme avait pris sur lui cinquante mille francs, somme à laquelle montaient ses économies et le prix de sa rente ; il l'offrit à l'un des fidèles amis de ses maîtres pour la transmettre au roi, en objectant sa mort prochaine, en disant que cette somme venait des bontés de Sa Majesté, qu'enfin l'argent du dernier des Valois appartenait à la Couronne. On ne sait si la ferveur de son zèle vainquit les répugnances du Bourbon qui abandonnait son beau royaume de France sans en emporter un liard, et qui dut être attendri par le dévouement du chevalier ; mais il est certain que Césarine, légataire universelle de monsieur de Valois, recueillit à peine six cents livres de rente. Le chevalier revint à Alençon aussi cruellement atteint par la douleur que par la fatigue, et il expira quand Charles X toucha la terre étrangère.

Madame du Valnoble et son protecteur, qui craignait alors les vengeances du parti libéral, se trouvèrent heureux d'avoir un prétexte de venir incognito dans le village où mourut la mère de Suzanne. A la vente qui eut lieu par suite du décès du chevalier de Valois, Suzanne, désirant un souvenir de son premier et bon ami, fit pousser sa tabatière jusqu'au prix excessif de mille francs. Le portrait de la princesse Goritza valait à lui seul cette somme. Deux ans après, un jeune élégant, qui faisait collection des belles tabatières du dernier siècle, obtint de Suzanne celle du chevalier recommandée par une façon merveilleuse. Le bijou confident des plus belles amours du monde et le plaisir de toute une vieillesse, se trouve donc exposé dans une espèce de musée privé. Si les morts savent ce qui se fait après eux, la tête du chevalier doit en ce moment rougir à gauche.

Quand cette histoire n'aurait d'autre effet que d'inspirer aux possesseurs de quelques reliques adorées une sainte peur, et les faire recourir à un codicille pour statuer immédiatement sur le sort de ces précieux souvenirs d'un bonheur qui n'est plus en les léguant à des mains fraternelles, elle aurait rendu d'énormes services à la portion chevaleresque et amoureuse du public ; mais elle renferme une moralité bien plus élevée !... ne démontre-t-elle pas la nécessité d'un enseignement nouveau ? N'invoque-t-elle pas, de la sollicitude si éclairée des ministres de l'instruction publique, la création de chaires d'anthropologie, science dans laquelle l'Allemagne nous devance? Les mythes modernes sont encore moins compris que les mythes anciens, quoique nous soyons dévorés par les mythes. Les mythes nous pressent de toutes parts, ils servent à tout, ils expliquent tout. S'ils sont, selon l'École Humanitaire, les flambeaux de l'histoire, ils sauveront les empires de toute révolution, pour peu que les professeurs d'histoire fassent pénétrer les explications qu'ils en donnent, jusque dans les masses départementales ! Si mademoiselle Cormon eût été lettrée, s'il eût existé dans le département de l'Orne un professeur d'anthropologie, enfin si elle avait lu l'Arioste, les effroyables malheurs de sa vie conjugale eussent-ils jamais eu lieu ? Elle aurait peut-être recherché pourquoi le poète italien nous montre Angélique préférant Médor, qui était un blond chevalier de Valois, à Roland dont la jument était morte et qui ne savait que se mettre en fureur. Médor ne serait-il pas la figure mythique des courtisans de la royauté féminine, et Roland le mythe des révolutions désordonnées, furieuses, impuissantes qui détruisent tout sans rien produire. Nous publions, en en déclinant la responsabilité, cette opinion d'un élève de Ballanche.

Aucun renseignement ne nous est parvenu sur les petites têtes de nègres en diamants. Vous pouvez voir aujourd'hui madame du Valnoble à l'Opéra. Grâce à la première éducation que lui a donnée le chevalier de Valois, elle a presque l'air d'une femme comme il faut.

Madame du Bousquier vit encore, n'est-ce pas dire qu'elle souffre toujours ? En atteignant à l'âge de soixante ans, époque à laquelle les femmes se permettent des aveux, elle a dit en confidence à madame du Coudrai dont le mari retrouva sa place en août 1830, qu'elle ne supportait pas l'idée de mourir fille.

Paris, octobre 1836.

LES RIVALITÉS.

(DEUXIÈME HISTOIRE.)

LE CABINET DES ANTIQUES.

A MONSIEUR LE BARON DE HAMMER-PURGSTALL,

Conseiller aulique, auteur de l'*Histoire de l'Empire ottoman*.

Cher baron,

Vous vous êtes si chaudement intéressé à ma longue et vaste histoire des mœurs françaises au dix-neuvième siècle, et vous avez accordé de tels encouragements à mon œuvre, que vous m'avez ainsi donné le droit d'attacher votre nom à l'un des fragments qui en feront partie. N'êtes-vous pas un des plus graves représentants de la consciencieuse et studieuse Allemagne? Votre approbation ne doit-elle pas en commander d'autres et protéger mon entreprise? je suis si fier de l'avoir obtenue que j'ai tâché de la mériter en continuant mes travaux avec cette intrépidité qui a caractérisé vos études et la recherche de tous les documents sans lesquels le monde littéraire n'aurait pas eu le monument élevé par vous. Votre sympathie pour des labeurs que vous avez connus et appliqués aux intérêts de la société orientale la plus éclatante, a souvent soutenu l'ardeur de mes veilles occupées par les détails de notre société moderne : ne serez-vous pas heureux de le savoir, vous dont la naïve bonté peut se comparer à celle de notre La Fontaine?

Je souhaite, cher baron, que ce témoignage de ma vénération pour vous et votre œuvre vienne vous trouver à Dobling, et vous y rappelle, ainsi qu'à tous les vôtres, un de vos plus sincères admirateurs et amis.

DE BALZAC.

Dans une des moins importantes Préfectures de France, au centre de la ville, au coin d'une rue, est une maison; mais les noms de cette rue et de cette ville doivent être cachés ici. Chacun appréciera les motifs de cette sage retenue exigée par les convenances. Un écrivain touche à bien des plaies en se faisant l'annaliste de son

MADEMOISELLE D'ESGRIGNON

Quand je la voyais venant de loin sur le cours..... et qu'elle y amenait Victurnien, son neveu, etc., etc.

LE CABINET DES ANTIQUES.

temps !... La maison s'appelait l'hôtel d'Esgrignon ; mais sachez encore que d'Esgrignon est un nom de convention, sans plus de réalité que n'en ont les Belval, les Floricour, les Derville de la comédie, les Adalbert ou les Monbreuse du roman. Enfin, les noms des principaux personnages seront également changés. Ici l'auteur voudrait rassembler des contradictions, entasser des anachronismes, pour enfouir la vérité sous un tas d'invraisemblances et de choses absurdes ; mais, quoi qu'il fasse, elle poindra toujours, comme une vigne mal arrachée repousse en jets vigoureux, à travers un vignoble labouré.

L'hôtel d'Esgrignon était tout bonnement la maison où demeurait un vieux gentilhomme, nommé Charles-Marie-Victor-Ange Carol, marquis d'Esgrignon ou des Grignons, suivant d'anciens titres. La société commerçante et bourgeoise de la ville avait épigrammatiquement nommé son logis un hôtel, et depuis une vingtaine d'années la plupart des habitants avaient fini par dire sérieusement *l'hôtel d'Esgrignon* en désignant la demeure du marquis.

Le nom de Carol (les frères Thierry l'eussent orthographié Karawl) était le nom glorieux d'un des plus puissants chefs venus jadis du Nord pour conquérir et féodaliser les Gaules. Jamais les Carol n'avaient plié la tête, ni devant les Communes, ni devant la Royauté, ni devant l'Église, ni devant la Finance. Chargés autrefois de défendre une Marche française, leur titre de marquis était à la fois un devoir, un honneur, et non le simulacre d'une charge supposée ; le fief d'Esgrignon avait toujours été leur bien. Vraie noblesse de province, ignorée depuis deux cents ans à la cour, mais pure de tout alliage, mais souveraine aux États, mais respectée des gens du pays comme une superstition et à l'égal d'une bonne vierge qui guérit les maux de dents, cette maison s'était conservée au fond de sa province comme les pieux charbonnés de quelque pont de César se conservent au fond d'un fleuve. Pendant treize cents ans, les filles avaient été régulièrement mariées sans dot ou mises au couvent ; les cadets avaient constamment accepté leurs légitimes maternelles, étaient devenus soldats, évêques, ou s'étaient mariés à la cour. Un cadet de la maison d'Esgrignon fut amiral, fut fait duc et pair, et mourut sans postérité. Jamais le marquis d'Esgrignon, chef de la branche aînée, ne voulut accepter le titre de duc.

— Je tiens le marquisat d'Esgrignon aux mêmes conditions que le roi tient l'État de France, dit-il au connétable de Luynes qui n'était alors à ses yeux qu'un très-petit compagnon. Comptez que, durant les troubles, il y eut des d'Esgrignon décapités. Le sang franc se conserva, noble et fier, jusqu'en l'an 1789. Le marquis d'Esgrignon actuel n'émigra pas : il devait défendre sa Marche. Le respect qu'il avait inspiré aux gens de la campagne préserva sa tête de l'échafaud ; mais la haine des vrais Sans-Culottes fut assez puissante pour le faire considérer comme émigré, pendant le temps qu'il fut obligé de se cacher. Au nom du peuple souverain, le District déshonora la terre d'Esgrignon, les bois furent nationalement vendus, malgré les réclamations personnelles du marquis, alors âgé de quarante ans. Mademoiselle d'Esgrignon, sa sœur, étant mineure, sauva quelques portions du fief par l'entremise d'un jeune intendant de la famille, qui demanda le partage de présuccession au nom de sa cliente : le château, quelques fermes lui furent attribués par la liquidation que fit la République. Le fidèle Chesnel fut obligé d'acheter en son nom, avec les deniers que lui apporta le marquis, certaines parties du domaine auxquelles son maître tenait particulièrement, telles que l'église, le presbytère et les jardins du château.

Les lentes et rapides années de la Terreur étant passées, le marquis d'Esgrignon, dont le caractère avait imposé des sentiments respectueux à la contrée, voulut revenir habiter son château avec sa sœur mademoiselle d'Esgrignon, afin d'améliorer les biens au sauvetage desquels s'était employé maître Chesnel, son ancien intendant, devenu notaire. Mais, hélas ! le château pillé, démeublé, n'était-il pas trop vaste, trop coûteux pour un propriétaire dont tous les droits utiles avaient été supprimés, dont les forêts avaient été dépécées, et qui, pour le moment, ne pouvait pas tirer plus de neuf mille francs en sac des terres conservées de ses anciens domaines ?

Quand le notaire ramena son ancien maître, au mois d'octobre 1800, dans le vieux château féodal, il ne put se défendre d'une émotion profonde en voyant le marquis immobile, au milieu de la cour, devant ses douves comblées, regardant ses tours rasées au niveau des toits. Le Franc contemplait en silence et tour à tour le ciel et la place où étaient jadis les jolies girouettes des tourelles gothiques, comme pour demander à Dieu la raison de ce déménagement social. Chesnel seul pouvait comprendre la profonde douleur du marquis, alors nommé le citoyen Carol. Ce grand d'Esgrignon resta long-temps muet, il aspira la senteur patrimoniale de l'air et jeta la plus mélancolique des interjections.

— Chesnel, dit-il, plus tard nous reviendrons ici, quand les troubles seront finis; mais jusqu'à l'édit de pacification je ne saurais y habiter, puisqu'*ils* me défendent d'y rétablir mes armes.

Il montra le château, se retourna, remonta sur son cheval et accompagna sa sœur venue dans une mauvaise carriole d'osier appartenant au notaire. A la ville, plus d'hôtel d'Esgrignon. La noble maison avait été démolie, sur son emplacement s'étaient élevées deux manufactures. Maître Chesnel employa le dernier sac de louis du marquis à acheter, au coin de la place, une vieille maison à pignon, à girouette, à tourelle, à colombier où jadis était établi d'abord le Bailliage seigneurial, puis le Présidial, et qui appartenait au marquis d'Esgrignon. Moyennant cinq cents louis, l'acquéreur national rétrocéda ce vieil édifice au légitime propriétaire. Ce fut alors que, moitié par raillerie, moitié sérieusement, cette maison fut appelée *hôtel d'Esgrignon*.

En 1800, quelques émigrés rentrèrent en France, les radiations des noms inscrits sur les fatales listes s'obtenaient assez facilement. Parmi les personnes nobles qui revinrent les premières dans la ville, se trouvèrent le baron de Nouastre et sa fille : ils étaient ruinés. Monsieur d'Esgrignon leur offrit généreusement un asile où le baron mourut deux mois après, consumé de chagrins. Mademoiselle de Nouastre avait vingt-deux ans, les Nouastre étaient du plus pur sang noble, le marquis d'Esgrignon l'épousa pour continuer sa maison; mais elle mourut en couches, tuée par l'inhabileté du médecin, et laissa fort heureusement un fils aux d'Esgrignon. Le pauvre vieillard (quoique le marquis n'eût alors que cinquante-trois ans, l'adversité et les cuisantes douleurs de sa vie avaient constamment donné plus de douze mois aux années), ce vieillard donc perdit la joie de ses vieux jours en voyant expirer la plus jolie des créatures humaines, une noble femme en qui revivaient les graces maintenant imaginaires des figures féminines du seizième siècle. Il reçut un de ces coups terribles dont les retentissements se répètent dans tous les moments de la vie. Après être resté quelques instants debout devant le lit, il baisa le front de sa femme étendue comme une sainte, les mains jointes; il tira sa montre, en brisa la roue, et alla la suspendre à la cheminée. Il était onze heures avant midi.

— Mademoiselle d'Esgrignon, prions Dieu que cette heure ne soit plus fatale à notre maison. Mon oncle, monseigneur l'archevêque, a été massacré à cette heure, à cette heure mourut aussi mon père...

Il s'agenouilla près du lit, en s'y appuyant la tête; sa sœur l'imita. Puis, après un moment, tous deux ils se relevèrent : mademoiselle d'Esgrignon fondait en larmes, le vieux marquis regardait l'enfant, la chambre et la morte d'un œil sec. A son opiniâtreté de Franc cet homme joignait une intrépidité chrétienne.

Ceci se passait dans la deuxième année de notre siècle. Mademoiselle d'Esgrignon avait vingt-sept ans. Elle était belle. Un parvenu, fournisseur des armées de la République, né dans le pays, riche de mille écus de rente, obtint de maître Chesnel, après en avoir vaincu les résistances, qu'il parlât de mariage en sa faveur à mademoiselle d'Esgrignon. Le frère et la sœur se courroucèrent autant l'un que l'autre d'une semblable hardiesse. Chesnel fut au désespoir de s'être laissé séduire par le sieur du Croisier. Depuis ce jour, il ne retrouva plus dans les manières ni dans les paroles du marquis d'Esgrignon cette caressante bienveillance qui pouvait passer pour de l'amitié. Désormais, le marquis eut pour lui de la reconnaissance. Cette reconnaissance noble et vraie causait de perpétuelles douleurs au notaire. Il est des cœurs sublimes auxquels la gratitude semble un payement énorme, et qui préfèrent la douce égalité de sentiment que donnent l'harmonie des pensées et la fusion volontaire des âmes. Maître Chesnel avait goûté le plaisir de cette honorable amitié; le marquis l'avait élevé jusqu'à lui. Pour le vieux noble, ce bonhomme était moins qu'un enfant et plus qu'un serviteur, il était l'homme-lige volontaire, le serf attaché par tous les liens du cœur à son suzerain. On ne comptait plus avec le notaire, tout se balançait par les continuels échanges d'une affection vraie. Aux yeux du marquis, le caractère officiel que le notariat donnait à Chesnel ne signifiait rien, son serviteur lui semblait déguisé en notaire. Aux yeux de Chesnel, le marquis était un être qui appartenait toujours à une race divine ; il croyait à la Noblesse, il se souvenait sans honte que son père ouvrait les portes du salon et disait : Monsieur le marquis est servi. Son dévouement à la noble maison ruinée ne procédait pas d'une foi mais d'un égoïsme, il se considérait comme faisant partie de la famille. Son chagrin fut profond. Quand il osa parler de son erreur au marquis malgré la défense du marquis : — Chesnel, lui répondit le vieux noble d'un ton grave, tu ne te serais pas permis de si injurieuses suppositions avant les Troubles. Que sont donc les nouvelles doctrines si elles t'ont gâté?

Maître Chesnel avait la confiance de toute la ville, il y était considéré; sa haute probité, sa grande fortune contribuaient à lui donner de l'importance; il eut dès lors une aversion décidée pour le sieur du Croisier. Quoique le notaire fût peu rancuneux, il fit épouser ses répugnances à bon nombre de familles. Du Croisier, homme haineux et capable de couver une vengeance pendant vingt ans, conçut pour le notaire et pour la famille d'Esgrignon une de ces haines sourdes et capitales, comme il s'en rencontre en province. Ce refus le tuait aux yeux des malicieux provinciaux parmi lesquels il était venu passer ses jours, et qu'il voulait dominer. Ce fut une catastrophe si réelle que les effets ne tardèrent pas à s'en faire sentir. Du Croisier fut également refusé par une vieille fille à laquelle il s'adressa en désespoir de cause. Ainsi les plans ambitieux qu'il avait formés d'abord, manquèrent une première fois par le refus de mademoiselle d'Esgrignon, de qui l'alliance lui aurait donné l'entrée dans le faubourg Saint-Germain de la province, puis le second refus le déconsidéra si fortement qu'il eut beaucoup de peine à se maintenir dans la seconde société de la ville.

En 1805, monsieur de La Roche-Guyon, l'aîné d'une des plus anciennes familles du pays, qui s'était jadis alliée aux d'Esgrignon, fit demander, par maître Chesnel, la main de mademoiselle d'Esgrignon. Mademoiselle Marie-Armande-Claire d'Esgrignon refusa d'entendre le notaire.

— Vous devriez avoir deviné que je suis mère, mon cher Chesnel, lui dit-elle en achevant de coucher son neveu, bel enfant de cinq ans.

Le vieux marquis se leva pour aller au-devant de sa sœur, qui revenait du berceau; il lui baisa la main respectueusement; puis, en se rasseyant, il retrouva la parole pour dire : — Vous êtes une d'Esgrignon, ma sœur!

La noble fille tressaillit et pleura. Dans ses vieux jours, monsieur d'Esgrignon, père du marquis, avait épousé la petite-fille d'un traitant anobli sous Louis XIV. Ce mariage fut considéré comme une horrible mésalliance par la famille, mais sans importance, puisqu'il n'en était résulté qu'une fille. Armande savait cela. Quoique son frère fût excellent pour elle, il la regardait toujours comme une étrangère, et ce mot la légitimait. Mais aussi sa réponse ne couronnait-elle pas admirablement la noble conduite qu'elle avait tenue depuis onze années, lorsque, à partir de sa majorité, chacune de ses actions fut marquée au coin du dévouement le plus pur? Elle avait une sorte de culte pour son frère.

— Je mourrai mademoiselle d'Esgrignon, dit-elle simplement au notaire.

— Il n'y a point pour vous de plus beau titre, répondit Chesnel qui crut lui faire un compliment.

La pauvre fille rougit.

— Tu as dit une sottise, Chesnel, répliqua le vieux marquis tout à la fois flatté du mot de son ancien serviteur et peiné du chagrin qu'il causait à sa sœur. Une d'Esgrignon peut épouser un Montmorency : notre sang n'est pas aussi mêlé que l'a été le leur. Les d'Esgrignon *portent d'or à deux bandes de gueules*, et rien, depuis neuf cents ans, n'a changé dans leur écusson; il est tel que le premier jour.

« Je ne me souviens pas d'avoir jamais rencontré de femme qui
» ait autant que mademoiselle d'Esgrignon frappé mon imagination,
» dit Blondet à qui la littérature contemporaine est, entre autres
» choses, redevable de cette histoire. J'étais à la vérité fort jeune,
» j'étais un enfant, et peut-être les images qu'elle a laissées dans ma
» mémoire doivent-elles la vivacité de leurs teintes à la disposition
» qui nous entraîne alors vers les choses merveilleuses. Quand je la
» voyais venant de loin sur le Cours où je jouais avec d'autres enfants,
» et qu'elle y amenait Victurnien, son neveu, j'éprouvais une émo-
» tion qui tenait beaucoup des sensations produites par le galvanisme
» sur les êtres morts. Quelque jeune que je fusse, je me sentais comme
» doué d'une nouvelle vie. Mademoiselle Armande avait les cheveux
» d'un blond fauve, ses joues étaient couvertes d'un très-fin duvet
» à reflets argentés que je me plaisais à voir en me mettant de ma-
» nière que la coupe de sa figure fût illuminée par le jour, et
» je me laissais aller aux fascinations de ces yeux d'émeraude qui
» rêvaient et me jetaient du feu quand ils tombaient sur moi. Je
» feignais de me rouler sur l'herbe devant elle en jouant, mais je
» tâchais d'arriver à ses pieds mignons pour les admirer de plus
» près. La molle blancheur de son teint, la finesse de ses traits, la
» pureté des lignes de son front, l'élégance de sa taille mince me

» surprenaient sans que je m'aperçusse de l'élégance de sa taille,
» ni de la beauté de son front, ni de l'ovale parfait de son visage.
» Je l'admirais comme on prie à mon âge, sans trop savoir pour-
» quoi. Quand mes regards perçants avaient enfin attiré les siens,
» et qu'elle me disait de sa voix mélodieuse, qui me semblait dé-
» ployer plus de volume que toutes les autres voix : — Que fais-tu
» là, petit? pourquoi me regardes-tu? je venais, je me tortillais,
» je me mordais les doigts, je rougissais et je disais : — Je ne sais
» pas. Si par hasard elle passait sa main blanche dans mes cheveux
» en me demandant mon âge, je m'en allais en courant et en lui
» répondant de loin : — Onze ans! Quand, en lisant les *Mille et*
» *une Nuits*, je voyais apparaître une reine ou une fée, je leur
» prêtais les traits et la démarche de mademoiselle d'Esgrignon.
» Quand mon maître de dessin me fit copier des têtes d'après l'an-
» tique, je remarquais que ces têtes étaient coiffées comme l'était
» mademoiselle d'Esgrignon. Plus tard, quand ces folles idées s'en
» allèrent une à une, mademoiselle Armande, pour laquelle les
» hommes se dérangeaient respectueusement sur le Cours afin de
» lui faire place, et qui contemplaient les jeux de sa longue robe
» brune jusqu'à ce qu'ils l'eussent perdue de vue, mademoiselle
» Armande resta vaguement dans ma mémoire comme un type.
» Ses formes exquises, dont la rondeur était parfois révélée par un
» coup de vent, et que je savais retrouver malgré l'ampleur de sa
» robe, ses formes revinrent dans mes rêves de jeune homme.
» Puis, encore plus tard, quand je songeai gravement à quelques
» mystères de la pensée humaine, je crus me souvenir que mon
» respect m'était inspiré par les sentiments exprimés sur la figure
» et dans l'attitude de mademoiselle d'Esgrignon. L'admirable calme
» de cette tête intérieurement ardente, la dignité des mouvements,
» la sainteté des devoirs accomplis me touchaient et m'imposaient.
» Les enfants sont plus pénétrables qu'on ne le croit par les invisi-
» bles effets des idées : ils ne se moquent jamais d'une personne vrai-
» ment imposante, la véritable grâce les touche, la beauté les attire
» parce qu'ils sont beaux et qu'il existe des liens mystérieux entre
» les choses de même nature. Mademoiselle d'Esgrignon fut une de
» mes religions. Aujourd'hui jamais ma folle imagination ne grimpe
» l'escalier en colimaçon d'un antique manoir sans s'y peindre ma-
» demoiselle Armande comme le génie de la Féodalité. Quand je lis les
» vieilles chroniques, elle paraît à mes yeux sous les traits des femmes

» célèbres, elle est tour à tour Agnès, Marie Touchet, Gabrielle,
» je lui prête tout l'amour perdu dans son cœur, et qu'elle n'ex-
» prima jamais. Cette céleste figure, entrevue à travers les nua-
» geuses illusions de l'enfance, vient maintenant au milieu des nuées
» de mes rêves. »

Souvenez-vous de ce portrait, fidèle au moral comme au physique ! Mademoiselle d'Esgrignon est une des figures les plus instructives de cette histoire : elle vous apprendra ce que, faute d'intelligence, les vertus les plus pures peuvent avoir de nuisible.

Pendant les années 1804 et 1805 les deux tiers des familles émigrées revinrent en France, et presque toutes celles de la province où demeurait monsieur le marquis d'Esgrignon se replantèrent dans le sol paternel. Mais il y eut alors des défections. Quelques gentilshommes prirent du service, soit dans les armées de Napoléon, soit à sa cour ; d'autres firent des alliances avec certains parvenus. Tous ceux qui entrèrent dans le mouvement impérial reconstituèrent leurs fortunes et retrouvèrent leurs bois par la munificence de l'empereur, beaucoup d'entre eux restèrent à Paris ; mais il y eut huit ou neuf familles nobles qui demeurèrent fidèles à la noblesse proscrite et à leurs idées sur la monarchie écroulée : les Roche-Guyon, les Nouâtre, les Gordon, les Casteran, les Troisville, etc., ceux-ci pauvres, ceux-là riches ; mais le plus ou le moins d'or ne se comptait pas ; l'antiquité, la conservation de la race étaient tout pour elles, absolument comme pour un antiquaire le poids de la médaille est peu de chose en comparaison et de la pureté des lettres et de la tête et de l'ancienneté du coin. Ces familles prirent pour chef le marquis d'Esgrignon : sa maison devint leur cénacle. Là l'Empereur et Roi ne fut jamais que monsieur de Buonaparte ; là le souverain était Louis XVIII, alors à Mittau ; là le Département fut toujours la Province et la Préfecture une Intendance. L'admirable conduite, la loyauté de gentilhomme, l'intrépidité du marquis d'Esgrignon lui valaient de sincères hommages ; de même que ses malheurs, sa constance, son inaltérable attachement à ses opinions, lui méritaient en ville un respect universel. Cette admirable ruine avait toute la majesté des grandes choses détruites. Sa délicatesse chevaleresque était si bien connue qu'en plusieurs circonstances il fut pris par des plaideurs pour unique arbitre. Tous les gens bien élevés qui appartenaient au système impérial, et même les autorités, avaient pour ses préjugés autant de complaisance qu'ils montraient d'égard pour sa personne. Mais une grande partie de la société nouvelle, les gens qui, sous la restauration, devaient s'appeler *les Libéraux* et à la tête desquels se trouva secrètement du Croisier, se moquaient de l'oasis aristocratique où il n'était donné à personne d'entrer sans être bon gentilhomme et irréprochable. Leur animosité fut d'autant plus forte que beaucoup d'honnêtes gens, de dignes hobereaux, quelques personnes de la haute administration s'obstinaient à considérer le salon du marquis d'Esgrignon comme le seul où il y eût bonne compagnie. Le préfet, chambellan de l'Empereur, faisait des démarches pour y être reçu : il y envoyait humblement sa femme, qui était une Grandlieu. Les exclus avaient donc, en haine de ce petit faubourg Saint-Germain de province, donné le sobriquet de *Cabinet des Antiques* au salon du marquis d'Esgrignon, qu'ils nommaient monsieur Carol, et auquel le percepteur des contributions adressait toujours son avertissement avec cette parenthèse (ci-devant des Grignons). Cette ancienne manière d'écrire le nom constituait une taquinerie, puisque l'orthographe de d'Esgrignon avait prévalu.

« Quant à moi, disait Émile Blondet, si je veux rassem-
» bler mes souvenirs d'enfance, j'avouerai que le mot Cabinet des
» Antiques me faisait toujours rire, malgré mon respect, dois-je
» dire mon amour pour mademoiselle Armande. L'hôtel d'Esgri-
» gnon donnait sur deux rues à l'angle desquelles elle était située,
» en sorte que le salon avait deux fenêtres sur l'une et deux fenêtres
» sur l'autres de ces rues, les plus passantes de la ville. La Place du
» Marché se trouvait à cinq cents pas de l'hôtel. Ce salon était alors
» comme une cage de verre, et personne n'allait ou venait dans la
» ville sans y jeter un coup d'œil. Cette pièce me sembla toujours, à
» moi, bambin de douze ans, être une de ces curiosités rares qui se
» trouvent plus tard, quand on y songe, sur les limites du réel et
» du fantastique, sans qu'on puisse savoir si elles sont plus d'un
» côté que de l'autre. Ce salon, autrefois la salle d'audience, était
» élevé sur un étage de caves à soupiraux grillés, où gisaient jadis
» les criminels de la province, mais où se faisait alors la cuisine du
» marquis. Je ne sais pas si la magnifique et haute cheminée du
» Louvre, si merveilleusement sculptée, m'a causé plus d'étonne-
» ment que je n'en ressentis en voyant pour la première fois l'im-
» mense cheminée de ce salon brodée comme un melon, et au-dessus
» de laquelle était un grand portrait équestre de Henri III (sous

» qui cette province, ancien duché d'apanage, fut réunie à la Cou-
» ronne), exécuté en ronde bosse et encadré de dorures. Le pla-
» fond était formé de poutres de châtaignier qui composaient des
» caissons intérieurement ornés d'arabesques. Ce plafond ma-
» gnifique avait été doré sur ses arêtes, mais la dorure se voyait à
» peine. Les murs, tendus de tapisseries flamandes représentaient
» le jugement de Salomon en six tableaux encadrés de thyrses do-
» rés où se jouaient des amours et des satyres. Le marquis avait
» fait parqueter ce salon. Parmi les débris des châteaux qui se ven-
» dirent de 1793 à 1795, le notaire s'était procuré des consoles
» dans le goût du siècle de Louis XIV, un meuble en tapisserie, des
» tables, des cartels, des feux, des girandoles qui complétaient
» merveilleusement ce grandissime salon en disproportion avec
» toute la maison, mais qui heureusement avait une antichambre
» aussi haute d'étage, l'ancienne salle des Pas-Perdus du Présidial,
» à laquelle communiquait la chambre des délibérations, convertie
» en salle à manger. Sous ces vieux lambris, oripeaux d'un temps
» qui n'était plus, s'agitaient en première ligne huit ou dix douai-
» rières, les unes au chef branlant, les autres desséchées et noires
» comme des momies ; celles-ci roides, celles-là inclinées, toutes
» encaparaçonnées d'habits plus ou moins fantasques en opposition
» avec la mode ; des têtes poudrées à cheveux bouclés, des bonnets
» à coques, des dentelles rousses. Les peintures les plus bouffonnes
» ou les plus sérieuses n'ont jamais atteint à la poésie divagante de
» ces femmes, qui reviennent dans mes rêves et grimacent dans
» mes souvenirs aussitôt que je rencontre une vieille femme dont
» la figure ou la toilette me rappellent quelques-uns de leurs traits.
» Mais, soit que le malheur m'ait initié aux secrets des infortunes,
» soit que j'aie compris tous les sentiments humains, surtout les
» regrets et le vieil âge, je n'ai jamais plus retrouvé nulle part, ni
» chez les mourants, ni chez les vivants, la pâleur de certains yeux
» gris, l'effrayante vivacité de quelques yeux noirs. Enfin ni Ma-
» turin ni Hoffmann, les deux plus sinistres imaginations de ce
» temps, ne m'ont causé l'épouvante que me causèrent les mouve-
» ments automatiques de ces corps busqués. Le rouge des acteurs
» ne m'a point surpris, j'avais vu là du rouge invétéré, du rouge
» de naissance, disait un de mes camarades au moins aussi espiègle
» que je pouvais l'être. Il s'agitait là des figures aplaties, mais creu-
» sées par des rides qui ressemblaient aux têtes de casse-noisettes

» sculptées en Allemagne. Je voyais à travers les carreaux des corps
» bossués, des membres mal attachés dont je n'ai jamais tenté
» d'expliquer l'économie ni la contexture ; des mâchoires carrées
» et très-apparentes, des os exorbitants, des hanches luxuriantes.
» Quand ces femmes allaient et venaient, elles ne me semblaient pas
» moins extraordinaires que quand elles gardaient leur immobilité
» mortuaire, alors qu'elles jouaient aux cartes. Les hommes de ce
» salon offraient les couleurs grises et fanées des vieilles tapisseries,
» leur vie était frappée d'indécision ; mais leur costume se rappro-
» chait beaucoup des costumes alors en usage, seulement leurs
» cheveux blancs, leurs visages flétris, leur teint de cire, leurs
» front ruinés, la pâleur des yeux leur donnaient à tous une res-
» semblance avec les femmes qui détruisait la réalité de leur cos-
» tume. La certitude de trouver ces personnages invariablement
» attablés ou assis aux mêmes heures achevait de leur prêter à mes
» yeux je ne sais quoi de théâtral, de pompeux, de surnaturel. Ja-
» mais je ne suis entré depuis dans ces garde-meubles célèbres, à
» Paris, à Londres, à Vienne, à Munich, où de vieux gardiens vous
» montrent les splendeurs des temps passés, sans que je les peu-
» plasse des figures du Cabinet des Antiques. Nous nous proposions
» souvent entre nous, écoliers de huit à dix ans, comme une partie
» de plaisir d'aller voir ces raretés sous leur cage de verre. Mais
» aussitôt que je voyais la suave mademoiselle Armande, je tres-
» saillais, puis j'admirais avec un sentiment de jalousie ce délicieux
» enfant, Victurnien, chez lequel nous pressentions tous une nature
» supérieure à la nôtre. Cette jeune et fraîche créature, au milieu de
» ce cimetière réveillé avant le temps, nous frappait par je ne sais
» quoi d'étrange. Sans nous rendre un compte exact de nos idées,
» nous nous sentions bourgeois et petits devant cette cour orgueil-
» leuse. »

Les catastrophes de 1813 et de 1814, qui abattirent Napoléon, rendirent la vie aux hôtes du Cabinet des Antiques, et surtout l'espoir de retrouver leur ancienne importance ; mais les événements de 1815, les malheurs de l'occupation étrangère, puis les oscillations du gouvernement ajournèrent jusqu'à la chute de monsieur Decazes les espérances de ces personnages si bien peints par Blondet. Cette histoire ne prit donc de consistance qu'en 1822.

En 1822, malgré les bénéfices que la Restauration apportait aux émigrés, la fortune du marquis d'Esgrignon n'avait pas augmenté.

De tous les nobles atteints par les lois révolutionnaires, aucun ne fut plus maltraité. La majeure portion de ses revenus consistait, avant 1789, en droits domaniaux résultant, comme chez quelques grandes familles, de la mouvance de ses fiefs, que les seigneurs s'efforçaient de détailler afin de grossir le produit de leurs *lods et ventes*. Les familles qui se trouvèrent dans ce cas furent ruinées sans aucun espoir de retour, l'ordonnance par laquelle Louis XVIII restitua les biens non vendus aux Émigrés ne pouvait leur rien rendre ; et plus tard, la loi sur l'indemnité ne devait pas les indemniser. Chacun sait que leurs droits supprimés furent rétablis, au profit de l'État, sous le nom même de *Domaines*. Le marquis appartenait nécessairement à cette fraction du parti royaliste qui ne voulut aucune transaction avec ceux qu'il nommait, non pas les révolutionnaires, mais les révoltés, plus parlementairement appelés Libéraux ou Constitutionnels. Ces royalistes, surnommés *Ultras* par l'Opposition, eurent pour chefs et pour héros les courageux orateurs de la Droite, qui, dès la première séance royale, tentèrent, comme monsieur de Polignac, de protester contre la charte de Louis XVIII, en la regardant comme un mauvais édit arraché par la nécessité du moment, et sur lequel la Royauté devait revenir. Ainsi, loin de s'associer à la rénovation de mœurs que voulut opérer Louis XVIII, le marquis restait tranquille, au port d'armes des purs de la Droite, attendant la restitution de son immense fortune, et n'admettant même pas la pensée de cette indemnité qui préoccupa le ministère de M. de Villèle, et qui devait consolider le trône en éteignant la fatale distinction, maintenue alors malgré les lois, entre les propriétés. Les miracles de la Restauration de 1814, ceux plus grands du retour de Napoléon en 1815, les prodiges de la nouvelle fuite de la Maison de Bourbon et de son second retour, cette phase quasi-fabuleuse de l'histoire contemporaine surprit le marquis à soixante-sept ans. A cet âge, les plus fiers caractères de notre temps, moins abattus qu'usés par les événements de la Révolution et de l'Empire, avaient au fond des provinces converti leur activité en idées passionnées, inébranlables ; ils étaient presque tous retranchés dans l'énervante et douce habitude de la vie qu'on y mène. N'est-ce pas le plus grand malheur qui puisse affliger un parti, que d'être représenté par des vieillards, quand déjà ses idées sont taxées de vieillesse ? D'ailleurs, lorsqu'en 1818 le Trône légitime parut solidement assis, le marquis se demanda ce qu'un septuagénaire irait faire à la cour, quelle charge, quel emploi pouvait-il y exercer? Le noble et fier d'Esgrignon se contenta donc, et dut se contenter du triomphe de la Monarchie et de la Religion, en attendant les résultats de cette victoire inespérée, disputée, qui fut simplement un armistice. Il continuait donc alors à trôner dans son salon, si bien nommé le Cabinet des Antiques. Sous la Restauration, ce surnom de douce moquerie s'envenima lorsque les vaincus de 1793 se trouvèrent les vainqueurs.

Cette ville ne fut pas plus préservée que la plupart des autres villes de province des haines et des rivalités engendrées par l'esprit de parti. Contre l'attente générale, du Croisier avait épousé la vieille fille riche qui l'avait refusé d'abord, et quoiqu'il eût pour rival auprès d'elle l'enfant gâté de l'aristocratie de la ville, un certain chevalier dont le nom illustre sera suffisamment caché en ne le désignant, suivant un vieil usage d'autrefois suivi par la ville, que par son titre; car il était là le Chevalier comme à la cour le comte d'Artois était Monsieur. Non-seulement ce mariage avait engendré l'une de ces guerres à toutes armes comme il s'en fait en province, mais il avait encore accéléré cette séparation entre la haute et la petite aristocratie, entre les éléments bourgeois et les éléments nobles réunis un moment sous la pression de la grande autorité napoléonienne; division subite qui fit tant de mal à notre pays. En France, ce qu'il y a de plus national, est la vanité. La masse des vanités blessées y a donné soif d'égalité; tandis que, plus tard, les plus ardents novateurs trouveront l'égalité impossible. Les Royalistes piquèrent au cœur les Libéraux dans les endroits les plus sensibles. En province surtout, les deux partis se prêtèrent réciproquement des horreurs et se calomnièrent honteusement. On commit alors en politique les actions les plus noires pour attirer à soi l'opinion publique, pour capter les voix de ce parterre imbécile qui jette ses bras aux gens assez habiles pour les armer. Ces luttes s'y formulèrent en quelques individus. Ces individus, qui se haïssaient comme ennemis politiques, devinrent aussitôt ennemis particuliers. En province, il est difficile de ne pas se prendre corps à corps, à propos des questions ou des intérêts qui, dans la capitale, apparaissent sous leurs formes générales, théoriques, et qui dès lors grandissent assez les champions pour que monsieur Laffitte, par exemple, ou Casimir Périer respectent l'homme dans monsieur de Villèle ou dans monsieur de Peyronnet. Monsieur Laffitte, qui fit tirer sur les ministres, les aurait cachés dans son hôtel, s'ils y étaient venus le 29 juillet 1830. Benjamin Constant envoya son livre sur la religion au vicomte de Châteaubriand, en l'accompagnant d'une lettre flatteuse où il avoue avoir reçu quelque bien du ministre de Louis XVIII. A Paris, les hommes sont des systèmes, en Province les systèmes deviennent des hommes, et des hommes à passions incessantes, toujours en présence, s'épiant dans leur intérieur, épiloguant leurs discours, s'observant comme deux duellistes prêts à s'enfoncer six pouces de lame au côté à la moindre distraction, et tâchant de se donner des distractions, enfin occupés à leur haine comme des joueurs sans pitié. Les épigrammes, les calomnies y atteignent l'homme sous prétexte d'atteindre le parti. Dans cette guerre faite courtoisement et sans fiel au Cabinet des Antiques, mais poussée à l'hôtel du Croisier jusqu'à l'emploi des armes empoisonnées des Sauvages ; la fine raillerie, les avantages de l'esprit étaient du côté des nobles. Sachez-le bien : de toutes les blessures, celles que font la langue et l'œil, la moquerie et le dédain sont incurables. Le Chevalier, du moment où il se retrancha sur le Mont-Sacré de l'aristocratie, en abandonnant les salons mixtes, dirigea ses bons mots sur le salon de du Croisier ; il attisa le feu de la guerre sans savoir jusqu'où l'esprit de vengeance pouvait mener le salon de du Croisier contre le Cabinet des Antiques. Il n'entrait que des purs à l'hôtel d'Esgrignon, de loyaux gentilshommes et des femmes sûres les unes des autres ; il ne s'y commettait aucune indiscrétion. Les discours, les idées bonnes ou mauvaises, justes ou fausses, belles ou ridicules, ne donnaient point prise à la plaisanterie. Les Libéraux devaient s'attaquer aux actions politiques pour ridiculiser les nobles ; tandis que les intermédiaires, les gens administratifs, tous ceux qui courtisaient ces hautes puissances, leur rapportaient sur le camp libéral des faits et des propos qui prêtaient beaucoup à rire. Cette infériorité vivement sentie redoublait encore chez les adhérents de du Croisier leur soif de vengeance. En 1822, du Croisier se mit à la tête de l'industrie du Département, comme le marquis d'Esgrignon fut à la tête de la noblesse. Chacun d'eux représenta donc un parti. Au lieu de se dire sans feintise homme de la Gauche pure, du Croisier avait ostensiblement adopté les opinions que formulèrent un jour les 221. Il pouvait ainsi réunir chez lui les magistrats, l'administration et la finance du Département. Le salon de du Croisier, puissance au moins égale à celle du Cabinet des Antiques, plus nombreux, plus jeune, plus actif, remuait le Département; tandis que l'autre demeurait tranquille et comme annexé au pouvoir que ce parti gêna souvent, car il en favorisa les fautes, il en exigea même quelques-unes qui furent fatales à la Monarchie. Les Libéraux, qui n'avaient jamais pu faire élire un de leurs candidats dans ce département rebelle à leurs commandements, savaient qu'après sa nomination du Croisier siégerait au centre gauche, le plus près possible de la Gauche pure. Les correspondants de du Croisier étaient les frères Keller, trois banquiers, dont l'aîné brillait parmi les dix-neuf de la Gauche, phalange illustrée par tous les journaux libéraux, et qui tenaient par alliance au comte de Gondreville, un pair constitutionnel qui restait dans la faveur de Louis XVIII. Ainsi l'Opposition constitutionnelle était toujours prête à reporter au dernier moment ses voix visiblement accordées à un candidat postiche, sur du Croisier, s'il gagnait assez de voix royalistes pour obtenir la majorité. Chaque élection, où les royalistes repoussaient du Croisier, candidat dont la conduite était admirablement devinée, analysée, jugée par les sommités royalistes qui relevaient du marquis d'Esgrignon, augmentait encore la haine de l'homme et de son parti. Ce qui anime le plus les factions les unes contre les autres, est l'inutilité d'un piége péniblement tendu.

En 1822, les hostilités, fort vives durant les quatre premières années de la Restauration, semblaient assoupies. Le salon de du Croisier et le Cabinet des Antiques, après avoir reconnu l'un et l'autre leur fort et leur faible, attendaient sans doute les effets du hasard, cette Providence des partis. Les esprits ordinaires se contentaient de ce calme apparent qui trompait le trône; mais ceux qui vivaient plus intimement avec du Croisier savaient que chez lui comme chez tous les hommes en qui la vie ne réside plus qu'à la tête, la passion de la vengeance est implacable quand surtout elle s'appuie sur l'ambition politique. En ce moment, du Croisier, qui jadis blanchissait et rougissait au nom des d'Esgrignon ou du Chevalier, qui tressaillait en prononçant ou entendant prononcer le mot de Cabinet des Antiques, affectait la gravité d'un Sauvage. Il souriait à ses ennemis, haïs, observés d'heure en heure plus profondément. Il paraissait avoir pris le parti de vivre tranquillement, comme s'il eût désespéré de la victoire. Un de ceux qui secondaient les calculs de cette rage froidie, était le Président du Tribunal, monsieur du Ronceret, un hobereau qui avait prétendu aux honneurs du Cabinet des Antiques sans avoir pu les obtenir.

La petite fortune des d'Esgrignon, soigneusement administrée par le notaire Chesnel, suffisait difficilement à l'entretien de ce digne gentilhomme qui vivait noblement, mais sans le moindre faste. Quoique le précepteur du comte Victurnien d'Esgrignon, l'espoir de la maison, fût un ancien Oratorien donné par Monseigneur l'Évêque, et qu'il habitât l'hôtel; encore lui fallait-il quelques appointements. Les gages d'une cuisinière, ceux d'une femme de chambre pour mademoiselle Armande, du vieux valet de chambre de monsieur le marquis et de deux autres domestiques, la nourriture de quatre maîtres, les frais d'une éducation pour laquelle on ne négligea rien, absorbaient entièrement les revenus, malgré l'économie de mademoiselle Armande, malgré la sage administration de Chesnel, malgré l'affection des domestiques. Le vieux notaire ne pouvait encore faire aucune réparation dans le château dévasté, il attendait la fin des baux pour trouver une augmentation de revenus due soit aux nouvelles méthodes d'agriculture, soit à l'abaissement des valeurs monétaires, et qui allait porter ses fruits à l'expiration de contrats passés en 1809. Le marquis n'était point initié aux détails du ménage ni à l'administration de ses biens. La révélation des excessives précautions employées pour *joindre les deux bouts de l'année,* suivant l'expression des ménagères, eût été pour lui comme un coup de foudre. Chacun le voyant arrivé bientôt au terme de sa carrière, hésitait à dissiper ses erreurs. La grandeur de la maison d'Esgrignon, à laquelle personne ne pensait ni à la Cour, ni dans l'État; qui, passé les portes de la ville et quelques localités du département, était tout à fait inconnue, revivait aux yeux du marquis et de ses adhérents dans tout son éclat. La maison d'Esgrignon allait reprendre un nouveau degré de splendeur en la personne de Victurnien, au moment où les nobles spoliés rentreraient dans leurs biens, et même quand ce bel héritier pourrait apparaître à la Cour pour entrer au service du Roi, par suite épouser, comme jadis faisaient les d'Esgrignon, une Montmorency, une Rohan, une Crillon, une Fesenzac, une Bouillon, enfin une fille réunissant toutes les distinctions de la noblesse, de la richesse, de la beauté, de l'esprit et du caractère. Les personnes qui venaient faire leur partie le soir, le Chevalier, les Troisville (prononcez Tréville), les La Roche-Guyon, les Castéran (prononcez Catéran), le duc de Gordon habitués depuis long-temps à considérer le grand marquis comme un immense personnage, l'entretenaient dans ses idées. Il n'y avait rien de mensonger dans cette croyance, elle eût été juste si l'on avait pu effacer les quarante dernières années de l'histoire de France. Mais les consécrations les plus respectables, les plus vraies du Droit, comme Louis XVIII avait essayé de les inscrire en datant la Charte de la vingt-et-unième année de son règne, n'existent que ratifiées par un consentement universel : il manquait aux d'Esgrignon le fond de la langue politique actuelle, l'argent, ce grand relief de l'aristocratie moderne ; il leur manquait aussi la continuation de *l'historique*, cette renommée qui se prend à la Cour aussi bien que sur les champs de bataille, dans les salons de la diplomatie comme à la Tribune, à l'aide d'un livre comme à propos d'une aventure, et qui est comme une Sainte-Ampoule versée sur la tête de chaque génération nouvelle. Une famille noble, inactive, oubliée est une fille sotte, laide, pauvre et sage, les quatre points cardinaux du malheur. Le mariage d'une demoiselle de Troisville avec le général Montcornet, loin d'éclairer le Cabinet des Antiques, faillit causer une rupture entre les Troisville et le salon d'Esgrignon qui déclara que *les Troisville se galvaudaient*.

Parmi tout ce monde, une seule personne ne partageait pas ces illusions. N'est-ce pas nommer le vieux notaire Chesnel? Quoique son dévouement assez prouvé par cette histoire fût absolu envers cette grande famille alors réduite à trois personnes, quoiqu'il acceptât toutes ces idées et les trouvât de bon aloi, il avait trop de sens et faisait trop bien les affaires de la plupart des familles du département pour ne pas suivre l'immense mouvement des esprits, pour ne pas reconnaître le grand changement produit par l'Industrie et par les mœurs modernes. L'ancien intendant voyait la Révolution passée de l'action dévorante de 1793 qui avait armé les hommes, les femmes, les enfants, dressé des échafauds, coupé des têtes et gagné des batailles européennes, à l'action tranquille des idées qui consacraient les événements. Après le défrichement et les semailles, venait la récolte. Pour lui, la Révolution avait composé l'esprit de la génération nouvelle, il en touchait les faits au fond de mille plaies, il les trouvait irrévocablement accomplis. Cette tête de Roi coupée, cette Reine suppliciée, ce partage des biens nobles, constituaient à ses yeux des engagements qui liaient trop d'intérêts pour que les intéressés en laissassent attaquer les résultats. Chesnel voyait clair. Son fanatisme pour les d'Esgrignon était entier sans être aveugle, et le rendait ainsi bien plus beau. La foi qui fait voir à un jeune moine les anges du paradis est bien inférieure à la puissance du vieux moine qui les lui montre. L'ancien intendant ressemblait au vieux moine, il aurait donné sa vie pour défendre une châsse vermoulue. Chaque fois qu'il essayait d'expliquer, avec mille ménagements, à son ancien maître *les nouveautés*, en employant tantôt une forme railleuse, tantôt en affectant la surprise ou la douleur, il rencontrait sur les lèvres du marquis le sourire du prophète, et dans son âme la conviction que ces folies passeraient comme toutes les autres. Personne n'a remarqué combien les événements ont aidé ces nobles champions des ruines à persister dans leurs croyances. Que pouvait répondre Chesnel quand le vieux marquis faisait un geste imposant et disait : — Dieu a balayé Buonaparte, ses armées et ses nouveaux grands vassaux, ses trônes et ses vastes conceptions! Dieu nous délivrera du reste? Chesnel baissait tristement la tête, sans oser répliquer : — Dieu ne voudra pas balayer la France! Ils étaient beaux tous deux : l'un en se redressant contre le torrent des faits, comme un antique morceau de granit moussu droit dans un abîme alpestre ; l'autre en observant le cours des eaux et pensant à les utiliser. Le bon et vénérable notaire gémissait en remarquant les ravages irréparables que ces croyances faisaient dans l'esprit, dans les mœurs et les idées à venir du comte Victurnien d'Esgrignon.

Idolâtré par sa tante, idolâtré par son père, ce jeune héritier était, dans toute l'acception du mot, un enfant gâté qui justifiait d'ailleurs les illusions paternelles et maternelles, car sa tante était vraiment une mère pour lui ; mais quelque tendre et prévoyante que soit une fille, il lui manquera toujours je ne sais quoi de la maternité. La seconde vue d'une mère ne s'acquiert point. Une tante, aussi chastement unie à son nourrisson que l'était mademoiselle Armande à Victurnien, peut l'aimer autant que l'aimerait la mère, être aussi attentive, aussi bonne, aussi délicate, aussi indulgente qu'une mère ; mais elle ne sera pas sévère avec les ménagements et les à-propos de la mère ; mais son cœur n'aura pas ces avertissements soudains, ces hallucinations inquiètes des mères, chez qui, quoique rompues, les attaches nerveuses ou morales par lesquelles l'enfant tient à elles, vibrent encore, et qui toujours en communication avec lui reçoivent les secousses de toute peine, tressaillent à tout bonheur comme à un événement de leur propre vie. Si la Nature a considéré la femme comme un terrain neutre, physiquement parlant, elle ne lui a pas défendu en certains cas de s'identifier complétement à son œuvre : quand la maternité morale se joint à la maternité naturelle, vous voyez alors ces admirables phénomènes, inexpliqués plutôt qu'inexplicables, qui constituent les préférences maternelles. La catastrophe de cette histoire prouve donc encore une fois cette vérité connue : une mère ne se remplace pas. Une mère prévoit le mal, long-temps avant qu'une fille comme mademoiselle Armande ne l'admette, même quand il est fait. L'une prévoit le désastre, l'autre y remédie. La maternité factice d'une fille comporte d'ailleurs des adorations trop aveugles pour qu'elle puisse réprimander un beau garçon.

La pratique de la vie, l'expérience des affaires avaient donné au vieux notaire une défiance observatrice et perspicace qui le faisait arriver au pressentiment maternel. Mais il était si peu de chose dans cette maison, surtout depuis l'espèce de disgrâce encourue à propos du mariage projeté par lui entre une d'Esgrignon et du Croisier, que dès lors il s'était promis de suivre aveuglément les doctrines de la famille. Simple soldat, fidèle à son poste et prêt à mourir, son avis ne pouvait jamais être écouté même au fort de l'orage; à moins que le hasard ne le plaçât, comme dans l'Antiquaire le mendiant du Roi au bord de la mer, quand le lord et sa fille y sont surpris par la marée.

Du Croisier avait aperçu la possibilité d'une horrible vengeance dans les contre-sens de l'éducation donnée à ce jeune noble. Il espérait, suivant une belle expression de l'auteur qui vient d'être cité, noyer l'agneau dans le lait de sa mère. Cette espérance lui avait inspiré sa résignation taciturne et mis sur les lèvres son sourire de sauvage.

Le dogme de sa suprématie fut inculqué au comte Victurnien dès qu'une idée put lui entrer dans la cervelle. Hors le Roi, tous les seigneurs du royaume étaient ses égaux. Au-dessous de la noblesse, il n'y avait pour lui que des inférieurs, des gens avec lesquels il n'avait rien de commun, envers lesquels il n'était tenu à rien, des ennemis vaincus, conquis desquels il ne fallait faire aucun compte, dont les opinions devaient être indifférentes à un gentilhomme, et qui tous lui devaient du respect. Ces opinions,

Victurnien les poussa malheureusement à l'extrême, excité par la logique rigoureuse qui conduit les enfants et les jeunes gens aux dernières conséquences du bien comme du mal. Il fut d'ailleurs confirmé dans ses croyances par ses avantages extérieurs. Enfant d'une beauté merveilleuse, il devint le jeune homme le plus accompli qu'un père puisse désirer pour fils. De taille moyenne, mais bien fait, il était mince, délicat en apparence, mais musculeux. Il avait les yeux bleus étincelants des d'Esgrignon, leur nez courbé, finement modelé, l'ovale parfait de leur visage, leurs cheveux blonds cendrés, leur blancheur de teint, leur élégante démarche, leurs extrémités gracieuses, des doigts effilés et retroussés, la distinction de ces attaches du pied et du poignet, lignes heureuses et déliées qui indiquent la race chez les hommes comme chez les chevaux. Adroit, leste à tous les exercices du corps, il tirait admirablement le pistolet, faisait des armes comme un Saint-George, montait à cheval comme un paladin. Il flattait enfin toutes les vanités qu'apportent les parents à l'extérieur de leurs enfants, fondées d'ailleurs sur une idée juste, sur l'influence excessive de la beauté. Privilége semblable à celui de la noblesse, la beauté ne se peut acquérir, elle est partout reconnue, et vaut souvent plus que la fortune et le talent, elle n'a besoin que d'être montrée pour triompher, on ne lui demande que d'exister. Outre ces deux grands priviléges, la noblesse et la beauté, le hasard avait doué Victurnien d'Esgrignon d'un esprit ardent, d'une merveilleuse aptitude à tout comprendre, et d'une belle mémoire. Son instruction avait été dès lors parfaite. Il était beaucoup plus savant que ne le sont ordinairement les jeunes nobles de province qui deviennent des chasseurs, des fumeurs et des propriétaires très-distingués, mais qui traitent assez cavalièrement les sciences et les lettres, les arts et la poésie, tous les talents dont la supériorité les offusque. Ces dons de nature et cette éducation devaient suffire à réaliser un jour les ambitions du marquis d'Esgrignon : il voyait son fils maréchal de France si Victurnien voulait être militaire, ambassadeur si la diplomatie le tentait, ministre si l'administration lui souriait; tout lui appartenait dans l'État. Enfin, pensée flatteuse pour un père, le comte n'aurait pas été d'Esgrignon, il eût percé par son propre mérite. Cette heureuse enfance, cette adolescence dorée n'avait jamais rencontré d'opposition à ses désirs. Victurnien était le roi du logis, personne n'y bridait les volontés de ce petit prince, qui naturellement devint égoïste comme un prince, entier comme le plus fougueux cardinal du moyen-âge, impertinent et audacieux, vices que chacun divinisait en y voyant les qualités essentielles au noble.

Le Chevalier était un homme de ce bon temps où les mousquetaires gris désolaient les théâtres de Paris, rossaient le guet et les huissiers, faisaient mille tours de page et trouvaient un sourire sur les lèvres du Roi, pourvu que les choses fussent drôles. Ce charmant séducteur, ancien héros de ruelles, contribua beaucoup au malheureux dénouement de cette histoire. Cet aimable vieillard, qui ne trouvait personne pour le comprendre, fut très-heureux de rencontrer cette adorable figure de Faublas en herbe qui lui rappelait sa jeunesse. Sans apprécier la différence des temps, il jeta les principes des roués encyclopédistes dans cette jeune âme, en narrant les anecdotes du règne de Louis XV, en glorifiant les mœurs de 1750, racontant les orgies des petites maisons, et les folies faites pour les courtisanes, et les excellents tours joués aux créanciers, enfin toute la morale qui a défrayé le comique de Dancourt et l'épigramme de Beaumarchais. Malheureusement cette corruption cachée sous une excessive élégance se parait d'un esprit voltairien. Si le Chevalier allait trop loin parfois, il mettait comme correctif les lois de la bonne compagnie auxquelles un gentilhomme doit toujours obéir. Victurnien ne comprenait de tous ces discours que ce qui flattait ses passions. Il voyait d'abord son vieux père riant de compagnie avec le Chevalier. Les deux vieillards regardaient l'orgueil inné d'un d'Esgrignon comme une barrière assez forte contre toutes les choses inconvenantes, et personne au logis n'imaginait qu'un d'Esgrignon pût s'en permettre de contraires à l'honneur. L'HONNEUR, ce grand principe monarchique, planté dans tous les cœurs de cette famille comme un phare, éclairait les moindres actions, animait les moindres pensées des d'Esgrignon. Ce bel enseignement qui seul aurait dû faire subsister la noblesse : « Un d'Esgrignon ne doit pas se permettre telle ou telle chose, il » a un nom qui rend l'avenir solidaire du passé, » était comme un refrain avec lequel le vieux marquis, mademoiselle Armande, Chesnel et les habitués de l'hôtel avaient bercé l'enfance de Victurnien. Ainsi, le bon et le mauvais se trouvaient en présence et en forces égales dans cette jeune âme.

Quand, à dix-huit ans, Victurnien se produisit dans la ville, il remarqua dans le monde extérieur de légères oppositions avec le monde intérieur de l'hôtel d'Esgrignon, mais il n'en chercha point les causes. Les causes étaient à Paris. Il ne savait pas encore que les personnes, si hardies en pensée et en discours le soir chez son père, étaient très-circonspectes en présence des ennemis avec lesquels leurs intérêts les obligeaient de frayer. Son père avait conquis son franc parler. Personne ne songeait à contredire un vieillard de soixante-dix ans, et d'ailleurs tout le monde passait volontiers à un homme violemment dépouillé, sa fidélité à l'ancien ordre de choses. Trompé par les apparences, Victurnien se conduisit de manière à se mettre à dos toute la bourgeoisie de la ville. Il eut à la chasse des difficultés poussées un peu trop loin par son impétuosité, qui se terminèrent par des procès graves, étouffés à prix d'argent par Chesnel, et desquels on n'osait parler au marquis. Jugez de son étonnement si le marquis d'Esgrignon eût appris que son fils était poursuivi pour avoir chassé sur ses terres, dans ses domaines, dans ses forêts, sous le règne d'un fils de saint Louis ! On craignait trop ce qui pouvait s'ensuivre pour l'initier à ces misères, disait Chesnel. Le jeune comte se permit en ville quelques autres escapades, traitées d'amourettes par le Chevalier, mais qui finirent par coûter à Chesnel des dots données à des jeunes filles séduites par d'imprudentes promesses de mariage : autres procès, nommés dans le Code, *détournements de mineures;* lesquels, par suite de la brutalité de la nouvelle justice, eussent conduit on ne sait où le jeune comte, sans la prudente intervention de Chesnel. Ces victoires sur la justice bourgeoise enhardissaient Victurnien. Habitué à se tirer de ces mauvais pas, le jeune comte ne reculait point devant une plaisanterie. Il regardait les tribunaux comme des épouvantails à peuple qui n'avaient point prise sur lui. Ce qu'il eût blâmé chez les roturiers était un excusable amusement pour lui. Cette conduite, ce caractère, cette pente à mépriser les lois nouvelles pour n'obéir qu'aux maximes du code noble, furent étudiés, analysés, éprouvés par quelques personnes habiles appartenant au parti du Croisier. Ces gens s'en appuyèrent pour faire croire au peuple que les calomnies du libéralisme étaient des révélations, et que le retour à l'ancien ordre de choses dans toute sa pureté, se trouvait au fond de la politique ministérielle. Quel bonheur, pour eux, d'avoir une semi-preuve de leurs assertions ! Le Président du Ronceret se prêtait admirablement, aussi bien que le Procureur du Roi, à toutes les conditions compatibles avec les devoirs de la magistrature ; il s'y prêtait même par calcul au delà des bornes, heureux de faire crier le parti libéral à propos d'une concession trop large. Il excitait ainsi les passions contre la maison d'Esgrignon en paraissant la servir. Ce traître avait l'arrière-pensée de se montrer incorruptible à temps, quand il serait appuyé sur un fait grave, et soutenu par l'opinion publique. Les mauvaises dispositions du comte furent perfidement encouragées par deux ou trois jeunes gens de ceux qui lui composèrent une suite, qui captèrent ses bonnes graces en lui faisant la cour, qui le flattèrent et obéirent à ses idées en essayant de confirmer sa croyance dans la suprématie du noble, à une époque où le noble n'aurait pu conserver son pouvoir qu'en usant pendant un demi-siècle d'une prudence extrême. Du Croisier espérait réduire les d'Esgrignon à la dernière misère, voir leur château abattu, leurs terres mises à l'enchère et vendues en détail, par suite de leur faiblesse pour ce jeune étourdi dont les folies devaient tout compromettre. Il n'allait pas plus loin, il ne croyait pas, comme le Président du Ronceret, que Victurnien donnerait autrement prise à la justice. La vengeance de ces deux hommes était d'ailleurs bien secondée par l'excessif amour-propre de Victurnien et par son amour pour le plaisir. Le fils du Président du Ronceret, jeune homme de dix-sept ans, à qui le rôle d'agent provocateur allait à merveille, était un des compagnons et le plus perfide courtisan du comte. Du Croisier soldait cet espion d'un nouveau genre, le dressait admirablement à la chasse des vertus de ce noble et bel enfant ; il le dirigeait moqueusement dans l'art de stimuler les mauvaises dispositions de sa proie. Félicien du Ronceret était précisément une nature envieuse et spirituelle, un jeune sophiste à qui souriait une semblable mystification, et qui y trouvait ce haut amusement qui manque en province aux gens d'esprit.

De dix-huit à vingt et un ans Victurnien coûta près de quatre-vingt mille francs au pauvre notaire, sans que ni mademoiselle Armande, ni le marquis en fussent informés. Les procès assoupis entraient pour plus de moitié dans cette somme, et les profusions du jeune homme avaient employé le reste. Des dix mille livres de rente du marquis, cinq mille étaient nécessaires à la tenue de la maison ; l'entretien de mademoiselle Armande, malgré sa parcimonie, et celui du marquis employaient plus de deux mille francs, la pension du bel héritier présomptif n'allait donc pas à cent louis.

Qu'étaient deux mille francs, pour paraître convenablement? La toilette seule emportait cette rente. Victurnien faisait venir son linge, ses habits, ses gants, sa parfumerie de Paris. Victurnien avait voulu un joli cheval anglais à monter, un cheval de tilbury et un tilbury. Monsieur du Croisier avait un cheval anglais et un tilbury. La Noblesse devait-elle se laisser écraser par la Bourgeoisie? Puis le jeune comte avait voulu un groom à la livrée de sa maison. Flatté de donner le ton à la ville, au Département, à la jeunesse, il était entré dans le monde des fantaisies et du luxe qui vont si bien aux jeunes gens beaux et spirituels. Chesnel fournissait à tout, non sans user, comme les anciens Parlements, du droit de remontrance, mais avec une douceur angélique.

— Quel dommage qu'un si bon homme soit si ennuyeux! se disait Victurnien chaque fois que le notaire appliquait une somme sur quelque plaie saignante.

Veuf et sans enfants, Chesnel avait adopté le fils de son ancien maître au fond de son cœur, il jouissait de le voir traversant la grande rue de la ville, perché sur le double coussin de son tilbury, fouet en main, une rose à la boutonnière, joli, bien mis, envié par tous. Lorsque dans un besoin pressant, une perte au jeu chez les Troisville, chez le duc de Gordon, à la Préfecture ou chez le Receveur-Général, Victurnien venait, la voix calme, le regard inquiet, le geste patelin, trouver sa Providence, le vieux notaire, dans une modeste maison de la rue du Bercail, il avait ville-gagnée en se montrant.

— Hé! bien, qu'avez-vous, monsieur le comte, que vous est-il arrivé? demandait le vieillard d'une voix altérée.

Dans les grandes occasions, Victurnien s'asseyait, prenait un air mélancolique et rêveur, il se laissait questionner en faisant des minauderies. Après avoir donné les plus grandes anxiétés au bonhomme, qui commençait à redouter les suites d'une dissipation si soutenue, il avouait une peccadille soldée par un billet de mille francs. Chesnel, outre son Étude, possédait environ douze mille livres de rentes. Ce fonds n'était pas inépuisable. Les quatre-vingt mille francs dévorés constituaient ses économies réservées pour le temps où le marquis enverrait son fils à Paris, ou pour faciliter quelque beau mariage. Clairvoyant quand Victurnien n'était pas là, Chesnel perdait une à une les illusions que caressaient le marquis et sa sœur. En reconnaissant chez cet enfant un manque total d'esprit de conduite, il désirait le marier à quelque noble fille, sage et prudente. Il se demandait comment un jeune homme pouvait penser si bien et se conduire si mal, en lui voyant faire le lendemain le contraire de ce qu'il avait promis la veille. Mais il n'y a jamais rien de bon à attendre des jeunes gens qui avouent leurs fautes, s'en repentent et les recommencent. Les hommes à grands caractères n'avouent leurs fautes qu'à eux-mêmes, ils s'en punissent eux-mêmes. Quant aux faibles ils retombent dans l'ornière, en trouvant le bord trop difficile à côtoyer. Victurnien, chez qui de semblables tuteurs avaient, de concert avec ses compagnons et ses habitudes, assoupli le ressort de l'orgueil secret des grands hommes, était arrivé soudain à la faiblesse des voluptueux, dans le moment de sa vie où, pour s'exercer, sa force aurait eu besoin du régime de contrariétés et de misères qui forma les prince Eugène, les Frédéric II et les Napoléon. Chesnel apercevait chez Victurnien cette indomptable fureur pour les jouissances qui doit être l'apanage des hommes doués de grandes facultés et qui sentent la nécessité d'en contre-balancer le fatigant exercice par d'égales compensations en plaisirs, mais qui mènent aux abîmes les gens habiles seulement pour les voluptés. Le bonhomme s'épouvantait par moments; mais, par moments aussi, les profondes saillies et l'esprit étendu qui rendaient ce jeune homme si remarquable le rassuraient. Il se disait ce que disait le marquis quand le bruit de quelque escapade arrivait à son oreille : — Il faut que jeunesse se passe! Quand Chesnel se plaignait au Chevalier de la propension du jeune comte à faire des dettes, le Chevalier l'écoutait en massant une prise de tabac d'un air moqueur.

— Expliquez-moi donc ce qu'est la Dette Publique, mon cher Chesnel, lui répondait-il. Hé! diantre! si la France a des dettes, pourquoi Victurnien n'en aurait-il pas? Aujourd'hui comme toujours, les princes ont des dettes, tous les gentilshommes ont des dettes. Voudriez-vous par hasard que Victurnien vous apportât des économies? Vous savez ce que fit notre grand Richelieu, non pas le cardinal, c'était un misérable qui tuait la noblesse, mais le maréchal, quand son petit-fils le prince de Chinon, le dernier des Richelieu, lui montra qu'il n'avait pas dépensé à l'Université l'argent de ses menus-plaisirs?

— Non, monsieur le Chevalier.

— Hé bien, il jeta la bourse par la fenêtre, à un balayeur des cours, en disant à son petit-fils : On ne t'apprend donc pas ici à être prince ?

Chesnel baissait la tête, sans mot dire. Puis le soir, avant de s'endormir, l'honnête vieillard pensait que ces doctrines étaient funestes à une époque où la police correctionnelle existait pour tout le monde : il y voyait en germe la ruine de la grande maison d'Esgrignon.

Sans ces explications qui peignent tout un côté de l'histoire de la vie provinciale sous l'Empire et la Restauration, il eût été difficile de comprendre la scène par laquelle commence cette aventure, et qui eut lieu vers la fin du mois d'octobre de l'année 1822, dans le Cabinet des Antiques, un soir, après le jeu, quand les nobles habitués, les vieilles comtesses, les jeunes marquises, les simples baronnes eurent soldé leurs comptes. Le vieux gentilhomme se promenait de long en long dans son salon, où mademoiselle d'Esgrignon allait éteignant elle-même les bougies aux tables de jeu, il ne se promenait pas seul, il était avec le Chevalier. Ces deux débris du siècle précédent causaient de Victurnien. Le Chevalier avait été chargé de faire à son sujet des ouvertures au marquis.

— Oui, marquis, disait le Chevalier, votre fils perd ici son temps et sa jeunesse, vous devez enfin l'envoyer à la Cour.

— J'ai toujours songé que, si mon grand âge m'interdisait d'aller à la Cour, où, entre nous soit dit, je ne sais pas ce que je ferais en voyant ce qui se passe et au milieu des gens nouveaux que reçoit le Roi, j'enverrais du moins mon fils présenter nos hommages à Sa Majesté. Le Roi doit donner quelque chose au comte, quelque chose comme un régiment, un emploi dans sa maison, enfin, le mettre à même de gagner ses éperons. Mon oncle l'archevêque a souffert un cruel martyre, j'ai guerroyé sans déserter le camp comme ceux qui ont cru de leur devoir de suivre les princes : selon moi, le Roi était en France, sa noblesse devait l'entourer. Eh ! bien, personne ne songe à nous, tandis que Henri IV aurait écrit déjà aux d'Esgrignon : *Venez, mes amis ! nous avons gagné la partie.* Enfin nous sommes quelque chose de mieux que les Troisville, et voici deux Troisville nommés pairs de France, un autre est député de la Noblesse (il prenait les Grands Colléges électoraux pour les assemblées de son Ordre). Vraiment on ne pense pas plus à nous que si nous n'existions pas ! J'attendais le voyage que les princes devaient faire par ici ; mais les princes ne viennent pas à nous, il faut donc aller à eux...

— Je suis enchanté de savoir que vous pensez à produire notre cher Victurnien dans le monde, dit habilement le Chevalier. Cette ville est un trou dans lequel il ne doit pas enterrer ses talents. Tout ce qu'il peut y rencontrer, c'est *quéque* Normande *ben* sotte, *ben* mal apprise et riche. *Qué qu'il* en ferait?... sa femme. Ah ! bon Dieu !

— J'espère bien qu'il ne se mariera qu'après être parvenu à quelque belle charge du Royaume ou de la Couronne, dit le vieux marquis. Mais il y a des difficultés graves.

Voici les seules difficultés que le marquis apercevait à l'entrée de la carrière pour son fils.

— Mon fils, reprit-il après une pause marquée par un soupir, le comte d'Esgrignon ne peut pas se présenter comme un va-nu-pieds, il faut l'équiper. Hélas ! nous n'avons plus, comme il y a deux siècles, nos gentilshommes de suite. Ah ! Chevalier, cette démolition de fond en comble, elle me trouve toujours au lendemain du premier coup de marteau donné par monsieur de Mirabeau. Aujourd'hui, il ne s'agit plus que d'avoir de l'argent, c'est tout ce que je vois de clair dans les bienfaits de la Restauration. Le Roi ne vous demande pas si vous descendez des Valois, ou si vous êtes un des conquérants de la Gaule, il vous demande si vous payez mille francs de Tailles. Je ne saurais donc envoyer le comte à la Cour sans quelque vingt mille écus...

— Oui, avec cette bagatelle, il pourra se montrer galamment, dit le Chevalier.

— Hé ! bien, dit mademoiselle Armande, j'ai prié Chesnel de venir ce soir. Croiriez-vous, Chevalier, que, depuis le jour où Chesnel m'a proposé d'épouser ce misérable du Croisier...

— Ah ! c'était bien indigne, mademoiselle, s'écria le Chevalier.

— Impardonnable, dit le marquis.

— Hé ! bien, reprit mademoiselle Armande, mon frère n'a jamais pu se décider à demander quoi que ce soit à Chesnel.

— A votre ancien domestique? reprit le Chevalier. Ah ! marquis, mais vous feriez à Chesnel un honneur, un honneur dont il serait reconnaissant jusqu'à son dernier soupir.

— Non, répondit le gentilhomme, je ne trouve pas la chose digne...

— Il s'agit bien de digne, la chose est nécessaire, reprit le Chevalier en faisant un léger haut-le-corps.

— Jamais! s'écria le marquis en ripostant par un geste qui décida le Chevalier à risquer un grand coup pour éclairer le vieillard.

— Hé! bien, dit le Chevalier, si vous ne le savez pas, je vous dirai, moi, que Chesnel a déjà donné quelque chose à votre fils, quelque chose comme...

— Mon fils est incapable d'avoir accepté quoi que ce soit de Chesnel, s'écria le vieillard en se redressant et interrompant le Chevalier. Il a pu vous demander, à vous, vingt-cinq louis...

— Quelque chose comme cent mille livres, dit le Chevalier en continuant.

— Le comte d'Esgrignon doit cent mille livres à un Chesnel, s'écria le vieillard en donnant les signes d'une profonde douleur. Ah! s'il n'était pas fils unique, il partirait ce soir pour les îles avec un brevet de capitaine! Devoir à des usuriers avec lesquels on s'acquitte par de gros intérêts, bon! mais Chesnel, un homme auquel on s'attache.

— Oui! notre adorable Victurnien a mangé cent mille livres, mon cher marquis, reprit le Chevalier en secouant les grains de tabac tombés sur son gilet, c'est peu, je le sais. A son âge, moi! Enfin, laissons nos souvenirs, marquis. Le comte est en province, toute proportion gardée, ce n'est pas mal, il ira loin; je lui vois les dérangements des hommes qui plus tard accomplissent de grandes choses...

— Et il dort là-haut sans avoir rien dit à son père, s'écria le marquis.

— Il dort avec l'innocence d'un enfant qui n'a encore fait le malheur que de cinq à six petites bourgeoises, et auquel il faut maintenant des duchesses, répondit le Chevalier.

— Mais il appelle sur lui la lettre de cachet.

— *Ils* ont supprimé les lettres de cachet, dit le Chevalier. Quand on a essayé de créer une justice exceptionnelle, vous savez comme on a crié. Nous n'avons pu maintenir les cours prévôtales que monsieur de Buonaparte appelait *Commissions militaires.*

— Hé! bien, qu'allons-nous devenir quand nous aurons des enfants fous, ou trop mauvais sujets, nous ne pourrons donc plus les enfermer? dit le marquis.

Le Chevalier regarda le père au désespoir et n'osa lui répondre :
— Nous serons forcés de les bien élever...

— Et vous ne m'avez rien dit de cela, mademoiselle d'Esgrignon, reprit le marquis en interpellant sa sœur.

Ces paroles dénotaient toujours une irritation, il l'appelait ordinairement *ma sœur*.

— Mais, monsieur, quand un jeune homme vif et bouillant reste oisif dans une ville comme celle-ci, que voulez-vous qu'il fasse? dit mademoiselle d'Esgrignon qui ne comprenait pas la colère de son frère.

— Hé! diantre, des dettes, reprit le Chevalier, il joue, il a de petites aventures, il chasse, tout cela coûte horriblement aujourd'hui.

— Allons, reprit le marquis, il est temps de l'envoyer au Roi. Je passerai la matinée demain à écrire à nos parents.

— Je connais quelque peu les ducs de Navarreins, de Lenoncourt, de Maufrigneuse, de Chaulieu, dit le Chevalier qui se savait cependant bien oublié.

— Mon cher Chevalier, il n'est pas besoin de tant de façons pour présenter un d'Esgrignon à la Cour, dit le marquis en l'interrompant. Cent mille livres, se dit-il, ce Chesnel est bien hardi. Voilà les effets de ces maudits Troubles. Mons Chesnel protége mon fils. Et il faut que je lui demande.... Non, ma sœur, vous ferez cette affaire. Chesnel prendra ses sûretés sur nos biens pour le tout. Puis lavez la tête à ce jeune étourdi, car il finirait par se ruiner.

Le Chevalier et mademoiselle d'Esgrignon trouvaient simples et naturelles ces paroles, si comiques pour tout autre qui les aurait entendues. Loin de là, ces deux personnages furent très-émus de l'expression presque douloureuse qui se peignit sur les traits du vieillard. En ce moment, monsieur d'Esgrignon était sous le poids de quelque prévision sinistre, il devinait presque son époque. Il alla s'asseoir sur une bergère, au coin du feu, oubliant Chesnel qui devait venir, et auquel il ne voulait rien demander.

Le marquis d'Esgrignon avait alors la physionomie que les imaginations un peu poétiques lui voudraient. Sa tête presque chauve avait encore des cheveux blancs soyeux, placés à l'arrière de la tête et retombant par mèches plates mais bouclées aux extrémités. Son beau front plein de noblesse, ce front que l'on admire dans la tête de Louis XV, dans celle de Beaumarchais et dans celle du maréchal de Richelieu, n'offrait au regard ni l'ampleur carrée du maréchal de Saxe, ni le cercle petit, dur, serré, trop plein de Voltaire; mais une gracieuse forme convexe, finement modelée, à tempes molles et dorées. Ses yeux brillants jetaient ce courage et ce feu que l'âge n'abat point. Il avait le nez des Condé, l'aimable bouche des Bourbons de laquelle il ne sort que des paroles spirituelles ou bonnes, comme en disait toujours le comte d'Artois. Ses joues plus en talus que niaisement rondes étaient en harmonie avec son corps sec, ses jambes fines et sa main potelée. Il avait le cou serré par une cravate mise comme celle des marquis représentés dans toutes les gravures qui ornent les ouvrages du dernier siècle, et que vous voyez à Saint-Preux comme à Lovelace, aux héros du bourgeois Diderot comme à ceux de l'élégant Montesquieu (voir les premières éditions de leurs œuvres). Le marquis portait toujours un grand gilet blanc brodé d'or, sur lequel brillait le ruban de commandeur de Saint-Louis; un habit bleu à grandes basques, à pans retroussés et fleurdelisés, singulier costume qu'avait adopté le Roi; mais le marquis n'avait point abandonné la culotte française, ni les bas de soie blancs, ni les boucles. Dès six heures du soir, il se montrait dans sa tenue. Il ne lisait que la *Quotidienne* et la *Gazette de France*, deux journaux que les feuilles constitutionnelles accusaient d'obscurantisme, de mille énormités monarchiques et religieuses, et que le marquis, lui, trouvait pleines d'hérésies et d'idées révolutionnaires. Quelque exagérés que soient les organes d'une opinion, ils sont toujours au-dessous des purs de leur parti; de même que le peintre de ce magnifique personnage sera certes taxé d'avoir outre-passé le vrai, tandis qu'il adoucit quelques tons trop crus, et qu'il éteint des parties trop ardentes chez son modèle. Le marquis d'Esgrignon avait mis ses coudes sur ses genoux, et se tenait la tête dans ses mains. Pendant tout le temps qu'il médita, mademoiselle Armande et le Chevalier se regardèrent sans se communiquer leurs idées. Le marquis souffrait-il de devoir l'avenir de son fils à son ancien intendant? Doutait-il de l'accueil qu'on ferait au jeune comte? Regrettait-il de n'avoir rien préparé pour l'entrée de son héritier dans le monde brillant de la Cour, en demeurant au fond de sa province où l'avait retenu sa pauvreté, car comment aurait-il paru à la Cour? Il soupira fortement en relevant la tête. Ce soupir était un de ceux que rendait alors la véritable et loyale aristocratie, celle des gentilshommes de province, alors si négligés, comme la plupart de ceux qui avaient saisi leur épée et résisté pendant l'orage.

— Qu'a-t-on fait pour les Montauran, pour les Ferdinand qui sont morts ou ne se sont jamais soumis? se dit-il à voix basse. A ceux qui ont lutté le plus courageusement, on a jeté de misérables pensions, quelque lieutenance de Roi dans une forteresse, à la frontière. Évidemment il doutait de la Royauté. Mademoiselle d'Esgrignon essayait de rassurer son frère sur l'avenir de ce voyage, quand on entendit sur le petit pavé sec de la rue, le long des fenêtres du salon, un pas qui annonçait Chesnel. Le notaire se montra bientôt à la porte que Joséphin, le vieux valet de chambre du comte, ouvrit sans annoncer.

— Chesnel, mon garçon.....

Le notaire avait soixante-neuf ans, une tête chenue, un visage carré, vénérable, des culottes d'une ampleur qui eussent mérité de Sterne une description épique; des bas drapés, des souliers à agrafes d'argent, un habit en façon de chasuble, et un grand gilet de tuteur.

—..... Tu as été bien outrecuidant de prêter de l'argent au comte d'Esgrignon? tu mériterais que je te le rendisse à l'instant et que nous ne te vissions jamais, car tu as donné des ailes à ses vices.

Il y eut un moment de silence comme à la Cour quand le Roi réprimande publiquement un courtisan. Le vieux notaire avait une attitude humble et contrite.

— Chesnel, cet enfant m'inquiète, reprit le marquis avec bonté, je veux l'envoyer à Paris, pour y servir le Roi. Tu t'entendras avec ma sœur pour qu'il y paraisse convenablement... Nous réglerons nos comptes...

Le marquis se retira gravement, en saluant Chesnel par un geste familier.

— Je remercie monsieur le marquis de ses bontés, dit le vieillard qui restait debout.

Mademoiselle Armande se leva pour accompagner son frère; elle avait sonné, le valet de chambre était à la porte, un flambeau à la main, pour aller coucher son maître.

— Asseyez-vous, Chesnel, dit la vieille fille en revenant.

Par ses délicatesses de femme, mademoiselle Armande ôtait toute rudesse au commerce du marquis avec son ancien intendant;

quoique sous cette rudesse, Chesnel devinât une affection magnifique. L'attachement du marquis pour son ancien domestique constituait une passion semblable à celle que le maître a pour son chien, et qui le porterait à se battre avec qui donnerait un coup de pied à sa bête : il la regarde comme une partie intégrante de son existence, comme une chose qui, sans être tout à fait lui, le représente dans ce qu'il a de plus cher, les sentiments.

— Il était temps de faire quitter cette ville à monsieur le comte, mademoiselle, dit sentencieusement le notaire.

— Oui, répondit-elle. S'est-il permis quelque nouvelle escapade?

— Non, mademoiselle.

— Eh! bien, pourquoi l'accusez-vous?

— Mademoiselle, je ne l'accuse pas. Non, je ne l'accuse pas. Je suis bien loin de l'accuser. Je ne l'accuserai même jamais, quoi qu'il fasse!

La conversation tomba. Le Chevalier, être éminemment compréhensif, se mit à bâiller comme un homme talonné par le sommeil. Il s'excusa gracieusement de quitter le salon et sortit ayant envie de dormir autant que de s'aller noyer : le démon de la curiosité lui écarquillait les yeux, et de sa main délicate ôtait le coton que le Chevalier avait dans les oreilles.

— Hé! bien, Chesnel, y a-t-il quelque chose de nouveau? dit mademoiselle Armande inquiète.

— Oui, reprit Chesnel, il s'agit de ces choses dont il est impossible de parler à monsieur le marquis : il tomberait foudroyé par une apoplexie.

— Dites donc, reprit-elle en penchant sa belle tête sur le dos de sa bergère et laissant aller ses bras le long de sa taille comme une personne qui attend le coup de la mort sans se défendre.

— Mademoiselle, monsieur le comte, qui a tant d'esprit, est le jouet de petites gens en train d'épier une grande vengeance : ils nous voudraient ruinés, humiliés! Le Président du Tribunal, le sieur du Ronceret, a, comme vous savez, les plus hautes prétentions nobiliaires....

— Son grand-père était procureur, dit mademoiselle Armande.

— Je le sais, dit le notaire. Aussi ne l'avez-vous pas reçu chez vous; il ne va pas non plus chez messieurs de Troisville, ni chez le duc de Gordon, ni chez le marquis de Casteran; mais il est un des piliers du salon du Croisier. Monsieur Félicien du Ronceret, avec qui votre neveu peut frayer sans trop se compromettre (il lui faut des compagnons), eh! bien, ce jeune homme est le conseiller de toutes ses folies, lui et deux ou trois autres qui sont du parti de votre ennemi, de l'ennemi de monsieur le Chevalier, de celui qui ne respire que vengeance contre vous et contre toute la noblesse. Tous espèrent vous ruiner par votre neveu, le voir tombé dans la boue. Cette conspiration est menée par ce sycophante de du Croisier qui fait le royaliste; sa pauvre femme ignore tout, vous la connaissez, je l'aurais su plus tôt si elle avait des oreilles pour entendre le mal. Pendant quelque temps, ces jeunes fous n'étaient pas dans le secret, ils n'y mettaient personne; mais, à force de rire, les meneurs se sont compromis, les niais ont compris; et, depuis les dernières escapades du comte, ils se sont échappés à dire quelques mots quand ils étaient ivres. Ces mots m'ont été rapportés par des personnes chagrines de voir un si beau, un si noble et si charmant jeune homme se perdant à plaisir. Dans ce moment, on le plaint, dans quelques jours il sera... je n'ose....

— Méprisé, dites, dites, Chesnel! s'écria douloureusement mademoiselle Armande.

— Hélas! comment voulez-vous empêcher les meilleures gens de la ville, qui ne savent que faire du matin jusqu'au soir, de contrôler les actions de leur prochain? Ainsi, les pertes de monsieur le comte au jeu, ont été calculées. Voilà, depuis deux mois, trente mille francs d'envolés; et chacun se demande où il les prend. Quand on en parle devant moi, je vous les rappelle à l'ordre! Ah! mais.... Croyez-vous, leur disais-je ce matin, si l'on a pris les droits utiles et les terres de la maison d'Esgrignon, qu'on ait mis la main sur les trésors? Le jeune comte a le droit de se conduire à sa guise; et tant qu'il ne vous devra pas un sou, vous n'avez pas à dire un mot.

Mademoiselle Armande tendit sa main sur laquelle le vieux notaire mit un respectueux baiser.

— Bon Chesnel! Mon ami, comment nous trouverez-vous des fonds pour ce voyage? Victurnien ne peut aller à la Cour sans s'y tenir à son rang.

— Oh! mademoiselle, j'ai emprunté sur le Jard.

— Comment, vous n'aviez plus rien! Mon Dieu, s'écria-t-elle, comment ferons-nous pour vous récompenser?

— En acceptant les cent mille francs que je tiens à votre disposition. Vous comprenez que l'emprunt a été secrètement mené pour ne pas vous déconsidérer. Aux yeux de la ville, j'appartiens à la maison d'Esgrignon.

Quelques larmes vinrent aux yeux de mademoiselle Armande; Chesnel, les voyant, prit un pli de la robe de cette noble fille et le baisa.

— Ce ne sera rien, reprit-il, il faut que les jeunes gens jettent leur gourme. Le commerce des beaux salons de Paris changera le cours des idées du jeune homme. Et ici, vraiment, vos vieux amis sont les plus nobles cœurs, les plus dignes personnes du monde, mais ils ne sont pas amusants. Monsieur le comte pour se désennuyer est obligé de descendre, et il finirait par s'encanailler.

Le lendemain la vieille voiture de voyage de la maison d'Esgrignon vit le jour, et fut envoyée chez le sellier pour être mise en état. Le jeune comte fut solennellement averti par son père, après le déjeuner, des intentions formées à son égard : il irait à la Cour demander du service au Roi; en voyageant, il devait se déterminer pour une carrière quelconque. La marine ou l'armée de terre, les ministères ou les ambassades, la Maison du Roi, il n'avait qu'à choisir, tout lui serait ouvert. Le Roi saurait sans doute gré aux d'Esgrignon de ne lui avoir rien demandé, d'avoir réservé les faveurs du trône pour l'héritier de la maison.

Depuis ses folies le jeune d'Esgrignon avait flairé le monde parisien, et jugé la vie réelle. Comme il s'agissait pour lui de quitter la province et la maison paternelle, il écouta gravement l'allocution de son respectable père, sans lui répondre que l'on n'entrait ni dans la marine ni dans l'armée comme jadis; que, pour devenir sous-lieutenant de cavalerie sans passer par les Écoles spéciales, il fallait servir dans les Pages; que les fils des familles les plus illustres allaient à Saint-Cyr et à l'École Polytechnique, ni plus ni moins que les fils de roturiers, après des concours publics où les gentilshommes couraient la chance d'avoir le dessous avec les vilains. En éclairant son père, il pouvait ne pas avoir les fonds nécessaires pour un séjour à Paris, il laissa donc croire au marquis et à sa tante Armande qu'il aurait à monter dans les carrosses du Roi, à paraître au rang que s'attribuaient les d'Esgrignon au temps actuel, et à frayer avec les plus grands seigneurs. Marri de ne donner à son fils qu'un domestique pour l'accompagner, le marquis lui offrit son vieux valet Joséphin, un homme de confiance qui aurait soin de lui, qui veillerait fidèlement à ses affaires, et de qui le pauvre père se défaisait, espérant le remplacer auprès de lui par un jeune domestique.

— Souvenez-vous, mon fils, lui dit-il, que vous êtes un Carol, que votre sang est un sang pur de toute mésalliance, que votre écusson a pour devise : *Il est nôtre !* qu'il vous permet d'aller partout la tête haute, et de prétendre à des reines. Rendez grâce à votre père, comme moi je fis au mien. Nous devons à l'honneur de nos ancêtres, saintement conservé, de pouvoir regarder tout en face, et de n'avoir à plier le genou que devant une maîtresse, devant le Roi et devant Dieu. Voilà le plus grand de vos priviléges.

Le bon Chesnel avait assisté au déjeuner, il ne s'était pas mêlé des recommandations héraldiques, ni des lettres aux puissances du jour ; mais il avait passé la nuit à écrire à l'un de ses vieux amis, un des plus anciens notaires de Paris. La paternité factice et réelle que Chesnel portait à Victurnien serait incomprise, si l'on omettait de donner cette lettre, comparable peut-être au discours de Dédale à Icare. Ne faut-il pas remonter jusqu'à la mythologie pour trouver des comparaisons dignes de cet homme antique ?

« Mon cher et respectable Sorbier,

» Je me souviens, avec délices, d'avoir fait mes premières armes
» dans notre honorable carrière chez ton père, où tu m'as aimé,
» pauvre petit clerc que j'étais. C'est à ces souvenirs de cléricature,
» si doux à nos cœurs, que je m'adresse pour réclamer de toi le
» seul service que je t'aurai demandé dans le cours de notre longue
» vie, traversée par ces catastrophes politiques auxquelles j'ai dû
» peut-être l'honneur de devenir ton collègue. Ce service, je te le
» demande, mon ami, sur le bord de la tombe, au nom de mes
» cheveux blancs qui tomberaient de douleur, si tu n'obtempérais à
» mes prières. Sorbier, il ne s'agit ni de moi ni des miens. J'ai
» perdu la pauvre madame Chesnel et n'ai pas d'enfants. Hélas ! il
» s'agit de plus que ma famille, si j'en avais une ; il s'agit du fils
» unique de monsieur le marquis d'Esgrignon, de qui j'ai eu l'hon-
» neur d'être l'intendant au sortir de l'Étude, où son père m'avait
» envoyé, à ses frais, dans l'intention de me faire faire fortune.
» Cette maison, où j'ai été nourri, a subi tous les malheurs de la
» Révolution. J'ai pu lui sauver quelque bien, mais qu'est-ce en
» comparaison de l'opulence éteinte ? Sorbier, je ne saurais t'ex-

» primer à quel point je suis attaché à cette grande maison que j'ai
» vue près de choir dans l'abîme des temps : la proscription, la
» confiscation, la vieillesse et point d'enfant ! Combien de malheurs !
» Monsieur le marquis s'est marié, sa femme est morte en couches
» du jeune comte, il ne reste aujourd'hui de bien vivant que ce
» noble, cher et précieux enfant. Les destinées de cette maison ré-
» sident en ce jeune homme, il a fait quelques dettes en s'amusant
» ici. Que devenir en province avec cent misérables louis? Oui,
» mon ami, cent louis, voilà où en est la grande maison d'Esgri-
» gnon. Dans cette extrémité, son père a senti la nécessité de l'en-
» voyer à Paris y réclamer à la cour la faveur du Roi. Paris est un
» lieu bien dangereux pour la jeunesse. Il faut la dose de raison
» qui nous fait notaires pour y vivre sagement. Je serais d'ailleurs
» au désespoir de savoir ce pauvre enfant vivant des privations que
» nous avons connues. Te souviens-tu du plaisir avec lequel tu as
» partagé mon petit pain, au parterre du Théâtre-Français, quand
» nous y sommes restés un jour et une nuit pour voir la représen-
» tation du *Mariage de Figaro?* aveugles que nous étions !
» Nous étions heureux et pauvres, mais un noble ne saurait être
» heureux dans l'indigence. L'indigence d'un noble est une chose
» contre nature. Ah ! Sorbier, quand on a eu le bonheur d'avoir,
» de sa main, arrêté dans sa chute l'un des plus beaux arbres gé-
» néalogiques du royaume, il est si naturel de s'y attacher, de l'ai-
» mer, de l'arroser, de vouloir le voir refleuri, que tu ne t'éton-
» neras point des précautions que je prends, et de m'entendre
» réclamer le concours de tes lumières pour faire arriver à bien
» notre jeune homme. La maison d'Esgrignon a destiné la somme
» de cent mille francs aux frais du voyage entrepris par monsieur
» le comte. Tu le verras, il n'y a pas à Paris de jeune homme qui
» puisse lui être comparé ! Tu t'intéresseras à lui comme à un fils
» unique. Enfin je suis certain que madame Sorbier n'hésitera pas
» à te seconder dans la tutelle morale dont je t'investis. La pension
» de monsieur le comte Victurnien est fixée à deux mille francs
» par mois ; mais tu commenceras par lui en remettre dix mille
» pour ses premiers frais. Ainsi, la famille a pourvu à deux ans de
» séjour, hors le cas d'un voyage à l'étranger, pour lequel nous
» verrions alors à prendre d'autres mesures. Associe-toi, mon vieil
» ami, à cette œuvre, et tiens les cordons de la bourse un peu ser-
» rés. Sans admonester monsieur le comte, soumets-lui des consi-

» dérations, retiens-le autant que tu pourras, et fais en sorte qu'il
» n'anticipe point d'un mois sur l'autre, sans de valables raisons,
» car il ne faudrait pas le désespérer dans une circonstance où
» l'honneur serait engagé. Informe-toi de ses démarches, de ce
» qu'il fait, des gens qu'il fréquentera ; surveille ses liaisons. Mon-
» sieur le Chevalier m'a dit qu'une danseuse de l'Opéra coûtait
» souvent moins cher qu'une femme de la Cour. Prends des infor-
» mations sur ce point, et retourne-moi ta réponse. Madame Sor-
» bier pourrait, si tu es trop occupé, savoir ce que deviendra le
» jeune homme, où il ira. Peut-être l'idée de se faire l'ange gar-
» dien d'un enfant si charmant et si noble lui sourira-t-elle ! Dieu
» lui saurait gré d'avoir accepté cette sainte mission. Son cœur
» tressaillera peut-être en apprenant combien monsieur le comte
» Victurnien court de dangers dans Paris ; vous le verrez : il est
» aussi beau que jeune, aussi spirituel que confiant. S'il se liait à
» quelque mauvaise femme, madame Sorbier pourrait mieux que
» toi l'avertir de tous les dangers qu'il courrait. Il est accompagné
» d'un vieux domestique qui pourra te dire bien des choses. Sonde
» Joséphin, à qui j'ai dit de te consulter dans les conjonctures dé-
» licates. Mais pourquoi t'en dirais-je davantage ? Nous avons été
» clercs et malins, rappelle-toi nos escapades, et aie pour cette
» affaire quelque retour de jeunesse, mon vieil ami. Les soixante
» mille francs te seront remis en un bon sur le Trésor, par un
» monsieur de notre ville, qui se rend à Paris, » etc.

Si le vieux couple eût suivi les instructions de Chesnel, il eût été obligé de payer trois espions pour surveiller le comte d'Esgrignon. Cependant il y avait dans le choix du dépositaire une ample sagesse. Un banquier donne des fonds, tant qu'il en a dans sa caisse, à celui qui se trouve crédité chez lui ; tandis qu'à chaque besoin d'argent le jeune comte serait obligé d'aller faire une visite au notaire qui, certes, userait du droit de remontrance. Victurnien pensa trahir sa joie en apprenant qu'il aurait deux mille francs par mois. Il ne savait rien de Paris. Avec cette somme, il croyait pouvoir y mener un train de Prince.

Le jeune comte partit le surlendemain accompagné des bénédictions de tous les habitués du Cabinet des Antiques, embrassé par les douairières, comblé de vœux, suivi hors de la ville par son vieux père, par sa sœur et par Chesnel, qui, tous trois, avaient les yeux pleins de larmes. Ce départ subit défraya pendant plusieurs soirées les entretiens de la ville, il remua surtout les cœurs haineux du salon de du Croisier. Après avoir juré la perte des d'Esgrignon, l'ancien fournisseur, le Président et leurs adhérents voyaient leur proie s'échapper. Leur vengeance était fondée sur les vices de cet étourdi, désormais hors de leur portée.

Une pente naturelle à l'esprit humain, qui fait souvent une débauchée de la fille d'une dévote, une dévote de la fille d'une femme légère, la loi des Contraires, qui sans doute est *la résultante* de la loi des Similaires, entraînait Victurnien vers Paris par un désir auquel il aurait succombé tôt ou tard. Élevé dans une vieille maison de province, entouré de figures douces et tranquilles qui lui souriaient ; de gens graves affectionnés à leurs maîtres et en harmonie avec les couleurs antiques de cette demeure, cet enfant n'avait vu que des amis respectables. Excepté le Chevalier séculaire, tous ceux qui l'entourèrent avaient des manières posées, des paroles décentes et sentencieuses. Il avait été caressé par ces femmes à jupes grises, à mitaines brodées, que Blondet vous a dépeintes. L'intérieur de la maison paternelle était décoré par un vieux luxe qui n'inspirait que les moins folles pensées. Enfin, instruit par un abbé sans fausse religion, plein de cette aménité des vieillards assis sur ces deux siècles qui apportent dans le nôtre les roses séchées de leur expérience et la fleur fanée des coutumes de leur jeunesse, Victurnien, que tout aurait dû façonner à des habitudes sérieuses, à qui tout conseillait de continuer la gloire d'une maison historique, en prenant sa vie comme une grande et belle chose, Victurnien écoutait les plus dangereuses idées. Il voyait dans sa noblesse un marchepied bon à l'élever au-dessus des autres hommes. En frappant cette idole encensée au logis paternel, il en avait senti le creux. Il était devenu le plus horrible des êtres sociaux et le plus commun à rencontrer, un égoïste conséquent. Amené, par la religion aristocratique du *moi*, à suivre ses fantaisies adorées par les premiers qui eurent soin de son enfance, et par les premiers compagnons de ses folies de jeunesse, il s'était habitué à n'estimer toute chose que par le plaisir qu'elle lui rapportait, et à voir de bonnes âmes réparant ses sottises ; complaisance pernicieuse qui devait le perdre. Son éducation, quelque belle et pieuse qu'elle fût, avait le défaut de l'avoir trop isolé, de lui avoir caché le train de la vie à son époque, qui, certes, n'est pas le train d'une ville de province : sa vraie destinée le menait plus haut. Il avait contracté l'habitude de ne pas évaluer le fait à sa valeur sociale, mais relative ; il trouvait ses actions bonnes en raison de leur utilité. Comme les despotes, il faisait la loi pour la circonstance ; système qui est aux actions du vice ce que la fantaisie est aux œuvres d'art, une cause perpétuelle d'irrégularité. Doué d'un coup d'œil perçant et rapide, il voyait bien et juste ; mais il agissait vite et mal. Je ne sais quoi d'incomplet, qui ne s'explique pas et qui se rencontre en beaucoup de jeunes gens, altérait sa conduite. Malgré son active pensée, si soudaine en ses manifestations ; dès que la sensation parlait, la cervelle obscurcie semblait ne plus exister. Il eût fait l'étonnement des sages, il était capable de surprendre les fous. Son désir, comme un grain d'orage, couvrait aussitôt les espaces clairs et lucides de son cerveau ; puis, après des dissipations contre lesquelles il se trouvait sans force, il tombait en des abattements de tête, de cœur et de corps, en des prostrations complètes où il était imbécile à demi : caractère à traîner un homme dans la boue quand il est livré à lui-même, à le conduire au sommet de l'État quand il est soutenu par la main d'un ami sans pitié. Ni Chesnel, ni le père, ni la tante n'avaient pu pénétrer cette âme qui tenait par tant de coins à la poésie, mais frappée d'une épouvantable faiblesse à son centre.

Quand Victurnien fut à quelques lieues de sa ville natale, il n'éprouva pas le moindre regret, il ne pensa plus à son vieux père, qui le chérissait comme dix générations, ni à sa tante dont le dévouement était presque insensé. Il aspirait à Paris avec une violence fatale, il s'y était toujours transporté par la pensée comme dans le monde de la féerie et y avait mis la scène de ses plus beaux rêves. Il croyait y primer comme dans la ville et dans le Département où régnait le nom de son père. Plein, non d'orgueil, mais de vanité, ses jouissances s'y agrandissaient de toute la grandeur de Paris. Il franchit la distance avec rapidité. De même que sa pensée, sa voiture ne mit aucune transition entre l'horizon borné de sa province et le monde énorme de la capitale. Il descendit rue de Richelieu, dans un bel hôtel près du boulevard, et se hâta de prendre possession de Paris comme un cheval affamé se rue sur une prairie. Il eut bientôt distingué la différence des deux pays. Surpris plus qu'intimidé par ce changement, il reconnut, avec la promptitude de son esprit, combien il était peu de chose au milieu de cette encyclopédie babylonienne, combien il serait fou de se mettre en travers du torrent des idées et des mœurs nouvelles. Un seul fait lui suffit. La veille, il avait remis la lettre de son père au duc de Lenoncourt, un des seigneurs français le plus en faveur auprès du Roi ; il l'avait trouvé dans son magnifique hôtel, au milieu des splendeurs aristocratiques, le lendemain il le rencontra sur le boulevard, à pied, un parapluie à la main, flânant, sans aucune distinction, sans son cordon bleu que jadis un chevalier des Ordres ne pouvait jamais quitter. Ce duc et pair, Premier Gentilhomme de la Chambre du Roi, n'avait pu, malgré sa haute politesse, retenir un sourire en lisant la lettre du marquis, son parent. Ce sourire avait dit à Victurnien qu'il y avait plus de soixante lieues entre le Cabinet des Antiques et les Tuileries ; il y avait une distance de plusieurs siècles.

A chaque époque, le Trône et la Cour se sont entourés de familles favorites sans aucune ressemblance ni de nom ni de caractères avec celles des autres règnes. Dans cette sphère, il semble que ce soit le Fait et non l'Individu qui se perpétue. Si l'Histoire n'était là pour prouver cette observation, elle serait incroyable. La Cour de Louis XVIII mettait alors en relief des hommes presque étrangers à ceux qui ornaient celle de Louis XV : les Rivière, les Blacas, les d'Avaray, les Dambray, les Vaublanc, Vitrolles, d'Autichamp, Larochejaquelein, Pasquier, Decazes, Lainé, de Villèle, La Bourdonnaye, etc. Si vous comparez la Cour de Henri IV à celle de Louis XIV, vous n'y retrouvez pas cinq grandes maisons subsistantes : Villeroy, favori de Louis XIV, était le petit-fils d'un secrétaire parvenu sous Charles IX. Le neveu de Richelieu n'y est presque rien déjà. Les d'Esgrignon, tout-puissants sous Henri IV, quasi princiers sous les Valois, n'avaient aucune chance à la Cour de Louis XVIII, qui ne songeait seulement pas à eux. Aujourd'hui des noms aussi illustres que celui des maisons souveraines, comme les Foix-Grailly, faute d'argent, la seule puissance de ce temps, sont dans une obscurité qui équivaut à l'extinction. Aussitôt que Victurnien eut jugé ce monde, et il ne le jugea que sous ce rapport en se sentant blessé par l'égalité parisienne, monstre qui acheva sous la Restauration de dévorer le dernier morceau de l'État social, il voulut reconquérir sa place avec les armes dangereuses, quoique émoussées, que le siècle laissait à la noblesse : il imita les allures de ceux à qui Paris accordait sa coûteuse attention, il sentit la nécessité d'avoir des chevaux, de belles voitures, tous les accessoires du luxe moderne. Comme le lui dit de Marsay, le premier dandy qu'il trouva dans le premier salon où il fut introduit, il fallait *se mettre à la hauteur de son époque.* Pour son malheur, il tomba dans le monde des roués Parisiens, des de Marsay, des Ronquerolles, des Maxime de Trailles, des des Lupeaulx, des Rastignac, des Vandenesse, des Ajuda-Pinto, des Beaudenord et des Manerville qu'il trouva chez la marquise d'Espard, chez les duchesses de Grandlieu, de Carigliano, chez les marquises d'Aiglemont et de Listomère, chez madame de Sérisy, à l'Opéra, aux ambassades, partout où le mena son beau nom et sa fortune apparente. A Paris, un nom de haute noblesse, reconnu et adopté par le faubourg Saint-Germain qui sait ses provinces sur le bout du doigt, est un passe-port qui ouvre les portes les plus difficiles à tourner sur leurs gonds pour les inconnus et pour les héros de la société secondaire. Victurnien trouva tous ses parents aimables et accueillants dès qu'il ne se produisit pas en solliciteur : il avait vu sur-le-champ que le moyen de ne rien obtenir était de demander quelque chose. A Paris, si le premier mouvement est de se montrer protecteur, le second, beaucoup plus durable, est de mépriser le protégé. La fierté, la vanité, l'orgueil, tous les bons comme les mauvais sentiments du jeune comte le portèrent à prendre, au contraire, une attitude agressive. Les ducs de Lenoncourt, de Chaulieu, de Navarreins, de Grandlieu, de Maufrigneuse, le prince de Blamont-Chauvry se firent alors un plaisir de présenter au Roi ce charmant débris d'une vieille famille. Victurnien vint aux Tuileries dans un magnifique équipage aux armes de sa maison; mais sa présentation lui démontra que le Peuple donnait trop de soucis au Roi pour qu'il pensât à sa Noblesse. Il devina tout à coup l'ilotisme auquel la Restauration, bardée de ses vieillards éligibles et de ses vieux courtisans, avait condamné la jeunesse noble. Il comprit qu'il n'y avait pour lui de place convenable ni à la Cour, ni dans l'État, ni à l'armée, enfin nulle part. Il s'élança donc dans le monde des plaisirs. Produit à l'Élysée-Bourbon, chez la duchesse d'Angoulême, au pavillon Marsan, il rencontra partout les témoignages de politesse superficielle dus à l'héritier d'une vieille famille dont on se souvint quand on le vit. C'était encore beaucoup qu'un souvenir. Dans la distinction par laquelle on honorait Victurnien, il y avait la pairie et un beau mariage; mais sa vanité l'empêcha de déclarer sa position, il resta sous les armes de sa fausse opulence. Il fut d'ailleurs si complimenté de sa tenue, si heureux de son premier succès, qu'une honte éprouvée par bien des jeunes gens, la honte d'abdiquer, lui conseilla de garder son attitude. Il prit un petit appartement dans la rue du Bac, avec une écurie, une remise et tous les accompagnements de la vie élégante à laquelle il se trouva tout d'abord condamné.

Cette mise en scène exigea cinquante mille francs, et le jeune comte les obtint contre toutes les prévisions du sage Chesnel, par un concours de circonstances imprévues. La lettre de Chesnel arriva bien à l'Étude de son ami; mais son ami était décédé. En voyant une lettre d'affaires, madame Sorbier, veuve très-peu poétique, la remit au successeur du défunt. Maître Cardot, le nouveau notaire, dit au jeune comte que le mandat sur le Trésor serait nul, s'il était à l'ordre de son prédécesseur. En réponse à l'épître si longuement méditée par le vieux notaire de province, Maître Cardot écrivit une lettre de quatre lignes, pour toucher, non pas Chesnel, mais la somme. Chesnel fit le mandat au nom du jeune notaire qui, peu susceptible d'épouser la sentimentalité de son correspondant et enchanté de se mettre aux ordres du comte d'Esgrignon, donna tout ce que lui demandait Victurnien. Ceux qui connaissent la vie de Paris savent qu'il ne faut pas beaucoup de meubles, de voitures, de chevaux et d'élégance pour employer cinquante mille francs; mais ils doivent considérer que Victurnien eut immédiatement pour une vingtaine de mille francs de dettes chez ses fournisseurs, qui d'abord ne voulurent pas de son argent; sa fortune étant assez promptement grossie par l'opinion publique et par Joséphin, espèce de Chesnel en livrée.

Un mois après son arrivée, Victurnien fut obligé d'aller reprendre une dizaine de mille francs chez son notaire. Il avait simplement joué au whist chez les ducs de Navarreins, de Chaulieu, de Lenoncourt, et au Cercle. Après avoir d'abord gagné quelques milliers de francs, il en eut bientôt perdu cinq ou six mille, et sentit la nécessité de se faire une bourse de jeu. Victurnien avait l'esprit qui plaît au monde et qui permet aux jeunes gens de grande famille de se mettre au niveau de toute élévation. Non-seulement il fut aussitôt admis comme un personnage dans la bande de la belle jeunesse; mais encore il y fut envié. Quand il se vit l'objet de l'envie, il éprouva une satisfaction enivrante, peu faite pour lui inspirer des réformes. Il fut, sous ce rapport, insensé. Il ne voulut pas penser aux moyens, il puisa dans ses sacs comme s'ils devaient toujours se remplir, et se défendit à lui-même de réfléchir à ce qu'il adviendrait de ce système. Dans ce monde dissipé, dans ce tourbillon de fêtes, on admet les acteurs en scène sous leurs brillants costumes, s'en s'enquérir de leurs moyens : il n'y a rien de plus mauvais goût que de les discuter. Chacun doit perpétuer ses richesses comme la nature perpétue la sienne, en secret. On cause des détresses échues, on s'inquiète en raillant de la fortune de ceux que l'on ne connaît pas, mais on s'arrête là. Un jeune homme comme Victurnien, appuyé par les puissances du faubourg Saint-Germain, et à qui ses protecteurs eux-mêmes accordaient une fortune supérieure à celle qu'il avait, ne fût-ce que pour se débarrasser de lui, tout cela très-finement, très-élégamment, par un mot, par une phrase; enfin un comte à marier, joli homme, bien pensant, spirituel, dont le père possédait encore les terres de son vieux marquisat et le château héréditaire, ce jeune homme est admirablement accueilli dans toutes les maisons où il y a des jeunes femmes ennuyées, des mères accompagnées de filles à marier, ou des belles danseuses sans dot. Le monde l'attira donc, en souriant, sur les premières banquettes de son théâtre. Les banquettes que les marquis d'autrefois occupaient sur la scène existent toujours à Paris où les noms changent, mais non les choses.

Victurnien retrouva dans la société du faubourg Saint-Germain où l'on se comptait avec le plus de réserve, le double du Chevalier, dans la personne du vidame de Pamiers. Le vidame était un chevalier de Valois élevé à la dixième puissance, entouré de tous les prestiges de la fortune, et jouissant des avantages d'une haute position. Ce cher vidame était l'entrepôt de toutes les confidences, la gazette du faubourg; discret néanmoins, et comme toutes les gazettes, ne disant que ce que l'on peut publier. Victurnien entendit encore professer les doctrines transcendantes du Chevalier. Le vidame dit à d'Esgrignon, sans le moindre détour, d'avoir des femmes comme il faut, et lui raconta ce qu'il faisait à son âge. Ce que le vidame de Pamiers se permettait alors, est si loin des mœurs modernes où l'âme et la passion jouent un si grand rôle, qu'il est inutile de le raconter à des gens qui ne le croiraient pas. Mais cet excellent vidame fit mieux, il dit en forme de conclusion à Victurnien : — Je vous donne à dîner demain au cabaret. Après l'Opéra où nous irons digérer, je vous mènerai dans une maison où vous trouverez des personnes qui ont le plus grand désir de vous voir. Le vidame lui donna un délicieux dîner au Rocher de Cancale, où il trouva trois invités seulement : de Marsay, Rastignac et Blondet. Émile Blondet était un compatriote du jeune comte, un écrivain qui tenait à la haute société par sa liaison avec une charmante jeune femme, arrivée de la province de Victurnien, cette demoiselle de Troisville mariée au comte de Montcornet, un des généraux de Napoléon qui avaient passé aux Bourbons. Le vidame professait une profonde mésestime pour les dîners où les convives dépassaient le nombre six. Selon lui, dans ce cas, il n'y avait plus ni conversation, ni cuisine, ni vins goûtés en connaissance de cause.

— Je ne vous ai pas appris encore où je vous mènerai ce soir, cher enfant, dit-il en prenant Victurnien par les mains et les lui tapotant. Vous irez chez mademoiselle des Touches, où seront en petit comité toutes les jeunes jolies femmes qui ont des prétentions à l'esprit. La littérature, l'art, la poésie, enfin les talents y sont en honneur. C'est un de nos anciens bureaux d'esprit, mais vernissé de morale monarchique, la livrée de ce temps-ci.

— C'est quelquefois ennuyeux et fatigant comme une paire de bottes neuves, mais il s'y trouve des femmes à qui l'on ne peut parler que là, dit de Marsay.

— Si tous les poètes qui viennent y décrotter leurs muses ressemblaient à notre compagnon, dit Rastignac en frappant familièrement sur l'épaule de Blondet, on s'amuserait. Mais l'ode, la ballade, les méditations à petits sentiments, les romans à grandes marges infestent un peu trop l'esprit et les canapés.

— Pourvu qu'ils ne gâtent pas les femmes et qu'ils corrompent les jeunes filles, dit de Marsay, je ne les hais pas.

— Messieurs, dit en souriant Blondet, vous empiétez sur mon champ littéraire.

— Tais-toi, tu nous as volé la plus charmante femme du monde, heureux drôle, s'écria Rastignac, nous pouvons bien te prendre tes moins brillantes idées.

— Oui, le coquin est heureux, dit le vidame en prenant Blondet par l'oreille et la lui tortillant, mais Victurnien sera peut-être plus heureux ce soir...

— Déjà! 'écria de Marsay. Le voilà depuis un mois ici, à peine a-t-il eu le temps de secouer la poudre de son vieux manoir, d'essuyer la saumure où sa tante l'avait conservé ; à peine a-t-il eu un cheval anglais un peu propre, un tilbury à la mode, un groom...

— Non, non, il n'a pas de groom, dit Rastignac en interrompant de Marsay ; il a une manière de petit paysan qu'il a amené *de son endroit*, et que Buisson, le tailleur qui comprend le mieux les habits de livrée, déclarait inhabile à porter une veste...

— Le fait est que vous auriez dû, dit gravement le vidame, vous modeler sur Beaudenord, qui a sur vous tous, mes petits amis, l'avantage de posséder le vrai tigre anglais...

— Voilà donc, messieurs, où en sont les gentilshommes en France, s'écria Victurnien. Pour eux la grande question est d'avoir un tigre, un cheval anglais et des babioles...

— Ouais, dit Blondet en montrant Victurnien,

> Le bon sens de monsieur quelquefois m'épouvante.

Eh ! bien, oui, jeune moraliste, vous en êtes là. Vous n'avez même plus, comme le cher vidame, la gloire des profusions qui l'ont rendu célèbre il y a cinquante ans ! Nous faisons de la débauche à un second étage, rue Montorgueil. Il n'y a plus de guerre avec le Cardinal ni de camp du Drap d'or. Enfin, vous, comte d'Esgrignon, vous soupez avec un sieur Blondet, fils cadet d'un misérable juge de province, à qui vous ne donniez pas la main là-bas, et qui dans dix ans peut s'asseoir à côté de vous parmi les pairs du royaume. Après cela, croyez en vous, si vous pouvez !

— Eh ! bien, dit Rastignac, nous sommes passés du Fait à l'Idée, de la force brutale à la force intellectuelle, nous parlons...

— Ne parlons pas de nos désastres, dit le vidame, j'ai résolu de mourir gaiement. Si notre ami n'a pas encore de tigre, il est de la race des lions, il n'en a pas besoin.

— Il ne peut s'en passer, dit Blondet, il est trop nouvellement arrivé.

— Quoique son élégance soit encore neuve, nous l'adoptons, reprit de Marsay. Il est digne de nous, il comprend son époque, il a de l'esprit, il est noble, il est gentil, nous l'aimerons, nous le servirons, nous le pousserons...

— Où ? dit Blondet.

— Curieux ! répliqua Rastignac.

— Avec qui s'emménage-t-il ce soir ? demanda de Marsay.

— Avec tout un sérail, dit le vidame.

— Peste, qu'est-ce donc, reprit de Marsay, pour que le cher vidame nous tienne rigueur en tenant parole à l'infante? j'aurais bien du malheur si je ne la connaissais pas...

— J'ai pourtant été fat comme lui, dit le vidame en montrant de Marsay.

Après le dîner, qui fut très-agréable, et sur un ton soutenu de charmante médisance et de jolie corruption, Rastignac et de Marsay accompagnèrent le vidame et Victurnien à l'Opéra pour pouvoir les suivre chez mademoiselle des Touches. Ces deux roués y allèrent à l'heure calculée où devait finir la lecture d'une tragédie, ce qu'ils regardaient comme la chose la plus malsaine à prendre entre onze heures et minuit. Ils venaient pour espionner Victurnien et le gêner par leur présence : véritable malice d'écolier, mais aigrie par le fiel du dandy jaloux. Victurnien avait cette effronterie de page qui aide beaucoup à l'aisance ; aussi, en observant le nouveau venu faisant son entrée, Rastignac s'étonna-t-il de sa prompte initiation aux belles manières du moment.

— Ce petit d'Esgrignon ira loin, n'est-ce pas? dit-il à son compagnon.

— C'est selon, répondit de Marsay, mais il va bien.

Le vidame présenta le jeune comte à l'une des duchesses les plus aimables, les plus légères de cette époque, et dont les aventures ne firent explosion que cinq ans après. Dans tout l'éclat de sa gloire, soupçonnée déjà de quelques légèretés, mais sans preuve, elle obtenait alors le relief que prête à une femme comme à un homme la calomnie parisienne : la calomnie n'atteint jamais les médiocrités qui enragent de vivre en paix. Cette femme était enfin la duchesse de Maufrigneuse, une demoiselle d'Uxelles, dont le beau-père existait encore, et qui ne fut princesse de Cadignan que plus tard. Amie de la duchesse de Langeais, amie de la vicomtesse de Beauséant, deux splendeurs disparues, elle était intime avec la marquise d'Espard, à qui elle disputait en ce moment la fragile royauté de la Mode. Une parenté considérable la protégea pendant long-temps ; mais elle appartenait à ce genre de femmes qui, sans qu'on sache à quoi, où, ni comment, dévoreraient les revenus de la Terre et ceux de la Lune si l'on pouvait les toucher. Son caractère ne faisait que se dessiner, de Marsay seul l'avait approfondi. En voyant le vidame amenant Victurnien à cette délicieuse personne, ce redouté dandy se pencha vers l'oreille de Rastignac.

— Mon cher, il sera, dit-il, *uist!* sifflé comme un polichinelle par un cocher de fiacre.

Ce mot horriblement vulgaire prédisait admirablement les événements de cette passion. La duchesse de Maufrigneuse s'était affolée de Victurnien après l'avoir sérieusement étudié. Un amoureux qui eût vu le regard angélique par lequel elle remercia le vidame de Pamiers eût été jaloux d'une semblable expression d'amitié. Les femmes sont comme des chevaux lâchés dans un steppe quand elles se trouvent, comme la duchesse en présence du vidame, sur un terrain sans danger : elles sont naturelles alors, elles aiment peut-être à donner ainsi des échantillons de leurs tendresses secrètes. Ce fut un regard discret, d'œil à d'œil, sans répétition possible dans aucune glace, et que personne ne surprit.

— Comme elle s'est préparée! dit Rastignac à Marsay. Quelle toilette de vierge, quelle grâce de cygne dans son col de neige, quels regards de Madone inviolée, quelle robe blanche, quelle ceinture de petite fille! Qui dirait que tu as passé par là?

— Mais elle est ainsi par cela même, répondit de Marsay d'un air de triomphe.

Les deux jeunes gens échangèrent un sourire. Madame de Maufrigneuse surprit ce sourire et devina le discours. Elle lança aux deux roués une de ces œillades que les Françaises ne connaissaient pas avant la paix, et qui ont été importées par les Anglaises avec les formes de leur argenterie, leurs harnais, leurs chevaux et leurs piles de glace britannique qui rafraîchissent un salon quand il s'y trouve une certaine quantité de *ladies*. Les deux jeunes gens devinrent sérieux comme des commis qui attendent une gratification au bout de la remontrance que leur fait un directeur. En s'amourachant de Victurnien, la duchesse s'était résolue à jouer ce rôle d'Agnès romantique, que plusieurs femmes imitèrent pour le malheur de la jeunesse d'aujourd'hui. Madame de Maufrigneuse venait de s'improviser ange, comme elle méditait de tourner à la littérature et à la science vers quarante ans au lieu de tourner à la dévotion. Elle tenait à ne ressembler à personne. Elle se créait des rôles et des robes, des bonnets et des opinions, des toilettes et des façons d'agir originales. Après son mariage, quand elle était encore quasi jeune fille, elle avait joué la femme instruite et presque perverse; elle s'était permis des reparties compromettantes auprès des gens superficiels, mais qui prouvaient son ignorance aux vrais connaisseurs. Comme l'époque de ce mariage lui défendait de dérober à la connaissance des temps la moindre petite année, et qu'elle atteignait à l'âge de vingt-six ans, elle avait inventé de se faire immaculée. Elle paraissait à peine tenir à la terre, elle agitait ses grandes manches, comme si c'eût été des ailes. Son regard prenait la fuite au ciel à propos d'un mot, d'une idée, d'un regard un peu trop vifs. La madone de Piola, ce grand peintre génois, assassiné par jalousie au moment où il était en train de donner une seconde édition de Raphaël, cette madone la plus chaste de toutes et qui se voit à peine sous sa vitre dans une petite rue de Gênes, cette céleste madone était une Messaline, comparée à la duchesse de Maufrigneuse. Les femmes se demandaient comment la jeune étourdie était devenue, en une seule toilette, la séraphique beauté voilée qui semblait, suivant une expression à la mode, avoir une âme blanche comme la dernière tombée de neige sur la plus haute des Alpes, comment elle avait si promptement résolu le problème jésuitique de si bien montrer une gorge plus blanche que son âme en la cachant sous la gaze ; comment elle pouvait être si immatérielle en coulant son regard d'une façon si assassine. Elle avait l'air de promettre mille voluptés par ce coup d'œil presque lascif quand, par un soupir ascétique plein d'espérance pour une meilleure vie, sa bouche paraissait dire qu'elle n'en réaliserait aucune. Des jeunes gens naïfs, il y en avait quelques-uns à cette époque dans la Garde Royale, se demandaient si, même dans les dernières intimités, on tutoyait cette espèce de Dame Blanche, vapeur sidérale tombée de la Voie Lactée. Ce système, qui triompha pendant quelques années, fut très-profitable aux femmes qui avaient leur élégante poitrine doublée d'une philosophie forte, et qui couvraient de grandes exigences sous ces petites manières de sacristie. Pas une de ces créatures célestes n'ignorait ce que pouvait leur rapporter en bon amour l'envie qui prenait à tout homme bien né de les rappeler sur la terre. Cette mode leur permettait de rester dans leur empyrée semi-catholique et semi-ossianique ; elles pouvaient et voulaient ignorer tous les détails vulgaires de la vie, ce qui accommodait bien des questions. L'application de ce système deviné par de Marsay explique son dernier mot à Rastignac, qu'il vit presque jaloux de Victurnien.

— Mon petit, lui dit-il, reste où tu es : notre Nucingen te fera ta fortune, tandis que la duchesse te ruinerait : c'est une femme trop chère.

Rastignac laissa partir de Marsay sans en demander davantage : il savait son Paris. Il savait que la plus précieuse, la plus noble, que la femme la plus désintéressée du monde, à qui l'on ne saurait faire accepter autre chose qu'un bouquet, devient aussi dangereuse pour un jeune homme que les filles d'Opéra d'autrefois. En effet, il n'y a plus de filles d'Opéra, elles sont passées à l'état mythologique. Les mœurs actuelles des théâtres ont fait des danseuses et des actrices quelque chose d'amusant comme une déclaration des Droits de la Femme, des poupées qui se promènent le matin en mères de famille vertueuses et respectables, avant de montrer leurs jambes le soir en pantalon collant dans un rôle d'homme. Du fond de son cabinet de province, le bon Chesnel avait bien deviné l'un des écueils sur lesquels le jeune comte pouvait se briser. La poétique auréole chaussée par madame de Maufrigneuse éblouit Victurnien qui fut cadenassé dans la première heure, attaché à cette ceinture de petite fille, accroché à ces boucles tournées par la main des fées. L'enfant déjà si corrompu crut à ce fatras de virginités en mousseline, à cette suave expression délibérée comme une loi dans les deux Chambres. Ne suffit-il pas que celui qui doit croire aux mensonges d'une femme y croie? Le reste du monde a la valeur des personnages d'une tapisserie pour deux amants. La duchesse était, sans compliment, une des dix plus jolies femmes de Paris, avouées, reconnues. Vous savez qu'il y a dans le monde amoureux autant de *plus jolies femmes de Paris*, que de *plus beaux livres de l'époque* dans la littérature. A l'âge de Victurnien, la conversation qu'il eut avec la duchesse peut se soutenir sans trop de fatigue. Assez jeune et assez peu au fait de la vie parisienne, il n'eut pas besoin d'être sur ses gardes, ni de veiller sur ses moindres mots et sur ses regards. Ce sentimentalisme religieux, qui se traduit chez chaque interlocuteur en arrière-pensées très-drôlatiques, exclut la douce familiarité, l'abandon spirituel des anciennes causeries françaises : on s'y aime entre deux nuages. Victurnien avait précisément assez d'innocence départementale pour demeurer dans une extase fort convenable et non jouée qui plut à la duchesse, car les femmes ne sont pas plus les dupes des comédies que jouent les hommes que des leurs. Madame de Maufrigneuse estima, non sans effroi, l'erreur du jeune comte à six bons mois d'amour pur. Elle était si délicieuse à voir en colombe, étouffant la lueur de ses regards sous les franges dorées de ses cils, que la marquise d'Espard, en venant lui dire adieu, commença par lui souffler : « Bien ! très-bien ! ma chère ! » à l'oreille. Puis la belle marquise laissa sa rivale voyager sur la carte moderne du pays de Tendre, qui n'est pas une conception aussi ridicule que le pensent quelques personnes. Cette carte se regrave de siècle en siècle avec d'autres noms et mène toujours à la même capitale. En une heure de tête à tête public, dans un coin, sur un divan, la duchesse amena d'Esgrignon aux générosités scipionesques, aux dévouements amadisiens, aux abnégations du moyen âge qui commençait alors à montrer ses dagues, ses machicoulis, ses cottes, ses hauberts, ses souliers à la poulaine, et tout son romantique attirail de carton peint. Elle fut d'ailleurs admirable d'idées inexprimées, et fourrées dans le cœur de Victurnien comme des aiguilles dans une pelote, une à une, de façon distraite et discrète. Elle fut merveilleuse de réticences, charmante d'hypocrisie, prodigue de promesses subtiles qui fondaient à l'examen comme de la glace au soleil après avoir rafraîchi l'espoir, enfin très-perfide de désirs conçus et inspirés. Cette belle rencontre finit par le nœud coulant d'une invitation à venir la voir, passé avec ces manières chattemittes que l'écriture imprimée ne peindra jamais.

— Vous m'oublierez ! disait-elle, vous verrez tant de femmes empressées à vous faire la cour au lieu de vous éclairer... — Mais vous me reviendrez désabusé. — Viendrez-vous, auparavant?.... Non. Comme vous voudrez. — Moi je dis tout naïvement que vos visites me plairaient beaucoup. Les gens qui ont de l'âme sont si rares, et je vous en crois.—Allons, adieu, l'on finirait par causer de nous si nous causions davantage.

A la lettre, elle s'envola. Victurnien ne resta pas long-temps après le départ de la duchesse ; mais il demeura cependant assez pour laisser deviner son ravissement par cette attitude des gens heureux, qui tient à la fois de la discrétion calme des inquisiteurs et de la béatitude concentrée des dévotes qui sortent absoutes du confessionnal.

— Madame de Maufrigneuse est allée au but assez lestement ce soir, dit la duchesse de Grandlieu, quand il n'y eut plus que six personnes dans le petit salon de mademoiselle des Touches : des Lupeaulx, un maître des requêtes en faveur auprès de la duchesse, Vandenesse, la vicomtesse de Grandlieu et madame de Sérisy.

— D'Esgrignon et Maufrigneuse sont deux noms qui devaient

s'accrocher, répondit madame de Sérisy qui avait la prétention de dire des mots.

— Depuis quelques jours elle s'est mise au vert dans le platonisme, dit des Lupeaulx.

— Elle ruinera ce pauvre innocent, dit Charles de Vandenesse.

— Comment l'entendez-vous? demanda mademoiselle des Touches.

— Oh! moralement et financièrement, ça ne fait pas de doute, dit la vicomtesse en se levant.

Ce mot cruel eut de cruelles réalités pour le jeune comte d'Esgrignon. Le lendemain matin, il écrivit à sa tante une lettre où il lui peignit ses débuts dans le monde élevé du faubourg Saint-Germain sous les vives couleurs que jette le prisme de l'amour. Il expliqua l'accueil qu'il recevait partout, de manière à satisfaire l'orgueil de son père. Le marquis se fit lire deux fois cette longue lettre et se frotta les mains en entendant le récit du dîner donné par la vidame de Pamiers, une vieille connaissance à lui, et de la présentation de son fils à la duchesse; mais il se perdit en conjectures sans pouvoir comprendre la présence du fils cadet d'un juge, du sieur Blondet, qui avait été Accusateur Public pendant la Révolution. Il y eut fête ce soir-là dans le Cabinet des Antiques : on s'y entretint des succès du jeune comte. On fut si discret sur madame de Maufrigneuse que le Chevalier fut le seul homme à qui l'on se confia. Cette lettre était sans *post-scriptum* financier, sans la conclusion désagréable relative au nerf de la guerre que tout jeune homme ajoute en pareil cas. Mademoiselle Armande communiqua la lettre à Chesnel. Chesnel fut heureux sans élever la moindre objection. Il était clair, comme le disaient le Chevalier et le marquis, qu'un jeune homme aimé par la duchesse de Maufrigneuse allait être un des héros de la Cour, où, comme autrefois, on parvenait à tout par les femmes. Le jeune comte n'avait pas mal choisi. Les douairières racontèrent toutes les histoires galantes des Maufrigneuse depuis Louis XIII jusqu'à Louis XVI, elles firent grâce des règnes antérieurs; enfin elles furent enchantées. On loua beaucoup madame de Maufrigneuse de s'intéresser à Victurnien. Le cénacle du Cabinet des Antiques eût été digne d'être écouté par un auteur dramatique qui aurait voulu faire de la vraie comédie. Victurnien reçut des lettres charmantes de son père, de sa tante, du Chevalier qui se rappelait au souvenir du vidame, avec lequel il était allé à Spa, lors du voyage que fit, en 1778, une célèbre princesse hongroise. Chesnel écrivit aussi. Dans toutes les pages éclatait l'adulation à laquelle on avait habitué ce malheureux enfant. Mademoiselle Armande semblait être de moitié dans les plaisirs de madame de Maufrigneuse. Heureux de l'approbation de sa famille, le jeune comte entra vigoureusement dans le sentier périlleux et coûteux du dandysme. Il eut cinq chevaux, il fut modéré : de Marsay en avait quatorze. Il rendit au vidame, à de Marsay, à Rastignac, et même à Blondet le dîner reçu. Ce dîner coûta cinq cents francs. Le provincial fut fêté par ces messieurs, sur la même échelle, grandement. Il joua beaucoup, et malheureusement, au whist, le jeu à la mode. Il organisa son oisiveté de manière à être occupé. Victurnien alla tous les matins de midi à trois heures chez la duchesse; de là, il la retrouvait au bois de Boulogne, lui à cheval, elle en voiture. Si ces deux charmants partenaires faisaient quelques parties à cheval, elles avaient lieu par de belles matinées. Dans la soirée, le monde, les bals, les fêtes, les spectacles se partageaient les heures du jeune comte. Victurnien brillait partout, car partout il jetait les perles de son esprit, il jugeait par des mots profonds les hommes, les choses, les événements : vous eussiez dit d'un arbre à fruit qui ne donnait que des fleurs. Il mena cette lassante vie où l'on dissipe plus d'âme encore peut-être que d'argent, où s'enterrent les plus beaux talents, où meurent les plus incorruptibles probités, où s'amollissent les volontés les mieux trempées. La duchesse, cette créature si blanche, si frêle, si ange, se plaisait à la vie dissipée des garçons : elle aimait à voir les premières représentations, elle aimait le drôle, l'imprévu. Elle ne connaissait pas le cabaret : d'Esgrignon lui arrangea une charmante partie au Rocher de Cancale avec la société des aimables roués qu'elle pratiquait en les moralisant, et qui fut d'une gaieté, d'un spirituel, d'un amusant égal au prix du souper. Cette partie en amena d'autres. Néanmoins ce fut pour Victurnien une passion angélique. Oui, madame de Maufrigneuse restait un ange que les corruptions de la terre n'atteignaient point : un ange aux Variétés devant ces farces à demi obscènes et populacières qui la faisaient rire, un ange au milieu du feu croisé des délicieuses plaisanteries et des chroniques scandaleuses qui se disaient aux parties fines, un ange pâmée au Vaudeville en loge grillée, un ange en remarquant les poses des danseuses de l'Opéra et les critiquant avec la science d'un vieillard du coin de la reine, un ange à la Porte-Saint-Martin, un ange aux petits théâtres du boulevard, un ange au bal masqué où elle s'amusait comme un écolier ; un ange qui voulait que l'amour vécût de privations, d'héroïsme, de sacrifices, et qui faisait changer à d'Esgrignon un cheval dont la robe lui déplaisait, qui le voulait dans la tenue d'un lord anglais riche d'un million de rente. Elle était un ange au jeu. Certes aucune bourgeoise n'aurait su dire angéliquement comme elle à d'Esgrignon : — Mettez au jeu pour moi ! Elle était si divinement folle quand elle faisait une folie, que c'était à vendre son âme au diable pour entretenir cet ange dans le goût des joies terrestres.

Après son premier hiver, le jeune comte avait pris chez monsieur Cardot, qui se gardait bien d'user du droit de remontrance, la bagatelle de trente mille francs au delà de la somme envoyée par Chesnel. Un refus extrêmement poli du notaire à une nouvelle demande, apprit ce débet à Victurnien, qui se choqua d'autant plus du refus, qu'il avait perdu six mille francs au Club et qu'il les lui fallait pour y retourner. Après s'être formalisé du refus de maître Cardot, qui avait eu pour trente mille francs de confiance en lui, tout en écrivant à Chesnel, mais qui faisait sonner haut cette prétendue confiance devant le favori de la belle duchesse de Maufrigneuse, d'Esgrignon fut obligé de lui demander comment il devait s'y prendre, car il s'agissait d'une dette d'honneur.

— Tirez quelques lettres de change sur le banquier de votre père, portez-les à son correspondant qui les escomptera sans doute, puis écrivez à votre famille d'en remettre les fonds chez ce banquier.

Dans la détresse où il était, le jeune comte entendit une voix intérieure qui lui jeta le nom de du Croisier dont les dispositions envers l'aristocratie, aux genoux de laquelle il l'avait vu, lui étaient complètement inconnus. Il écrivit donc à ce banquier une lettre très-dégagée, par laquelle il lui apprenait qu'il tirait sur lui une lettre de change de dix mille francs, dont les fonds lui seraient remis au reçu de sa lettre par monsieur Chesnel ou par mademoiselle Armande d'Esgrignon. Puis il écrivit deux lettres attendrissantes à Chesnel et à sa tante. Quand il s'agit de se précipiter dans les abîmes, les jeunes gens font preuve d'une adresse, d'une habileté singulières, ils ont du bonheur. Victurnien trouva dans la matinée le nom, l'adresse des banquiers parisiens en relation avec du Croisier, les Keller que de Marsay lui indiqua. De Marsay savait tout à Paris. Les Keller remirent à d'Esgrignon sous escompte, sans mot dire, le montant de la lettre de change : ils devaient à du Croisier. Cette dette de jeu n'était rien en comparaison de l'état des choses au logis. Il pleuvait des mémoires chez Victurnien.

— Tiens ! tu t'occupes de ça, dit un matin Rastignac à d'Esgrignon en riant. Tu les mets en ordre, mon cher. Je ne te croyais pas si bourgeois.

— Mon cher enfant, il faut bien y penser, j'en ai là pour vingt et quelques mille francs.

De Marsay, qui venait chercher d'Esgrignon pour une course au clocher, sortit de sa poche un élégant petit portefeuille, y prit vingt mille francs, et les lui présenta.

— Voilà, dit-il, la meilleure manière de ne pas les perdre, je suis aujourd'hui doublement enchanté de les avoir gagnés hier à milord Dudley.

Cette grâce française séduisit au dernier point d'Esgrignon qui crut à l'amitié, qui ne paya point ses mémoires et se servit de cet argent pour ses plaisirs. De Marsay, suivant une expression de la langue des dandies, voyait avec un indicible plaisir d'Esgrignon *s'enfonçant*, il prenait plaisir à s'appuyer le bras sur son épaule avec toutes les chatteries de l'amitié pour y peser et le faire disparaître plus tôt, car il était jaloux de l'éclat avec lequel s'affichait la duchesse pour d'Esgrignon, quand elle avait réclamé le huis-clos pour lui. C'était, d'ailleurs, un de ces rudes goguenards qui se plaisent dans le mal comme les femmes turques dans le bain. Aussi, quand il eut remporté le prix de la course, et que les parieurs furent réunis chez un aubergiste où ils déjeunèrent, et où l'on trouva quelques bonnes bouteilles de vin, de Marsay dit-il en riant à d'Esgrignon : — Ces mémoires dont tu t'inquiètes ne sont certainement pas les tiens.

— Et s'en inquiéterait-il ? répliqua Rastignac.

— Et à qui appartiendraient-ils donc, demanda d'Esgrignon.

— Tu ne connais donc pas la position de la duchesse ? dit de Marsay en remontant à cheval.

— Non, répondit d'Esgrignon intrigué.

— Hé ! bien, mon cher, repartit de Marsay, voici : trente mille francs chez Victorine, dix-huit mille francs chez Houbigant, un compte chez Herbault, chez Nattier, chez Nourtier, chez les petites Latour, en tout cent mille francs.

— Un ange, dit d'Esgrignon en levant les yeux au ciel.

— Voilà le compte de ses ailes, s'écria bouffonnement Rastignac.

— Elle doit tout cela, mon cher, répondit de Marsay, précisément parce qu'elle est un ange ; mais nous avons tous rencontré des anges dans ces situations-là, dit-il en regardant Rastignac. Les femmes sont sublimes en ceci qu'elles n'entendent rien à l'argent, elles ne s'en mêlent pas, cela ne les regarde point ; elles sont priées au *banquet de la vie*, selon le mot de je ne sais quel poète crevé à l'hôpital.

— Comment savez-vous cela, tandis que je ne le sais pas? répondit naïvement d'Esgrignon.

— Tu seras le dernier à le savoir, comme elle sera la dernière à apprendre que tu as des dettes.

— Je lui croyais cent mille livres de rente, dit d'Esgrignon.

— Son mari, reprit de Marsay, est séparé d'elle et vit à son régiment où il fait des économies, car il a quelques petites dettes aussi, notre cher duc! D'où venez-vous? Apprenez donc à faire, comme nous, les comptes de vos amis. Mademoiselle Diane (je l'ai aimée pour son nom!), Diane d'Uxelles s'est mariée avec soixante mille livres de rente à elle, sa maison est depuis huit ans montée sur un pied de deux cent mille livres de rente ; il est clair qu'en ce moment, ses terres sont toutes hypothéquées au delà de leur valeur ; il faudra quelque beau matin fondre la cloche, et l'ange sera mis en fuite par... faut-il le dire? par des huissiers qui auront l'impudeur de saisir un ange comme ils empoigneraient l'un de nous.

— Pauvre ange!

— Eh! mon cher, il en coûte fort cher de rester dans le Paradis parisien, il faut se blanchir le teint et les ailes tous les matins, dit Rastignac.

Comme il était passé par la tête de d'Esgrignon d'avouer ses embarras à sa chère Diane, il lui passa comme un frisson en pensant qu'il devait déjà soixante mille francs et qu'il avait pour dix mille francs de mémoires à venir. Il revint assez triste. Sa préoccupation mal déguisée fut remarquée par ses amis, qui se dirent à dîner :

— Ce petit d'Esgrignon s'enfonce! il n'a pas le pied parisien, il se brûlera la cervelle. C'est un petit sot, etc.

Le jeune comte fut consolé promptement. Son valet de chambre lui remit deux lettres. D'abord une lettre de Chesnel, qui sentait le rance de la fidélité grondeuse et des phrases rubriquées de probité; il la respecta, la garda pour le soir. Puis une seconde lettre où il lut avec un plaisir infini les phrases cicéroniennes par lesquelles du Croisier, à genoux devant lui comme Sganarelle devant Géronte, le suppliait à l'avenir de lui épargner l'affront de faire déposer à l'avance l'argent des lettres de change qu'il daignerait tirer sur lui. Cette lettre finissait par une phrase qui ressemblait si bien à une caisse ouverte et pleine d'écus au service de la noble maison d'Esgrignon, que Victurnien fit le geste de Sganarelle, de Mascarille et de tous ceux qui sentent des démangeaisons de conscience au bout des doigts. En se sachant un crédit illimité chez les Keller, il décacheta gaiement la lettre de Chesnel; il s'attendait aux quatre pages pleines, à la remontrance débordant à pleins bords, il voyait déjà les mots habituels de prudence, honneur, esprit de conduite, etc., etc. Il eut le vertige en lisant ces mots :

« Monsieur le Comte,

» Il ne me reste, de toute ma fortune, que deux cent mille
» francs; je vous supplie de ne pas aller au delà, si vous faites
» l'honneur de les prendre au plus dévoué des serviteurs de votre
» famille et qui vous présente ses respects.

» CHESNEL. »

— C'est un homme de Plutarque, se dit Victurnien en jetant la lettre sur sa table. Il éprouva du dépit, il se sentait petit devant tant de grandeur. — Allons, il faut se réformer, se dit-il.

Au lieu de dîner au Restaurant où il dépensait à chaque dîner, entre cinquante et soixante francs, il fit l'économie de dîner chez la duchesse de Maufrigneuse, à laquelle il raconta l'anecdote de la lettre.

— Je voudrais voir cet homme-là, dit-elle en faisant briller ses yeux comme deux étoiles fixes.

— Qu'en feriez-vous ?

— Mais je le chargerais de mes affaires.

Diane était divinement mise, elle voulut faire honneur de sa toilette à Victurnien qui fut fasciné par la légèreté avec laquelle elle traitait ses affaires, ou plus exactement ses dettes. Le joli couple alla aux Italiens. Jamais cette belle et séduisante femme ne parut plus séraphique ni plus éthérée. Personne dans la salle n'aurait pu croire aux dettes dont le chiffre avait été donné le matin même par de Marsay à d'Esgrignon. Aucun des soucis de la terre n'atteignait à ce front sublime, plein des fiertés féminines les mieux situées. Chez elle, un air rêveur semblait être le reflet de l'amour terrestre noblement étouffé. La plupart des hommes pariaient que le beau Victurnien en était pour ses frais, contre des femmes sûres de la défaite de leur rivale, et qui l'admiraient comme Michel-Ange admirait Raphaël, *in petto !* Victurnien aimait Diane, selon celle-ci, à cause de ses cheveux, car elle avait la plus belle chevelure blonde de France; selon celle-là, son principal mérite était sa blancheur, car elle n'était pas bien faite, mais bien habillée; selon d'autres, d'Esgrignon l'aimait pour son pied, la seule chose qu'elle eût de bien, elle avait la figure plate. Mais ce qui peint étonnamment les mœurs actuelles de Paris : d'un côté, les hommes disaient que la duchesse fournissait au luxe de Victurnien ; de l'autre, les femmes donnaient à entendre que Victurnien payait, comme disait Rastignac, les ailes de cet ange. En revenant, Victurnien, à qui les dettes de la duchesse pesaient bien plus que les siennes, eut vingt fois sur les lèvres une interrogation pour entamer ce chapitre ; mais vingt fois elle expira devant l'attitude de cette créature divine à la lueur des lanternes de son coupé, séduisante de ces voluptés qui, chez elle, semblaient toujours arrachées violemment à sa pureté de madone. La duchesse ne commettait pas la faute de parler de sa vertu, ni de son état d'ange, comme les femmes de province qui l'ont imitée ; elle était bien plus habile, elle y faisait penser celui pour qui elle commettait de si grands sacrifices. Elle donnait, après six mois, l'air d'un péché capital au plus innocent baisement de main, elle pratiquait l'extorquement des bonnes grâces avec un art si consommé qu'il était impossible de ne pas la croire plus ange avant qu'après. Il n'y a que les Parisiennes assez fortes pour toujours donner un nouvel attrait à la lune et pour romantiser les étoiles, pour toujours rouler dans le même sac à charbon et en sortir toujours plus blanches. Là est le dernier degré de la civilisation intellectuelle et parisienne. Les femmes d'au delà le Rhin ou la Manche croient à ces sornettes quand elles les débitent, tandis que les Parisiennes y font croire leurs amants pour les rendre plus heureux en flattant toutes leurs vanités temporelles et spirituelles. Quelques personnes ont voulu diminuer le mérite de la duchesse, en prétendant qu'elle était la première dupe de ses sortiléges. Infâme calomnie! La duchesse ne croyait à rien qu'à elle-même.

Au commencement de l'hiver, entre les années 1823 et 1824

Victurnien avait chez les Keller un débet de deux cent mille francs dont ni Chesnel, ni mademoiselle Armande ne savaient rien. Pour mieux cacher la source où il puisait, il s'était fait envoyer de temps à autre deux mille écus par Chesnel; il écrivit des lettres mensongères à son pauvre père et à sa tante qui vivaient heureux, abusés comme la plupart des gens heureux. Une seule personne était dans le secret de l'horrible catastrophe que l'entraînement fascinateur de la vie parisienne avait préparé à cette grande et noble famille. Du Croisier, en passant le soir devant le Cabinet des Antiques, se frottait les mains de joie, il espérait arriver à ses fins. Ses fins n'étaient plus la ruine mais le déshonneur de la maison d'Esgrignon, il avait alors l'instinct de sa vengeance, il la flairait! Enfin il en fut sûr dès qu'il sut au jeune comte des dettes sous le poids desquelles cette jeune âme devait succomber. Il commença par assassiner celui de ses ennemis qui lui était le plus antipathique, le vénérable Chesnel. Ce bon vieillard habitait rue du Bercail une maison à toits très-élevés, à petite cour pavée, le long des murs de laquelle montaient des rosiers jusqu'au premier étage. Derrière, était un jardinet de province, entouré de murs humides et sombres, divisé en plates-bandes par des bordures en buis. La porte, grise et proprette, avait cette barrière à claire-voie armée de sonnettes, qui dit autant que les panonceaux : ici respire un notaire. Il était cinq heures et demie du soir, moment où le vieillard digérait son dîner. Chesnel était dans son vieux fauteuil de cuir noir, devant son feu; il avait chaussé l'armure de carton peint, figurant une botte, avec laquelle il préservait ses jambes du feu. Le bonhomme avait l'habitude d'appuyer ses pieds sur la barre et de tisonner en digérant, il mangeait toujours trop : il aimait la bonne chère. Hélas! sans ce petit défaut, n'eût-il pas été plus parfait qu'il n'est permis à un homme de l'être? Il venait de prendre sa tasse de café, sa vieille gouvernante s'était retirée en emportant le plateau qui servait à cet usage depuis vingt ans; il attendait ses clercs avant de sortir pour aller faire sa partie; il pensait, ne demandez pas à qui ni à quoi? Rarement une journée s'écoulait sans qu'il se fût dit : Où est-il? que fait-il? Il le croyait en Italie avec la belle Maufrigneuse. Une des plus douces jouissances des hommes qui possèdent une fortune acquise et non transmise, est le souvenir des peines qu'elle a coûtées et l'avenir qu'ils donnent à leurs écus : ils jouissent à tous les temps du verbe. Aussi cet homme, dont les sentiments se résumaient par un attachement unique, avait-il de doubles jouissances en pensant que ses terres, si bien choisies, si bien cultivées, si péniblement achetées, grossiraient les domaines de la maison d'Esgrignon. A l'aise dans son vieux fauteuil, il se carrait dans ses espérances : il regardait tour à tour l'édifice élevé par ses pincettes avec des charbons ardents et l'édifice de la maison d'Esgrignon relevé par ses soins. Il s'applaudissait du sens qu'il avait donné à sa vie, en imaginant le jeune comte heureux. Chesnel ne manquait pas d'esprit, son âme n'agissait pas seule dans ce grand dévouement, il avait son orgueil, il ressemblait à ces nobles qui rebâtissent des piliers dans les cathédrales en y inscrivant leurs noms : il s'inscrivait dans la mémoire de la maison d'Esgrignon. On y parlerait du vieux Chesnel. En ce moment, sa vieille gouvernante entra en donnant les marques d'un effarouchement excessif.

— Est-ce le feu, Brigitte? dit Chesnel.

— C'est quelque chose comme ça, répondit-elle. Voici monsieur du Croisier qui veut vous parler...

— Monsieur du Croisier, répéta le vieillard si cruellement atteint jusqu'au cœur par la froide lame du soupçon qu'il laissa tomber ses pincettes. Monsieur du Croisier ici, pensa-t-il, notre ennemi capital !

Du Croisier entrait alors avec l'allure d'un chat qui sent du lait dans un office. Il salua, prit le fauteuil que lui avançait le notaire, s'y assit tout doucement, et présenta un compte de deux cent vingt-sept mille francs, intérêts compris, formant le total de l'argent avancé à monsieur Victurnien en lettres de change tirées sur lui, acquittées, et desquelles il réclamait le payement sous peine de poursuivre immédiatement avec la dernière rigueur l'héritier présomptif de la maison d'Esgrignon. Chesnel mania ces fatales lettres une à une, en demandant le secret à l'ennemi de la famille. L'ennemi promit de se taire, s'il était payé dans les quarante-huit heures ; il était gêné, il avait obligé des manufacturiers. Du Croisier entama cette série de mensonges pécuniaires qui ne trompent ni les emprunteurs ni les notaires. Le bonhomme avait les yeux troublés, il retenait mal ses larmes, il ne pouvait payer qu'en hypothéquant ses biens pour le reste de leur valeur. En apprenant la difficulté qu'éprouverait son remboursement, du Croisier ne fut plus gêné, n'eut plus besoin d'argent, il proposa soudain au vieux notaire de lui acheter ses propriétés. Cette vente fut signée et con-

12.

sommée en deux jours. Le pauvre Chesnel ne put supporter l'idée de savoir l'enfant de la maison détenu pour dettes pendant cinq ans. Quelques jours après, il ne resta donc plus au notaire que son Étude, ses recouvrements et sa maison. Chesnel se promena, dépouillé de ses biens, sous les lambris en chêne noir de son cabinet, regardant les solives de châtaignier à filets sculptés, regardant sa treille par la fenêtre, ne pensant plus à ses fermes ni à sa chère campagne du Jard, non.

— Que deviendra-t-il? Il faut le rappeler, le marier à une riche héritière, se disait-il les yeux troublés et la tête pesante.

Il ne savait comment aborder mademoiselle Armande ni en quels termes lui apprendre cette nouvelle. Lui, qui venait de solder le compte des dettes au nom de la famille, tremblait d'avoir à parler de ces choses. En allant de la rue du Bercail à l'hôtel d'Esgrignon, le bon vieux notaire était palpitant comme une jeune fille qui se sauve de la maison paternelle pour n'y revenir que mère et désolée. Mademoiselle Armande venait de recevoir une lettre charmante d'hypocrisie, où son neveu paraissait être l'homme du monde le plus heureux. Après être allé aux Eaux et en Italie avec madame de Maufrigneuse, Victurnien envoyait le journal de son voyage à sa tante. L'amour respirait dans toutes ses phrases. Tantôt une ravissante description de Venise et d'enchanteresses appréciations des chefs-d'œuvre de l'art italien; tantôt des pages divines sur le Dôme de Milan, sur Florence; ici la peinture des Apennins opposée à celle des Alpes, là des villages, comme celui de Chiavari, où l'on trouvait autour de soi le bonheur tout fait, fascinaient la pauvre tante qui voyait planant à travers ces contrées d'amour un ange dont la tendresse prêtait à ces belles choses un air enflammé. Mademoiselle Armande savourait cette lettre à longs traits, comme le devait une fille sage, mûrie au feu des passions contraintes, comprimées, victime des désirs offerts en holocauste sur l'autel domestique avec une joie constante. Elle n'avait pas l'air ange comme la duchesse, elle ressemblait alors à ces statuettes droites, minces, élancées, de couleur jaune, que les merveilleux artistes des cathédrales ont mises dans quelques angles, au pied desquelles l'humidité permet au liseron de croître et de les couronner par un beau jour d'une belle cloche bleue. En ce moment, la clochette s'épanouissait aux yeux de cette Sainte : mademoiselle Armande aimait fantastiquement ce beau couple, elle ne trouvait pas condamnable l'amour d'une femme mariée pour Victurnien, elle l'eût blâmé dans toute autre ; mais le crime ici aurait été de ne pas aimer son neveu. Les tantes, les mères et les sœurs ont une jurisprudence particulière pour leurs neveux, leurs fils et leurs frères. Elle se voyait donc au milieu des palais bâtis par les fées sur les deux lignes du grand canal à Venise. Elle y était dans la gondole de Victurnien qui lui disait combien il avait été heureux de sentir dans sa main la belle main de la duchesse, et d'être aimé en voyageant sur le sein de cette amoureuse reine des mers italiennes. En ce moment d'angélique béatitude, apparut au bout de l'allée, Chesnel ! Hélas ! le sable criait sous ses pieds, comme celui qui tombe du sablier de la Mort et qu'elle broie avec ses pieds sans chaussure. Ce bruit et la vue de Chesnel dans un état d'horrible désolation, donnèrent à la vieille fille la cruelle émotion que cause le rappel des sens envoyés par l'âme dans les pays imaginaires.

— Qu'y a-t-il ? s'écria-t-elle comme frappée d'un coup au cœur.

— Tout est perdu ! dit Chesnel. Monsieur le comte déshonorera la maison, si nous n'y mettons ordre.

Il montra les lettres de change, il peignit les tortures qu'il avait subies depuis quatre jours, en peu de mots simples, mais énergiques et touchants.

— Le malheureux, il nous trompe, s'écria mademoiselle Armande dont le cœur se dilata sous l'affluence du sang qui abondait par grosses vagues.

— Disons notre *meâ culpâ*, mademoiselle, reprit d'une voix forte le vieillard, nous l'avons habitué à faire ses volontés, il lui fallait un guide sévère, et ce ne pouvait être ni vous qui êtes une fille, ni moi qu'il n'écoutait pas : il n'a pas eu de mère.

— Il y a de terribles fatalités pour les races nobles qui tombent, dit mademoiselle Armande les yeux en pleurs.

En ce moment, le marquis se montra. Le vieillard revenait de sa promenade en lisant la lettre que son fils lui avait écrite à son retour en lui dépeignant son voyage au point de vue aristocratique. Victurnien avait été reçu par les plus grandes familles italiennes, à Gênes, à Turin, à Milan, à Florence, à Venise, à Rome, à Naples ; il avait dû leur flatteur accueil à son nom et aussi à la duchesse peut-être. Enfin il s'y était montré magnifiquement, et comme devait se produire un d'Esgrignon.

— Tu auras fait des tiennes, Chesnel, dit-il au vieux notaire.

Mademoiselle Armande fit un signe à Chesnel, signe ardent et terrible, également bien compris par tous deux. Ce pauvre père, cette fleur d'honneur féodal, devait mourir avec ses illusions. Un pacte de silence et de dévouement entre le noble notaire et la noble fille fut conclu par une simple inclination de tête.

— Ah! Chesnel, ce n'est pas tout-à-fait comme ça que les d'Esgrignon sont allés en Italie vers le quinzième siècle, quand le maréchal Trivulce, au service de France, servait sous un d'Esgrignon qui avait Bayard sous ses ordres : autre temps, autres plaisirs. La duchesse de Maufrigneuse vaut d'ailleurs bien la marquise de Spinola.

Le vieillard se balançait d'un air fat comme s'il avait eu la marquise de Spinola et comme s'il possédait la duchesse moderne. Quand les deux affligés furent seuls, assis sur le même banc, réunis dans une même pensée, ils se dirent pendant long-temps l'un à l'autre des paroles vagues, insignifiantes, en regardant ce père heureux qui s'en allait en gesticulant comme s'il se parlait à lui-même.

— Que va-t-il devenir? disait mademoiselle Armande.

— Du Croisier a donné l'ordre à messieurs Keller de ne plus lui remettre de sommes sans titres, répondit Chesnel.

— Il a des dettes, reprit mademoiselle Armande.

— Je le crains.

— S'il n'a plus de ressources, que fera-t-il?

— Je n'ose me répondre à moi-même.

— Mais il faut l'arracher à cette vie, l'amener ici, car il arrivera à manquer de tout.

— Et à manquer à tout, répéta lugubrement Chesnel.

Mademoiselle Armande ne comprit pas encore, elle ne pouvait pas comprendre le sens de cette parole.

— Comment le soustraire à cette femme, à cette duchesse, qui peut-être l'entraîne? dit-elle.

— Il fera des crimes pour rester auprès d'elle, dit Chesnel en essayant d'arriver par des transitions supportables à une idée insupportable.

— Des crimes! répéta mademoiselle Armande. Ah! Chesnel, cette idée ne peut venir qu'à vous, ajouta-t-elle, en lui jetant un regard accablant, le regard par lequel la femme peut foudroyer les dieux. Les gentilshommes ne commettent d'autres crimes que ceux dits de haute trahison et on leur coupe alors la tête sur un drap noir comme aux rois.

— Les temps sont bien changés, dit Chesnel en branlant sa tête de laquelle Victurnien avait fait tomber les derniers cheveux. Notre Roi Martyr n'est pas mort comme Charles d'Angleterre.

Cette réflexion calma le magnifique courroux de la fille noble, elle eut le frisson, sans croire encore à l'idée de Chesnel.

— Nous prendrons un parti demain, dit-elle, il y faut réfléchir. Nous avons nos biens en cas de malheur.

— Oui, reprit Chesnel, vous êtes indivis avec monsieur le marquis, la plus forte part vous appartient, vous pouvez l'hypothéquer sans lui rien dire.

Pendant la soirée, les joueurs et les joueuses de whist, de reversis, de boston, de trictrac, remarquèrent quelque agitation dans les traits ordinairement si calmes et si purs de mademoiselle Armande.

— Pauvre enfant sublime! dit la vieille marquise de Casteran, elle doit souffrir encore. Une femme ne sait jamais à quoi elle s'engage en faisant les sacrifices qu'elle a faits à sa maison.

Il fut décidé le lendemain avec Chesnel que mademoiselle Armande irait à Paris arracher son neveu à sa perdition. Si quelqu'un pouvait opérer l'enlèvement de Victurnien, n'était-ce pas la femme qui avait pour lui des entrailles maternelles? Mademoiselle Armande, décidée à aller trouver la duchesse de Maufrigneuse, voulait tout déclarer à cette femme. Mais il fallut un prétexte pour justifier ce voyage aux yeux du marquis et de la ville. Mademoiselle Armande risqua toutes ses pudeurs de fille vertueuse en laissant croire à quelque maladie qui exigeait une consultation de médecins habiles et renommés. Dieu sait si l'on en causa. Mademoiselle Armande voyait un bien autre bonheur que le sien au jeu! Elle partit. Chesnel lui apporta son dernier sac de louis, elle le prit, sans même y faire attention, comme elle prenait sa capote blanche et ses mitaines de filet.

— Généreuse fille! Quelle grâce! dit Chesnel en la mettant en voiture, elle et sa femme de chambre qui ressemblait à une sœur grise.

Du Croisier avait calculé sa vengeance comme les gens de province calculent tout. Il n'y a rien au monde que les Sauvages, les paysans et les gens de province pour étudier à fond leurs affaires dans tous les sens ; aussi, quand ils arrivent de la Pensée au Fait, trouvez-vous les choses complètes. Les diplomates sont des enfants auprès de ces trois classes de mammifères, qui ont le temps devant eux, cet élément qui manque aux gens obligés de penser à plusieurs choses, obligés de tout conduire, de tout préparer dans les grandes affaires humaines. Du Croisier avait-il si bien sondé le cœur du pauvre Victurnien, qu'il eût prévu la facilité avec laquelle il se prêterait à sa vengeance, ou bien profita-t-il d'un hasard épié durant plusieurs années ? Il y a certes un détail qui prouve une certaine habileté dans la manière dont se prépara le coup. Qui avertissait du Croisier ? Était-ce les Keller ? était-ce le fils du Président du Ronceret, qui achevait son Droit à Paris ? Du Croisier écrivit à Victurnien une lettre pour lui annoncer qu'il avait défendu aux Keller de lui avancer aucune somme désormais, au moment où il savait la duchesse de Maufrigneuse dans les derniers embarras, et le comte d'Esgrignon dévoré par une misère aussi effroyable que savamment déguisée. Ce malheureux jeune homme déployait son esprit à feindre l'opulence ! Cette lettre, qui disait à la victime que les Keller ne lui remettraient rien sans des valeurs, laissait entre les formules d'un respect exagéré et la signature un espace assez considérable. En coupant ce fragment de lettre, il était facile d'en faire un effet pour une somme considérable. Cette infernale lettre allait jusque sur le verso du second feuillet, elle était sous enveloppe, le revers se trouvait blanc. Quand cette lettre arriva, Victurnien roulait dans les abîmes du désespoir. Après deux ans passés dans la vie la plus heureuse, la plus sensuelle, la moins penseuse, la plus luxueuse, il se voyait face à face avec une inexorable misère, une impossibilité absolue d'avoir de l'argent. Le voyage ne s'était pas achevé sans quelques tiraillements pécuniaires. Le comte avait extorqué très-difficilement, la duchesse aidant, plusieurs sommes à des banquiers. Ces sommes, représentées par des lettres de change, allaient se dresser devant lui dans toute leur rigueur, avec les sommations mplacables de la Banque et de la Jurisprudence commerciale. A travers ses dernières jouissances, ce malheureux enfant sentait la pointe de l'épée du Commandeur. Au milieu de ses soupers, il entendait, comme Don Juan, le bruit lourd de la Statue qui montait les escaliers. Il éprouvait ces frissons indicibles que donne le *sirocco* de dettes. Il comptait sur un hasard. Il avait toujours gagné à la loterie depuis cinq ans, sa bourse s'était toujours remplie.

Il se disait qu'après Chesnel était venu du Croisier, qu'après du Croisier jaillirait une autre mine d'or. D'ailleurs il gagnait de fortes sommes au jeu. Le jeu l'avait sauvé déjà de plusieurs mauvais pas. Souvent, dans un fol espoir, il allait perdre au salon des Étrangers le gain qu'il faisait au Cercle ou dans le monde au whist. Sa vie, depuis deux mois, ressemblait à l'immortel finale du *Don Juan* de Mozart! Cette musique doit faire frissonner certains jeunes gens parvenus à la situation où se débattait Victurnien. Si quelque chose peut prouver l'immense pouvoir de la Musique, n'est-ce pas cette sublime traduction du désordre, des embarras qui naissent dans une vie exclusivement voluptueuse, cette peinture effrayante du parti pris de s'étourdir sur les dettes, sur les duels, sur les tromperies, sur les mauvaises chances? Mozart est, dans ce morceau, le rival heureux de Molière. Ce terrible finale ardent, vigoureux, désespéré, joyeux, plein de fantômes horribles et de femmes lutines, marqué par une dernière tentative qu'allument les vins du souper et par une défense enragée; tout cet infernal poème, Victurnien le jouait à lui seul! Il se voyait seul, abandonné, sans amis, devant une pierre où était écrit, comme au bout d'un livre enchanteur, le mot FIN. Oui! tout allait finir pour lui. Il voyait par avance le regard froid et railleur, le sourire par lequel ses compagnons accueilleraient le récit de son désastre. Il savait que parmi eux, qui hasardaient des sommes importantes sur les tapis verts que Paris dresse à la Bourse, dans les salons, dans les cercles, partout, nul n'en distrairait un billet de banque pour sauver un ami. Chesnel devait être ruiné. Victurnien avait dévoré Chesnel. Toutes les furies étaient dans son cœur et se le partageaient quand il souriait à la duchesse, aux Italiens, dans cette loge où leur bonheur faisait envie à toute la salle. Enfin, pour expliquer jusqu'où il roulait dans l'abîme du doute, du désespoir et de l'incrédulité, lui qui aimait la vie jusqu'à devenir lâche pour la conserver, cet ange la lui faisait si belle! eh! bien, il regardait ses pistolets, il allait jusqu'à concevoir le suicide, lui, ce voluptueux mauvais sujet, indigne de son nom. Lui, qui n'aurait pas souffert l'apparence d'une injure, il s'adressait ces horribles remontrances que l'on ne peut entendre que de soi-même. Il laissa la lettre de du Croisier ouverte sur son lit : il était neuf heures quand Joséphin la lui remit, et il avait dormi au retour de l'Opéra, quoique ses meubles fussent saisis. Mais il avait passé par le voluptueux réduit où la duchesse et lui se retrouvaient pour quelques heures après les fêtes de la Cour, après les bals les plus éclatants, les soirées les plus splendides. Les apparences étaient très-habilement sauvées. Ce réduit était une mansarde vulgaire en apparence, mais que les Péris de l'Inde avaient décorée, et où madame de Maufrigneuse était obligée en entrant de baisser sa tête chargée de plumes ou de fleurs. A la veille de périr, le comte avait voulu dire adieu à ce nid élégant, bâti par lui qui en avait fait une poésie digne de son ange, et où désormais les œufs enchantés, brisés par le malheur, n'écloraient plus en blanches colombes, en bengalis brillants, en flamants roses, en mille oiseaux fantastiques qui voltigent encore au-dessus de nos têtes pendant les derniers jours de la vie. Hélas ! dans trois jours il fallait fuir, les poursuites pour des lettres de change données à des usuriers étaient arrivées au dernier terme. Il lui passa par la cervelle une atroce idée : Fuir avec la duchesse, aller vivre dans un coin ignoré, au fond de l'Amérique du Nord ou du Sud ; mais fuir avec une fortune, et en laissant les créanciers nez à nez avec leurs titres. Pour réaliser ce plan, il suffisait de couper ce bas de lettre signée du Croisier, d'en faire un effet et de le porter chez les Keller. Ce fut un combat affreux, où il y eut des larmes répandues et où l'honneur de la race triompha, mais sous condition. Victurnien voulut être sûr de sa belle Diane, il subordonna l'exécution de son plan à l'assentiment qu'elle donnerait à leur fuite. Il vint chez la duchesse, rue du Faubourg-Saint-Honoré, il la trouva dans un de ses négligés coquets qui lui coûtaient autant de soins que d'argent, et qui lui permettaient de commencer son rôle d'ange dès onze heures du matin.

Madame de Maufrigneuse était à demi pensive : mêmes inquiétudes la dévoraient, mais elle les supportait avec courage. Parmi les organisations diverses que les physiologistes ont remarquées chez les femmes, il en est une qui a je ne sais quoi de terrible, qui comporte une vigueur d'âme, une lucidité d'aperçus, une promptitude de décision, une insouciance, ou plutôt un parti pris sur certaines choses dont s'effraierait un homme. Ces facultés sont cachées sous les dehors de la faiblesse la plus gracieuse. Ces femmes, seules entre les femmes, offrent la réunion ou plutôt le combat de deux êtres que Buffon ne reconnaissait existants que chez l'homme. Les autres femmes sont entièrement femmes ; elles sont entièrement tendres, entièrement mères, entièrement dévouées, entièrement nulles ou ennuyeuses ; leurs nerfs sont d'accord avec leur sang et le sang avec leur tête ; mais les femmes comme la duchesse peuvent arriver à tout ce que la sensibilité a de plus élevé, et faire preuve de la plus égoïste insensibilité. L'une des gloires de Molière est d'avoir admirablement peint, d'un seul côté seulement, ces natures de femmes dans la plus grande figure qu'il ait taillée en plein marbre : Célimène ! Célimène, qui représente la femme aristocratique, comme Figaro, cette seconde édition de Panurge, représente le peuple. Ainsi, accablée sous le poids de dettes énormes, la duchesse s'était ordonnée à elle-même, absolument comme Napoléon oubliait et reprenait à volonté le fardeau de ses pensées, de ne songer à cette avalanche de soucis qu'en un seul moment et pour prendre un parti définitif. Elle avait la faculté de se séparer d'elle-même et de contempler le désastre à quelques pas, au lieu de se laisser enterrer dessous. C'était, certes, grand, mais horrible dans une femme. Entre l'heure de son réveil où elle avait retrouvé toutes ses idées, et l'heure où elle s'était mise à sa toilette, elle avait contemplé le danger dans toute son étendue, la possibilité d'une chute épouvantable. Elle méditait : la fuite en pays étranger, ou aller au Roi et lui déclarer sa dette, ou séduire un riche banquier et payer, en jouant à la Bourse, avec l'or qu'il lui donnerait, le Juif serait assez spirituel pour n'apporter que des bénéfices, et ne jamais parler de pertes, délicatesse qui gazerait tout. Ces divers moyens, cette catastrophe, tout avait été délibéré froidement, avec calme, sans trépidation. De même qu'un naturaliste prend le plus magnifique des lépidoptères, et le fiche sur du coton avec une épingle, madame de Maufrigneuse avait ôté son amour de son cœur pour penser à la nécessité du moment, prête à reprendre sa belle passion sur sa ouate immaculée quand elle aurait sauvé sa couronne de duchesse. Point de ces hésitations que Richelieu ne confiait qu'au père Joseph, que Napoléon cacha d'abord à tout le monde, elle s'était dit : ou ceci ou cela. Elle était au coin de son feu, commandant sa toilette pour aller au Bois, si le temps le permettait, quand Victurnien entra.

Malgré ses capacités étouffées et son esprit si vif, le comte était comme aurait dû être cette femme : il avait des palpitations au cœur, il suait dans son harnais de dandy, il n'osait encore porter une main sur une pierre angulaire qui, retirée, allait faire crouler la pyramide de leur mutuelle existence. Il lui en coûtait tant d'avoir une certitude! Les hommes les plus forts aiment à se tromper eux-mêmes sur certaines choses où la vérité connue les humilierait ; les offenserait d'eux à eux. Victurnien força sa propre incertitude à venir sur le terrain en lâchant une phrase compromettante.

— Qu'avez-vous? avait été le premier mot de Diane de Maufrigneuse à l'aspect de son cher Victurnien.

— Mais, ma chère Diane, je suis dans un si grand embarras qu'un homme au fond de l'eau, et à sa dernière gorgée, est heureux en comparaison de moi.

— Bah! fit-elle, des misères, vous êtes un enfant. Voyons, dites?

— Je suis perdu de dettes, et arrivé au pied du mur.

— N'est-ce que cela? dit-elle en souriant. Toutes les affaires d'argent s'arrangent d'une manière ou de l'autre, il n'y a d'irréparable que les désastres du cœur.

Mis à l'aise par cette compréhension subite de sa position, Victurnien déroula la brillante tapisserie de sa vie pendant ces trente mois, mais à l'envers et avec talent d'ailleurs, avec esprit surtout. Il déploya dans son récit cette poésie du moment qui ne manque à personne dans les grandes crises, et sut le vernir d'un élégant mépris pour les choses et les hommes. Ce fut aristocratique. La duchesse écoutait comme elle savait écouter, le coude appuyé sur son genou levé très-haut. Elle avait le pied sur un tabouret. Ses doigts étaient mignonnement groupés autour de son joli menton. Elle tenait ses yeux attachés aux yeux du comte ; mais des myriades de sentiments passaient sous leur bleu comme des lueurs d'orage entre deux nuées. Elle avait le front calme, la bouche sérieuse d'attention, sérieuse d'amour, les lèvres nouées aux lèvres de Victurnien. Être écouté ainsi, voyez-vous, c'était à croire que l'amour divin émanait de ce cœur. Aussi, quand le comte eut proposé la fuite à cette âme attachée à son âme, fut-il obligé de s'écrier : Vous êtes un ange! La belle Maufrigneuse répondait sans avoir encore parlé.

— Bien, bien, dit la duchesse qui au lieu d'être livrée à l'amour qu'elle exprimait était livrée à de profondes combinaisons qu'elle gardait pour elle; il ne s'agit pas de cela, mon ami... (L'*ange* n'était plus que *cela*.) .... Pensons à vous. Oui, nous partirons, le plus tôt sera le mieux. Arrangez tout : je vous suivrai. C'est beau de laisser là Paris et le monde. Je vais faire mes préparatifs de manière que l'on ne puisse rien soupçonner.

Ce mot : *Je vous suivrai!* fut dit comme l'eût dit à cette épo-

La duchesse écoutait comme elle savait écouter, le coude appuyé sur son genou levé très-haut.

LE CABINET DES ANTIQUES.

que la Mars pour faire tressaillir deux mille spectateurs. Quand une duchesse de Maufrigneuse offre dans une pareille phrase un pareil sacrifice à l'amour, elle a payé sa dette. Est-il possible de lui parler de détails ignobles? Victurnien put d'autant mieux cacher les moyens qu'il comptait employer, que Diane se garda bien de le questionner : elle resta conviée, comme le disait de Marsay, au banquet couronné de roses que tout homme devait lui apprêter. Victurnien ne voulut pas s'en aller sans que cette promesse fût scellée : il avait besoin de puiser du courage dans son bonheur pour se résoudre à une action qui serait, se disait-il, mal interprétée ; mais il compta, ce fut sa raison déterminante, sur sa tante et sur son père pour étouffer l'affaire, il comptait même encore sur Chesnel pour inventer quelque transaction. D'ailleurs, *cette affaire* était le seul moyen de faire un emprunt sur les terres de la famille. Avec trois cent mille francs, le comte et la duchesse iraient vivre heureux, cachés, dans un palais à Venise, ils y oublieraient l'univers ! ils se racontèrent leur roman par avance.

Le lendemain, Victurnien fit un mandat de trois cent mille francs, et le porta chez les Keller. Les Keller payèrent, ils avaient, en ce moment, des fonds à du Croisier ; mais ils le prévinrent par une lettre qu'il ne tirât plus sur eux, sans avis. Du Croisier, très-étonné, demanda son compte, on le lui envoya. Ce compte lui expliqua tout : sa vengeance était échue.

Quand Victurnien eut *son* argent, il le porta chez madame de Maufrigneuse, qui serra dans son secrétaire les billets de banque et voulut dire adieu au monde en voyant une dernière fois l'Opéra. Victurnien était rêveur, distrait, inquiet, il commençait à réfléchir. Il pensait que sa place dans la loge de la duchesse pouvait lui coûter cher, qu'il ferait mieux, après avoir mis les trois cent mille francs en sûreté, de courir la poste et de tomber aux pieds de Chesnel en lui avouant son embarras. Avant de sortir, la duchesse ne put s'empêcher de jeter à Victurnien un adorable regard où éclatait le désir de faire encore quelques adieux à ce nid qu'elle aimait tant ! Le trop jeune comte perdit une nuit. Le lendemain, à trois heures, il était à l'hôtel de Maufrigneuse, et venait prendre les ordres de la duchesse pour partir au milieu de la nuit.

— Pourquoi partirions-nous? dit-elle. J'ai bien pensé à ce projet. La vicomtesse de Beauséant et la duchesse de Langeais ont disparu. Ma fuite aurait quelque chose de bien vulgaire. Nous ferons tête à l'orage. Ce sera beaucoup plus beau. Je suis sûre du succès.

Victurnien eut un éblouissement, il lui sembla que sa peau se dissolvait, et que son sang coulait de tous côtés.

— Qu'avez-vous? s'écria la belle Diane en s'apercevant d'une hésitation que les femmes ne pardonnent jamais.

A toutes les fantaisies des femmes, les gens habiles doivent d'abord dire oui, et leur suggérer les motifs du non en leur laissant l'exercice de leur droit de changer à l'infini leurs idées, leurs résolutions et leurs sentiments. Pour la première fois, Victurnien eut un accès de colère, la colère des gens faibles et poétiques, orage mêlé de pluie, d'éclairs, mais sans tonnerre. Il traita fort mal cet ange sur la foi duquel il avait hasardé plus que sa vie, l'honneur de sa maison.

— Voilà donc, dit-elle, ce que nous trouvons après dix-huit mois de tendresse. Vous me faites mal, bien mal. Allez vous-en! Je ne veux plus vous voir. J'ai cru que vous m'aimiez, vous ne m'aimez pas.

— Je ne vous aime pas, demanda-t-il foudroyé par ce reproche.

— Non, monsieur.

— Mais encore, s'écria-t-il. Ah! si vous saviez ce que je viens de faire pour vous?

— Et qu'avez-vous tant fait pour moi, monsieur, dit-elle, comme si l'on ne devait pas tout faire pour une femme qui a tant fait pour vous?

— Vous n'êtes pas digne de le savoir, s'écria Victurnien enragé.
— Ah!

Après ce sublime *ah!* Diane pencha sa tête, la mit dans sa main, et demeura froide, immobile, implacable, comme doivent être les anges qui ne partagent aucun des sentiments humains. Quand Victurnien trouva cette femme dans cette pose terrible, il oublia son danger. Ne venait-il pas de maltraiter la créature la plus angélique du monde? il voulait sa grâce, il se mit aux pieds de Diane de Maufrigneuse et les baisa; il l'implora, il pleura. Le malheureux resta là deux heures faisant mille folies, il rencontra toujours un visage froid, et des yeux où roulaient des larmes par moments, de grosses larmes silencieuses, aussitôt essuyées, afin d'empêcher l'indigne amant de les recueillir. La duchesse jouait une de ces douleurs qui rendent les femmes augustes et sacrées.

Deux autres heures succédèrent à ces deux premières heures. Le comte obtint alors la main de Diane, il la trouva froide et sans âme. Cette belle main, pleine de trésors, ressemblait à du bois souple : elle n'exprimait rien ; il l'avait saisie, elle n'était pas donnée. Il ne vivait plus, il ne pensait plus. Il n'aurait pas vu le soleil. Que faire ? que résoudre ? quel parti prendre ? Dans ces sortes d'occasions, pour conserver son sang-froid, un homme doit être constitué comme ce forçat qui, après avoir volé pendant toute la nuit les médailles d'or de la Bibliothèque royale, vient au matin prier son honnête homme de frère de les fondre, s'entend dire : que faut-il faire ? et lui répond : fais-moi du café ! Mais Victurnien tomba dans une stupeur hébétée dont les ténèbres enveloppèrent son esprit. Sur ces brumes grises passaient, semblables à ces figures que Raphaël a mises sur des fonds noirs, les images des voluptés auxquelles il fallait dire adieu. Inexorable et méprisante, la duchesse jouait avec un bout d'écharpe en lançant des regards irrités sur Victurnien, elle coquetait avec ses souvenirs mondains, elle parlait à son amant de ses rivaux comme si cette colère la décidait à remplacer par l'un d'eux un homme capable de démentir en un moment vingt-huit mois d'amour.

— Ah ! disait-elle, ce ne serait pas ce cher charmant petit Félix de Vandenesse, si fidèle à madame de Mortsauf, qui se permettrait une pareille scène : il aime, celui-là ! De Marsay, ce terrible de Marsay, que tout le monde trouve si tigre, est un de ces hommes forts qui rudoient les hommes, mais qui gardent toutes leurs délicatesses pour les femmes. Montriveau a brisé sous son pied la duchesse de Langeais, comme Othello tue Dedesmona, dans un accès de colère qui du moins attesta l'excès de son amour : ce n'était pas mesquin comme une querelle ! il y a du plaisir à être brisée ainsi ! Les hommes blonds, petits, minces et fluets aiment à tourmenter les femmes, ils ne peuvent régner que sur ces pauvres faibles créatures ; ils aiment pour avoir une raison de se croire des hommes. La tyrannie de l'amour est leur seule chance de pouvoir.

Elle ne savait pas pourquoi elle s'était mise sous la domination d'un homme blond. De Marsay, Montriveau, Vandenesse, ces beaux bruns, avaient un rayon de soleil dans les yeux. Ce fut un déluge d'épigrammes qui passèrent en sifflant comme des balles. Diane lançait trois flèches dans un mot : elle humiliait, elle piquait, elle blessait à elle seule comme dix Sauvages savent blesser quand ils veulent faire souffrir leur ennemi lié à un poteau.

Le comte lui cria dans un accès d'impatience : — Vous êtes folle ! et sortit, Dieu sait en quel état ! Il conduisit son cheval comme s'il n'eût jamais mené. Il accrocha des voitures, il donna contre une borne dans la place Louis XV, il alla sans savoir où. Son cheval ne se sentant pas tenu, s'enfuit par le quai d'Orsay à son écurie. En tournant la rue de l'Université, le cabriolet fut arrêté par Joséphin.

— Monsieur, dit le vieillard d'un air effaré, vous ne pouvez pas rentrer chez vous, la Justice est venue pour vous arrêter...

Victurnien mit le compte de cette arrestation sur le mandat qui ne pouvait pas encore être arrivé chez le Procureur du roi, et non sur ses véritables lettres de change qui se remuaient depuis quelques jours sous forme de jugements en règle et que la main des Gardes du Commerce mettait en scène avec accompagnement d'espions, de recors, de juges de paix, commissaires de police, gendarmes et autres représentants de l'Ordre social. Comme la plupart des criminels, Victurnien ne pensait plus qu'à son crime.

— Je suis perdu, s'écria-t-il.

— Non, monsieur le comte, poussez en avant, allez à l'Hôtel du Bon Lafontaine, rue de Grenelle. Vous y trouverez mademoiselle Armande qui est arrivée, les chevaux sont mis à sa voiture, elle vous attend et vous emmènera.

Dans son trouble, Victurnien saisit cette branche offerte à portée de sa main, au sein de ce naufrage ; il courut à cet hôtel, y trouva, y embrassa sa tante qui pleurait comme une Madeleine : on eût dit la complice des fautes de son neveu. Tous deux montèrent en voiture, et quelques instants après ils se trouvèrent hors Paris, sur la route de Brest. Victurnien anéanti demeurait dans un profond silence. Quand la tante et le neveu se parlèrent, ils furent l'un et l'autre victimes du fatal quiproquo qui avait jeté sans réflexion Victurnien dans les bras de mademoiselle Armande : le neveu pensait à son faux, la tante pensait aux dettes et aux lettres de change.

— Vous savez tout, ma tante, lui dit-il.

— Oui, mon pauvre enfant, mais nous sommes là. Dans ce moment-ci, je ne te gronderai pas, reprends courage.

— Il faudra me cacher.

— Peut-être. Oui, cette idée est excellente.

— Si je pouvais entrer chez Chesnel sans être vu, en calculant notre arrivée au milieu de la nuit?

— Ce sera mieux, nous serons plus libres de tout cacher à mon frère. Pauvre ange! comme il souffre, dit-elle en caressant cet indigne enfant.

— Oh! maintenant je comprends le déshonneur, il a refroidi mon amour.

— Malheureux enfant! tant de bonheur et tant de misère!

Mademoiselle Armande tenait la tête brûlante de son neveu sur sa poitrine, elle baisait ce front en sueur malgré le froid, comme les saintes femmes durent baiser le front du Christ en le mettant dans son suaire. Selon son excellent calcul, cet enfant prodigue fut nuitamment introduit dans la paisible maison de la rue du Bercail; mais le hasard fit qu'en y venant, il se jetait, suivant une expression proverbiale, dans la gueule du loup. Chesnel avait la veille traité de son Étude avec le premier clerc de monsieur Lepressoir, le notaire des Libéraux, comme il était le notaire de l'aristocratie. Ce jeune clerc appartenait à une famille assez riche pour pouvoir donner à Chesnel une somme importante en à-compte, cent mille francs.

— Avec cent mille francs, se disait en ce moment le vieux notaire qui se frottait les mains, on éteint bien des créances. Le jeune homme a des dettes usuraires, nous le renfermerons ici. J'irai là-bas, moi, faire capituler ces chiens-là.

Chesnel, l'honnête Chesnel, le vertueux Chesnel, le digne Chesnel appelait *des chiens* les créanciers de son enfant d'amour, le comte Victurnien. Le futur notaire quittait la rue du Bercail, lorsque la calèche de mademoiselle Armande y entrait. La curiosité naturelle à tout jeune homme qui eût vu, dans cette ville, à cette heure, une calèche s'arrêtant à la porte du vieux notaire, était suffisamment éveillée pour faire rester le premier clerc dans l'enfoncement d'une porte, d'où il aperçut mademoiselle Armande.

— Mademoiselle Armande d'Esgrignon, à cette heure? Que se passe-t-il donc chez les d'Esgrignon? se dit-il.

A l'aspect de mademoiselle, Chesnel la reçut assez mystérieusement, en rentrant la lumière qu'il tenait à la main. En voyant Victurnien, au premier mot que lui dit à l'oreille mademoiselle Armande, le bonhomme comprit tout; il regarda dans la rue, la trouva silencieuse et tranquille, il fit un signe, le jeune comte s'élança de la calèche dans la cour. Tout fut perdu, la retraite de Victurnien était connue du successeur de Chesnel.

— Ah! monsieur le comte, s'écria l'ex-notaire quand Victurnien fut installé dans une chambre qui donnait dans le cabinet de Chesnel et où l'on ne pouvait pénétrer qu'en passant sur le corps du bonhomme.

— Oui, monsieur, répondit le jeune homme en comprenant l'exclamation de son vieil ami, je ne vous ai pas écouté, je suis au fond d'un abîme où il faudra périr.

— Non, non, dit le bonhomme en regardant triomphalement mademoiselle Armande et le comte. J'ai vendu mon Étude. Il y avait bien long-temps que je travaillais et que je pensais à me retirer. J'aurai demain, à midi, cent mille francs avec lesquels on peut arranger bien des choses. Mademoiselle, dit-il, vous êtes fatiguée, remontez en voiture, et rentrez vous coucher. A demain les affaires.

— Il est en sûreté? répondit-elle en montrant Victurnien.

— Oui, dit le vieillard.

Elle embrassa son neveu, lui laissa quelques larmes sur le front, et partit.

— Mon bon Chesnel, à quoi serviront vos cent mille francs dans la situation où je me trouve? dit le comte à son vieil ami quand ils se mirent à causer d'affaires. Vous ne connaissez pas, je le crois, l'étendue de mes malheurs.

Victurnien expliqua son affaire. Chesnel resta foudroyé. Sans la force de son dévouement, il aurait succombé sous ce coup. Deux ruisseaux de larmes coulèrent de ses yeux, qu'on aurait cru desséchés. Il redevint enfant pour quelques instants. Pendant quelques instants il fut insensé comme un homme qui verrait brûler sa maison, et à travers une fenêtre, flamber le berceau de ses enfants, et leur cheveux siffler en se consumant. Il se *dressa en pied*, eût dit Amyot, il sembla grandir, il leva ses vieilles mains, il les agita par des gestes désespérés et fous.

— Que votre père meure sans jamais rien savoir, jeune homme! C'est assez d'être faussaire, ne soyez point parricide? Fuir? Non, ils vous condamneraient par contumace. Malheureux enfant, pourquoi n'avez-vous pas contrefait ma signature à moi? Moi j'aurais payé, je n'aurais pas porté le titre chez le Procureur du Roi? Je ne puis plus rien. Vous m'avez acculé dans le dernier trou de l'Enfer.

Du Croisier ! que devenir ? que faire ? Si vous aviez tué quelqu'un, cela s'excuse encore ; mais un faux ! un faux. Et le temps, le temps qui s'envole, dit-il en montrant sa vieille pendule par un geste menaçant. Il faut un faux passe-port, maintenant : le crime attire le crime. Il faut... dit-il en faisant une pause, il faut avant tout sauver la Maison d'Esgrignon.

— Mais, s'écria Victurnien, l'argent est encore chez madame de Maufrigneuse.

— Ah ! s'écria Chesnel. Eh ! bien, il y a quelque espoir bien faible : pourrons-nous attendrir du Croisier, l'acheter ? il aura, s'il les veut, tous les biens de la Maison. J'y vais, je vais le réveiller, lui offrir tout. D'ailleurs, ce n'est pas vous qui aurez fait le faux, ce sera moi. J'irai aux galères, j'ai passé l'âge des galères, on ne pourra que me mettre en prison.

— Mais j'ai écrit le corps du mandat, dit Victurnien sans s'étonner de ce dévouement insensé.

— Imbécile ! Pardon, monsieur le comte. Il fallait le faire écrire par Joséphin, s'écria le vieux notaire enragé. C'est un bon garçon, il aurait eu tout sur le dos. C'est fini, le monde croule, reprit le vieillard affaissé qui s'assit. Du Croisier est un tigre, gardons-nous de le réveiller. Quelle heure est-il ? Où est le mandat ? à Paris, on le rachèterait chez les Keller, ils s'y prêteraient. Ah ! c'est une affaire où tout est péril, une seule fausse démarche nous perd. En tout cas, il faut l'argent. Allons, personne ne vous sait ici, vivez enterré dans la cave, s'il le faut. Moi, je vais à Paris, j'y cours, j'entends venir la malle-poste de Brest.

En un moment, le vieillard retrouva les facultés de sa jeunesse, son agilité, sa vigueur : il se fit un paquet de voyage, prit de l'argent, mit un pain de six livres dans la petite chambre, et y enferma son enfant d'adoption.

— Pas de bruit, lui dit-il, restez là jusqu'à mon retour, sans lumière la nuit, ou sinon vous allez au bagne ! M'entendez-vous, monsieur le comte ? oui, au bagne, si, dans une ville comme la nôtre, quelqu'un vous savait là.

Puis Chesnel sortit de chez lui, après avoir ordonné à la gouvernante de le dire malade, de ne recevoir personne, de renvoyer tout le monde, et de remettre toute espèce d'affaire à trois jours. Il alla séduire le directeur de la poste, lui raconta un roman, car il eut le génie d'un romancier habile : il obtint, au cas où il y aurait une

13.

place, d'être pris sans passe-port ; et il se fit promettre le secret sur ce départ précipité. La malle arriva très-heureusement vide.

Débarqué, le lendemain dans la nuit à Paris, le notaire se trouvait à neuf heures du matin chez les Keller, il y apprit que le fatal mandat était retourné depuis trois jours à du Croisier ; mais tout en prenant ses informations, il n'y avait rien dit de compromettant. Avant de quitter les banquiers, il leur demanda si, en rétablissant les fonds, ils pouvaient faire revenir cette pièce. François Keller répondit que la pièce appartenait à du Croisier, qui seul était maître de la garder ou de la renvoyer. Le vieillard au désespoir alla chez la duchesse. A cette heure, madame de Maufrigneuse ne recevait personne. Chesnel sentait le prix du temps, il s'assit dans l'antichambre, écrivit quelques lignes, et les fit parvenir à madame de Maufrigneuse, en séduisant, en fascinant, en intéressant, en commandant les domestiques les plus insolents, les plus inaccessibles du monde. Quoiqu'elle fût encore au lit, la duchesse, au grand étonnement de sa maison, reçut dans sa chambre le vieil homme en culottes noires, en bas drapés, en souliers agrafés.

— Qu'y a-t-il, monsieur, dit-elle en se posant dans son désordre, que veut-il de moi, l'ingrat ?

— Il y a, madame la duchesse, s'écria le bonhomme, que vous avez cent mille écus à nous.

— Oui, dit-elle. Que signifie...

— Cette somme est le résultat d'un faux qui nous mène aux galères, et que nous avons fait par amour pour vous, dit vivement Chesnel. Comment ne l'avez-vous pas deviné, vous qui êtes si spirituelle ? Au lieu de gronder le jeune homme, vous auriez dû le questionner, et le sauver en l'arrêtant à propos. Maintenant, Dieu veuille que le malheur ne soit pas irréparable ! Nous allons avoir besoin de tout votre crédit auprès du Roi.

Aux premiers mots qui lui expliquèrent l'affaire, la duchesse honteuse de sa conduite avec un amant si passionné, craignit d'être soupçonnée de complicité. Dans son désir de montrer qu'elle avait conservé l'argent sans y toucher, elle oublia toute convenance, et ne compta pas d'ailleurs ce notaire pour un homme ; elle jeta son édredon par un mouvement violent, s'élança vers son secrétaire en passant devant le notaire comme un de ces anges qui traversent les vignettes de Lamartine, et se remit confuse au lit, après avoir tendu les cent mille écus à Chesnel.

— Vous êtes un ange, madame, dit-il. (Elle devait être un ange pour tout le monde!) Mais ce ne sera pas tout, reprit le notaire, je compte sur votre appui pour nous sauver.

— Vous sauver! j'y réussirai ou je périrai. Il faut bien aimer pour ne pas reculer devant un crime. Pour quelle femme a-t-on fait pareille chose? Pauvre enfant! Allez, ne perdez pas de temps, cher monsieur Chesnel. Comptez sur moi comme sur vous-même.

— Madame la duchesse, madame la duchesse!

Le vieux notaire ne put rien dire que ces mots, tant il était saisi! Il pleurait, il lui prit envie de danser, mais il eut peur de devenir fou, il se contint.

— A nous deux, nous le sauverons, dit-il en s'en allant.

Chesnel alla voir aussitôt Joséphin qui lui ouvrit le secrétaire et la table où étaient les papiers du jeune comte, il y trouva très-heureusement quelques lettres de du Croisier et des Keller qui pouvaient devenir utiles. Puis, il prit une place dans une diligence qui partait immédiatement. Il paya les postillons de manière à faire aller la lourde voiture aussi vite que la malle, car il rencontra deux voyageurs aussi pressés que lui, et qui s'accordèrent pour faire leurs repas en voiture. La route fut comme dévorée. Le notaire rentra rue du Bercail, après trois jours d'absence. Quoiqu'il fût onze heures avant minuit, il était trop tard. Chesnel aperçut des gendarmes à sa porte, et quand il en atteignit le seuil, il vit dans sa cour le jeune comte arrêté. Certes, s'il en avait eu le pouvoir, il aurait tué tous les gens de justice et les soldats, mais il ne put que se jeter au cou de Victurnien.

— Si je ne réussis pas à étouffer l'affaire, il faudra vous tuer avant que l'acte d'accusation ne soit dressé, lui dit-il à l'oreille.

Victurnien était dans un tel état de stupeur, qu'il regarda le notaire sans le comprendre.

— Me tuer, répéta-t-il.

— Oui? Si vous n'en aviez pas le courage, mon enfant, comptez sur moi, lui dit Chesnel en lui serrant la main.

Il resta, malgré la douleur que lui causait ce spectacle, planté sur ses deux jambes tremblantes, à regarder le fils de son cœur, le comte d'Esgrignon, l'héritier de cette grande maison, marchant entre les gendarmes, entre le commissaire de police de la ville, le juge de paix, et l'huissier du Parquet. Le vieillard ne recouvra sa résolution et sa présence d'esprit que quand cette troupe eut disparu, qu'il n'entendit plus le bruit des pas, et que le silence se fût rétabli.

— Monsieur, vous allez vous enrhumer, lui dit Brigitte.
— Que le diable t'emporte, s'écria le notaire exaspéré.

Brigitte, qui n'avait rien entendu de pareil depuis vingt-neuf ans qu'elle servait Chesnel, laissa tomber sa chandelle ; mais sans prendre garde à l'épouvante de Brigitte, le maître, qui n'entendit pas l'exclamation de sa gouvernante, se mit à courir vers le Val-Noble.

— Il est fou, se dit-elle. Après tout, il y a de quoi. Mais où va-t-il ? il m'est impossible de le suivre. Que deviendra-t-il ? irait-il se noyer.

Brigitte réveilla le premier clerc, et l'envoya surveiller les bords de la rivière, devenus fatalement célèbres depuis le suicide d'un jeune homme plein d'avenir, et la mort récente d'une jeune fille séduite. Chesnel se rendait à l'hôtel de du Croisier. Il n'y avait plus d'espoir que là. Les crimes de faux ne peuvent être poursuivis que sur des plaintes privées. Si du Croisier voulait s'y prêter, il était encore possible de faire passer la plainte pour un malentendu, Chesnel espérait encore acheter cet homme.

Pendant cette soirée, il était venu beaucoup plus de monde qu'à l'ordinaire chez monsieur et madame du Croisier. Quoique cette affaire eût été tenue secrète entre le Président du Tribunal, monsieur du Ronceret, monsieur Sauvager, premier Substitut du Procureur du Roi, et monsieur du Coudrai, l'ancien Conservateur des hypothèques destitué pour avoir mal voté ; mesdames du Ronceret et du Coudrai l'avaient confiée sous le secret, à une ou deux amies intimes. La nouvelle avait donc couru dans la société mi-partie de noblesse et de bourgeoisie qui se donnait rendez-vous chez monsieur du Croisier. Chacun sentait la gravité d'une affaire semblable, et n'osait en parler ouvertement. L'attachement de madame du Croisier à la haute noblesse était d'ailleurs si connu qu'à peine se hasarda-t-on à chuchoter quelque chose du malheur qui arrivait aux d'Esgrignon en demandant des éclaircissements. Les principaux intéressés attendirent, pour en causer, l'heure à laquelle la bonne madame du Croisier faisait sa retraite vers sa chambre à coucher, où elle accomplissait ses devoirs religieux loin des regards de son mari. Au moment où la dame du logis disparut, les adhérents de du Croisier qui connaissaient le secret et les plans de ce grand industriel se comptèrent, ils virent encore dans le salon des personnes que leurs opinions ou leurs intérêts rendaient suspectes, ils continuèrent à jouer. Vers onze heures et demie, il ne resta plus que les intimes, monsieur Sauvager, monsieur Camusot, le Juge d'Instruction et sa femme, monsieur et madame du Ronceret, leur fils Félicien, monsieur et madame du Coudrai, Joseph Blondet, fils aîné d'un vieux juge, en tout dix personnes.

On raconte que Talleyrand, dans une fatale nuit, à trois heures du matin, jouant chez la duchesse de Luynes, interrompit le jeu, posa sa montre sur la table, demanda aux joueurs si le prince de Condé avait d'autre enfant que le duc d'Enghien. — Pourquoi demandez-vous une chose que vous savez si bien? répondit madame de Luynes. — C'est que si le prince n'a pas d'autre enfant, la maison de Condé est finie. Après un moment de silence, on reprit le jeu. Ce fut par un mouvement semblable que procéda le Président du Ronceret, soit qu'il connût ce trait de l'histoire contemporaine, soit que les petits esprits ressemblent aux grands dans les expressions de la vie politique. Il regarda sa montre, et dit en interrompant le boston : — En ce moment, on arrête monsieur le comte d'Esgrignon, et cette maison si fière est à jamais déshonorée.

— Vous avez donc mis la main sur l'enfant, s'écria joyeusement du Coudrai.

Tous les assistants, moins le Président, le Substitut et du Croisier, manifestèrent un étonnement subit.

— Il vient d'être arrêté dans la maison de Chesnel où il s'était caché, dit le Substitut en prenant l'air d'un homme capable et méconnu qui devrait être ministre de la Police.

Ce monsieur Sauvager, premier Substitut, était un jeune homme de vingt-cinq ans, maigre et grand, à figure longue et olivâtre, à cheveux noirs et crépus, les yeux enfoncés et bordés en dessous d'un large cercle brun répété au-dessus par ses paupières ridées et bistrées. Il avait un nez d'oiseau de proie, une bouche serrée, les joues laminées par l'étude et creusées par l'ambition. Il offrait le type de ces êtres secondaires à l'affût des circonstances, prêts à tout faire pour parvenir, mais en se tenant dans les limites du possible et dans le décorum de la légalité. Son air important annonçait admirablement sa faconde servile. Le secret de la retraite du jeune comte lui avait été dit par le successeur de Chesnel, et il en faisait honneur à sa pénétration. Cette nouvelle parut vivement surprendre le Juge d'Instruction, monsieur Camusot qui, sur le réquisitoire de Sauvager, avait décerné le mandat d'arrêt si promptement exécuté. Camusot était un homme d'environ trente ans, petit, déjà gras, blond, à chair molle, à teint livide comme celui de presque tous les magistrats qui vivent enfermés dans leurs cabinets ou leurs salles d'audience. Il avait de petits yeux jaune-clair, pleins de cette défiance qui passe pour de la ruse.

Madame Camusot regarda son mari comme pour lui dire : — N'avais-je pas raison?

— Ainsi l'affaire aura lieu? dit le Juge d'Instruction.

— En douteriez-vous? reprit du Coudrai. Tout est fini puisqu'on tient le comte.

— Il y a le Jury, dit monsieur Camusot. Pour cette affaire, monsieur le Préfet saura le composer de manière que, avec les récusations ordonnées au Parquet et celles de l'accusé, il ne reste que des personnes favorables à l'acquittement. Mon avis serait de transiger, dit-il en s'adressant à du Croisier.

— Transiger, dit le Président, mais la Justice est saisie.

— Acquitté ou condamné, le comte d'Esgrignon n'en sera pas moins déshonoré, dit le Substitut.

— Je suis partie civile, dit du Croisier, j'aurai Dupin l'aîné. Nous verrons comment la maison d'Esgrignon se tirera de ses griffes.

— Elle saura se défendre et choisir un avocat à Paris, elle vous opposera Berryer, dit madame Camusot. A bon chat, bon rat.

Du Croisier, monsieur Sauvager et le Président du Ronceret regardèrent le Juge d'Instruction en proie à une même pensée. Le ton et la manière avec lesquels la jeune femme jeta son proverbe à la face des huit personnes qui complotaient la perte de la maison d'Esgrignon leur causèrent des émotions que chacune d'elles dissimula comme savent dissimuler les gens de province, habitués par leur cohérence continue aux ruses de la vie monacale. La petite madame Camusot remarqua le changement des visages qui se composèrent dès que l'on eut flairé l'opposition probable du juge aux desseins de du Croisier. En voyant son mari dévoiler le fond de sa pensée, elle avait voulu sonder la profondeur de ces haines, et deviner par quel intérêt du Croisier s'était attaché le premier Substitut qui avait agi si précipitamment et si contrairement aux vues du Pouvoir.

— Dans tous les cas, dit-elle, si dans cette affaire il vient de Paris des avocats célèbres, elle nous promet des séances de Cour d'Assises bien intéressantes ; mais l'affaire expirera entre le Tribunal et la Cour royale. Il est à croire que le Gouvernement fera secrètement tout ce qu'on peut faire pour sauver un jeune homme qui appartient à de grandes familles, et qui a la duchesse de Maufrigneuse pour amie. Ainsi je ne crois pas que nous ayons de scandale à Landernau.

— Comme vous y allez, madame ! dit sévèrement le Président. Croyez-vous que le Tribunal qui instruira l'affaire et la jugera d'abord, soit influençable par des considérations étrangères à la justice ?

— L'événement prouve le contraire, dit-elle avec malice en regardant le Substitut et le Président qui lui jetèrent un regard froid.

— Expliquez-vous, madame ? dit le Substitut. Vous parlez comme si nous n'avions pas fait notre devoir.

— Les paroles de madame n'ont aucune valeur, dit Camusot.

— Mais celles de monsieur le Président n'ont-elles pas préjugé une question qui dépend de l'Instruction, reprit-elle, et cependant l'instruction est encore à faire et le Tribunal n'a pas encore prononcé ?

— Nous ne sommes pas au Palais, lui répondit le Substitut avec aigreur, et d'ailleurs nous savons tout cela.

— Monsieur le Procureur du Roi ignore tout encore, lui répliqua-t-elle en le regardant avec ironie. Il va revenir de la Chambre des députés en toute hâte. Vous lui avez taillé de la besogne, il portera sans doute lui-même la parole.

Le Substitut fronça ses gros sourcils touffus, et les intéressés virent écrits sur son front de tardifs scrupules. Il se fit alors un grand silence pendant lequel on n'entendit que jeter et relever les cartes. Monsieur et madame Camusot, qui se virent très-froidement traités, sortirent pour laisser les conspirateurs parler à leur aise.

— Camusot, lui dit sa femme dans la rue, tu t'es trop avancé. Pourquoi faire soupçonner à ces gens que tu ne trempes pas dans leurs plans ? ils te joueront quelque mauvais tour.

— Que peuvent-ils contre moi, je suis le seul Juge d'Instruction.

— Ne peuvent-ils pas te calomnier sourdement et provoquer ta destitution.

En ce moment, le couple fut heurté par Chesnel. Le vieux notaire reconnut le Juge d'Instruction. Avec la lucidité des gens roupus aux affaires, il comprit que la destinée de la maison d'Esgrignon était entre les mains de ce jeune homme.

— Ah! monsieur, s'écria le bonhomme, nous allons avoir bien besoin de vous. Je ne veux vous dire qu'un mot. Pardonnez-moi, madame, dit-il à la femme du juge en lui arrachant son mari.

En bonne conspiratrice, madame Camusot regarda du côté de la maison de du Croisier, afin de rompre le tête-à-tête au cas où quelqu'un en sortirait ; mais elle jugeait avec raison les ennemis occupés à discuter l'incident qu'elle avait jeté à travers leurs plans. Chesnel entraîna le juge dans un coin sombre, le long du mur, et s'approcha de son oreille.

— Le crédit de la duchesse de Maufrigneuse, celui du prince de Cadignan, des ducs de Navarreins, de Lenoncourt, le garde des sceaux, le chancelier, le Roi, tout vous est acquis si vous êtes pour la maison d'Esgrignon, lui dit-il. J'arrive de Paris, je savais tout, j'ai couru tout expliquer à la Cour. Nous comptons sur vous et je vous garderai le secret. Si vous nous êtes ennemi, je repars demain pour Paris et dépose entre les mains de Sa Grandeur une plainte en suspicion légitime contre le Tribunal, dont sans doute plusieurs membres étaient ce soir chez du Croisier, y ont bu, y ont mangé contrairement aux lois, et qui d'ailleurs sont ses amis.

Chesnel aurait fait intervenir le Père Éternel s'il en avait eu le pouvoir, il laissa le juge sans attendre de réponse, et s'élança comme un faon vers la maison de du Croisier. Sommé par sa femme de lui révéler les confidences de Chesnel, le juge obéit et fut assailli par ce : — N'avais-je pas raison, mon ami ? que les femmes disent aussi quand elles ont tort, mais moins doucement. En arrivant chez lui, Camusot avait confessé la supériorité de sa femme et reconnu le bonheur de lui appartenir, aveu qui prépara sans doute une heureuse nuit aux deux époux. Chesnel rencontra le groupe de ses ennemis qui sortaient de chez du Croisier, et craignit de le trouver couché, ce qu'il eût regardé comme un malheur, car il était dans une de ces circonstances qui demandent de la promptitude.

— Ouvrez de par le Roi! cria-t-il au domestique qui fermait le vestibule.

Il venait de faire arriver le Roi auprès d'un petit juge ambitieux, il avait gardé ce mot sur ses lèvres, il s'embrouillait, il délirait. On ouvrit. Le notaire s'élança comme la foudre dans l'antichambre.

— Mon garçon, dit-il au domestique, cent écus pour toi si tu peux réveiller madame du Croisier et me l'envoyer à l'instant. Dis-lui tout ce que tu voudras.

Chesnel devint calme et froid en ouvrant la porte du brillant salon où du Croisier se promenait seul à grands pas. Ces deux hommes se mesurèrent alors pendant un moment par un regard qui avait en profondeur vingt ans de haine et d'inimitié. L'un avait le pied sur le cœur de la maison d'Esgrignon, l'autre s'avançait avec la force d'un lion pour la lui arracher.

— Monsieur, dit Chesnel, je vous salue humblement. Votre plainte a été déposée?

— Oui, monsieur.

— Depuis quand?

— Depuis hier.

— Aucun autre acte que le mandat d'arrêt n'est lancé?

— Je le pense, répliqua du Croisier.

— Je viens traiter.

— La Justice est saisie, la vindicte publique aura son cours, rien ne peut l'arrêter.

— Ne nous occupons pas de cela, je suis à vos ordres, à vos pieds.

Le vieux Chesnel tomba sur ses genoux, et tendit ses mains suppliantes à du Croisier.

— Que vous faut-il? Voulez-vous nos biens, notre château! prenez tout, retirez la plainte, ne nous laissez que la vie et l'honneur. Outre tout ce que j'offre, je serai votre serviteur, vous disposerez de moi.

Du Croisier laissa le vieillard à genoux et s'assit dans un fauteuil.

— Vous n'êtes pas vindicatif, vous êtes bon, vous ne nous en voulez pas assez pour ne pas vous prêter à un arrangement, dit le vieillard. Avant le jour, le jeune homme serait libre.

— Toute la ville sait son arrestation, dit du Croisier qui savourait sa vengeance.

— C'est un grand malheur, mais s'il n'y a ni jugement ni preuves, nous arrangerons bien tout.

Du Croisier réfléchissait, Chesnel le crut aux prises avec l'intérêt, il eut l'espoir de tenir son ennemi par ce grand mobile des actions humaines. En ce moment suprême, madame du Croisier se montra.

— Venez, madame, aidez-moi à fléchir votre cher mari, dit Chesnel toujours à genoux.

Madame du Croisier releva le vieillard en manifestant la plus profonde surprise. Chesnel raconta l'affaire. Quand la noble fille des serviteurs des ducs d'Alençon connut ce dont il s'agissait, elle se tourna les larmes aux yeux vers du Croisier.

— Ah! monsieur, pouvez-vous hésiter? les d'Esgrignon, l'honneur de la province, lui dit-elle.

— Il s'agit bien de cela, s'écria du Croisier se levant et reprenant sa promenade agitée.

— Hé! de quoi s'agit-il donc?... fit Chesnel étonné.

— Monsieur Chesnel, il s'agit de la France! il s'agit du pays, il s'agit du peuple, il s'agit d'apprendre à messieurs vos nobles qu'il y a une justice, des lois, une bourgeoisie, une petite noblesse qui les vaut et qui les tient! On ne fourrage pas dix champs de blé pour un lièvre, on ne porte pas le déshonneur dans les familles en séduisant de pauvres filles, on ne doit pas mépriser des gens qui nous valent, on ne se moque pas d'eux pendant dix ans, sans que ces faits ne grossissent, ne produisent des avalanches, et ces avalanches tombent, écrasent, enterrent messieurs les nobles. Vous voulez le retour à l'ancien ordre de choses, vous voulez déchirer le pacte social, cette charte où nos droits sont écrits...

— Après, dit Chesnel.

— N'est-ce pas une sainte mission que d'éclairer le peuple? s'écria du Croisier, il ouvrira les yeux sur la moralité de votre parti quand il verra les nobles allant, comme Pierre ou Jacques, en Cour d'Assises. On se dira que les petites gens qui ont de l'honneur valent mieux que les grandes gens qui se déshonorent. La Cour d'Assises luit pour tout le monde. Je suis ici le défenseur du peuple, l'ami des lois. Vous m'avez jeté vous-même du côté du peuple à deux reprises, d'abord en refusant mon alliance, puis en me mettant au ban de votre société. Vous récoltez ce que vous avez semé.

Ce début effraya Chesnel aussi bien que madame du Croisier. La femme acquérait une horrible connaissance du caractère de son mari, ce fut une lueur qui lui éclairait non-seulement le passé, mais encore l'avenir. Il paraissait impossible de faire capituler ce colosse; mais Chesnel ne recula point devant l'impossible.

— Quoi! monsieur, vous ne pardonneriez pas, vous n'êtes donc pas chrétien? dit madame du Croisier.

— Je pardonne comme Dieu pardonne, madame, à des conditions.

— Quelles sont-elles? dit Chesnel qui crut apercevoir un rayon d'espérance.

— Les Élections vont venir, je veux les voix dont vous disposez.

— Vous les aurez, dit Chesnel.

— Je veux, reprit du Croisier, être reçu, ma femme et moi, familièrement, tous les soirs, avec amitié, en apparence du moins, par monsieur le marquis d'Esgrignon et par les siens.

— Je ne sais pas comment nous l'y amènerons, mais vous serez reçu.

— Je veux une hypothèque de quatre cent mille francs fondée sur une transaction écrite au sujet de cette affaire, afin de toujours vous tenir un canon chargé sur le cœur.

— Nous consentons, dit Chesnel sans avouer encore qu'il avait les cent mille écus sur lui; mais elle sera entre mains tierces et rendue à la famille après votre élection et le payement.

— Non, mais après le mariage de ma petite-nièce, mademoiselle Duval qui réunira peut-être un jour quatre millions. Cette jeune personne sera instituée mon héritière au contrat et celle de ma femme, vous la ferez épouser à votre jeune comte.

— Jamais! dit Chesnel.

— Jamais, reprit du Croisier tout enivré de son triomphe. Bonsoir.

— Imbécile que je suis, se dit Chesnel, pourquoi reculé-je devant un mensonge avec un pareil homme!

Du Croisier s'en alla, se plaisant à tout annuler au nom de son orgueil froissé, après avoir joui de l'humiliation de Chesnel, avoir balancé les destinées de la superbe maison en qui se résumait l'aristocratie de la province, et imprimé la marque de son pied sur les entrailles des d'Esgrignon. Il remonta dans sa chambre, en laissant sa femme avec Chesnel. Dans son ivresse il ne voyait rien contre sa victoire, il croyait fermement que les cent mille écus étaient dissipés; pour les trouver, la maison d'Esgrignon avait besoin de vendre ou d'hypothéquer ses biens; à ses yeux, la Cour d'Assises était donc inévitable. Les affaires de faux sont toujours arrangeables, quand la somme surprise est restituée. Les victimes de ce crime sont ordinairement des gens riches qui ne se soucient pas d'être la cause du déshonneur d'un homme imprudent. Mais du Croisier ne voulait renoncer à ses droits qu'à bon escient. Il se coucha donc en pensant au magnifique accomplissement de ses espérances, soit par la Cour d'Assises, soit par ce mariage, et il jouissait d'entendre la voix de Chesnel se lamentant avec madame du Croisier. Profondément religieuse et catholique, royaliste et attachée à la Noblesse, madame du Croisier partageait les idées de Chesnel à l'égard des d'Esgrignon. Aussi tous ses sentiments venaient-ils d'être cruellement froissés. Cette bonne royaliste avait entendu le hurlement du libéralisme qui, dans l'opinion de son directeur, souhaitait la ruine du catholicisme. Pour elle, le Côté Gauche était 1793 avec l'émeute et l'échafaud.

— Que dirait votre oncle, ce saint qui nous écoute? s'écria Chesnel.

Madame du Croisier ne répondit que par deux grosses larmes qui coulèrent sur ses joues.

— Vous avez déjà été la cause de la mort d'un pauvre garçon et du deuil éternel de sa mère, reprit Chesnel en voyant combien il frappait juste et qui eût frappé jusqu'à briser ce cœur pour sauver Victurnien, voulez-vous assassiner mademoiselle Armande qui ne survivrait pas huit jours à l'infamie de sa maison? Voulez-vous assassiner le pauvre Chesnel, votre ancien notaire, qui tuera le jeune comte dans sa prison avant qu'on ne l'accuse, et qui se tuera pour ne pas aller lui-même en Cour d'Assises comme coupable d'un meurtre?

— Mon ami, assez! assez! Je suis capable de tout pour étouffer une semblable affaire, mais je ne connais monsieur du Croisier tout entier que depuis quelques instants... A vous, je puis l'avouer! Il n'y a pas de ressources.

— S'il y en avait? dit Chesnel.

— Je donnerais la moitié de mon sang pour qu'il y en eût, répondit-elle en achevant sa pensée par un hochement de tête où se peignit une envie de réussir.

Semblable au premier Consul qui, vaincu dans les champs de Marengo jusqu'à cinq heures du soir, à six heures obtint la victoire par l'attaque désespérée de Desaix et par la terrible charge de Kellermann, Chesnel aperçut les éléments du triomphe au milieu des ruines. Il fallait être Chesnel, il fallait être vieux notaire, vieil intendant, avoir été petit clerc de Maître Sorbier père, il fallait les illuminations soudaines du désespoir, pour être aussi grand que Napoléon, plus grand même: cette bataille n'était pas Marengo.

mais Waterloo, et Chesnel voulait vaincre les Prussiens en les voyant arrivés.

— Madame, vous de qui j'ai fait les affaires pendant vingt ans, vous l'honneur de la Bourgeoisie, comme les d'Esgrignon sont l'honneur de la Noblesse de cette province, sachez qu'il dépend maintenant de vous seule de sauver la maison d'Esgrignon. Maintenant répondez? laisserez-vous déshonorer les mânes de votre oncle, les d'Esgrignon, le pauvre Chesnel? Voulez-vous tuer mademoiselle Armande qui pleure? Voulez-vous racheter vos torts en réjouissant vos ancêtres, les intendants des ducs d'Alençon, en consolant les mânes de notre cher abbé qui, s'il pouvait sortir de son cercueil, vous commanderait de faire ce que je vous demande à genoux?

— Quoi? s'écria madame du Croisier.

— Hé! bien, voici les cent mille écus, dit-il en tirant de sa poche les paquets de billets de banque. Acceptez-les, tout sera fini.

— S'il ne s'agit que de cela, reprit-elle, et s'il n'en peut rien résulter de mauvais pour mon mari...

— Rien que de bon, dit Chesnel. Vous lui évitez les vengeances éternelles de l'Enfer au prix d'un léger désappointement ici-bas.

— Il ne sera pas compromis? demanda-t-elle en regardant Chesnel.

Chesnel lut alors dans le fond de l'âme de cette pauvre femme. Madame du Croisier hésitait entre deux religions, entre les commandements que l'Église a tracés aux épouses et ses devoirs envers le Trône et l'Autel : elle trouvait son mari blâmable, et n'osait le blâmer; elle aurait voulu pouvoir sauver les d'Esgrignon, et ne voulait rien faire contre les intérêts de son mari.

— En rien, dit Chesnel, votre vieux notaire vous le jure sur les saints Évangiles...

Chesnel n'avait plus que son salut éternel à offrir à la maison d'Esgrignon, il le risqua en commettant un horrible mensonge; mais il fallait abuser madame du Croisier ou périr. Aussitôt il rédigea lui-même et dicta à madame du Croisier un reçu de cent mille écus daté de cinq jours avant la fatale lettre de change, à une époque où il se rappela une absence faite par du Croisier qui était allé dans les biens de sa femme y ordonner des améliorations.

— Vous me jurez, dit Chesnel quand madame du Croisier eut les cent mille écus et quand il tint cette pièce, de déclarer devant le Juge d'Instruction que vous avez reçu cette somme au jour dit.

— Ne sera-ce pas un mensonge?

— Officieux, dit Chesnel.

— Je ne saurais le faire sans l'avis de mon directeur, monsieur l'abbé Couturier.

— Eh! bien, dit Chesnel, ne vous conduisez dans cette affaire que par ses conseils.

— Je vous le promets.

— Ne remettez la somme à monsieur du Croisier qu'après avoir comparu devant le Juge d'Instruction.

— Oui, dit-elle. Hélas, que Dieu me prête la force de comparaître devant la Justice humaine pour y soutenir un mensonge!

Après avoir baisé la main de madame du Croisier, Chesnel se dressa majestueusement comme un des prophètes peints par Raphaël au Vatican.

— L'âme de votre oncle tressaille de joie, vous avez à jamais effacé le tort d'avoir épousé l'ennemi du Trône et de l'Autel.

Ces paroles frappèrent vivement l'âme timorée de madame du Croisier. Chesnel pensa soudain à s'assurer de l'abbé Couturier, le directeur de la conscience de madame du Croisier. Il savait quelle opiniâtreté mettent les gens dévots dans le triomphe de leurs idées, une fois qu'ils se sont avancés pour leur parti, il voulut engager le plus promptement possible l'Église dans cette lutte en la mettant de son côté, il alla donc à l'hôtel d'Esgrignon, réveilla mademoiselle Armande, lui apprit les événements de la nuit, et la lança sur la route de l'évêché pour amener le prélat lui-même sur le champ de bataille.

— Mon Dieu! tu dois sauver la maison d'Esgrignon, s'écria Chesnel en revenant chez lui à pas lents. L'affaire devient maintenant une lutte judiciaire. Nous sommes en présence d'hommes qui ont des passions et des intérêts, nous pouvons tout obtenir d'eux. Ce du Croisier a profité de l'absence du Procureur du Roi qui nous est dévoué, mais qui, depuis l'ouverture des Chambres, est à Paris. Qu'ont-ils donc fait pour empaumer le premier Substitut qui a donné suite à la plainte sans avoir consulté son chef? Demain matin, il faudra pénétrer ce mystère, étudier le terrain, et peut-être, après avoir saisi les fils de cette trame, retournerai-je à Paris afin de mettre en jeu les hautes puissances par la main de madame de Maufrigneuse.

Tels étaient les raisonnements du pauvre vieil athlète qui voyait juste, et qui se coucha quasi-mort sous le poids de tant d'émotions et de tant de fatigues. Néanmoins, avant de s'endormir, il jeta sur les magistrats qui composaient le Tribunal, un coup d'œil scrutateur qui embrassait les pensées secrètes de leurs ambitions, afin de voir quelles étaient ses chances dans cette lutte, et comment ils pouvaient être influencés. En donnant une forme succincte au long examen des consciences que fit Chesnel, il fournira peut-être un tableau de la magistrature en province.

Les juges et les gens du Roi forcés de commencer leur carrière en province où s'agitent les ambitions judiciaires, voient tous Paris à leur début, tous aspirent à briller sur ce vaste théâtre où s'élèvent les grandes causes politiques, où la magistrature est liée aux intérêts palpitants de la société. Mais ce paradis des gens de justice admet peu d'élus, et les neuf dixièmes des magistrats doivent, tôt ou tard, se caser pour toujours en province. Ainsi tout Tribunal, toute Cour royale de province offrent deux partis bien tranchés, celui des ambitions lassées d'espérer, contentes de l'excessive considération accordée en province au rôle qu'y jouent les magistrats, ou endormies par une vie tranquille; puis celui des jeunes gens et des vrais talents auxquels l'envie de parvenir que nulle déception n'a tempérée, ou que la soif de parvenir aiguillonne sans cesse, donne une sorte de fanatisme pour leur sacerdoce. A cette époque, le royalisme animait les jeunes magistrats contre les ennemis des Bourbons. Le moindre Substitut rêvait réquisitoires, appelait de tous ses vœux un de ces procès politiques qui mettaient le zèle en relief, attiraient l'attention du Ministère et faisaient avancer les gens du Roi. Qui, parmi les Parquets, ne jalousait la Cour dans le ressort de laquelle éclatait une conspiration bonapartiste? Qui ne souhaitait trouver un Caron, un Berton, une levée de boucliers? Ces ardentes ambitions, stimulées par la grande lutte des partis, appuyées sur la raison d'État et sur la nécessité de monarchiser la France, étaient lucides, prévoyantes, perspicaces; elles faisaient avec rigueur la police, espionnaient les populations et les poussaient dans la voie de l'obéissance d'où elles ne doivent pas sortir. La Justice alors fanatisée par la foi monarchique réparait les torts des anciens Parlements, et marchait d'accord avec la Religion, trop ostensiblement peut-être. Elle fut alors plus zélée qu'habile, elle pécha moins par machiavélisme que par la sincérité de ses vues qui parurent hostiles aux intérêts généraux du Pays, qu'elle essayait de mettre à l'abri des révolutions. Mais, prise dans son ensemble, la Justice contenait encore trop d'éléments bourgeois, elle était encore trop accessible aux passions mesquines du libéralisme, elle devait devenir tôt ou tard constitutionnelle et se ranger du côté de la Bourgeoisie au jour d'une lutte.. Dans ce grand corps, comme dans l'Administration, il y eut de l'hypocrisie, ou pour mieux dire, un esprit d'imitation qui porte la France à toujours se modeler sur la Cour, et à la tromper ainsi très-innocemment.

Ces deux sortes de physionomies judiciaires existaient au Tribunal où s'allait décider le sort du jeune d'Esgrignon. Monsieur le président du Ronceret, un vieux juge nommé Blondet y représentaient ces magistrats, résignés à n'être que ce qu'ils sont et casés pour toujours dans leur ville. Le parti jeune et ambitieux comptait monsieur Camusot le Juge d'Instruction et monsieur Michu, nommé juge-suppléant par la protection de la maison de Cinq-Cygne, et qui devait à la première occasion entrer dans le ressort de la Cour royale de Paris.

Mis à l'abri de toute destitution par l'inamovibilité judiciaire et ne se voyant pas accueilli par l'aristocratie suivant l'importance qu'il se donnait, le président du Ronceret avait pris parti pour la Bourgeoisie en donnant à son désappointement le vernis de l'indépendance, sans savoir que ses opinions le condamnaient à rester président toute sa vie. Une fois engagé dans cette voie, il fut conduit par la logique des choses, à mettre son espérance d'avancement dans le triomphe de du Croisier et du Côté Gauche. Il ne plaisait pas plus à la Préfecture qu'à la Cour royale. Forcé de garder des ménagements avec le pouvoir, il était suspect aux Libéraux. Il n'avait ainsi de place dans aucun parti. Obligé de laisser la candidature électorale à du Croisier, il se voyait sans influence et jouait un rôle secondaire. La fausseté de sa position réagissait sur son caractère, il était aigre et mécontent. Fatigué de son ambiguïté politique, il avait résolu secrètement de se mettre à la tête du parti libéral et de dominer ainsi du Croisier. Sa conduite dans l'affaire du comte d'Esgrignon fut son premier pas dans cette carrière. Il représentait admirablement déjà cette Bourgeoisie qui offusque de ses petites passions les grands intérêts du pays, quinteuse en politique, aujourd'hui pour et demain contre le pouvoir, qui compromet tout et ne sauve rien, désespérée du mal qu'elle a fait et continuant à l'engendrer, ne voulant pas reconnaître sa petitesse, et tracassant le pouvoir en s'en disant la servante, à la fois humble et arrogante, demandant au peuple une subordination qu'elle n'accorde pas à la Royauté, inquiète des supériorités qu'elle désire mettre à son niveau, comme si la grandeur pouvait être petite, comme si le pouvoir pouvait exister sans force.

Ce Président était un grand homme sec et mince, à front fuyant, à cheveux grêles et châtains, aux yeux vairons, à teint couperosé, aux lèvres serrées. Sa voix éteinte faisait entendre le sifflement gras de l'asthme. Il avait pour femme une grande créature solennelle et dégingandée qui s'affublait des modes les plus ridicules, et se parait excessivement. La Présidente se donnait des airs de reine, elle portait des couleurs vives, et n'allait jamais au bal sans orner sa tête de ces turbans si chers aux Anglaises, et que la province cultive avec amour. Riches tous deux de quatre ou cinq mille livres de rente, ils réunissaient, avec le traitement de la présidence, une douzaine de mille francs. Malgré leur pente à l'avarice, ils recevaient un jour par semaine afin de satisfaire leur vanité. Fidèle aux vieilles mœurs de la ville où du Croisier introduisait le luxe moderne, monsieur et madame du Ronceret n'avaient fait aucun changement, depuis leur mariage, à l'antique maison où ils demeuraient, et qui appartenait à madame. Cette maison, qui avait une façade sur la cour et l'autre sur un petit jardin, présentait sur la rue un vieux pignon triangulaire et grisâtre, percé d'une croisée à chaque étage. La cour et le jardin étaient encaissés par une haute muraille, le long de laquelle s'étendaient dans le jardin une allée de marronniers et les communs dans la cour. Du côté de la rue qui longeait le jardin, s'étendait une vieille grille en fer dévorée de rouille; et sur la cour, entre deux panneaux de mur, était une grande porte cochère terminée par une immense coquille. Cette coquille se retrouvait au-dessus de la porte de la façade. Là, tout était sombre, étouffé, sans air. La muraille mitoyenne offrait des jours grillés comme des fenêtres de prison. Les fleurs avaient l'air de se déplaire dans les petits carrés de ce jardinet, où les passants pouvaient voir par la grille ce qui s'y faisait. Au rez-de-chaussée, après une grande antichambre éclairée sur le jardin, on entrait dans le salon dont une des fenêtres donnait sur la rue, et qui avait un perron à

14.

porte vitrée sur le jardin. La salle à manger d'une grandeur égale à celle du salon était de l'autre côté de l'antichambre. Ces trois pièces s'harmoniaient à cet ensemble mélancolique. Les plafonds, tous coupés par ces lourdes solives peintes, ornées au milieu de quelques maigres lozanges à rosaces sculptées, brisaient le regard. Les peintures, de tons criards, étaient vieilles et enfumées. Le salon, décoré de grands rideaux en soie rouge mangée par le soleil, était garni d'un meuble de bois peint en blanc et couvert en vieille tapisserie de Beauvais à couleurs effacées. Sur la cheminée, une pendule du temps de Louis XV se voyait entre des girandoles extravagantes dont les bougies jaunes ne s'allumaient qu'aux jours où la présidente dépouillait de son enveloppe verte un vieux lustre à pendeloques de cristal de roche. Trois tables de jeu à tapis vert râpé, un trictrac suffisaient aux joies de la compagnie à laquelle madame du Ronceret accordait du cidre, des échaudés, des marrons, des verres d'eau sucrée et de l'orgeat fait chez elle. Depuis quelque temps, elle avait adopté tous les quinze jours un thé enjolivé de pâtisseries assez piteuses. Par chaque trimestre, les du Ronceret donnaient un grand dîner à trois services, tambouriné dans la ville, servi dans une détestable vaisselle, mais confectionné avec la science qui distingue les cuisinières de province. Ce repas gargantuesque durait six heures. Le Président essayait alors de lutter par une abondance d'avare avec l'élégance de du Croisier. Ainsi la vie et ses accessoires concordaient chez le Président à son caractère et à sa fausse position. Il se déplaisait chez lui sans savoir pourquoi; mais il n'osait y faire aucune dépense pour y changer l'état des choses, trop heureux de mettre tous les ans sept ou huit mille francs de côté pour pouvoir établir richement son fils Félicien qui n'avait voulu devenir ni magistrat, ni avocat, ni administrateur, et dont la fainéantise le désespérait. Le Président était sur ce point en rivalité avec son vice-président monsieur Blondet, vieux juge qui depuis long-temps avait lié son fils avec la famille Blandureau. Ces riches marchands de toiles avaient une fille unique à laquelle le président souhaitait de marier Félicien. Comme le mariage de Joseph Blondet dépendait de sa nomination aux fonctions de juge-suppléant que le vieux Blondet espérait obtenir en donnant sa démission, le président du Ronceret contrariait sourdement les démarches du juge et faisait travailler les Blandureau secrètement. Aussi, sans l'affaire du jeune comte d'Esgrignon, peut-être les Blondet

M. BLONDET.

Le bonhomme aimait passionnément l'horticulture..... Il avait l'ambition de créer de nouvelles espèces.....

LE CABINET DES ANTIQUES.

auraient-ils été supplantés par l'astucieux Président, dont la fortune était bien supérieure à celle de son compétiteur.

La victime des manœuvres de ce président machiavélique, monsieur Blondet, une de ces curieuses figures enfouies en province comme de vieilles médailles dans une crypte, avait alors environ soixante-sept ans ; il portait bien son âge, il était de haute taille, et son encolure rappelait les chanoines du bon temps. Son visage, percé par les mille trous de la petite vérole qui lui avait déformé le nez en le lui tournant en vrille, ne manquait pas de physionomie, il était coloré très également d'une teinte rouge, et animé par deux petits yeux vifs, habituellement sardoniques, et par un certain mouvement satirique de ses lèvres violacées. Avocat avant la Révolution, il avait été fait Accusateur Public ; mais il fut le plus doux de ces terribles fonctionnaires. Le bonhomme Blondet, on l'appelait ainsi, avait amorti l'action révolutionnaire en acquiesçant à tout et n'exécutant rien. Forcé d'emprisonner quelques nobles, il avait mis tant de lenteur à leur procès, qu'il leur fit atteindre au neuf thermidor avec une adresse qui lui avait concilié l'estime générale. Certes, le bonhomme Blondet aurait dû être le Président du Tribunal ; mais, lors de la réorganisation des tribunaux, il fut écarté par Napoléon dont l'éloignement pour les républicains reparaissait dans les moindres détails du gouvernement. La qualification d'ancien Accusateur Public, inscrite en marge du nom de Blondet, fit demander par l'Empereur à Cambacérès s'il n'y avait pas dans le pays quelque rejeton d'une vieille famille parlementaire à mettre à sa place. Du Ronceret, dont le père avait été Conseiller au Parlement, fut donc nommé. Malgré la répugnance de l'Empereur, l'archichancelier, dans l'intérêt de la justice, maintint Blondet juge, en disant que le vieil avocat était un des plus forts jurisconsultes de France. Le talent du juge, ses connaissances dans l'ancien Droit et plus tard dans la nouvelle législation eussent dû le mener fort loin ; mais, semblable en ceci à quelques grands esprits, il méprisait prodigieusement ses connaissances judiciaires et s'occupait presque exclusivement d'une science étrangère à sa profession, et pour laquelle il réservait ses prétentions, son temps et ses capacités. Le bonhomme aimait passionnément l'horticulture, il était en correspondance avec les plus célèbres amateurs, il avait l'ambition de créer de nouvelles espèces, il s'intéressait aux découvertes de la botanique, il vivait enfin dans le monde des fleurs. Comme tous les fleuristes, il avait sa prédilection pour une plante choisie entre toutes, et sa favorite était le *Pelargonium*. Le tribunal et ses procès, sa vie réelle n'étaient donc rien auprès de la vie fantastique et pleine d'émotions que menait le vieillard, de plus en plus épris de ses innocentes sultanes. Les soins à donner à son jardin, les douces habitudes de l'horticulteur clouèrent le bonhomme Blondet dans sa serre. Sans cette passion, il eût été nommé député sous l'Empire, il eût sans doute brillé dans le Corps Législatif. Son mariage fut une autre raison de sa vie obscure. A l'âge de quarante ans, il fit la folie d'épouser une jeune fille de dix-huit ans, de laquelle il eut dans la première année de son mariage un fils nommé Joseph. Trois ans après, madame Blondet, alors la plus jolie femme de la ville, inspira au Préfet du Département une passion qui ne se termina que par sa mort. Elle eut du Préfet, au su de toute la ville et du vieux Blondet lui-même, un second fils nommé Émile. Madame Blondet, qui aurait pu stimuler l'ambition de son mari, qui aurait pu l'emporter sur les fleurs, favorisa le goût du juge pour la Botanique, et ne voulut pas plus quitter la ville que le Préfet ne voulut changer de Préfecture tant que vécut sa maîtresse. Incapable de soutenir à son âge une lutte avec une jeune femme, le magistrat se consola dans sa serre, et prit une très-jolie servante pour soigner son sérail de beautés incessamment diversifiées. Pendant que le juge dépotait, repiquait, arrosait, marcotait, greffait, mariait et panachait ses fleurs, madame Blondet dépensait son bien en toilettes et en modes pour briller dans les salons de la Préfecture; un seul intérêt, l'éducation d'Émile, qui certes appartenait encore à sa passion, pouvait l'arracher aux soins de cette belle affection, que la ville finit par admirer. Cet enfant de l'amour était aussi joli, aussi spirituel que Joseph était lourd et laid. Le vieux juge aveuglé par l'amour paternel aimait autant Joseph que sa femme chérissait Émile. Pendant douze ans, monsieur Blondet fut d'une résignation parfaite, il ferma les yeux sur les amours de sa femme en conservant une attitude noble et digne, à la façon des grands seigneurs du dix-huitième siècle; mais, comme tous les gens de goûts tranquilles, il nourrissait une haine profonde contre son fils cadet. En 1818, à la mort de sa femme, il expulsa l'intrus, en l'envoyant faire son Droit à Paris sans autre secours qu'une pension de douze cents francs, à laquelle aucun cri de détresse ne lui fit ajouter une obole. Sans la protection de son véritable père, Émile Blondet eût été perdu. La maison du juge est une des plus jolies de la ville. Située presqu'en face de la Préfecture, elle a sur la rue principale une petite cour proprette, séparée de la chaussée par une vieille grille de fer contenue entre deux pilastres en brique. Entre chacun de ces pilastres et la maison voisine, se trouvent deux autres grilles assises sur de petits murs également en brique et à hauteur d'appui. Cette cour, large de dix et longue de vingt toises, est divisée en deux massifs de fleurs par le pavé de brique qui mène de la grille à la porte de la maison. Ces deux massifs, renouvelés avec soin, offrent à l'admiration publique leurs triomphants bouquets en toute saison. Du bas de ces deux monceaux de fleurs, s'élance sur le pan des murs des deux maisons voisines un magnifique manteau de plantes grimpantes. Les pilastres sont enveloppés de chèvrefeuilles et ornés de deux vases en terre cuite, où des cactus acclimatés présentent aux regards étonnés des ignorants leurs monstrueuses feuilles hérissées de leurs piquantes défenses, qui semblent dues à une maladie botanique. La maison, bâtie en brique, dont les fenêtres sont décorées d'une marge cintrée également en brique, montre sa façade simple, égayée par des persiennes d'un vert vif. Sa porte vitrée permet de voir, par un long corridor au bout duquel est une autre porte vitrée, l'allée principale d'un jardin d'environ deux arpents. Les massifs de cet enclos s'aperçoivent souvent par les croisées du salon et de la salle à manger, qui correspondent entre elles comme celles du corridor. Du côté de la rue, la brique a pris depuis deux siècles une teinte de rouille et de mousse entremêlée de tons verdâtres en harmonie avec la fraîcheur des massifs et de leurs arbustes. Il est impossible au voyageur qui traverse la ville de ne pas aimer cette maison si gracieusement encaissée, fleurie, moussue jusque sur ses toits que décorent deux pigeons en poterie.

Outre cette vieille maison à laquelle rien n'avait été changé depuis un siècle, le juge possédait environ quatre mille livres de rente en terres. Sa vengeance, assez légitime, consistait à faire passer cette maison, les terres et son siége, à son fils Joseph, et la ville entière connaissait ses intentions. Il avait fait un testament en faveur de ce fils, par lequel il l'avantageait de tout ce que le Code permet à un père de donner à l'un de ses enfants, au détriment de l'autre. De plus, le bonhomme thésaurisait depuis quinze ans pour laisser à ce niais la somme nécessaire pour rembourser à son frère

Émile la portion qu'on ne pouvait lui ôter. Chassé de la maison paternelle, Émile Blondet avait su conquérir une position distinguée à Paris; mais plus morale que positive. Sa paresse, son laissez-aller, son insouciance avaient désespéré son véritable père qui, destitué dans une des réactions ministérielles si fréquentes sous la Restauration, était mort presque ruiné, doutant de l'avenir d'un enfant doué par la nature des plus brillantes qualités. Émile Blondet était soutenu par l'amitié d'une demoiselle de Troisville, mariée au comte de Montcornet, et qu'il avait connue avant son mariage. Sa mère vivait encore au moment où les Troisville revinrent d'émigration. Madame Blondet tenait à cette famille par des liens éloignés, mais suffisants pour y introduire Émile. La pauvre femme pressentait l'avenir de son fils, elle le voyait orphelin, pensée qui lui rendait la mort doublement amère; aussi lui cherchait-elle des protecteurs. Elle sut lier Émile avec l'aînée des demoiselles de Troisville à laquelle il plut infiniment, mais qui ne pouvait l'épouser. Cette liaison fut semblable à celle de Paul et Virginie. Madame Blondet essaya de donner de la durée à cette mutuelle affection qui devait passer comme passent ordinairement ces enfantillages, qui sont comme les *dînettes* de l'amour, en montrant à son fils un appui dans la famille Troisville. Quand, déjà mourante, madame Blondet apprit le mariage de mademoiselle de Troisville avec le général Montcornet, elle vint la prier solennellement de ne jamais abandonner Émile et de le patroner dans le monde parisien où la fortune du général l'appelait à briller. Heureusement pour lui, Émile se protégea lui-même. A vingt ans, il débuta comme un maître dans le monde littéraire. Son succès ne fut pas moindre dans la société choisie où le lança son père qui d'abord put fournir aux profusions du jeune homme. Cette célébrité précoce, la belle tenue d'Émile resserrèrent peut-être les liens de l'amitié qui l'unissait à la comtesse. Peut-être madame de Montcornet, qui avait du sang russe dans les veines, sa mère était fille de la princesse Sherbellof, eût-elle renié son ami d'enfance pauvre et luttant avec tout son esprit contre les obstacles de la vie parisienne et littéraire; mais quand vinrent les tiraillements de la vie aventureuse d'Émile, leur attachement était inaltérable de part et d'autre. En ce moment, Blondet, que le jeune d'Esgrignon avait trouvé à Paris devant lui à son premier souper, passait pour un des flambeaux du journalisme. On lui accordait une grande supériorité dans le monde politique, et il dominait sa réputation. Le bonhomme Blondet ignorait complétement la puissance que le gouvernement constitutionnel avait donnée aux journaux ; personne ne s'avisait de l'entretenir d'un fils dont il ne voulait pas entendre parler ; il ne savait donc rien de cet enfant maudit ni de son pouvoir.

L'intégrité du juge égalait sa passion pour les fleurs, il ne connaissait que le Droit. Il recevait les plaideurs, les écoutait, causait avec eux et leur montrait ses fleurs ; il acceptait d'eux des graines précieuses, mais sur le siége, il devenait le juge le plus impartial du monde. Sa manière de procéder était si connue, que les plaideurs ne le venaient plus voir que pour lui remettre des pièces qui pouvaient éclairer sa religion. Personne ne cherchait à le tromper. Son savoir, ses lumières et son insouciance pour ses talents réels, le rendaient tellement indispensable à du Ronceret que, sans ses raisons matrimoniales, le Président aurait encore secrètement contrarié par tous les moyens possibles la demande du vieux juge en faveur de son fils ; car si le savant vieillard quittait le Tribunal, le Président était hors d'état de prononcer un jugement. Le bonhomme Blondet ne savait pas qu'en quelques heures, son fils Émile pouvait accomplir ses désirs. Il vivait avec une simplicité digne des héros de Plutarque. Le soir il examinait les procès, le matin il soignait ses fleurs, et pendant le jour il jugeait. La jolie servante, devenue mûre et ridée comme une pomme à Pâques, avait soin de la maison, tenue selon les us et coutumes d'une avarice rigoureuse. Mademoiselle Cadot avait toujours sur elle les clefs des armoires et du fruitier ; elle était infatigable : elle allait elle-même au marché, faisait les appartements et la cuisine, et ne manquait jamais d'entendre sa messe le matin. Pour donner une idée de la vie intérieure de ce ménage, il suffira de dire que le père et le fils ne mangeaient jamais que des fruits gâtés, par suite de l'habitude qu'avait mademoiselle Cadot de toujours donner au dessert les plus avancés ; que l'on ignorait la jouissance du pain frais et qu'on y observait les jeûnes ordonnés par l'Église. Le jardinier était rationné comme un soldat, et constamment observé par cette vieille Validé, traitée avec tant de déférence, qu'elle dînait avec ses maîtres. Aussi trottait-elle continuellement de la salle à la cuisine pendant les repas. Le mariage de Joseph Blondet avec mademoiselle Blandureau avait été soumis par le père et la mère de cette héritière à la nomination de ce pauvre avocat sans cause à la place de juge-suppléant. Dans le désir de rendre son fils capable d'exercer ses fonctions, le père se tuait de lui marteler la cervelle à coups de leçons pour en faire un routinier. Le fils Blondet passait presque toutes ses soirées dans la maison de sa prétendue où, depuis son retour de Paris, Félicien du Ronceret avait été admis, sans que ni le vieux ni le jeune Blondet en conçussent la moindre crainte. Les principes économiques qui présidaient à cette vie mesurée avec une exactitude digne du Peseur d'Or de Gérard Dow, où il n'entrait pas un grain de sel de trop, où pas un profit n'était oublié, cédaient cependant aux exigences de la serre et du jardinage. Le jardin était la folie de Monsieur, disait mademoiselle Cadot, qui ne considérait pas son aveugle amour pour Joseph comme une folie, elle partageait à l'égard de cet enfant la prédilection du père : elle le choyait, lui reprisait ses bas, et aurait voulu voir employer à son usage l'argent mis à l'horticulture. Ce jardin, merveilleusement tenu par un seul jardinier, avait des allées sablées en sable de rivière, sans cesse ratissées, et de chaque côté desquelles ondoyaient les plates-bandes pleines des fleurs les plus rares. Là, tous les parfums, toutes les couleurs, des myriades de petits pois exposés au soleil, des lézards sur les murs, des serfouettes, des binettes enrégimentées, enfin l'attirail des choses innocentes et l'ensemble des productions gracieuses qui justifient cette charmante passion. Au bout de sa serre, le juge avait établi un vaste amphithéâtre où sur des gradins siégeaient cinq ou six mille pots de *pelargonium*, magnifique et célèbre assemblée que la ville et plusieurs personnes des départements circonvoisins venaient voir à sa floraison. A son passage par cette ville, l'impératrice Marie-Louise avait honoré cette curieuse serre de sa visite, et fut si fort frappée de ce spectacle qu'elle en parla à Napoléon, et l'empereur donna la croix au vieux juge. Comme le savant horticulteur n'allait dans aucune société, hormis la maison Blandureau, il ignorait les démarches faites à la sourdine par le Président. Ceux qui avaient pu pénétrer les intentions de du Ronceret, le redoutaient trop pour avertir les inoffensifs Blondet.

Quant à Michu, ce jeune homme, puissamment protégé, s'occupait beaucoup plus de plaire aux femmes de la société la plus élevée où les recommandations de la famille de Cinq-Cygne l'avaient fait admettre, que des affaires excessivement simples d'un Tribunal de province. Riche d'environ dix mille livres de rente, il était courtisé par les mères, et menait une vie de plaisirs. Il faisait son Tribunal par acquit de conscience, comme on fait ses devoirs au Collége ; il opinait du bonnet, en disant à tout : — Oui, cher président. Mais, sous cet apparent laissez-aller, il cachait l'esprit supérieur d'un homme qui avait étudié à Paris et qui s'était distingué déjà comme Substitut. Habitué à traiter largement tous les sujets, il faisait rapidement ce qui occupait long-temps le vieux Blondet et le Président, auxquels il résumait souvent les questions difficiles à résoudre. Dans les conjonctures délicates, le président et le vice-président consultaient leur juge-suppléant, ils lui confiaient les délibérés épineux et s'émerveillaient toujours de sa promptitude à leur apporter une besogne où le vieux Blondet ne trouvait rien à reprendre. Protégé par l'aristocratie la plus hargneuse, jeune et riche, le juge suppléant vivait en dehors des intrigues et des petitesses départementales, il était de toutes les parties de campagne, gambadait avec les jeunes personnes, courtisait les mères, dansait au bal, et jouait comme un financier. Enfin, il s'acquittait à merveille de son rôle de magistrat fashionable, sans néanmoins compromettre sa dignité qu'il savait faire intervenir à propos, en homme d'esprit. Il plaisait infiniment par la manière franche avec laquelle il avait adopté les mœurs de la province sans les critiquer. Aussi s'efforçait-on de lui rendre supportable le temps de son exil.

Le Procureur du Roi, magistrat du plus grand talent, mais jeté dans la haute politique, imposait au Président. Sans son absence, l'affaire de Victurnien n'eût pas eu lieu. Sa dextérité, son habitude des affaires auraient tout prévenu. Le Président et du Croisier avaient profité de sa présence à la Chambre des Députés, dont il était un des plus remarquables orateurs ministériels, pour ourdir leurs trames, en estimant, avec une certaine habileté, qu'une fois la Justice saisie et l'affaire ébruitée, il n'y aurait plus aucun remède. En effet, en aucun tribunal, à cette époque, le Parquet n'eût accueilli sans un long examen, et sans peut-être en référer au Procureur-Général, une plainte en faux contre le fils aîné de l'une des plus nobles familles du royaume. En pareille circonstance, les gens de justice, de concert avec le pouvoir, eussent essayé mille transactions pour étouffer une plainte qui pouvait envoyer un jeune homme imprudent aux galères. Ils eussent agi peut-être de même pour une famille libérale considérée, à moins qu'elle ne fût trop ouvertement ennemie du trône et de l'autel. L'accueil de la plainte de du Croisier et l'arrestation du jeune comte n'avaient donc pas eu lieu facilement. Voici comment le Président et du Croisier s'y étaient pris pour arriver à leurs fins.

Monsieur Sauvager, jeune avocat royaliste, arrivé au grade judiciaire de premier Substitut à force de servilisme ministériel, régnait au Parquet en l'absence de son chef. Il dépendait de lui de lancer un réquisitoire en admettant la plainte de du Croisier. Sauvager, homme de rien et sans aucune espèce de fortune, vivait de sa place. Aussi le pouvoir comptait-il entièrement sur un homme qui attendait tout de lui. Le Président exploita cette situation. Dès que la pièce arguée de faux fut entre les mains de du Croisier, le soir même, madame la présidente du Ronceret, soufflée par son mari, eut une longue conversation avec monsieur Sauvager, auquel elle fit observer combien la carrière de la *magistrature debout* était incertaine : un caprice ministériel, une seule faute y tuait l'avenir d'un homme.

— Soyez homme de conscience, donnez vos conclusions contre le pouvoir quand il a tort, vous êtes perdu. Vous pouvez, lui dit-elle, profiter en ce moment de votre position pour faire un beau mariage qui vous mettra pour toujours à l'abri des mauvaises chances, en vous donnant une fortune au moyen de laquelle vous pourrez vous caser dans la magistrature *assise*. L'occasion est belle. Monsieur du Croisier n'aura jamais d'enfants, tout le monde sait le pourquoi ; sa fortune et celle de sa femme iront à sa nièce, mademoiselle Duval. Monsieur Duval est un maître de forges dont la bourse a déjà quelque volume, et son père, qui vit encore, a du bien. Le père et le fils ont à eux deux un million, ils le doubleront aidé par du Croisier, maintenant lié avec la haute banque et les gros industriels de Paris. Monsieur et madame Duval jeune donneront, certes, leur fille à l'homme qui sera présenté par son oncle du Croisier, en considération des deux fortunes qu'il doit laisser à sa nièce, car du Croisier fera sans doute avantager au contrat mademoiselle Duval de toute la fortune de sa femme, qui n'a pas d'héritiers. Vous connaissez la haine de du Croisier pour les d'Esgrignon, rendez-lui service, soyez son homme, accueillez une plainte en faux qu'il va vous déposer contre le jeune d'Esgrignon, poursuivez le comte immédiatement, sans consulter le Procureur du Roi. Puis, priez Dieu que pour avoir été magistrat impartial contre le gré du pouvoir, le ministre vous destitue, votre fortune est faite! Vous aurez une charmante femme et trente mille livres de rente en dot, sans compter quatre millions d'espérance dans une dizaine d'années.

En deux soirées, le premier Substitut avait été gagné. Le Président et monsieur Sauvager avaient tenu l'affaire secrète pour le vieux juge, pour le juge suppléant, et pour le second substitut. Sûr de l'impartialité de Blondet en présence des faits, le Président avait la majorité sans compter Camusot. Mais tout manquait par la défection imprévue du juge d'instruction. Le Président voulait un jugement de mise en accusation avant que le Procureur du Roi ne fût averti. Camusot ou le second Substitut n'allaient-ils pas le prévenir?

Maintenant, en expliquant la vie intérieure du juge d'instruction Camusot, peut-être apercevra-t-on les raisons qui permettaient à Chesnel de considérer ce jeune magistrat comme acquis aux d'Esgrignon, et qui lui avaient donné la hardiesse de le suborner en pleine rue. Camusot, fils de la première femme d'un marchand de soieries de la rue des Bourdonnais, objet de l'ambition de son père, avait été destiné à la magistrature. En épousant sa femme, il avait épousé la protection d'un huissier du Cabinet du Roi, protection sourde, mais efficace, qui lui avait déjà valu sa nomination de juge, et, plus tard, celle de Juge d'Instruction. Il n'avait pas eu plus de mille écus de rente constitués par ses père et mère à son contrat; mademoiselle Thirion ne lui avait pas apporté plus de vingt mille francs de dot, c'était donc un pauvre ménage que le sien, car les appointements d'un juge en province ne s'élèvent pas au-dessus de quinze cents francs. Cependant les Juges d'Instruction ont un supplément d'environ mille francs à raison des dépenses et des travaux extraordinaires de leurs fonctions. Malgré les fatigues qu'elles donnent, ces places sont assez enviées; mais elles sont révocables: aussi madame Camusot venait-elle de gronder son mari d'avoir découvert sa pensée au Président. Marie-Cécile-Amélie Thirion, depuis trois ans de mariage, s'était aperçue de la bénédiction de Dieu par la régularité de deux accouchements heureux, une fille et un garçon; mais elle suppliait Dieu de ne plus la tant bénir. Encore quelques bénédictions, et sa gêne deviendrait misère. La fortune de monsieur Camusot le père devait se faire long-temps attendre. D'ailleurs cette riche succession ne pouvait pas donner plus de huit ou dix mille francs de rente aux enfants du négociant qui étaient quatre.

Puis, quand se réaliserait ce que tous les faiseurs de mariage appellent *des espérances*, le juge n'aurait-il pas des enfants à établir? Chacun concevra donc la situation d'une petite femme pleine de sens et de résolution, comme était madame Camusot; elle avait trop bien senti l'importance d'un faux pas fait par son mari dans sa carrière, pour ne pas se mêler des affaires judiciaires.

Enfant unique d'un ancien serviteur du roi Louis XVIII, un valet qui l'avait suivi en Italie, en Courlande, en Angleterre, et que le Roi avait récompensé par la seule place qu'il pût remplir, celle d'huissier de son cabinet par quartier, Amélie avait reçu chez elle comme un reflet de la Cour. Thirion lui dépeignait les grands seigneurs, les ministres, les personnages qu'il annonçait, introduisait, et voyait passant et repassant. Élevée comme à la porte des Tuileries, cette jeune femme avait donc pris une teinture des maximes qui s'y pratiquent, et adopté le dogme de l'obéissance absolue au pouvoir. Aussi avait-elle sagement jugé qu'en se rangeant du côté des d'Esgrignon, son mari plairait à madame la duchesse de Maufrigneuse, à deux puissantes familles desquelles son père s'appuierait, en un moment opportun, auprès du Roi. A la première occasion, Camusot pouvait être nommé juge à Paris. Cette promotion rêvée, désirée à tout moment, devait apporter six mille francs d'appointements, les douceurs d'un logement chez son père ou chez les Camusot, et tous les avantages des deux fortunes paternelles. Si l'adage : *loin des yeux, loin du cœur*, est vrai pour la plupart des femmes, il est vrai surtout en fait de sentiments de famille et de protections ministérielles ou royales. De tout temps les gens qui servent personnellement les rois font très-bien leurs affaires : on s'intéresse à un homme, fût-ce un valet, en le voyant tous les jours.

Madame Camusot, qui se considérait comme de passage, avait pris une petite maison dans la rue du Cygne. La ville n'est pas assez passante pour que l'industrie des appartements garnis s'y exerce. Ce ménage n'était pas d'ailleurs assez riche pour vivre dans un hôtel, comme monsieur Michu. La Parisienne avait donc été obligée d'accepter les meubles du pays. La modicité de ses revenus l'avait obligée à prendre cette maison remarquablement laide, mais qui ne manquait pas d'une certaine naïveté de détails. Appuyée à la maison voisine de manière à présenter sa façade à la cour, elle n'avait à chaque étage qu'une fenêtre sur la rue. La cour, bordée dans sa largeur par deux murailles ornées de rosiers et d'alaternes, avait au fond, en face de la maison, un hangar assis sur deux arcades en briques. Une petite porte bâtarde donnait entrée à cette sombre maison encore assombrie par un grand noyer planté au milieu de la cour. Au rez-de-chaussée, où l'on montait par un perron à double rampe et à balustrades en fer très-ouvragé, mais rongé par la rouille, se trouvait sur la rue une salle à manger, et de l'autre côté la cuisine. Le fond du corridor qui séparait ces deux chambres était occupé par un escalier en bois. Le premier étage ne se composait que de deux pièces, dont l'une servait de cabinet au magistrat, et l'autre de chambre à coucher. Le second étage en mansarde contenait également deux chambres, une pour la cuisinière et l'autre pour la femme de chambre qui gardait avec elle les enfants. Aucune pièce de la maison n'avait de plafond, toutes présentaient ces solives blanchies à la chaux, dont les entre-deux sont plafonnés de blanc-en-bourre. Les deux chambres du premier étage et la salle d'en bas avaient de ces lambris à formes contournées, où s'est exercée la patience des menuisiers du dernier siècle. Ces boiseries, peintes en gris-sale, étaient du plus triste aspect. Le cabinet du juge était celui d'un avocat de province : un grand bureau et un fauteuil d'acajou, la bibliothèque de l'étudiant en Droit, et ses meubles mesquins apportés de Paris. La chambre de madame était indigène : elle avait des ornements bleus et blancs, un tapis, un de ces mobiliers hétéroclites qui semblent à la mode et qui sont tout simplement les meubles dont les formes n'ont pas été adoptées à Paris. Quant à la salle du rez-de-chaussée, elle était ce qu'est une salle en province, nue, froide, à papiers de tenture humides et passés.

C'était dans cette chambre mesquine, sans autre vue que celle de ce noyer, de ces murs à feuillage noir et de la rue presque déserte, que passait toutes ses journées une femme assez vive et légère, habituée aux plaisirs, au mouvement de Paris, seule la plupart du temps, ou recevant des visites ennuyeuses et sottes qui lui faisaient préférer sa solitude à des caquetages vides, où le moindre trait d'esprit auquel elle se laissait aller donnait lieu à d'interminables commentaires et envenimait sa situation. Occupée de ses enfants, moins par goût que pour mettre un intérêt dans sa vie presque solitaire, elle ne pouvait exercer sa pensée que sur les intrigues qui se nouaient autour d'elle, sur les menées des gens de province, sur leurs ambitions enfermées dans des cercles étroits. Aussi pénétraitelle promptement des mystères auxquels ne songeait pas son mari. Son hangar plein de bois, où sa femme de chambre faisait des savonnages, n'était pas ce qui frappait ses regards, quand, assise à la fenêtre de sa chambre, elle tenait à la main quelque broderie interrompue : elle contemplait Paris où tout est plaisir, où tout est plein de vie, elle en rêvait les fêtes et pleurait d'être dans cette froide prison de province. Elle se désolait d'être dans un pays paisible, où jamais il n'arriverait ni conspiration, ni grande affaire. Elle se voyait pour long-temps sous l'ombre de ce noyer.

Madame Camusot était une petite femme, grasse, fraîche, blonde, ornée d'un front très-busqué, d'une bouche rentrée, d'un menton relevé, traits que la jeunesse rendait supportables, mais qui devaient lui donner de bonne heure un air vieux. Ses yeux vifs et spirituels, mais qui exprimaient un peu trop son innocente envie de parvenir, et la jalousie que lui causaient son infériorité présente, allumaient comme deux lumières dans sa figure commune, et la relevaient par une certaine force de sentiment que le succès devait éteindre plus tard. Elle usait de beaucoup d'industrie pour sa toilette, elle inventait des garnitures, elle se les brodait, elle méditait ses atours avec sa femme de chambre venue avec elle de Paris, et maintenait ainsi la réputation des Parisiennes en province. Sa causticité la rendait redoutable, elle n'était pas aimée. Avec cet esprit fin et investigateur qui distingue les femmes inoccupées, obligées d'employer leur journée, elle avait fini par découvrir les opinions secrètes du Président. Aussi conseillait-elle depuis quelque temps à Camusot de lui déclarer la guerre. L'affaire du jeune comte était une excellente occasion. Avant de venir en soirée chez monsieur du Croisier, elle n'avait pas eu de peine à démontrer à son mari, qu'en cette affaire, le premier Substitut allait contre les intentions de ses chefs. Le rôle de Camusot était de se faire un marchepied de ce procès criminel, en favorisant la maison d'Esgrignon, bien autrement puissante que le parti du Croisier.

— Sauvager n'épousera jamais mademoiselle Duval qu'on lui aura montrée en perspective, il sera la dupe des Machiavels du Val-Noble, auxquels il va sacrifier sa position. Camusot, cette affaire si malheureuse pour les d'Esgrignon et si perfidement entamée par le Président au profit de du Croisier, ne sera favorable qu'à toi, lui avait-elle dit en rentrant.

Cette rusée Parisienne avait également deviné les manœuvres secrètes du Président auprès de Blandureau, et les motifs qu'il avait de déjouer les efforts du vieux Blondet; mais elle ne voyait aucun profit à éclairer le fils ou le père sur le péril de leur situation; elle jouissait de cette comédie commencée, sans se douter de quelle importance pouvait être le secret surpris par elle de la demande faite aux Blandureau par le successeur de Chesnel en faveur de Félicien du Ronceret. Dans le cas où la position de son mari serait menacée par le Président, madame Camusot savait pouvoir menacer à son tour le Président en éveillant l'attention de l'horticulteur sur le rapt projeté de la fleur qu'il voulait transplanter chez lui.

Sans pénétrer, comme madame Camusot, les moyens par lesquels du Croisier et le Président avaient gagné le premier Substitut, Chesnel, en examinant ces diverses existences et ces intérêts groupés autour des fleurs de lis du Tribunal, compta sur le Procureur du Roi, sur Camusot et sur monsieur Michu. Deux juges pour les d'Esgrignon paralysaient tout. Enfin, le notaire connaissait trop bien les désirs du vieux Blondet pour ne pas savoir que si son impartialité pouvait fléchir, ce serait pour l'œuvre de toute sa vie, pour la nomination de son fils à la place de juge suppléant. Ainsi Chesnel s'endormit plein d'espérance en se promettant d'aller voir monsieur Blondet, pour lui offrir de réaliser les espérances qu'il caressait depuis si long-temps, en l'éclairant sur les perfidies du président du Ronceret. Après avoir gagné le vieux juge, il irait parlementer avec le Juge d'Instruction auquel il espérait pouvoir prouver, sinon l'innocence, au moins l'imprudence de Victurnien, et réduire l'affaire à une simple étourderie de jeune homme. Chesnel ne dormit ni paisiblement ni long-temps; car, avant le jour, sa gouvernante l'éveilla pour lui présenter le plus séduisant personnage de cette histoire, le plus adorable jeune homme du monde, madame la duchesse de Maufrigneuse, venue seule en calèche, et habillée en homme.

— J'arrive pour le sauver ou pour périr avec lui, dit-elle au notaire qui croyait rêver. J'ai cent mille francs que le Roi m'a donnés sur sa Cassette pour acheter l'innocence de Victurnien, si son adversaire est corruptible. Si nous échouons, j'ai du poison pour le soustraire à tout, même à l'accusation. Mais nous n'échouerons pas. Le Procureur du Roi, que j'ai fait avertir de ce qui se passe, me suit; il n'a pu venir avec moi, il a voulu prendre les ordres du Garde des Sceaux.

Chesnel rendit scène pour scène à la duchesse : il s'enveloppa de sa robe de chambre et tomba à ses pieds qu'il baisa, non sans demander pardon de l'oubli que la joie lui faisait commettre.

— Nous sommes sauvés, criait-il tout en donnant des ordres à Brigitte pour qu'elle préparât ce dont pouvait avoir besoin la duchesse après une nuit passée à courir la poste.

Il fit un appel au courage de la belle Diane, en lui démontrant la nécessité d'aller chez le Juge d'Instruction au petit jour, afin que personne ne fût dans le secret de cette démarche, et ne pût même présumer que la duchesse de Maufrigneuse fût venue.

— N'ai-je pas un passe-port en règle? dit-elle en lui montrant une feuille où elle était désignée comme monsieur le vicomte Félix de Vandenesse, Maître des Requêtes et Secrétaire particulier du Roi. Ne sais-je pas bien jouer mon rôle d'homme? reprit-elle en rehaussant les faces de sa perruque à la Titus et agitant sa cravache.

— Ah! madame la duchesse, vous êtes un ange! s'écria Chesnel les larmes aux yeux. (Elle devait toujours être un ange, même en homme!) Boutonnez votre redingote, enveloppez-vous jusqu'au nez dans votre manteau, prenez mon bras, et courons chez Camusot avant que personne ne puisse nous rencontrer.

— Je verrai donc un homme qui s'appelle Camusot? dit-elle.

— Et qui a le nez de son nom, répondit Chesnel.

Quoiqu'il eût la mort au cœur, le vieux notaire jugea nécessaire d'obéir à tous les caprices de la duchesse, de rire quand elle rirait, de pleurer avec elle; mais il gémit de la légèreté d'une femme qui, tout en accomplissant une grande chose, y trouvait néanmoins matière à plaisanter. Que n'aurait-il pas fait pour sauver le jeune homme? Pendant que Chesnel s'habilla, madame de Maufrigneuse dégusta la tasse de café à la crème que Brigitte lui servit, et convint de la supériorité des cuisinières de province sur les Chefs de Paris, qui dédaignent ces menus détails si importants pour les gourmets. Grâce aux prévoyances que nécessitaient les goûts de son maître pour la bonne chère, Brigitte avait pu offrir à la duchesse une excellente collation. Chesnel et son gentil compagnon se dirigèrent vers la maison de monsieur et madame Camusot.

— Ah! il y a une madame Camusot, dit la duchesse, l'affaire pourra s'arranger.

— Et d'autant mieux, lui répondit Chesnel, que madame s'ennuie assez visiblement d'être parmi nous autres provinciaux, elle est de Paris.

— Ainsi nous ne devons pas avoir de secret pour elle.

— Vous serez juge de ce qu'il faudra taire ou révéler, dit humblement Chesnel. Je crois qu'elle sera très-flattée de donner l'hospitalité à la duchesse de Maufrigneuse. Pour ne rien compromettre, il vous faudra sans doute rester chez elle jusqu'à la nuit, à moins que vous n'y trouviez des inconvénients.

— Est-elle bien, madame Camusot? demanda la duchesse d'un air fat.

— Elle est un peu la reine chez elle, répondit le notaire.

— Elle doit alors se mêler des affaires du Palais, reprit la duchesse. Il n'y a qu'en France, cher monsieur Chesnel, que l'on voit les femmes si bien épouser leurs maris qu'elles en épousent les fonctions, le commerce ou les travaux. En Italie, en Angleterre, en Espagne, les femmes se font un point d'honneur de laisser leurs maris se débattre avec les affaires; elles mettent à les ignorer la même persévérance que nos bourgeoises françaises déploient pour être au fait des affaires de la communauté. N'est-ce pas ainsi que vous appelez cela judiciairement? D'une jalousie incroyable, en fait de politique conjugale, les Françaises veulent tout savoir. Aussi, dans les moindres difficultés de la vie en France, sentez-vous la main de la femme qui conseille, guide, éclaire son mari. La plupart des hommes ne s'en trouvent pas mal, en vérité. En Angleterre, un homme marié pourrait être mis vingt-quatre heures en prison pour dettes, sa femme, à son retour, lui ferait une scène de jalousie.

— Nous sommes arrivés sans avoir fait la moindre rencontre, dit Chesnel. Madame la duchesse, vous devez avoir d'autant plus d'empire ici, que le père de madame Camusot est un huissier du Cabinet du Roi, nommé Thirion.

— Et le roi n'y a pas songé! il ne pense à rien, s'écria-t-elle. Thirion nous a introduits, le prince de Cadignan, monsieur de Vandenesse et moi! Nous sommes les maîtres céans. Combinez bien tout avec le mari pendant que je vais parler à la femme.

La femme de chambre, qui lavait, débarbouillait, habillait les deux enfants, introduisit les deux étrangers dans la petite salle sans feu.

— Allez porter cette carte à votre maîtresse, dit la duchesse à l'oreille de la femme de chambre, et ne la laissez lire qu'à elle. Si vous êtes discrète, on vous récompensera, ma petite.

La femme de chambre demeura comme frappée de la foudre en entendant cette voix de femme et voyant cette délicieuse figure de jeune homme.

— Éveillez monsieur Camusot, lui dit Chesnel, et dites que je l'attends pour une affaire importante.

La femme de chambre monta. Quelques instants après, madame Camusot s'élança en peignoir à travers les escaliers, et introduisit le bel étranger après avoir poussé Camusot, en chemise, dans son cabinet avec tous ses vêtements, en lui ordonnant de s'habiller et de l'y attendre. Ce coup de théâtre avait été produit par la carte où était gravé : MADAME LA DUCHESSE DE MAUFRIGNEUSE. La fille de l'huissier du Cabinet du Roi avait tout compris.

— Eh! bien, monsieur Chesnel, ne dirait-on pas que le tonnerre vient de tomber ici? s'écria la femme de chambre à voix basse. Monsieur s'habille dans son cabinet, vous pouvez y monter.

— Silence sur tout ceci, répondit le notaire.

Chesnel, en se sentant appuyé par une grande dame qui avait l'assentiment verbal du Roi aux mesures à prendre pour sauver le comte d'Esgrignon, prit un air d'autorité qui le servit auprès de Camusot beaucoup mieux que l'air humble avec lequel il l'aurait entretenu, s'il eût été seul et sans secours.

— Monsieur, lui dit-il, mes paroles hier au soir ont pu vous étonner, mais elles sont sérieuses. La maison d'Esgrignon compte sur vous pour bien instruire une affaire d'où elle doit sortir sans tache.

— Monsieur, répondit le juge, je ne relèverai point ce qu'il y a de blessant pour moi et d'attentatoire à la Justice dans vos paroles, car, jusqu'à un certain point, votre position près de la maison d'Esgrignon l'excuse. Mais...

— Monsieur, pardonnez-moi de vous interrompre, dit Chesnel. Je viens vous dire des choses que vos supérieurs pensent et n'osent pas avouer, mais que les gens d'esprit devinent, et vous-êtes homme d'esprit. A supposer que le jeune homme eût agi imprudemment, croyez-vous que le Roi, que la Cour, que le Ministère fussent flattés de voir un nom comme celui des d'Esgrignon traîné à la Cour d'Assises? Est-il dans l'intérêt, non-seulement du royaume, mais du pays, que les maisons historiques tombent? L'égalité, aujourd'hui le grand mot de l'Opposition, ne trouve-t-elle pas une garantie dans l'existence d'une haute aristocratie consacrée par le temps? Eh! bien, non-seulement il n'y a pas eu la moindre imprudence, mais nous sommes des innocents tombés dans un piége.

— Je suis curieux de savoir comment? dit le juge.

— Monsieur, reprit Chesnel, pendant deux ans, le sieur du Croisier a constamment laissé tirer sur lui pour de fortes sommes par monsieur le comte d'Esgrignon. Nous produirons des traites pour plus de cent mille écus, constamment acquittées par lui, et dont les sommes ont été remises par moi.... saisissez bien ceci?.... soit avant, soit après l'échéance. Monsieur le comte d'Esgrignon est en mesure de présenter un reçu de la somme tirée par lui, antérieur à l'effet argué de faux? ne reconnaîtrez-vous pas alors dans la plainte une œuvre de haine et de parti? n'est-ce pas une odieuse calomnie que cette accusation portée par les adversaires les plus dangereux du trône et de l'autel contre l'héritier d'une vieille famille? Il n'y a pas eu plus de faux dans cette affaire qu'il ne s'en est fait dans mon Étude. Mandez par devers vous madame du Croisier, laquelle ignore encore la plainte en faux, elle vous déclarera que je lui ai porté les fonds, et qu'elle les a gardés pour les remettre à son mari absent qui ne les lui réclame pas. Interrogez du Croisier à ce sujet? il vous dira qu'il ignore ma remise à madame du Croisier.

— Monsieur, répondit le Juge d'Instruction, vous pouvez émettre de pareilles assertions dans le salon de monsieur d'Esgrignon ou chez des gens qui ne connaissent pas les affaires, on y ajoutera foi; mais un Juge d'Instruction, à moins d'être imbécile, ne croira pas qu'une femme aussi soumise à son mari que l'est madame du Croisier, conserve en ce moment dans son secrétaire cent mille écus sans en rien dire à son mari, ni qu'un vieux notaire n'ait pas instruit monsieur du Croisier de cette remise, à son retour en ville.

— Le vieux notaire était allé à Paris, monsieur, pour arrêter le cours des dissipations du jeune homme.

— Je n'ai pas encore interrogé le comte d'Esgrignon, reprit le juge, ses réponses éclaireront ma religion.

— Il est au secret? demanda le notaire.

— Oui, répondit le juge.

— Monsieur, s'écria Chesnel qui vit le danger, l'Instruction peut être conduite pour ou contre nous; mais vous choisirez ou de constater, d'après la déposition de madame du Croisier, la remise des valeurs antérieurement à l'effet, ou d'interroger un pauvre jeune homme inculpé qui, dans son trouble, peut ne se souvenir de rien et se compromettre. Vous chercherez le plus croyable ou de l'oubli d'une femme ignorante en affaires, ou d'un faux commis par un d'Esgrignon.

— Il ne s'agit pas de tout cela, reprit le juge, il s'agit de savoir si monsieur le comte d'Esgrignon a converti le bas d'une lettre que lui adressait du Croisier en une lettre de change.

— Eh! il le pouvait, s'écria tout à coup madame Camusot qui entra vivement, suivie du bel inconnu. Monsieur Chesnel avait remis les fonds... Elle se pencha vers son mari. — Tu seras juge-suppléant à Paris à la première vacance, tu sers le Roi lui-même dans cette affaire, j'en ai la certitude, on ne t'oubliera pas, lui dit-elle à l'oreille. Tu vois dans ce jeune homme la duchesse de Maufrigneuse, tâche de ne jamais dire que tu l'as vue, et fais tout pour le jeune comte, hardiment.

— Messieurs, dit le juge, quand l'Instruction serait conduite dans le sens favorable à l'innocence du jeune comte, puis-je répondre du jugement à intervenir? Monsieur Chesnel et toi, ma bonne, vous connaissez les dispositions de monsieur le Président.

— Ta, ta, ta, dit madame Camusot, va voir toi-même ce matin monsieur Michu, et apprends-lui l'arrestation du jeune comte, vous serez déjà deux contre deux, j'en réponds. Michu est de Paris, lui! et tu connais son dévouement pour la noblesse. Bon chien chasse de race.

En ce moment, mademoiselle Cadot fit entendre sa voix à la porte, en disant qu'elle apportait une lettre pressée. Le juge sortit et rentra, en lisant ces mots:

Monsieur le vice-président du Tribunal prie monsieur Camusot de siéger à l'audience de ce jour et des jours suivants, pour que le Tribunal soit au complet pendant l'absence de monsieur le président. Il lui fait ses compliments.

— Plus d'instruction de l'affaire d'Esgrignon, s'écria madame Camusot. Ne te l'avais-je pas dit, mon ami, qu'ils te joueraient quelque mauvais tour? Le Président est allé te calomnier auprès du

Procureur-Général et du Président de la Cour. Avant que tu puisses instruire l'affaire, tu seras changé. Est-ce clair?

— Vous resterez, monsieur, dit la duchesse, le Procureur du Roi arrivera, je l'espère, à temps.

— Quand le Procureur du Roi viendra, dit avec feu la petite madame Camusot, il doit trouver tout fini. Oui, mon cher, oui, dit-elle en regardant son mari stupéfait. Ah! vieil hypocrite de Président, tu joues au plus fin avec nous, tu t'en souviendras! Tu veux nous servir un plat de ton métier, tu en auras deux apprêtés par la main de ta servante, Cécile-Amélie Thirion. Pauvre bonhomme Blondet! il est heureux pour lui que le Président soit en voyage pour nous faire destituer, son grand dadais de fils épousera mademoiselle Blandureau. Je vais aller retourner les semis au père Blondet. Toi, Camusot, va chez monsieur Michu pendant que madame la duchesse et moi nous irons trouver le vieux Blondet. Attends-toi à entendre dire par toute la ville que je me suis promenée ce matin avec un amant.

Madame Camusot donna le bras à la duchesse, et l'emmena par les endroits déserts de la ville pour arriver sans mauvaise rencontre à la porte du vieux juge. Chesnel alla pendant ce temps conférer avec le jeune comte à la prison, où Camusot le fit introduire en secret. Les cuisinières, les domestiques, et autres gens levés de bonne heure en province, qui virent madame Camusot et la duchesse dans des chemins détournés prirent le jeune homme pour un amant venu de Paris. Comme Cécile-Amélie l'avait prévu, le soir, la nouvelle de ses déportements circulait dans la ville, et y occasionnait plus d'une médisance. Madame Camusot et son amant prétendu trouvèrent le vieux Blondet dans sa serre, il salua la femme de son collègue et son compagnon en jetant sur ce charmant jeune homme un regard inquiet et scrutateur.

— J'ai l'honneur de vous présenter un des cousins de mon mari, dit-elle à monsieur Blondet en lui montrant la duchesse, un des horticulteurs les plus distingués de Paris, qui revient de Bretagne, et ne peut passer que cette journée avec nous. Monsieur a entendu parler de vos fleurs et de vos arbustes, et j'ai pris la liberté de venir de grand matin.

— Ah! monsieur est horticulteur, dit le vieux juge.

La duchesse s'inclina sans parler.

— Voici, dit le juge, mon cafier et mon arbre à thé.

— Pourquoi donc, dit madame Camusot, monsieur le Président est-il parti? Je gage que son absence concerne monsieur Camusot.

— Précisément. Voici, monsieur, le cactus le plus original qui existe, dit-il en montrant dans un pot une plante qui avait l'air d'un rotin couvert de lèpre, il vient de la Nouvelle-Hollande. Vous êtes bien jeune, monsieur, pour être horticulteur.

— Quittez vos fleurs, cher monsieur Blondet, dit madame Camusot, il s'agit de vous, de vos espérances, du mariage de votre fils avec mademoiselle Blandureau. Vous êtes la dupe du Président.

— Bah! dit le juge d'un air incrédule.

— Oui, reprit-elle. Si vous cultiviez un peu plus le monde, et un peu moins vos fleurs, vous sauriez que la dot et les espérances que vous avez plantées, arrosées, binées, sarclées, sont sur le point d'être cueillies par des mains rusées.

— Madame!...

— Ah! personne en ville n'aura le courage de rompre en visière au Président en vous avertissant. Moi, qui ne suis pas de la ville, et qui, grâce à ce brave jeune homme, irai bientôt à Paris, je vous apprends que le successeur de Chesnel a formellement demandé la main de Claire Blandureau pour le petit du Ronceret, à qui ses père et mère donnent cinquante mille écus. Quant à Félicien, il promet de se faire recevoir avocat pour être nommé juge.

Le vieux juge laissa tomber le pot qu'il avait à la main pour le montrer à la duchesse.

— Ah! mon cactus! ah! mon fils! Mademoiselle Blandureau!... Tiens, la fleur du cactus est cassée!

— Non, tout peut s'arranger, lui dit madame Camusot en riant. Si vous voulez voir votre fils juge dans un mois d'ici, nous allons vous dire comment il faut vous y prendre...

— Monsieur, passez là, vous verrez mes pélargonium, un spectacle magique à la floraison. Pourquoi, dit-il à madame Camusot, me parlez-vous de ces affaires devant votre cousin?

— Tout dépend de lui, riposta madame Camusot. La nomination de votre fils est à jamais perdue si vous dites un mot de ce jeune homme.

— Bah!

— Ce jeune homme est une fleur.

— Ah!

— C'est la duchesse de Maufrigneuse, envoyée par le Roi pour sauver le jeune d'Esgrignon, arrêté hier par suite d'une plainte en faux portée par du Croisier. Madame la duchesse a la parole du Garde des Sceaux, il ratifiera les promesses qu'elle nous fera...

— Mon cactus est sauvé! dit le juge qui examinait sa plante précieuse. Allez, j'écoute.

— Consultez-vous avec Camusot et Michu pour étouffer l'affaire au plus tôt, et votre fils sera nommé. Sa nomination arrivera alors assez à temps pour vous permettre de déjouer les intrigues des du Ronceret auprès des Blandureau. Votre fils sera mieux que juge-suppléant, il aura la succession de monsieur Camusot dans l'année. Le Procureur du Roi arrive aujourd'hui, monsieur Sauvager sera sans doute forcé de donner sa démission, à cause de sa conduite dans cette affaire. Mon mari vous montrera des pièces au Palais qui établissent l'innocence du comte, et qui prouvent que le faux est un guet-apens tendu par du Croisier.

Le vieux juge entra dans le cirque olympique de ses six mille pélargonium, et y salua la duchesse.

— Monsieur, dit-il, si ce que vous voulez est légal, cela pourra se faire.

— Monsieur, répondit la duchesse, remettez votre démission demain à monsieur Chesnel, je vous promets de vous faire envoyer dans la semaine la nomination de votre fils, mais ne la donnez qu'après avoir entendu monsieur le Procureur du Roi vous confirmer mes paroles. Vous vous comprenez mieux entre vous autres gens de justice. Seulement faites-lui savoir que la duchesse de Maufrigneuse vous a engagé sa parole. Silence sur mon voyage ici, dit-elle.

Le vieux juge lui baisa la main, et se mit à cueillir sans pitié les plus belles fleurs qu'il lui offrit.

— Y pensez-vous! donnez-les à madame, lui dit la duchesse, il n'est pas naturel de voir des fleurs à un homme qui donne le bras à une jolie femme.

— Avant d'aller au Palais, lui dit madame Camusot, allez vous informer chez le successeur de Chesnel des propositions faites par lui au nom de monsieur et de madame du Ronceret.

Le vieux juge ébahi de la duplicité du Président, resta planté sur ses jambes, à sa grille, en regardant les deux femmes qui se sauvèrent par les chemins détournés. Il voyait crouler l'édifice si péniblement bâti durant dix années pour son enfant chéri. Était-ce possible? il soupçonna quelque ruse et courut chez le successeur de Chesnel. A neuf heures et demie, avant l'audience, le vice-président Blondet, le juge Camusot et Michu se trouvèrent avec une remarquable exactitude dans la Chambre du Conseil, dont la porte fut fermée avec soin par le vieux juge en voyant entrer Camusot et Michu qui vinrent ensemble.

— Hé bien! monsieur le vice-président, dit Michu, monsieur Sauvager a requis un mandat contre un comte d'Esgrignon, sans consulter le Procureur du Roi, pour servir la passion d'un du Croisier, un ennemi du gouvernement du Roi. C'est un vrai cen-dessus-dessous. Le Président, de son côté, part pour arrêter l'Instruction! Et nous ne savons rien de ce procès? Voulait-on par hasard nous forcer la main?

— Voici le premier mot que j'entends sur cette affaire, dit le vieux juge furieux de la démarche faite par le Président chez les Blandureau.

Le successeur de Chesnel, l'homme des du Ronceret, venait d'être victime d'une ruse inventée par le vieux juge pour savoir la vérité, il avait avoué le secret.

— Heureusement que nous vous en parlons, mon cher maître, dit Camusot à Blondet, autrement vous auriez pu renoncer à asseoir jamais votre fils sur les fleurs de lis, et à le marier à mademoiselle Blandureau.

— Mais il ne s'agit pas de mon fils, ni de son mariage, dit le juge, il s'agit du jeune comte d'Esgrignon : est-il ou n'est-il pas coupable?

— Il paraît, dit monsieur Michu, que les fonds auraient été remis à madame du Croisier par Chesnel, on a fait un crime d'une simple irrégularité. Le jeune homme aurait, suivant la plainte, pris un bas de lettre où était la signature de du Croisier pour la convertir en un effet sur les Keller.

— Une imprudence! dit Camusot.

— Mais si du Croisier avait encaissé la somme, dit Blondet, pourquoi s'est-il plaint?

— Il ne sait pas encore que la somme a été remise à sa femme, ou il feint de ne pas le savoir, dit Camusot.

— Vengeance de gens de province, dit Michu.

— Ça m'a pourtant l'air d'être un faux, dit le vieux Blondet.

— Vous croyez, dit Camusot. Mais d'abord, en supposant que

le jeune comte n'ait pas eu le droit de tirer sur du Croisier, il n'y aurait pas imitation de signature. Mais il s'est cru ce droit par l'avis que Chesnel lui a donné d'un versement opéré par lui Chesnel.

— Eh ! bien, où voyez-vous donc un faux ? dit le vieux juge. L'essence du faux, en matière civile, est de constituer un dommage à autrui.

— Ah ! il est clair, en tenant la version de du Croisier pour vraie, que la signature a été détournée de sa destination afin de toucher la somme au mépris d'une défense faite par du Croisier à ses banquiers, dit Camusot.

— Ceci, messieurs, dit Blondet, me paraît une misère, une vétille. Vous aviez la somme, je devais attendre peut-être un titre de vous ; mais, moi, comte d'Esgrignon, j'étais dans un besoin urgent, j'ai.... Allons donc ! votre plainte est de la passion, de la vengeance ! Pour qu'il y ait faux, le législateur a voulu l'intention de soustraire une somme, de se faire attribuer un profit quelconque auquel on n'aurait pas droit. Il n'y a eu de faux ni dans les termes de la loi romaine, ni dans l'esprit de la jurisprudence actuelle, toujours en nous tenant dans le Civil, car il ne s'agit pas ici de faux en écriture publique ou authentique. En matière privée, le faux entraîne une intention de voler, mais ici, où est le vol ? Dans quel temps vivons-nous, messieurs ? Le Président nous quitte pour faire manquer une Instruction qui devrait être finie ! Je ne connais monsieur le Président que d'aujourd'hui, mais je lui payerai l'arriéré de mon erreur ; il minutera désormais ses jugements lui-même. Vous devez mettre à ceci la plus grande célérité, monsieur Camusot.

— Oui. Mon avis, dit Michu, est au lieu d'une mise en liberté sous caution, de tirer de là ce jeune homme immédiatement. Tout dépend des interrogations à poser à du Croisier et à sa femme. Vous pouvez les mander pendant l'audience, monsieur Camusot, recevoir leurs dépositions avant quatre heures, faire votre rapport cette nuit, et nous jugerons l'affaire demain avant l'audience.

— Pendant que les avocats plaideront, nous conviendrons de la marche à suivre, dit Blondet à Camusot.

Les trois juges entrèrent en séance après avoir revêtu leurs robes.

A midi, Monseigneur et mademoiselle Armande étaient arrivés à l'hôtel d'Esgrignon où se trouvaient déjà Chesnel et monsieur Couturier. Après une conférence assez courte entre le directeur de madame du Croisier et le prélat, le prêtre alla sur-le-champ chez sa pénitente.

A onze heures du matin, du Croisier reçut un mandat de comparution qui le mandait, entre une heure et deux, dans le cabinet du Juge d'Instruction. Il y vint, en proie à des soupçons légitimes. Le Président, incapable de prévoir l'arrivée de la duchesse de Maufrigneuse, celle du Procureur du Roi, ni la confédération subite des trois juges, avait oublié de tracer à du Croisier un plan de conduite au cas où l'Instruction commencerait. Ni l'un ni l'autre ne crurent à tant de célérité. Du Croisier s'empressa d'obéir au mandat, afin de connaître les dispositions de monsieur Camusot. Il fut donc obligé de répondre. Le juge lui adressa sommairement les six interrogations suivantes : — L'effet argué de faux, ne portait-il pas une signature vraie ? — Avait-il eu, avant cet effet, des affaires avec monsieur le comte d'Esgrignon ? — Monsieur le comte d'Esgrignon n'avait-il pas tiré sur lui des lettres de change avec ou sans avis ? — N'avait-il pas écrit une lettre par laquelle il autorisait monsieur d'Esgrignon à toujours faire fond sur lui ? — Chesnel n'avait-il pas plusieurs fois déjà soldé ses comptes ? — N'avait-il pas été absent à telle époque ?

Ces questions furent résolues affirmativement par du Croisier. Malgré des explications verbeuses, le juge ramenait toujours le banquier à l'alternative d'un oui ou d'un non. Quand les demandes et les réponses furent consignées au procès-verbal, le juge termina par cette foudroyante interrogation : — Du Croisier savait-il que l'argent de l'effet argué de faux était déposé chez lui, suivant une déclaration de Chesnel et une lettre d'avis dudit Chesnel au comte d'Esgrignon, cinq jours avant la date de l'effet ?

Cette dernière question épouvanta du Croisier. Il demanda ce que signifiait un pareil interrogatoire. S'il était, lui, le coupable, et monsieur le comte d'Esgrignon le plaignant ? Il fit observer que si les fonds étaient chez lui, il n'eût pas rendu de plainte.

— La Justice s'éclaire, dit le juge en le renvoyant non sans avoir constaté cette dernière observation de du Croisier.

— Mais, monsieur, les fonds...

— Les fonds sont chez vous, dit le juge.

Chesnel, également cité, comparut pour expliquer l'affaire. La véracité de ses assertions fut corroborée par la déposition de madame du Croisier. Le juge avait déjà interrogé le comte d'Esgrignon qui, soufflé par Chesnel, produisit la première lettre par laquelle du Croisier lui écrivait de tirer sur lui, sans lui faire l'injure de déposer les fonds d'avance. Puis il déposa une lettre écrite par Chesnel, par laquelle le notaire le prévenait du versement des cent mille écus chez monsieur du Croisier. Avec de pareils éléments, l'innocence du jeune comte devait triompher devant le Tribunal. Quand du Croisier revint du Palais chez lui, son visage était blanc de colère, et sur ses lèvres frissonnait la légère écume d'une rage concentrée. Il trouva sa femme assise dans son salon, au coin de la cheminée, et lui faisant des pantoufles en tapisserie; elle trembla quand elle leva les yeux sur lui, mais elle avait pris son parti.

— Madame, s'écria du Croisier en balbutiant, quelle déposition avez-vous faite devant le juge? Vous m'avez déshonoré, perdu, trahi.

— Je vous ai sauvé, monsieur, répondit-elle. Si vous avez l'honneur de vous allier un jour aux d'Esgrignon, par le mariage de votre nièce avec le jeune comte, vous le devrez à ma conduite d'aujourd'hui.

— Miracle! l'ânesse de Balaam a parlé, s'écria-t-il, je ne m'étonnerai plus de rien. Et où sont les cent mille écus que monsieur Camusot dit être chez moi?

— Les voici, répondit-elle en tirant le paquet des billets de banque de dessous le coussin de sa bergère. Je n'ai point commis de péché mortel en déclarant que monsieur Chesnel me les avait remis.

— En mon absence?

— Vous n'étiez pas là.

— Vous me le jurez par votre salut éternel?

— Je le jure, dit-elle d'une voix calme.

— Pourquoi ne m'avoir rien dit? demanda-t-il.

— J'ai eu tort en ceci, répondit sa femme; mais ma faute tourne à votre avantage. Votre nièce sera quelque jour marquise d'Esgrignon et peut-être serez-vous Député si vous vous conduisez bien dans cette déplorable affaire. Vous êtes allé trop loin, sachez revenir.

Du Croisier se promena dans son salon en proie à une horrible agitation, et sa femme attendit, dans une agitation égale, le résultat de cette promenade. Enfin, du Croisier sonna.

— Je ne recevrai personne ce soir, fermez la grande porte, dit-il à son valet de chambre. A tous ceux qui viendront vous direz que madame et moi nous sommes à la campagne. Nous partirons aussitôt après le dîner, que vous avancerez d'une demi-heure.

Dans la soirée, tous les salons, les petits marchands, les pauvres, les mendiants, la noblesse, le commerce, toute la ville enfin parlait de la grande nouvelle : l'arrestation du comte d'Esgrignon soupçonné d'avoir commis un faux. Le comte d'Esgrignon irait en Cour d'Assises, il serait condamné, marqué. La plupart des personnes à qui l'honneur de la maison d'Esgrignon était cher, niaient le fait. Quand il fit nuit, Chesnel vint prendre chez madame Camusot le jeune inconnu qu'il conduisit à l'hôtel d'Esgrignon où mademoiselle Armande l'attendait. La pauvre fille mena chez elle la belle Maufrigneuse, à laquelle elle donna son appartement. Monseigneur l'évêque occupait celui de Victurnien. Quand la noble Armande se vit seule avec la duchesse, elle lui jeta le plus déplorable regard.

— Vous deviez bien votre secours au pauvre enfant qui s'est perdu pour vous, madame, dit-elle, un enfant à qui tout le monde ici se sacrifie.

La duchesse avait déjà jeté son coup d'œil de femme sur la chambre de mademoiselle d'Esgrignon, et y avait vu l'image de la vie de cette sublime fille : vous eussiez dit de la cellule d'une religieuse, à voir cette pièce nue, froide et sans luxe. La duchesse, émue en contemplant le passé, le présent et l'avenir de cette existence, en reconnaissant le contraste inouï qu'y produisait sa présence, ne put retenir des larmes qui roulèrent sur ses joues et lui servirent de réponse.

— Ah! j'ai tort, pardonnez-moi, madame la duchesse? reprit la chrétienne qui l'emporta sur la tante de Victurnien, vous ignoriez notre misère, mon neveu était incapable de vous l'avouer. D'ailleurs, en vous voyant, tout se conçoit, même le crime!

Mademoiselle Armande, sèche et maigre, pâle, mais belle comme une de ces figures effilées et sévères que les peintres allemands ont seuls su faire, eut aussi les yeux mouillés.

— Rassurez-vous, cher ange, dit enfin la duchesse, il est sauvé.

— Oui, mais l'honneur, mais son avenir! Chesnel me l'a dit : le Roi sait la vérité.

— Nous songerons à réparer le mal, dit la duchesse.

Mademoiselle Armande descendit au salon, et trouva le Cabinet des Antiques au grand complet. Autant pour fêter Monseigneur que pour entourer le marquis d'Esgrignon, chacun des habitués était venu. Chesnel, posté dans l'antichambre, recommandait à chaque arrivant le plus profond silence sur la grande affaire, afin que le vénérable marquis n'en sût jamais rien. Le loyal Franc était capable de tuer son fils ou de tuer du Croisier : dans cette circonstance, il lui aurait fallu un criminel d'un côté ou de l'autre. Par un singulier hasard, le marquis, heureux du retour de son fils à Paris, parla plus qu'à l'ordinaire de Victurnien. Victurnien allait être placé bientôt par le Roi, le Roi s'occupait enfin des d'Esgrignon. Chacun, la mort dans l'âme, exaltait la bonne conduite de Victurnien. Mademoiselle Armande préparait les voies à la soudaine apparition de son neveu, en disant à son frère que Victurnien viendrait sans doute les voir et qu'il devait être en route.

— Bah! dit le marquis debout devant sa cheminée, s'il fait bien ses affaires là où il est, il doit y rester, et ne pas songer à la joie que son vieux père aurait à le voir. Le service du Roi avant tout.

La plupart de ceux qui entendirent cette phrase frissonnèrent. Le procès pouvait livrer l'épaule d'un d'Esgrignon au fer du bourreau! Il y eut un moment d'affreux silence. La vieille marquise de Casteran ne put retenir une larme qu'elle versa sur son rouge en détournant la tête.

Le lendemain, à midi, par un temps superbe, toute la population en rumeur était dispersée par groupes dans la rue qui traversait la ville, et il n'y était question que de la grande affaire. Le jeune comte était-il ou n'était-il pas en prison? En ce moment, on aperçut le tilbury bien connu du comte d'Esgrignon descendant par le haut de la rue Saint-Blaise, et venant de la Préfecture. Ce tilbury était mené par le comte accompagné d'un charmant jeune homme inconnu, tous deux gais, riant, causant, ayant des roses du Bengale à la boutonnière. Ce fut un de ces coups de théâtre qu'il est impossible de décrire. A dix heures, un jugement de non-lieu, parfaitement motivé, avait rendu la liberté au jeune comte. Du Croisier y fut foudroyé par un *attendu* qui réservait au comte d'Esgrignon ses droits pour le poursuivre en calomnie. Le vieux Chesnel remontait, comme par hasard, la Grande-rue, et disait, à qui voulait l'entendre, que du Croisier avait tendu le plus infâme des piéges à l'honneur de la maison d'Esgrignon, et que, s'il n'était pas poursuivi comme calomniateur, il devait cette condescendance à la noblesse de sentiment qui animait les d'Esgrignon. Le soir de cette fameuse journée, après le coucher du marquis d'Esgrignon, le jeune comte, mademoiselle Armande et le beau petit page qui allait repartir se trouvèrent seuls avec le chevalier, à qui l'on ne put cacher le sexe de ce charmant cavalier et qui fut le seul dans la ville, hormis les trois juges et madame Camusot, de qui la présence de la duchesse fut connue.

— La maison d'Esgrignon est sauvée, dit Chesnel, mais elle ne se relèvera pas de ce choc d'ici à cent ans. Il faut maintenant payer les dettes, et vous ne pouvez plus, monsieur le comte, faire autre chose que vous marier avec une héritière.

— Et la prendre où elle sera, dit la duchesse.

— Une seconde mésalliance, s'écria mademoiselle Armande.

La duchesse se mit à rire.

— Il vaut mieux se marier que de mourir, dit-elle en sortant de la poche de son gilet un petit flacon donné par l'apothicairerie du château des Tuileries.

Mademoiselle Armande fit un geste d'effroi, le vieux Chesnel prit la main de la belle Maufrigneuse et la lui baisa sans permission.

— Vous êtes donc fous, ici? reprit la duchesse. Vous voulez donc rester au quinzième siècle quand nous sommes au dix-neuvième? Mes chers enfants, il n'y a plus de noblesse, il n'y a plus que de l'aristocratie. Le Code civil de Napoléon a tué les parchemins comme le canon avait déjà tué la féodalité. Vous serez bien plus nobles que vous ne l'êtes quand vous aurez de l'argent. Épousez qui vous voudrez, Victurnien, vous anoblirez votre femme, voilà le plus solide des priviléges qui restent à la noblesse française. Monsieur de Talleyrand n'a-t-il pas épousé madame Grandt sans se compromettre? Souvenez-vous de Louis XIV marié à la veuve Scarron!

— Il ne l'avait pas épousée pour son argent, dit mademoiselle Armande.

— Recevriez-vous la comtesse d'Esgrignon, si c'était la nièce d'un du Croisier? dit Chesnel.

— Peut-être, répondit la duchesse, mais le roi, sans aucun doute, la verrait avec plaisir. Vous ne savez donc pas ce qui se passe? dit-elle en voyant l'étonnement peint sur tous les visages. Victurnien est venu à Paris, il sait comment y vont les choses. Nous étions plus puissants sous Napoléon. Victurnien, épousez mademoiselle Duval, épousez qui vous voudrez, elle sera marquise d'Esgrignon tout aussi bien que je suis duchesse de Maufrigneuse.

— Tout est perdu, même l'honneur, dit le Chevalier en faisant un geste.

— Adieu, Victurnien, dit la duchesse en l'embrassant au front, nous ne nous verrons plus. Ce que vous avez de mieux à faire est de vivre sur vos terres, l'air de Paris ne vous vaut rien.

— Diane? cria le jeune comte au désespoir.

— Monsieur, vous vous oubliez étrangement, dit froidement la duchesse en quittant son rôle d'homme et de maîtresse et redevenant non-seulement ange, mais encore duchesse, non-seulement duchesse, mais la Célimène de Molière.

La duchesse de Maufrigneuse salua dignement ces quatre personnages, et obtint du Chevalier la dernière larme d'admiration qu'il eût au service du beau sexe.

— Comme elle ressemble à la princesse Goritza! s'écria-t-il à voix basse.

Diane avait disparu. Le fouet du postillon disait à Victurnien que le beau roman de sa première passion était fini. En danger, Diane avait encore pu voir dans le jeune comte son amant; mais, sauvé, la duchesse le méprisait comme un homme faible qu'il était.

Six mois après, Camusot fut nommé juge-suppléant à Paris, et plus tard Juge d'Instruction. Michu devint Procureur du Roi. Le bonhomme Blondet passa Conseiller à la Cour royale, y resta le temps nécessaire pour prendre sa retraite et revint habiter sa jolie petite maison. Joseph Blondet eut le siége de son père au Tribunal pour le reste de ses jours, mais sans aucune chance d'avancement, et fut l'époux de mademoiselle Blandureau, qui s'ennuie aujourd'hui dans cette maison de briques et de fleurs, autant qu'une carpe dans un bassin de marbre. Enfin, Michu, Camusot reçurent la croix de la Légion-d'Honneur, et le vieux Blondet reçut celle d'officier. Quant au premier Substitut du Procureur du Roi, monsieur Sauvager, il fut envoyé en Corse au grand contentement de du Croisier qui, certes, ne voulait pas lui donner sa nièce.

Du Croisier, stimulé par le président du Ronceret, appela du jugement de non-lieu en Cour Royale et perdit. Dans tout le Département, les Libéraux soutinrent que le petit d'Esgrignon avait commis un faux. Les Royalistes, de leur côté, racontèrent les horribles trames que la vengeance avait fait ourdir à *l'infâme du Croisier*. Un duel eut lieu entre du Croisier et Victurnien. Le hasard des armes fut pour l'ancien fournisseur, qui blessa dangereusement le jeune comte et maintint ses dires. La lutte entre les deux partis fut encore envenimée par cette affaire que les Libéraux remettaient sur le tapis à tout propos. Du Croisier, toujours repoussé aux Élections, ne voyait aucune chance de faire épouser sa nièce au jeune comte, surtout après son duel.

Un mois après la confirmation du jugement en Cour royale, Chesnel, épuisé par cette lutte horrible où ses forces morales et physiques furent ébranlées, mourut dans son triomphe comme un vieux chien fidèle qui a reçu les défenses d'un marcassin dans le ventre. Il mourut aussi heureux qu'il pouvait l'être, en laissant la Maison quasi-ruinée et le jeune homme dans la misère, perdu d'ennui, sans aucune chance d'établissement. Cette cruelle pensée, jointe à son abattement, acheva sans doute le pauvre vieillard. Au milieu de tant de ruines, accablé par tant de chagrins, il reçut une grande consolation : le vieux marquis, sollicité par sa sœur, lui rendit toute son amitié. Ce grand personnage vint dans la petite maison de la rue du Bercail, il s'assit au chevet du lit de son vieux serviteur, dont tous les sacrifices lui étaient inconnus. Chesnel se dressa sur son séant, et récita le cantique de Siméon, le marquis lui permit de se faire enterrer dans la chapelle du château, le corps en travers, et au bas de la fosse où ce quasi-dernier d'Esgrignon devait reposer lui-même.

Ainsi mourut l'un des derniers représentants de cette belle et grande domesticité, mot que l'on prend souvent en mauvaise part, et auquel nous donnons ici sa signification réelle en lui faisant exprimer l'attachement féodal du serviteur au maître. Ce sentiment, qui n'existait plus qu'au fond de la province et chez quelques vieux serviteurs de la royauté, honorait également et la Noblesse qui inspirait de semblables affections, et la Bourgeoisie qui les concevait. Ce noble et magnifique dévouement est impossible aujourd'hui. Les maisons nobles n'ont plus de serviteurs, de même qu'il n'y a plus de Roi de France ni de pairs héréditaires, ni de biens immuablement fixés dans les maisons historiques pour en perpétuer les splendeurs nationales. Chesnel n'était pas seulement un de ces grands hommes inconnus de la vie privée, il était donc aussi une grande chose. La continuité de ses sacrifices ne lui donne-t-elle pas je ne sais quoi de grave et de sublime ? ne dépasse-t-elle pas l'héroïsme de la bienfaisance, qui est toujours un effort momentané ? La vertu de Chesnel appartient essentiellement aux classes placées entre les misères du peuple et les grandeurs de l'aristocratie, et qui peuvent unir ainsi les modestes vertus du Bourgeois aux sublimes pensées du Noble, en les éclairant aux flambeaux d'une solide instruction.

Victurnien, jugé défavorablement à la cour, n'y pouvait plus trouver ni fille riche, ni emploi. Le Roi se refusa constamment à donner la pairie aux d'Esgrignon, seule faveur qui pût tirer Victurnien de la misère. Du vivant de son père, il était impossible de marier le jeune comte avec une héritière bourgeoise, il dut vivre mesquinement dans la maison paternelle avec les souvenirs de ses deux années de splendeur parisienne et d'amour aristocratique. Triste et morne, il végétait entre son père au désespoir, qui attribuait à une maladie de langueur l'état où il voyait son fils, et sa tante dévorée de chagrin. Chesnel n'était plus là. Le marquis mourut en 1830, après avoir vu le Roi Charles X passant à Nonancourt où ce grand d'Esgrignon alla, suivi de la noblesse valide du *Cabinet des Antiques*, lui rendre ses devoirs et se joindre au maigre cortége de la monarchie vaincue. Acte de courage qui semblera tout simple aujourd'hui, mais que l'enthousiasme de la Révolte rendit alors sublime !

— Les Gaulois triomphent ! fut le dernier mot du marquis.

La victoire de du Croisier fut alors complète, car le nouveau marquis d'Esgrignon, huit jours après la mort de son vieux père, accepta mademoiselle Duval pour femme, elle avait trois millions de dot, du Croisier et sa femme assuraient leur fortune à mademoiselle Duval au contrat. Du Croisier dit, pendant la cérémonie du mariage, que la maison d'Esgrignon était la plus honorable de toutes les maisons nobles de France. Vous voyez tous les hivers le marquis d'Esgrignon, qui doit réunir un jour plus de cent mille écus de rente, à Paris où il mène la joyeuse vie des garçons, n'ayant plus des grands seigneurs d'autrefois que son indifférence pour sa femme, de laquelle il n'a nul souci.

— Quant à mademoiselle d'Esgrignon, disait Émile Blondet à qui l'on doit les détails de cette aventure, si elle ne ressemble plus à la céleste figure entrevue pendant mon enfance, elle est certes, à soixante-sept ans, la plus douloureuse et la plus intéressante figure du Cabinet des Antiques où elle trône encore. Je l'ai vue au dernier voyage que je fis dans mon pays, pour y aller chercher les papiers nécessaires à mon mariage. Quand mon père apprit qui j'épousais, il demeura stupéfait, il ne retrouva la parole qu'au moment où je lui dis que j'étais Préfet. — Tu es né préfet ! me répondit-il en souriant. En faisant un tour par la ville, je rencontrai mademoiselle Armande qui m'apparut plus grande que jamais ! Il m'a semblé voir Marius sur les ruines de Carthage. Ne survit-elle pas à ses religions, à ses croyances détruites ? elle ne croit plus qu'en Dieu. Habituellement triste, muette, elle ne conserve, de son ancienne beauté, que des yeux d'un éclat surnaturel. Quand je l'ai vue allant à la messe, son livre à la main, je n'ai pu m'empêcher de penser qu'elle demande à Dieu de la retirer de ce monde.

Aux Jardies, juillet 1837.

LE COMTE DE MORTSAUF.

Maigre et de haute taille, il avait l'attitude d'un gentilhomme, etc..........

LE LYS DANS LA VALLÉE.

LE LYS DANS LA VALLÉE.

A MONSIEUR J.-B. NACQUART,
MEMBRE DE L'ACADÉMIE ROYALE DE MÉDECINE.

Cher docteur, voici l'une des pierres les plus travaillées dans la seconde assise d'un édifice littéraire lentement et laborieusement construit; j'y veux inscrire votre nom, autant pour remercier le savant qui me sauva jadis, que pour célébrer l'ami de tous les jours.

DE BALZAC.

A MADAME LA COMTESSE NATALIE DE MANERVILLE.

« Je cède à ton désir. Le privilége de la femme que nous aimons
» plus qu'elle ne nous aime est de nous faire oublier à tout propos
» les règles du bon sens. Pour ne pas voir un pli se former sur vos
» fronts, pour dissiper la boudeuse expression de vos lèvres que le
» moindre refus attriste, nous franchissons miraculeusement les
» distances, nous donnons notre sang, nous dépensons l'avenir.
» Aujourd'hui tu veux mon passé, le voici. Seulement, sache-le
» bien, Natalie : en t'obéissant, j'ai dû fouler aux pieds des répu-
» gnances inviolées. Mais pourquoi suspecter les soudaines et lon-
» gues rêveries qui me saisissent parfois en plein bonheur? pour-
» quoi ta jolie colère de femme aimée, à propos d'un silence? Ne
» pouvais-tu jouer avec les contrastes de mon caractère sans en
» demander les causes? As-tu dans le cœur des secrets qui, pour
» se faire absoudre, aient besoin des miens? Enfin, tu l'as deviné,

» Natalie, et peut-être vaut-il mieux que tu saches tout : oui, ma
» vie est dominée par un fantôme, il se dessine vaguement au
» moindre mot qui le provoque, il s'agite souvent de lui-même au-
» dessus de moi. J'ai d'imposants souvenirs ensevelis au fond de
» mon âme comme ces productions marines qui s'aperçoivent par
» les temps calmes, et que les flots de la tempête jettent par frag-
» ments sur la grève. Quoique le travail que nécessitent les idées
» pour être exprimées ait contenu ces anciennes émotions qui me
» font tant de mal quand elles se réveillent trop soudainement, s'il
» y avait dans cette confession des éclats qui te blessassent, sou-
» viens-toi que tu m'as menacé si je ne t'obéissais pas, ne me pu-
» nis donc point de t'avoir obéi ? Je voudrais que ma confidence
» redoublât ta tendresse. A ce soir.

» FÉLIX. »

A quel talent nourri de larmes devrons-nous un jour la plus émouvante élégie, la peinture des tourments subits en silence par les âmes dont les racines tendres encore ne rencontrent que de durs cailloux dans le sol domestique, dont les premières frondaisons sont déchirées par des mains haineuses, dont les fleurs sont atteintes par la gelée au moment où elles s'ouvrent ? Quel poète nous dira les douleurs de l'enfant dont les lèvres sucent un sein amer, et dont les sourires sont réprimés par le feu dévorant d'un œil sévère? La fiction qui représenterait ces pauvres cœurs opprimés par les êtres placés autour d'eux pour favoriser les développements de leur sensibilité, serait la véritable histoire de ma jeunesse. Quelle vanité pouvais-je blesser, moi nouveau-né ? quelle disgrâce physique ou morale me valait la froideur de ma mère ? étais-je donc l'enfant du devoir, celui dont la naissance est fortuite, ou celui dont la vie est un reproche? Mis en nourrice à la campagne, oublié par ma famille pendant trois ans, quand je revins à la maison paternelle, j'y comptai pour si peu de chose que j'y subissais la compassion des gens. Je ne connais ni le sentiment, ni l'heureux hasard à l'aide desquels j'ai pu me relever de cette première déchéance : chez moi l'enfant ignore, et l'homme ne sait rien. Loin d'adoucir mon sort, mon frère et mes deux sœurs s'amusèrent à me faire souffrir. Le pacte en vertu duquel les enfants cachent leurs peccadilles et qui leur apprend déjà l'honneur, fut nul à mon égard ; bien plus, je me vis souvent puni pour les fautes de mon frère, sans pouvoir réclamer contre cette injustice ; la courtisanerie, en germe chez les enfants, leur conseillait-elle de contribuer aux persécutions qui m'affligeaient, pour se ménager les bonnes grâces d'une mère également redoutée par eux ? était-ce un effet de leur penchant à l'imitation ? était-ce besoin d'essayer leurs forces, ou manque de pitié ? Peut-être ces causes réunies me privèrent-elles des douceurs de la fraternité. Déjà déshérité de toute affection, je ne pouvais rien aimer, et la nature m'avait fait aimant ! Un ange recueille-t-il les soupirs de cette sensibilité sans cesse rebutée ? Si dans quelques âmes les sentiments méconnus tournent en haine, dans la mienne ils se concentrèrent et s'y creusèrent un lit d'où, plus tard, ils jaillirent sur ma vie. Suivant les caractères, l'habitude de trembler relâche les fibres, engendre la crainte, et la crainte oblige à toujours céder. De là vient une faiblesse qui abâtardit l'homme et lui communique je ne sais quoi d'esclave. Mais ces continuelles tourmentes m'habituèrent à déployer une force qui s'accrut par son exercice et prédisposa mon âme aux résistances morales. Attendant toujours une douleur nouvelle, comme les martyrs attendaient un nouveau coup, tout mon être dut exprimer une résignation morne sous laquelle les grâces et les mouvements de l'enfance furent étouffés, attitude qui passa pour un symptôme d'idiotie et justifia les sinistres pronostics de ma mère. La certitude de ces injustices excita prématurément dans mon âme la fierté, ce fruit de la raison, qui sans doute arrêta les mauvais penchants qu'une semblable éducation encourageait. Quoique délaissé par ma mère, j'étais parfois l'objet de ses scrupules, parfois elle parlait de mon instruction et manifestait le désir de s'en occuper; il me passait alors des frissons horribles en songeant aux déchirements que me causerait un contact journalier avec elle. Je bénissais mon abandon, et me trouvais heureux de pouvoir rester dans le jardin à jouer avec des cailloux, à observer des insectes, à regarder le bleu du firmament. Quoique l'isolement dût me porter à la rêverie, mon goût pour les contemplations vint d'une aventure qui vous peindra mes premiers malheurs. Il était si peu question de moi que souvent la gouvernante oubliait de me faire coucher. Un soir, tranquillement blotti sous un figuier, je regardais une étoile avec cette passion curieuse qui saisit les enfants, et à laquelle ma précoce mélancolie ajoutait une sorte d'intelligence sentimentale. Mes sœurs s'amusaient et criaient, j'entendais leur lointain tapage comme un accompagnement à mes idées. Le bruit cessa, la nuit vint. Par hasard, ma mère s'aperçut de mon absence. Pour éviter un reproche, notre gouvernante, une terrible mademoiselle Caroline légitima les fausses appréhensions de ma mère en prétendant que j'avais la maison en horreur; que si elle n'eût pas attentivement veillé sur moi, je me serais enfui déjà; je n'étais pas imbécile, mais sournois; parmi tous les enfants commis à ses soins, elle n'en avait jamais rencontré dont les dispositions fussent aussi mauvaises que les miennes. Elle feignit de me chercher et m'appela, je répondis; elle vint au figuier où elle savait que j'étais. — Que faisiez-vous donc là? me dit-elle. — Je regardais une étoile. — Vous ne regardiez pas une étoile, dit ma mère qui nous écoutait du haut de son balcon, connaît-on l'astronomie à votre âge? — Ah! madame, s'écria mademoiselle Caroline, il a lâché le robinet du réservoir, le jardin est inondé. Ce fut une rumeur générale. Mes sœurs s'étaient amusées à tourner ce robinet pour voir couler l'eau; mais, surprises par l'écartement d'une gerbe qui les avait arrosées de toutes parts, elles avaient perdu la tête et s'étaient enfuies sans avoir pu fermer le robinet. Atteint et convaincu d'avoir imaginé cette espièglerie, accusé de mensonge quand j'affirmais mon innocence, je fus sévèrement puni. Mais châtiment horrible! je fus persiflé sur mon amour pour les étoiles, et ma mère me défendit de rester au jardin le soir. Les défenses tyranniques aiguisent encore plus une passion chez les enfants que chez les hommes; les enfants ont sur eux l'avantage de ne penser qu'à la chose défendue, qui leur offre alors des attraits irrésistibles. J'eus donc souvent le fouet pour mon étoile. Ne pouvant me confier à personne, je lui disais mes chagrins dans ce délicieux ramage intérieur par lequel un enfant bégaie ses premières idées, comme naguère il a bégayé ses premières paroles. A l'âge de douze ans, au collége, je la contemplais encore en éprouvant d'indicibles délices, tant les impressions reçues au matin de la vie laissent de profondes traces au cœur.

De cinq ans plus âgé que moi, Charles fut aussi bel enfant qu'il est bel homme, il était le privilégié de mon père, l'amour de ma mère, l'espoir de ma famille, partant le roi de la maison. Bien fait et robuste, il avait un précepteur. Moi, chétif et malingre, à cinq ans je fus envoyé comme externe dans une pension de la ville, conduit le matin et ramené le soir par le valet de chambre de mon père. Je partais en emportant un panier peu fourni, tandis que mes camarades apportaient d'abondantes provisions. Ce contraste entre mon dénûment et leur richesse engendra mille souffrances. Les célèbres rillettes et rillons de Tours formaient l'élément principal du repas que nous faisions au milieu de la journée, entre le déjeuner du matin et le dîner de la maison dont l'heure coïncidait avec notre rentrée. Cette préparation, si prisée par quelques gourmands, paraît rarement à Tours sur les tables aristocratiques; si j'en entendis parler avant d'être mis en pension, je n'avais jamais eu le bonheur de voir étendre pour moi cette brune confiture sur une tartine de pain; mais elle n'aurait pas été de mode à la pension, mon envie n'en eût pas été moins vive, car elle était devenue comme une idée fixe, semblable au désir qu'inspiraient à l'une des plus élégantes duchesses de Paris les ragoûts cuisinés par les portières, et qu'en sa qualité de femme, elle satisfit. Les enfants devinent la convoitise dans les regards aussi bien que vous y lisez l'amour : je devins alors un excellent sujet de moquerie. Mes camarades, qui presque tous appartenaient à la petite bourgeoisie, venaient me présenter leurs excellentes rillettes en me demandant si je savais comment elles se faisaient, où elles se vendaient, pourquoi je n'en avais pas. Ils se pourléchaient en vantant les rillons, ces résidus de porc sautés dans sa graisse et qui ressemblent à des truffes cuites; ils douanaient mon panier, n'y trouvaient que des fromages d'Olivet, ou des fruits secs, et m'assassinaient d'un : — *Tu n'as donc pas de quoi?* qui m'apprit à mesurer la différence mise entre mon frère et moi. Ce contraste entre mon abandon et le bonheur des autres a souillé les roses de mon enfance, et flétri ma verdoyante jeunesse. La première fois que, dupe d'un sentiment généreux, j'avançai la main pour accepter la friandise tant souhaitée qui me fut offerte d'un air hypocrite, mon mystificateur retira sa tartine aux rires des camarades prévenus de ce dénoûment. Si les esprits les plus distingués sont accessibles à la vanité, comment ne pas absoudre l'enfant qui pleure de se voir méprisé, goguenardé? A ce jeu, combien d'enfants seraient devenus gourmands, quêteurs, lâches ! Pour éviter les persécutions, je me battis. Le courage du désespoir me rendit redoutable, mais je fus un objet de haine, et restai sans ressources contre les traîtrises. Un soir en sortant, je reçus dans le dos un coup de mouchoir roulé, plein de cailloux. Quand le valet de chambre, qui me vengea rudement, apprit cet événement à ma mère, elle s'écria : — Ce maudit enfant ne nous donnera que des chagrins ! J'entrai dans une horrible défiance de moi-même, en trouvant là les répulsions que j'inspirais en famille. Là, comme à la maison, je me repliai sur moi-même. Une seconde tombée de neige retarda la floraison des germes semés en mon âme. Ceux que je voyais aimés étaient de francs polissons, ma fierté s'appuya sur cette observation, je demeurai seul. Ainsi se continua l'impossibilité d'épancher les sentiments dont mon pauvre cœur était gros. En me voyant toujours assombri, haï, solitaire, le maître confirma les soupçons erronés que ma famille avait de ma mauvaise nature. Dès que je sus écrire et lire, ma mère me fit exporter à Pont-le-Voy, collége dirigé par des Oratoriens qui recevaient les enfants de mon âge dans une classe nommée la classe des *Pas latins*, où restaient aussi les écoliers de qui l'intelligence tardive se refusait au rudiment. Je demeurai là huit ans, sans voir personne, et menant une vie de paria. Voici comment et pourquoi. Je n'avais que trois francs par mois pour mes menus plaisirs, somme qui suffisait à peine aux plumes, canifs, règles, encre et papier dont il fallait nous pourvoir. Ainsi, ne pouvant acheter ni les échasses, ni les cordes, ni aucune des choses nécessaires aux amusements du collége, j'étais banni des jeux ; pour y être admis, j'aurais dû flagorner les riches ou flatter les forts de ma division. La moindre de ces lâchetés, que se permettent si facilement les enfants, me faisait bondir le cœur. Je séjournais sous un arbre, perdu dans de plaintives rêveries, je lisais là les livres que nous distribuait mensuellement le bibliothécaire. Combien de douleurs étaient cachées au fond de cette solitude monstrueuse, quelles angoisses engendrait mon abandon ? Imaginez ce que mon âme tendre dut ressentir à la première distribution de prix où j'obtins les deux plus estimés, le prix de thème et celui de version ? En venant les recevoir sur le théâtre au milieu des acclamations et des fanfares, je n'eus ni mon père ni ma mère pour me fêter, alors que le parterre était rempli par les parents de tous mes camarades. Au lieu de baiser le distributeur, suivant l'usage, je me précipitai dans son sein et j'y fondis en larmes. Le soir, je brûlai mes couronnes dans le poêle. Les parents demeuraient en ville pendant la semaine employée par les exercices qui précédaient la distribution des prix, ainsi mes camarades décampaient tous joyeusement le matin ; tandis que moi, de qui les parents étaient à quelques lieues de là, je restais dans les cours avec les Outre-mer, nom donné aux écoliers dont les familles se trouvaient aux îles ou à l'étranger. Le soir, durant la prière, les barbares nous vantaient les bons dîners faits avec leurs parents. Vous verrez toujours mon malheur s'agrandissant en raison de la circonférence des sphères sociales où j'entrerai. Combien d'efforts n'ai-je pas tentés pour infirmer l'arrêt qui me condamnait à ne vivre qu'en moi ! Combien d'espérances long-temps conçues avec mille élancements d'âme et détruites en un jour ! Pour décider mes parents à venir au collége, je leur écrivais des épîtres pleines de sentiments, peut-être emphatiquement exprimés, mais ces lettres auraient-elles dû m'attirer les reproches de ma mère qui me réprimandait avec ironie sur mon style? Sans me décourager, je promettais de remplir les conditions que ma mère et mon père mettaient à leur arrivée, j'implorais l'assistance de mes sœurs à qui j'écrivais aux jours de leur fête et de leur naissance, avec l'exactitude des pauvres enfants délaissés, mais avec une vaine persistance. Aux approches de la distribution des prix, je redoublais mes prières, je parlais de triomphes pressentis. Trompé par le silence de mes parents, je les attendais en m'exaltant le cœur, je les annonçais à mes camarades ; et quand, à l'arrivée des familles, le pas du vieux portier qui appelait les écoliers retentissait dans les cours, j'éprouvais alors des palpitations maladives. Jamais ce vieillard ne prononça mon nom. Le jour où je m'accusai d'avoir maudit l'existence, mon confesseur me montra le ciel où fleurissait la palme promise par le *Beati qui lugent !* du Sauveur. Lors de ma première communion, je me jetai donc dans les mystérieuses profondeurs de la prière, séduit par les idées religieuses dont les féeries morales enchantent les jeunes esprits. Animé d'une ardente foi, je priais Dieu de renouveler en ma faveur les miracles fascinateurs que je lisais dans le Martyrologe. A cinq ans je m'envolais dans une étoile, à douze ans j'allais frapper aux portes du Sanctuaire. Mon extase fit éclore en moi des songes inénarrables qui meublèrent mon imagination, enrichirent ma tendresse et fortifièrent mes facultés pensantes. J'ai souvent attribué ces sublimes visions à des anges chargés de façonner mon âme à de divines destinées, elles ont doué mes yeux de la faculté de voir l'esprit intime des choses ; elles ont préparé mon cœur aux magies qui font le poète malheureux, quand il a le fatal pouvoir de comparer ce qu'il sent à ce qui est, les grandes choses voulues au peu qu'il obtient ; elles ont écrit dans ma tête un livre où j'ai pu lire ce que je devais exprimer, elles ont mis sur mes lèvres le charbon de l'improvisateur.

Mon père conçut quelques doutes sur la portée de l'enseignement oratorien, et vint m'enlever de Pont-le-Voy pour me mettre à Paris dans une Institution située au Marais. J'avais quinze ans. Examen fait de ma capacité, le rhétoricien de Pont-le-Voy fut jugé digne d'être en troisième. Les douleurs que j'avais éprouvées en famille, à l'école, au collége, je les retrouvai sous une nouvelle forme pendant mon séjour à la pension Lepître. Mon père ne m'avait point donné d'argent. Quand mes parents savaient que je pouvais être nourri, vêtu, gorgé de latin, bourré de grec, tout était résolu. Durant le cours de ma vie collégiale, j'ai connu mille camarades environ, et n'ai rencontré chez aucun l'exemple d'une pareille indifférence. Attaché fanatiquement aux Bourbons, monsieur Lepître avait eu des relations avec mon père à l'époque où des royalistes dévoués essayèrent d'enlever au Temple la reine Marie-Antoinette; ils avaient renouvelé connaissance; monsieur Lepître se crut donc obligé de réparer l'oubli de mon père, mais la somme qu'il me donna mensuellement fut médiocre, car il ignorait les intentions de ma famille. La pension était installée à l'ancien hôtel Joyeuse, où, comme dans toutes les anciennes demeures seigneuriales, il se trouvait une loge de suisse. Pendant la récréation qui précédait l'heure où le *gâcheux* nous conduisait au lycée Charlemagne, les camarades opulents allaient déjeuner chez notre portier, nommé Doisy. Monsieur Lepître ignorait ou souffrait le commerce de Doisy, véritable contrebandier que les élèves avaient intérêt à choyer : il était le secret chaperon de nos écarts, le confident des rentrées tardives, notre intermédiaire entre les loueurs de livres défendus. Déjeuner avec une tasse de café au lait était un goût aristocratique, expliqué par le prix excessif auquel montèrent les denrées coloniales sous Napoléon. Si l'usage du sucre et du café constituait un luxe chez les parents, il annonçait parmi nous une supériorité vaniteuse qui aurait engendré notre passion, si la pente à l'imitation, si la gourmandise, si la contagion de la mode n'eussent pas suffi. Doisy nous faisait crédit, il nous supposait à tous des sœurs ou des tantes qui approuvent le point d'honneur des écoliers et payent leurs dettes. Je résistai long-temps aux blandices de la buvette. Si mes juges eussent connu la force des séductions, les héroïques aspirations de mon âme vers le stoïcisme, les rages contenues pendant ma longue résistance, ils eussent essuyé mes pleurs au lieu de les faire couler. Mais, enfant, pouvais-je avoir cette grandeur d'âme qui fait mépriser le mépris d'autrui? Puis je sentis peut-être les atteintes de plusieurs vices sociaux dont la puissance fut augmentée par ma convoitise. Vers la fin de la deuxième année, mon père et ma mère vinrent à Paris. Le jour de leur arrivée me fut annoncé par mon frère : il habitait Paris et ne m'avait pas fait une seule visite. Mes sœurs étaient du voyage, et nous devions voir Paris ensemble. Le premier jour nous irions dîner au Palais-Royal afin d'être tout portés au Théâtre-Français. Malgré l'ivresse que me causa ce programme de fêtes inespérées, ma joie fut détendue par le vent d'orage qui impressionne si rapidement les habitués du malheur. J'avais à déclarer cent francs de dettes contractées chez le sieur Doisy, qui me menaçait de demander lui-même son argent à mes parents. J'inventai de prendre mon frère pour drogman de Doisy, pour interprète de mon repentir, pour médiateur de mon pardon. Mon père pencha vers l'indulgence. Mais ma mère fut impitoyable, son œil bleu foncé me pétrifia, elle fulmina de terribles prophéties. « Que serais-je plus tard, si dès l'âge de dix-sept ans je faisais de semblables équipées! Étais-je bien son fils? Allais-je ruiner ma famille? Étais-je donc seul au logis? La carrière embrassée par mon frère Charles n'exigeait-elle pas une dotation indépendante, déjà méritée par une conduite qui glorifiait sa famille, tandis que j'en serais la honte? Mes deux sœurs se marieraient-elles sans dot? Ignorais-je donc le prix de l'argent et ce que je coûtais? À quoi servaient le sucre et le café dans une éducation? Se conduire ainsi, n'était-ce pas apprendre tous les vices? » Marat était un ange en comparaison de moi. Après avoir subi le choc de ce torrent qui charria mille terreurs en mon âme, mon frère me reconduisit à ma pension, je perdis le dîner aux Frères Provençaux et fus privé de voir Talma dans *Britannicus*. Telle fut mon entrevue avec ma mère après une séparation de douze ans.

Quand j'eus fini mes humanités, mon père me laissa sous la tutelle de monsieur Lepître : je devais apprendre les mathématiques transcendantes, faire une première année de Droit et commencer de hautes études. Pensionnaire en chambre et libéré des classes, je crus à une trêve entre la misère et moi. Mais malgré mes dix-neuf ans, ou peut-être à cause de mes dix-neuf ans, mon père continua le système qui m'avait envoyé jadis à l'école sans provisions de bouche, au collége sans menus plaisirs, et donné Doisy pour créancier. J'eus peu d'argent à ma disposition. Que tenter à Paris sans argent? D'ailleurs, ma liberté fut savamment enchaînée. Monsieur Lepître me faisait accompagner à l'École de Droit par un gâcheux qui me remettait aux mains du professeur, et venait me reprendre. Une jeune fille aurait été gardée avec moins de précautions que les craintes de ma mère n'en inspirèrent pour conserver ma personne. Paris effrayait à bon droit mes parents. Les écoliers sont secrètement occupés de ce qui préoccupe aussi les demoiselles dans leurs pensionnats ; quoi qu'on fasse, celles-ci parleront toujours de l'amant, et ceux-là de la femme. Mais à Paris, et dans ce temps, les conversations entre camarades étaient dominées par le monde oriental et sultanesque du Palais-Royal. Le Palais-Royal était un Eldorado d'amour où le soir les lingots couraient tout monnayés. Là cessaient les doutes les plus vierges, là pouvaient s'apaiser nos curiosités allumées! Le Palais-Royal et moi nous fûmes deux asymptotes, dirigées l'une vers l'autre sans pouvoir se rencontrer. Voici comment le sort déjoua mes tentatives. Mon père m'avait présenté chez une de mes tantes qui demeurait dans l'île Saint-Louis, où je dus aller dîner les jeudis et les dimanches, conduit par madame ou par monsieur Lepître, qui, ces jours-là, sortaient et me reprenaient le soir en revenant chez eux. Singulières récréations! La marquise de Listomère était une grande dame cérémonieuse qui n'eut jamais la pensée de m'offrir un écu. Vieille comme une cathédrale, peinte comme une miniature, somptueuse dans sa mise, elle vivait dans son hôtel comme si Louis XV ne fût pas mort, et ne voyait que des vieilles femmes et des gentilshommes, société de corps fossiles où je croyais être dans un cimetière. Personne ne m'adressait la parole, et je ne me sentais pas la force de parler le premier. Les regards hostiles ou froids me rendaient honteux de ma jeunesse qui semblait importune à tous. Je basai le succès de mon escapade sur cette indifférence, en me proposant de m'esquiver un jour, aussitôt le dîner fini, pour voler aux Galeries de bois. Une fois engagée dans un whist, ma tante ne faisait plus attention à moi. Jean, son valet de chambre, se souciait peu de monsieur Lepître; mais ce malheureux dîner se prolongeait malheureusement en raison de la vétusté des mâchoires ou de l'imperfection des râteliers. Enfin un soir, entre huit et neuf heures, j'avais gagné l'escalier, palpitant comme Bianca Capello le jour de sa fuite ; mais quand le suisse m'eut tiré le cordon, je vis le fiacre de monsieur Lepître dans la rue, et le bonhomme qui me demandait de sa voix poussive. Trois fois le hasard s'interposa fatalement entre l'enfer du Palais-Royal et le paradis de ma jeunesse. Le jour où, me trouvant honteux à vingt ans de mon ignorance, je résolus d'affronter tous les périls pour en finir ; au moment où faussant compagnie à monsieur Lepître pendant qu'il montait en voiture, opération difficile, il était gros comme Louis XVIII et pied-bot ; eh ! bien, ma mère arrivait en chaise de poste ! Je fus arrêté par son regard et demeurai comme l'oiseau devant le serpent. Par quel hasard la rencontrai-je ? Rien de plus naturel. Napoléon tentait ses derniers coups. Mon père, qui pressentait le retour des Bourbons, venait éclairer mon frère employé déjà dans la diplomatie impériale. Il avait quitté Tours avec ma mère. Ma mère s'était chargée de m'y reconduire pour me soustraire aux dangers dont la capitale semblait menacée à ceux qui suivaient intelligemment la marche des ennemis. En quelques minutes je fus enlevé de Paris, au moment où son séjour allait m'être fatal. Les tourments d'une imagination sans cesse agitée de désirs réprimés, les ennuis d'une vie attristée par de constantes privations, m'avaient contraint à me jeter dans l'étude, comme les hommes lassés de leur sort se confinaient autrefois dans un cloître. Chez moi, l'étude était devenue une passion qui pouvait m'être fatale en m'emprisonnant à l'époque où les jeunes gens doivent se livrer aux activités enchanteresses de leur nature printanière.

Ce léger croquis d'une jeunesse, où vous devinez d'innombrables élégies, était nécessaire pour expliquer l'influence qu'elle exerça sur mon avenir. Affecté par tant d'éléments morbides, à vingt ans passés, j'étais encore petit, maigre et pâle. Mon âme pleine de vouloirs se débattait avec un corps débile en apparence ; mais qui, selon le mot d'un vieux médecin de Tours, subissait la dernière fusion d'un tempérament de fer. Enfant par le corps et vieux par la pensée, j'avais tant lu, tant médité, que je connaissais métaphysiquement la vie dans ses hauteurs au moment où j'allais apercevoir les difficultés tortueuses de ses défilés et les chemins sablonneux de ses plaines. Des hasards inouïs m'avaient laissé dans cette délicieuse période où surgissent les premiers troubles de l'âme, où elle s'éveille aux voluptés, où pour elle tout est sapide et frais. J'étais entre ma puberté prolongée par mes travaux et ma virilité qui poussait tardivement ses rameaux verts. Nul jeune homme ne fut, mieux que je ne l'étais, préparé à sentir, à aimer. Pour bien comprendre mon récit, reportez-vous donc à ce bel âge où la bouche est vierge de mensonges, où le regard est franc, quoique voilé par des paupières qu'alourdissent les timidités en contradiction avec le désir, où l'esprit ne se plie point au jésuitisme du monde, où la couardise du cœur égale en violence les générosités du premier mouvement.

Je ne vous parlerai point du voyage que je fis de Paris à Tours avec ma mère. La froideur de ses façons réprima l'essor de mes tendresses. En partant de chaque nouveau relais, je me promettais de parler ; mais un regard, un mot effarouchaient les phrases prudemment méditées pour mon exorde. A Orléans, au moment de se coucher, ma mère me reprocha mon silence. Je me jetai à ses pieds, j'embrassai ses genoux en pleurant à chaudes larmes, je lui ouvris mon cœur, gros d'affection ; j'essayai de la toucher par l'éloquence d'une plaidoirie affamée d'amour, et dont les accents eussent remué les entrailles d'une marâtre. Ma mère me répondit que je jouais la comédie. Je me plaignis de son abandon, elle m'appela fils dénaturé. J'eus un tel serrement de cœur qu'à Blois je courus sur le pont pour me jeter dans la Loire. Mon suicide fut empêché par la hauteur du parapet.

A mon arrivée, mes deux sœurs, qui ne me connaissaient point, marquèrent plus d'étonnement que de tendresse ; cependant plus tard, par comparaison, elles me parurent pleines d'amitié pour moi. Je fus logé dans une chambre, au troisième étage. Vous aurez compris l'étendue de mes misères quand je vous aurai dit que ma mère me laissa, moi, jeune homme de vingt ans, sans autre linge que celui de mon misérable trousseau de pension, sans autre garde-robe que mes vêtements de Paris. Si je volais d'un bout du salon à l'autre pour lui ramasser son mouchoir, elle ne me disait que le froid merci qu'une femme accorde à son valet. Obligé de l'observer pour reconnaître s'il y avait en son cœur des endroits friables où je pusse attacher quelques rameaux d'affection, je vis en elle une grande femme sèche et mince, joueuse, égoïste, impertinente comme toutes les Listomère, chez qui l'impertinence se compte dans la dot. Elle ne voyait dans la vie que des devoirs à remplir ; toutes les femmes froides que j'ai rencontrées se faisaient comme elle une religion du devoir ; elle recevait nos adorations comme un prêtre reçoit l'encens à la messe ; mon frère aîné semblait avoir absorbé le peu de maternité qu'elle avait au cœur. Elle nous piquait sans cesse par les traits d'une ironie mordante, l'arme des gens sans cœur, et de laquelle elle se servait contre nous qui ne pouvions lui rien répondre. Malgré ces barrières épineuses, les sentiments instinctifs tiennent par tant de racines, la religieuse terreur inspirée par une mère de laquelle il coûte trop de désespérer conserve tant de liens, que la sublime erreur de notre amour se continua jusqu'au jour où, plus avancés dans la vie, elle fut souverainement jugée. En ce jour commencent les représailles des enfants dont l'indifférence engendrée par les déceptions du passé, grossie des épaves limoneuses qu'ils en ramènent, s'étend jusque sur la tombe. Ce terrible despotisme chassa les idées voluptueuses que j'avais follement médité de satisfaire à Tours. Je me jetai désespérément dans la bibliothèque de mon père, où je me mis à lire tous les livres que je ne connaissais point. Mes longues séances de travail m'épargnèrent tout contact avec ma mère, mais elles aggravèrent ma situation morale. Parfois, ma sœur aînée, celle qui a épousé notre cousin le marquis de Listomère, cherchait à me consoler sans pouvoir calmer l'irritation à laquelle j'étais en proie. Je voulais mourir.

De grands événements, auxquels j'étais étranger, se préparaient alors. Parti de Bordeaux pour rejoindre Louis XVIII à Paris, le duc d'Angoulême recevait, à son passage dans chaque ville, des ovations préparées par l'enthousiasme qui saisissait la vieille France au retour des Bourbons. La Touraine en émoi pour ses princes légitimes, la ville en rumeur, les fenêtres pavoisées, les habitants endimanchés, les apprêts d'une fête, et ce je ne sais quoi répandu dans l'air et qui grise, me donnèrent l'envie d'assister au bal offert au prince. Quand je me mis de l'audace au front pour exprimer ce désir à ma mère, alors trop malade pour pouvoir assister à la fête, elle se courrouça grandement. Arrivais-je du Congo pour ne rien savoir? Comment pouvais-je imaginer que notre famille ne serait pas représentée à ce bal? En l'absence de mon père et de mon frère, n'était-ce pas à moi d'y aller? N'avais-je pas une mère? ne pensait-elle pas au bonheur de ses enfants? En un moment le fils quasi désavoué devenait un personnage. Je fus autant abasourdi de mon importance que du déluge de raisons ironiquement déduites par

lesquelles ma mère accueillit ma supplique. Je questionnai mes sœurs, j'appris que ma mère, à laquelle plaisaient ces coups de théâtre, s'était forcément occupée de ma toilette. Surpris par les exigences de ses pratiques, aucun tailleur de Tours n'avait pu se charger de mon équipement. Ma mère avait mandé son ouvrière à la journée, qui, suivant l'usage des provinces, savait faire toute espèce de couture. Un habit bleu-barbeau me fut secrètement confectionné tant bien que mal. Des bas de soie et des escarpins neufs furent facilement trouvés; les gilets d'homme se portaient courts, je pus mettre un des gilets de mon père; pour la première fois j'eus une chemise à jabot dont les tuyaux gonflèrent ma poitrine et s'entortillèrent dans le nœud de ma cravate. Quand je fus habillé, je me ressemblais si peu, que mes sœurs me donnèrent par leurs compliments le courage de paraître devant la Touraine assemblée. Entreprise ardue! Cette fête comportait trop d'appelés pour qu'il y eût beaucoup d'élus. Grâce à l'exiguïté de ma taille, je me faufilai sous une tente construite dans les jardins de la maison Papion; et j'arrivai près du fauteuil où trônait le prince. En un moment je fus suffoqué par la chaleur, ébloui par les lumières, par les tentures rouges, par les ornements dorés, par les toilettes et les diamants de la première fête publique à laquelle j'assistais. J'étais poussé par une foule d'hommes et de femmes qui se ruaient les uns sur les autres et se heurtaient dans un nuage de poussière. Les cuivres ardents et les éclats bourboniens de la musique militaire étaient étouffés sous les hourra de :
— Vive le duc d'Angoulême! vive le roi! vivent les Bourbons!
Cette fête était une débâcle d'enthousiasme où chacun s'efforçait de se surpasser dans le féroce empressement de courir au soleil levant des Bourbons, véritable égoïsme de parti qui me laissa froid, me rapetissa, me replia sur moi-même.

Emporté comme un fétu dans ce tourbillon, j'eus un enfantin désir d'être duc d'Angoulême, de me mêler ainsi à ces princes qui paradaient devant un public ébahi. La niaise envie du Tourangeau fit éclore une ambition que mon caractère et les circonstances ennoblirent. Qui n'a pas jalousé cette adoration dont une répétition grandiose me fut offerte quelques mois après, quand Paris tout entier se précipita vers l'Empereur à son retour de l'île d'Elbe? Cet empire exercé sur les masses dont les sentiments et la vie se déchargent dans une seule âme, me voua soudain à la gloire, cette prêtresse qui égorge les Français aujourd'hui, comme autrefois la drui-

desse sacrifiait les Gaulois. Puis tout à coup je rencontrai la femme qui devait aiguillonner sans cesse mes ambitieux désirs, et les combler en me jetant au cœur de la Royauté. Trop timide pour inviter une danseuse, et craignant d'ailleurs de brouiller les figures, je devins naturellement très-grimaud et ne sachant que faire de ma personne. Au moment où je souffrais du malaise causé par le piétinement auquel nous oblige une foule, un officier marcha sur mes pieds gonflés autant par la compression du cuir que par la chaleur. Ce dernier ennui me dégoûta de la fête. Il était impossible de sortir, je me réfugiai dans un coin au bout d'une banquette abandonnée, où je restai les yeux fixes, immobile et boudeur. Trompée par ma chétive apparence, une femme me prit pour un enfant prêt à s'endormir en attendant le bon plaisir de sa mère, et se posa près de moi par un mouvement d'oiseau qui s'abat sur son nid. Aussitôt je sentis un parfum de femme qui brilla dans mon âme comme y brilla depuis la poésie orientale. Je regardai ma voisine, et fus plus ébloui par elle que je ne l'avais été par la fête; elle devint toute ma fête. Si vous avez bien compris ma vie antérieure, vous devinerez les sentiments qui sourdirent en mon cœur. Mes yeux furent tout à coup frappés par de blanches épaules rebondies sur lesquelles j'aurais voulu pouvoir me rouler; des épaules légèrement rosées qui semblaient rougir comme si elles se trouvaient nues pour la première fois; de pudiques épaules qui avaient une âme, et dont la peau satinée éclatait à la lumière comme un tissu de soie. Ces épaules étaient partagées par une raie, le long de laquelle coula mon regard, plus hardi que ma main. Je me haussai tout palpitant pour voir le corsage et fus complétement fasciné par une gorge chastement couverte d'une gaze, mais dont les globes azurés et d'une rondeur parfaite étaient douillettement couchés dans des flots de dentelle. Les plus légers détails de cette tête furent des amorces qui réveillèrent en moi des jouissances infinies : le brillant des cheveux lissés au-dessus d'un cou velouté comme celui d'une petite fille, les lignes blanches que le peigne y avait dessinées et où mon imagination courut comme en de frais sentiers; tout me fit perdre l'esprit. Après m'être assuré que personne ne me voyait, je me plongeai dans ce dos comme un enfant qui se jette dans le sein de sa mère, et je baisai toutes ces épaules en y roulant ma tête. Cette femme poussa un cri perçant, que la musique empêcha d'entendre ; elle se retourna, me vit et me dit :
« — Monsieur ? » Ah! si elle avait dit : « — Mon petit bonhomme

qu'est-ce qui vous prend donc? » je l'aurais tuée peut-être ; mais à *ce monsieur!* des larmes chaudes jaillirent de mes yeux. Je fus pétrifié par un regard animé d'une sainte colère, par une tête sublime couronnée d'un diadème de cheveux cendrés, en harmonie avec ce dos d'amour. La pourpre de la pudeur offensée étincela sur son visage, que désarmait déjà le pardon de la femme qui comprend une frénésie quand elle en est le principe, et devine des adorations infinies dans les larmes du repentir. Elle s'en alla par un mouvement de reine. Je sentis alors le ridicule de ma position ; alors seulement je compris que j'étais fagotté comme le singe d'un Savoyard. J'eus honte de moi. Je restai tout hébété, savourant la pomme que je venais de voler, gardant sur mes lèvres la chaleur de ce sang que j'avais aspiré, ne me repentant de rien, et suivant du regard cette femme descendue des cieux. Saisi par le premier accès charnel de la grande fièvre du cœur, j'errai dans le bal devenu désert, sans pouvoir y retrouver mon inconnue. Je revins me coucher métamorphosé.

Une âme nouvelle, une âme aux ailes diaprées avait brisé sa larve. Tombée des steppes bleus où je l'admirais, ma chère étoile s'était donc faite femme en conservant sa clarté, ses scintillements et sa fraîcheur. J'aimai soudain sans rien savoir de l'amour. N'est-ce pas une étrange chose que cette première irruption du sentiment le plus vif de l'homme? J'avais rencontré dans le salon de ma tante quelques jolies femmes, aucune ne m'avait causé la moindre impression. Existe-t-il donc une heure, une conjonction d'astres, une réunion de circonstances expresses, une certaine femme entre toutes, pour déterminer une passion exclusive, au temps où la passion embrasse le sexe entier? En pensant que mon élue vivait en Touraine, j'aspirais l'air avec délices, je trouvai au bleu du temps une couleur que je ne lui ai plus vue nulle part. Si j'étais ravi mentalement, je parus sérieusement malade, et ma mère eut des craintes mêlées de remords. Semblable aux animaux qui sentent venir le mal, j'allai m'accroupir dans un coin du jardin pour y rêver au baiser que j'avais volé. Quelques jours après ce bal mémorable, ma mère attribua l'abandon de mes travaux, mon indifférence à ses regards oppresseurs, mon insouciance de ses ironies et ma sombre attitude, aux crises naturelles que doivent subir les jeunes gens de mon âge. La campagne, cet éternel remède des affections auxquelles la médecine ne connaît rien, fut regardée comme le meilleur moyen de me sortir de mon apathie. Ma mère décida que j'irais passer quelques jours à Frapesle, château situé sur l'Indre entre Montbazon et Azay-le-Rideau, chez l'un de ses amis, à qui sans doute elle donna des instructions secrètes. Le jour où j'eus ainsi la clef des champs, j'avais si drument nagé dans l'océan de l'amour que je l'avais traversé. J'ignorais le nom de mon inconnue, comment la désigner, où la trouver? d'ailleurs, à qui pouvais-je parler d'elle? Mon caractère timide augmentait encore les craintes inexpliquées qui s'emparent des jeunes cœurs au début de l'amour, et me faisait commencer par la mélancolie qui termine les passions sans espoir. Je ne demandais pas mieux que d'aller, venir, courir à travers champs. Avec ce courage d'enfant qui ne doute de rien et comporte je ne sais quoi de chevaleresque, je me proposais de fouiller tous les châteaux de la Touraine, en y voyageant à pied, en me disant à chaque jolie tourelle : — C'est là!

Donc, un jeudi matin je sortis de Tours par la barrière Saint-Éloy, je traversai les ponts Saint-Sauveur, j'arrivai dans Poncher en levant le nez à chaque maison, et gagnai la route de Chinon. Pour la première fois de ma vie, je pouvais m'arrêter sous un arbre, marcher lentement ou vite à mon gré sans être questionné par personne. Pour un pauvre être écrasé par les différents despotismes qui, peu ou prou, pèsent sur toutes les jeunesses, le premier usage du libre arbitre, exercé même sur des riens, apportait à l'âme je ne sais quel épanouissement. Beaucoup de raisons se réunirent pour faire de ce jour une fête pleine d'enchantements. Dans mon enfance, mes promenades ne m'avaient pas conduit à plus d'une lieue hors la ville. Mes courses aux environs de Pont-le-Voy, ni celles que je fis dans Paris, ne m'avaient gâté sur les beautés de la nature champêtre. Néanmoins il me restait, des premiers souvenirs de ma vie, le sentiment du beau qui respire dans le paysage de Tours avec lequel je m'étais familiarisé. Quoique complétement neuf à la poésie des sites, j'étais donc exigeant à mon insu, comme ceux qui sans avoir la pratique d'un art en imaginent tout d'abord l'idéal. Pour aller au château de Frapesle, les gens à pied ou à cheval abrègent la route en passant par les landes dites de Charlemagne, terres en friche, situées au sommet du plateau qui sépare le bassin du Cher et celui de l'Indre, et où mène un chemin de traverse que l'on prend à Champy. Ces landes plates et sablonneuses, qui vous attristent durant une lieue environ, joignent par un bouquet de bois le chemin de

Saché, nom de la commune d'où dépend Frapesle. Ce chemin, qui débouche sur la route de Chinon, bien au delà de Ballan, longe une plaine ondulée sans accidents remarquables, jusqu'au petit pays d'Artanne. Là se découvre une vallée qui commence à Montbazon, finit à la Loire, et semble bondir sous les châteaux posés sur ces doubles collines ; une magnifique coupe d'émeraude au fond de laquelle l'Indre se roule par des mouvements de serpent. A cet aspect, je fus saisi d'un étonnement voluptueux que l'ennui des landes ou la fatigue du chemin avait préparé. — Si cette femme, la fleur de son sexe, habite un lieu dans le monde, ce lieu, le voici ? A cette pensée je m'appuyai contre un noyer sous lequel, depuis ce jour, je me repose toutes les fois que je reviens dans ma chère vallée. Sous cet arbre confident de mes pensées, je m'interroge sur les changements que j'ai subis pendant le temps qui s'est écoulé depuis le dernier jour où j'en suis parti. Elle demeurait là, mon cœur ne me trompait point : le premier castel que je vis au penchant d'une lande était son habitation. Quand je m'assis sous mon noyer, le soleil de midi faisait pétiller les ardoises de son toit et les vitres de ses fenêtres. Sa robe de percale produisait le point blanc que je remarquai dans ses vignes sous un hallebergier. Elle était, comme vous le savez déjà, sans rien savoir encore, LE LYS DE CETTE VALLÉE où elle croissait pour le ciel, en la remplissant du parfum de ses vertus. L'amour infini, sans autre aliment qu'un objet à peine entrevu dont mon âme était remplie, je le trouvais exprimé par ce long ruban d'eau qui ruisselle au soleil entre deux rives vertes, par ces lignes de peupliers qui parent de leurs dentelles mobiles ce val d'amour, par les bois de chênes qui s'avancent entre les vignobles sur des coteaux que la rivière arrondit toujours différemment, et par ces horizons estompés qui fuient en se contrariant. Si vous voulez voir la nature belle et vierge comme une fiancée, allez là par un jour de printemps ; si vous voulez calmer les plaies saignantes de votre cœur, revenez-y par les derniers jours de l'automne ; au printemps, l'amour y bat des ailes à plein ciel, en automne on y songe à ceux qui ne sont plus. Le poumon malade y respire une bienfaisante fraîcheur, la vue s'y repose sur des touffes dorées qui communiquent à l'âme leurs paisibles douceurs. En ce moment, les moulins situés sur les chutes de l'Indre donnaient une voix à cette vallée frémissante, les peupliers se balançaient en riant, pas un nuage au ciel, les oiseaux chantaient, les cigales criaient, tout y était mélodie. Ne me demandez plus pourquoi j'aime la Touraine? je ne l'aime ni comme on aime son berceau, ni comme on aime une oasis dans le désert; je l'aime comme un artiste aime l'art; je l'aime moins que je ne vous aime, mais sans la Touraine, peut-être ne vivrais-je plus. Sans savoir pourquoi, mes yeux revenaient au point blanc, à la femme qui brillait dans ce vaste jardin comme au milieu des buissons verts éclatait la clochette d'un convolvulus, flétrie si l'on y touche. Je descendis, l'âme émue, au fond de cette corbeille, et vis bientôt un village que la poésie qui surabondait en moi me fit trouver sans pareil. Figurez-vous trois moulins posés parmi des îles gracieusement découpées, couronnées de quelques bouquets d'arbres au milieu d'une prairie d'eau; quel autre nom donner à ces végétations aquatiques, si vivaces, si bien colorées, qui tapissent la rivière, surgissent au-dessus, ondulent avec elle, se laissent aller à ses caprices et se plient aux tempêtes de la rivière fouettée par la roue des moulins! Çà et là, s'élèvent des masses de gravier sur lesquelles l'eau se brise en y formant des franges où reluit le soleil. Les amaryllis, le nénuphar, le lys d'eau, les joncs, les flox décorent les rives de leurs magnifiques tapisseries. Un pont tremblant composé de poutrelles pourries, dont les piles sont couvertes de fleurs, dont les garde-fous plantés d'herbes vivaces et de mousses veloutées se penchent sur la rivière et ne tombent point ; des barques usées, des filets de pêcheurs, le chant monotone d'un berger, les canards qui voguaient entre les îles ou s'épluchaient sur le jard, nom du gros sable que charrie la Loire; des garçons meuniers, le bonnet sur l'oreille, occupés à charger leurs mulets; chacun de ces détails rendait cette scène d'une naïveté surprenante. Imaginez au delà du pont deux ou trois fermes, un colombier, des tourterelles, une trentaine de masures séparées par des jardins, par des haies de chèvrefeuilles, de jasmins et de clématites; puis du fumier fleuri devant toutes les portes, des poules et des coqs par les chemins? voilà le village du Pont-de-Ruan, joli village surmonté d'une vieille église pleine de caractère, une église du temps des croisades, et comme les peintres en cherchent pour leurs tableaux. Encadrez le tout de noyers antiques, de jeunes peupliers aux feuilles d'or pâle, mettez de gracieuses fabriques au milieu des longues prairies où l'œil se perd sous un ciel chaud et vaporeux, vous aurez une idée d'un des mille points de vue de ce beau pays. Je suivis le chemin de Saché sur la gauche de la rivière, en observant les détails des collines qui meublent la rive opposée. Puis enfin j'atteignis un parc orné d'arbres centenaires qui m'indiqua le château de Frapesle. J'arrivai précisément à l'heure où la cloche annonçait le déjeuner. Après le repas, mon hôte, ne soupçonnant pas que j'étais venu de Tours à pied, me fit parcourir les alentours de sa terre où de toutes parts je vis la vallée sous toutes ses formes : ici par une échappée, là tout entière; souvent mes yeux furent attirés à l'horizon par la belle lame d'or de la Loire où, parmi les roulées, les voiles dessinaient de fantasques figures qui fuyaient emportées par le vent. En gravissant une crête, j'admirai pour la première fois le château d'Azay, diamant taillé à facettes, serti par l'Indre, monté sur des pilotis masqués de fleurs. Puis je vis dans un fond les masses romantiques du château de Saché, mélancolique séjour plein d'harmonies, trop graves pour les gens superficiels, chères aux poètes dont l'âme est endolorie. Aussi, plus tard, en aimai-je le silence, les grands arbres chenus, et ce je ne sais quoi mystérieux épandu dans son vallon solitaire! Mais chaque fois que je retrouvais au penchant de la côte voisine le mignon castel aperçu, choisi par mon premier regard, je m'y arrêtais complaisamment.

— Hé! me dit mon hôte en lisant dans mes yeux l'un de ces pétillants désirs toujours si naïvement exprimés à mon âge, vous sentez de loin une jolie femme comme un chien flaire le gibier.

Je n'aimai pas ce dernier mot, mais je demandai le nom du castel et celui du propriétaire.

— Ceci est Clochegourde, me dit-il, une jolie maison appartenant au comte de Mortsauf, le représentant d'une famille historique en Touraine, dont la fortune date de Louis XI, et dont le nom indique l'aventure à laquelle il doit et ses armes et son illustration. Il descend d'un homme qui survécut à la potence. Aussi les Mortsauf portent-ils *d'or, à la croix de sable alezée potencée et contre-potencée, chargée en cœur d'une fleur de lys d'or au pied nourri*, avec : *Dieu saulve le Roi notre Sire*, pour devise. Le comte est venu s'établir sur ce domaine au retour de l'émigration. Ce bien est à sa femme, une demoiselle de Lenoncourt, de la maison de Lenoncourt-Givry, qui va s'éteindre : madame de Mortsauf est fille unique. Le peu de fortune de cette famille contraste si singulièrement avec l'illustration des noms, que, par orgueil ou par nécessité peut-être, ils restent toujours à Clochegourde et n'y voient personne. Jusqu'à présent leur attachement aux Bourbons pouvait justifier leur solitude; mais je doute que le retour du roi change

leur manière de vivre. En venant m'établir ici, l'année dernière,
je suis allé leur faire une visite de politesse ; ils me l'ont rendue et
nous ont invités à dîner; l'hiver nous a séparés pour quelques mois ;
puis les événements politiques ont retardé notre retour, car je ne
suis à Frapesle que depuis peu de temps. Madame de Mortsauf est
une femme qui pourrait occuper partout la première place.

— Vient-elle souvent à Tours?

— Elle n'y va jamais. Mais, dit-il en se reprenant, elle y est allée
dernièrement, au passage du duc d'Angoulême qui s'est montré
fort gracieux pour monsieur de Mortsauf.

— C'est elle ! m'écriai-je.

— Qui, elle ?

— Une femme qui a de belles épaules.

— Vous rencontrerez en Touraine beaucoup de femmes qui ont
de belles épaules, dit-il en riant. Mais si vous n'êtes pas fatigué,
nous pouvons passer la rivière, et monter à Clochegourde, où vous
aviserez à reconnaître vos épaules.

J'acceptai, non sans rougir de plaisir et de honte. Vers quatre
heures nous arrivâmes au petit château que mes yeux caressaient
depuis si long-temps. Cette habitation, qui fait un bel effet dans
le paysage, est en réalité modeste. Elle a cinq fenêtres de face,
chacune de celles qui terminent la façade exposée au midi s'avance
d'environ deux toises, artifice d'architecture qui simule deux pavillons et donne de la grâce au logis; celle du milieu sert de porte,
et on en descend par un double perron dans des jardins étagés qui
atteignent à une étroite prairie située le long de l'Indre. Quoiqu'un
chemin communal sépare cette prairie de la dernière terrasse ombragée par une allée d'acacias et de vernis du Japon, elle semble
faire partie des jardins; car le chemin est creux, encaissé d'un côté
par la terrasse, et bordé de l'autre par une haie normande. Les
pentes bien ménagées mettent assez de distance entre l'habitation
et la rivière pour sauver les inconvénients du voisinage des eaux
sans en ôter l'agrément. Sous la maison se trouvent des remises, des
écuries, des resserres, des cuisines dont les diverses ouvertures
dessinent des arcades. Les toits sont gracieusement contournés
aux angles, décorés de mansardes à croisillons sculptés et de bouquets en plomb sur les pignons. La toiture, sans doute négligée
pendant la révolution, est chargée de cette rouille produite par les
mousses plates et rougeâtres qui croissent sur les maisons exposées au

midi. La porte-fenêtre du perron est surmontée d'un campanile où reste sculpté l'écusson des Blamont-Chauvry : *écartelé de gueules à un pal de vair, flanqué de deux mains appaumées de carnation et d'or à deux lances de sable mises en chevron.* La devise : *Voyez tous, nul ne touche!* me frappa vivement. Les supports, qui sont un griffon et un dragon de gueules enchaînés d'or, faisaient un joli effet sculptés. La Révolution avait endommagé la couronne ducale et le cimier, qui se compose d'un palmier de sinople fruité d'or. Senart, secrétaire du Comité de Salut public, était bailli de Saché avant 1781, ce qui explique ces dévastations.

Ces dispositions donnent une élégante physionomie à ce castel ouvragé comme une fleur, et qui semble ne pas peser sur le sol. Vu de la vallée, le rez-de-chaussée semble être au premier étage ; mais du côté de la cour, il est de plain-pied avec une large allée sablée donnant sur un boulingrin animé par plusieurs corbeilles de fleurs. A droite et à gauche, les clos de vignes, les vergers et quelques pièces de terres labourables plantées de noyers, descendent rapidement, enveloppent la maison de leurs massifs, et atteignent les bords de l'Indre, que garnissent en cet endroit des touffes d'arbres dont les verts ont été nuancés par la nature elle-même. En montant le chemin qui côtoie Clochegourde, j'admirais ces masses si bien disposées, j'y respirais un air chargé de bonheur. La nature morale a-t-elle donc, comme la nature physique, ses communications électriques et ses rapides changements de température? Mon cœur palpitait à l'approche des événements secrets qui devaient le modifier à jamais, comme les animaux s'égaient en prévoyant un beau temps. Ce jour si marquant dans ma vie ne fut dénué d'aucune des circonstances qui pouvaient le solenniser. La Nature s'était parée comme une femme allant à la rencontre du bien-aimé, mon âme avait pour la première fois entendu sa voix, mes yeux l'avaient admirée aussi féconde, aussi variée que mon imagination me la représentait dans mes rêves de collége dont je vous ai dit quelques mots inhabiles à vous en expliquer l'influence, car ils ont été comme une Apocalypse où ma vie me fut figurativement prédite : chaque événement heureux ou malheureux s'y rattache par des images bizarres, liens visibles aux yeux de l'âme seulement. Nous traversâmes une première cour entourée des bâtiments nécessaires aux exploitations rurales, une grange, un pressoir, des étables, des écuries. Averti par les aboiements du chien de garde, un domestique vint à notre rencontre, et nous dit que monsieur le comte, parti pour Azay dès le matin, allait sans doute revenir, et que madame la comtesse était au logis. Mon hôte me regarda. Je tremblais qu'il ne voulût pas voir madame de Mortsauf en l'absence de son mari, mais il dit au domestique de nous annoncer. Poussé par une avidité d'enfant, je me précipitai dans la longue antichambre qui traverse la maison.

— Entrez donc, messieurs! dit alors une voix d'or.

Quoique madame de Mortsauf n'eût prononcé qu'un mot au bal, je reconnus sa voix qui pénétra mon âme et la remplit comme un rayon de soleil remplit et dore le cachot d'un prisonnier. En pensant qu'elle pouvait se rappeler ma figure, je voulus m'enfuir; il n'était plus temps, elle apparut sur le seuil de la porte, nos yeux se rencontrèrent. Je ne sais qui d'elle ou de moi rougit le plus fortement. Assez interdite pour ne rien dire, elle revint s'asseoir à sa place devant un métier à tapisserie, après que le domestique eut approché deux fauteuils; elle acheva de tirer son aiguille afin de donner un prétexte à son silence, compta quelques points et releva sa tête, à la fois douce et altière, vers monsieur de Chessel en lui demandant à quelle heureuse circonstance elle devait sa visite. Quoique curieuse de savoir la vérité sur mon apparition, elle ne nous regarda ni l'un ni l'autre; ses yeux furent constamment attachés sur la rivière; mais à la manière dont elle écoutait, vous eussiez dit que, semblable aux aveugles, elle savait reconnaître les agitations de l'âme dans les imperceptibles accents de la parole. Et cela était vrai. Monsieur de Chessel dit mon nom et fit ma biographie. J'étais arrivé depuis quelques mois à Tours, où mes parents m'avaient ramené chez eux quand la guerre avait menacé Paris. Enfant de la Touraine à qui la Touraine était inconnue, elle voyait en moi un jeune homme affaibli par des travaux immodérés, envoyé à Frapesle pour s'y divertir, et auquel il avait montré sa terre, où je venais pour la première fois. Au bas du coteau seulement, je lui avais appris ma course de Tours à Frapesle, et craignant pour ma santé déjà si faible, il s'était avisé d'entrer à Clochegourde en pensant qu'elle me permettrait de m'y reposer. Monsieur de Chessel disait la vérité, mais un hasard heureux semble si fort cherché que madame de Mortsauf garda quelque défiance; elle tourna sur moi des yeux froids et sévères qui me firent baisser les paupières, autant par je ne sais quel sentiment d'humiliation que pour cacher des larmes que je retins entre mes cils. L'imposante châtelaine me vit le front en sueur; peut-être aussi devina-t-elle les larmes, car elle m'offrit ce dont je pouvais avoir de besoin, en exprimant une bonté consolante qui me rendit la parole. Je rougissais comme une jeune fille en faute, et d'une voix chevrotante comme celle d'un vieillard, je répondis par un remercîment négatif.

— Tout ce que je souhaite, lui dis-je en levant les yeux sur les siens que je rencontrai pour la seconde fois, mais pendant un moment aussi rapide qu'un éclair, c'est de n'être pas renvoyé d'ici ; je suis tellement engourdi par la fatigue, que je ne pourrais marcher.

— Pourquoi suspectez-vous l'hospitalité de notre beau pays ? me dit-elle. Vous nous accorderez sans doute le plaisir de dîner à Clochegourde ? ajouta-t-elle en se tournant vers son voisin.

Je jetai sur mon protecteur un regard où éclatèrent tant de prières qu'il se mit en mesure d'accepter cette proposition, dont la formule voulait un refus. Si l'habitude du monde permettait à monsieur de Chessel de distinguer ces nuances, un jeune homme sans expérience croit si fermement à l'union de la parole et de la pensée chez une belle femme, que je fus bien étonné quand, en revenant le soir, mon hôte me dit : — Je suis resté, parce que vous en mouriez d'envie ; mais si vous ne raccommodez pas les choses, je suis brouillé peut-être avec mes voisins. Ce *si vous ne raccommodez pas les choses* me fit long-temps rêver. Si je plaisais à madame de Mortsauf, elle ne pourrait pas en vouloir à celui qui m'avait introduit chez elle. Monsieur de Chessel me supposait donc le pouvoir de l'intéresser, n'était-ce pas me le donner ? Cette explication corrobora mon espoir en un moment où j'avais besoin de secours.

— Ceci me semble difficile, répondit-il, madame de Chessel nous attend.

— Elle vous a tous les jours, reprit la comtesse, et nous pouvons l'avertir. Est-elle seule ?

— Elle a monsieur l'abbé de Quélus.

— Eh ! bien, dit-elle en se levant pour sonner, vous dînez avec nous.

Cette fois monsieur de Chessel la crut franche et me jeta des regards complimenteurs. Dès que je fus certain de rester pendant une soirée sous ce toit, j'eus à moi comme une éternité. Pour beaucoup d'êtres malheureux, demain est un mot vide de sens, et j'étais alors au nombre de ceux qui n'ont aucune foi dans le lendemain ; quand j'avais quelques heures à moi, j'y faisais tenir toute une vie de voluptés. Madame de Mortsauf entama sur le pays, sur les récoltes, sur les vignes, une conversation à laquelle j'étais étranger. Chez une maîtresse de maison, cette façon d'agir atteste un manque d'éducation ou son mépris pour celui qu'elle met ainsi comme à la porte du discours ; mais ce fut embarras chez la comtesse. Si d'abord je crus qu'elle affectait de me traiter en enfant, si j'enviai le privilége des hommes de trente ans qui permettait à monsieur de Chessel d'entretenir sa voisine de sujets graves auxquels je ne comprenais rien, si je me dépitai en me disant que tout était pour lui ; à quelques mois de là, je sus combien est significatif le silence d'une femme, et combien de pensées couvre une diffuse conversation. D'abord j'essayai de me mettre à mon aise dans mon fauteuil ; puis je reconnus les avantages de ma position en me laissant aller au charme d'entendre la voix de la comtesse. Le souffle de son âme se déployait dans les replis des syllabes, comme le son se divise sous les clefs d'une flûte ; il expirait onduleusement à l'oreille d'où il précipitait l'action du sang. Sa façon de dire les terminaisons en *i* faisait croire à quelque chant d'oiseau ; le *ch* prononcé par elle était comme une caresse, et la manière dont elle attaquait les *t* accusait le despotisme du cœur. Elle étendait ainsi, sans le savoir, le sens des mots, et vous entraînait l'âme dans un monde surhumain. Combien de fois n'ai-je pas laissé continuer une discussion que je pouvais finir, combien de fois ne me suis-je pas fait injustement gronder pour écouter ces concerts de voix humaine, pour aspirer l'air qui sortait de sa lèvre chargé de son âme, pour étreindre cette lumière parlée avec l'ardeur que j'aurais mise à serrer la comtesse sur mon sein ! Quel chant d'hirondelle joyeuse, quand elle pouvait rire ! mais quelle voix de cygne appelant ses compagnes, quand elle parlait de ses chagrins ! L'inattention de la comtesse me permit de l'examiner. Mon regard se régalait en glissant sur la belle parleuse, il pressait sa taille, baisait ses pieds, et se jouait dans les boucles de sa chevelure. Cependant j'étais en proie à une terreur que comprendront ceux qui, dans leur vie, ont éprouvé les joies illimitées d'une passion vraie. J'avais peur qu'elle ne me surprît les yeux attachés à la place de ses épaules que j'avais si ardemment embrassée. Cette crainte avivait la tentation, et j'y succombais, je les regardais ! mon œil déchirait l'étoffe, je revoyais la lentille qui marquait la naissance de la jolie raie par laquelle son dos était partagé, mouche perdue dans du lait, et qui depuis le bal flamboyait toujours le soir dans ces ténèbres où semble ruisseler le sommeil des jeunes gens dont l'imagination est ardente, dont la vie est chaste.

Je puis vous crayonner les traits principaux qui partout eussent signalé la comtesse aux regards; mais le dessin le plus correct, la couleur la plus chaude n'en exprimeraient rien encore. Sa figure est une de celles dont la ressemblance exige l'introuvable artiste de qui la main sait peindre le reflet des feux intérieurs, et sait rendre cette vapeur lumineuse que nie la science, que la parole ne traduit pas, mais que voit un amant. Ses cheveux fins et cendrés la faisaient souvent souffrir, et ces souffrances étaient sans doute causées par de subites réactions du sang vers la tête. Son front arrondi, proéminent comme celui de la Joconde, paraissait plein d'idées inexprimées, de sentiments contenus, de fleurs noyées dans des eaux amères. Ses yeux verdâtres, semés de points bruns, étaient toujours pâles; mais s'il s'agissait de ses enfants, s'il lui échappait de ces vives effusions de joie ou de douleur, rares dans la vie des femmes résignées, son œil lançait alors une lueur subtile qui semblait s'enflammer aux sources de la vie et devait les tarir; éclair qui m'avait arraché des larmes quand elle me couvrit de son dédain formidable et qui lui suffisait pour abaisser les paupières aux plus hardis. Un nez grec, comme dessiné par Phidias et réuni par un double arc à des lèvres élégamment sinueuses, spiritualisait son visage de forme ovale, et dont le teint, comparable au tissu des camélias blancs, se rougissait aux joues par de jolis tons roses. Son embonpoint ne détruisait ni la grâce de sa taille, ni la rondeur voulue pour que ses formes demeurassent belles quoique développées. Vous comprendrez soudain ce genre de perfection, lorsque vous saurez qu'en s'unissant à l'avant-bras les éblouissants trésors qui m'avaient fasciné paraissaient ne devoir former aucun pli. Le bas de sa tête n'offrait point ces creux qui font ressembler la nuque de certaines femmes à des troncs d'arbres, ses muscles n'y dessinaient point de cordes et partout les lignes s'arrondissaient en flexuosités désespérantes pour le regard comme pour le pinceau. Un duvet follet se mourait le long de ses joues, dans les méplats du col, en y retenant la lumière qui s'y faisait soyeuse. Ses oreilles petites et bien contournées étaient, suivant son expression, des oreilles d'esclave et de mère. Plus tard, quand j'habitai son cœur, elle me disait : « Voici monsieur de Mortsauf! » et avait raison, tandis que je n'entendais rien encore, moi dont l'ouïe possède une remarquable étendue. Ses bras étaient beaux, sa main aux doigts recourbés était longue, et, comme dans les statues antiques, la chair dépassait ses ongles à fines côtes. Je vous déplairais en donnant aux tailles plates l'avantage sur les tailles rondes, si vous n'étiez pas une exception. La taille ronde est un signe de force, mais les femmes ainsi construites sont impérieuses, volontaires, plus voluptueuses que tendres. Au contraire, les femmes à taille plate sont dévouées, pleines de finesse, enclines à la mélancolie; elles sont mieux femmes que les autres. La taille plate est souple et molle, la taille ronde est inflexible et jalouse. Vous savez maintenant comment elle était faite. Elle avait le pied d'une femme comme il faut, ce pied qui marche peu, se fatigue promptement et réjouit la vue quand il dépasse la robe. Quoiqu'elle fût mère de deux enfants, je n'ai jamais rencontré dans son sexe personne de plus jeune fille qu'elle. Son air exprimait une simplesse, jointe à je ne sais quoi d'interdit et de songeur qui ramenait à elle comme le peintre nous ramène à la figure où son génie a traduit un monde de sentiments. Ses qualités visibles ne peuvent d'ailleurs s'exprimer que par des comparaisons. Rappelez-vous le parfum chaste et sauvage de cette bruyère que nous avons cueillie en revenant de la villa Diodati, cette fleur dont vous avez tant loué le noir et le rose, vous devinerez comment cette femme pouvait être élégante loin du monde, naturelle dans ses expressions, recherchée dans les choses qui devenaient siennes, à la fois rose et noire. Son corps avait la verdeur que nous admirons dans les feuilles nouvellement dépliées, son esprit avait la profonde concision du sauvage; elle était enfant par le sentiment, grave par la souffrance, châtelaine et bachelette. Aussi plaisait-elle sans artifice, par sa manière de s'asseoir, de se lever, de se taire ou de jeter un mot. Habituellement recueillie, attentive comme la sentinelle sur qui repose le salut de tous et qui épie le malheur, il lui échappait parfois des sourires qui trahissaient en elle un naturel rieur enseveli sous le maintien exigé par sa vie. Sa coquetterie était devenue du mystère, elle faisait rêver au lieu d'inspirer l'attention galante que sollicitent les femmes, et laissait apercevoir sa première nature de flamme vive, ses premiers rêves bleus, comme on voit le ciel par des éclaircies de nuages. Cette révélation involontaire rendait pensifs ceux qui ne se sentaient pas une larme intérieure séchée par le feu des désirs. La rareté de ses gestes, et surtout celle de ses regards (excepté ses enfants, elle ne regardait personne) donnaient une incroyable solennité à ce qu'elle faisait ou disait, quand elle faisait ou disait une chose avec cet air que savent prendre les femmes au moment où elles compromettent leur dignité par un aveu. Ce jour-là madame de Mortsauf avait une robe rose à mille raies, une collerette à large ourlet, une ceinture noire et des brodequins de cette même couleur. Ses cheveux simplement tordus sur sa tête étaient retenus par un peigne d'écaille. Telle est l'imparfaite esquisse promise. Mais la constante émanation de son âme sur les siens, cette essence nourrissante épandue à flots comme le soleil émet sa lumière; mais sa nature intime, son attitude aux heures sereines, sa résignation aux heures nuageuses; tous ces tournoiements de la vie où le caractère se déploie, tiennent comme les effets du ciel à des circonstances inattendues et fugitives qui ne se ressemblent entre elles que par le fond d'où elles détachent, et dont la peinture sera nécessairement mêlée aux événements de cette histoire; véritable épopée domestique, aussi grande aux yeux du sage que le sont les tragédies aux yeux de la foule, et dont le récit vous attachera autant pour la part que j'y ai prise, que par sa similitude avec un grand nombre de destinées féminines.

Tout à Clochegourde portait le cachet d'une propreté vraiment anglaise. Le salon où restait la comtesse était entièrement boisé, peint en gris de deux nuances. La cheminée avait pour ornement une pendule contenue dans un bloc d'acajou surmonté d'une coupe, et deux grands vases en porcelaine blanche à filets d'or, d'où s'élevaient des bruyères du Cap. Une lampe était sur la console. Il y avait un trictrac en face de la cheminée. Deux larges embrasses en coton retenaient les rideaux de percale blanche, sans franges. Des housses grises, bordées d'un galon vert, recouvraient les siéges, et la tapisserie tendue sur le métier de la comtesse disait assez pourquoi son meuble était ainsi caché. Cette simplicité arrivait à la grandeur. Aucun appartement, parmi ceux que j'ai vus depuis, ne m'a causé des impressions aussi fertiles, aussi touffues que celles dont j'étais saisi dans ce salon de Clochegourde, calme et recueilli comme la vie de la comtesse, et où l'on devinait la régularité conventuelle de ses occupations. La plupart de mes idées, et même les plus audacieuses en science ou en politique, sont nées là, comme les parfums émanent des fleurs; mais là verdoyait la plante inconnue qui jeta sur mon âme sa féconde poussière, là brillait la chaleur solaire qui développa mes bonnes et dessécha mes mauvaises qualités. De la fenêtre, l'œil embrassait la vallée depuis la colline où s'étale Pont-de-Ruan, jusqu'au château d'Azay, en suivant les sinuosités de la côte opposée que varient les tours de Frapesle, puis l'église, le bourg et le vieux manoir de Saché dont les masses dominent la prairie. En harmonie avec cette vie reposée et sans autres émotions que celles données par la famille, ces lieux communiquaient à l'âme leur sérénité. Si je l'avais rencontrée là pour la première fois, entre le comte et ses deux enfants, au lieu de la trouver splendide dans sa robe de bal, je ne lui aurais pas ravi ce délirant baiser dont j'eus alors des remords en croyant qu'il détruirait l'avenir de mon amour! Non, dans les noires dispositions où me mettait le malheur, j'aurais plié le genou, j'aurais baisé ses brodequins, j'y aurais laissé quelques larmes, et je serais allé me jeter dans l'Indre. Mais après avoir effleuré le frais jasmin de sa peau et bu le lait de cette coupe pleine d'amour, j'avais dans l'âme le goût et l'espérance de voluptés surhumaines; je voulais vivre et attendre l'heure du plaisir comme le sauvage épie l'heure de la vengeance; je voulais me suspendre aux arbres, ramper dans les vignes, me tapir dans l'Indre; je voulais avoir pour complices le silence de la nuit, la lassitude de la vie, la chaleur du soleil, afin d'achever la pomme délicieuse où j'avais déjà mordu. M'eût-elle demandé la fleur qui chante ou les richesses enfouies par les compagnons de Morgan l'exterminateur, je les lui aurais apportées afin d'obtenir les richesses certaines et la fleur muette que je souhaitais! Quand cessa le rêve où m'avait plongé la longue contemplation de mon idole, et pendant lequel un domestique vint et lui parla, je l'entendis causant du comte. Je pensai seulement alors qu'une femme devait appartenir à son mari. Cette pensée me donna des vertiges. Puis j'eus une rageuse et sombre curiosité de voir le possesseur de ce trésor. Deux sentiments me dominèrent, la haine et la peur; une haine qui ne connaissait aucun obstacle et les mesurait tous sans les craindre; une peur vague, mais réelle du combat, de son issue, et d'ELLE surtout. En proie à d'indicibles pressentiments, je redoutais ces poignées de main qui déshonorent, j'entrevoyais déjà ces difficultés élastiques où se heurtent les plus rudes volontés et où elles s'émoussent; je craignais cette force d'inertie qui dépouille aujourd'hui la vie sociale des dénoûments que recherchent les âmes passionnées.

— Voici monsieur de Mortsauf, dit-elle.

Je me dressai sur mes jambes comme un cheval effrayé. Quoique ce mouvement n'échappât ni à monsieur de Chessel ni à la comtesse, il ne me valut aucune observation muette, car il y eut une diversion faite par une jeune fille à qui je donnai six ans, et qui entra disant : — Voilà mon père.

— Eh! bien, Madeleine? fit sa mère.

L'enfant tendit à monsieur de Chessel la main qu'il demandait, et me regarda fort attentivement après m'avoir adressé son petit salut plein d'étonnement.

— Êtes-vous contente de sa santé? dit monsieur de Chessel à la comtesse.

— Elle va mieux, répondit-elle en caressant la chevelure de la petite déjà blottie dans son giron.

Une interrogation de monsieur de Chessel m'apprit que Madeleine avait neuf ans; je marquai quelque surprise de mon erreur, et mon étonnement amassa des nuages sur le front de la mère. Mon introducteur me jeta l'un de ces regards significatifs par lesquels les gens du monde nous font une seconde éducation. Là, sans doute était une blessure maternelle dont l'appareil devait être respecté. Enfant malingre dont les yeux étaient pâles, dont la peau était blanche comme une porcelaine éclairée par une lueur, Madeleine n'aurait sans doute pas vécu dans l'atmosphère d'une ville. L'air de la campagne, les soins de sa mère qui semblait la couver, entretenaient la vie dans ce corps aussi délicat que l'est une plante venue en serre malgré les rigueurs d'un climat étranger. Quoiqu'elle ne rappelât en rien sa mère, Madeleine paraissait en avoir l'âme, et cette âme la soutenait. Ses cheveux rares et noirs, ses yeux caves, ses joues creuses, ses bras amaigris, sa poitrine étroite annonçaient un débat entre la vie et la mort, duel sans trêve où jusqu'alors la comtesse était victorieuse. Elle se faisait vive, sans doute pour éviter des chagrins à sa mère; car, en certains moments où elle ne s'observait plus, elle prenait l'attitude d'un saule-pleureur. Vous eussiez dit d'une petite Bohémienne souffrant la faim, venue de son pays en mendiant, épuisée, mais courageuse et parée pour son public.

— Où donc avez-vous laissé Jacques? lui demanda sa mère en la baisant sur la raie blanche qui partageait ses cheveux en deux bandeaux semblables aux ailes d'un corbeau.

— Il vient avec mon père.

En ce moment le comte entra suivi de son fils qu'il tenait par la main. Jacques, vrai portrait de sa sœur, offrait les mêmes symptômes de faiblesse. En voyant ces deux enfants frêles aux côtés d'une mère si magnifiquement belle, il était impossible de ne pas deviner les sources du chagrin qui attendrissait les tempes de la comtesse et lui faisait taire une de ces pensées qui n'ont que Dieu pour confident, mais qui donnent au front de terribles signifiances. En me saluant, monsieur de Mortsauf me jeta le coup d'œil moins observateur que maladroitement inquiet d'un homme dont la défiance provient de son peu d'habitude à manier l'analyse. Après l'avoir mis au courant et m'avoir nommé, sa femme lui céda sa place, et nous quitta. Les enfants dont les yeux s'attachaient à ceux de leur mère, comme s'ils en tiraient leur lumière, voulurent l'accompagner, elle leur dit : — Restez, chers anges! et mit son doigt sur ses lèvres. Ils obéirent, mais leurs regards se voilèrent. Ah! pour s'entendre dire ce mot, *chers*, quelles tâches n'aurait-on pas entreprises? Comme les enfants, j'eus moins chaud quand elle ne fut plus là. Mon nom changea les dispositions du comte à mon égard. De froid et sourcilleux il devint, sinon affectueux, du moins poliment empressé; me donna des marques de considération et parut heureux de me recevoir. Jadis mon père s'était dévoué pour nos maîtres à jouer un rôle grand mais obscur, dangereux mais qui pouvait être efficace. Quand tout fut perdu par l'accès de Napoléon au sommet des affaires, comme beaucoup de conspirateurs secrets, il s'était réfugié dans les douceurs de la province et de la vie privée, en acceptant des accusations aussi dures qu'imméritées; salaire inévitable des joueurs qui jouent le tout pour le tout, et succombent après avoir servi de pivot à la machine politique. Ne sachant rien de la fortune, rien des antécédents ni de l'avenir de ma famille, j'ignorais également les particularités de cette destinée perdue dont se souvenait le comte de Mortsauf. Cependant, si l'antiquité du nom, la plus précieuse qualité d'un homme à ses yeux, pouvait justifier l'accueil qui me rendit confus, je n'en appris la raison véritable que plus tard. Pour le moment, cette transition subite me mit à l'aise. Quand les deux enfants virent la conversation reprise entre nous trois, Madeleine dégagea sa tête des mains de son père, regarda la porte ouverte, se glissa dehors comme une anguille, et Jacques la suivit. Tous deux rejoignirent leur mère, car j'entendis leurs voix et leurs mouvements, semblables, dans le lointain, aux bourdonnements des abeilles autour de la ruche aimée.

Je contemplai le comte en tâchant de deviner son caractère, mais je fus assez intéressé par quelques traits principaux pour en rester à l'examen superficiel de sa physionomie. Agé seulement de quarante-cinq ans, il paraissait approcher de la soixantaine, tant il avait promptement vieilli dans le grand naufrage qui termina le dix-huitième siècle. La demi-couronne, qui ceignait monastiquement l'arrière de sa tête dégarnie de cheveux, venait mourir aux oreilles en caressant les tempes par des touffes grises mélangées de noir. Son visage ressemblait vaguement à celui d'un loup blanc qui a du sang au museau, car son nez était enflammé comme celui d'un homme dont la vie est altérée dans ses principes, dont l'estomac est affaibli, dont les humeurs sont viciées par d'anciennes maladies. Son front plat, trop large pour sa figure qui finissait en pointe, ridé transversalement par marches inégales, annonçait les habitudes de la vie en plein air et non les fatigues de l'esprit, le poids d'une constante infortune et non les efforts faits pour la dominer. Ses pommettes, saillantes et brunes au milieu des tons blafards de son teint, indiquaient une charpente assez forte pour lui assurer une longue vie. Son œil clair, jaune et dur tombait sur vous comme un rayon du soleil en hiver, lumineux sans chaleur, inquiet sans pensée, défiant sans objet. Sa bouche était violente et impérieuse, son menton était droit et long. Maigre et de haute taille, il avait l'attitude d'un gentilhomme appuyé sur une valeur de convention, qui se sait au-dessus des autres par le droit, au-dessous par le fait. Le laisser-aller de la campagne lui avait fait négliger son extérieur. Son habillement était celui du campagnard en qui les paysans aussi bien que les voisins ne considèrent plus que la fortune territoriale. Ses mains brunies et nerveuses attestaient qu'il ne mettait de gants que pour monter à cheval ou le dimanche pour aller à la messe. Sa chaussure était grossière. Quoique les dix années d'émigration et les dix années de l'agriculteur eussent influé sur son physique, il subsistait en lui des vestiges de noblesse. Le libéral le plus haineux, mot qui n'était pas encore monnayé, aurait facilement reconnu chez lui la loyauté chevaleresque, les convictions immarcessibles du lecteur à jamais acquis à la Quotidienne. Il eût admiré l'homme religieux, passionné pour sa cause, franc dans ses antipathies politiques, incapable de servir personnellement son parti, très-capable de le perdre, et sans connaissance des choses en France. Le comte était en effet un de ces hommes droits qui ne se prêtent à rien et barrent opiniâtrement tout, bons à mourir l'arme au bras dans le poste qui leur serait assigné, mais assez avares pour donner leur vie avant de donner leurs écus. Pendant le dîner je remarquai, dans la dépression de ses joues flétries et dans certains regards jetés à la dérobée sur ses enfants, les traces de pensées importunes dont les élancements expiraient à la surface. En le voyant, qui ne l'eût compris ? Qui ne l'aurait accusé d'avoir fatalement transmis à ses enfants ces corps auxquels manquait la vie ? S'il se condamnait lui-même, il déniait aux autres le droit de le juger. Amer comme un pouvoir qui se sait fautif, mais n'ayant pas assez de grandeur ou de charme pour compenser la somme de douleur qu'il avait jetée dans la balance, sa vie intime devait offrir les aspérités que dénonçaient en lui ses traits anguleux et ses yeux incessamment inquiets. Quand sa femme rentra, suivie des deux enfants attachés à ses flancs, je soupçonnai donc un malheur, comme lorsqu'en marchant sur les voûtes d'une cave les pieds ont en quelque sorte la conscience de la profondeur. En voyant ces quatre personnes réunies, en les embrassant de mes regards, allant de l'une à l'autre, étudiant leurs physionomies et leurs attitudes respectives, des pensées trempées de mélancolie tombèrent sur mon cœur comme une pluie fine et grise embrume un joli pays après quelque beau lever de soleil. Lorsque le sujet de la conversation fut épuisé, le comte me mit encore en scène au détriment de monsieur de Chessel, en apprenant à sa femme plusieurs circonstances concernant ma famille et qui m'étaient inconnues. Il me demanda mon âge. Quand je l'eus dit, la comtesse me rendit mon mouvement de surprise à propos de sa fille. Peut-être me donnait-elle quatorze ans. Ce fut, comme je le sus depuis, le second lien qui l'attacha si fortement à moi. Je lus dans son âme. Sa maternité tressaillit, éclairée par un tardif rayon de soleil que lui jetait l'espérance. En me voyant, à vingt ans passés, si malingre, si délicat et néanmoins si nerveux, une voix lui cria peut-être : — *Ils vivront !* Elle me regarda curieusement, et je sentis qu'en ce moment il se fondait bien des glaces entre nous. Elle parut avoir mille questions à me faire et les garda toutes.

— Si l'étude vous a rendu malade, dit-elle, l'air de notre vallée vous remettra.

— L'éducation moderne est fatale aux enfants, reprit le comte. Nous les bourrons de mathématiques, nous les tuons à coups de science, et les usons avant le temps. Il faut vous reposer ici, me dit-il, vous êtes écrasé sous l'avalanche d'idées qui a roulé sur vous. Quel siècle nous prépare cet enseignement mis à la portée de tous, si l'on ne prévient le mal en rendant l'instruction publique aux corporations religieuses !

Ces paroles annonçaient bien le mot qu'il dit un jour aux élections en refusant sa voix à un homme dont les talents pouvaient servir la cause royaliste : — Je me défierai toujours des gens d'esprit, répondit-il à l'entremetteur des voix électorales. Il nous proposa de faire le tour de ses jardins, et se leva.

— Monsieur... lui dit la comtesse.

— Eh ! bien, ma chère ?... répondit-il en se retournant avec une brusquerie hautaine qui dénotait combien il voulait être absolu chez lui, mais combien alors il l'était peu.

— Monsieur est venu de Tours à pied, monsieur de Chessel n'en savait rien, et l'a promené dans Frapesle.

— Vous avez fait une imprudence, me dit-il, quoique à votre âge !... Et il hocha la tête en signe de regret.

La conversation fut reprise. Je ne tardai pas à reconnaître combien son royalisme était intraitable, et de combien de ménagements il fallait user pour demeurer sans choc dans ses eaux. Le domestique, qui avait promptement mis une livrée, annonça le dîner. Monsieur de Chessel présenta son bras à madame de Mortsauf, et le comte saisit gaiement le mien pour passer dans la salle à manger, qui, dans l'ordonnance du rez-de-chaussée, formait le pendant du salon.

Carrelée en carreaux blancs fabriqués en Touraine, et boisée à hauteur d'appui, la salle à manger était tendue d'un papier verni qui figurait de grands panneaux encadrés de fleurs et de fruits ; les fenêtres avaient des rideaux de percale ornés de galons rouges ; les buffets étaient de vieux meubles de Boulle, et le bois des chaises, garnies en tapisserie faite à la main, était de chêne sculpté. Abondamment servie, la table n'offrit rien de luxueux : de l'argenterie de famille sans unité de forme, de la porcelaine de Saxe qui n'était pas encore redevenue à la mode, des carafes octogones, des couteaux à manche en agate, puis sous les bouteilles des ronds en laque de la Chine; mais des fleurs dans des seaux vernis et dorés sur leurs découpures à dents de loup. J'aimai ces vieilleries, je trouvai le papier Réveillon et ses bordures de fleurs superbes. Le contentement qui enflait toutes mes voiles m'empêcha de voir les inextricables difficultés mises entre elle et moi par la vie si cohérente de la solitude et de la campagne. J'étais près d'elle, à sa droite, je lui servais à boire. Oui, bonheur inespéré! je frôlais sa robe, je mangeais son pain. Au bout de trois heures, ma vie se mêlait à sa vie! Enfin nous étions liés par ce terrible baiser, espèce de secret qui nous inspirait une honte mutuelle. Je fus d'une lâcheté glorieuse : je m'étudiais à plaire au comte, qui se prêtait à toutes mes courtisaneries; j'aurais caressé le chien, j'aurais fait la cour aux moindres désirs des enfants; je leur aurais apporté des cerceaux, des billes d'agate; je leur aurais servi de cheval; je leur en voulais de ne pas s'emparer déjà de moi comme d'une chose à eux. L'amour a ses intuitions comme le génie a les siennes, et je voyais confusément que la violence, la maussaderie, l'hostilité ruineraient mes espérances. Le dîner se passa tout en joies intérieures pour moi. En me voyant chez elle, je ne pouvais songer ni à sa froideur réelle, ni à l'indifférence que couvrit la politesse du comte. L'amour a, comme la vie, une puberté pendant laquelle il se suffit à lui-même. Je fis quelques réponses gauches en harmonie avec les secrets tumultes de la passion, mais que personne ne pouvait deviner, pas même *elle*, qui ne savait rien de l'amour. Le reste du temps fut comme un rêve. Ce beau rêve cessa quand, au clair de la lune et par un soir chaud et parfumé, je traversai l'Indre au milieu des blanches fantaisies qui décoraient les prés, les rives, les collines; en entendant le chant clair, la note unique, pleine de mélancolie que jette incessamment par temps égaux une rainette dont j'ignore le nom scientifique, mais que depuis ce jour solennel je n'écoute pas sans des délices infinies. Je reconnus un peu tard là, comme ailleurs, cette insensibilité de marbre contre laquelle s'étaient jusqu'alors émoussés mes sentiments; je me demandai s'il en serait toujours ainsi; je crus être sous une fatale influence; les sinistres événements du passé se débattirent avec les plaisirs purement personnels que j'avais goûtés. Avant de regagner Frapesle, je regardai Clochegourde et vis au bas une barque, nommée en Touraine une *toue*, attachée à un frêne, et que l'eau balançait. Cette toue appartenait à monsieur de Mortsauf, qui s'en servait pour pêcher.

— Eh! bien, me dit monsieur de Chessel quand nous fûmes sans danger d'être écoutés, je n'ai pas besoin de vous demander si vous avez retrouvé vos belles épaules ; il faut vous féliciter de l'accueil que vous a fait monsieur de Mortsauf! Diantre, vous êtes du premier coup au cœur de la place.

Cette phrase, suivie de celle dont je vous ai parlé, ranima mon cœur abattu. Je n'avais pas dit un mot depuis Clochegourde, et monsieur de Chessel attribuait mon silence à mon bonheur.

— Comment! répondis-je avec un ton d'ironie qui pouvait aussi bien paraître dicté par la passion contenue.

— Il n'a jamais si bien reçu qui que ce soit.

— Je vous avoue que je suis moi-même étonné de cette réception, lui dis-je en sentant l'amertume intérieure que me dévoilait ce dernier mot.

Quoique je fusse trop inexpert des choses mondaines pour comprendre la cause du sentiment qu'éprouvait monsieur de Chessel, je fus néanmoins frappé de l'expression par laquelle il le trahissait. Mon hôte avait l'infirmité de s'appeler Durand, et se donnait le ridicule de renier le nom de son père, illustre fabricant, qui pendant la révolution avait fait une immense fortune. Sa femme était l'unique héritière des Chessel, vieille famille parlementaire, bourgeoise sous Henri IV, comme celle de la plupart des magistrats parisiens. En ambitieux de haute portée, monsieur de Chessel voulut tuer son Durand originel pour arriver aux destinées qu'il rêvait. Il s'appela d'abord Durand de Chessel, puis D. de Chessel ; il était alors monsieur de Chessel. Sous la Restauration, il établit un majorat au titre de comte, en vertu de lettres octroyées par Louis XVIII. Ses enfants recueilleront les fruits de son courage sans en connaître la grandeur. Un mot de certain prince caustique a souvent pesé sur sa tête. — Monsieur de Chessel se montre généralement peu en Durant, dit-il. Cette phrase a long-temps régalé la Touraine. Les parvenus sont comme les singes desquels ils ont l'adresse : on les voit en hauteur, on admire leur agilité pendant l'escalade ; mais, arrivés à la cime, on n'aperçoit plus que leurs côtés honteux. L'envers de mon hôte s'est composé de petitesses grossies par l'envie. La pairie et lui sont jusqu'à présent deux tangentes impossibles. Avoir une prétention et la justifier est l'impertinence de la force ; mais être au-dessous de ses prétentions avouées constitue un ridicule constant dont se repaissent les petits esprits. Or, monsieur de Chessel n'a pas eu la marche rectiligne de l'homme fort : deux fois député, deux fois repoussé aux élections ; hier directeur-général, aujourd'hui rien, pas même préfet, ses succès ou ses défaites ont gâté son caractère et lui ont donné l'âpreté de l'ambitieux invalide. Quoique galant homme, homme spirituel, et capable de grandes choses, peut-être l'envie qui passionne l'existence en Touraine, où les naturels du pays emploient leur esprit à tout jalouser, lui fut-elle funeste dans les hautes sphères sociales où réussissent peu ces figures crispées par le succès d'autrui, ces lèvres boudeuses, rebelles au compliment et faciles à l'épigramme. En voulant moins, peut-être aurait-il obtenu davantage ; mais malheureusement il avait assez de supériorité pour vouloir marcher toujours debout. En ce moment monsieur de Chessel était au crépuscule de son ambition, le royalisme lui souriait. Peut-être affectait-il les grandes manières, mais il fut parfait pour moi. D'ailleurs il me plut par une raison bien simple, je trouvais chez lui le repos pour la première fois. L'intérêt, faible peut-être, qu'il me témoignait, me parut, à moi malheureux enfant rebuté, une image de l'amour paternel. Les soins de l'hospitalité contrastaient tant avec l'indifférence qui m'avait jusqu'alors accablé, que j'exprimais une reconnaissance enfantine de vivre sans chaînes et quasiment caressé. Aussi les maîtres de Frapesle sont-ils si bien mêlés à l'aurore de mon bonheur que ma pensée les confond dans les souvenirs où j'aime à revivre. Plus tard, et précisément dans l'affaire des lettres-patentes, j'eus le plaisir de rendre quelques services à mon hôte. Monsieur de Chessel jouissait de sa fortune avec un faste dont s'offensaient quelques-uns de ses voisins ; il pouvait renouveler ses beaux chevaux et ses élégantes voitures ; sa femme était recherchée dans sa toilette ; il recevait grandement ; son domestique était plus nombreux que ne le veulent les habitudes du pays, il tranchait du prince. La terre de Frapesle est immense. En présence de son voisin et devant tout ce luxe, le comte de Mortsauf, réduit au cabriolet de famille, qui en Touraine tient le milieu entre la patache et la chaise de poste, obligé par la médiocrité de sa fortune à faire valoir Clochegourde, fut donc Tourangeau jusqu'au jour où les faveurs royales rendirent à sa famille un éclat peut-être inespéré. Son accueil au cadet d'une famille ruinée dont l'écusson date des croisades lui servait à humilier la haute fortune, à rapetisser les bois, les guérets et les prairies de son voisin, qui n'était pas gentilhomme. Monsieur de Chessel avait bien compris le comte. Aussi se sont-ils toujours vus poliment, mais sans aucun de ces rapports journaliers, sans cette agréable intimité qui aurait dû s'établir entre Clochegourde et Frapesle, deux domaines séparés par l'Indre, et d'où chacune des châtelaines pouvait, de sa fenêtre, faire un signe à l'autre.

La jalousie n'était pas la seule raison de la solitude où vivait le comte de Mortsauf. Sa première éducation fut celle de la plupart des enfants de grande famille, une incomplète et superficielle instruction à laquelle suppléaient les enseignements du monde, les usages de la cour, l'exercice des grandes charges de la couronne ou des places éminentes. Monsieur de Mortsauf avait émigré précisément à l'époque où commençait sa seconde éducation, elle lui manqua. Il fut de ceux qui crurent au prompt rétablissement de la monarchie en France ; dans cette persuasion, son exil avait été la plus déplorable des oisivetés. Quand se dispersa l'armée de Condé, où son courage le fit inscrire parmi les plus dévoués, il s'attendit à bientôt revenir sous le drapeau blanc, et ne chercha pas, comme quelques émigrés, à se créer une vie industrieuse. Peut-être aussi n'eut-il pas la force d'abdiquer son nom, pour gagner son pain dans les sueurs d'un travail méprisé. Ses espérances toujours appointées au lendemain, et peut-être aussi l'honneur, l'empêchèrent de se mettre au service des puissances étrangères. La souffrance mina son courage. De longues courses entreprises à pied sans nourriture suffisante, sur des espoirs toujours déçus, altérèrent sa santé, découragèrent son âme. Par degrés son dénûment devint extrême. Si pour beaucoup d'hommes la misère est un tonique, il en est d'autres pour qui elle est un dissolvant, et le comte fut de ceux-ci. En pensant à ce pauvre gentilhomme de Touraine allant et couchant par les chemins de la Hongrie, partageant un quartier de mouton avec les bergers du prince Esterhazy, auxquels le voyageur demandait le pain que le gentilhomme n'aurait pas accepté du maître, et qu'il refusa maintes fois des mains ennemies de la France, je n'ai jamais senti dans mon cœur de fiel pour l'émigré, même quand je le vis ridicule dans le triomphe. Les cheveux blancs de monsieur de Mortsauf m'avaient dit d'épouvantables douleurs, et je sympathise trop avec les exilés pour pouvoir les juger. La gaieté française et tourangelle succomba chez le comte ; il devint morose, tomba malade, et fut soigné par charité dans je ne sais quel hospice allemand. Sa maladie était une inflammation du mésentère, cas souvent mortel, mais dont la guérison entraîne des changements d'humeur, et cause presque toujours l'hypocondrie. Ses amours, ensevelis dans le plus profond de son âme, et que moi seul ai découverts, furent des amours de bas étage, qui n'attaquèrent pas seulement sa vie, ils en ruinèrent encore l'avenir. Après douze ans de misères, il tourna les yeux vers la France où le décret de Napoléon lui permit de rentrer. Quand en passant le Rhin le piéton souffrant aperçut le clocher de Strasbourg par une belle soirée, il défaillit. — « La France ! France ! Je criai : « Voilà la France ! » me dit-il, comme un enfant crie : Ma mère ! quand il est blessé. » Riche avant de naître, il se trouvait pauvre ; fait pour commander un régiment ou gouverner l'État, il était sans autorité, sans avenir ; né sain et robuste, il revenait infirme et tout usé. Sans instruction au milieu d'un pays où les hommes et les choses avaient grandi, nécessairement sans influence possible, il se vit dépouillé de tout, même de ses forces corporelles et morales. Son manque de fortune lui rendit son nom pesant. Ses opinions inébranlables, ses antécédents à l'armée de Condé, ses chagrins, ses souvenirs, sa santé perdue, lui donnèrent une susceptibilité de nature à être peu ménagée en France, le pays des railleries. A demi mourant, il atteignit le Maine, où, par un hasard dû peut-être à la guerre civile, le gouvernement révolutionnaire avait oublié de faire vendre une ferme considérable en étendue, et que son fermier lui conservait en laissant croire qu'il en était le propriétaire. Quand la famille de Lenoncourt, qui habitait Givry, château situé près de cette ferme, sut l'arrivée du comte de Mortsauf, le duc Lenoncourt alla lui proposer de demeurer à Givry pendant le temps nécessaire pour s'arranger une habitation. La famille Lenoncourt fut noblement généreuse envers le comte, qui se répara là durant plusieurs mois de séjour, et fit des efforts pour cacher ses douleurs pendant cette première halte. Les Lenoncourt avaient perdu leurs immenses biens. Par le nom, monsieur de Mortsauf était un parti sortable pour leur fille. Loin de s'opposer à son mariage avec un homme âgé de trente-cinq ans, maladif et vieilli, mademoiselle de Lenoncourt en parut heureuse. Un mariage lui acquérait le droit de vivre avec sa tante, la duchesse de Verneuil, sœur du prince de Blamont-Chauvry, qui pour elle était une mère d'adoption.

Amie intime de la duchesse de Bourbon, madame de Verneuil

faisait partie d'une société sainte dont l'âme était monsieur Saint-Martin, né en Touraine, et surnommé le *Philosophe inconnu*. Les disciples de ce philosophe pratiquaient les vertus conseillées par les hautes spéculations de l'illuminisme mystique. Cette doctrine donne la clef des mondes divins, explique l'existence par des transformations où l'homme s'achemine à de sublimes destinées, libère le devoir de sa dégradation légale, applique aux peines de la vie la douceur inaltérable du quaker, et ordonne le mépris de la souffrance en inspirant je ne sais quoi de maternel pour l'ange que nous portons au ciel. C'est le stoïcisme ayant un avenir. La prière active et l'amour pur sont les éléments de cette foi qui sort du catholicisme de l'Ég ise romaine pour rentrer dans le christianisme de l'Église primitive. Mademoiselle de Lenoncourt resta néanmoins au sein de l'Église apostolique, à laquelle sa tante fut toujours également fidèle. Rudement éprouvée par les tourmentes révolutionnaires, la duchesse de Verneuil avait pris, dans les derniers jours de sa vie, une teinte de piété passionnée qui versa dans l'âme de son enfant chéri *la lumière de l'amour céleste et l'huile de la joie intérieure*, pour employer les expressions mêmes de Saint-Martin. La comtesse reçut plusieurs fois cet homme de paix et de vertueux savoir à Clochegourde après la mort de sa tante, chez laquelle il venait souvent. Saint-Martin surveilla de Clochegourde ses derniers livres imprimés à Tours chez Letourmy. Inspirée par la sagesse des vieilles femmes qui ont expérimenté les détroits orageux de la vie, madame de Verneuil donna Clochegourde à la jeune mariée, pour lui faire un chez-elle. Avec la grâce des vieillards qui est toujours parfaite quand ils sont gracieux, la duchesse abandonna tout à sa nièce, en se contentant d'une chambre au-dessus de celle qu'elle occupait auparavant et que prit la comtesse. Sa mort presque subite jeta des crêpes sur les joies de cette union, et imprima d'ineffaçables tristesses sur Clochegourde comme sur l'âme superstitieuse de la mariée. Les premiers jours de son établissement en Touraine furent pour la comtesse le seul temps non pas heureux, mais insoucieux de sa vie.

Après les traverses de son séjour à l'étranger, monsieur de Mortsauf, satisfait d'entrevoir un clément avenir, eut comme une convalescence d'âme; il respira dans cette vallée les enivrantes odeurs d'une espérance fleurie. Forcé de songer à sa fortune, il se jeta dans les préparatifs de son entreprise agronomique et commença par goûter quelque joie ; mais la naissance de Jacques fut un coup de foudre qui ruina le présent et l'avenir : le médecin condamna le nouveau-né. Le comte cacha soigneusement cet arrêt à la mère ; puis, il consulta pour lui-même et reçut de désespérantes réponses que confirma la naissance de Madeleine. Ces deux événements, une sorte de certitude intérieure sur la fatale sentence, augmentèrent les dispositions maladives de l'émigré. Son nom à jamais éteint, une jeune femme pure, irréprochable, malheureuse à ses côtés, vouée aux angoisses de la maternité, sans en avoir les plaisirs ; cet *humus* de son ancienne vie d'où germaient de nouvelles souffrances lui tomba sur le cœur, et paracheva sa destruction. La comtesse devina le passé par le présent et l t dans l'avenir. Quoique rien ne soit plus difficile que de rendre heureux un homme qui se sent fautif, la comtesse tenta cette entreprise digne d'un ange. En un jour, elle devint stoïque. Après être descendue dans l'abîme d'où elle put voir encore le ciel, elle se voua, pour un seul homme, à la mission qu'embrasse la sœur de charité pour tous ; et afin de le réconcilier avec lui-même, elle lui pardonna ce qu'il ne se pardonnait pas. Le comte devint avare, elle accepta les privations imposées ; il avait la crainte d'être trompé, comme l'ont tous ceux qui n'ont connu la vie du monde que pour en rapporter des répugnances, elle resta dans la solitude et se plia sans murmure à ses défiances ; elle employa les ruses de la femme à lui faire vouloir ce qui était bien, il se croyait ainsi des idées et goûtait chez lui les plaisirs de la supériorité qu'il n'aurait eue nulle part. Puis, après s'être avancée dans la voie du mariage, elle se résolut à ne jamais sortir de Clochegourde, en reconnaissant chez le comte une âme hystérique dont les écarts pouvaient, dans un pays de malice et de commérage, nuire à ses enfants. Aussi, personne ne soupçonnait-il l'incapacité réelle de monsieur de Mortsauf, elle avait paré ses ruines d'un épais manteau de lierre. Le caractère variable, non pas mécontent, mais mal content du comte, rencontra donc chez sa femme une terre douce et facile où il s'étendit en y sentant ses secrètes douleurs amollies par la fraîcheur des baumes.

Cet historique est la plus simple expression des discours arrachés à monsieur de Chessel par un secret dépit. Sa connaissance du monde lui avait fait entrevoir quelques-uns des mystères ensevelis à Clochegourde. Mais si, par sa sublime attitude, madame de Mortsauf trompait le monde, elle ne put tromper les sens intelligents de l'amour. Quand je me trouvai dans ma petite chambre, la prescience de la vérité me fit bondir dans mon lit, je ne supportai pas d'être à Frapesle lorsque je pouvais voir les fenêtres de sa chambre ; je m'habillai, descendis à pas de loup, et sortis du château par la porte d'une tour où se trouvait un escalier en colimaçon. Le froid de la nuit me rasséréna. Je passai l'Indre sur le pont du moulin Rouge, et j'arrivai dans la bienheureuse toue en face de Clochegourde où brillait une lumière à la dernière fenêtre du côté d'Azay. Je retrouvai mes anciennes contemplations, mais paisibles, mais entremêlées par les roulades du chantre des nuits amoureuses, et par la note unique du rossignol des eaux. Il s'éveillait en moi des idées qui glissaient comme des fantômes en enlevant les crêpes qui jusqu'alors m'avaient dérobé mon bel avenir. L'âme et les sens étaient également charmés. Avec quelle violence mes désirs montèrent jusqu'à elle ! Combien de fois je me dis comme un insensé son refrain : — L'aurai-je ? Si durant les jours précédents l'univers s'était agrandi pour moi, dans une seule nuit il eut un centre. A elle, se rattachèrent mes vouloirs et mes ambitions, je souhaitai d'être tout pour elle, afin de refaire et de remplir son cœur déchiré. Belle fut cette nuit passée sous ses fenêtres, au milieu du murmure des eaux passant à travers les vannes des moulins, et entrecoupé par la voix des heures sonnées au clocher de Saché ! Pendant cette nuit baignée de lumière où cette fleur sidérale m'éclaira la vie, je lui fiançai mon âme avec la foi du pauvre chevalier castillan de qui nous nous moquons dans Cervantès, et par laquelle nous commençons l'amour. A la première lueur dans le ciel, au premier cri d'oiseau, je me sauvai dans le parc de Frapesle ; je ne fus aperçu par aucun homme de la campagne, personne ne soupçonna mon escapade, et je dormis jusqu'au moment où la cloche annonça le déjeuner. Malgré la chaleur, après le déjeuner, je descendis dans la prairie afin d'aller revoir l'Indre et ses îles, la vallée et ses coteaux dont je parus un admirateur passionné ; mais avec cette vélocité de pieds qui défie celle du cheval échappé, je retrouvai mon bateau, mes saules et mon Clochegourde. Tout y était silencieux et frémissant comme est la campagne à midi. Les feuillages immobiles se découpaient nettement sur le fond bleu du ciel ; les insectes qui vivent de lumière, demoiselles vertes, cantharides, volaient à leurs frênes, à leurs roseaux ; les troupeaux ruminaient à l'ombre, les terres rouges de la vigne brûlaient, et les couleuvres glissaient le long des talus.

LA COMTESSE DE MORTSAUF.

Enfin, il me mena vers cette longue allée d'acacias......
où j'aperçus, sur un banc, Mme de Mortsauf occupée avec
ses deux enfants.

LE LYS DANS LA VALLÉE.

Quel changement dans ce paysage si frais et si coquet avant mon sommeil ! Tout à coup je sautai hors de la barque et remontai le chemin pour tourner autour de Clochegourde d'où je croyais avoir vu sortir le comte. Je ne me trompais point, il allait le long d'une haie, et gagnait sans doute une porte donnant sur le chemin d'Azay qui longe la rivière.

— Comment vous portez-vous ce matin, monsieur le comte ?

Il me regarda d'un air heureux, il ne s'entendait pas souvent nommer ainsi.

— Bien, dit-il, mais vous aimez donc la campagne, pour vous promener par cette chaleur ?

— Ne m'a-t-on pas envoyé ici pour vivre en plein air ?

— Hé ! bien, voulez-vous venir voir couper mes seigles ?

— Mais volontiers, lui dis-je. Je suis, je vous l'avoue, d'une ignorance incroyable. Je ne distingue pas le seigle du blé, ni le peuplier du tremble ; je ne sais rien des cultures, ni des différentes manières d'exploiter une terre.

— Hé ! bien, venez, dit-il joyeusement en revenant sur ses pas. Entrez par la petite porte d'en haut.

Il remonta le long de sa haie en dedans, moi en dehors.

— Vous n'apprendriez rien chez monsieur de Chessel, me dit-il, il est trop grand seigneur pour s'occuper d'autre chose que de recevoir les comptes de son régisseur.

Il me montra donc ses cours et ses bâtiments, les jardins d'agrément, les vergers et les potagers. Enfin, il me mena vers cette longue allée d'acacias et de vernis du Japon, bordée par la rivière, où j'aperçus à l'autre bout, sur un banc, madame de Mortsauf occupée avec ses deux enfants. Une femme est bien belle sous ces menus feuillages tremblants et découpés ! Surprise peut-être de mon naïf empressement, elle ne se dérangea pas, sachant bien que nous irions à elle. Le comte me fit admirer la vue de la vallée, qui, de là, présente un aspect tout différent de ceux qu'elle avait déroulés selon les hauteurs où nous avions passé. Là, vous eussiez dit d'un petit coin de la Suisse. La prairie, sillonnée par les ruisseaux qui se jettent dans l'Indre, se découvre dans sa longueur, et se perd en lointains vaporeux. Du côté de Montbazon, l'œil aperçoit une immense étendue verte, et sur tous les autres points se trouve arrêté par des collines, par des masses d'arbres, par des rochers. Nous allongeâmes le pas pour aller saluer madame de

Mortsauf, qui laissa tomber tout à coup le livre où lisait Madeleine, et prit sur ses genoux Jacques en proie à une toux convulsive.

— Hé! bien, qu'y a-t-il? s'écria le comte en devenant blême.

— Il a mal à la gorge, répondit la mère qui semblait ne pas me voir, ce ne sera rien.

Elle lui tenait à la fois la tête et le dos, et de ses yeux sortaient deux rayons qui versaient la vie à cette pauvre faible créature.

— Vous êtes d'une incroyable imprudence, reprit le comte avec aigreur, vous l'exposez au froid de la rivière et l'asseyez sur un banc de pierre.

— Mais, mon père, le banc brûle, s'écria Madeleine.

— Ils étouffaient là-haut, dit la comtesse.

— Les femmes veulent toujours avoir raison! dit-il en me regardant.

Pour éviter de l'approuver ou de l'improuver par mon regard, je contemplais Jacques qui se plaignait de souffrir dans la gorge, et que sa mère emporta. Avant de nous quitter, elle put entendre son mari.

— Quand on a fait des enfants si mal portants, on devrait savoir les soigner! dit-il.

Paroles profondément injustes; mais son amour-propre le poussait à se justifier aux dépens de sa femme. La comtesse volait en montant les rampes et les perrons. Je la vis disparaissant par la porte-fenêtre. Monsieur de Mortsauf s'était assis sur le banc, la tête inclinée, songeur; ma situation devenait intolérable, il ne me regardait ni ne me parlait. Adieu cette promenade pendant laquelle je comptais me mettre si bien dans son esprit. Je ne me souviens pas d'avoir passé dans ma vie un quart d'heure plus horrible que celui-là. Je suais à grosses gouttes, me disant : M'en irai-je? ne m'en irai-je pas? Combien de pensées tristes s'élevèrent en lui pour lui faire oublier d'aller savoir comment se trouvait Jacques! Il se leva brusquement et vint auprès de moi. Nous nous retournâmes pour regarder la riante vallée.

— Nous remettrons à un autre jour notre promenade, monsieur le comte, lui dis-je alors avec douceur.

— Sortons! répondit-il. Je suis malheureusement habitué à voir souvent de semblables crises, moi qui donnerais ma vie sans aucun regret pour conserver celle de cet enfant.

— Jacques va mieux, il dort, mon ami, dit la voix d'or. Madame de Mortsauf se montra soudain au bout de l'allée, elle arriva sans fiel, sans amertume, et me rendit mon salut. Je vois avec plaisir, me dit-elle, que vous aimez Clochegourde.

— Voulez-vous, ma chère, que je monte à cheval et que j'aille chercher monsieur Deslandes? lui dit-il en témoignant le désir de se faire pardonner son injustice.

— Ne vous tourmentez point, dit-elle, Jacques n'a pas dormi cette nuit, voilà tout. Cet enfant est très-nerveux, il a fait un vilain rêve, et j'ai passé tout le temps à lui conter des histoires pour le rendormir. Sa toux est purement nerveuse, je l'ai calmée avec une pastille de gomme, et le sommeil l'a gagné.

— Pauvre femme! dit-il en lui prenant la main dans les siennes et lui jetant un regard mouillé, je n'en savais rien.

— A quoi bon vous inquiéter pour des riens? allez à vos seigles. Vous savez! Si vous n'êtes pas là, les métayers laisseront les glaneuses étrangères au bourg entrer dans le champ avant que les gerbes n'en soient enlevées.

— Je vais faire mon premier cours d'agriculture, madame, lui dis-je.

— Vous êtes à bonne école, répondit-elle en montrant le comte de qui la bouche se contracta pour exprimer ce sourire de contentement que l'on nomme familièrement *faire la bouche en cœur*.

Deux mois après seulement, je sus qu'elle avait passé cette nuit en d'horribles anxiétés, elle avait craint que son fils n'eût le croup. Et moi, j'étais dans ce bateau, mollement bercé par des pensées d'amour, imaginant que de sa fenêtre, elle me verrait adorant la lueur de cette bougie qui éclairait alors son front labouré par de mortelles alarmes. Le croup régnait à Tours, et y faisait d'affreux ravages. Quand nous fûmes à la porte, le comte me dit d'une voix émue : — Madame de Mortsauf est un ange! Ce mot me fit chanceler. Je ne connaissais encore que superficiellement cette famille, et le remords si naturel dont est saisie une âme jeune en pareille occasion, me cria : « De quel droit troublerais-tu cette paix profonde? »

Heureux de rencontrer pour auditeur un jeune homme sur lequel il pouvait remporter de faciles triomphes, le comte me parla de l'avenir que le retour des Bourbons préparait à la France.

Nous eûmes une conversation vagabonde dans laquelle j'entendis de vrais enfantillages qui me surprirent étrangement. Il ignorait des faits d'une évidence géométrique; il avait peur des gens instruits; les supériorités, il les niait; il se moquait, peut-être avec raison, des progrès; enfin je reconnus en lui une grande quantité de fibres douloureuses qui obligeaient à prendre tant de précautions pour ne le point blesser, qu'une conversation suivie devenait un travail d'esprit. Quand j'eus pour ainsi dire palpé ses défauts, je m'y pliai avec autant de souplesse qu'en mettait la comtesse à les caresser. A une autre époque de ma vie, je l'eusse indubitablement froissé; mais, timide comme un enfant, croyant ne rien savoir, ou croyant que les hommes faits savaient tout, je m'ébahissais des merveilles obtenues à Clochegourde par ce patient agriculteur. J'écoutais ses plans avec admiration. Enfin, flatterie involontaire qui me valut la bienveillance du vieux gentilhomme, j'enviais cette jolie terre, sa position, ce paradis terrestre en le mettant bien au-dessus de Frapesle.

— Frapesle, lui dis-je, est une massive argenterie, mais Clochegourde est un écran de pierres précieuses!

Phrase qu'il répéta souvent depuis en citant l'auteur.

— Hé! bien, avant que nous y vinssions, c'était une désolation, disait-il.

J'étais tout oreilles quand il me parlait de ses semis, de ses pépinières. Neuf aux travaux de la campagne, je l'accablais de questions sur les prix des choses, sur les moyens d'exploitation, et il me parut heureux d'avoir à m'apprendre tant de détails.

— Que vous enseigne-t-on donc? me demandait-il avec étonnement.

Dès cette première journée, le comte dit à sa femme en rentrant:
— Monsieur Félix est un charmant jeune homme!

Le soir, j'écrivis à ma mère de m'envoyer des habillements et du linge, en lui annonçant que je restais à Frapesle. Ignorant la grande révolution qui s'accomplissait alors, et ne comprenant pas l'influence qu'elle devait exercer sur mes destinées, je croyais retourner à Paris pour y achever mon Droit et l'École ne reprenait ses cours que dans les premiers jours du mois de novembre, j'avais donc deux mois et demi devant moi.

Pendant les premiers moments de mon séjour, je tentai de m'unir intimement au comte, et ce fut un temps d'impressions cruelles.

Je découvris en cet homme une irascibilité sans cause, une promptitude d'action dans un cas désespéré, qui m'effrayèrent. Il se rencontrait en lui des retours soudains du gentilhomme si valeureux à l'armée de Condé, quelques éclairs paraboliques de ces volontés qui peuvent, au jour des circonstances graves, trouer la politique à la manière des bombes, et qui, par les hasards de la droiture et du courage, font d'un homme condamné à vivre dans sa gentilhommière un d'Elbée, un Bonchamp, un Charette. Devant certaines suppositions, son nez se contractait, son front s'éclairait, et ses yeux lançaient une foudre aussitôt amollie. J'avais peur qu'en surprenant le langage de mes yeux, monsieur de Mortsauf ne me tuât sans réflexion. A cette époque, j'étais exclusivement tendre. La volonté, qui modifie si étrangement les hommes, commençait seulement à poindre en moi. Mes excessifs désirs m'avaient communiqué ces rapides ébranlements de la sensibilité qui ressemblent aux secousses de la peur. La lutte ne me faisait pas trembler, mais je ne voulais pas perdre la vie sans avoir goûté le bonheur d'un amour partagé. Les difficultés et mes désirs grandissaient sur deux lignes parallèles. Comment parler de mes sentiments? J'étais en proie à de navrantes perplexités. J'attendais un hasard, j'observais, je me familiarisais avec les enfants de qui je me fis aimer, je tâchais de m'identifier aux choses de la maison. Insensiblement le comte se contint moins avec moi. Je connus donc ses soudains changements d'humeur, ses profondes tristesses sans motif, ses soulèvements brusques, ses plaintes amères et cassantes, sa froideur haineuse, ses mouvements de folie réprimés, ses gémissements d'enfant, ses cris d'homme au désespoir, ses colères imprévues. La nature morale se distingue de la nature physique en ceci, que rien n'y est absolu : l'intensité des effets est en raison de la portée des caractères, ou des idées que nous groupons autour d'un fait. Mon maintien à Clochegourde, l'avenir de ma vie, dépendaient de cette volonté fantasque. Je ne saurais vous exprimer quelles angoisses pressaient mon âme, alors aussi facile à s'épanouir qu'à se contracter, quand en entrant, je me disais : Comment va-t-il me recevoir? Quelle anxiété de cœur me brisait alors que tout à coup un orage s'amassait sur ce front neigeux! C'était un qui-vive continuel. Je tombai donc sous le despotisme de cet homme. Mes souffrances me firent deviner celles de madame de Mortsauf. Nous commençâmes à échanger des regards d'intelligence, mes larmes coulaient quelquefois quand elle retenait les

siennes. La comtesse et moi, nous nous éprouvâmes ainsi par la douleur. Combien de découvertes n'ai-je pas faites durant ces quarante premiers jours pleins d'amertumes réelles, de joies tacites, d'espérances tantôt abîmées, tantôt surnageant! Un soir je la trouvai religieusement pensive devant un coucher de soleil qui rougissait si voluptueusement les cimes en laissant voir la vallée comme un lit, qu'il était impossible de ne pas écouter la voix de cet éternel Cantique des Cantiques par lequel la nature convie ses créatures à l'amour. La jeune fille reprenait-elle des illusions envolées? la femme souffrait-elle de quelque comparaison secrète? Je crus voir dans sa pose un abandon profitable aux premiers aveux, et lui dis:
— Il est des journées difficiles !

— Vous avez lu dans mon âme, me dit-elle, mais comment?

— Nous nous touchons par tant de points ! répondis-je. N'appartenons-nous pas au petit nombre de créatures privilégiées pour la douleur et pour le plaisir, de qui les qualités sensibles vibrent toutes à l'unisson en produisant de grands retentissements intérieurs, et dont la nature nerveuse est en harmonie constante avec le principe des choses! Mettez-les dans un milieu où tout est dissonance, ces personnes souffrent horriblement, comme aussi leur plaisir va jusqu'à l'exaltation quand elles rencontrent les idées, les sensations ou les êtres qui leur sont sympathiques. Mais il est pour nous un troisième état dont les malheurs ne sont connus que des âmes affectées par la même maladie, et chez lesquelles se rencontrent de fraternelles compréhensions. Il peut nous arriver de n'être impressionnés ni en bien ni en mal. Un orgue expressif doué de mouvement s'exerce alors en nous dans le vide, se passionne sans objet, rend des sons sans produire de mélodie, jette des accents qui se perdent dans le silence! espèce de contradiction terrible d'une âme qui se révolte contre l'inutilité du néant. Jeux accablants dans lesquels notre puissance s'échappe tout entière sans aliment, comme le sang par une blessure inconnue. La sensibilité coule à torrents ; il en résulte d'horribles affaiblissements, d'indicibles mélancolies pour lesquelles le confessionnal n'a pas d'oreilles. N'ai-je pas exprimé nos communes douleurs?

Elle tressaillit, et, sans cesser de regarder le couchant, elle me répondit : — Comment si jeune savez-vous ces choses? Avez-vous donc été femme?

— Ah! lui répondis-je d'une voix émue, mon enfance a été comme une longue maladie.

— J'entends tousser Madeleine, me dit-elle en me quittant avec précipitation.

La comtesse me vit assidu chez elle sans en prendre de l'ombrage, par deux raisons. D'abord elle était pure comme un enfant, et sa pensée ne se jetait dans aucun écart. Puis j'amusais le comte, je fus une pâture à ce lion sans ongles et sans crinière. Enfin, j'avais fini par trouver une raison de venir qui nous parut plausible à tous. Je ne savais pas le trictrac, monsieur de Mortsauf me proposa de me l'enseigner, j'acceptai. Dans le moment où se fit notre accord, la comtesse ne put s'empêcher de m'adresser un regard de compassion qui voulait dire : « Mais vous vous jetez dans la gueule du loup! » Si je n'y compris rien d'abord, le troisième jour je sus à quoi je m'étais engagé. Ma patience que rien ne lasse, ce fruit de mon enfance, se mûrit pendant ce temps d'épreuves. Ce fut un bonheur pour le comte que de se livrer à de cruelles railleries quand je ne mettais pas en pratique le principe ou la règle qu'il m'avait expliqué; si je réfléchissais, il se plaignait de l'ennui que cause un jeu lent; si je jouais vite, il se fâchait d'être pressé; si je faisais des écoles, il me disait, en en profitant, que je me dépêchais trop. Ce fut une tyrannie de magister, un despotisme de férule dont je ne puis vous donner une idée qu'en me comparant à Épictète tombé sous le joug d'un enfant méchant. Quand nous jouâmes de l'argent, ses gains constants lui causèrent des joies déshonorantes, mesquines. Un mot de sa femme me consolait de tout, et le rendait promptement au sentiment de la politesse et des convenances. Bientôt je tombai dans les brasiers d'un supplice imprévu. A ce métier, mon argent s'en alla. Quoique le comte restât toujours entre sa femme et moi jusqu'au moment où je les quittais, quelquefois fort tard, j'avais toujours l'espérance de trouver un moment où je me glisserais dans son cœur; mais pour obtenir cette heure attendue avec la douloureuse patience du chasseur, ne fallait-il pas continuer ces taquines parties où mon âme était constamment déchirée, et qui emportaient tout mon argent! Combien de fois déjà n'étions-nous pas demeurés silencieux, occupés à regarder un effet de soleil dans la prairie, des nuées dans un ciel gris, les collines vaporeuses, ou les tremblements de la lune dans les pierreries de la rivière, sans nous dire autre chose que : — La nuit est belle!

— La nuit est femme, madame.

— Quelle tranquillité !

— Oui, l'on ne peut pas être tout à fait malheureux ici.

A cette réponse elle revenait à sa tapisserie. J'avais fini par entendre en elle des remuements d'entrailles causés par une affection qui voulait sa place. Sans argent, adieu les soirées. J'avais écrit à ma mère de m'en envoyer ; ma mère me gronda, et ne m'en donna pas pour huit jours. A qui donc en demander ? Et il s'agissait de ma vie ! Je retrouvais donc, au sein de mon premier grand bonheur, les souffrances qui m'avaient assailli partout ; mais à Paris, au collége, à la pension, j'y avais échappé par une pensive abstinence, mon malheur avait été négatif ; à Frapesle il devint actif ; je connus alors l'envie du vol, ces crimes rêvés, ces épouvantables rages qui sillonnent l'âme et que nous devons étouffer sous peine de perdre notre propre estime. Les souvenirs des cruelles méditations, des angoisses que m'imposa la parcimonie de ma mère, m'ont inspiré pour les jeunes gens la sainte indulgence de ceux qui, sans avoir failli, sont arrivés sur le bord de l'abîme comme pour en mesurer la profondeur. Quoique ma probité, nourrie de sueurs froides, se soit fortifiée en ces moments où la vie s'entr'ouvre et laisse voir l'aride gravier de son lit, toutes les fois que la terrible justice humaine a tiré son glaive sur le cou d'un homme, je me suis dit : Les lois pénales ont été faites par des gens qui n'ont pas connu le malheur. En cette extrémité, je découvris, dans la bibliothèque de monsieur de Chessel, le traité du trictrac, et l'étudiai ; puis mon hôte voulut bien me donner quelques leçons ; moins durement mené, je pus faire des progrès, appliquer les règles et les calculs que j'appris par cœur. En peu de jours je fus en état de dompter mon maître ; mais quand je le gagnai, son humeur devint exécrable ; ses yeux étincelèrent comme ceux des tigres, sa figure se crispa, ses sourcils jouèrent comme je n'ai vu jouer les sourcils de personne. Ses plaintes furent celles d'un enfant gâté. Parfois il jetait les dés, se mettait en fureur, trépignait, mordait son cornet et me disait des injures. Ces violences eurent un terme. Quand j'eus acquis un jeu supérieur, je conduisis la bataille à mon gré ; je m'arrangeai pour qu'à la fin tout fût à peu près égal, en le laissant gagner durant la première moitié de la partie, et rétablissant l'équilibre pendant la seconde moitié. La fin du monde aurait moins surpris le comte que la rapide supériorité de son écolier ; mais il ne la reconnut jamais. Le dénoûment constant de nos parties fut une pâture nouvelle dont son esprit s'empara.

— Décidément, disait-il, ma pauvre tête se fatigue. Vous gagnez toujours vers la fin de la partie, parce qu'alors j'ai perdu mes moyens.

La comtesse, qui savait le jeu, s'aperçut de mon manége dès la première fois, et devina d'immenses témoignages d'affection. Ces détails ne peuvent être appréciés que par ceux à qui les horribles difficultés du trictrac sont connues. Que ne disait pas cette petite chose! Mais l'amour, comme le Dieu de Bossuet, met au-dessus des plus riches victoires le verre d'eau du pauvre, l'effort du soldat qui périt ignoré. La comtesse me jeta l'un de ces remercîments muets qui brisent un cœur jeune : elle m'accorda le regard qu'elle réservait à ses enfants! Depuis cette bienheureuse soirée, elle me regarda toujours en me parlant. Je ne saurais expliquer dans quel état je fus en m'en allant. Mon âme avait absorbé mon corps, je ne pesais pas, je ne marchais point, je volais. Je sentais en moi-même ce regard, il m'avait inondé de lumière, comme son *adieu, monsieur!* avait fait retentir en mon âme les harmonies que contient l'*O filii, ô filiæ!* de la résurrection paschale. Je naissais à une nouvelle vie. J'étais donc quelque chose pour elle! Je m'endormis en des langes de pourpre. Des flammes passèrent devant mes yeux fermés en se poursuivant dans les ténèbres comme les jolis vermisseaux de feu qui courent les uns après les autres sur les cendres du papier brûlé. Dans mes rêves, sa voix devint je ne sais quoi de palpable, une atmosphère qui m'enveloppa de lumière et de parfums, une mélodie qui me caressa l'esprit. Le lendemain, son accueil exprima la plénitude des sentiments octroyés, et je fus dès lors initié dans les secrets de sa voix. Ce jour devait être un des plus marquants de ma vie. Après le dîner, nous nous promenâmes sur les hauteurs, nous allâmes dans une lande où rien ne pouvait venir, le sol en était pierreux, desséché, sans terre végétale; néanmoins il s'y trouvait quelques chênes et des buissons pleins de sinelles; mais, au lieu d'herbes, s'étendait un tapis de mousses fauves, crépues, allumées par les rayons du soleil couchant, et sur lequel les pieds glissaient. Je tenais Madeleine par la main pour la soutenir, et madame de Mortsauf donnait le bras à Jacques. Le comte, qui allait en avant, se retourna, frappa la terre avec sa canne, et me dit avec un accent horrible : — Voilà ma vie! Oh! mais avant de vous avoir connue, reprit-il en jetant un regard d'excuse sur sa femme. Réparation tardive, la comtesse avait pâli. Quelle femme n'aurait pas chancelé comme elle en recevant ce coup ?

— Quelles délicieuses odeurs arrivent ici, et les beaux effets de lumière ! m'écriai-je ; je voudrais bien avoir à moi cette lande, j'y trouverais peut-être des trésors en la sondant ; mais la plus certaine richesse serait votre voisinage. Qui d'ailleurs ne payerait pas cher une vue si harmonieuse à l'œil, et cette rivière serpentine où l'âme se baigne entre les frênes et les aulnes. Voyez la différence des goûts ? Pour vous, ce coin de terre est une lande ; pour moi, c'est un paradis.

Elle me remercia par un regard.

— Églogue ! fit-il d'un ton amer, ici n'est pas la vie d'un homme qui porte votre nom. Puis il s'interrompit et dit : — Entendez-vous les cloches d'Azay ? J'entends positivement sonner des cloches.

Madame de Mortsauf me regarda d'un air effrayé, Madeleine me serra la main.

— Voulez-vous que nous rentrions faire un trictrac ? lui dis-je, le bruit des dés vous empêchera d'entendre celui des cloches.

Nous revînmes à Clochegourde en parlant à bâtons rompus. Le comte se plaignait de douleurs vives sans les préciser. Quand nous fûmes au salon, il y eut entre nous tous une indéfinissable incertitude. Le comte était plongé dans un fauteuil, absorbé dans une contemplation respectée par sa femme, qui se connaissait aux symptômes de la maladie et savait en prévoir les accès. J'imitai son silence. Si elle ne me pria point de m'en aller, peut-être crut-elle que la partie de trictrac égaierait le comte et dissiperait ces fatales susceptibilités nerveuses dont les éclats la tuaient. Rien n'était plus difficile que de faire faire au comte cette partie de trictrac, dont il avait toujours grande envie. Semblable à une petite maîtresse, il voulait être prié, forcé, pour ne pas avoir l'air d'être obligé, peut-être par cela même qu'il en était ainsi. Si, par suite d'une conversation intéressante, j'oubliais pour un moment mes *salamalek*, il devenait maussade, âpre, blessant, et s'irritait de la conversation en contredisant tout. Averti par sa mauvaise humeur, je lui proposais une partie ; alors il coquetait : « D'abord il était trop tard, disait-il, puis je ne m'en souciais pas. » Enfin des simagrées désordonnées, comme chez les femmes qui finissent par vous faire ignorer leurs véritables désirs. Je m'humiliais, je le suppliais de m'entretenir dans une science si facile à oublier faute d'exercice. Cette fois j'eus besoin d'une gaieté folle pour le décider à jouer. Il se plaignait d'étourdissements qui l'empêcheraient de calculer, il avait le crâne serré comme dans un étau, il entendait des sifflements, il étouffait et poussait des soupirs énormes. Enfin il consentit à s'attabler. Madame de Mortsauf nous quitta pour coucher ses enfants et faire dire les prières à sa maison. Tout alla bien pendant son absence, je m'arrangeai pour que monsieur de Mortsauf gagnât, et son bonheur le dérida brusquement. Le passage subit d'une tristesse qui lui arrachait de sinistres prédictions sur lui-même, à cette joie d'homme ivre, à ce rire fou et presque sans raison, m'inquiéta, me glaça. Je ne l'avais jamais vu dans un accès si franchement accusé. Notre connaissance intime avait porté ses fruits, il ne se gênait plus avec moi. Chaque jour il essayait de m'envelopper dans sa tyrannie, d'assurer une nouvelle pâture à son humeur, car il semble vraiment que les maladies morales soient des créatures qui ont leurs appétits, leurs instincts, et veulent augmenter l'espace de leur empire comme un propriétaire veut augmenter son domaine. La comtesse descendit, et vint près du trictrac pour mieux éclairer sa tapisserie, mais elle se mit à son métier dans une appréhension mal déguisée. Un coup funeste, et que je ne pus empêcher, changea la face du comte : de gaie, elle devint sombre ; de pourpre, elle devint jaune, ses yeux vacillèrent. Puis arriva un dernier malheur que je ne pouvais ni prévoir ni réparer. Monsieur de Mortsauf amena pour lui-même un dé foudroyant qui décida sa ruine. Aussitôt il se leva, jeta la table sur moi, la lampe à terre, frappa du poing sur la console, et sauta par le salon, je ne saurais dire qu'il marcha. Le torrent d'injures, d'imprécations, d'apostrophes, de phrases incohérentes qui sortit de sa bouche, aurait fait croire à quelque antique possession, comme au Moyen Age. Jugez de mon attitude !

— Allez dans le jardin, me dit elle en me pressant la main.

Je sortis sans que le comte s'aperçût de ma disparition. De la terrasse où je me rendis à pas lents, j'entendis les éclats de sa voix et ses gémissements qui partaient de sa chambre contiguë à la salle à manger. A travers la tempête, j'entendis aussi la voix de l'ange qui, par intervalles, s'élevait comme un chant de rossignol au moment où la pluie va cesser. Je me promenais sous les acacias par la plus belle nuit du mois d'août finissant, en attendant que la comtesse m'y rejoignît. Elle allait venir, son geste me l'avait promis.

Depuis quelques jours une explication flottait entre nous, et semblait devoir éclater au premier mot qui ferait jaillir la source trop pleine en nos âmes. Quelle honte retardait l'heure de notre parfaite entente? Peut-être aimait-elle autant que je l'aimais ce tressaillement semblable aux émotions de la peur, qui meurtrit la sensibilité, pendant ces moments où l'on retient sa vie près de déborder, où l'on hésite à dévoiler son intérieur, en obéissant à la pudeur qui agite les jeunes filles avant qu'elles ne se montrent à l'époux aimé. Nous avions agrandi nous-mêmes par nos pensées accumulées cette première confidence devenue nécessaire. Une heure se passa. J'étais assis sur la balustrade en briques, quand le retentissement de son pas mêlé au bruit onduleux de la robe flottante anima l'air calme du soir. C'est des sensations auxquelles le cœur ne suffit pas.

— Monsieur de Mortsauf est maintenant endormi, me dit-elle. Quand il est ainsi, je lui donne une tasse d'eau dans laquelle on a fait infuser quelques têtes de pavots, et les crises sont assez éloignées pour que ce remède si simple ait toujours la même vertu. Monsieur, me dit-elle en changeant de ton et prenant sa plus persuasive inflexion de voix, un hasard malheureux vous a livré des secrets jusqu'ici soigneusement gardés, promettez-moi d'ensevelir dans votre cœur le souvenir de cette scène. Faites-le pour moi, je vous en prie. Je ne vous demande pas de serment, dites-moi le *oui* de l'homme d'honneur; je serai contente.

— Ai-je donc besoin de prononcer ce *oui?* lui dis-je. Ne nous sommes-nous jamais compris?

— Ne jugez point défavorablement monsieur de Mortsauf en voyant les effets de longues souffrances endurées pendant l'émigration, reprit-elle. Demain il ignorera complétement les choses qu'il aura dites, et vous le trouverez excellent et affectueux.

— Cessez, madame, lui répondis-je, de vouloir justifier le comte, je ferai tout ce que vous voudrez. Je me jetterais à l'instant dans l'Indre, si je pouvais ainsi renouveler monsieur de Mortsauf et vous rendre à une vie heureuse. La seule chose que je ne puisse refaire est mon opinion, rien n'est plus fortement tissu en moi. Je vous donnerais ma vie, je ne puis vous donner ma conscience; je puis ne pas l'écouter, mais puis-je l'empêcher de parler? or, dans mon opinion, monsieur de Mortsauf est...

— Je vous entends, dit-elle, en m'interrompant avec une brusquerie insolite, vous avez raison. Le comte est nerveux comme une petite maîtresse, reprit-elle pour adoucir l'idée de la folie en adoucissant le mot, mais il n'est ainsi que par intervalles, une fois au plus par année, lors des grandes chaleurs. Combien de maux a causés l'émigration! Combien de belles existences perdues! Il eût été, j'en suis certaine, un grand homme de guerre, l'honneur de son pays.

— Je le sais, lui dis-je en l'interrompant à mon tour, et lui faisant comprendre qu'il était inutile de me tromper.

Elle s'arrêta, posa l'une de ses mains sur son front, et me dit : — Qui vous a donc ainsi produit dans notre intérieur? Dieu veut-il m'envoyer un secours, une vive amitié qui me soutienne? reprit-elle en appuyant sa main sur la mienne avec force, car vous êtes bon, généreux... Elle leva les yeux vers le ciel, comme pour invoquer un visible témoignage qui lui confirmât ses secrètes espérances, et les reporta sur moi. Electrisé par ce regard qui jetait une âme dans la mienne, j'eus, selon la jurisprudence mondaine, un manque de tact; mais, chez certaines âmes, n'est-ce pas souvent précipitation généreuse au-devant d'un danger, envie de prévenir un choc, crainte d'un malheur qui n'arrive pas, et plus souvent encore n'est-ce pas l'interrogation brusque faite à un cœur, un coup donné pour savoir s'il résonne à l'unisson? Plusieurs pensées s'élevèrent en moi comme des lueurs, et me conseillèrent de laver la tache qui souillait ma candeur, au moment où je prévoyais une complète initiation.

— Avant d'aller plus loin, lui dis-je d'une voix altérée par des palpitations facilement entendues dans le profond silence où nous étions, permettez-moi de purifier un souvenir du passé?

— Taisez-vous, me dit-elle vivement en me mettant sur les lèvres un doigt qu'elle ôta aussitôt. Elle me regarda fièrement comme une femme trop haut située pour que l'injure puisse l'atteindre, et me dit d'une voix troublée : — Je sais de quoi vous voulez parler. Il s'agit du premier, du dernier, du seul outrage que j'aurai reçu! Ne parlez jamais de ce bal. Si la chrétienne vous a pardonné, la femme souffre encore.

— Ne soyez pas plus impitoyable que ne l'est Dieu, lui dis-je en gardant entre mes cils les larmes qui me vinrent aux yeux.

— Je dois être plus sévère, je suis plus faible, répondit-elle.

— Mais, repris-je avec une manière de révolte enfantine, écoutez-moi, quand ce ne serait que pour la première, la dernière et la seule fois de votre vie.

— Eh! bien, dit-elle, parlez! Autrement, vous croiriez que je crains de vous entendre.

Sentant alors que ce moment était unique en notre vie, je lui dis avec cet accent qui commande l'attention, que les femmes au bal m'avaient été toutes indifférentes comme celles que j'avais aperçues jusqu'alors; mais qu'en la voyant, moi de qui la vie était si studieuse, de qui l'âme était si peu hardie, j'avais été comme emporté par une frénésie qui ne pouvait être condamnée que par ceux qui ne l'avaient jamais éprouvée, que jamais cœur d'homme ne fut si bien empli du désir auquel ne résiste aucune créature et qui fait tout vaincre, même la mort...

— Et le mépris? dit-elle en m'arrêtant.

— Vous m'avez donc méprisé? lui demandai-je.

— Ne parlons plus de ces choses, dit-elle.

— Mais parlons-en! lui répondis-je avec une exaltation causée par une douleur surhumaine. Il s'agit de tout moi-même, de ma vie inconnue, d'un secret que vous devez connaître; autrement je mourrais de désespoir! Ne s'agit-il pas aussi de vous, qui, sans le savoir, avez été la Dame aux mains de laquelle reluit la couronne promise aux vainqueurs du tournoi.

Je lui contai mon enfance et ma jeunesse, non comme je vous l'ai dite, en la jugeant à distance; mais avec les paroles ardentes du jeune homme de qui les blessures saignaient encore. Ma voix retentit comme la hache des bûcherons dans une forêt. Devant elle tombèrent à grand bruit les années mortes, les longues douleurs qui les avaient hérissées de branches sans feuillages. Je lui peignis avec des mots enfiévrés une foule de détails terribles dont je vous ai fait grâce. J'étalai le trésor de mes vœux brillants, l'or vierge de mes désirs, tout un cœur brûlant conservé sous les glaces de ces Alpes entassées par un continuel hiver. Lorsque, courbé sous le poids de mes souffrances redites avec les charbons d'Isaïe, j'attendis un mot de cette femme qui m'écoutait la tête baissée, elle éclaira les ténèbres par un regard, elle anima les mondes terrestres et divins par un seul mot.

— Nous avons eu la même enfance! dit-elle en me montrant un visage où reluisait l'auréole des martyrs. Après une pause où nos âmes se marièrent dans cette même pensée consolante : Je n'étais donc pas seul à souffrir! la comtesse me dit de sa voix réservée pour parler à ses chers petits, comment elle avait eu le tort d'être une fille quand les fils étaient morts. Elle m'expliqua les différences que son état de fille sans cesse attachée aux flancs d'une mère mettait entre ses douleurs et celles d'un enfant jeté dans le monde des colléges. Ma solitude avait été comme un paradis, comparée au contact de la meule sous laquelle son âme fut sans cesse meurtrie, jusqu'au jour où sa véritable mère, sa bonne tante l'avait sauvée en l'arrachant à ce supplice dont elle me raconta les renaissantes douleurs. C'était les inexplicables pointilleries insupportables aux natures nerveuses qui ne reculent pas devant un coup de poignard et meurent sous l'épée de Damoclès : tantôt une expansion généreuse arrêtée par un ordre glacial, tantôt un baiser froidement reçu; un silence imposé, reproché tour à tour; des larmes dévorées qui lui restaient sur le cœur; enfin les mille tyrannies du couvent, cachées aux yeux des étrangers sous les apparences d'une maternité glorieusement exaltée. Sa mère tirait vanité d'elle, et la vantait; mais elle payait cher le lendemain ces flatteries nécessaires au triomphe de l'institutrice. Quand, à force d'obéissance et de douceur, elle croyait avoir vaincu le cœur de la mère, et qu'elle s'ouvrait à elle, le tyran reparaissait armé de ces confidences. Un espion n'eût pas été si lâche ni si traître. Tous ses plaisirs de jeune fille, ses fêtes lui avaient été chèrement vendues, car elle était grondée d'avoir été heureuse, comme elle l'eût été pour une faute. Jamais les enseignements de sa noble éducation ne lui avaient été donnés avec amour, mais avec une blessante ironie. Elle n'en voulait point à sa mère, elle se reprochait seulement de ressentir moins d'amour que de terreur pour elle. Peut-être, pensait cet ange, ces sévérités étaient-elles nécessaires? ne l'avaient-elles pas préparée à sa vie actuelle? En l'écoutant, il me semblait que la harpe de Job de laquelle j'avais tiré de sauvages accords, maintenant maniée par des doigts chrétiens, y répondait en chantant les litanies de la Vierge au pied de la croix.

— Nous vivions dans la même sphère avant de nous retrouver ici, vous partie de l'orient et moi de l'occident.

Elle agita la tête par un mouvement désespéré : — A vous l'orient, à moi l'occident, dit-elle. Vous vivrez heureux, je mourrai de douleur ! Les hommes font eux-mêmes les événements de leur vie, et la mienne est à jamais fixée. Aucune puissance ne peut briser cette lourde chaîne à laquelle la femme tient par un anneau d'or, emblème de la pureté des épouses.

Nous sentant alors jumeaux du même sein, elle ne conçut point que les confidences se fissent à demi entre frères abreuvés aux mêmes sources. Après le soupir naturel aux cœurs purs au moment où ils s'ouvrent, elle me raconta les premiers jours de son mariage, ses premières déceptions, tout le *renouveau* du malheur. Elle avait, comme moi, connu les petits faits, si grands pour les âmes dont la limpide substance est ébranlée tout entière au moindre choc, de même qu'une pierre jetée dans un lac en agite également la surface et la profondeur. En se mariant, elle possédait ses épargnes, ce peu d'or qui représente les heures joyeuses, les mille désirs du jeune âge; en un jour de détresse, elle l'avait généreusement donné sans dire que c'était des souvenirs et non des pièces d'or; jamais son mari ne lui en avait tenu compte, il ne se savait pas son débiteur! En échange de ce trésor englouti dans les eaux dormantes de l'oubli, elle n'avait pas obtenu ce regard mouillé qui solde tout, qui pour les âmes généreuses est comme un éternel joyau dont les feux brillent aux jours difficiles. Comme elle avait marché de douleur en douleur! Monsieur de Mortsauf oubliait de lui donner l'argent nécessaire à la maison ; il se réveillait d'un rêve quand, après avoir vaincu toutes ses timidités de femme, elle lui en demandait; et jamais il ne lui avait une seule fois évité ces cruels serrements de cœur! Quelle terreur vint la saisir au moment où la nature maladive de cet homme ruiné s'était dévoilée! elle avait été brisée par le premier éclat de ses folles colères. Par combien de réflexions dures n'avait-elle point passé avant de regarder comme nul son mari, cette imposante figure qui domine l'existence d'une femme! De quelles horribles calamités furent suivies ses deux couches! Quel saisissement à l'aspect de deux enfants mort-nés? Quel courage pour se dire : « Je leur soufflerai la vie! je les enfanterai de nouveau tous les jours? » Puis quel désespoir de sentir un obstacle dans le cœur et dans la main d'où les femmes tirent leurs secours! Elle avait vu cet immense malheur déroulant ses savanes épineuses à chaque difficulté vaincue. A la montée de chaque rocher, elle avait aperçu de nouveaux déserts à franchir, jusqu'au jour où elle eut bien connu son mari, l'organisation de ses enfants, et le pays où elle devait vivre; jusqu'au jour où, comme l'enfant arraché par Napoléon aux tendres soins du logis, elle eut habitué ses pieds à marcher dans la boue et dans la neige, accoutumé son front aux boulets, toute sa personne à la passive obéissance du soldat. Ces choses que je vous résume, elle me les dit alors dans leur ténébreuse étendue, avec leur cortége de faits désolants, de batailles conjugales perdues, d'essais infructueux.

— Enfin, me dit-elle en terminant, il faudrait demeurer ici quelques mois pour savoir combien de peines me coûtent les améliorations de Clochegourde, combien de patelineries fatigantes pour lui faire vouloir la chose la plus utile à ses intérêts ! Quelle malice d'enfant le saisit quand une chose due à mes conseils ne réussit pas tout d'abord ! Avec quelle joie il s'attribue le bien ! Quelle patience m'est nécessaire pour toujours entendre des plaintes quand je me tue à lui sarcler ses heures, à lui embaumer son air, à lui sabler, à lui fleurir les chemins qu'il a semés de pierres. Ma récompense est ce terrible refrain : « — Je vais mourir, la vie me pèse ! » S'il a le bonheur d'avoir du monde chez lui, tout s'efface, il est gracieux et poli. Pourquoi n'est-il pas ainsi pour sa famille ? Je ne sais comment expliquer ce manque de loyauté chez un homme parfois vraiment chevaleresque. Il est capable d'aller secrètement à franc étrier me chercher à Paris une parure comme il le fit dernièrement pour le bal de la ville. Avare pour sa maison, il serait prodigue pour moi, si je le voulais. Ce devrait être l'inverse : je n'ai besoin de rien, et sa maison est lourde. Dans le désir de lui rendre la vie heureuse, et sans songer que je serais mère, peut-être l'ai-je habitué à me prendre pour sa victime ; moi qui en usant de quelques cajoleries, le mènerais comme un enfant, si je pouvais m'abaisser à jouer un rôle qui me semble infâme ! Mais l'intérêt de la maison exige que je sois calme et sévère comme une statue de la Justice, et cependant, moi aussi, j'ai l'âme expansive et tendre !

— Pourquoi, lui dis-je, n'usez-vous pas de cette influence pour vous rendre maîtresse de lui, pour le gouverner ?

— S'il ne s'agissait que de moi seule, je ne saurais ni vaincre son silence obtus, opposé pendant des heures entières à des arguments justes, ni répondre à des observations sans logique, de véritables raisons d'enfant. Je n'ai de courage ni contre la faiblesse ni contre l'enfance ; elles peuvent me frapper sans que je leur résiste ; peut-être opposerais-je la force à la force, mais je suis sans énergie contre ceux que je plains. S'il fallait contraindre Madeleine à quelque chose pour la sauver je mourrais avec elle. La pitié détend toutes mes fibres et mollifie mes nerfs. Aussi les violentes secousses de ces dix années m'ont-elles abattue ; maintenant ma sensibilité si souvent attaquée est parfois sans consistance, rien ne la régénère; parfois l'énergie, avec laquelle je supportais les orages, me manque. Oui, parfois je suis vaincue. Faute de repos et de bains de mer où je retremperais mes fibres, je périrai. Monsieur de Mortsauf m'aura tuée et il mourra de ma mort.

— Pourquoi ne quittez-vous pas Clochegourde pour quelques mois? Pourquoi n'iriez-vous pas, accompagnée de vos enfants, au bord de la mer?

— D'abord, monsieur de Mortsauf se croirait perdu si je m'éloignais. Quoiqu'il ne veuille pas croire à sa situation, il en a la conscience. Il se rencontre en lui l'homme et le malade, deux natures différentes dont les contradictions expliquent bien des bizarreries! Puis, il aurait raison de trembler. Tout irait mal ici. Vous avez vu peut-être en moi la mère de famille occupée à protéger ses enfants contre le milan qui plane sur eux. Tâche écrasante, augmentée des soins exigés par monsieur de Mortsauf qui va toujours demandant : — Où est madame ? Ce n'est rien. Je suis aussi le précepteur de Jacques, la gouvernante de Madeleine. Ce n'est rien encore! Je suis intendant et régisseur. Vous connaîtrez un jour la portée de mes paroles quand vous saurez que l'exploitation d'une terre est ici la plus fatigante des industries. Nous avons peu de revenus en argent, nos fermes sont cultivées à moitié, système qui veut une surveillance continuelle. Il faut vendre soi-même ses grains, ses bestiaux, ses récoltes de toute nature. Nous avons pour concurrents nos propres fermiers qui s'entendent au cabaret avec les consommateurs, et font les prix après avoir vendu les premiers. Je vous ennuierais si je vous expliquais les mille difficultés de notre agriculture. Quel que soit mon dévouement, je ne puis veiller à ce que nos colons n'amendent pas leurs propres terres avec nos fumiers ; je ne puis, ni aller voir si nos métiviers ne s'entendent pas avec eux lors du partage des récoltes, ni savoir le moment opportun pour la vente. Or, si vous venez à penser au peu de mémoire de monsieur de Mortsauf, aux peines que vous m'avez vue prendre pour l'obliger à s'occuper de ses affaires, vous comprendrez la lourdeur de mon fardeau, l'impossibilité de le déposer un moment. Si je m'absentais, nous serions ruinés. Personne ne l'écouterait ; la plupart du temps, ses ordres se contredisent ; d'ailleurs personne ne l'aime, il est trop grondeur, il fait trop l'absolu ; puis, comme tous les gens faibles, il écoute trop facilement ses inférieurs pour inspirer autour de lui l'affection qui unit les familles. Si je partais, aucun domestique ne resterait ici huit jours. Vous voyez bien que je suis attachée à Clochegourde comme ces bouquets de plomb le sont à nos toits. Je n'ai pas eu d'arrière-pensée avec vous, monsieur. Toute la contrée ignore les secrets de Clochegourde, et maintenant vous les savez. N'en dites rien que de bon et d'obligeant, et vous aurez mon estime, ma reconnaissance, ajouta-t-elle encore d'une voix adoucie. A ce prix, vous pouvez toujours revenir à Clochegourde, vous y trouverez des cœurs amis.

— Mais, dis-je, moi je n'ai jamais souffert! Vous seule...

— Non! reprit-elle en laissant échapper ce sourire des femmes résignées qui fendrait le granit, ne vous étonnez pas de cette confidence, elle vous montre la vie comme elle est, et non comme votre imagination vous l'a fait espérer. Nous avons tous nos défauts et nos qualités. Si j'eusse épousé quelque prodigue, il m'aurait ruinée. Si j'eusse été donnée à quelque jeune homme ardent et voluptueux, il aurait eu des succès, peut-être n'aurais-je pas su le conserver, il m'aurait abandonnée, je serais morte de jalousie. Je suis jalouse! dit-elle avec un accent d'exaltation qui ressemblait au coup de tonnerre d'un orage qui passe. Hé! bien, monsieur m'aime autant qu'il peut m'aimer; tout ce que son cœur enferme d'affection, il le verse à mes pieds, comme la Madeleine a versé le reste de ses parfums aux pieds du Sauveur. Croyez-le! une vie d'amour est une fatale exception à la loi terrestre; toute fleur périt, les grandes joies ont un lendemain mauvais, quand elles ont un lendemain. La vie réelle est une vie d'angoisses : son image est dans cette ortie, venue au pied de la terrasse, et qui, sans soleil, demeure verte sur sa tige. Ici, comme dans les patries du nord, il est des sourires dans le ciel, rares il est vrai, mais qui paient bien des peines. Enfin les femmes qui sont exclusivement mères ne s'attachent-elles pas plus par les sacrifices que par les plaisirs? Ici j'attire sur moi les orages que je vois prêts à fondre sur les gens ou sur mes enfants, et j'éprouve en les détournant je ne sais quel sentiment qui me donne une force secrète. La résignation de la veille a toujours préparé celle du lendemain. Dieu ne me laisse d'ailleurs point sans espoir. Si d'abord la santé de mes enfants m'a désespérée, aujourd'hui plus ils avancent dans la vie, mieux ils se portent. Après tout, notre demeure s'est embellie, la fortune se répare. Qui sait si la vieillesse de monsieur ne sera pas heureuse par moi? Croyez-le! l'être qui se présente devant le Grand Juge, une palme verte à la main, lui ramenant consolés ceux qui maudissaient la vie, cet être a converti ses douleurs en délices. Si mes souffrances servent au bonheur de la famille, est-ce bien des souffrances?

— Oui, lui dis-je, mais elles étaient nécessaires comme le sont les miennes pour me faire apprécier les saveurs du fruit mûri dans nos roches; maintenant peut-être le goûterons-nous ensemble, peut-être en admirerons-nous les prodiges? ces torrents d'affection dont il inonde les âmes, cette sève qui ranime les feuilles jaunissantes. La vie ne pèse plus alors, elle n'est plus à nous. Mon Dieu ! ne m'entendez-vous pas? repris-je en me servant du langage mystique auquel notre éducation religieuse nous avait habitués. Voyez par quelles voies nous avons marché l'un vers l'autre? quel aimant nous a dirigés sur l'océan des eaux amères, vers la source d'eau douce, coulant au pied des monts sur un sable pailleté, entre deux rives vertes et fleuries? N'avons-nous pas, comme les Mages, suivi la même étoile ? Nous voici devant la crèche d'où s'éveille un divin enfant qui lancera ses flèches au front des arbres nus, qui nous ranimera le monde par ses cris joyeux, qui par des plaisirs incessants donnera du goût à la vie, rendra aux nuits leur sommeil, aux jours leur allégresse. Qui donc a serré chaque année de nouveaux nœuds entre nous? Ne sommes-nous pas plus que frère et sœur? Ne déliez jamais ce que le ciel a réuni. Les souffrances dont vous parlez étaient le grain répandu à flots par la main du Semeur pour faire éclore la moisson déjà dorée par le plus beau des soleils. Voyez ! voyez ! N'irons-nous pas ensemble tout cueillir brin à brin ? Quelle force en moi, pour que j'ose vous parler ainsi ! Répondez-moi donc, ou je ne repasserai pas l'Indre.

— Vous m'avez évité le mot *amour*, dit-elle en m'interrompant d'une voix sévère; mais vous avez parlé d'un sentiment que j'ignore et qui ne m'est point permis. Vous êtes un enfant, je vous pardonne encore, mais pour la dernière fois. Sachez-le, monsieur, mon cœur est comme enivré de maternité ! Je n'aime monsieur de Mortsauf ni par devoir social, ni par calcul de béatitudes éternelles à gagner; mais par un irrésistible sentiment qui l'attache à toutes les fibres de mon cœur. Ai-je été violentée à mon mariage ? Il fut décidé par ma sympathie pour les infortunes. N'était-ce pas aux femmes à réparer les maux du temps, à consoler ceux qui coururent sur la brèche et revinrent blessés? Que vous dirai-je? j'ai ressenti je ne sais quel contentement égoïste en voyant que vous l'amusiez : n'est-ce pas la maternité pure ? Ma confession ne vous a-t-elle donc pas assez montré les *trois* enfants auxquels je ne dois jamais faillir, sur lesquels je dois faire pleuvoir une rosée réparatrice, et faire rayonner mon âme sans en laisser adultérer la moindre parcelle ? N'aigrissez pas le lait d'une mère ! Quoique l'épouse soit invulnérable en moi, ne me parlez donc plus ainsi. Si vous ne respectiez pas cette défense si simple, je vous en préviens, l'entrée de cette maison vous serait à jamais fermée. Je croyais à de pures amitiés, à des fraternités volontaires, plus certaines que ne le sont les fraternités imposées. Erreur ! Je voulais un ami qui ne fût pas un juge, un ami pour m'écouter en ces moments de faiblesse où la voix qui gronde est une voix meurtrière, un ami saint avec qui je n'eusse rien à craindre. La jeunesse est noble, sans mensonges, capable de sacrifices, désintéressée : en voyant votre persistance, j'ai cru, je l'avoue, à quelque dessein du ciel ; j'ai cru que j'aurais une âme qui serait à moi seule comme un prêtre est à tous, un cœur où je pourrais épancher mes douleurs quand elles surabondent, crier quand mes cris sont irrésistibles et m'étoufferaient si je continuais à les dévorer. Ainsi mon existence, si précieuse à ces enfants, aurait pu se prolonger jusqu'au jour où Jacques serait devenu homme. Mais n'est-ce pas être trop égoïste ? La Laure de Pétrarque peut-elle se recommencer ? Je me suis trompée, Dieu ne le veut pas. Il faudra mourir à mon poste, comme le soldat sans ami. Mon confesseur est rude, austère ; et... ma tante n'est plus !

Deux grosses larmes éclairées par un rayon de lune sortirent de ses yeux, roulèrent sur ses joues, en atteignirent le bas ; mais je tendis la main assez à temps pour les recevoir, et les bus avec une avidité pieuse qu'excitèrent ces paroles déjà signées par dix ans de larmes secrètes, de sensibilité dépensée, de soins constants, d'alarmes perpétuelles, l'héroïsme le plus élevé de votre sexe ! Elle me regarda d'un air doucement stupide.

— Voici, lui dis-je, la première, la sainte communion de l'amour. Oui, je viens de participer à vos douleurs, de m'unir à votre âme, comme nous nous unissons au Christ en buvant sa divine substance. Aimer sans espoir est encore un bonheur. Ah ! quelle femme sur la terre pourrait me causer une joie aussi grande que celle d'avoir aspiré ces larmes ! J'accepte ce contrat qui doit se

20.

résoudre en souffrances pour moi. Je me donne à vous sans arrière-pensée, et serai ce que vous voudrez que je sois.

Elle m'arrêta par un geste, et me dit de sa voix profonde : — Je consens à ce pacte, si vous voulez ne jamais presser les liens qui nous attacheront.

— Oui, lui dis-je, mais moins vous m'accorderez, plus certainement dois-je posséder.

— Vous commencez par une méfiance, répondit-elle en exprimant la mélancolie du doute.

— Non, mais par une jouissance pure. Écoutez ! je voudrais de vous un nom qui ne fût à personne, comme doit être le sentiment que nous nous vouons.

— C'est beaucoup, dit-elle, mais je suis moins petite que vous ne le croyez. Monsieur de Mortsauf m'appelle Blanche. Une seule personne au monde, celle que j'ai le plus aimée, mon adorable tante, me nommait Henriette. Je redeviendrai donc Henriette pour vous.

Je lui pris la main et la baisai. Elle me l'abandonna dans cette confiance qui rend la femme si supérieure à nous, confiance qui nous accable. Elle s'appuya sur la balustrade en briques et regarda l'Indre.

— N'avez-vous pas tort, mon ami, dit-elle, d'aller du premier bond au bout de la carrière ? Vous avez épuisé, par votre première aspiration, une coupe offerte avec candeur. Mais un vrai sentiment ne se partage pas, il doit être entier, ou il n'est pas. Monsieur de Mortsauf, me dit-elle après un moment de silence, est par-dessus tout loyal et fier. Peut-être seriez-vous tenté, pour moi, d'oublier ce qu'il a dit; s'il n'en sait rien, moi demain je l'en instruirai. Soyez quelque temps sans vous montrer à Clochegourde, il vous en estimera davantage. Dimanche prochain, au sortir de l'église, il ira lui-même à vous ; je le connais, il effacera ses torts ; et vous aimera de l'avoir traité comme un homme responsable de ses actions et de ses paroles.

— Cinq jours sans vous voir, sans vous entendre !

— Ne mettez jamais cette chaleur aux paroles que vous me direz, dit-elle.

Nous fîmes deux fois le tour de la terrasse en silence. Puis elle me dit d'un ton de commandement qui me prouvait qu'elle prenait possession de mon âme : — Il est tard, séparons-nous.

Je voulais lui baiser la main, elle hésita, me la rendit, et me dit d'une voix de prière : — Ne la prenez que lorsque je vous la donnerai, laissez-moi mon libre arbitre, sans quoi je serais une chose à vous, et cela ne doit pas être.

— Adieu, lui dis-je.

Je sortis par la petite porte d'en bas qu'elle m'ouvrit. Au moment où elle l'allait fermer, elle la rouvrit, me tendit sa main en me disant : — En vérité, vous avez été bien bon ce soir, vous avez consolé tout mon avenir ; prenez, mon ami, prenez !

Je baisai sa main à plusieurs reprises ; et quand je levai les yeux, je vis des larmes dans les siens. Elle remonta sur la terrasse, et me regarda encore un moment à travers la prairie. Quand je fus dans le chemin de Frapesle, je vis encore sa robe blanche éclairée par la lune ; puis, quelques instants après, une lumière illumina sa chambre.

— O mon Henriette ! me dis-je, à toi l'amour le plus pur qui jamais aura brillé sur cette terre !

Je regagnai Frapesle en me retournant à chaque pas. Je sentais en moi je ne sais quel contentement ineffable. Une brillante carrière s'ouvrait enfin au dévouement dont est gros tout jeune cœur, et qui chez moi fut si long-temps une force inerte ! Semblable au prêtre qui, par un seul pas, s'est avancé dans une vie nouvelle, j'étais consacré, voué. Un simple *oui, madame!* m'avait engagé à garder pour moi seul en mon cœur un amour irrésistible, à ne jamais abuser de l'amitié pour amener à petits pas cette femme dans l'amour. Tous les sentiments nobles réveillés faisaient entendre en moi-même leurs voix confuses. Avant de me retrouver à l'étroit dans une chambre, je voulus voluptueusement rester sous l'azur ensemencé d'étoiles, entendre encore en moi-même ces chants de ramier blessé, les tons simples de cette confidence ingénue, rassembler dans l'air les effluves de cette âme qui toutes devaient venir à moi. Combien elle me parut grande, cette femme, avec son oubli profond du moi, sa religion pour les êtres blessés, faibles ou souffrants, avec son dévouement allégé des chaînes légales ! Elle était là, sereine sur son bûcher de sainte et de martyre ! J'admirais sa figure qui m'apparut au milieu des ténèbres, quand soudain je crus deviner un sens à ses paroles, une mystérieuse signifiance qui me la rendit complétement sublime. Peut-être voulait-elle que je fusse pour elle ce qu'elle était pour son petit monde? Peut-être voulait-elle tirer de moi sa force et sa consolation, me mettant ainsi dans sa sphère, sur sa ligne ou plus haut? Les astres, disent quelques hardis constructeurs des mondes, se communiquent ainsi le mouvement et la lumière. Cette pensée m'éleva soudain à des hauteurs éthérées. Je me retrouvai dans le ciel de mes anciens songes, et je m'expliquai les peines de mon enfance par le bonheur immense où je nageais.

Génies éteints dans les larmes, cœurs méconnus, saintes Clarisse Harlowe ignorées, enfants désavoués, proscrits innocents, vous tous qui êtes entrés dans la vie par ses déserts, vous qui partout avez trouvé les visages froids, les cœurs fermés, les oreilles closes, ne vous plaignez jamais! vous seuls pouvez connaître l'infini de la joie au moment où pour vous un cœur s'ouvre, une oreille vous écoute, un regard vous répond. Un seul jour efface les mauvais jours. Les douleurs, les méditations, les désespoirs, les mélancolies passées et non pas oubliées sont autant de liens par lesquels l'âme s'attache à l'âme confidente. Belle de nos désirs réprimés, une femme hérite alors des soupirs et des amours perdus, elle nous restitue agrandies toutes les affections trompées, elle explique les chagrins antérieurs comme la soulte exigée par le destin pour les éternelles félicités qu'elle donne au jour des fiançailles de l'âme. Les anges seuls disent le nom nouveau dont il faudrait nommer ce saint amour, de même que vous seuls, chers martyrs, saurez bien ce que madame de Mortsauf était soudain devenue pour moi, pauvre, seul !

Cette scène s'était passée un mardi, j'attendis jusqu'au dimanche sans passer l'Indre dans mes promenades. Pendant ces cinq jours, de grands événements arrivèrent à Clochegourde. Le comte reçut le brevet de maréchal-de-camp, la croix de Saint-Louis, et une pension de quatre mille francs. Le duc de Lenoncourt-Givry, nommé pair de France, recouvra deux forêts, reprit son service à la cour, et sa femme rentra dans ses biens non vendus qui avaient fait partie du domaine de la couronne impériale. La comtesse de Mortsauf devenait ainsi l'une des plus riches héritières du Maine. Sa mère était venue lui apporter cent mille francs économisés sur les revenus de Givry, le montant de sa dot qui n'avait point été payée, et dont le comte ne parlait jamais, malgré sa détresse. Dans les choses de la vie extérieure, la conduite de cet homme attestait le plus fier de tous les désintéressements. En joignant à cette somme ses économies, le comte pouvait acheter deux domaines voisins qui valaient environ neuf mille livres de rente. Son fils devant succéder à la pairie de son grand-père, il pensa tout à coup à lui constituer un majorat qui se composerait de la fortune territoriale des deux familles sans nuire à Madeleine, à laquelle la faveur du duc de Lenoncourt ferait sans doute faire un beau mariage. Ces arrangements et ce bonheur jetèrent quelque baume sur les plaies de l'émigré. La duchesse de Lenoncourt à Clochegourde fut un événement dans le pays. Je songeais douloureusement que cette femme était une grande dame, et j'aperçus alors dans sa fille l'esprit de caste que couvrait à mes yeux la noblesse de ses sentiments. Qu'étais-je, moi pauvre, sans autre avenir que mon courage et mes facultés? Je ne pensais aux conséquences de la restauration, ni pour moi, ni pour les autres. Le dimanche, de la chapelle réservée où j'étais à l'église avec monsieur, madame de Chessel et l'abbé de Quélus, je lançais des regards avides sur une autre chapelle latérale où se trouvaient la duchesse et sa fille, le comte et les enfants. Le chapeau de paille qui me cachait mon idole ne vacilla pas, et cet oubli de moi sembla m'attacher plus vivement que tout le passé. Cette grande Henriette de Lenoncourt, qui maintenant était ma chère Henriette, et de qui je voulais fleurir la vie, priait avec ardeur; la foi communiquait à son attitude je ne sais quoi d'abîmé, de prosterné, une pose de statue religieuse, qui me pénétra.

Suivant l'habitude des curés de village, les vêpres devaient se dire quelque temps après la messe. Au sortir de l'église, madame de Chessel proposa naturellement à ses voisins de passer les deux heures d'attente à Frapesle, au lieu de traverser deux fois l'Indre et la prairie par la chaleur. L'offre fut agréée. Monsieur de Chessel donna le bras à la duchesse, madame de Chessel accepta celui du comte; je présentai le mien à la comtesse, et je sentis pour la première fois ce beau bras frais à mes flancs. Pendant le retour de la paroisse à Frapesle, trajet qui se faisait à travers les bois de Saché où la lumière filtrée dans les feuillages produisait, sur le sable des allées, ces jolis jours qui ressemblent à des soieries peintes, j'eus des sensations d'orgueil et des idées qui me causèrent de violentes palpitations.

— Qu'avez-vous? me dit-elle après quelques pas faits dans

un silence que je n'osais rompre. Votre cœur bat trop vite?....

— J'ai appris des événements heureux pour vous, lui dis-je, et comme ceux qui aiment bien, j'ai des craintes vagues. Vos grandeurs ne nuiront-elles point à vos amitiés?

— Moi! dit-elle, fi! Encore une idée semblable, et je ne vous mépriserais pas, je vous aurais oublié pour toujours.

Je la regardai, en proie à une ivresse qui dut être communicative.

— Nous profitons du bénéfice de lois que nous n'avons ni provoquées ni demandées, mais nous ne serons ni mendiants ni avides; et d'ailleurs vous savez bien, reprit-elle, que ni moi ni monsieur de Mortsauf nous ne pouvons sortir de Clochegourde. Par mon conseil, il a refusé le commandement auquel il avait droit dans la Maison Rouge. Il nous suffit que mon père ait sa charge! Notre modestie forcée, dit-elle en souriant avec amertume, a déjà bien servi notre enfant. Le roi, près duquel mon père est de service, a dit fort gracieusement qu'il reporterait sur Jacques la faveur dont nous ne voulions pas. L'éducation de Jacques, à laquelle il faut songer, est maintenant l'objet d'une grave discussion; il va représenter deux maisons, les Lenoncourt et les Mortsauf. Je ne puis avoir d'ambition que pour lui, voici donc mes inquiétudes augmentées. Non-seulement Jacques doit vivre, mais il doit encore devenir digne de son nom, deux obligations qui se contrarient. Jusqu'à présent j'ai pu suffire à son éducation en mesurant les travaux à ses forces, mais d'abord où trouver un précepteur qui me convienne? puis, plus tard, quel ami me le conservera dans cet horrible Paris où tout est piège pour l'âme et danger pour le corps? Mon ami, me dit-elle d'une voix émue, à voir votre front et vos yeux, qui ne devinerait en vous l'un de ces oiseaux qui doivent habiter les hauteurs? prenez votre élan, soyez un jour le parrain de notre cher enfant. Allez à Paris. Si votre frère et votre père ne vous secondent point, notre famille, ma mère surtout, qui a le génie des affaires, sera certes très-influente; profitez de notre crédit! vous ne manquerez alors ni d'appui, ni de secours dans la carrière que vous choisirez! mettez donc le superflu de vos forces dans une noble ambition...

— Je vous entends, lui dis-je en l'interrompant, mon ambition deviendra ma maîtresse. Je n'ai pas besoin de ceci pour être tout à vous. Non, je ne veux pas être récompensé de ma sagesse ici par des faveurs là-bas. J'irai, je grandirai seul, par moi-même. J'accepterais tout de vous ; des autres, je ne veux rien.

— Enfantillage ! dit-elle en murmurant mais en retenant mal un sourire de contentement.

— D'ailleurs, je me suis voué, lui dis-je. En méditant notre situation, j'ai pensé à m'attacher à vous par des liens qui ne puissent jamais se dénouer.

Elle eut un léger tremblement et s'arrêta pour me regarder.

— Que voulez-vous dire ? fit-elle en laissant aller les deux couples qui nous précédaient et gardant ses enfants près d'elle.

— Hé ! bien, répondis-je, dites-moi franchement comment vous voulez que je vous aime.

— Aimez-moi comme m'aimait ma tante, de qui je vous ai donné les droits en vous autorisant à m'appeler du nom qu'elle avait choisi pour elle parmi les miens.

— J'aimerai donc sans espérance, avec un dévouement complet. Hé ! bien, oui, je ferai pour vous ce que l'homme fait pour Dieu. Ne l'avez-vous pas demandé ? Je vais entrer dans un séminaire, j'en sortirai prêtre, et j'élèverai Jacques. Votre Jacques, ce sera comme un autre moi : conceptions politiques, pensée, énergie, patience, je lui donnerai tout. Ainsi, je demeurerai près de vous, sans que mon amour, pris dans la religion comme une image d'argent dans du cristal, puisse être suspecté. Vous n'avez à craindre aucune de ces ardeurs immodérées qui saisissent un homme et par lesquelles une fois déjà je me suis laissé vaincre. Je me consumerai dans la flamme, et vous aimerai d'un amour purifié.

Elle pâlit, et dit à mots pressés : — Félix, ne vous engagez pas en des liens qui, un jour, seraient un obstacle à votre bonheur. Je mourrais de chagrin d'avoir été la cause de ce suicide. Enfant, un désespoir d'amour est-il donc une vocation ? Attendez les épreuves de la vie pour juger de la vie ; je le veux, je l'ordonne. Ne vous mariez ni avec l'Église ni avec une femme, ne vous mariez d'aucune manière, je vous le défends. Restez libre. Vous avez vingt et un ans. À peine savez-vous ce que vous réserve l'avenir. Mon Dieu ! vous aurais-je mal jugé ? Cependant j'ai cru que deux mois suffisaient à connaître certaines âmes.

— Quel espoir avez-vous ? lui dis-je en jetant des éclairs par les yeux.

— Mon ami, acceptez mon aide, élevez-vous, faites fortune, et vous saurez quel est mon espoir. Enfin, dit-elle en paraissant laisser échapper un secret, ne quittez jamais la main de Madeleine que vous tenez en ce moment.

Elle s'était penchée à mon oreille pour me dire ces paroles qui prouvaient combien elle était occupée de mon avenir.

— Madeleine? lui dis-je, jamais!

Ces deux mots nous rejetèrent dans un silence plein d'agitations. Nos âmes étaient en proie à ces bouleversements qui les sillonnent de manière à y laisser d'éternelles empreintes. Nous étions en vue d'une porte en bois par laquelle on entrait dans le parc de Frapesle, et dont il me semble encore voir les deux pilastres ruinés, couverts de plantes grimpantes et de mousses, d'herbes et de ronces. Tout à coup une idée, celle de la mort du comte, passa comme une flèche dans ma cervelle, et je lui dis : — Je vous comprends.

— C'est bien heureux, répondit-elle d'un ton qui me fit voir que je lui supposais une pensée qu'elle n'aurait jamais.

Sa pureté m'arracha une larme d'admiration que l'égoïsme de la passion rendit bien amère. En faisant un retour sur moi, je songeai qu'elle ne m'aimait pas assez pour souhaiter sa liberté. Tant que l'amour recule devant un crime, il nous semble avoir des bornes, et l'amour doit être infini. J'eus une horrible contraction de cœur.

— Elle ne m'aime pas, pensais-je.

Pour ne pas laisser lire dans mon âme, j'embrassai Madeleine sur ses cheveux.

— J'ai peur de votre mère, dis-je à la comtesse pour reprendre l'entretien.

— Et moi aussi, répondit-elle en faisant un geste plein d'enfantillage, mais n'oubliez pas de toujours la nommer madame la duchesse et de lui parler à la troisième personne. La jeunesse actuelle a perdu l'habitude de ces formes polies, reprenez-les? faites cela pour moi. D'ailleurs, il est de si bon goût de respecter les femmes, quel que soit leur âge, et de reconnaître les distinctions sociales sans les mettre en question. Les honneurs que vous rendez aux supériorités établies ne sont-ils pas la garantie de ceux qui vous sont dus? Tout est solidaire dans la Société. Le cardinal de la Rovère et Raphaël d'Urbin étaient autrefois deux puissances également révérées. Vous avez sucé dans vos lycées le lait de la Révolution, et vos idées politiques peuvent s'en ressentir, mais en avançant dans la vie, vous apprendrez combien les principes de liberté mal définis sont impuissants à créer le bonheur des peuples. Avant de songer, en ma qualité de Lenoncourt, à ce qu'est ou ce que doit être une aristocratie, mon bon sens de paysanne me dit que les Sociétés n'existent que par la hiérarchie. Vous êtes dans un moment de la vie où il faut choisir bien ! Soyez de votre parti. Surtout, ajouta-t-elle en riant, quand il triomphe.

Je fus vivement touché par ces paroles où la profondeur politique se cachait sous la chaleur de l'affection, alliance qui donne aux femmes un si grand pouvoir de séduction ; elles savent toutes prêter aux raisonnements les plus aigus les formes du sentiment. Il semblait que, dans son désir de justifier les actions du comte, Henriette eût prévu les réflexions qui devaient sourdre en mon âme au moment où je vis, pour la première fois, les effets de la courtisanerie. Monsieur de Mortsauf, roi dans son castel, entouré de son auréole historique, avait pris à mes yeux des proportions grandioses, et j'avoue que je fus singulièrement étonné de la distance qu'il mit entre la duchesse et lui, par des manières au moins obséquieuses. L'esclave a sa vanité, il ne veut obéir qu'au plus grand des despotes ; je me sentais comme humilié de voir l'abaissement de celui qui me faisait trembler en dominant tout mon amour. Ce mouvement intérieur me fit comprendre le supplice des femmes de qui l'âme généreuse est accouplée à celle d'un homme de qui elles enterrent journellement les lâchetés. Le respect est une barrière qui protége également le grand et le petit, chacun de son côté peut se regarder en face. Je fus respectueux avec la duchesse, à cause de ma jeunesse ; mais là où les autres voyaient une duchesse, je vis la mère de mon Henriette et mis une sorte de sainteté dans mes hommages. Nous entrâmes dans la grande cour de Frapesle, où nous trouvâmes la compagnie. Le comte de Mortsauf me présenta fort gracieusement à la duchesse, qui m'examina d'un air froid et réservé. Madame de Lenoncourt était alors une femme de cinquante-six ans, parfaitement conservée et qui avait de grandes manières. En voyant ses yeux d'un bleu dur, ses tempes rayées, son visage maigre et macéré, sa taille imposante et droite, ses mouvements rares, sa blancheur fauve qui se revoyait si éclatante dans sa fille, je reconnus la race froide d'où procédait ma mère, aussi promptement qu'un minéralogiste reconnaît le fer de Suède. Son langage était celui de la vieille cour, elle prononçait les *oit* en *ait* et disait *frait* pour *froid*, *porteux* au lieu de *por-*

teurs. Je ne fus ni courtisan, ni gourmé ; je me conduisis si bien, qu'en allant à vêpres la comtesse me dit à l'oreille : — Vous êtes parfait !

Le comte vint à moi, me prit par la main et me dit : — Nous ne sommes pas fâchés, Félix ? Si j'ai eu quelques vivacités, vous les pardonnerez à votre vieux camarade. Nous allons rester ici probablement à dîner, et nous vous inviterons pour jeudi, la veille du départ de la duchesse. Je vais à Tours y terminer quelques affaires. Ne négligez pas Clochegourde. Ma belle-mère est une connaissance que je vous engage à cultiver. Son salon donnera le ton au faubourg Saint-Germain. Elle a les traditions de la grande compagnie, elle possède une immense instruction, connaît le blason du premier comme du dernier gentilhomme en Europe.

Le bon goût du comte, peut-être les conseils de son génie domestique, se montrèrent dans les circonstances nouvelles où le mettait le triomphe de sa cause. Il n'eut ni arrogance ni blessante politesse, il fut sans emphase, et la duchesse fut sans airs protecteurs. Monsieur et madame de Chessel acceptèrent avec reconnaissance le dîner du jeudi suivant. Je plus à la duchesse, et ses regards m'apprirent qu'elle examinait en moi un homme de qui sa fille lui avait parlé. Quand nous revînmes de vêpres, elle me questionna sur ma famille et me demanda si le Vandenesse occupé déjà dans la diplomatie était mon parent. — Il est mon frère, lui dis-je. Elle devint alors affectueuse à demi. Elle m'apprit que ma grand'tante, la vieille marquise de Listomère, était une Grandlieu. Ses manières furent polies comme l'avaient été celles de monsieur de Mortsauf le jour où il me vit pour la première fois. Son regard perdit cette expression de hauteur par laquelle les princes de la terre vous font mesurer la distance qui se trouve entre eux et vous. Je ne savais presque rien de ma famille. La duchesse m'apprit que mon grand-oncle, vieil abbé que je ne connaissais même pas de nom, faisait partie du conseil privé, mon frère avait reçu de l'avancement ; enfin, par un article de la Charte que je ne connaissais pas encore, mon père redevenait marquis de Vandenesse.

— Je ne suis qu'une chose, le serf de Clochegourde, dis-je tout bas à la comtesse.

Le coup de baguette de la Restauration s'accomplissait avec une rapidité qui stupéfiait les enfants élevés sous le régime impérial. Cette révolution ne fut rien pour moi. La moindre parole, le plus simple geste de madame de Mortsauf étaient les seuls événements auxquels j'attachais de l'importance. J'ignorais ce qu'était le conseil privé; je ne connaissais rien à la politique ni aux choses du monde; je n'avais d'autre ambition que celle d'aimer Henriette, mieux que Pétrarque n'aimait Laure. Cette insouciance me fit prendre pour un enfant par la duchesse. Il vint beaucoup de monde à Frapesle, nous y fûmes trente personnes à dîner. Quel enivrement pour un jeune homme de voir la femme qu'il aime être la plus belle entre toutes, devenir l'objet de regards passionnés, et de se savoir seul à recevoir la lueur de ses yeux chastement réservée ; de connaître assez toutes les nuances de sa voix pour trouver dans sa parole, en apparence légère ou moqueuse, les preuves d'une pensée constante, même quand on se sent au cœur une jalousie dévorante contre les distractions du monde. Le comte, heureux des attentions dont il se vit l'objet, fut presque jeune; sa femme en espéra quelque changement d'humeur ; moi je riais avec Madeleine qui, semblable aux enfants chez lesquels le corps succombe sous les étreintes de l'âme, me faisait rire par des observations étonnantes et pleines d'un esprit moqueur sans malignité, mais qui n'épargnait personne. Ce fut une belle journée. Un mot, un espoir né le matin avait rendu la nature lumineuse ; et me voyant si joyeux, Henriette était joyeuse.

— Ce bonheur à travers sa vie grise et nuageuse lui sembla bien bon, me dit-elle le lendemain.

Le lendemain je passai naturellement la journée à Clochegourde; j'en avais été banni pendant cinq jours, j'avais soif de ma vie. Le comte était parti dès six heures pour aller faire dresser ses contrats d'acquisition à Tours. Un grave sujet de discorde s'était ému entre la mère et la fille. La duchesse voulait que la comtesse la suivît à Paris, où elle devait obtenir pour elle une charge à la cour, où le comte, en revenant sur son refus, pouvait occuper de hautes fonctions. Henriette, qui passait pour une femme heureuse, ne voulait dévoiler à personne, pas même au cœur d'une mère, ses horribles souffrances, ni trahir l'incapacité de son mari. Pour que sa mère ne pénétrât point le secret de son ménage, elle avait envoyé monsieur de Mortsauf à Tours, où il devait se débattre avec les notaires. Moi seul, comme elle l'avait dit, connaissais les secrets de Clochegourde. Après avoir expérimenté combien l'air pur, le ciel bleu de cette vallée calmaient les irritations de l'esprit ou les amères douleurs de la maladie, et quelle influence l'habitation de Clochegourde exerçait sur la santé de ses enfants, elle opposait des refus motivés que combattait la duchesse, femme envahissante, moins chagrine qu'humiliée du mauvais mariage de sa fille. Henriette aperçut que sa mère s'inquiétait peu de Jacques et de Madeleine, affreuse découverte! Comme toutes les mères habituées à continuer sur la femme mariée le despotisme qu'elles exerçaient sur la jeune fille, la duchesse procédait par des considérations qui n'admettaient point de répliques; elle affectait tantôt une amitié captieuse afin d'arracher un consentement à ses vues, tantôt une amère froideur pour avoir par la crainte ce que la douceur ne lui obtenait pas; puis, voyant ses efforts inutiles, elle déploya le même esprit d'ironie que j'avais observé chez ma mère. En dix jours, Henriette connut tous les déchirements que causent aux jeunes femmes les révoltes nécessaires à l'établissement de leur indépendance. Vous qui, pour votre bonheur, avez la meilleure des mères, vous ne sauriez comprendre ces choses. Pour avoir une idée de cette lutte entre une femme sèche, froide, calculée, ambitieuse, et sa fille, pleine de cette onctueuse et fraîche bonté qui ne tarit jamais, il faudrait vous figurer le lys auquel mon cœur l'a sans cesse comparée, broyé dans les rouages d'une machine en acier poli. Cette mère n'avait jamais eu rien de cohérent avec sa fille; elle ne sut deviner aucune des véritables difficultés qui l'obligeaient à ne pas profiter des avantages de la Restauration, et à continuer sa vie solitaire. Elle crut à quelque amourette entre sa fille et moi. Ce mot, dont elle se servit pour exprimer ses soupçons, ouvrit entre ces deux femmes des abîmes que rien ne pouvait combler désormais. Quoique les familles enterrent soigneusement ces intolérables dissidences, pénétrez-y? vous trouverez dans presque toutes des plaies profondes, incurables, qui diminuent les sentiments naturels : ou c'est des passions réelles, attendrissantes, que la convenance des caractères rend éternelles et qui donnent à la mort un contre-coup dont les noires meurtrissures sont ineffaçables; ou des haines latentes qui glacent lentement le cœur et sèchent les larmes au jour des adieux éternels. Tourmentée hier, tourmentée aujourd'hui, frappée par tous, même par ses deux anges souffrants qui n'étaient complices ni des maux qu'ils enduraient ni de ceux qu'ils causaient, comment cette pauvre âme n'aurait-elle pas aimé celui qui ne la frappait point et qui voulait l'environner d'une triple haie d'épines, afin de la défendre des orages, de tout contact, de toute blessure? Si je souffrais de ces débats, j'en étais parfois heureux en sentant qu'elle se rejetait dans mon cœur, car

Henriette me confia ses nouvelles peines. Je pus alors apprécier son calme dans la douleur, et la patience énergique qu'elle savait déployer. Chaque jour j'appris mieux le sens de ces mots : — Aimez-moi, comme m'aimait ma tante.

— Vous n'avez donc point d'ambition? me dit à dîner la duchesse d'un air dur.

— Madame, lui répondis-je en lui lançant un regard sérieux, je me sens une force à dompter le monde; mais je n'ai que vingt et un ans, et je suis tout seul.

Elle regarda sa fille d'un air étonné, elle croyait que, pour me garder près d'elle, sa fille éteignait en moi toute ambition. Le séjour que fit la duchesse de Lenoncourt à Clochegourde fut un temps de gêne perpétuelle. La comtesse me recommandait le décorum, elle s'effrayait d'une parole doucement dite; et, pour lui plaire, il fallait endosser le harnais de la dissimulation. Le grand jeudi vint, ce fut un jour d'ennuyeux cérémonial, un de ces jours que haïssent les amants habitués aux cajoleries du laissez-aller quotidien, accoutumés à voir leur chaise à sa place et la maîtresse du logis toute à eux. L'amour a horreur de tout ce qui n'est pas lui-même. La duchesse alla jouir des pompes de la cour, et tout rentra dans l'ordre à Clochegourde.

Ma petite brouille avec le comte avait eu pour résultat de m'y implanter encore plus avant que par le passé : j'y pus venir à tout moment sans exciter la moindre défiance, et les antécédents de ma vie me portèrent à m'étendre comme une plante grimpante dans la belle âme où s'ouvrait pour moi le monde enchanteur des sentiments partagés. A chaque heure, de moment en moment, notre fraternel mariage, fondé sur la confiance, devint plus cohérent; nous nous établissions chacun dans notre position : la comtesse m'enveloppait dans les nourricières protections, dans les blanches draperies d'un amour tout maternel; tandis que mon amour, séraphique en sa présence, devenait loin d'elle mordant et altéré comme un fer rouge; je l'aimais d'un double amour qui décochait tour à tour les mille flèches du désir, et les perdait au ciel où elles se mouraient dans un éther infranchissable. Si vous me demandez pourquoi, jeune et plein de fougueux vouloirs, je demeurai dans les abusives croyances de l'amour platonique, je vous avouerai que je n'étais pas assez homme encore pour tourmenter cette femme, toujours en crainte de quelque catastrophe chez ses enfants; toujours attendant un éclat, une orageuse variation d'humeur chez son mari ; frappée par lui, quand elle n'était pas affligée par la maladie de Jacques ou de Madeleine ; assise au chevet de l'un d'eux quand son mari calmé pouvait lui laisser prendre un peu de repos. Le son d'une parole trop vive ébranlait son être, un désir l'offensait ; pour elle, il fallait être amour voilé, force mêlée de tendresse, enfin tout ce qu'elle était pour les autres. Puis, vous le dirai-je, à vous si bien femme, cette situation comportait des langueurs enchanteresses, des moments de suavité divine et les contentements qui suivent de tacites immolations. Sa conscience était contagieuse, son dévouement sans récompense terrestre imposait par sa persistance ; cette vive et secrète piété qui servait de lien à ses autres vertus, agissait à l'entour comme un encens spirituel. Puis j'étais jeune ! assez jeune pour concentrer ma nature dans le baiser qu'elle me permettait si rarement de mettre sur sa main dont elle ne voulut jamais me donner que le dessus et jamais la paume, limite où pour elle commençaient peut-être les voluptés sensuelles. Si jamais deux âmes ne s'étreignirent avec plus d'ardeur, jamais le corps ne fut plus intrépidement ni plus victorieusement dompté. Enfin, plus tard, j'ai reconnu la cause de ce bonheur plein. A mon âge, aucun intérêt ne me distrayait le cœur, aucune ambition ne traversait le cours de ce sentiment déchaîné comme un torrent et qui faisait onde de tout ce qu'il emportait. Oui, plus tard, nous aimons la femme dans une femme ; tandis que de la première femme aimée, nous aimons tout : ses enfants sont les nôtres, sa maison est la nôtre, ses intérêts sont nos intérêts, son malheur est notre plus grand malheur ; nous aimons sa robe et ses meubles ; nous sommes plus fâchés de voir ses blés versés que de savoir notre argent perdu ; nous sommes prêts à gronder le visiteur qui dérange nos curiosités sur la cheminée. Ce saint amour nous fait vivre dans un autre, tandis que plus tard, hélas ! nous attirons une autre vie en nous-mêmes, en demandant à la femme d'enrichir de ses jeunes sentiments nos facultés appauvries. Je fus bientôt de la maison, et j'éprouvai pour la première fois une de ces douceurs infinies qui sont à l'âme tourmentée ce qu'est un bain pour le corps fatigué ; l'âme est alors rafraîchie sur toutes ses surfaces, caressée dans ses plis les plus profonds. Vous ne sauriez me comprendre, vous êtes femme, et il s'agit ici d'un bonheur que vous donnez, sans jamais recevoir le pareil. Un homme seul connaît le friand plaisir d'être, au sein d'une maison étrangère, le privilégié de la maîtresse, le centre secret de ses affections : les chiens n'aboient plus après vous, les domestiques reconnaissent, aussi bien que les chiens, les insignes cachés que vous portez; les enfants, chez lesquels rien n'est faussé, qui savent que leur part ne s'amoindrira jamais, et que vous êtes bienfaisant à la lumière de leur vie, ces enfants possèdent un esprit divinateur; ils se font chats pour vous, ils ont de ces bonnes tyrannies qu'ils réservent aux êtres adorés et adorants; ils ont des discrétions spirituelles et sont d'innocents complices; ils viennent à vous sur la pointe des pieds, vous sourient et s'en vont sans bruit. Pour vous, tout s'empresse, tout vous aime et vous rit. Les passions vraies semblent être de belles fleurs qui font d'autant plus de plaisir à voir que les terrains où elles se produisent sont plus ingrats. Mais si j'eus les délicieux bénéfices de cette naturalisation dans une famille où je trouvais des parents selon mon cœur, j'en eus aussi les charges. Jusqu'alors monsieur de Mortsauf s'était gêné pour moi; je n'avais vu que les masses de ses défauts, j'en sentis bientôt l'application dans toute son étendue, et vis combien la comtesse avait été noblement charitable en me dépeignant ses luttes quotidiennes. Je connus alors tous les angles de ce caractère intolérable : j'entendis ces criailleries continuelles à propos de rien, ces plaintes sur des maux dont aucun signe n'existait au dehors, ce mécontentement inné qui déflorait la vie, et ce besoin incessant de tyrannie qui lui aurait fait dévorer chaque année de nouvelles victimes. Quand nous nous promenions le soir, il dirigeait lui-même la promenade; mais quelle qu'elle fût, il s'y était toujours ennuyé; de retour au logis, il mettait sur les autres le fardeau de sa lassitude; sa femme en avait été la cause en le menant contre son gré là où elle voulait aller; ne se souvenant plus de nous avoir conduits, il se plaignait d'être gouverné par elle dans les moindres détails de la vie, de ne pouvoir garder ni une volonté ni une pensée à lui, d'être un zéro dans sa maison. Si ses duretés rencontraient une silencieuse patience, il se fâchait en sentant une limite à son pouvoir; il demandait aigrement si la religion n'ordonnait pas aux femmes de complaire à leurs maris, s'il était convenable de mépriser le père de ses enfants. Il finissait toujours par attaquer chez sa femme une corde sensible; et quand il l'avait fait résonner, il semblait goûter un plaisir particulier à ces titillités dominatrices. Quelquefois il affectait un mutisme morne, un abattement morbide, qui soudain effrayait sa femme de laquelle il recevait alors des soins touchants. Semblable à ces enfants gâtés qui exercent leur pouvoir sans se soucier des alarmes maternelles, il se laissait dorloter comme Jacques et Madeleine dont il était jaloux. Enfin, à la longue, je découvris que dans les plus petites, comme dans les plus grandes circonstances, le comte agissait envers ses domestiques, ses enfants et sa femme, comme envers moi au jeu de trictrac. Le jour où j'embrassai dans leurs racines et dans leurs rameaux ces difficultés qui, semblables à des lianes, étouffaient, comprimaient les mouvements et la respiration de cette famille, emmaillottaient de fils légers mais multipliés la marche du ménage, et retardaient l'accroissement de la fortune en compliquant les actes les plus nécessaires, j'eus une admirative épouvante qui domina mon amour, et le refoula dans mon cœur. Qu'étais-je, mon Dieu? Les larmes que j'avais bues engendrèrent en moi comme une ivresse sublime, et je trouvai du bonheur à épouser les souffrances de cette femme. Je m'étais plié naguère au despotisme du comte comme un contrebandier paie ses amendes; désormais, je m'offris volontairement aux coups du despote, pour être au plus près d'Henriette. La comtesse me devina, me laissa prendre une place à ses côtés, et me récompensa par la permission de partager ses douleurs, comme jadis l'apostat repenti, jaloux de voler au ciel de conserve avec ses frères, obtenait la grâce de mourir dans le cirque.

— Sans vous j'allais succomber à cette vie, me dit Henriette un soir où le comte avait été, comme les mouches par un jour de grande chaleur, plus piquant, plus acerbe, plus changeant qu'à l'ordinaire.

Le comte s'était couché. Nous restâmes, Henriette et moi, pendant une partie de la soirée, sous nos acacias; les enfants jouaient autour de nous, baignés dans les rayons du couchant. Nos paroles rares et purement exclamatives nous révélaient la mutualité des pensées par lesquelles nous nous reposions de nos communes souffrances. Quand les mots manquaient, le silence servait fidèlement nos âmes qui pour ainsi dire entraient l'une chez l'autre sans obstacle, mais sans y être conviées par le baiser; savourant toutes deux les charmes d'une torpeur pensive, elles s'engageaient dans les ondulations d'une même rêverie, se plongeaient ensemble dans la rivière, en sortaient rafraîchies comme deux nymphes aussi parfaitement unies que la jalousie le peut désirer, mais sans aucun lien terrestre. Nous allions dans un gouffre sans fond, nous revenions à la surface, les mains vides, en nous demandant par un regard : — « Aurons-nous un seul jour à nous parmi tant de jours? » Quand la volupté nous cueille de ces fleurs nées sans racines, pourquoi la chair murmure-t-elle? Malgré l'énervante poésie du soir qui donnait aux briques de la balustrade ces tons orangés, si calmants et si purs; malgré cette religieuse atmosphère qui nous communiquait en sons adoucis les cris des deux enfants, et nous laissait tranquilles; le désir serpenta dans mes veines comme le signal d'un feu de joie. Après trois mois, je commençais à ne plus me contenter de la part qui m'était faite, et je caressais doucement la main d'Henriette en essayant de transborder ainsi les riches voluptés qui m'embrasaient. Henriette redevint madame de Mortsauf et me retira sa main; quelques pleurs roulèrent dans mes yeux, elle les vit et me jeta un regard tiède en portant sa main à mes lèvres.

— Sachez donc bien, me dit-elle, que ceci me coûte des larmes! L'amitié qui veut une si grande faveur est bien dangereuse.

J'éclatai, je me répandis en reproches, je parlai de mes souffrances et du peu d'allégement que je demandais pour les supporter. J'osai lui dire qu'à mon âge, si les sens étaient tout âme, l'âme aussi avait un sexe; que je saurais mourir, mais non mourir les lèvres closes. Elle m'imposa silence en me lançant son regard fier, où je crus lire le: *Et moi, suis-je sur des roses?* du Cacique. Peut-être aussi me trompai-je. Depuis le jour où, devant la porte de Frapesle, je lui avais à tort prêté cette pensée qui faisait naître notre bonheur d'une tombe, j'avais honte de tacher son âme par des souhaits empreints de passion brutale. Elle prit la parole; et, d'une lèvre emmiellée, me dit qu'elle ne pouvait pas être tout pour moi, que je devais le savoir. Je compris, au moment où elle disait ces paroles, que, si je lui obéissais, je creuserais des abîmes entre nous deux. Je baissai la tête. Elle continua, disant qu'elle avait la certitude religieuse de pouvoir aimer un frère, sans offenser ni Dieu ni les hommes; qu'il y avait quelque douceur à faire de ce culte une image réelle de l'amour divin, qui, selon son bon Saint-Martin, est la vie du monde. Si je ne pouvais pas être pour elle quelque chose comme son vieux confesseur, moins qu'un amant, mais plus qu'un frère, il fallait ne plus nous voir. Elle saurait mourir en

21.

portant à Dieu ce surcroît de souffrances vives, supportées non sans larmes ni déchirements.

— J'ai donné, dit-elle en finissant, plus que je ne devais pour n'avoir plus rien à laisser prendre, et j'en suis déjà punie.

Il fallut la calmer, promettre de ne jamais lui causer une peine, et de l'aimer à vingt ans comme les vieillards aiment leur dernier enfant.

Le lendemain je vins de bonne heure. Elle n'avait plus de fleurs pour les vases de son salon gris. Je m'élançai dans les champs, dans les vignes, et j'y cherchai des fleurs pour lui composer deux bouquets; mais tout en les cueillant une à une, les coupant au pied, les admirant, je pensai que les couleurs et les feuillages avaient une harmonie, une poésie qui se faisait jour dans l'entendement en charmant le regard, comme les phrases musicales réveillent mille souvenirs au fond des cœurs aimants et aimés. Si la couleur est la lumière organisée, ne doit-elle pas avoir un sens comme les combinaisons de l'air ont le leur? Aidé par Jacques et Madeleine, heureux tous trois de conspirer une surprise pour notre chérie, j'entrepris, sur les dernières marches du perron où nous établîmes le quartier-général de nos fleurs, deux bouquets par lesquels j'essayai de peindre un sentiment. Figurez-vous une source de fleurs sortant des deux vases par un bouillonnement, retombant en vagues frangées, et du sein de laquelle s'élançaient mes vœux en roses blanches, en lys à la coupe d'argent? Sur cette fraîche étoffe brillaient les bleuets, les myosotis, les vipérines, toutes les fleurs bleues dont les nuances, prises dans le ciel, se marient si bien avec le blanc; n'est-ce pas deux innocences, celle qui ne sait rien et celle qui sait tout, une pensée de l'enfant, une pensée du martyr? L'amour a son blason, et la comtesse le déchiffra secrètement. Elle me jeta l'un de ces regards incisifs qui ressemblent au cri d'un malade touché dans sa plaie : elle était à la fois honteuse et ravie. Quelle récompense dans ce regard! La rendre heureuse, lui rafraîchir le cœur, quel encouragement! J'inventai donc la théorie du père Castel au profit de l'amour, et retrouvai pour elle une science perdue en Europe où les fleurs de l'écritoire remplacent les pages écrites en Orient avec des couleurs embaumées. Quel charme que de faire exprimer ses sensations par ces filles du soleil, les sœurs des fleurs écloses sous les rayons de l'amour! Je m'entendis bientôt avec les productions de la flore champêtre comme un homme que j'ai rencontré plus tard à Grandlieu s'entendait avec les abeilles.

Deux fois par semaine, pendant le reste de mon séjour à Frapesle, je recommençai le long travail de cette œuvre poétique à l'accomplissement de laquelle étaient nécessaires toutes les variétés des graminées desquelles je fis une étude approfondie, moins en botaniste qu'en poète, étudiant plus leur esprit que leur forme. Pour trouver une fleur là où elle venait, j'allais souvent à d'énormes distances, au bord des eaux, dans les vallons, au sommet des rochers, en pleines landes, butinant des pensées au sein des bois et des bruyères. Dans ces courses, je m'initiai moi-même à des plaisirs inconnus au savant qui vit dans la méditation, à l'agriculteur occupé de spécialités, à l'artisan cloué dans les villes, au commerçant attaché à son comptoir ; mais connus de quelques forestiers, de quelques bûcherons, de quelques rêveurs. Il est dans la nature des effets dont les signifiances sont sans bornes, et qui s'élèvent à la hauteur des plus grandes conceptions morales. Soit une bruyère fleurie, couverte des diamants de la rosée qui la trempe, et dans laquelle se joue le soleil, immensité parée pour un seul regard qui s'y jette à propos. Soit un coin de forêt environné de roches ruineuses, coupé de sables, vêtu de mousses, garni de genévriers, qui vous saisit par je ne sais quoi de sauvage, de heurté, d'effrayant, et d'où sort le cri de l'orfraie. Soit une lande chaude, sans végétation, pierreuse, à pans raides, dont les horizons tiennent de ceux du désert, et où je rencontrais une fleur sublime et solitaire, une pulsatille au pavillon de soie violette étalé pour ses étamines d'or ; image attendrissante de ma blanche idole, seule dans sa vallée ! Soit de grandes mares d'eau sur lesquelles la nature jette aussitôt des taches vertes, espèce de transition entre la plante et l'animal, où la vie arrive en quelques jours, des plantes et des insectes flottant là, comme un monde dans l'éther ! Soit encore une chaumière avec son jardin plein de choux, sa vigne, ses palis, suspendue au-dessus d'une fondrière, encadrée par quelques maigres champs de seigle, figure de tant d'humbles existences ! Soit une longue allée de forêt semblable à quelque nef de cathédrale, où les arbres sont des piliers, où leurs branches forment les arceaux de la voûte, au bout de laquelle une clairière lointaine aux jours mélangés d'ombres ou nuancés par les teintes rouges du couchant poind à travers les feuilles et montre comme les vitraux coloriés d'un chœur plein d'oiseaux qui chantent. Puis au sortir de ces bois frais et touffus, une jachère crayeuse où sur des mousses ardentes et sonores, des couleuvres repues rentrent chez elles en levant leurs têtes élégantes et fines. Jetez sur ces tableaux, tantôt des torrents de soleil ruisselant comme des ondes nourrissantes, tantôt des amas de nuées grises alignées comme les rides au front d'un vieillard, tantôt les tons froids d'un ciel faiblement orangé, sillonné de bandes d'un bleu pâle ; puis écoutez ? vous entendrez d'indéfinissables harmonies au milieu d'un silence qui confond. Pendant les mois de septembre et d'octobre, je n'ai jamais construit un seul bouquet qui m'ait coûté moins de trois heures de recherches, tant j'admirais, avec le suave abandon des poètes, ces fugitives allégories où pour moi se peignaient les phases les plus contrastantes de la vie humaine, majestueux spectacles où va maintenant fouiller ma mémoire. Souvent aujourd'hui je marie à ces grandes scènes le souvenir de l'âme alors épandue sur la nature. J'y promène encore la souveraine dont la robe blanche ondoyait dans les taillis, flottait sur les pelouses, et dont la pensée s'élevait, comme un fruit promis, de chaque calice plein d'étamines amoureuses.

Aucune déclaration, nulle preuve de passion insensée n'eut de contagion plus violente que ces symphonies de fleurs, où mon désir trompé me faisait déployer les efforts que Beethoven exprimait avec ses notes ; retours profonds sur lui-même, élans prodigieux vers le ciel. Madame de Mortsauf n'était plus qu'Henriette à leur aspect. Elle y revenait sans cesse, elle s'en nourrissait, elle y reprenait toutes les pensées que j'y avais mises, quand pour les recevoir elle relevait la tête de dessus son métier à tapisserie en disant : — Mon Dieu, que cela est beau ! Vous comprendrez cette délicieuse correspondance par le détail d'un bouquet, comme d'après un fragment de poésie vous comprendriez Saadi. Avez-vous senti dans les prairies, au mois de mai, ce parfum qui communique à tous les êtres l'ivresse de la fécondation, qui fait qu'en bateau vous trempez vos mains dans l'onde, que vous livrez au vent votre chevelure, et que vos pensées reverdissent comme les touffes forestières ? Une petite herbe, la flouve odorante, est un des plus puissants principes de cette harmonie voilée. Aussi personne ne peut-il la garder impunément près de soi. Mettez dans un bouquet ses lames luisantes et rayées comme une robe à filets blancs et verts, d'inépuisables exhalations remueront au fond de votre cœur les roses en bouton que la pudeur y écrase. Autour du col évasé de la porcelaine, supposez une forte marge uniquement composée des touffes blanches particulières au sédum des vignes en Touraine ; vague image des formes souhaitées, roulées comme celles d'une esclave soumise. De cette assise sortent les spirales des liserons à cloches blanches, les brindilles de la bugrane rose, mêlées de quelques fougères, de quelques jeunes pousses de chêne aux feuilles magnifiquement colorées et lustrées; toutes s'avancent prosternées, humbles comme des saules pleureurs, timides et suppliantes comme des prières. Au-dessus, voyez les fibrilles déliées, fleuries, sans cesse agitées de l'amourette purpurine qui verse à flots ses anthères presque jaunes ; les pyramides neigeuses du paturin des champs et des eaux, la verte chevelure des bromes stériles, les panaches effilés de ces agrostis nommés les épis du vent ; violâtres espérances dont se couronnent les premiers rêves et qui se détachent sur le fond gris de lin où la lumière rayonne autour de ces herbes en fleurs. Mais déjà plus haut, quelques roses du Bengale clairsemées parmi les folles dentelles du daucus, les plumes de la linaigrette, les marabous de la reine des prés, les ombellules du cerfeuil sauvage, les blonds cheveux de la clématite en fruits, les mignons sautoirs de la croisette au blanc de lait, les corymbes des millefeuilles, les tiges diffuses de la fumeterre aux fleurs roses et noires, les vrilles de la vigne, les brins tortueux des chèvrefeuilles ; enfin tout ce que ces naïves créatures ont de plus échevelé, de plus déchiré; des flammes et de triples dards, des feuilles lancéolées, déchiquetées, des tiges tourmentées comme les désirs entortillés au fond de l'âme. Du sein de ce prolixe torrent d'amour qui déborde, s'élance un magnifique double pavot rouge accompagné de ses glands prêts à s'ouvrir, déployant les flammèches de son incendie au-dessus des jasmins étoilés et dominant la pluie incessante du pollen, beau nuage qui papillote dans l'air en reflétant le jour dans ses mille parcelles luisantes ! Quelle femme enivrée par la senteur d'Aphrodise cachée dans la flouve, ne comprendra ce luxe d'idées soumises, cette blanche tendresse troublée par des mouvements indomptés, et ce rouge désir de l'amour qui demande un bonheur refusé dans les luttes cent fois recommencées de la passion contenue, infatigable, éternelle ? Mettez ce discours dans la lumière d'une croisée, afin d'en montrer les frais détails, les délicates oppositions, les arabesques, afin que la souveraine émue y voie une fleur plus épanouie et d'où tombe une larme ; elle sera bien près de s'abandonner, il faudra qu'un ange ou la voix de son enfant la retienne au bord de l'abîme. Que donne-t-on à Dieu? des parfums, de la lumière et des chants, les expressions les plus épurées de notre nature. Eh ! bien, tout ce qu'on offre à Dieu n'était-il pas offert à l'amour dans ce poème de fleurs lumineuses qui bourdonnait incessamment ses mélodies au cœur, en y caressant des voluptés cachées, des espérances inavouées, des illusions qui s'enflamment et s'éteignent comme des fils de la vierge par une nuit chaude.

Ces plaisirs neutres nous furent d'un grand secours pour tromper la nature irritée par les longues contemplations de la personne aimée, par ces regards qui jouissent en rayonnant jusqu'au fond des formes pénétrées. Ce fut pour moi, je n'ose dire pour elle, comme ces fissures par lesquelles jaillissent les eaux contenues dans un barrage invincible, et qui souvent empêchent un malheur en faisant une part à la nécessité. L'abstinence a des épuisements mortels que préviennent quelques miettes tombées une à une de ce ciel qui, de Dan à Sahara, donne la manne au voyageur. Cependant à l'aspect de ces bouquets, j'ai souvent surpris Henriette les bras pendants, abîmée en ces rêveries orageuses pendant lesquelles les pensées gonflent le sein, animent le front, viennent par vagues, jaillissent écumeuses, menacent et laissent une lassitude énervante. Jamais depuis je n'ai fait de bouquet pour personne ! Quand nous eûmes créé cette langue à notre usage, nous éprouvâmes un contentement semblable à celui de l'esclave qui trompe son maître.

Pendant le reste de ce mois, quand j'accourais par les jardins, je voyais parfois sa figure collée aux vitres ; et quand j'entrais au salon, je la trouvais à son métier. Si je n'arrivais pas à l'heure convenue sans que jamais nous l'eussions indiquée, parfois sa forme blanche errait sur la terrasse : et quand je l'y surprenais, elle me disait : — Je suis venue au devant de vous. Ne faut-il pas avoir un peu de coquetterie pour le dernier enfant ?

Les cruelles parties de trictrac avaient été interrompues entre le comte et moi. Ses dernières acquisitions l'obligeaient à une foule de courses, de reconnaissances, de vérifications, de bornages et d'arpentages ; il était occupé d'ordres à donner, de travaux champêtres qui voulaient l'œil du maître, et qui se décidaient entre sa femme et lui. Nous allâmes souvent, la comtesse et moi, le retrouver dans les nouveaux domaines avec ses deux enfants qui durant le chemin couraient après des insectes, des cerfs-volants, des couturières, et faisaient aussi leurs bouquets, ou, pour être exact, leurs bottes de fleurs. Se promener avec la femme qu'on aime, lui donner le bras, lui choisir son chemin ! ces joies illimitées suffisent à une vie. Le discours est alors si confiant ! Nous allions seuls, nous revenions avec le général, surnom de raillerie douce que nous donnions au comte quand il était de bonne humeur. Ces deux manières de faire la route nuançaient notre plaisir par des oppositions dont le secret n'est connu que des cœurs gênés dans leur union. Au retour, les mêmes félicités, un regard, un serrement de main, étaient entremêlés d'inquiétudes. La parole, si libre pendant l'aller, avait au retour de mystérieuses significations, quand l'un de nous trouvait, après quelque intervalle, une réponse à des interrogations insidieuses, ou qu'une discussion commencée se continuait sous ces formes énigmatiques auxquelles se prête si bien notre langue et que créent si ingénieusement les femmes. Qui n'a goûté le plaisir de s'entendre ainsi comme dans une sphère inconnue où les esprits se séparent de la foule et s'unissent en trompant les lois vulgaires ? Un jour j'eus un fol espoir promptement dissipé quand, à une demande du comte, qui voulait savoir de quoi nous parlions, Henriette répondit par une phrase à double sens dont il se paya. Cette innocente raillerie amusa Madeleine et fit après coup rougir sa mère, qui m'apprit par un regard sévère qu'elle pouvait me retirer son âme comme elle m'avait naguère retiré sa main, voulant demeurer une irréprochable épouse. Mais cette union purement spirituelle a tant d'attraits que le lendemain nous recommençâmes.

Les heures, les journées, les semaines, s'enfuyaient ainsi pleines de félicités renaissantes. Nous arrivâmes à l'époque des vendanges, qui sont en Touraine de véritables fêtes. Vers la fin du mois de septembre, le soleil, moins chaud que durant la moisson, permet de demeurer aux champs sans avoir à craindre ni le hâle ni la fatigue. Il est plus facile de cueillir les grappes que de scier les blés. Les fruits sont tous mûrs. La moisson est faite, le pain devient moins cher, et cette abondance rend la vie heureuse. Enfin les craintes qu'inspirait le résultat des travaux champêtres où s'enfouit autant d'argent que de sueurs, ont disparu devant la grange pleine et les celliers prêts à s'emplir. La vendange est alors comme le joyeux dessert du festin récolté, le ciel y sourit toujours en Touraine, où les automnes sont magnifiques. Dans ce pays hospitalier, les vendangeurs sont nourris au logis. Ces repas étant les seuls où ces pauvres gens aient, chaque année, des aliments substantiels et bien préparés, ils y tiennent comme dans les familles patriarcales les enfants tiennent aux galas des anniversaires. Aussi courent-ils en foule dans les maisons où les maîtres les traitent sans lésinerie. La maison est donc pleine de monde et de provisions. Les pressoirs sont constamment ouverts. Il semble que tout soit animé par ce mouvement d'ouvriers tonneliers, de charrettes chargées de filles rieuses, de gens qui, touchant des salaires meilleurs que pendant le reste de l'année, chantent à tous propos. D'ailleurs, autre cause de plaisir, les rangs sont confondus : femmes, enfants, maîtres et gens, tout le monde participe à la dive cueillette. Ces diverses circonstances peuvent expliquer l'hilarité transmise d'âge en âge, qui se développe en ces derniers beaux jours de l'année et dont le souvenir inspira jadis à Rabelais la forme bachique de son grand ouvrage. Jamais les enfants, Jacques et Madeleine toujours malades, n'avaient été en vendange; j'étais comme eux, ils eurent je ne sais quelle joie enfantine de voir leurs émotions partagées; leur mère avait promis de nous y accompagner. Nous étions allés à Villaines, où se fabriquent les paniers du pays, nous en commander de fort jolis; il était question de vendanger à nous quatre quelques chaînées réservées à nos ciseaux ; mais il était convenu qu'on ne mangerait pas trop de raisin. Manger dans les vignes le gros *co* de Touraine paraissait chose si délicieuse, que l'on dédaignait les plus beaux raisins sur la table. Jacques me fit jurer de n'aller voir vendanger nulle part, et de me réserver pour le clos de Clochegourde. Jamais ces deux petits êtres, habituellement souffrants et pâles, ne furent plus frais, ni plus roses, ni aussi agissants et remuants que durant cette matinée. Ils babillaient pour babiller, allaient, trottaient, revenaient sans raison apparente ; mais, comme les autres enfants, ils semblaient avoir trop de vie à secouer ; monsieur et madame de Mortsauf ne les avaient jamais vus ainsi. Je redevins enfant avec eux, plus enfant qu'eux peut-être, car j'espérais aussi ma récolte. Nous allâmes par le plus beau temps vers les vignes, et nous y restâmes une demi-journée. Comme nous nous disputions à qui trouverait les plus belles grappes, à qui remplirait plus vite son panier ! C'était des allées et venues des ceps à la mère, il ne se cueillait pas une grappe qu'on ne la lui montrât. Elle se mit à rire du bon rire plein de sa jeunesse, quand arrivant après sa fille, avec mon panier, je lui dis comme

Madeleine : — Et les miens, maman? Elle me répondit : — Cher enfant, ne t'échauffe pas trop! Puis me passant la main tour à tour sur le cou et dans les cheveux, elle me donna un petit coup sur la joue en ajoutant : —Tu es en nage! Ce fut la seule fois que j'entendis cette caresse de la voix, le *tu* des amants. Je regardai les jolies haies couvertes de fruits rouges, de sinelles et de mûrons; j'écoutai les cris des enfants, je contemplai la troupe des vendangeuses, la charrette pleine de tonneaux et les hommes chargés de hottes!... Ah! je gravai tout dans ma mémoire, tout jusqu'au jeune amandier sous lequel elle se tenait, fraîche, colorée, rieuse, sous son ombrelle dépliée. Puis je me mis à cueillir des grappes, à remplir mon panier, à l'aller vider dans le tonneau de vendange avec une application corporelle, silencieuse et soutenue, par une marche lente et mesurée qui laissa mon âme libre. Je goûtai l'ineffable plaisir d'un travail extérieur qui voiture la vie en réglant le cours de la passion, bien près, sans ce mouvement mécanique, de tout incendier. Je sus combien le labeur uniforme contient de sagesse, et je compris les règles monastiques.

Pour la première fois depuis long-temps, le comte n'eut ni maussaderie, ni cruauté. Son fils si bien portant, le futur duc de Lenoncourt-Mortsauf, blanc et rose, barbouillé de raisin, lui réjouissait le cœur. Ce jour étant le dernier de la vendange, le général promit de faire danser le soir devant Clochegourde en l'honneur des Bourbons revenus; la fête fut ainsi complète pour tout le monde. En revenant, la comtesse prit mon bras; elle s'appuya sur moi de manière à faire sentir à mon cœur tout le poids du sien, mouvement de mère qui voulait communiquer sa joie, et me dit à l'oreille : — Vous nous portez bonheur!

Certes, pour moi, qui savais ses nuits sans sommeil, ses alarmes et sa vie antérieure où elle était soutenue par la main de Dieu, mais où tout était aride et fatigant, cette phrase accentuée par sa voix, si riche développait des plaisirs qu'aucune femme au monde ne pouvait plus me rendre.

— L'uniformité malheureuse de mes jours est rompue, la vie devient belle avec des espérances, me dit-elle après une pause. Oh! ne me quittez pas! ne trahissez jamais mes innocentes superstitions! soyez l'aîné qui devient la providence de ses frères!

Ici, Natalie, rien n'est romanesque : pour y découvrir l'infini des sentiments profonds, il faut dans sa jeunesse avoir jeté la sonde dans ces grands lacs au bord desquels on a vécu. Si pour beaucoup d'êtres les passions ont été des torrents de lave écoulés entre des rives desséchées, n'est-il pas des âmes où la passion contenue par d'insurmontables difficultés a rempli d'une eau pure le cratère du volcan ?

Nous eûmes encore une fête semblable. Madame de Mortsauf voulait habituer ses enfants aux choses de la vie, et leur donner connaissance des pénibles labeurs par lesquels s'obtient l'argent ; elle leur avait donc constitué des revenus soumis aux chances de l'agriculture : à Jacques appartenait le produit des noyers, à Madeleine celui des châtaigniers. A quelques jours de là, nous eûmes la récolte des marrons et celle des noix. Aller gauler les marronniers de Madeleine, entendre tomber les fruits que leur bogue faisait rebondir sur le velours mat et sec des terrains ingrats où vient le châtaignier ; voir la gravité sérieuse avec laquelle la petite fille examinait les tas en estimant leur valeur, qui pour elle représentait les plaisirs qu'elle se donnait sans contrôle ; les félicitations de Manette la femme de charge qui seule suppléait la comtesse auprès de ses enfants ; les enseignements que préparait le spectacle des peines nécessaires pour recueillir les moindres biens, si souvent mis en péril par les alternatives du climat, ce fut une scène où les ingénues félicités de l'enfance paraissaient charmantes au milieu des teintes graves de l'automne commencé. Madeleine avait son grenier à elle, où je voulus voir serrer sa brune chevance, en partageant sa joie. Eh ! bien, je tressaille encore aujourd'hui en me rappelant le bruit que faisait chaque hottée de marrons, roulant sur la bourre jaunâtre mêlée de terre qui servait de plancher. Le comte en prenait pour la maison ; les métiviers, les gens, chacun autour de Clochegourde procurait des acheteurs à la Mignonne, épithète amie que dans le pays les paysans accordent volontiers même à des étrangers, mais qui semblait appartenir exclusivement à Madeleine.

Jacques fut moins heureux pour la cueillette de ses noyers, il plut pendant quelques jours ; mais je le consolai en lui conseillant de garder ses noix, pour les vendre un peu plus tard. Monsieur de Chessel m'avait appris que les noyers ne donnaient rien dans le Brehémont, ni dans le pays d'Amboise, ni dans celui de Vouvray. L'huile de noix est de grand usage en Touraine. Jacques devait trouver au moins quarante sons de chaque noyer, il en avait deux cents, la somme était donc considérable ! Il voulait s'acheter un équipement pour monter à cheval. Son désir émut une discussion publique où son père lui fit faire des réflexions sur l'instabilité des revenus, sur la nécessité de créer des réserves pour les années où les arbres seraient inféconds, afin de se procurer un revenu moyen. Je reconnus l'âme de la comtesse dans son silence; elle était joyeuse de voir Jacques écoutant son père, et le père reconquérant un peu de la sainteté qui lui manquait, grâce à ce sublime mensonge qu'elle avait préparé. Ne vous ai-je pas dit, en vous peignant cette femme, que le langage terrestre serait impuissant à rendre ses traits et son génie! Quand ces sortes de scènes arrivent, l'âme savoure leurs délices sans les analyser; mais avec quelle vigueur elles se détachent plus tard sur le fond ténébreux d'une vie agitée! pareilles à des diamants, elles brillent serties par des pensées pleines d'alliage, regrets fondus dans le souvenir des bonheurs évanouis! Pourquoi les noms des deux domaines récemment achetés, dont monsieur et madame de Mortsauf s'occupaient tant, la Cassine et la Rhétorière, m'émeuvent-ils plus que les plus beaux noms de la Terre-Sainte ou de la Grèce? *Qui aime, le die!* s'est écrié La Fontaine. Ces noms possèdent les vertus talismaniques des paroles constellées en usage dans les évocations, ils m'expliquent la magie, ils réveillent des figures endormies qui se dressent aussitôt et me parlent, ils me mettent dans cette heureuse vallée, ils créent un ciel et des paysages; mais les évocations ne se sont-elles pas toujours passées dans les régions du monde spirituel? Ne vous étonnez donc pas de me voir vous entretenant de scènes si familières. Les moindres détails de cette vie simple et presque commune ont été comme autant d'attaches faibles en apparence par lesquelles je me suis étroitement uni à la comtesse.

Les intérêts de ses enfants causaient à la comtesse autant de chagrins que lui en donnait leur faible santé. Je reconnus bientôt la vérité de ce qu'elle m'avait dit relativement à son rôle secret dans les affaires de la maison, auxquelles je m'initiai lentement en apprenant sur le pays des détails que doit savoir l'homme d'État. Après dix ans d'efforts, madame de Mortsauf avait changé la culture de ses terres; elle les avait *mis en quatre,* expression dont on se sert dans le pays pour expliquer les résultats de la nouvelle méthode suivant laquelle les cultivateurs ne sèment de blé que tous les quatre ans, afin de faire rapporter chaque année un produit à la terre. Pour vaincre l'obstination des paysans, il avait fallu résilier des baux, partager ses domaines en quatre grandes métairies, et les avoir *à moitié*, le cheptel particulier à la Touraine et aux pays d'alentour. Le propriétaire donne l'habitation, les bâtiments d'exploitation et les semences, à des colons de bonne volonté avec lesquels il partage les frais de culture et les produits. Ce partage est surveillé par un *métivier*, l'homme chargé de prendre la moitié due au propriétaire, système coûteux et compliqué par une comptabilité que varie à tout moment la nature des partages. La comtesse avait fait cultiver par monsieur de Mortsauf une cinquième ferme composée des terres réservées, sises autour de Clochegourde, autant pour l'occuper que pour démontrer par l'évidence des faits, à ses *fermiers à moitié*, l'excellence des nouvelles méthodes. Maîtresse de diriger les cultures, elle avait fait lentement, et avec sa persistance de femme, rebâtir deux de ses métairies sur le plan des fermes de l'Artois et de la Flandre. Il est aisé de deviner son dessein. Après l'expiration des baux à moitié, la comtesse voulait composer deux belles fermes de ses quatre métairies, et les louer en argent à des gens actifs et intelligents, afin de simplifier les revenus de Clochegourde. Craignant de mourir la première, elle tâchait de laisser au comte des revenus faciles à percevoir, et à ses enfants des biens qu'aucune impéritie ne pourrait faire péricliter. En ce moment les arbres fruitiers plantés depuis dix ans étaient en plein rapport. Les haies qui garantissaient les domaines de toute contestation future étaient poussées. Les peupliers, les ormes, tout était bien venu. Avec ses nouvelles acquisitions et en introduisant partout le nouveau système d'exploitation, la terre de Clochegourde, divisée en quatre grandes fermes, dont deux restaient à bâtir, était susceptible de rapporter seize mille francs en écus, à raison de quatre mille francs par chaque ferme; sans compter le clos de vigne, ni les deux cents arpents de bois qui les joignaient, ni la ferme modèle. Les chemins de ses quatre fermes pouvaient tous aboutir à une grande avenue qui de Clochegourde irait en droite ligne s'embrancher sur la route de Chinon. La distance entre cette avenue et Tours n'étant que de cinq lieues, les fermiers ne devaient pas lui manquer, surtout au moment où tout le monde parlait des améliorations faites par le comte, de ses succès, et de la bonification de ses terres. Dans chacun des deux domaines achetés, elle voulait faire jeter une quinzaine de mille francs pour convertir les maisons de maître en deux grandes fermes, afin de les mieux louer après les avoir cultivées pendant une année ou deux, en y envoyant pour régisseur un certain Martineau, le meilleur, le plus probe de ses métiviers, lequel allait se trouver sans place ; car les baux à moitié de ses quatre métairies finissaient, et le moment de les réunir en deux fermes et de louer en argent était venu. Ses idées si simples, mais compliquées de trente et quelques mille francs à dépenser, étaient en ce moment l'objet de longues discussions entre elle et le comte ; querelles affreuses, et dans lesquelles elle n'était soutenue que par l'intérêt de ses deux enfants. Cette pensée : — « Si je mourais demain, qu'adviendrait-il ? » lui donnait des palpitations. Les âmes douces et paisibles chez lesquelles la colère est impossible, qui veulent faire régner autour d'elles leur profonde paix intérieure, savent seules combien de force est nécessaire pour ces luttes, quelles abondantes vagues de sang affluent au cœur avant d'entamer le combat, quelle lassitude s'empare de l'être quand après avoir lutté rien n'est obtenu. Au moment où ses enfants étaient moins étiolés, moins maigres, plus agiles, car la saison des fruits avait produit ses effets sur eux ; au moment où elle les suivait d'un œil mouillé dans leurs jeux, en éprouvant un contentement qui renouvelait ses forces en lui rafraîchissant le cœur, la pauvre femme subissait les pointilleries injurieuses et les attaques lancinantes d'une âcre opposition. Le comte, effrayé de ces changements, en niait les avantages et la possibilité par un entêtement compacte. A des raisonnements concluants, il répondait par l'objection d'un enfant qui mettrait en question l'influence du soleil en été. La comtesse l'emporta. La victoire du bon sens sur la folie calma ses plaies, elle oublia ses blessures. Ce jour elle s'alla promener à la Cassine et à la Rhétorière, afin d'y décider les constructions. Le comte marchait seul en avant, les enfants nous séparaient, et nous étions tous deux en arrière suivant lentement, car elle me parlait de ce ton doux et bas qui faisait ressembler ses phrases à des flots menus, murmurés par la mer sur un sable fin.

« Elle était certaine du succès, me disait-elle. Il allait s'établir une concurrence pour le service de Tours à Chinon, entreprise par un homme actif, par un messager, cousin de Manette, qui voulait avoir une grande ferme sur la route. Sa famille était nombreuse : le fils aîné conduirait les voitures, le second ferait les roulages ; le père, placé sur la route, à La Rabelaye, une des fermes à louer et située au centre, pourrait veiller au relais et cultiverait bien les terres en les amendant avec les fumiers que lui donneraient ses écuries. Quant à la seconde ferme, la Baude, celle qui se trouvait à deux pas de Clochegourde, un de leurs quatre colons, homme probe, intelligent, actif et qui sentait les avantages de la nouvelle culture, offrait déjà de la prendre à bail. Quant à la Cassine et à la Rhétorière, ces terres étaient les meilleures du pays; une fois les fermes bâties et les cultures en pleine valeur, il suffirait de les afficher à Tours. En deux ans, Clochegourde vaudrait ainsi vingt-quatre mille francs de rente environ; la Gravelotte, cette ferme du Maine, retrouvée par monsieur de Mortsauf, venait d'être prise à sept mille francs pour neuf ans; la pension de maréchal-de-camp était de quatre mille francs; si ces revenus ne constituaient pas encore une fortune, ils procuraient une grande aisance; plus tard, d'autres améliorations lui permettraient peut-être d'aller un jour à Paris pour y veiller l'éducation de Jacques, dans deux ans, quand la santé de l'héritier présomptif serait affermie. »

Avec quel tremblement elle prononça le mot *Paris!* J'étais au fond de ce projet, elle voulait se séparer le moins possible de l'ami. Sur ce mot je m'enflammai, je lui dis qu'elle ne me connaissait pas; que, sans lui en parler, j'avais comploté d'achever mon éducation en travaillant nuit et jour, afin d'être le précepteur de Jacques; car je ne supporterais pas l'idée de savoir dans son intérieur un jeune homme. A ces mots, elle devint sérieuse.

— Non, Félix, dit-elle, cela ne sera pas plus que votre prêtrise. Si vous avez par un seul mot atteint la mère jusqu'au fond de son cœur, la femme vous aime trop sincèrement pour vous laisser devenir victime de votre attachement. Une déconsidération sans remède serait le loyer de ce dévouement, et je n'y pourrais rien. Oh! non, que je ne vous sois funeste en rien! Vous, vicomte de Vandenesse, précepteur? Vous! dont la noble devise est : *Ne se vend!* Fussiez-vous un Richelieu, vous vous seriez à jamais barré la vie. Vous causeriez les plus grands chagrins à votre famille. Mon ami, vous ne savez pas ce qu'une femme comme ma mère sait mettre d'impertinence dans un regard protecteur, d'abaissement dans une parole, de mépris dans un salut.

— Et si vous m'aimez, que me fait le monde?

Elle feignit de ne pas avoir entendu, et dit en continuant : — Quoique mon père soit excellent et disposé à m'accorder ce que je lui demande, il ne vous pardonnerait pas de vous être mal placé dans le monde et se refuserait à vous y protéger. Je ne voudrais pas vous voir précepteur du dauphin! Acceptez la société comme elle est, ne commettez point de fautes dans la vie. Mon ami, cette proposition insensée de....

— D'amour, lui dis-je à voix basse.

— Non, de charité, dit-elle en retenant ses larmes, cette pensée folle m'éclaire sur votre caractère : votre cœur vous nuira. Je réclame, dès ce moment, le droit de vous apprendre certaines choses; laissez à mes yeux de femme le soin de voir quelquefois pour vous? Oui, du fond de mon Clochegourde, je veux assister, muette et ravie, à vos succès. Quant au précepteur, eh! bien, soyez tranquille, nous trouverons un bon vieil abbé, quelque ancien savant jésuite, et mon père sacrifiera volontiers une somme pour l'éducation de l'enfant qui doit porter son nom. Jacques est mon orgueil. Il a pourtant onze ans, dit-elle, après une pause. Mais il en est de lui comme de vous : en vous voyant, je vous avais donné treize ans.

Nous étions arrivés à la Cassine où Jacques, Madeleine et moi nous la suivions comme des petits suivent leur mère; mais nous la gênions, je la laissai pour un moment et m'en allai dans le verger où Martineau l'aîné, son garde, examinait de compagnie avec Martineau cadet, le métivier, si les arbres devaient être ou non abattus; ils discutaient ce point comme s'il s'agissait de leurs propres biens. Je vis alors combien la comtesse était aimée. J'exprimai mon idée à un pauvre journalier qui, le pied sur sa bêche et le coude posé sur le manche, écoutait les deux docteurs en Pomologie.

— Ah! oui, monsieur, me répondit-il, c'est une bonne femme, et pas fière, comme toutes ces guenons d'Azay qui nous verraient crever comme des chiens plutôt que de nous céder un sou sur une toise de fossé! Le jour où cette femme quittera le pays, la Sainte Vierge en pleurera, et nous aussi. Elle sait ce qui lui est dû ; mais elle connaît nos peines, et y a égard.

Avec quel plaisir je donnai tout mon argent à cet homme!

Quelques jours après, il vint un poney pour Jacques, que son père, excellent cavalier, voulait plier lentement aux fatigues de l'équitation. L'enfant eut un joli habillement de cavalier, acheté sur le produit des noyers. Le matin où il prit la première leçon, accompagné de son père, aux cris de Madeleine étonnée qui sautait sur le gazon autour duquel courait Jacques, ce fut pour la comtesse la première grande fête de sa maternité. Jacques avait une collerette brodée par sa mère, une petite redingote en drap bleu de ciel serrée par une ceinture de cuir verni, un pantalon blanc à plis et une toque écossaise d'où ses cheveux cendrés s'échappaient en grosses boucles : il était ravissant à voir. Aussi tous les gens de la maison se groupèrent-ils en partageant cette félicité domestique. Le jeune héritier souriait à sa mère en passant, et se tenait sans peur. Ce premier acte d'homme chez cet enfant de qui la mort parut si souvent prochaine, l'espérance d'un bel avenir, garanti par cette promenade qui le lui montrait si beau, si joli, si frais, quelle délicieuse récompense ! la joie du père, qui redevenait jeune et souriait pour la première fois depuis long-temps, le bonheur peint dans les yeux de tous les gens de la maison, le cri d'un vieux piqueur de Lenoncourt qui revenait de Tours, et qui, voyant la manière dont l'enfant tenait la bride, lui dit : — « Bravo, monsieur le vicomte ! » c'en fut trop, madame de Mortsauf fondit en larmes. Elle, si calme dans ses douleurs, se trouva faible pour supporter la joie en admirant son enfant chevauchant sur ce sable où souvent elle l'avait pleuré par avance, en le promenant au soleil. En ce moment elle s'appuya sur mon bras, sans remords, et me dit : — Je crois n'avoir jamais souffert. Ne nous quittez pas aujourd'hui.

La leçon finie, Jacques se jeta dans les bras de sa mère qui le reçut et le garda sur elle avec la force que prête l'excès des voluptés, et ce fut des baisers, des caresses sans fin. J'allai faire avec Madeleine deux bouquets magnifiques pour en décorer la table en l'honneur du cavalier. Quand nous revînmes au salon, la comtesse me dit : — Le quinze octobre sera certes un grand jour ! Jacques a pris sa première leçon d'équitation, et je viens de faire le dernier point de mon meuble.

— Hé ! bien, Blanche, dit le comte en riant, je veux vous le payer.

Il lui offrit le bras, et l'amena dans la première cour où elle vit une calèche que son père lui donnait, et pour laquelle le comte avait acheté deux chevaux en Angleterre, amenés avec ceux du duc de Lenoncourt. Le vieux piqueur avait tout préparé dans la première cour pendant la leçon. Nous étrennâmes la voiture, en allant voir le tracé de l'avenue qui devait mener en droite ligne de Clochegourde à la route de Chinon, et que des récentes acquisitions permettaient de faire à travers les nouveaux domaines. En revenant, la comtesse me dit d'un air plein de mélancolie : — Je suis trop heureuse, pour moi le bonheur est comme une maladie, il m'accable, et j'ai peur qu'il ne s'efface comme un rêve.

J'aimais trop passionnément pour ne pas être jaloux, et je ne pouvais lui rien donner, moi ! Dans ma rage, je cherchais un moyen de mourir pour elle. Elle me demanda quelles pensées voilaient mes yeux, je les lui dis naïvement, elle en fut plus touchée que de tous les présents, et jeta du baume dans mon cœur quand, après m'avoir emmené sur le perron, elle me dit à l'oreille : — Aimez-moi comme m'aimait ma tante, ne sera-ce pas me donner votre vie ? et si je la prends ainsi, n'est-ce pas me faire votre obligée à toute heure ?

— Il était temps de finir ma tapisserie, reprit-elle en rentrant dans le salon où je lui baisai la main comme pour renouveler mes serments. Vous ne savez peut-être pas, Félix, pourquoi je me suis imposé ce long ouvrage? Les hommes trouvent dans les occupations de leur vie des ressources contre les chagrins, le mouvement des affaires les distrait; mais nous autres femmes, nous n'avons dans l'âme aucun point d'appui contre nos douleurs. Afin de pouvoir sourire à mes enfants et à mon mari quand j'étais en proie à de tristes images, j'ai senti le besoin de régulariser la souffrance par un mouvement physique. J'évitais ainsi les atonies qui suivent les grandes dépenses de force, aussi bien que les éclairs de l'exaltation. L'action de lever le bras en temps égaux berçait ma pensée et communiquait à mon âme, où grondait l'orage, la paix du flux et du reflux en réglant ainsi ses émotions. Chaque point avait la confidence de mes secrets, comprenez-vous? Hé! bien, en faisant mon dernier fauteuil, je pensais trop à vous! oui, beaucoup trop, mon ami. Ce que vous mettez dans vos bouquets, moi je le disais à mes dessins.

Le dîner fut gai. Jacques, comme tous les enfants dont on s'occupe, me sauta au cou, en voyant les fleurs que je lui avais cueillies en guise de couronne. Sa mère affecta de me bouder à cause de cette infidélité; le cher enfant lui offrit ce bouquet jalousé, avec quelle grâce, vous le savez ! Le soir, nous fîmes tous trois un tric-trac, moi seul contre monsieur et madame de Mortsauf, et le comte fut charmant. Enfin, à la tombée du jour, ils me reconduisirent jusqu'au chemin de Frapesle, par une de ces tranquilles soirées dont les harmonies font gagner en profondeur aux sentiments ce qu'ils perdent en vivacité. Ce fut une journée unique en la vie de cette pauvre femme, un point brillant que vint souvent caresser son souvenir aux heures difficiles. En effet, les leçons d'équitation devinrent bientôt un sujet de discorde. La comtesse craignit avec raison les dures apostrophes du père pour le fils. Jacques maigrissait déjà, ses beaux yeux bleus se cernaient; pour ne pas causer de chagrin à sa mère, il aimait mieux souffrir en silence. Je trouvai un remède à ses maux en lui conseillant de dire à son père qu'il était fatigué, quand le comte se mettrait en colère; mais ces palliatifs furent insuffisants : il fallut substituer le vieux piqueur au père, qui ne se laissa pas arracher son écolier sans des tiraillements. Les criailleries et les discussions revinrent; le comte trouva des textes à ses plaintes continuelles dans le peu de reconnaissance des femmes; il jeta vingt fois par jour la calèche, les chevaux et les livrées au nez de sa femme. Enfin il arriva l'un de ces événements auxquels les caractères de ce genre et les maladies de cette espèce aiment à se prendre : la dépense dépassa de moitié les prévisions à la Cassine et à la Rhétorière, où des murs et des planchers mauvais s'écroulèrent. Un ouvrier vient maladroitement annoncer cette nouvelle à monsieur de Mortsauf, au lieu de la dire à la comtesse. Ce fut l'objet d'une querelle commencée doucement, mais qui s'envenima par degrés, et où l'hypocondrie du comte, apaisée depuis quelques jours, demanda ses arrérages à la pauvre Henriette.

Ce jour-là, j'étais parti de Frapesle à dix heures et demie, après le déjeuner, pour venir faire à Clochegourde un bouquet avec Madeleine. L'enfant m'avait apporté sur la balustrade de la terrasse les deux vases, et j'allais des jardins aux environs, courant après les fleurs d'automne, si belles, mais si rares. En revenant de ma dernière course, je ne vis plus mon petit lieutenant à ceinture rose, à pèlerine dentelée, et j'entendis des cris à Clochegourde.

— Le général, me dit Madeleine en pleurs, et chez elle ce mot était un mot de haine contre son père, le général gronde notre mère, allez donc la défendre.

Je volai par les escaliers et j'arrivai dans le salon sans être aperçu ni salué par le comte ni par sa femme. En entendant les cris aigus du fou, j'allai fermer toutes les portes, puis je revins, j'avais vu Henriette aussi blanche que sa robe.

— Ne vous mariez jamais, Félix, me dit le comte; une femme est conseillée par le diable; la plus vertueuse inventerait le mal s'il n'existait pas, toutes sont des bêtes brutes.

J'entendis alors des raisonnements sans commencement ni fin. Se prévalant de ses négations antérieures, monsieur de Mortsauf répéta les niaiseries des paysans qui se refusaient aux nouvelles méthodes. Il prétendit que s'il avait dirigé Clochegourde, il serait deux fois plus riche qu'il ne l'était. En formulant ces blasphèmes violemment et injurieusement, il jurait, il sautait d'un meuble à l'autre, il les déplaçait et les cognait; puis au milieu d'une phrase il s'interrompait pour parler de sa moelle qui le brûlait, ou de sa cervelle qui s'échappait à flots, comme son argent. Sa femme le ruinait. Le malheureux, des trente et quelques mille livres de rentes qu'il possédait, elle lui en avait apporté déjà plus de vingt. Les biens du duc et ceux de la duchesse valaient plus de cinquante mille francs de rente, réservés à Jacques. La comtesse souriait superbement et regardait le ciel.

— Oui, s'écria-t-il, Blanche, vous êtes mon bourreau, vous m'assassinez; je vous pèse; tu veux te débarrasser de moi, tu es un monstre d'hypocrisie. Elle rit! Savez-vous pourquoi elle rit, Félix?

Je gardai le silence et baissai la tête.

— Cette femme, reprit-il en faisant la réponse à sa demande, elle me sèvre de tout bonheur, elle est autant à moi qu'à vous, et prétend être ma femme! Elle porte mon nom et ne remplit aucun des devoirs que les lois divines et humaines lui imposent, elle ment ainsi aux hommes et à Dieu. Elle m'excède de courses et me lasse, pour que je la laisse seule; je lui déplais, elle me hait, et met tout son art à rester jeune fille; elle me rend fou par les privations qu'elle me cause, car tout se porte alors à ma pauvre tête; elle me tue à petit feu, et se croit une sainte, ça communie tous les mois.

La comtesse pleurait en ce moment à chaudes larmes, humiliée par l'abaissement de cet homme auquel elle disait pour toute réponse : — Monsieur! monsieur! monsieur!

Quoique les paroles du comte m'eussent fait rougir pour lui comme pour Henriette, elles me remuèrent violemment le cœur, car elles répondaient aux sentiments de chasteté, de délicatesse qui sont pour ainsi dire l'étoffe des premières amours.

— Elle est vierge à mes dépens, disait le comte.

A ce mot, la comtesse s'écria : — Monsieur !

— Qu'est-ce que c'est, dit-il, que votre monsieur impérieux ? ne suis-je pas le maître ? faut-il enfin vous l'apprendre ?

Il s'avança sur elle en lui présentant sa tête de loup blanc devenue hideuse, car ses yeux jaunes eurent une expression qui le fit ressembler à une bête affamée sortant d'un bois. Henriette se coula de son fauteuil à terre pour recevoir le coup qui n'arriva pas ; elle s'était étendue sur le parquet en perdant connaissance, toute brisée. Le comte fut comme un meurtrier qui sent rejaillir à son visage le sang de sa victime, il resta tout hébété. Je pris la pauvre femme dans mes bras, le comte me la laissa prendre comme s'il se fût trouvé indigne de la porter ; mais il alla devant moi pour m'ouvrir la porte de la chambre contiguë au salon, chambre sacrée où je n'étais jamais entré. Je mis la comtesse debout, et la tins un moment dans un bras, en passant l'autre autour de sa taille, pendant que monsieur de Mortsauf ôtait la fausse couverture, l'édredon, l'appareil du lit ; puis, nous la soulevâmes et l'étendîmes tout habillée. En revenant à elle, Henriette nous pria par un geste de détacher sa ceinture ; monsieur de Mortsauf trouva des ciseaux et coupa tout, je lui fis respirer des sels, elle ouvrit les yeux. Le comte s'en alla, plus honteux que chagrin. Deux heures se passèrent en un silence profond. Henriette avait sa main dans la mienne et me la pressait sans pouvoir parler. De temps en temps elle levait les yeux pour me dire par un regard qu'elle voulait demeurer calme et sans bruit ; puis il y eut un moment de trêve où elle se releva sur son coude, et me dit à l'oreille : — Le malheureux ! si vous saviez...

Elle se remit la tête sur l'oreiller. Le souvenir de ses peines passées joint à ses douleurs actuelles lui rendit des convulsions nerveuses que je n'avais calmées que par le magnétisme de l'amour ; effet qui m'était encore inconnu, mais dont j'usai par instinct. Je la maintins avec une force tendrement adoucie ; et pendant cette dernière crise, elle me jeta des regards qui me firent pleurer. Quand ces mouvements nerveux cessèrent, je rétablis ses cheveux en désordre, que je maniai pour la seule et unique fois de ma vie ; puis je repris encore sa main et contemplai long-temps cette chambre à la fois brune et grise, ce lit simple à rideaux de perse, cette table couverte d'une toilette parée à la mode ancienne, ce canapé mesquin à matelas piqué. Que de poésie dans ce lieu! Quel abandon du luxe pour sa personne! son luxe était la plus exquise propreté. Noble cellule de religieuse mariée pleine de résignation sainte, où le seul ornement était le crucifix de son lit, au-dessus duquel se voyait le portrait de sa tante; puis, de chaque côté du bénitier, ses deux enfants dessinés par elle au crayon, et leurs cheveux du temps où ils étaient petits. Quelle retraite pour une femme de qui l'apparition dans le grand monde eût fait pâlir les plus belles! Tel était le boudoir où pleurait toujours la fille d'une illustre famille, inondée en ce moment d'amertume et se refusant à l'amour qui l'aurait consolée. Malheur secret, irréparable! Et des larmes chez la victime pour le bourreau, et des larmes chez le bourreau pour la victime. Quand les enfants et la femme de chambre entrèrent, je sortis. Le comte m'attendait, il m'admettait déjà comme un pouvoir médiateur entre sa femme et lui; et il me saisit par les mains en me criant : — Restez, restez, Félix!

— Malheureusement, lui dis-je, monsieur de Chessel a du monde, il ne serait pas convenable que ses convives cherchassent les motifs de mon absence; mais après le dîner je reviendrai.

Il sortit avec moi, me reconduisit jusqu'à la porte d'en bas, sans me dire un mot; puis il m'accompagna jusqu'à Frapesle, sans savoir ce qu'il faisait. Enfin, là je lui dis : — Au nom du ciel, monsieur le comte, laissez-lui diriger votre maison, si cela peut lui plaire, et ne la tourmentez plus.

— Je n'ai pas long-temps à vivre, me dit-il d'un air sérieux; elle ne souffrira pas long-temps par moi, je sens que ma tête éclate.

Et il me quitta dans un accès d'égoïsme involontaire. Après le dîner, je revins savoir des nouvelles de madame de Mortsauf, que je trouvai déjà mieux. Si telles étaient, pour elle, les joies du mariage, si de semblables scènes se renouvelaient souvent, comment pouvait-elle vivre? Quel lent assassinat impuni! Pendant cette soirée, je compris par quelles tortures inouïes le comte énervait sa femme. Devant quel tribunal apporter de tels litiges? Ces réflexions m'hébétaient, je ne pus rien dire à Henriette; mais je passai la nuit à lui écrire. Des trois ou quatre lettres que je fis, il m'est resté ce commencement dont je ne fus pas content; mais s'il me parut ne rien exprimer, ou trop parler de moi quand je ne devais m'occuper que d'elle, il vous dira dans quel état était mon âme.

« A MADAME DE MORTSAUF.

» Combien de choses n'avais-je pas à vous dire en arrivant,
» auxquelles je pensais pendant le chemin et que j'oublie en vous
» voyant! Oui, dès que je vous vois, chère Henriette, je ne trouve
» plus mes paroles en harmonie avec les reflets de votre âme qui
» grandissent votre beauté; puis, j'éprouve près de vous un bon-
» heur tellement infini, que le sentiment actuel efface les senti-
» ments de la vie antérieure. Chaque fois, je nais à une vie plus
» étendue et suis comme le voyageur qui, en montant quelque
» grand rocher, découvre à chaque pas un nouvel horizon. A cha-
» que nouvelle conversation, n'ajoutai-je pas à mes immenses tré-
» sors un nouveau trésor? Là, je crois, est le secret des longs, des
» inépuisables attachements. Je ne puis donc vous parler de vous
» que loin de vous. En votre présence, je suis trop ébloui pour
» voir, trop heureux pour interroger mon bonheur, trop plein de
» vous pour être moi, trop éloquent par vous pour parler, trop
» ardent à saisir le moment présent pour me souvenir du passé.
» Sachez bien cette constante ivresse pour m'en pardonner les er-
» reurs. Près de vous, je ne puis que sentir. Néanmoins j'oserai
» vous dire, ma chère Henriette, que jamais, dans les nombreuses
» joies que vous avez faites, je n'ai ressenti de félicités semblables
» aux délices qui remplirent mon âme hier quand, après cette
» tempête horrible où vous avez lutté contre le mal avec un cou-
» rage surhumain, vous êtes revenue à moi seul, au milieu du
» demi-jour de votre chambre, où cette malheureuse scène m'a
» conduit. Moi seul ai su de quelles lueurs peut briller une femme
» quand elle arrive des portes de la mort aux portes de la vie, et
» que l'aurore d'une renaissance vient nuancer son front. Combien
» votre voix était harmonieuse! Combien les mots, même les vô-
» tres, me semblaient petits alors que dans le son de votre voix
» adorée reparaissaient les ressentiments vagues d'une douleur
» passée, mêlés aux consolations divines par lesquelles vous m'a-
» vez enfin rassuré, en me donnant ainsi vos premières pensées. Je
» vous connaissais brillant de toutes les splendeurs humaines;
» mais hier j'ai entrevu une nouvelle Henriette qui serait à moi si
» Dieu le voulait. Hier j'ai entrevu je ne sais quel être dégagé des
» entraves corporelles qui nous empêchent de secouer les feux de

» l'âme. Tu étais bien belle dans ton abattement, bien majestueuse
» dans ta faiblesse. Hier j'ai trouvé quelque chose de plus beau
» que ta beauté, quelque chose de plus doux que ta voix ; des lu-
» mières plus étincelantes que ne l'est la lumière de tes yeux, des
» parfums pour lesquels il n'est point de mots; hier ton âme a été
» visible et palpable. Ah! j'ai bien souffert de n'avoir pu t'ouvrir
» mon cœur pour t'y faire revivre. Enfin, hier, j'ai quitté la ter-
» reur respectueuse que tu m'inspires, cette défaillance ne nous
» avait-elle pas rapprochés? Alors j'ai su ce que c'était que respi-
» rer en respirant avec toi, quand la crise te permit d'aspirer no-
» tre air. Combien de prières élevées au ciel en un moment! Si je
» n'ai pas expiré en traversant les espaces que j'ai franchis pour
» aller demander à Dieu de te laisser encore à moi, l'on ne meurt
» ni de joie ni de douleur. Ce moment m'a laissé des souvenirs en-
» sevelis dans mon âme et qui ne reparaîtront jamais à sa surface
» sans que mes yeux se mouillent de pleurs; chaque joie en
» augmentera le sillon, chaque douleur les fera plus profonds.
» Oui, les craintes dont mon âme fut agitée hier seront un terme
» de comparaison pour toutes mes douleurs à venir, comme les
» joies que tu m'as prodiguées, chère éternelle pensée de ma vie!
» domineront toutes les joies que la main de Dieu daignera m'é-
» pancher. Tu m'as fait comprendre l'amour divin, cet amour sûr
» qui, plein de sa force et de sa durée, ne connaît ni soupçons ni
» jalousies. »

Une mélancolie profonde me rongeait l'âme, le spectacle de cette vie intérieure était navrant pour un cœur jeune et neuf aux émotions sociales; trouver cet abîme à l'entrée du monde, un abîme sans fond, une mer morte. Cet horrible concert d'infortunes me suggéra des pensées infinies, et j'eus à mon premier pas dans la vie sociale une immense mesure à laquelle les autres scènes rapportées ne pouvaient plus être que petites. Ma tristesse fit juger à monsieur et madame de Chessel que mes amours étaient malheureuses, et j'eus le bonheur de ne nuire en rien à ma grande Henriette par ma passion.

Le lendemain, quand j'entrai dans le salon, elle y était seule; elle me contempla pendant un instant en me tendant la main, et me dit : — L'ami sera donc toujours trop tendre? Ses yeux devinrent humides, elle se leva, puis me dit avec un ton de supplication désespérée : — Ne m'écrivez plus ainsi !

Monsieur de Mortsauf était prévenant. La comtesse avait repris son courage et son front serein ; mais son teint trahissait ses souffrances de la veille, qui étaient calmées sans être éteintes. Elle me dit le soir, en nous promenant dans les feuilles sèches de l'automne qui résonnaient sous nos pas : — La douleur est infinie, la joie a des limites. Mot qui révélait ses souffrances, par la comparaison qu'elle en faisait avec ses félicités fugitives.

— Ne médisez pas de la vie, lui dis-je ; vous ignorez l'amour, et il a des voluptés qui rayonnent jusque dans les cieux.

— Taisez-vous, dit-elle, je n'en veux rien connaître. Le Groënlandais mourrait en Italie ! Je suis calme et heureuse près de vous, je puis vous dire toutes mes pensées ; ne détruisez pas ma confiance. Pourquoi n'auriez-vous pas la vertu du prêtre et le charme de l'homme libre ?

— Vous feriez avaler des coupes de ciguë, lui dis-je en lui mettant la main sur mon cœur qui battait à coups pressés.

— Encore ! s'écria-t-elle en retirant sa main comme si elle eût ressenti quelque vive douleur. Voulez-vous donc m'ôter le triste plaisir de faire étancher le sang de mes blessures par une main amie ? N'ajoutez pas à mes souffrances, vous ne les savez pas toutes ! les plus secrètes sont les plus difficiles à dévorer. Si vous étiez femme, vous comprendriez en quelle mélancolie mêlée de dégoût tombe une âme fière, alors qu'elle se voit l'objet d'attentions qui ne réparent rien et avec lesquelles *on* croit tout réparer. Pendant quelques jours je vais être courtisée, *on* va vouloir se faire pardonner le tort que l'*on* s'est donné. Je pourrais alors obtenir un assentiment aux volontés les plus déraisonnables. Je suis humiliée par cet abaissement, par ces caresses qui cessent le jour où l'*on* croit que j'ai tout oublié. Ne devoir la bonne grâce de son maître qu'à ses fautes...

— A ses crimes, dis-je vivement.

— N'est-ce pas une affreuse condition d'existence ? dit-elle en me jetant un triste sourire. Puis, je ne sais pas user de ce pouvoir passager. En ce moment, je ressemble aux chevaliers qui ne portaient pas de coup à leur adversaire tombé. Voir à terre celui que nous devons honorer, le relever pour en recevoir de nouveaux coups, souffrir de sa chute plus qu'il n'en souffre lui-même, et se trouver déshonorée si l'on profite d'une passagère influence, même dans un but d'utilité ; dépenser sa force, épuiser les trésors de l'âme en ces luttes sans noblesse; ne régner qu'au moment où l'on reçoit de mortelles blessures! Mieux vaut la mort. Si je n'avais pas d'enfants, je me laisserais aller au courant de cette vie; mais, sans mon courage inconnu, que deviendraient-ils? je dois vivre pour eux, quelque douloureuse que soit la vie. Vous me parlez d'amour?... eh! mon ami, songez donc en quel enfer je tomberais si je donnais à cet être sans pitié, comme le sont tous les gens faibles, le droit de me mépriser? Je ne supporterais pas un soupçon! La pureté de ma conduite fait ma force. La vertu, cher enfant, a des eaux saintes où l'on se retrempe et d'où l'on sort renouvelé à l'amour de Dieu!

— Écoutez, chère Henriette, je n'ai plus qu'une semaine à demeurer ici, je veux que...

— Ah! vous nous quittez... dit-elle en m'interrompant.

— Mais ne dois-je pas savoir ce que mon père décidera de moi? Voici bientôt trois mois...

— Je n'ai pas compté les jours, me répondit-elle avec l'abandon de la femme émue. Elle se recueillit et me dit : — Marchons, allons à Frapesle.

Elle appela le comte, ses enfants, demanda son châle; puis, quand tout fut prêt, elle si lente, si calme, eut une activité de Parisienne, et nous partîmes en troupe pour aller à Frapesle y faire une visite que la comtesse ne devait pas. Elle s'efforça de parler à madame de Chessel, qui heureusement fut très prolixe dans ses réponses. Le comte et monsieur de Chessel s'entretinrent de leurs affaires. J'avais peur que monsieur de Mortsauf ne vantât sa voiture et son attelage, mais il fut d'un goût parfait; son voisin le questionna sur les travaux qu'il entreprenait à la Cassine et à la Rhétorière. En entendant la demande, je regardai le comte en croyant qu'il s'abstiendrait d'un sujet de conversation si fatal en souvenirs, si cruellement amer pour lui; mais il prouva combien il était urgent d'améliorer l'état de l'agriculture dans le canton, de bâtir de belles fermes dont les locaux fussent sains et salubres; enfin, il s'attribua glorieusement les idées de sa femme. Je contemplai la comtesse en rougissant. Ce manque de délicatesse chez un homme qui dans certaines occasions en montrait tant, cet oubli de la scène mortelle, cette adoption des idées contre lesquelles il s'était si violemment élevé, cette croyance en soi me pétrifiaient.

Quand monsieur de Chessel lui dit : — Croyez-vous pouvoir retrouver vos dépenses ?

— Au delà ! fit-il avec un geste affirmatif.

De semblables crises ne s'expliquaient que par le mot *démence*. Henriette, la céleste créature, était radieuse. Le comte ne paraissait-il pas homme de sens, bon administrateur, excellent agronome ? elle caressait avec ravissement les cheveux de Jacques, heureuse pour elle, heureuse pour son fils ! Quel comique horrible, quel drame railleur ! j'en fus épouvanté. Plus tard, quand le rideau de la scène sociale se releva pour moi, combien de Mortsauf n'ai-je pas vus, moins les éclairs de loyauté, moins la religion de celui-ci ! Quelle singulière et mordante puissance est celle qui perpétuellement jette au fou un ange, à l'homme d'amour sincère et poétique une femme mauvaise, au petit la grande, à ce magot une belle et sublime créature ; à la noble Juana de Mancini le capitaine Diard, de qui vous avez su l'histoire à Bordeaux ; à madame de Beauséant un d'Ajuda, à madame d'Aiglemont son mari, au marquis d'Espard sa femme ? J'ai cherché long-temps le sens de cette énigme, je vous l'avoue. J'ai fouillé bien des mystères, j'ai découvert la raison de plusieurs lois naturelles, le sens de quelques hiéroglyphes divins ; de celui-ci, je ne sais rien, je l'étudie toujours comme une figure du casse-tête indien dont les brames se sont réservé la construction symbolique. Ici le génie du mal est trop visiblement le maître, et je n'ose accuser Dieu. Malheur sans remède, qui donc s'amuse à vous tisser ? Henriette et son Philosophe Inconnu auraient-ils donc raison ? leur mysticisme contiendrait-il le sens général de l'humanité ?

Les derniers jours que je passai dans ce pays furent ceux de l'automne effeuillée, jours obscurcis de nuages qui parfois cachèrent le ciel de la Touraine, toujours si pur et si chaud dans cette belle saison. La veille de mon départ, madame de Mortsauf m'emmena sur la terrasse, avant le dîner.

— Mon cher Félix, me dit-elle après un tour fait en silence sous les arbres dépouillés, vous allez entrer dans le monde, et je veux vous y accompagner en pensée. Ceux qui ont beaucoup souffert ont beaucoup vécu ; ne croyez pas que les âmes solitaires ne sachent rien de ce monde, elles le jugent. Si je dois vivre par mon ami, je ne veux être mal à l'aise ni dans son cœur ni dans sa conscience ; au fort du combat il est bien difficile de se souvenir de toutes les règles, permettez-moi de vous donner quelques enseignements de mère à fils. Le jour de votre départ je vous remettrai, cher enfant! une longue lettre où vous trouverez mes pensées de femme sur le monde, sur les hommes, sur la manière d'aborder les difficultés dans ce grand remuement d'intérêts; promettez-moi de ne la lire qu'à Paris? Ma prière est l'expression d'une de ces fantaisies de sentiment qui sont notre secret à nous autres femmes; je ne crois pas qu'il soit impossible de la comprendre, mais peut-être serions-nous chagrines de la savoir comprise; laissez-moi ces petits sentiers où la femme aime à se promener seule.

— Je vous le promets, lui dis-je en lui baisant les mains.

— Ah! dit-elle, j'ai encore un serment à vous demander; mais engagez-vous d'avance à le souscrire.

— Oh! oui, lui dis-je en croyant qu'il allait être question de fidélité.

— Il ne s'agit pas de moi, reprit-elle en souriant avec amertume. Félix, ne jouez jamais dans quelque salon que ce puisse être; je n'excepte celui de personne.

— Je ne jouerai jamais, lui répondis-je.

— Bien, dit-elle. Je vous ai trouvé un meilleur usage du temps que vous dissiperiez au jeu; vous verrez que là où les autres doivent perdre tôt ou tard, vous gagnerez toujours.

— Comment?

— La lettre vous le dira, répondit-elle d'un air enjoué qui ôtait à ses recommandations le caractère sérieux dont sont accompagnées celles des grands-parents.

La comtesse me parla pendant une heure environ et me prouva la profondeur de son affection en me révélant avec quel soin elle m'avait étudié pendant ces trois derniers mois; elle entra dans les derniers replis de mon cœur, en tâchant d'y appliquer le sien; son accent était varié, convaincant; ses paroles tombaient d'une lèvre maternelle, et montraient autant par le ton que par la substance combien de liens nous attachaient déjà l'un à l'autre.

— Si vous saviez, dit-elle en finissant, avec quelles anxiétés je vous suivrai dans votre route, quelle joie si vous allez droit, quels pleurs si vous vous heurtez à des angles! Croyez-moi, mon affection est sans égale; elle est à la fois involontaire et choisie. Ah! je voudrais vous voir heureux, puissant, considéré, vous qui serez pour moi comme un rêve animé.

Elle me fit pleurer. Elle était à la fois douce et terrible; son sentiment se mettait trop audacieusement à découvert, il était trop pur pour permettre le moindre espoir au jeune homme altéré de plaisir. En retour de ma chair laissée en lambeaux dans son cœur, elle me versait les lueurs incessantes et incorruptibles de ce divin amour qui ne satisfaisait que l'âme. Elle montait à des hauteurs où les ailes diaprées de l'amour qui me fit dévorer ses épaules ne pouvaient me porter; pour arriver près d'elle, un homme devait avoir conquis les ailes blanches du séraphin.

— En toutes choses, lui dis-je, je penserai : Que dirait mon Henriette ?

— Bien, je veux être l'étoile et le sanctuaire, dit-elle en faisant allusion aux rêves de mon enfance et cherchant à m'en offrir la réalisation pour tromper mes désirs.

— Vous serez ma religion et ma lumière, vous serez tout, m'écriai-je.

— Non, répondit-elle, je ne puis être la source de vos plaisirs.

Elle soupira, et me jeta le sourire des peines secrètes, ce sourire de l'esclave un moment révolté. Dès ce jour, elle fut non pas la bien-aimée, mais la plus aimée; elle ne fut pas dans mon cœur comme une femme qui veut une place, qui s'y grave par le dévouement ou par l'excès du plaisir; non, elle eut tout le cœur, et fut quelque chose de nécessaire au jeu des muscles; elle devint ce qu'était la Béatrix du poète florentin, la Laure sans tache du poète vénitien, la mère des grandes pensées, la cause inconnue des résolutions qui sauvent, le soutien de l'avenir, la lumière qui brille dans l'obscurité comme le lys dans les feuillages sombres. Oui, elle dicta ces hautes déterminations qui coupent la part au feu, qui restituent la chose en péril; elle m'a donné cette constance à la Coligny pour vaincre les vainqueurs, pour renaître de la défaite, pour lasser les plus forts lutteurs.

Le lendemain, après avoir déjeuné à Frapesle et fait mes adieux à mes hôtes si complaisants à l'égoïsme de mon amour, je me rendis à Clochegourde. Monsieur et madame de Mortsauf avaient projeté de me reconduire à Tours, d'où je devais partir dans la nuit pour Paris. Pendant ce chemin la comtesse fut affectueusement muette, elle prétendit d'abord avoir la migraine; puis elle rougit de ce mensonge et le pallia soudain en disant qu'elle ne me voyait point partir sans regret. Le comte m'invita à venir chez lui, quand en l'absence des Chessel j'aurais l'envie de voir la vallée de l'Indre. Nous nous séparâmes héroïquement, sans larmes apparentes ; mais, comme quelques enfants maladifs, Jacques eut un mouvement de sensibilité qui lui fit répandre quelques larmes, tandis que Madeleine, déjà femme, serrait la main de sa mère.

— Cher petit! dit la comtesse en baisant Jacques avec passion.

Quand je me trouvai seul à Tours, il me prit après le dîner une de ces rages inexpliquées que l'on n'éprouve qu'au jeune âge. Je louai un cheval et franchis en cinq quarts d'heure la distance entre Tours et Pont-de-Ruan. Là, honteux de montrer ma folie, je courus à pied dans le chemin, et j'arrivai comme un espion, à pas de loup, sous la terrasse. La comtesse n'y était pas, j'imaginai qu'elle souffrait ; j'avais gardé la clef de la petite porte, j'entrai ; elle descendait en ce moment le perron avec ses deux enfants pour venir respirer, triste et lente, la douce mélancolie empreinte sur ce paysage, au coucher du soleil.

— Ma mère, voilà Félix, dit Madeleine.

— Oui, moi, lui dis-je à l'oreille. Je me suis demandé pourquoi j'étais à Tours, quand il m'était encore facile de vous voir. Pourquoi ne pas accomplir un désir que dans huit jours je ne pourrai plus réaliser?

— Il ne nous quitte pas, ma mère, cria Jacques en sautant à plusieurs reprises.

— Tais-toi donc, dit Madeleine, tu vas attirer ici le général.

— Ceci n'est pas sage, reprit-elle, quelle folie !

Cette consonnance dite dans les larmes par sa voix, quel paiement de ce qu'on devrait appeler les calculs usuraires de l'amour !

— J'avais oublié de vous rendre cette clef, lui dis-je en souriant.

— Vous ne reviendrez donc plus? dit-elle.

— Est-ce que nous nous quittons? demandai-je en lui jetant un regard qui lui fit abaisser ses paupières pour voiler sa muette réponse.

Je partis après quelques moments passés dans une de ces heureuses stupeurs des âmes arrivées là où finit l'exaltation et où commence la folle extase. Je m'en allai d'un pas lent, en me retournant sans cesse. Quand au sommet du plateau je contemplai la vallée une dernière fois, je fus saisi du contraste qu'elle m'offrit en la comparant à ce qu'elle était quand j'y vins : ne verdoyait-elle pas, ne flambait-elle pas alors comme flambaient, comme verdoyaient mes désirs et mes espérances? Initié maintenant aux sombres et mélancoliques mystères d'une famille, partageant les angoisses d'une Niobé chrétienne, triste comme elle, l'âme rembrunie, je trouvais en ce moment la vallée au ton de mes idées. En ce moment les champs étaient dépouillés, les feuilles des peupliers tombaient, et celles qui restaient avaient la couleur de la rouille; les pampres étaient brûlés, la cime des bois offrait les teintes graves de cette couleur *tannée* que jadis les rois adoptaient pour leur costume et qui cachait la pourpre du pouvoir sous le brun des chagrins. Toujours en harmonie avec mes pensées, la vallée où se mouraient les rayons jaunes d'un soleil tiède, me présentait encore une vivante image de mon âme. Quitter une femme aimée est une situation horrible ou simple, selon les natures; moi je me trouvai soudain comme dans un pays étranger dont j'ignorais la langue; je ne pouvais me prendre à rien, en voyant des choses auxquelles je ne sentais plus mon âme attachée. Alors l'étendue de mon amour se déploya, et ma chère Henriette s'éleva de toute sa hauteur dans ce désert où je ne vécus que par son souvenir. Elle fut une figure si religieusement adorée que je résolus de rester sans souillure en présence de ma divinité secrète, et me revêtis idéalement de la robe blanche des lévites, imitant ainsi Pétrarque qui ne se présenta jamais devant Laure de Noves qu'entièrement habillé de blanc. Avec quelle impatience j'attendis la première nuit où, de retour chez mon père, je pourrais lire cette lettre que je touchais durant le voyage comme un avare tâte une somme en billets qu'il est forcé de porter sur lui. Pendant la nuit, je baisais le papier sur lequel Henriette avait manifesté ses volontés, où je devais reprendre les mystérieuses effluves échappées de sa main, d'où les accentuations de sa voix s'élanceraient dans mon entendement recueilli. Je n'ai jamais lu ses lettres que comme je lus la première, au lit et au milieu d'un silence absolu; je ne sais pas comment on peut lire autrement des lettres écrites par une personne aimée; cependant il est des hommes indignes d'être aimés qui mêlent la lecture de ces lettres aux préoccupations du jour, la quittent et la reprennent avec une odieuse tranquillité. Voici, Natalie, l'adorable voix qui tout à coup retentit dans le silence de la nuit, voici la sublime figure qui se dressa pour me montrer du doigt le vrai chemin dans le carrefour où j'étais arrivé.

« Quel bonheur, mon ami, d'avoir à rassembler les éléments
» épars de mon expérience pour vous la transmettre et vous en ar-
» mer contre les dangers du monde à travers lequel vous devrez
» vous conduire habilement! J'ai ressenti les plaisirs permis de
» l'affection maternelle, en m'occupant de vous durant quelques
» nuits. Pendant que j'écrivais ceci, phrase à phrase, en me trans-
» portant par avance dans la vie que vous mènerez, j'allais parfois
» à ma fenêtre. En voyant de là les tours de Frapesle éclairées par
» la lune, souvent je me disais : « Il dort, et je veille pour lui ! »
» Sensations charmantes qui m'ont rappelé les premiers bonheurs
» de ma vie, alors que je contemplais Jacques endormi dans son
» berceau, en attendant son réveil pour lui donner mon lait. N'êtes-
» vous pas un homme-enfant de qui l'âme doit être réconfortée
» par quelques préceptes dont vous n'avez pu vous nourrir dans
» ces affreux colléges où vous avez tant souffert; mais que, nous
» autres femmes, avons le privilége de vous présenter! Ces riens
» influent sur vos succès, ils les préparent et les consolident. Ne
» sera-ce pas une maternité spirituelle que cet engendrement du
» système auquel un homme doit rapporter les actions de sa vie,
» une maternité bien comprise par l'enfant? Cher Félix, laissez-
» moi, quand même je commettrais ici quelques erreurs, impri-
» mer à notre amitié le désintéressement qui la sanctifiera : vous
» livrer au monde, n'est-ce pas renoncer à vous? mais je vous
» aime assez pour sacrifier mes jouissances à votre bel avenir. De-
» puis bientôt quatre mois vous m'avez fait étrangement réfléchir
» aux lois et aux mœurs qui régissent notre époque. Les conver-
» sations que j'ai eues avec ma tante, et dont le sens vous appar-
» tient, à vous qui la remplacez! les événements de sa vie que
» monsieur de Mortsauf m'a racontés; les paroles de mon père à
» qui la cour fut si familière; les plus grandes comme les plus pe-
» tites circonstances, tout a surgi dans ma mémoire au profit de mon
» enfant adoptif que je vois près de se lancer au milieu des hommes,
» presque seul; près de se diriger sans conseil dans un pays où plu-
» sieurs périssent par leurs bonnes qualités étourdiment déployées,
» où certains réussissent par leurs mauvaises bien employées.

» Avant tout, méditez l'expression concise de mon opinion sur
» la société considérée dans son ensemble, car avec vous peu de
» paroles suffisent. J'ignore si les sociétés sont d'origine divine ou
» si elles sont inventées par l'homme, j'ignore également en quel

» sens elles se meuvent ; ce qui me semble certain, est leur exis-
» tence ; dès que vous les acceptez au lieu de vivre à l'écart, vous
» devez en tenir les conditions constitutives pour bonnes ; entre
» elles et vous, demain il se signera comme un contrat. La société
» d'aujourd'hui se sert-elle plus de l'homme qu'elle ne lui profite?
» je le crois ; mais que l'homme y trouve plus de charges que de
» bénéfices, ou qu'il achète trop chèrement les avantages qu'il en
» recueille, ces questions regardent les législateurs et non l'individu.
» Selon moi, vous devez donc obéir en toute chose à la loi géné-
» rale, sans la discuter, qu'elle blesse ou flatte votre intérêt. Quel-
» que simple que puisse vous paraître ce principe, il est difficile
» en ses applications ; il est comme une sève qui doit s'infiltrer
» dans les moindres tuyaux capillaires pour vivifier l'arbre, lui
» conserver sa verdure, développer ses fleurs, et bonifier ses fruits
» si magnifiquement qu'il excite une admiration générale. Cher,
» les lois ne sont pas toutes écrites dans un livre, les mœurs aussi
» créent des lois, les plus importantes sont les moins connues ; il
» n'est ni professeurs, ni traités, ni école pour ce droit qui régit
» vos actions, vos discours, votre vie extérieure, la manière de
» vous présenter au monde ou d'aborder la fortune. Faillir à ces
» lois secrètes, c'est rester au fond de l'état social au lieu de le domi-
» ner. Quand même cette lettre ferait de fréquents pléonasmes avec
» vos pensées, laissez-moi donc vous confier ma politique de femme.

» Expliquer la société par la théorie du bonheur individuel pris
» avec adresse aux dépens de tous, est une doctrine fatale dont les
» déductions sévères amènent l'homme à croire que tout ce qu'il
» s'attribue secrètement sans que la loi, le monde ou l'individu
» s'aperçoivent d'une lésion, est bien ou dûment acquis. D'après
» cette charte, le voleur habile est absous, la femme qui manque
» à ses devoirs sans qu'on en sache rien est heureuse et sage ; tuez
» un homme sans que la justice en ait une seule preuve, si vous
» conquérez ainsi quelque diadème à la Macbeth, vous avez bien
» agi ; votre intérêt devient une loi suprême, la question consiste
» à tourner, sans témoins ni preuves, les difficultés que les mœurs
» et les lois mettent entre vous et vos satisfactions. A qui voit ainsi
» la société, le problème que constitue une fortune à faire, mon
» ami, se réduit à jouer une partie dont les enjeux sont un million
» ou le bagne, une position politique ou le déshonneur. Encore le
» tapis vert n'a-t-il pas assez de drap pour tous les joueurs, et

» faut-il une sorte de génie pour combiner un coup. Je ne vous
» parle ni de croyances religieuses, ni de sentiments; il s'agit ici
» des rouages d'une machine d'or et de fer, et de ses résultats im-
» médiats dont s'occupent les hommes. Cher enfant de mon cœur,
» si vous partagez mon horreur envers cette théorie des criminels,
» la société ne s'expliquera donc à vos yeux que comme elle s'ex-
» plique dans tout entendement sain, par la théorie des devoirs.
» Oui, vous vous devez les uns aux autres sous mille formes diverses.
» Selon moi, le duc et pair se doit bien plus à l'artisan ou au pau-
» vre, que le pauvre et l'artisan ne se doivent au duc et pair. Les
» obligations contractées s'accroissent en raison des bénéfices que la
» société présente à l'homme, d'après ce principe, vrai en commerce
» comme en politique, que la gravité des soins est partout en raison
» de l'étendue des profits. Chacun paie sa dette à sa manière. Quand
» notre pauvre homme de la Rhétorière vient se coucher fatigué
» de ses labours, croyez-vous qu'il n'ait pas rempli des devoirs;
» il a certes mieux accompli les siens que beaucoup de gens haut
» placés. En considérant ainsi la société dans laquelle vous voudrez
» une place en harmonie avec votre intelligence et vos facultés,
» vous avez donc à poser, comme principe générateur, cette
» maxime : ne se rien permettre ni contre sa conscience ni contre
» la conscience publique. Quoique mon insistance puisse vous
» sembler superflue, je vous supplie, oui, votre Henriette vous
» supplie de bien peser le sens de ces deux paroles. Simples en
» apparence, elles signifient, cher, que la droiture, l'honneur, la
» loyauté, la politesse sont les instruments les plus sûrs et les plus
» prompts de votre fortune. Dans ce monde égoïste, une foule de
» gens vous diront que l'on ne fait pas son chemin par les senti-
» ments, que les considérations morales trop respectées retardent
» leur marche; vous verrez des hommes mal élevés, mal-appris ou
» incapables de toiser l'avenir, froissant un petit, se rendant cou-
» pables d'une impolitesse envers une vieille femme, refusant de
» s'ennuyer un moment avec quelque bon vieillard, sous prétexte
» qu'ils ne leur sont utiles à rien; plus tard vous apercevrez ces
» hommes accrochés à des épines qu'ils n'auront pas épointées, et
» manquant leur fortune pour un rien; tandis que l'homme rompu
» de bonne heure à cette théorie des devoirs, ne rencontrera point
» d'obstacles; peut-être arrivera-t-il moins promptement, mais sa
» fortune sera solide et restera quand celle des autres croulera.

» Quand je vous dirai que l'application de cette doctrine exige
» avant tout la science des manières, vous trouverez peut-être que
» ma jurisprudence sent un peu la cour et les enseignements que
» j'ai reçus dans la maison de Lenoncourt. O mon ami! j'attache
» la plus grande importance à cette instruction, si petite en appa-
» rence. Les habitudes de la grande compagnie vous sont aussi né-
» cessaires que peuvent l'être les connaissances étendues et variées
» que vous possédez; elles les ont souvent suppléées : certains igno-
» rants en fait, mais doués d'un esprit naturel, habitués à mettre
» de la suite dans leurs idées, sont arrivés à une grandeur qui fuyait
» de plus dignes qu'eux. Je vous ai bien étudié, Félix, afin de
» savoir si votre éducation, prise en commun dans les colléges,
» n'avait rien gâté chez vous. Avec quelle joie ai-je reconnu que
» vous pouviez acquérir le peu qui vous manque, Dieu seul le sait!
» Chez beaucoup de personnes élevées dans ces traditions, les ma-
» nières sont purement extérieures; car la politesse exquise, les
» belles façons viennent du cœur et d'un grand sentiment de di-
» gnité personnelle; voilà pourquoi, malgré leur éducation, quelques
» nobles ont mauvais ton, tandis que certaines personnes d'extrac-
» tion bourgeoise ont naturellement bon goût, et n'ont plus qu'à
» prendre quelques leçons pour se donner, sans imitation gauche,
» d'excellentes manières. Croyez-en une pauvre femme qui ne sor-
» tira jamais de sa vallée, ce ton noble, cette simplicité gracieuse
» empreinte dans la parole, dans le geste, dans la tenue et jusque
» dans la maison, constitue comme une poésie physique dont le
» charme est irrésistible; jugez de sa puissance quand elle prend
» sa source dans le cœur? La politesse, cher enfant, consiste
» à paraître s'oublier pour les autres; chez beaucoup de gens,
» elle est une grimace sociale qui se dément aussitôt que l'in-
» térêt trop froissé montre le bout de l'oreille, un grand devient
» alors ignoble. Mais, et je veux que vous soyez ainsi, Félix, la
» vraie politesse implique une pensée chrétienne; elle est comme
» la fleur de la charité, et consiste à s'oublier réellement. En sou-
» venir d'Henriette, ne soyez donc pas une fontaine sans eau, ayez
» l'esprit et la forme! Ne craignez pas d'être souvent la dupe de
» cette vertu sociale, tôt ou tard vous recueillerez le fruit de tant
» de grains en apparence jetés au vent. Mon père a remarqué jadis
» qu'une des façons les plus blessantes dans la politesse mal enten-
» due est l'abus des promesses. Quand il vous sera demandé quel-

» que chose que vous ne sauriez faire, refusez net en ne laissant
» aucune fausse espérance; puis accordez promptement ce que
» vous voulez octroyer : vous acquerrez ainsi la grâce du refus
» et la grâce du bienfait, double loyauté qui relève merveilleuse-
» ment un caractère. Je ne sais si l'on ne nous en veut pas plus
» d'un espoir déçu qu'on ne nous sait gré d'une faveur. Sur-
» tout, mon ami, car ces petites choses sont bien dans mes attri-
» butions, et je puis m'appesantir sur ce que je crois savoir, ne
» soyez ni confiant, ni banal, ni empressé, trois écueils! La trop
» grande confiance diminue le respect, la banalité nous vaut le mé-
» pris, le zèle nous rend excellents à exploiter. Et d'abord, cher
» enfant, vous n'aurez pas plus de deux ou trois amis dans le cours
» de votre existence, votre entière confiance est leur bien; la don-
» ner à plusieurs, n'est-ce pas les trahir? Si vous vous liez avec
» quelques hommes plus intimement qu'avec d'autres, soyez donc
» discret sur vous-même, soyez toujours réservé comme si vous
» deviez les avoir un jour pour compétiteurs, pour adversaires ou
» pour ennemis; les hasards de la vie le voudront ainsi. Gardez
» donc une attitude qui ne soit ni froide ni chaleureuse, sachez
» trouver cette ligne moyenne sur laquelle un homme peut demeu-
» rer sans rien compromettre. Oui, croyez que le galant homme
» est aussi loin de la lâche complaisance de Philinte que de l'âpre
» vertu d'Alceste. Le génie du poète comique brille dans l'indica-
» tion du milieu vrai que saisissent les spectateurs nobles; certes,
» tous pencheront plus vers les ridicules de la vertu que vers le
» souverain mépris caché sous la bonhomie de l'égoïsme; mais
» ils sauront se préserver de l'un et de l'autre. Quant à la banalité,
» si elle fait dire de vous par quelques niais que vous êtes un
» homme charmant, les gens habitués à sonder, à évaluer les capa-
» cités humaines, déduiront votre tare et vous serez promptement
» déconsidéré, car la banalité est la ressource des gens faibles; or
» les faibles sont malheureusement méprisés par une société qui ne
» voit dans chacun de ses membres que des organes; peut-être
» d'ailleurs a-t-elle raison, la nature condamne à mort les êtres
» imparfaits. Aussi peut-être les touchantes protections de la femme
» sont-elles engendrées par le plaisir qu'elle trouve à lutter contre
» une force aveugle, à faire triompher l'intelligence du cœur sur
» la brutalité de la matière. Mais la société, plus marâtre que mère,
» adore les enfants qui flattent sa vanité. Quant au zèle, cette

» première et sublime erreur de la jeunesse qui trouve un conten-
» tement réel à déployer ses forces et commence ainsi par être la
» dupe d'elle-même avant d'être celle d'autrui, gardez-le pour vos
» sentiments partagés, gardez-le pour la femme et pour Dieu.
» N'apportez ni au bazar du monde ni aux spéculations de la poli-
» tique des trésors en échange desquels ils vous rendront des ver-
» roteries. Vous devez croire la voix qui vous commande la noblesse
» en toute chose, alors qu'elle vous supplie de ne pas vous prodi-
» guer inutilement; car malheureusement les hommes vous estiment
» en raison de votre utilité, sans tenir compte de votre valeur.
» Pour employer une image qui se grave en votre esprit poétique,
» que le chiffre soit d'une grandeur démesurée, tracé en or, écrit
» au crayon, ce ne sera jamais qu'un chiffre. Comme l'a dit un
» homme de cette époque : « n'ayez jamais de zèle ! » Le zèle effleure
» la duperie, il cause des mécomptes; vous ne trouveriez jamais
» au-dessus de vous une chaleur en harmonie avec la vôtre : les
» rois comme les femmes croient que tout leur est dû. Quelque
» triste que soit ce principe, il est vrai, mais ne déflore point l'âme.
» Placez vos sentiments purs en des lieux inaccessibles où leurs
» fleurs soient passionnément admirées, où l'artiste rêvera presque
» amoureusement au chef-d'œuvre. Les devoirs, mon ami, ne sont
» pas des sentiments. Faire ce qu'on doit n'est pas faire ce qui plaît.
» Un homme doit aller mourir froidement pour son pays et peut
» donner avec bonheur sa vie à une femme. Une des règles les plus
» importantes de la science des manières, est un silence presque
» absolu sur vous-même. Donnez-vous la comédie, quelque jour,
» de parler de vous-même à des gens de simple connaissance ; en-
» tretenez-les de vos souffrances, de vos plaisirs ou de vos affaires ;
» vous verrez l'indifférence succédant à l'intérêt joué ; puis, l'ennui
» venu, si la maîtresse du logis ne vous interrompt poliment, cha-
» cun s'éloignera sous des prétextes habilement saisis. Mais voulez-
» vous grouper autour de vous toutes les sympathies, passer pour
» un homme aimable et spirituel, d'un commerce sûr ? entretenez-
» les d'eux-mêmes, cherchez un moyen de les mettre en scène,
» même en soulevant des questions en apparence inconciliables
» avec les individus ; les fronts s'animeront, les bouches vous sou-
» riront, et quand vous serez parti chacun fera votre éloge. Votre
» conscience et la voix du cœur vous diront la limite où commence
» la lâcheté des flatteries, où finit la grâce de la conversation. En-

» core un mot sur le discours en public. Mon ami, la jeunesse est
» toujours encline à je ne sais quelle promptitude de jugement qui
» lui fait honneur, mais qui la dessert ; de là venait le silence im-
» posé par l'éducation d'autrefois aux jeunes gens qui faisaient au-
» près des grands un stage pendant lequel ils étudiaient la vie ; car,
» autrefois, la Noblesse comme l'Art avait ses apprentis, ses pages
» dévoués aux maîtres qui les nourrissaient. Aujourd'hui la jeunesse
» possède une science de serre chaude, partant tout acide, qui la
» porte à juger avec sévérité les actions, les pensées et les écrits ; elle
» tranche avec le fil d'une lame qui n'a pas encore servi. N'ayez pas
» ce travers. Vos arrêts seraient des censures qui blesseraient beau-
» coup de personnes autour de vous, et tous pardonneront moins
» peut-être une blessure secrète qu'un tort que vous donneriez pu-
» bliquement. Les jeunes gens sont sans indulgence, parce qu'ils
» ne connaissent rien de la vie ni de ses difficultés. Le vieux criti-
» que est bon et doux, le jeune critique est implacable ; celui-ci ne
» sait rien, celui-là sait tout. D'ailleurs, il est au fond de toutes les
» actions humaines un labyrinthe de raisons déterminantes, des-
» quelles Dieu s'est réservé le jugement définitif. Ne soyez sévère
» que pour vous même. Votre fortune est devant vous, mais per-
» sonne en ce monde ne peut faire la sienne sans aide ; pratiquez
» donc la maison de mon père, l'entrée vous en est acquise, les rela-
» tions que vous vous y créerez vous serviront en mille occasions ;
» mais n'y cédez pas un pouce de terrain à ma mère, elle écrase celui
» qui s'abandonne et admire la fierté de celui qui lui résiste ; elle
» ressemble au fer qui, battu, peut se joindre au fer, mais qui brise
» par son contact tout ce qui n'a pas sa dureté. Cultivez donc ma
» mère ; si elle vous veut du bien, elle vous introduira dans les
» salons où vous acquerrez cette fatale science du monde, l'art
» d'écouter, de parler, de répondre, de vous présenter, de sortir ;
» le langage précis, ce *je ne sais quoi* qui n'est pas plus la supé-
» riorité que l'habit ne constitue le génie, mais sans lequel le plus
» beau talent ne sera jamais admis. Je vous connais assez pour être
» sûre de ne me faire aucune illusion en vous voyant par avance
» comme je souhaite que vous soyez : simple dans vos manières,
» doux de ton, fier sans fatuité, respectueux près des vieillards,
» prévenant sans servilité, discret surtout. Déployez votre esprit,
» mais ne servez pas d'amusement aux autres ; car, sachez bien
» que si votre supériorité froisse un homme médiocre, il se taira,

» puis il dira de vous : — « Il est très-amusant ! » terme de mé-
» pris. Que votre supériorité soit toujours léonine. Ne cherchez
» pas d'ailleurs à complaire aux hommes. Dans vos relations avec
» eux, je vous recommande une froideur qui puisse arriver jusqu'à
» cette impertinence dont ils ne peuvent se fâcher ; tous respectent
» celui qui les dédaigne, et ce dédain vous conciliera la faveur de
» toutes les femmes qui vous estimeront en raison du peu de cas
» que vous ferez des hommes. Ne souffrez jamais près de vous des
» gens déconsidérés, quand même ils ne mériteraient pas leur ré-
» putation, car le monde nous demande également compte de nos
» amitiés et de nos haines ; à cet égard, que vos jugements soient
» long-temps et mûrement pesés, mais qu'ils soient irrévocables.
» Quand les hommes repoussés par vous auront justifié votre ré-
» pulsion, votre estime sera recherchée ; ainsi vous inspirerez ce res-
» pect tacite qui grandit un homme parmi les hommes. Vous voilà
» donc armé de la jeunessse qui plaît, de la grâce qui séduit, de la
» sagesse qui conserve les conquêtes. Tout ce que je viens de vous
» dire peut se résumer par un vieux mot : *noblesse oblige !*

» Maintenant appliquez ces préceptes à la politique des affaires.
» Vous entendrez plusieurs personnes disant que la finesse est l'élé-
» ment du succès, que le moyen de percer la foule est de diviser
» les hommes pour se faire faire place. Mon ami, ces principes
» étaient bons au Moyen-Age, quand les princes avaient des forces
» rivales à détruire les unes par les autres ; mais aujourd'hui tout
» est à jour, et ce système vous rendrait de fort mauvais services.
» En effet, vous rencontrerez devant vous, soit un homme loyal et
» vrai, soit un ennemi traître, un homme qui procédera par la
» calomnie, par la médisance, par la fourberie. Eh ! bien, sachez
» que vous n'avez pas de plus puissant auxiliaire que celui-ci, l'en-
» nemi de cet homme est lui-même ; vous pouvez le combattre en
» vous servant d'armes loyales, il sera tôt ou tard méprisé. Quant
» au premier, votre franchise vous conciliera son estime ; et, vos
» intérêts conciliés (car tout s'arrange), il vous servira. Ne craignez
» pas de vous faire des ennemis, malheur à qui n'en a pas dans le
» monde où vous allez ; mais tâchez de ne donner prise ni au ridi-
» cule ni à la déconsidération ; je dis tâchez, car à Paris un homme
» ne s'appartient pas toujours, il est soumis à de fatales circon-
» stances ; vous n'y pourrez éviter ni la boue du ruisseau, ni la
» tuile qui tombe. La morale a ses ruisseaux d'où les gens désho-

» norés essaient de faire jaillir sur les plus nobles personnes la boue
» dans laquelle ils se noient. Mais vous pouvez toujours vous faire
» respecter en vous montrant dans toutes les sphères implacable
» dans vos dernières déterminations. Dans ce conflit d'ambitions,
» au milieu de ces difficultés entrecroisées, allez toujours droit au
» fait, marchez résolument à la question, et ne vous battez jamais
» que sur un point, avec toutes vos forces. Vous savez combien
» monsieur de Mortsauf haïssait Napoléon, il le poursuivait de sa
» malédiction, il veillait sur lui comme la justice sur le criminel,
» il lui redemandait tous les soirs le duc d'Enghien, la seule infor-
» tune, seule mort qui lui ait fait verser des larmes; eh! bien, il
» l'admirait comme le plus hardi des capitaines, il m'en a souvent
» expliqué la tactique. Cette stratégie ne peut-elle donc s'appliquer
» dans la guerre des intérêts? elle y économiserait le temps comme
» l'autre économisait les hommes et l'espace ; songez à ceci, car une
» femme se trompe souvent en ces choses que nous jugeons par in-
» stinct et par sentiment. Je puis insister sur un point : toute finesse,
» toute tromperie est découverte et finit par nuire, tandis que toute
» situation me paraît être moins dangereuse quand un homme se
» place sur le terrain de la franchise. Si je pouvais citer mon
» exemple, je vous dirais qu'à Clochegourde, forcée par le carac-
» tère de monsieur de Mortsauf à prévenir tout litige, à faire arbi-
» trer immédiatement les contestations qui seraient pour lui comme
» une maladie dans laquelle il se complairait en y succombant, j'ai
» toujours tout terminé moi-même en allant droit au nœud et di-
» sant à l'adversaire : Dénouons, ou coupons? Il vous arriver asou-
» vent d'être utile aux autres, de leur rendre service, et vous en
» serez peu récompensé; mais n'imitez pas ceux qui se plaignent
» des hommes et se vantent de ne trouver que des ingrats. N'est-ce
» pas se mettre sur un piedestal? puis n'est-il pas un peu niais
» d'avouer son peu de connaissance du monde? Mais ferez-vous le
» bien comme un usurier prête son argent? Ne le ferez-vous pas
» pour le bien en lui-même? *Noblesse oblige!* Néanmoins ne
» rendez pas de tels services que vous forciez les gens à l'ingrati-
» tude, car ceux-là deviendraient pour vous d'irréconciliables enne-
» mis : il y a le désespoir de l'obligation, comme le désespoir de
» la ruine, qui prête des forces incalculables. Quant à vous, accep-
» tez le moins que vous pourrez des autres. Ne soyez le vassal d'au-
» cune âme, ne relevez que de vous-même. Je ne vous donne d'avis,

» mon ami, que sur les petites choses de la vie. Dans le monde
» politique, tout change d'aspect, les règles qui régissent votre per-
» sonne fléchissent devant les grands intérêts. Mais si vous parve-
» niez à la sphère où se meuvent les grands hommes, vous seriez,
» comme Dieu, seul juge de vos résolutions. Vous ne serez plus
» alors un homme, vous serez la loi vivante ; vous ne serez plus un
» individu, vous vous serez incarné la nation. Mais si vous jugez,
» vous serez jugé aussi. Plus tard vous comparaîtrez devant les
» siècles, et vous savez assez l'histoire pour avoir apprécié les
» sentiments et les actes qui engendrent la vraie grandeur.

» J'arrive à la question grave, à votre conduite auprès des
» femmes. Dans les salons où vous irez, ayez pour principe de ne
» pas vous prodiguer en vous livrant au petit manége de la coquet-
» terie. Un des hommes qui, dans l'autre siècle, eurent le plus de
» succès, avait l'habitude de ne jamais s'occuper que d'une seule
» personne dans la même soirée, et de s'attacher à celles qui pa-
» raissent négligées. Cet homme, cher enfant, a dominé son épo-
» que. Il avait sagement calculé que, dans un temps donné, son
» éloge serait obstinément fait par tout le monde. La plupart des
» jeunes gens perdent leur plus précieuse fortune, le temps né-
» cessaire pour se créer des relations qui sont la moitié de la vie
» sociale ; comme ils plaisent par eux-mêmes, ils ont peu de choses
» à faire pour qu'on s'attache à leurs intérêts ; mais ce printemps
» est rapide, sachez le bien employer. Cultivez donc les femmes
» influentes. Les femmes influentes sont les vieilles femmes, elles
» vous apprendront les alliances, les secrets de toutes les familles,
» et les chemins de traverse qui peuvent vous mener rapidement
» au but. Elles seront à vous de cœur ; la protection est leur der-
» nier amour quand elles ne sont pas dévotes ; elles vous serviront
» merveilleusement, elles vous prôneront et vous rendront désira-
» ble. Fuyez les jeunes femmes ! Ne croyez pas qu'il y ait le moin-
» dre intérêt personnel dans ce que je vous dis ? La femme de cin-
» quante ans fera tout pour vous et la femme de vingt ans rien ;
» celle-ci veut toute votre vie, l'autre ne vous demandera qu'un
» moment, une attention. Raillez les jeunes femmes, prenez d'elles
» tout en plaisanterie, elles sont incapables d'avoir une pensée sé-
» rieuse. Les jeunes femmes, mon ami, sont égoïstes, petites, sans
» amitié vraie, elles n'aiment qu'elles, elles vous sacrifieraient à un
» succès. D'ailleurs, toutes veulent du dévouement, et votre situa-

» tion exigera qu'on en ait pour vous, deux prétentions incon-
» ciliables. Aucune d'elles n'aura l'entente de vos intérêts, toutes
» penseront à elles et non à vous, toutes vous nuiront plus par
» leur vanité qu'elles ne vous serviront par leur attachement ; elles
» vous dévoreront sans scrupule votre temps, vous feront man-
» quer votre fortune, vous détruiront de la meilleure grâce du
» monde. Si vous vous plaignez, la plus sotte d'entre elles vous
» prouvera que son gant vaut le monde, que rien n'est plus glo-
» rieux que de la servir. Toutes vous diront qu'elles donnent le
» bonheur, et vous feront oublier vos belles destinées : leur bon-
» heur est variable, votre grandeur sera certaine. Vous ne savez
» pas avec quel art perfide elles s'y prennent pour satisfaire leurs
» fantaisies, pour convertir un goût passager en un amour qui
» commence sur la terre et doit se continuer dans le ciel. Le jour
» où elles vous quitteront, elles vous diront que le mot *je n'aime*
» *plus* justifie l'abandon, comme le mot *j'aime* excusait leur
» amour, que l'amour est involontaire. Doctrine absurde, cher !
» Croyez-le, le véritable amour est éternel, infini, toujours sem-
» blable à lui-même ; il est égal et pur, sans démonstrations vio-
» lentes ; il se voit en cheveux blancs, toujours jeune de cœur.
» Rien de ces choses ne se trouve parmi les femmes mondaines,
» elles jouent toutes la comédie : celle-ci vous intéressera par ses
» malheurs, elle paraîtra la plus douce et la moins exigeante des
» femmes ; mais quand elle se sera rendue nécessaire, elle vous
» dominera lentement et vous fera faire ses volontés ; vous voudrez
» être diplomate, aller, venir, étudier les hommes, les intérêts, les
» pays ? non, vous resterez à Paris ou à sa terre, elle vous coudra
» malicieusement à sa jupe ; et plus vous montrerez de dévouement,
» plus elle sera ingrate. Celle-là tentera de vous intéresser par sa
» soumission, elle se fera votre page, elle vous suivra romanesque-
» ment au bout du monde, elle se compromettra pour vous garder
» et sera comme une pierre à votre cou. Vous vous noierez un jour,
» et la femme surnagera. Les moins rusées des femmes ont des
» pièges infinis ; la plus imbécile triomphe par le peu de défiance
» qu'elle excite ; la moins dangereuse serait une femme galante qui
» vous aimerait sans savoir pourquoi, qui vous quitterait sans mo-
» tif, et vous reprendrait par vanité. Mais toutes vous nuiront dans
» le présent ou dans l'avenir. Toute jeune femme qui va dans le
» monde, qui vit de plaisirs et de vaniteuses satisfactions, est une

» femme à demi corrompue qui vous corrompra. Là, ne sera pas
» la créature chaste et recueillie dans l'âme de laquelle vous régne-
» rez toujours. Ah ! elle sera solitaire celle qui vous aimera : ses
» plus belles fêtes seront vos regards, elle vivra de vos paroles.
» Que cette femme soit donc pour vous le monde entier, car vous
» serez tout pour elle ; aimez-la bien, ne lui donnez ni chagrins
» ni rivales, n'excitez pas sa jalousie. Être aimé, cher, être compris,
» est le plus grand bonheur, je souhaite que vous le goûtiez, mais
» ne compromettez pas la fleur de votre âme, soyez bien sûr du
» cœur où vous placerez vos affections. Cette femme ne sera jamais
» elle, elle ne devra jamais penser à elle, mais à vous ; elle ne vous
» disputera rien, elle n'entendra jamais ses propres intérêts et saura
» flairer pour vous un danger là où vous n'en verrez point, là où
» elle oubliera le sien propre ; enfin si elle souffre, elle souffrira
» sans se plaindre, elle n'aura point de coquetterie personnelle,
» mais elle aura comme un respect de ce que vous aimerez en elle.
» Répondez à cet amour en le surpassant. Si vous êtes assez heu-
» reux pour rencontrer ce qui manquera toujours à votre pauvre
» amie, un amour également inspiré, également ressenti ; songez,
» quelle que soit la perfection de cet amour, que dans une vallée
» vivra pour vous une mère de qui le cœur est si creusé par le sen-
» timent dont vous l'avez rempli, que vous n'en pourrez jamais
» trouver le fond. Oui, je vous porte une affection dont l'étendue
» ne vous sera jamais connue : pour qu'elle se montre ce qu'elle est,
» il faudrait que vous eussiez perdu votre belle intelligence, et alors
» vous ne sauriez pas jusqu'où pourrait aller mon dévouement.
» Suis-je suspecte en vous disant d'éviter les jeunes femmes, toutes
» plus ou moins artificieuses, moqueuses, vaniteuses, futiles, gas-
» pilleuses ; de vous attacher aux femmes influentes, à ces impo-
» santes douairières, pleines de sens comme l'était ma tante, et qui
» vous serviront si bien, qui vous défendront contre les accusations
» secrètes en les détruisant, qui diront de vous ce que vous ne pour-
» riez en dire vous-même ? Enfin, ne suis-je pas généreuse en vous
» ordonnant de réserver vos adorations pour l'ange au cœur pur ? Si
» ce mot, *noblesse oblige*, contient une grande partie de mes pre-
» mières recommandations, mes avis sur vos relations avec les
» femmes sont aussi dans ce mot de chevalerie : *les servir toutes,
» n'en aimer qu'une.*

» Votre instruction est immense, votre cœur conservé par la

» souffrance est resté sans souillure; tout est beau, tout est bien
» en vous, *veuillez donc!* Votre avenir est maintenant dans ce
» seul mot, le mot des grands hommes. N'est-ce pas, mon enfant,
» que vous obéirez à votre Henriette, que vous lui permettrez de
» continuer à vous dire ce qu'elle pense de vous et de vos rapports
» avec le monde : j'ai dans l'âme un œil qui voit l'avenir pour
» vous comme pour mes enfants, laissez-moi donc user de cette
» faculté, à votre profit, don mystérieux que m'a fait la paix de
» ma vie et qui, loin de s'affaiblir, s'entretient dans la solitude et
» le silence. Je vous demande en retour de me donner un grand
» bonheur : je veux vous voir grandissant parmi les hommes, sans
» qu'un seul de vos succès me fasse plisser le front; je veux que
» vous mettiez promptement votre fortune à la hauteur de votre
» nom et pouvoir me dire que j'ai contribué mieux que par le dé-
» sir à votre grandeur. Cette secrète coopération est le seul plaisir
» que je puisse me permettre. J'attendrai. Je ne vous dis pas adieu.
» Nous sommes séparés, vous ne pouvez avoir ma main sous vos
» lèvres; mais vous devez bien avoir entrevu quelle place vous oc-
» cupez dans le cœur de

      » Votre HENRIETTE.

 Quand j'eus fini cette lettre, je sentais palpiter sous mes doigts un cœur maternel au moment où j'étais encore glacé par le sévère accueil de ma mère. Je devinai pourquoi la comtesse m'avait interdit en Touraine la lecture de cette lettre, elle craignait sans doute de voir tomber ma tête à ses pieds et de les sentir mouillés par mes pleurs.

 Je fis enfin la connaissance de mon frère Charles qui jusqu'alors avait été comme un étranger pour moi; mais il eut dans ses moindres relations une morgue qui mettait trop de distance entre nous pour que nous nous aimassions en frères; tous les sentiments doux reposent sur l'égalité des âmes, et il n'y eut entre nous aucun point de cohésion. Il m'enseignait doctoralement ces riens que l'esprit ou le cœur devinent; à tout propos, il paraissait se défier de moi; si je n'avais pas eu pour point d'appui mon amour, il m'eût rendu gauche et bête en affectant de croire que je ne savais rien. Néanmoins il me présenta dans le monde où ma niaiserie devait faire valoir ses qualités. Sans les malheurs de mon enfance, j'aurais pu prendre sa vanité de protecteur pour de l'amitié fraternelle; mais la solitude morale produit les mêmes effets que la solitude terrestre : le silence permet d'y apprécier les plus légers retentissements, et l'habitude de se réfugier en soi-même développe une sensibilité dont la délicatesse révèle les moindres nuances des affections qui nous touchent. Avant d'avoir connu madame de Mortsauf, un regard dur me blessait, l'accent d'un mot brusque me frappait au cœur; j'en gémissais, mais sans rien savoir de la vie des caresses; tandis qu'à mon retour de Clochegourde, je pouvais établir des comparaisons qui perfectionnaient ma science prématurée. L'observation qui repose sur des souffrances ressenties est incomplète. Le bonheur a sa lumière aussi. Je me laissai d'autant plus volontiers écraser sous la supériorité du droit d'aînesse, que je n'étais pas la dupe de Charles.

J'allai seul chez la duchesse de Lenoncourt où je n'entendis point parler d'Henriette, où personne, excepté le bon vieux duc, la simplicité même, ne m'en parla; mais à la manière dont il me reçut, je devinai les secrètes recommandations de sa fille. Au moment où je commençais à perdre le niais étonnement que cause à tout débutant la vue du grand monde, au moment où j'y entrevoyais des plaisirs en comprenant les ressources qu'il offre aux ambitieux, et que je me plaisais à mettre en usage les maximes d'Henriette en admirant leur profonde vérité, les événements du 20 mars arrivèrent. Mon frère suivit la cour à Gand; moi, par le conseil de la comtesse avec qui j'entretenais une correspondance active de mon côté seulement, j'y accompagnai le duc de Lenoncourt. La bienveillance habituelle du duc devint une sincère protection quand il me vit attaché de cœur, de tête et de pied aux Bourbons; il me présenta lui-même à Sa Majesté. Les courtisans du malheur sont peu nombreux; la jeunesse a des admirations naïves, des fidélités sans calcul; le roi savait juger les hommes; ce qui n'eût pas été remarqué aux Tuileries le fut donc beaucoup à Gand, et j'eus le bonheur de plaire à Louis XVIII. Une lettre de madame de Mortsauf à son père, apportée avec des dépêches par un émissaire des Vendéens et dans laquelle il y avait un mot pour moi, m'apprit que Jacques était malade. Monsieur de Mortsauf au désespoir autant de la mauvaise santé de son fils que de voir une seconde émigration commencer sans lui, avait ajouté quelques mots qui me firent deviner la situation de la bien-aimée. Tourmentée par lui sans doute quand elle passait tous ses instants au chevet de Jacques, n'ayant de repos ni le jour ni la nuit : supérieure aux taquineries, mais sans force pour les dominer quand elle employait toute son âme à soigner son enfant, Henriette devait désirer le secours d'une amitié qui lui avait rendu la vie moins pesante ; ne fût-ce que pour s'en servir à occuper monsieur de Mortsauf. Déjà plusieurs fois j'avais emmené le comte au dehors quand il menaçait de la tourmenter ; innocente ruse dont le succès m'avait valu quelques-uns de ces regards qui expriment une reconnaissance passionnée où l'amour voit des promesses. Quoique je fusse impatient de marcher sur les traces de Charles envoyé récemment au congrès de Vienne, quoique je voulusse au risque de mes jours justifier les prédictions d'Henriette et m'affranchir de la vassalité fraternelle, mon ambition, mes désirs d'indépendance, l'intérêt que j'avais à ne pas quitter le roi, tout pâlit devant la figure endolorie de madame de Mortsauf ; je résolus de quitter la cour de Gand pour aller servir la vraie souveraine. Dieu me récompensa. L'émissaire envoyé par les Vendéens ne pouvait pas retourner en France, le roi voulait un homme qui se dévouât à y porter ses instructions. Le duc de Lenoncourt savait que le roi n'oublierait point celui qui se chargerait de cette périlleuse entreprise ; il me fit agréer sans me consulter, et j'acceptai, bien heureux de pouvoir me retrouver à Clochegourde tout en servant la bonne cause.

Après avoir eu, dès vingt et un ans, une audience du roi, je revins en France où, soit à Paris, soit en Vendée, j'eus le bonheur d'accomplir les intentions de Sa Majesté. Vers la fin de mai, poursuivi par les autorités bonapartistes auxquelles j'étais signalé, je fus obligé de fuir en homme qui semblait retourner à son manoir, allant à pied de domaine en domaine, de bois en bois, à travers la haute Vendée, le Bocage et le Poitou, changeant de route suivant l'occurrence. J'atteignis Saumur, de Saumur je vins à Chinon, et de Chinon, en une seule nuit, je gagnai les bois de Nueil où je rencontrai le comte à cheval dans une lande ; il me prit en croupe, et m'amena chez lui, sans que nous eussions vu personne qui pût me reconnaître.

—Jacques est mieux, avait été son premier mot.

Je lui avouai ma position de fantassin diplomatique traqué comme une bête fauve, et le gentilhomme s'arma de son royalisme pour disputer à monsieur de Chessel le danger de me recevoir. En apercevant Clochegourde, il me sembla que les huit mois qui venaient de s'écouler étaient un songe. Quand le comte dit à sa femme en me précédant : — Devinez qui je vous amène?... Félix.

— Est-ce possible ! demanda-t-elle les bras pendants et le visage stupéfié.

Je me montrai, nous restâmes tous deux immobiles, elle clouée sur son fauteuil, moi sur le seuil de sa porte, nous contemplant avec l'avide fixité de deux amants qui veulent réparer par un seul regard tout le temps perdu ; mais honteuse d'une surprise qui laissait son cœur sans voile, elle se leva, je m'approchai.

— J'ai bien prié pour vous, me dit-elle après m'avoir tendu sa main à baiser.

Elle me demanda des nouvelles de son père ; puis elle devina ma fatigue, et alla s'occuper de mon gîte ; tandis que le comte me faisait donner à manger, car je mourais de faim. Ma chambre fut celle qui se trouvait au-dessus de la sienne, celle de sa tante ; elle m'y fit conduire par le comte, après avoir mis le pied sur la première marche de l'escalier en délibérant sans doute avec elle-même si elle m'y accompagnerait ; je me retournai, elle rougit, me souhaita un bon sommeil, et se retira précipitamment. Quand je descendis pour dîner, j'appris les désastres de Waterloo, la fuite de Napoléon, la marche des alliés sur Paris et le retour probable des Bourbons. Ces événements étaient tout pour le comte, ils ne furent rien pour nous. Savez-vous la plus grande nouvelle, après les enfants caressés, car je ne vous parle pas de mes alarmes en voyant la comtesse pâle et maigrie ; je connaissais le ravage que pouvait faire un geste d'étonnement, et n'exprimai que du plaisir en la voyant. La grande nouvelle pour nous fut : « — Vous aurez de la glace ! » Elle s'était souvent dépitée l'année dernière de ne pas avoir d'eau assez fraîche pour moi qui, n'ayant pas d'autre boisson, l'aimais glacée. Dieu sait au prix de combien d'importunités elle avait fait construire une glacière ! Vous savez mieux que personne qu'il suffit à l'amour, d'un mot, d'un regard, d'une inflexion de voix, d'une attention légère en apparence ; son plus beau privilége est de se prouver par lui-même. Hé ! bien, son mot, son regard, son plaisir me révélèrent l'étendue de ses sentiments, comme je lui avais naguère dit tous les miens par ma conduite au trictrac. Mais les naïfs témoignages de sa tendresse abondèrent : le septième jour après mon arrivée, elle redevint fraîche ; elle pétilla de santé, de joie et de jeunesse ; je retrouvai mon cher lys, embelli, mieux épanoui, de même que je trouvai mes trésors de cœur augmentés. N'est-ce pas seulement chez les petits esprits, ou dans les cœurs vulgaires, que l'absence amoindrit les sentiments, efface les traits de l'âme et diminue les beautés de la personne aimée? Pour les imaginations ardentes, pour les êtres chez lesquels l'enthousiasme passe dans le sang, le teint d'une pourpre nouvelle, et chez qui la passion prend les formes de la constance, l'absence n'a-t-elle pas l'effet des supplices qui raffermissaient la foi des premiers chrétiens, et leur rendaient Dieu visible? N'existe-t-il pas chez un cœur rempli d'amour des souhaits incessants qui donnent plus de prix aux formes désirées en les faisant entrevoir colorées par le feu des rêves? n'éprouve-t-on pas des irritations qui communiquent le beau de l'idéal aux traits adorés en les chargeant de pensées? Le passé, repris souvenir à souvenir, s'agrandit ; l'avenir se meuble d'espérances. Entre deux cœurs où surabondent ces nuages électriques, une première entrevue devint alors comme un bienfaisant orage qui ravive la terre et la féconde en y portant les subites lumières de la foudre. Combien de plaisirs suaves ne goûtai-je pas en voyant que chez nous ces pensers, ces ressentiments étaient réciproques? De quel œil charmé je suivis les progrès du bonheur chez Henriette! Une femme qui revit sous les regards de l'aimé donne peut-être une plus grande preuve de sentiment que celle qui meurt tuée par un doute, ou séchée sur sa tige, faute de sève ; je ne sais qui des deux est la plus touchante. La renaissance de madame de Mortsauf fut naturelle, comme les effets du mois de mai sur les prairies, comme ceux du soleil et de l'onde sur les fleurs abattues. Comme notre vallée d'amour, Henriette avait eu son hiver, elle renaissait comme elle au printemps. Avant le dîner, nous descendîmes sur notre chère terrasse. Là, tout en caressant la tête de son pauvre enfant, devenu plus débile que je ne l'avais vu, qui marchait aux flancs de sa mère, silencieux comme s'il couvait encore une maladie, elle me raconta ses nuits passées au chevet du malade. — Durant ces trois mois, elle avait, disait-elle, vécu d'une vie tout intérieure ; elle avait habité comme un palais sombre en craignant d'entrer en de somptueux appartements où brillaient des lumières, où se donnaient des fêtes à elle interdites, et à la porte desquels elle se tenait, un œil à son enfant, l'autre sur une figure indistincte, une oreille pour écouter les douleurs, une autre pour entendre une voix. Elle disait des poésies suggérées par la solitude, comme aucun poète n'en a jamais inventé; mais tout cela naïvement, sans savoir qu'il y eût le moindre vestige d'amour, ni trace de voluptueuse pensée, ni poésie orientalement suave, comme une rose du Frangistan. Quand le comte nous rejoignit, elle continua du même ton, en femme fière d'elle-même, qui peut jeter un regard d'orgueil à son mari, et mettre sans rougir un baiser sur le front de son fils. Elle avait beaucoup prié, elle avait tenu Jacques pendant des nuits entières sous ses mains jointes, ne voulant pas qu'il mourût.

— J'allais, disait-elle, jusqu'aux portes du sanctuaire demander sa vie à Dieu. Elle avait eu des visions, elle me les racontait; mais au moment où elle prononça de sa voix d'ange ces paroles merveilleuses : — Quand je dormais, mon cœur veillait!

— C'est-à-dire que vous avez été presque folle, répondit le comte en l'interrompant.

Elle se tut, atteinte d'une vive douleur, comme si c'était la première blessure reçue, comme si elle eût oublié que, depuis treize ans, jamais cet homme n'avait manqué de lui décocher une flèche au cœur. Oiseau sublime atteint dans son vol par ce grossier grain de plomb, elle tomba dans un stupide abattement.

— Hé! quoi, monsieur, dit-elle après une pause, jamais une de mes paroles ne trouvera-t-elle grâce au tribunal de votre esprit? n'aurez-vous jamais d'indulgence pour ma faiblesse, ni de compréhension pour mes idées de femme?

Elle s'arrêta. Déjà cet ange se repentait de ses murmures, et mesurait d'un regard son passé comme son avenir : pourrait-elle être comprise, n'allait-elle pas faire jaillir une virulente apostrophe? Ses veines bleues battirent violemment dans ses tempes, elle n'eut point de larmes, mais le vert de ses yeux devint pâle; puis elle abaissa ses regards vers la terre pour ne pas voir dans les miens sa peine agrandie, ses sentiments devinés, son âme caressée en mon âme, et surtout la compatissance encolérée d'un jeune amour prêt, comme un chien fidèle, à dévorer celui qui blesse sa maîtresse, sans discuter ni la force ni la qualité de l'assaillant. En ces cruels moments il fallait voir l'air de supériorité que prenait le comte; il croyait triompher de sa femme, et l'accablait alors d'une grêle de phrases qui répétaient la même idée, et ressemblaient à des coups de hache rendant le même son.

— Il est donc toujours le même? lui dis-je quand le comte nous quitta forcément réclamé par son piqueur qui vint le chercher.

— Toujours, me répondit Jacques.

— Toujours excellent, mon fils, dit-elle à Jacques en essayant ainsi de soustraire monsieur de Mortsauf au jugement de ses enfants. Vous voyez le présent, vous ignorez le passé, vous ne sauriez critiquer votre père sans commettre quelque injustice; mais eussiez-vous la douleur de voir votre père en faute, l'honneur des familles exige que vous ensevelissiez de tels secrets dans le plus profond silence.

— Comment vont les changements à la Cassine et à la Rhétorière? lui demandai-je pour la tirer de ses amères pensées.

— Au delà de mes espérances, me dit-elle. Les bâtiments finis, nous avons trouvé deux fermiers excellents qui ont pris l'une à quatre mille cinq cents francs, impôts payés, l'autre à cinq mille francs; et les baux sont consentis pour quinze ans. Nous avons déjà planté trois mille pieds d'arbres sur les deux nouvelles fermes. Le parent de Manette est enchanté d'avoir la Rabelaye. Martineau tient la Baude. Le bien de nos quatre fermiers consiste en prés et en bois, dans lesquels ils ne portent point, comme le font quelques fermiers peu consciencieux, les fumiers destinés à nos terres de labour. Ainsi *nos* efforts ont été couronnés par le plus beau succès. Clochegourde, sans les réserves que nous nommons la ferme du château, sans les bois ni les clos, rapporte dix-neuf mille francs, et les plantations nous ont préparé de belles annuités. Je bataille pour faire donner nos terres réservées à Martineau, notre garde, qui maintenant peut se faire remplacer par son fils. Il en offre trois mille francs si monsieur de Mortsauf veut lui bâtir une ferme à la Commanderie. Nous pourrions alors dégager les abords de Clochegourde, achever notre avenue projetée jusqu'au chemin de Chinon, et n'avoir que nos vignes et nos bois à soigner. Si le roi revient, *notre* pension reviendra; *nous* y consentirons après quelques jours de croisière contre le bon sens de *notre* femme. La fortune de Jacques sera donc indestructible. Ces derniers résultats obtenus, je laisserai monsieur thésauriser pour Madeleine, que le roi dotera d'ailleurs selon l'usage. J'ai la conscience tranquille; ma tâche s'accomplit. Et vous? me dit-elle.

Je lui expliquai ma mission, et lui fis voir combien son conseil avait été fructueux et sage. Était-elle douée de seconde vue pour ainsi pressentir les événements ?

— Ne vous l'ai-je pas écrit? dit-elle. Pour vous seul, je puis exercer une faculté surprenante, dont je n'ai parlé qu'à monsieur de la Berge, mon confesseur, et qu'il explique par une intervention divine. Souvent, après quelques méditations profondes, provoquées par des craintes sur l'état de mes enfants, mes yeux se fermaient aux choses de la terre et voyaient dans une autre région : quand j'y apercevais Jacques et Madeleine lumineux, ils étaient pendant un certain temps en bonne santé ; si je les y trouvais enveloppés d'un brouillard, ils tombaient bientôt malades. Pour vous, non-seulement je vous vois toujours brillant, mais j'entends une voix douce qui m'explique sans paroles, par une communication mentale, ce que vous devez faire. Par quelle loi ne puis-je user de ce don merveilleux que pour mes enfants et pour vous? dit elle en tombant dans la rêverie. Dieu veut-il leur servir de père ? se demanda-t-elle après une pause.

— Laissez-moi croire, lui dis-je, que je n'obéis qu'à vous!

Elle me jeta l'un de ces sourires entièrement gracieux qui me causaient une si grande ivresse de cœur, que je n'aurais pas alors senti un coup mortel.

— Dès que le roi sera dans Paris, allez-y, quittez Clochegourde, reprit-elle. Autant il est dégradant de quêter des places et des grâces ; autant il est ridicule de ne pas être à portée de les accepter. Il se fera de grands changements. Les hommes capables et sûrs seront nécessaires au roi, ne lui manquez pas; vous entrerez jeune aux affaires, et vous vous en trouverez bien ; car, pour les hommes d'état comme pour les acteurs, il est des choses de métier que le génie ne révèle pas, il faut les apprendre. Mon père tient ceci du duc de Choiseul. Songez à moi, me dit-elle après une pause, faites-moi goûter les plaisirs de la supériorité dans une âme toute à moi. N'êtes-vous pas mon fils?

— Votre fils? repris-je d'un air boudeur.

— Rien que mon fils, dit-elle en se moquant de moi, n'est-ce pas avoir une assez belle place dans mon cœur?

La cloche sonna le dîner, elle prit mon bras et s'y appuya complaisamment.

— Vous avez grandi, me dit-elle en montant les escaliers. Quand nous fûmes au perron, elle m'agita le bras comme si mes regards l'atteignaient trop vivement ; quoiqu'elle eût les yeux baissés, elle savait bien que je ne regardais qu'elle ; elle me dit alors de cet air faussement impatienté, si gracieux, si coquet : — Allons, voyez donc un peu notre chère vallée? Elle se retourna, mit son ombrelle de soie blanche au-dessus de nos têtes, en collant Jacques sur elle; et le geste de tête par lequel elle me montra l'Indre, la toue, les prés, prouvait que depuis mon séjour et nos promenades elle s'était entendue avec ces horizons fumeux, avec leurs sinuosités vaporeuses. La nature était le manteau sous lequel s'abritaient ses pensées. Elle savait maintenant ce que soupire le rossignol pendant les nuits, et ce que répète le chantre des marais en psalmodiant sa note plaintive.

A huit heures, le soir, je fus témoin d'une scène qui m'émut profondément et que je n'avais jamais pu voir, car je restais toujours à jouer avec monsieur de Mortsauf, pendant qu'elle se passait dans la salle à manger avant le coucher des enfants. La cloche sonna deux coups, tous les gens de la maison vinrent.

— Vous êtes notre hôte, soumettez-vous à la règle du couvent? dit-elle en m'entraînant par la main avec cet air d'innocente raillerie qui distingue les femmes vraiment pieuses.

Le comte nous suivit. Maîtres, enfants, domestiques, tous s'agenouillèrent, têtes nues, en se mettant à leurs places habituelles. C'était le tour de Madeleine à dire les prières: la chère petite les prononça de sa voix enfantine dont les tons ingénus se détachèrent avec clarté dans l'harmonieux silence de la campagne et prêtèrent aux phrases la sainte candeur de l'innocence, cette grâce des anges. Ce fut la plus émouvante prière que j'aie entendue. La nature répondait aux paroles de l'enfant par les mille bruissements du soir; accompagnement d'orgue légèrement touché. Madeleine était à droite de la comtesse et Jacques à la gauche. Les touffes gracieuses de ces deux têtes entre lesquelles s'élevait la coiffure nattée de la mère et que dominaient les cheveux entièrement blancs et le crâne jauni de monsieur de Mortsauf, composaient un tableau dont les couleurs répétaient en quelque sorte à l'esprit les idées réveillées par les mélodies de la prière ; enfin, pour satisfaire aux conditions de l'unité qui marque le sublime, cette assemblée recueillie était enveloppée par la lumière adoucie du couchant dont les teintes rouges coloraient la salle, en laissant croire ainsi aux âmes, ou poétiques, ou superstitieuses, que les feux du ciel visitaient ces fidèles serviteurs de Dieu agenouillés là sans distinction de rang, dans l'égalité voulue par l'Église. En me reportant aux jours de la vie patriarcale, mes pensées agrandissaient encore cette scène déjà si grande par sa simplicité. Les enfants dirent bonsoir à leur père, les gens nous saluèrent, la comtesse s'en alla, donnant une main à chaque enfant, et je rentrai dans le salon avec le comte.

— Nous vous ferons faire votre salut par là et votre enfer par ici, me dit-il en montrant le trictrac.

La comtesse nous rejoignit une demi-heure après et avança son métier près de notre table.

— Ceci est pour vous, dit-elle en déroulant le canevas; mais depuis trois mois l'ouvrage a bien langui. Entre cet œillet rouge et cette rose, mon pauvre enfant a souffert.

— Allons, allons, dit monsieur de Mortsauf, ne parlons pas de cela. Six-cinq, monsieur l'envoyé du roi.

Quand je me couchai, je me recueillis pour l'entendre allant et venant dans sa chambre. Si elle demeura calme et pure, je fus travaillé par des idées folles qu'inspiraient d'intolérables désirs. — Pourquoi ne serait-elle pas à moi? me disais-je. Peut-être est-elle, comme moi, plongée dans cette tourbillonnante agitation des sens? A une heure, je descendis, je pus marcher sans faire de bruit, j'arrivai devant sa porte, je m'y couchai, l'oreille appliquée à la fente, j'entendis son égale et douce respiration d'enfant. Quand le froid m'eut saisi, je remontai, je me remis au lit et dormis tranquillement jusqu'au matin. Je ne sais à quelle prédestination, à quelle nature doit s'attribuer le plaisir que je trouve à m'avancer jusqu'au bord des précipices, à sonder le gouffre du mal, à en interroger le fond, en sentir le froid, et me retirer tout ému. Cette heure de nuit passée au seuil de sa porte où j'ai pleuré de rage, sans qu'elle ait jamais su que le lendemain elle avait marché sur mes pleurs et sur mes baisers, sur sa vertu tour à tour détruite et respectée, maudite et adorée; cette heure, sotte aux yeux de plusieurs, est une inspiration de ce sentiment inconnu qui pousse des militaires, quelques-uns m'ont dit avoir ainsi joué leur vie, à se jeter devant une batterie pour s'avoir s'ils échapperaient à la mitraille, et s'ils seraient heureux en chevauchant ainsi l'abîme des probabilités, en fumant comme Jean Bart sur un tonneau de poudre. Le lendemain j'allai cueillir et faire deux bouquets; le comte les admira, lui que rien en ce genre n'émouvait et pour qui le mot de Champcenetz, « il fait des cachots en Espagne, » semblait avoir été dit.

Je passai quelques jours à Clochegourde, n'allant faire que de courtes visites à Frapesle, où je dînai trois fois cependant. L'armée française vint occuper Tours. Quoique je fusse évidemment la vie et la santé de madame de Mortsauf, elle me conjura de gagner Châteauroux, pour revenir en toute hâte à Paris, par Issoudun et Orléans. Je voulus résister, elle commanda disant que le génie familier avait parlé ; j'obéis. Nos adieux furent cette fois trempés de larmes, elle craignait pour moi l'entraînement du monde où j'allais vivre. Ne fallait-il pas entrer sérieusement dans le tournoiement des intérêts, des passions, des plaisirs qui font de Paris une mer aussi dangereuse aux chastes amours qu'à la pureté des consciences. Je lui promis de lui écrire chaque soir les événements et les pensées de la journée, même les plus frivoles. A cette promesse, elle appuya sa tête allanguie sur mon épaule, et me dit :

— N'oubliez rien, tout m'intéressera.

Elle me donna des lettres pour le duc et la duchesse chez lesquels j'allai le second jour de mon arrivée.

— Vous avez du bonheur, me dit le duc, dînez ici, venez avec moi ce soir au château, votre fortune est faite. Le roi vous a nommé ce matin, en disant : « Il est jeune, capable et fidèle ! » Et le roi regrettait de ne pas savoir si vous étiez mort ou vivant, en quel lieu vous avaient jeté les événements, après vous être si bien acquitté de votre mission.

Le soir j'étais maître des requêtes au Conseil-d'État, et j'avais auprès du roi Louis XVIII un emploi secret d'une durée égale à celle de son règne, place de confiance, sans faveur éclatante, mais sans chance de disgrâce, qui me mit au cœur du gouvernement et fut la source de mes prospérités. Madame de Mortsauf avait vu juste, je lui devais donc tout : pouvoir et richesse, le bonheur et la science ; elle me guidait et m'encourageait, purifiait mon cœur et donnait à mes vouloirs cette unité sans laquelle les forces de la jeunesse se dépensent inutilement. Plus tard j'eus un collègue. Chacun de nous fut de service pendant six mois. Nous pouvions nous suppléer l'un l'autre au besoin ; nous avions une chambre au château, notre voiture et de larges rétributions pour nos frais quand nous étions obligés de voyager. Singulière situation ! Être les disciples secrets d'un monarque à la politique duquel ses ennemis ont rendu depuis une éclatante justice, de l'entendre jugeant tout, intérieur, extérieur, d'être sans influence patente, et de se voir parfois consultés comme Laforêt par Molière, de sentir les hésitations d'une vieille expérience, affermies par la conscience de la jeunesse. Notre avenir était d'ailleurs fixé de manière à satisfaire l'ambition. Outre mes appointements de maître des requêtes, payés par le budget du Conseil d'État, le roi me donnait mille francs par mois sur sa cassette, et me remettait souvent lui-même quelques gratifications. Quoique le roi sentît qu'un jeune homme de vingt-trois ans ne résisterait pas long-temps au travail dont il m'accablait, mon collègue, aujourd'hui pair de France, ne fut choisi que vers le mois d'août 1817. Ce choix était si difficile, nos fonctions exigeaient tant de qualités, que le roi fut long-temps à se décider. Il me fit l'honneur de me demander quel était celui des jeunes gens entre lesquels il hésitait avec qui je m'accorderais le mieux. Parmi eux se trouvait un de mes camarades de la pension Lepître, et je ne l'indiquai point, Sa Majesté me demanda pourquoi.

— Le Roi, lui dis-je, a choisi des hommes également fidèles, mais de capacités différentes, j'ai nommé celui que je crois le plus habile, certain de toujours bien vivre avec lui.

Mon jugement coïncidait avec celui du roi, qui me sut toujours gré du sacrifice que j'avais fait. En cette occasion, il me dit : — Vous serez Monsieur le Premier. Il ne laissa pas ignorer cette circonstance à mon collègue qui, en retour de ce service, m'accorda son amitié. La considération que me marqua le duc de Lenoncourt donna la mesure à celle dont m'environna le monde. Ces mots : « Le roi prend un vif intérêt à ce jeune homme ; ce jeune homme a de l'avenir, le roi le goûte, » auraient tenu lieu de talents, mais ils communiquaient au gracieux accueil dont les jeunes gens sont l'objet ce je ne sais quoi qu'on accorde au pouvoir. Soit chez le duc de Lenoncourt, soit chez ma sœur qui épousa vers ce temps son cousin le marquis de Listomère, le fils de la vieille parente chez qui j'allais à l'île Saint-Louis, je fis insensiblement la connaissance des personnes les plus influentes au faubourg Saint-Germain.

Henriette me mit bientôt au cœur de la société dite le Petit-Château, par les soins de la princesse de Blamont-Chauvry, de qui elle était la petite-belle-nièce ; elle lui écrivit si chaleureusement à mon sujet, que la princesse m'invita sur-le-champ à la venir voir ; je la cultivai, je sus lui plaire, et elle devint non pas ma protectrice, mais une amie dont les sentiments eurent je ne sais quoi de maternel. La vieille princesse prit à cœur de me lier avec sa fille madame d'Espard, avec la duchesse de Langeais, la vicomtesse de Bauséant et la duchesse de Maufrigneuse, des femmes qui tour à tour tinrent le sceptre de la mode et qui furent d'autant plus gracieuses pour moi, que j'étais sans prétention auprès d'elles, et toujours prêt à leur être agréable. Mon frère Charles, loin de me renier, s'appuya dès lors sur moi; mais ce rapide succès lui inspira une secrète jalousie qui plus tard me causa bien des chagrins. Mon père et ma mère, surpris de cette fortune inespérée, sentirent leur vanité flattée, et m'adoptèrent enfin pour leur fils; mais comme leur sentiment était en quelque sorte artificiel, pour ne pas dire joué, ce retour eut peu d'influence sur un cœur ulcéré; d'ailleurs, les affections entachées d'égoïsme excitent peu les sympathies; le cœur abhorre les calculs et les profits de tout genre.

J'écrivais fidèlement à ma chère Henriette, qui me répondait une ou deux lettres par mois. Son esprit planait ainsi sur moi, ses pensées traversaient les distances et me faisaient une atmosphère pure. Aucune femme ne pouvait me captiver. Le roi sut ma réserve; sous ce rapport, il était de l'école de Louis XV, et me nommait en riant mademoiselle de Vandenesse, mais la sagesse de ma conduite lui plaisait fort. J'ai la conviction que la patience dont j'avais pris l'habitude pendant mon enfance et surtout à Clochegourde servit beaucoup à me concilier les bonnes grâces du roi, qui fut toujours excellent pour moi. Il eut sans doute la fantaisie de lire mes lettres, car il ne fut pas long-temps la dupe de ma vie de demoiselle. Un jour; le duc était de service, j'écrivais sous la dictée du roi, qui, voyant entrer le duc de Lenoncourt, nous enveloppa d'un regard malicieux.

— Hé! bien, ce diable de Mortsauf veut donc toujours vivre? lui dit-il de sa belle voix d'argent à laquelle il savait communiquer à volonté le mordant de l'épigramme.

— Toujours, répondit le duc.

— La comtesse de Mortsauf est un ange que je voudrais cependant bien voir ici, reprit le roi; mais si je ne puis rien, mon chancelier, dit-il en se tournant vers moi, sera plus heureux. Vous avez six mois à vous, je me décide à vous donner pour collègue le jeune homme dont nous parlions hier. Amusez-vous bien à Clochegourde, monsieur Caton! Et il se fit rouler hors du cabinet en souriant.

Je volai comme une hirondelle en Touraine. Pour la première fois j'allais me montrer à celle que j'aimais, non-seulement un peu moins niais, mais encore dans l'appareil d'un jeune homme élégant dont les manières avaient été formées par les salons les plus polis, dont l'éducation avait été achevée par les femmes les plus gracieuses, qui avait enfin recueilli le prix de ses souffrances, et qui avait mis en usage l'expérience du plus bel ange que le ciel ait commis à la garde d'un enfant. Vous savez comment j'étais équipé pendant les trois mois de mon premier séjour à Frapesle. Quand je revins à Clochegourde lors de ma mission en Vendée, j'étais vêtu comme un chasseur. Je portais une veste verte à boutons blancs rougis, un pantalon à raies, des guêtres de cuir et des souliers. La marche, les halliers m'avaient si mal arrangé, que le comte fut obligé de me prêter du linge. Cette fois, deux ans de séjour à Paris, l'habitude d'être avec le roi, les façons de la fortune, ma croissance achevée, une physionomie jeune qui recevait un lustre inexplicable de la placidité d'une âme magnétiquement unie à l'âme pure qui de Clochegourde rayonnait sur moi, tout m'avait transformé : j'avais de l'assurance sans fatuité, j'avais un contentement intérieur de me trouver, malgré ma jeunesse, au sommet des affaires ; j'avais la conscience d'être le soutien secret de la plus adorable femme qui fût ici-bas, son espoir inavoué. Peut-être eus-je un petit mouvement de vanité quand le fouet des postillons claqua dans la nouvelle avenue qui de la route de Chinon menait à Clochegourde, et qu'une grille que je ne connaissais pas s'ouvrit au milieu d'une enceinte circulaire récemment bâtie. Je n'avais pas écrit mon arrivée à la comtesse, voulant lui causer une surprise, et j'eus doublement tort : d'abord, elle éprouva le saisissement que donne un plaisir long-temps espéré, mais considéré comme impossible ; puis, elle me prouva que toutes les surprises calculées étaient de mauvais goût.

Quand Henriette vit le jeune homme là où elle n'avait jamais vu qu'un enfant, elle abaissa son regard vers la terre par un mouvement d'une tragique lenteur ; elle se laissa prendre et baiser la main sans témoigner ce plaisir intime dont j'étais averti par son frissonnement de sensitive ; et quand elle releva son visage pour me regarder encore, je la trouvai pâle.

— Hé ! bien, vous n'oubliez donc pas vos vieux amis ? me dit monsieur Mortsauf, qui n'était ni changé ni vieilli.

Les deux enfants me sautèrent au cou. J'aperçus à la porte la figure grave de l'abbé de Dominis, précepteur de Jacques.

— Oui, dis-je au comte ; j'aurai désormais par an six mois de liberté qui vous appartiendront toujours. Hé! bien, qu'avez-vous? dis-je à la comtesse en lui passant mon bras pour lui envelopper la taille et la soutenir, en présence de tous les siens.

— Oh! laissez-moi, me dit-elle en bondissant, ce n'est rien.

Je lus dans son âme, et répondis à sa pensée secrète en lui disant : — Ne reconnaissez-vous donc plus votre fidèle esclave?

Elle prit mon bras, quitta le comte, ses enfants, l'abbé, les gens accourus, et me mena loin de tous en tournant le boulingrin, mais en restant sous leurs yeux ; puis, quand elle jugea que sa voix ne serait point entendue : — Félix, mon ami, dit-elle, pardonnez la peur à qui n'a qu'un fil pour se diriger dans un labyrinthe souterrain, et qui tremble de le voir se briser. Répétez-moi que je suis plus que jamais Henriette pour vous, que vous ne m'abandonnerez point, que rien ne prévaudra contre moi, que vous serez toujours un ami dévoué. J'ai vu tout à coup dans l'avenir, et vous n'y étiez pas, comme toujours, la face brillante et les yeux sur moi ; vous me tourniez le dos.

— Henriette, idole dont le culte l'emporte sur celui de Dieu, lys, fleur de ma vie, comment ne savez-vous donc plus, vous qui êtes ma conscience, que je me suis si bien incarné à votre cœur que mon âme est ici quand ma personne est à Paris? Faut-il donc vous dire que je suis venu en dix-sept heures, que chaque tour de roue emportait un monde de pensées et de désirs qui a éclaté comme une tempête aussitôt que je vous ai vue...

— Dites, dites! Je suis sûre de moi, je puis vous entendre sans crime. Dieu ne veut pas que je meure ; il vous envoie à moi comme il dispense son souffle à ses créations, comme il épand la pluie des nuées sur une terre aride ; dites! dites! m'aimez-vous saintement?

— Saintement.

— A jamais?

— A jamais.

— Comme une vierge Marie, qui doit rester dans ses voiles et sous sa couronne blanche?

— Comme une vierge Marie visible.

— Comme une sœur?

— Comme une sœur trop aimée.

— Comme une mère?

— Comme une mère secrètement désirée.

— Chevaleresquement, sans espoir?

— Chevaleresquement, mais avec espoir.

— Enfin, comme si vous n'aviez encore que vingt ans, et que vous portiez votre petit méchant habit bleu du bal?

— Oh! mieux. Je vous aime ainsi, et je vous aime encore comme... Elle me regarda dans une vive appréhension... comme vous aimait votre tante.

— Je suis heureuse; vous avez dissipé mes terreurs, dit-elle en revenant vers la famille étonnée de notre conférence secrète; mais soyez bien enfant ici! car vous êtes encore un enfant. Si votre politique est d'être homme avec le roi, sachez, monsieur, qu'ici la vôtre est de rester enfant. Enfant, vous serez aimé! Je résisterai toujours à la force de l'homme; mais que refuserais-je à l'enfant? rien; il ne peut rien vouloir que je ne puisse accorder. — Les secrets sont dits, fit-elle en regardant le comte d'un air malicieux où reparaissait la jeune fille et son caractère primitif. Je vous laisse, je vais m'habiller.

Jamais, depuis trois ans, je n'avais entendu sa voix si pleinement heureuse. Pour la première fois je connus ces jolis cris d'hirondelle, ces notes enfantines dont je vous ai parlé. J'apportais un équipage de chasse à Jacques, à Madeleine une boîte à ouvrage dont sa mère se servit toujours; enfin je réparai la mesquinerie à laquelle m'avait condamné jadis la parcimonie de ma mère. La joie que témoignaient les deux enfants, enchantés de se montrer l'un à l'autre leurs cadeaux, parut importuner le comte, toujours chagrin quand on ne s'occupait pas de lui. Je fis un signe d'intelligence à Madeleine, et je suivis le comte, qui voulait causer de lui-même avec moi. Il m'emmena vers la terrasse; mais nous nous arrêtâmes sur le perron à chaque fait grave dont il m'entretenait.

— Mon pauvre Félix, me dit-il, vous les voyez tous heureux et bien portants: moi, je fais ombre au tableau: j'ai pris leurs maux, et je bénis Dieu de me les avoir donnés. Autrefois j'ignorais ce que j'avais; mais aujourd'hui je le sais: j'ai le pylore attaqué, je ne digère plus rien.

— Par quel hasard êtes-vous devenu savant comme un professeur de l'École de médecine? lui dis-je en souriant. Votre médecin est-il assez indiscret pour vous dire ainsi...

— Dieu me préserve de consulter les médecins, s'écria-t-il en manifestant la répulsion que la plupart des malades imaginaires éprouvent pour la médecine.

Je subis alors une conversation folle, pendant laquelle il me fit les plus ridicules confidences, se plaignant de sa femme, de ses gens, de ses enfants et de la vie, en prenant un plaisir évident à répéter ses dires de tous les jours à un ami qui, ne les connaissant pas, pouvait s'en étonner, et que la politesse obligeait à l'écouter avec intérêt. Il dut être content de moi, car je lui prêtais une profonde attention, en essayant de pénétrer ce caractère inconcevable et de deviner les nouveaux tourments qu'il infligeait à sa femme et qu'elle me taisait. Henriette mit fin à ce monologue en apparaissant sur le perron, le comte l'aperçut, hocha la tête et me dit : — Vous m'écoutez, vous, Félix; mais ici personne ne me plaint!

Il s'en alla comme s'il eût eu la conscience du trouble qu'il aurait porté dans mon entretien avec Henriette, ou que, par une attention chevaleresque pour elle, il eût su qu'il lui faisait plaisir en nous laissant seuls. Son caractère offrait des désinences vraiment inexplicables, car il était jaloux comme le sont tous les gens faibles; mais aussi sa confiance dans la sainteté de sa femme était sans bornes; peut-être même les souffrances de son amour-propre blessé par la supériorité de cette haute vertu engendraient-elles son opposition constante aux volontés de la comtesse, qu'il bravait comme les enfants bravent leurs maîtres ou leurs mères. Jacques prenait sa leçon, Madeleine faisait sa toilette : pendant une heure environ je pus donc me promener seul avec la comtesse sur la terrasse.

— Hé! bien, chère ange, lui dis-je, la chaîne s'est alourdie, les sables se sont enflammés, les épines ne multiplient?

— Taisez-vous, me dit-elle en devinant les pensées que m'avait suggérées ma conversation avec le comte; vous êtes ici, tout est oublié! Je ne souffre point, je n'ai pas souffert!

Elle fit quelques pas légers, comme pour aérer sa blanche toilette, pour livrer au zéphyr ses ruches de tulle neigeuses, ses manches flottantes, ses rubans frais, sa pèlerine et les boucles fluides de sa coiffure à la Sévigné; et je la vis pour la première fois, jeune fille, gaie de sa gaieté naturelle, prête à jouer comme un enfant. Je connus alors et les larmes du bonheur et la joie que l'homme éprouve à donner le plaisir.

— Belle fleur humaine que caresse ma pensée et que baise mon âme! ô mon lys! lui dis-je, toujours intact et droit sur sa tige, toujours blanc, fier, parfumé, solitaire!

— Assez, monsieur, dit-elle en souriant. Parlez-moi de vous, racontez-moi bien tout.

Nous eûmes alors sous cette mobile voûte de feuillages frémissants une longue conversation pleine de parenthèses interminables, prise, quittée et reprise, où je la mis au fait de ma vie, de mes occupations; je lui décrivis mon appartement à Paris, car elle voulut tout savoir; et, bonheur alors inapprécié, je n'avais rien à lui cacher. En connaissant ainsi mon âme et tous les détails de cette existence remplie par d'écrasants travaux, en apprenant l'étendue de ces fonctions où, sans une probité sévère, on pouvait si facilement tromper, s'enrichir, mais que j'exerçais avec tant de rigueur que le roi, lui dis-je, m'appelait *mademoiselle de Vandenesse*, elle saisit ma main et la baisa en y laissant tomber une larme de joie. Cette subite transposition des rôles, cet éloge si magnifique, cette pensée si rapidement exprimée, mais plus rapidement comprise : « Voici le maître que j'aurais voulu, voilà mon » rêve ! » tout ce qu'il y avait d'aveux dans cette action, où l'abaissement était de la grandeur, où l'amour se trahissait dans une région interdite aux sens, cet orage de choses célestes me tomba sur le cœur et m'écrasa. Je me sentis petit, j'aurais voulu mourir à ses pieds.

— Ah! dis-je, vous nous surpasserez toujours en tout. Comment pouvez-vous douter de moi? car on en a douté tout à l'heure, Henriette.

— Non pour le présent, reprit-elle en me regardant avec une douceur ineffable qui, pour moi seulement, voilait la lumière de ses yeux; mais en vous voyant si beau, je me suis dit : — Nos projets sur Madeleine seront dérangés par quelque femme qui devinera les trésors cachés dans votre cœur, qui vous adorera, qui nous volera notre Félix et brisera tout ici.

— Toujours Madeleine ! dis-je en exprimant une surprise dont elle ne s'affligea qu'à demi. Est-ce donc à Madeleine que je suis fidèle?

Nous tombâmes dans un silence que monsieur de Mortsauf vint malencontreusement interrompre. Je dus, le cœur plein, soutenir une conversation hérissée de difficultés, où mes sincères réponses sur la politique alors suivie par le roi heurtèrent les idées du comte qui me força d'expliquer les intentions de Sa Majesté. Malgré mes interrogations sur ses chevaux, sur la situation de ses affaires agricoles, s'il était content de ses cinq fermes, s'il couperait les arbres d'une vieille avenue; il en revenait toujours à la politique avec une taquinerie de vieille fille et une persistance d'enfant, car ces sortes d'esprits se heurtent volontiers aux endroits où brille la lumière, ils y retournent toujours en bourdonnant sans rien pénétrer, et fatiguent l'âme comme les grosses mouches fatiguent l'oreille en fredonnant le long des vitres. Henriette se taisait. Pour éteindre cette conversation que la chaleur du jeune âge pouvait enflammer, je répondis par des monosyllabes approbatifs en évitant ainsi d'inutiles discussions; mais monsieur de Mortsauf avait beaucoup trop d'esprit pour ne pas sentir tout ce que ma politesse avait d'injurieux. Au moment où, fâché d'avoir toujours raison, il se cabra, ses sourcils et les rides de son front jouèrent, ses yeux jaunes éclatèrent, son nez ensanglanté se colora davantage, comme le jour où, pour la première fois, je fus témoin d'un de ses accès de démence; Henriette me jeta des regards suppliants en me faisant comprendre qu'elle ne pouvait déployer en ma faveur l'autorité dont elle usait pour justifier ou pour défendre ses enfants. Je répondis alors au comte en le prenant au sérieux et maniant avec une excessive adresse son esprit ombrageux.

— Pauvre cher, pauvre cher! disait-elle en murmurant plusieurs fois ces deux mots qui arrivaient à mon oreille comme une brise. Puis quand elle crut pouvoir intervenir avec succès, elle nous dit en s'arrêtant : — Savez-vous, messieurs, que vous êtes parfaitement ennuyeux?

Ramené par cette interrogation à la chevaleresque obéissance due aux femmes, le comte cessa de parler politique; nous l'ennuyâmes à notre tour en disant des riens, et il nous laissa libres de nous promener en prétendant que la tête lui tournait à parcourir ainsi continuellement le même espace.

Mes tristes conjectures étaient vraies. Les doux paysages, la tiède atmosphère, le beau ciel, l'enivrante poésie de cette vallée qui, pendant quinze ans, avait calmé les lancinantes fantaisies de ce malade, étaient impuissants aujourd'hui. A l'époque de la vie où chez les autres hommes les aspérités se fondent et les angles s'émoussent, le caractère du vieux gentilhomme était encore devenu plus agressif que par le passé. Depuis quelques mois, il contredisait pour contredire, sans raison, sans justifier ses opinions ; il demandait le pourquoi de toute chose, s'inquiétait d'un retard ou d'une commission, se mêlait à tout propos des affaires intérieures, et se faisait rendre compte des moindres minuties du ménage de manière à fatiguer sa femme ou ses gens, en ne leur laissant point leur libre arbitre. Jadis il ne s'irritait jamais sans quelque motif spécieux, maintenant son irritation était constante. Peut-être les soins de sa fortune, les spéculations de l'agriculture, une vie de mouvement avaient-ils jusqu'alors détourné son humeur atrabilaire en donnant une pâture à ses inquiétudes, en employant l'activité de son esprit ; et peut-être aujourd'hui le manque d'occupations mettait-il sa maladie aux prises avec elle-même ; ne s'exerçant plus au dehors, elle se produisait par des idées fixes, le *moi* moral s'était emparé du *moi* physique. Il était devenu son propre médecin ; il compulsait des livres de médecine, croyait avoir les maladies dont il lisait les descriptions, et prenait alors pour sa santé des précautions inouïes, variables, impossibles à prévoir, partant impossibles à contenter. Tantôt il ne voulait pas de bruit, et quand la comtesse établissait autour de lui un silence absolu, tout à coup il se plaignait d'être comme dans une tombe, il disait qu'il y avait un milieu entre ne pas faire du bruit et le néant de la Trappe. Tantôt il affectait une parfaite indifférence des choses terrestres, la maison entière respirait ; ses enfants jouaient, les travaux ménagers s'accomplissaient sans aucune critique ; soudain au milieu du bruit, il s'écriait lamentablement : — « On veut me tuer ! » — Ma chère, s'il s'agissait de vos enfants, vous sauriez bien deviner ce qui les gêne, disait-il à sa femme en aggravant l'injustice de ces paroles par le ton aigre et froid dont il les accompagnait. Il se vêtait et se dévêtait à tout moment, en étudiant les plus légères variations de l'atmosphère, et ne faisait rien sans consulter le baromètre. Malgré les maternelles attentions de sa femme, il ne trouvait aucune nourriture à son goût, car il prétendait avoir un estomac délabré dont les douloureuses digestions lui causaient des insomnies continuelles ; et néanmoins il mangeait, buvait, digérait, dormait avec une perfection que le plus savant médecin aurait admirée. Ses volontés changeantes lassaient les gens de sa maison, qui, routiniers comme le sont tous les domestiques, étaient incapables de se conformer aux exigences de systèmes incessamment contraires. Le comte ordonnait-il de tenir les fenêtres ouvertes sous prétexte que le grand air était désormais nécessaire à sa santé; quelques jours après, le grand air, ou trop humide ou trop chaud, devenait intolérable; il grondait alors, il entamait une querelle, et, pour avoir raison, il niait souvent sa consigne antérieure. Ce défaut de mémoire ou cette mauvaise foi lui donnait gain de cause dans toutes les discussions où sa femme essayait de l'opposer à lui-même. L'habitation de Clochegourde était devenue si insupportable que l'abbé de Dominis, homme profondément instruit, avait pris le parti de chercher la résolution de quelques problèmes, et se retranchait dans une distraction affectée. La comtesse n'espérait plus, comme par le passé, pouvoir enfermer dans le cercle de la famille les accès de ces folles colères; déjà les gens de la maison avaient été témoins de scènes où l'exaspération sans motif de ce vieillard prématuré passa les bornes; ils étaient si dévoués à la comtesse qu'il n'en transpirait rien au dehors, mais elle redoutait chaque jour un éclat public de ce délire que le respect humain ne contenait plus. J'appris plus tard d'affreux détails sur la conduite du comte envers sa femme; au lieu de la consoler, il l'accablait de sinistres prédictions et la rendait responsable des malheurs à venir, parce qu'elle refusait les médications insensées auxquelles il voulait soumettre ses enfants. La comtesse se promenait-elle avec Jacques et Madeleine, le comte lui prédisait un orage, malgré la pureté du ciel; si par hasard l'événement justifiait son pronostic, la satisfaction de son amour-propre le rendait insensible au mal de ses enfants; l'un d'eux était-il indisposé, le comte employait tout son esprit à rechercher la cause de cette souffrance dans le système de soins adopté par sa femme et qu'il épiloguait dans les plus minces détails, en concluant toujours par ces mots assassins : « Si vos enfants retombent malades, vous l'aurez bien voulu. » Il agissait ainsi dans les moindres détails de l'administration domestique où il ne voyait jamais que le pire côté des choses se faisant à tout propos *l'avocat du diable*, suivant une expression de son vieux cocher. La comtesse avait indiqué pour Jacques et Madeleine des heures de repas différentes des siennes, et les avait ainsi soustraits à la terrible action de la maladie du comte, en attirant sur elle tous les orages. Madeleine et Jacques voyaient rarement leur père. Par une de ces hallucinations particulières aux égoïstes, le comte n'avait pas la plus légère conscience du mal dont il était l'auteur. Dans la conversation confidentielle que nous avions eue, il s'était surtout plaint d'être trop bon pour tous les siens. Il maniait donc le fléau, abattait, brisait tout autour de lui comme eût fait un singe; puis, après avoir blessé sa victime, il niait l'avoir touchée. Je compris alors d'où provenaient les lignes comme marquées avec le fil d'un rasoir sur le front de la comtesse, et que j'avais aperçues en la revoyant. Il est chez les âmes nobles une pudeur qui les empêche d'exprimer leurs souffrances, elles en dérobent orgueilleusement l'étendue à ceux qu'elles aiment par un sentiment de charité voluptueuse. Aussi, malgré mes instances, n'arrachai-je pas tout d'un coup cette confidence à Henriette. Elle craignait de me chagriner, elle me faisait des aveux interrompus par de subites rougeurs; mais j'eus bientôt deviné l'aggravation que le désœuvrement du comte avait apportée dans les peines domestiques de Clochegourde.

— Henriette, lui dis-je quelques jours après, en lui prouvant que j'avais mesuré la profondeur de ses nouvelles misères, n'avez-vous pas eu tort de si bien arranger votre terre que le comte n'y trouve plus à s'occuper?

— Cher, me dit-elle en souriant, ma situation est assez critique pour mériter toute mon attention, croyez que j'en ai bien étudié les ressources, et toutes sont épuisées. En effet, les tracasseries ont toujours été grandissant. Comme monsieur de Mortsauf et moi nous sommes toujours en présence, je ne puis les affaiblir en les divisant sur plusieurs points, tout serait également douloureux pour moi. J'ai songé à distraire monsieur de Mortsauf, en lui conseillant d'établir une magnanerie à Clochegourde où il existe déjà quelques mûriers, vestiges de l'ancienne industrie de la Touraine; mais j'ai reconnu qu'il serait tout aussi despote au logis, et que j'aurais de plus les mille ennuis de cette entreprise. Apprenez, monsieur l'observateur, me dit-elle, que dans le jeune âge les mauvaises qualités de l'homme sont contenues par le monde, arrêtées dans leur essor par le jeu des passions, gênées par le respect humain; plus tard, dans la solitude, chez un homme âgé, les petits défauts se montrent d'autant plus terribles qu'ils ont été long-temps comprimés. Les faiblesses humaines sont essentiellement lâches, elles ne comportent ni paix ni trêve; ce que vous leur avez accordé hier, elles l'exigent aujourd'hui, demain et toujours; elles s'établissent dans les concessions et les étendent. La puissance est clémente, elle se rend à l'évidence, elle est juste et paisible; tandis que les passions engendrées par la faiblesse sont impitoyables; elles sont heureuses quand elles peuvent agir à la manière des enfants qui préfèrent les fruits volés en secret à ceux qu'ils peuvent manger à table; ainsi monsieur de Mortsauf éprouve une joie véritable à me surprendre; et lui qui ne tromperait personne me trompe avec délices, pourvu que la ruse reste dans le for intérieur.

Un mois environ après mon arrivée, un matin, en sortant de déjeuner, la comtesse me prit le bras, se sauva par une porte à claire-voie qui donnait dans le verger, et m'entraîna vivement dans les vignes.

— Ah! il me tuera, dit-elle. Cependant je veux vivre, ne fût-ce que pour mes enfants! Comment, pas un jour de relâche! Toujours marcher dans les broussailles, manquer de tomber à tout moment, et à tout moment rassembler ses forces pour garder son équilibre. Aucune créature ne saurait suffire à de telles dépenses d'énergie. Si je connaissais bien le terrain sur lequel doivent porter mes efforts, si ma résistance était déterminée, l'âme s'y plierait; mais non, chaque jour l'attaque change de caractère, et me surprend sans défense; ma douleur n'est pas une, elle est multiple. Félix, Félix, vous ne sauriez imaginer quelle forme odieuse a prise sa tyrannie, et quelles sauvages exigences lui ont suggérées ses livres de médecine. Oh! mon ami... dit-elle en appuyant sa tête sur mes épaules, sans achever sa confidence. Que devenir, que faire? reprit-elle en se débattant contre les pensées qu'elle n'avait pas exprimées. Comment résister? Il me tuera. Non, je me tuerai moi-même, et c'est un crime cependant! M'enfuir? et mes enfants! Me séparer? mais comment, après quinze ans de mariage, dire à mon père que je ne puis demeurer avec monsieur de Mortsauf, quand, si mon père ou ma mère viennent, il sera posé, sage, poli, spirituel. D'ailleurs les femmes mariées ont-elles des pères, ont-elles des mères? elles appartiennent corps et biens à leurs maris. Je vivais tranquille, sinon heureuse, je puisais quelques forces dans ma chaste solitude; je l'avoue; mais si je suis privée de ce bonheur négatif, je deviendrai folle aussi moi. Ma résistance est fondée sur de puissantes raisons qui ne me sont pas personnelles. N'est-ce pas un crime que de donner le jour à de pauvres créatures condamnées par avance à de perpétuelles douleurs? Cependant ma conduite soulève de si graves questions que je ne puis les décider seule; je suis juge et partie. J'irai demain à Tours consulter l'abbé Birotteau, mon nouveau directeur; car mon cher et vertueux abbé de la Berge est mort, dit-elle en s'interrompant. Quoiqu'il fût sévère, sa force apostolique me manquera toujours; son successeur est un ange de douceur qui s'attendrit au lieu de réprimander; néanmoins, au cœur de la religion quel courage ne se retremperait? quelle raison ne s'affermirait à la voix de l'Esprit-Saint? — Mon Dieu, reprit-elle en séchant ses larmes et levant les yeux au ciel, de quoi me punissez-vous? Mais, il faut le croire, dit-elle en appuyant ses doigts sur mon bras, oui, croyons-le, Félix, nous devons passer par un creuset rouge avant d'arriver saints et parfaits dans les sphères supérieures. Dois-je me taire? me défendez-vous, mon Dieu, de crier dans le sein d'un ami? l'aimé-je trop? Elle me pressa sur son cœur comme si elle eût craint de me perdre : — Qui me résoudra ces doutes? Ma conscience ne me reproche rien. Les étoiles rayonnent d'en haut sur les hommes; pourquoi l'âme, cette étoile humaine, n'envelopperait-elle pas de ses feux un ami, quand on ne laisse aller à lui que de pures pensées?

J'écoutais cette horrible clameur en silence, tenant la main moite de cette femme dans la mienne plus moite encore; je la serrais avec une force à laquelle Henriette répondait par une force égale.

— Vous êtes donc par là? cria le comte qui venait à nous, la tête nue.

Depuis mon retour il voulait obstinément se mêler à nos entretiens, soit qu'il en espérât quelque amusement, soit qu'il crût que la comtesse me contait ses douleurs et se plaignait dans mon sein, soit encore qu'il fût jaloux d'un plaisir qu'il ne partageait point.

— Comme il me suit! dit-elle avec l'accent du désespoir. Allons voir les clos, nous l'éviterons. Baissons-nous le long des haies pour qu'il ne nous aperçoive pas.

Nous nous fîmes un rempart d'une haie touffue, nous gagnâmes les clos en courant, et nous nous trouvâmes bientôt loin du comte, dans une allée d'amandiers.

— Chère Henriette, lui dis-je alors en serrant son bras contre mon cœur, et m'arrêtant pour la contempler dans sa douleur, vous m'avez naguère dirigé savamment à travers les voies périlleuses du grand monde; permettez-moi de vous donner quelques instructions pour vous aider à finir le duel sans témoins dans lequel vous succomberiez infailliblement, car vous ne vous battez point avec des armes égales. Ne luttez pas plus long-temps contre un fou...

— Chut! dit-elle en réprimant des larmes qui roulèrent dans ses yeux.

— Écoutez-moi, chère! Après une heure de ces conversations que je suis obligé de subir par amour pour vous, souvent ma pensée est pervertie, ma tête est lourde; le comte me fait douter de mon intelligence, les mêmes idées répétées se gravent malgré moi dans mon cerveau. Les monomanies bien caractérisées ne sont pas contagieuses; mais quand la folie réside dans la manière d'envisager les choses, et qu'elle se cache sous des discussions constantes, elle peut causer des ravages sur ceux qui vivent auprès d'elle. Votre patience est sublime, mais ne vous mène-t-elle pas à l'abrutissement? Ainsi pour vous, pour vos enfants, changez de système avec le comte. Votre adorable complaisance a développé son égoïsme, vous l'avez traité comme une mère traite un enfant qu'elle gâte; mais aujourd'hui, si vous voulez vivre... Et, dis-je en la regardant, vous le voulez! déployez l'empire que vous avez sur lui. Vous le savez, il vous aime et vous craint, faites-vous craindre davantage, opposez à ses volontés diffuses une volonté rectiligne. Étendez votre pouvoir comme il a su étendre, lui, les concessions que vous lui avez faites, et renfermez sa maladie dans une sphère morale, comme on renferme les fous dans une loge.

— Cher enfant, me dit-elle en souriant avec amertume, une femme sans cœur peut seule jouer ce rôle. Je suis mère, je serais un mauvais bourreau. Oui, je sais souffrir, mais faire souffrir les autres! jamais, dit-elle, pas même pour obtenir un résultat honorable ou grand. D'ailleurs, ne devrais-je pas faire mentir mon cœur, déguiser ma voix, armer mon front, corrompre mon geste... ne me demandez pas de tels mensonges. Je puis me placer entre monsieur de Mortsauf et ses enfants, je recevrai ses coups pour qu'ils n'atteignent ici personne; voilà tout ce que je puis pour concilier tant d'intérêts contraires.

— Laisse-moi t'adorer! sainte, trois fois sainte! dis-je en mettant un genou en terre, en baisant sa robe et y essuyant des pleurs qui me vinrent aux yeux.

— Mais, s'il vous tue, lui dis-je.

Elle pâlit, et répondit en levant les yeux au ciel : — La volonté de Dieu sera faite !

— Savez-vous ce que le roi disait à votre père à propos de vous ? « Ce diable de Mortsauf vit donc toujours ! »

— Ce qui est une plaisanterie dans la bouche du roi, répondit-elle, est un crime ici.

Malgré nos précautions, le comte nous avait suivis à la piste ; il nous atteignit tout en sueur sous un noyer où la comtesse s'était arrêtée pour me dire cette parole grave ; en le voyant, je me mis à parler vendange. Eut-il d'injustes soupçons ? je ne sais ; mais il resta sans mot dire à nous examiner, sans prendre garde à la fraîcheur que distillent les noyers. Après un moment employé par quelques paroles insignifiantes entrecoupées de pauses très-significatives, le comte dit avoir mal au cœur et à la tête ; il se plaignit doucement, sans quêter notre pitié, sans nous peindre ses douleurs par des images exagérées. Nous n'y fîmes aucune attention. En rentrant, il se sentit plus mal encore, parla de se mettre au lit, et s'y mit sans cérémonie, avec un naturel qui ne lui était pas ordinaire. Nous profitâmes de l'armistice que nous donnait son humeur hypocondriaque, et nous descendîmes à notre chère terrasse, accompagnés de Madeleine.

— Allons nous promener sur l'eau, dit la comtesse après quelques tours, nous irons assister à la pêche que le garde fait pour nous aujourd'hui.

Nous sortons par la petite porte, nous gagnons la toue, nous y sautons, et nous voilà remontant l'Indre avec lenteur. Comme trois enfants amusés à des riens, nous regardions les herbes des bords, les demoiselles bleues ou vertes ; et la comtesse s'étonnait de pouvoir goûter de si tranquilles plaisirs au milieu de ses poignants chagrins ; mais le calme de la nature, qui marche insouciante de nos luttes, n'exerce-t-il pas sur nous un charme consolateur ? L'agitation d'un amour plein de désirs contenus s'harmonie à celle de l'eau, les fleurs que la main de l'homme n'a point perverties expriment ses rêves les plus secrets, le voluptueux balancement d'une barque imite vaguement les pensées qui flottent dans l'âme. Nous éprouvâmes l'engourdissante influence de cette double poésie. Les paroles, montées au diapason de la nature, déployèrent une grâce mystérieuse, et les regards eurent de plus éclatants rayons en participant à la lumière si largement versée par le soleil dans la prairie flamboyante. La rivière fut comme un sentier sur lequel nous volions. Enfin, n'étant pas diverti par le mouvement qu'exige la marche à pied, notre esprit s'empara de la création. La joie tumultueuse d'une petite fille en liberté, si gracieuse dans ses gestes, si agaçante dans ses propos, n'était-elle pas aussi la vivante expression de deux âmes libres qui se plaisaient à former idéalement cette merveilleuse créature rêvée par Platon, connue de tous ceux dont la jeunesse fut remplie par un heureux amour. Pour vous peindre cette heure, non dans ses détails indescriptibles, mais dans son ensemble, je vous dirai que nous nous aimions en tous les êtres, en toutes les choses qui nous entouraient ; nous sentions hors de nous le bonheur que chacun de nous souhaitait ; il nous pénétrait si vivement que la comtesse ôta ses gants et laissa tomber ses belles mains dans l'eau comme pour rafraîchir une secrète ardeur. Ses yeux parlaient ; mais sa bouche, qui s'entr'ouvrait comme une rose à l'air, se serait fermée à un désir. Vous connaissez la mélodie des sons graves parfaitement unis aux sons élevés, elle m'a toujours rappelé la mélodie de nos deux âmes en ce moment, qui ne se retrouva plus jamais.

— Où faites-vous pêcher, lui dis-je, si vous ne pouvez pêcher que sur les rives qui sont à vous ?

— Près du pont de Ruan, me dit-elle. Ha ! nous avons maintenant la rivière à nous depuis le pont de Ruan jusqu'à Clochegourde. Monsieur de Mortsauf vient d'acheter quarante arpents de prairie avec les économies de ces deux années et l'arriéré de sa pension. Cela vous étonne ?

— Moi, je voudrais que toute la vallée fût à vous ! m'écriai-je.

Elle me répondit par un sourire. Nous arrivâmes au-dessous du pont de Ruan, à un endroit où l'Indre est large, et où l'on pêchait.

— Hé ! bien, Martineau ? dit-elle.

— Ah ! madame la comtesse, nous avons du guignon. Depuis trois heures que nous y sommes, en remontant du moulin ici, nous n'avons rien pris.

Nous abordâmes afin d'assister aux derniers coups de filet, et nous nous plaçâmes tous trois à l'ombre d'un *bouillard*, espèce de peuplier dont l'écorce est blanche, qui se trouve sur le Danube, sur la Loire, probablement sur tous les grands fleuves, et qui jette au printemps un coton blanc soyeux, l'enveloppe de sa fleur. La comtesse avait repris son auguste sérénité ; elle se repentait presque de m'avoir dévoilé ses douleurs et d'avoir crié comme Job, au lieu de pleurer comme la Madeleine, une Madeleine sans amours, ni fêtes, ni dissipations, mais non sans parfums ni beautés. La seine ramenée à ses pieds fut pleine de poissons : des tanches, des barbillons, des brochets, des perches et une énorme carpe sautillant sur l'herbe.

— C'est un fait exprès, dit le garde.

Les ouvriers écarquillaient leurs yeux en admirant cette femme qui ressemblait à une fée dont la baguette aurait touché les filets. En ce moment le piqueur parut, chevauchant à travers la prairie au grand galop, et lui causa d'horribles tressaillements. Nous n'avions pas Jacques avec nous, et la première pensée des mères est, comme l'a si poétiquement dit Virgile, de serrer leurs enfants sur leur sein au moindre événement.

— Jacques! cria-t-elle. Où est Jacques? Qu'est-il arrivé à mon fils?

Elle ne m'aimait pas! Si elle m'avait aimé, elle aurait eu pour mes souffrances cette expression de lionne au désespoir.

— Madame la comtesse, monsieur le comte se trouve plus mal.

Elle respira, courut avec moi, suivie de Madeleine.

— Revenez lentement, me dit-elle ; que cette chère fille ne s'échauffe pas. Vous le voyez, la course de monsieur de Mortsauf par ce temps si chaud l'avait mis en sueur, et sa station sous le noyer a pu devenir la cause d'un malheur.

Ce mot, dit au milieu de son trouble, accusait la pureté de son âme. La mort du comte, un malheur! Elle gagna rapidement Clochegourde, passa par la brèche d'un mur et traversa les clos. Je revins lentement en effet. L'expression d'Henriette m'avait éclairé, mais comme éclaire la foudre qui ruine les moissons engrangées. Durant cette promenade sur l'eau, je m'étais cru le préféré ; je sentis amèrement qu'elle était de bonne foi dans ses paroles. L'amant qui n'est pas tout n'est rien. J'aimais donc seul avec les désirs d'un amour qui sait tout ce qu'il veut, qui se repaît par avance de caresses espérées, et se contente des voluptés de l'âme parce qu'il y mêle celles que lui réserve l'avenir. Si Henriette aimait, elle ne connaissait rien ni des plaisirs de l'amour ni de ses tempêtes. Elle vivait du sentiment même, comme une sainte avec Dieu. J'étais l'objet auquel s'étaient rattachées ses pensées, ses sensations méconnues, comme un essaim s'attache à quelque branche d'arbre fleuri; mais je n'étais pas le principe, j'étais un accident de sa vie, je n'étais pas toute sa vie. Roi détrôné, j'allais me demandant qui pouvait me rendre mon royaume. Dans ma folle jalousie, je me reprochais de n'avoir rien osé, de n'avoir pas resserré les liens d'une tendresse qui me semblait alors plus subtile que vraie par les chaînes du droit positif que crée la possession.

L'indisposition du comte, déterminée peut-être par le froid du noyer, devint grave en quelques heures. J'allai querir à Tours un médecin renommé, monsieur Origet, que je ne pus ramener que dans la soirée ; mais il resta pendant toute la nuit et le lendemain à Clochegourde. Quoiqu'il eût envoyé chercher une grande quantité de sangsues par le piqueur, il jugea qu'une saignée était urgente, et n'avait point de lancette sur lui. Aussitôt je courus à Azay par un temps affreux, je réveillai le chirurgien, monsieur Deslandes, et le contraignis à venir avec une célérité d'oiseau. Dix minutes plus tard, le comte eût succombé; la saignée le sauva. Malgré ce premier succès, le médecin pronostiquait la fièvre inflammatoire la plus pernicieuse, une de ces maladies comme en font les gens qui se sont bien portés pendant vingt ans. La comtesse atterrée croyait être la cause de cette fatale crise. Sans force pour me remercier de mes soins, elle se contentait de me jeter quelques sourires dont l'expression équivalait au baiser qu'elle avait mis sur ma main; j'aurais voulu y lire les remords d'un illicite amour, mais c'était l'acte de contrition d'un repentir qui faisait mal à voir dans une âme si pure, c'était l'expansion d'une admirative tendresse pour celui qu'elle regardait comme noble, en s'accusant, elle seule, d'un crime imaginaire. Certes, elle aimait comme Laure de Noves aimait Pétrarque, et non comme Francesca da Rimini aimait Paolo : affreuse découverte pour qui rêvait l'union de ces deux sortes d'amour ! La comtesse gisait, le corps affaissé, les bras pendants, sur un fauteuil sale dans cette chambre qui ressemblait à la bauge d'un sanglier. Le lendemain soir, avant de partir, le médecin dit à la comtesse, qui avait passé la nuit, de prendre une garde. La maladie devait être longue.

— Une garde, répondit-elle, non, non. Nous le soignerons, s'écria-t-elle en me regardant; nous nous devons de le sauver !

A ce cri, le médecin nous jeta un coup d'œil observateur, plein d'étonnement. L'expression de cette parole était de nature à lui faire soupçonner quelque forfait manqué. Il promit de revenir deux fois par semaine, indiqua la marche à tenir à monsieur Deslandes et désigna les symptômes menaçants qui pouvaient exiger qu'on vînt le chercher à Tours. Afin de procurer à la comtesse au moins une nuit de sommeil sur deux, je lui demandai de me laisser veiller le comte alternativement avec elle. Ainsi je la décidai, non sans peine, à s'aller coucher la troisième nuit. Quand tout reposa dans la maison, pendant un moment où le comte s'assoupit, j'entendis chez Henriette un douloureux gémissement. Mon inquiétude devint si vive que j'allai la trouver; elle était à genoux devant son prie-Dieu, fondant en larmes, et s'accusait:

— Mon Dieu, si tel est le prix d'un murmure, criait-elle, je ne me plaindrai jamais.

— Vous l'avez quitté! dit-elle en me voyant.

— Je vous entendais pleurer et gémir, j'ai eu peur pour vous.

— Oh! moi, dit-elle, je me porte bien!

Elle voulut être certaine que monsieur de Mortsauf dormît; nous descendîmes tous deux, et tous deux à la clarté d'une lampe nous le regardâmes: le comte était plus affaibli par la perte du sang tiré à flots qu'il n'était endormi; ses mains agitées cherchaient à ramener sa couverture sur lui.

— On prétend que c'est des gestes de mourants, dit-elle. Ah! s'il mourait de cette maladie que nous avons causée, je ne me marierais jamais, je le jure, ajouta-t-elle en étendant la main sur la tête du comte par un geste solennel.

— J'ai tout fait pour le sauver, lui dis-je.

— Oh! vous, vous êtes bon, dit-elle. Mais moi, je suis la grande coupable.

Elle se pencha sur ce front décomposé, en balaya la sueur avec ses cheveux, et le baisa saintement; mais je ne vis pas avec une joie secrète qu'elle s'acquittait de cette caresse comme d'une expiation.

— Blanche, à boire, dit le comte d'une voix éteinte.

— Vous voyez, il ne connaît que moi, me dit-elle en lui apportant un verre.

Et par son accent, par ses manières affectueuses, elle cherchait à insulter aux sentiments qui nous liaient, en les immolant au malade.

— Henriette, lui dis-je, allez prendre quelque repos, je vous en supplie.

— Plus d'Henriette, dit-elle en m'interrompant avec une impérieuse précipitation.

— Couchez-vous afin de ne pas tomber malade. Vos enfants, *lui-même* vous ordonnent de vous soigner, il est des cas où l'égoïsme devient une sublime vertu.

— Oui, dit-elle.

Elle s'en alla me recommandant son mari par des gestes qui eussent accusé quelque prochain délire, s'ils n'avaient pas eu les grâces de l'enfance mêlées à la force suppliante du repentir. Cette scène, terrible en la mesurant à l'état habituel de cette âme pure, m'effraya ; je craignis l'exaltation de sa conscience. Quand le médecin revint, je lui révélai les scrupules d'hermine effarouchée qui poignaient ma blanche Henriette. Quoique discrète, cette confidence dissipa les soupçons de monsieur Origet, et il calma les agitations de cette belle âme en disant qu'en tout état de cause le comte devait subir cette crise, et que sa station sous le noyer avait été plus utile que nuisible en déterminant la maladie.

Pendant cinquante-deux jours le comte fut entre la vie et la mort; nous veillâmes chacun à notre tour, Henriette et moi, vingt-six nuits. Certes, monsieur de Mortsauf dut son salut à nos soins, à la scrupuleuse exactitude avec laquelle nous exécutions les ordres de monsieur Origet. Semblable aux médecins philosophes que de sagaces observations autorisent à douter des belles actions quand elles ne sont que le secret accomplissement d'un devoir, cet homme, tout en assistant au combat d'héroïsme qui se passait entre la comtesse et moi, ne pouvait s'empêcher de nous épier par des regards inquisitifs, tant il avait peur de se tromper dans son admiration.

— Dans une semblable maladie, me dit-il lors de sa troisième visite, la mort rencontre un prompt auxiliaire dans le moral, quand il se trouve aussi gravement altéré que l'est celui du comte. Le médecin, la garde, les gens qui entourent le malade tiennent sa vie entre leurs mains ; car alors un seul mot, une crainte vive exprimée par un geste, ont la puissance du poison.

En me parlant ainsi, Origet étudiait mon visage et ma contenance; mais il vit dans mes yeux la claire expression d'une âme candide. En effet, durant le cours de cette cruelle maladie, il ne se forma pas dans mon intelligence la plus légère de ces mauvaises idées involontaires qui parfois sillonnent les consciences les plus innocentes. Pour qui contemple en grand la nature, tout y tend à l'unité par l'assimilation. Le monde moral doit être régi par un principe analogue. Dans une sphère pure, tout est pur. Près d'Henriette, il se respirait un parfum du ciel, il semblait qu'un désir reprochable devait à jamais vous éloigner d'elle. Ainsi, non-seulement elle était le bonheur, mais elle était aussi la vertu. En nous trouvant toujours également attentifs et soigneux, le docteur avait je ne sais quoi de pieux et d'attendri dans les paroles et dans les manières; il semblait se dire : — Voilà les vrais malades, ils cachent leur blessure et l'oublient! Par un contraste qui, selon cet excellent homme, était assez ordinaire chez les hommes ainsi détruits, monsieur de Mortsauf fut patient, plein d'obéissance, ne se plaignit jamais et montra la plus merveilleuse docilité; lui qui, bien portant, ne faisait pas la chose la plus simple sans mille observations. Le secret de cette soumission à la médecine, tant niée naguère, était une secrète peur de la mort, autre contraste chez un homme d'une bravoure irrécusable! Cette peur pourrait assez bien expliquer plusieurs bizarreries du nouveau caractère que lui avaient prêté ses malheurs.

Vous l'avouerai-je, Natalie, et le croirez-vous? ces cinquante jours et le mois qui les suivit furent les plus beaux moments de ma vie. L'amour n'est-il pas dans les espaces infinis de l'âme, comme est dans une belle vallée le grand fleuve où se rendent les pluies, les ruisseaux et les torrents, où tombent les arbres et les fleurs, les graviers du bord et les plus élevés quartiers de roc; il s'agrandit aussi bien par les orages que par le lent tribut des claires fontaines. Oui, quand on aime, tout arrive à l'amour. Les premiers grands dangers passés, la comtesse et moi, nous nous habituâmes à la maladie. Malgré le désordre incessant introduit par les soins qu'exigeait le comte, sa chambre que nous avions trouvée si mal tenue devint propre et coquette. Bientôt nous y fûmes comme deux êtres échoués dans une île déserte; car non-seulement les malheurs isolent, mais encore ils font taire les mesquines conventions de la société. Puis l'intérêt du malade nous obligea d'avoir des points de contact qu'aucun autre événement n'aurait autorisés. Combien de fois nos mains, si timides auparavant, ne se rencontrèrent-elles pas en rendant quelque service au comte! n'avais-je pas à soutenir, à aider Henriette! Souvent emportée par une nécessité comparable à celle du soldat en vedette, elle oubliait de manger; je lui servis alors, quelquefois sur ses genoux, un repas pris en hâte et qui nécessitait mille petits soins. Ce fut une scène d'enfance à côté d'une tombe entr'ouverte. Elle me commandait vivement les apprêts qui pouvaient éviter quelque souffrance au comte, et m'employait à mille menus ouvrages. Pendant le premier temps où l'intensité du danger étouffait, comme durant une bataille, les subtiles distinctions qui caractérisent les faits de la vie ordinaire, elle dépouilla nécessairement ce décorum que toute femme, même la plus naturelle, garde en ses paroles, dans ses regards, dans son maintien quand elle est en présence du monde ou de sa famille, et qui n'est plus de mise en déshabillé. Ne venait elle pas me relever aux premiers chants de l'oiseau, dans ses vêtements du matin qui me permirent de revoir parfois les éblouissants trésors que, dans mes folles espérances, je considérais comme miens? Tout en restant imposante et fière, pouvait-elle ainsi ne pas être familière? D'ailleurs pendant les premiers jours le danger ôta si bien toute signification passionnée aux privautés de notre intime union, qu'elle n'y vit point de mal; puis quand vint la réflexion, elle songea peut-être que ce serait une insulte pour elle comme pour moi que de changer ses manières. Nous nous trouvâmes insensiblement apprivoisés, mariés à demi. Elle se montra bien noblement confiante, sûre de moi comme d'elle-même. J'entrai donc plus avant dans son cœur. La comtesse redevint mon Henriette, Henriette contrainte d'aimer davantage celui qui s'efforçait d'être sa seconde âme. Bientôt je n'attendis plus sa main toujours irrésistiblement abandonnée au moindre coup d'œil solliciteur; je pouvais, sans qu'elle se dérobât à ma vue, suivre avec ivresse les lignes de ses belles formes durant les longues heures pendant lesquelles nous écoutions le sommeil du malade. Les chétives voluptés que nous nous accordions, ces regards attendris, ces paroles prononcées à voix basse pour ne pas éveiller le comte, les craintes, les espérances dites et redites, enfin les mille événements de cette fusion complète de deux cœurs long-temps séparés, se détachaient vivement sur les ombres douloureuses de la scène actuelle. Nous connûmes nos âmes à fond dans cette épreuve à laquelle succombent souvent les affections les plus vives qui ne résistent pas au laisser-voir de toutes les heures, qui se détachent en éprouvant cette cohésion constante où l'on trouve la vie ou lourde ou légère à porter. Vous savez quel ravage fait la maladie d'un maître, quelle interruption dans les affaires, le temps manque pour tout ; la vie embarrassée chez lui dérange les mouvements de sa maison et ceux de sa famille. Quoique tout tombât sur madame de Mortsauf, le comte était encore utile au dehors ; il allait parler aux fermiers, se rendait chez les gens d'affaires, recevait les fonds ; si elle était l'âme, il était le corps. Je me fis son intendant pour qu'elle pût soigner le comte sans rien laisser péricliter au dehors. Elle accepta tout sans façon, sans un remercîment. Ce fut une douce communauté de plus que ces soins de maison partagés, que ces ordres transmis en son nom. Je m'entretenais souvent le soir avec elle, dans sa chambre, et de ses intérêts et de ses enfants. Ces causeries donnèrent un semblant de plus à notre mariage éphémère. Avec quelle joie Henriette se prêtait à me laisser jouer le rôle de son mari, à me faire occuper sa place à table, à m'envoyer parler au garde; et tout cela dans une complète innocence, mais non sans cet intime plaisir qu'éprouve la plus vertueuse femme du monde à trouver un biais où se réunissent la stricte observation des lois et le contentement de ses désirs inavoués. Annulé par la maladie, le comte ne pesait plus sur sa femme, ni sur sa maison ; et alors la comtesse fut elle-même, elle eut le droit de s'occuper de moi, de me rendre l'objet d'une foule de soins. Quelle joie quand je découvris en elle la pensée vaguement conçue peut-être, mais délicieusement exprimée, de me révéler tout le prix de sa personne et de ses qualités, de me faire apercevoir le changement qui s'opérerait en elle si elle était comprise! Cette fleur, incessamment fermée dans la froide atmosphère de son ménage, s'épanouit à mes regards, et pour moi seul ; elle prit autant de joie à se déployer que j'en sentis en y jetant l'œil curieux de l'amour. Elle me prouvait par tous les riens de la vie combien j'étais présent à sa pensée. Le jour où, après avoir passé la nuit au chevet du malade, je dormais tard, Henriette se levait le matin avant tout le monde, elle faisait régner autour de moi le plus absolu silence ; sans être avertis, Jacques et Madeleine jouaient au loin ; elle usait de mille supercheries pour conquérir le droit de mettre elle-même mon couvert ; enfin, elle me servait, avec quel pétillement de joie dans les mouvements, avec quelle fauve finesse d'hirondelle, quel vermillon sur les joues, quels tremblements dans la voix, quelle pénétration de lynx ! ces expansions de l'âme se peignent-elles ? Souvent elle était accablée de fatigue; mais si par hasard en ces moments de lassitude il s'agissait de moi, pour moi comme pour ses enfants elle trouvait de nouvelles forces, elle s'élançait agile, vive et joyeuse. Comme elle aimait à jeter sa tendresse en rayons dans l'air! Ah! Natalie, oui, certaines femmes partagent ici-bas les priviléges des Esprits Angéliques, et répandent comme eux cette lumière que Saint-Martin, le Philosophe Inconnu, disait être intelligente, mélodieuse et parfumée. Sûre de ma discrétion, Henriette se plut à me relever le pesant rideau qui nous cachait l'avenir, en me laissant voir en elle deux femmes : la femme enchaînée qui m'avait séduit malgré ses rudesses, et la femme libre dont la douceur devait éterniser mon amour. Quelle différence! madame de Mortsauf était le bengali transporté dans la froide Europe, tristement posé sur son bâton, muet et mourant dans sa cage où le garde un naturaliste; Henriette était l'oiseau chantant ses poèmes orientaux dans son bocage au bord du Gange, et comme une pierrerie vivante, volant de branche en branche parmi les roses d'un immense volkaméria toujours fleuri. Sa beauté se fit plus belle, son esprit se raviva. Ce continuel feu de joie était un secret entre nos deux esprits, car l'œil de l'abbé de Dominis, ce représentant du monde, était plus redoutable pour Henriette que celui de monsieur de Mortsauf; mais elle prenait comme moi grand plaisir à donner à sa pensée des tours ingénieux; elle cachait son contentement sous la plaisanterie, et couvrait d'ailleurs les témoignages de sa tendresse du brillant pavillon de la reconnaissance.

— Nous avons mis votre amitié à de rudes épreuves, Félix! Nous pouvons bien lui permettre les licences que nous permettons à Jacques, monsieur l'abbé? disait-elle à table.

Le sévère abbé répondait par l'aimable sourire de l'homme pieux qui lit dans les cœurs et les trouve purs; il exprimait d'ailleurs pour la comtesse le respect mélangé d'adoration qu'inspirent les anges. Deux fois, en ces cinquante jours, la comtesse s'avança peut-être au delà des bornes dans lesquelles se renfermait notre affection; mais encore ces deux événements furent-ils enveloppés d'un voile qui ne se leva qu'au jour des aveux suprêmes. Un matin, dans les premiers jours de la maladie du comte, au moment où elle se repentit de m'avoir traité si sévèrement en me retirant les innocents priviléges accordés à ma chaste tendresse, je l'attendais, elle devait me remplacer. Trop fatigué, je m'étais endormi, la tête appuyée sur la muraille. Je me réveillai soudain en me sentant le front touché par je ne sais quoi de frais qui me donna une sensation comparable à celle d'une rose qu'on y eût appuyée. Je vis la comtesse à trois pas de moi, qui me dit : — « J'arrive! » Je m'en allai; mais en lui souhaitant le bonjour, je lui pris la main, et la sentis humide et tremblante.

— Souffrez-vous? lui dis-je.

— Pourquoi me faites-vous cette question? me demanda-t-elle.

Je la regardai, rougissant, confus : — J'ai rêvé, dis-je.

Un soir, pendant les dernières visites de monsieur Origet, qui avait positivement annoncé la convalescence du comte, je me trouvais avec Jacques et Madeleine sous le perron où nous étions tous trois couchés sur les marches, emportés par l'attention que demandait une partie d'onchets que nous faisions avec des tuyaux de paille et des crochets armés d'épingles. Monsieur de Mortsauf dormait. En attendant que son cheval fût attelé, le médecin et la comtesse causaient à voix basse dans le salon. Monsieur Origet s'en alla sans que je m'aperçusse de son départ. Après l'avoir reconduit, Henriette s'appuya sur la fenêtre d'où elle nous contempla sans doute pendant quelque temps, à notre insu. La soirée était une de ces soirées chaudes où le ciel prend les teintes du cuivre, où la campagne envoie dans les échos mille bruits confus. Un dernier rayon de soleil se mourait sur les toits, les fleurs des jardins embaumaient les airs, les clochettes des bestiaux ramenés aux étables retentissaient au loin. Nous nous conformions au silence de cette heure tiède en étouffant nos cris de peur d'éveiller le comte. Tout à coup, malgré le bruit onduleux d'une robe, j'entendis la contraction gutturale d'un soupir violemment réprimé; je m'élançai dans le salon, j'y vis la comtesse assise dans l'embrasure de la fenêtre, un mouchoir sur la figure; elle reconnut mon pas, et me fit un geste impérieux pour m'ordonner de la laisser seule. Je vins, le cœur pénétré de crainte, et voulus lui ôter son mouchoir de force, elle avait le visage baigné de larmes; elle s'enfuit dans sa chambre, et n'en sortit que pour la prière. Pour la première fois, depuis cinquante jours, je l'emmenai sur la terrasse et lui demandai compte de son émotion; mais elle affecta la gaieté la plus folle et la justifia par la bonne nouvelle que lui avait donnée Origet.

— Henriette, Henriette, lui dis-je, vous la saviez au moment où je vous ai vue pleurant. Entre nous deux un mensonge serait une monstruosité. Pourquoi m'avez-vous empêché d'essuyer ces larmes? M'appartenaient-elles donc?

— J'ai pensé, me dit-elle, que pour moi cette maladie a été comme une halte dans la douleur. Maintenant que je ne tremble plus pour monsieur de Mortsauf, il faut trembler pour moi.

Elle avait raison. La santé du comte s'annonça par le retour de son humeur fantasque : il commençait à dire que ni sa femme, ni moi, ni le médecin ne savaient le soigner, nous ignorions tous et sa maladie et son tempérament, et ses souffrances et les remèdes convenables. Origet, infatué de je ne sais quelle doctrine, voyait une altération dans les humeurs, tandis qu'il ne devait s'occuper que du pylore. Un jour, il nous regarda malicieusement comme un homme qui nous aurait épiés ou bien devinés, et il dit en souriant à sa femme : — Eh! bien, ma chère, si j'étais mort, vous m'auriez regrettés sans doute, mais, avouez-le, vous vous seriez résignée....

— J'aurais porté le deuil de cour, rose et noir, répondit-elle en riant afin de faire taire son mari.

Mais il y eut surtout à propos de la nourriture, que le docteur déterminait sagement en s'opposant à ce que l'on satisfît la faim du convalescent, des scènes de violence et des criailleries qui ne pouvaient se comparer à rien dans le passé, car le caractère du comte se montra d'autant plus terrible qu'il avait pour ainsi dire sommeillé. Forte de ses ordonnances du médecin et de l'obéissance de ses gens, stimulée par moi qui vis dans cette lutte un moyen de lui apprendre à exercer sa domination sur son mari, la comtesse s'enhardit à la résistance ; elle sut opposer un front calme à la démence et aux cris ; elle s'habitua, le prenant pour ce qu'il était, pour un enfant, à entendre ses épithètes injurieuses. J'eus le bonheur de lui voir saisir enfin le gouvernement de cet esprit maladif. Le comte criait, mais il obéissait et il obéissait surtout après avoir beaucoup crié. Malgré l'évidence des résultats, Henriette pleurait parfois à l'aspect de ce vieillard décharné, faible, au front plus jaune que la feuille près de tomber, aux yeux pâles, aux mains tremblantes ; elle se reprochait ses duretés, elle ne résistait pas souvent à la joie qu'elle voyait dans les yeux du comte quand, en lui mesurant ses repas, elle allait au delà des défenses du médecin. Elle se montra d'ailleurs d'autant plus douce et gracieuse pour lui qu'elle l'avait été pour moi ; mais il y eut cependant des différences qui remplirent mon cœur d'une joie illimitée. Elle n'était pas infatigable, elle savait appeler ses gens pour servir le comte quand ses caprices se succédaient un peu trop rapidement et qu'il se plaignait de ne pas être compris.

La comtesse voulut aller rendre grâces à Dieu du rétablissement de monsieur de Mortsauf, elle fit dire une messe et me demanda mon bras pour se rendre à l'église; je l'y menai; mais pendant le temps que dura la messe, je vins voir monsieur et madame de Chessel. Au retour, elle voulut me gronder.

— Henriette, lui dis-je, je suis incapable de fausseté. Je puis me jeter à l'eau pour sauver mon ennemi qui se noie, lui donner mon manteau pour le réchauffer; enfin je lui pardonnerais, mais sans oublier l'offense.

Elle garda le silence, et pressa mon bras sur son cœur.

— Vous êtes un ange, vous avez dû être sincère dans vos actions de grâces, dis-je en continuant. La mère du prince de la Paix fut sauvée des mains d'une populace furieuse qui voulait la tuer, et quand la reine lui demanda : Que faisiez-vous? elle répondit : Je priais pour eux! La femme est ainsi. Moi je suis un homme et nécessairement imparfait.

— Ne vous calomniez point, dit-elle en me remuant le bras avec violence, peut-être valez-vous mieux que moi.

— Oui, repris-je, car je donnerais l'éternité pour un seul jour de bonheur, et vous!....

— Et moi? dit-elle en me regardant avec fierté.

Je me tus et baissai les yeux pour éviter la foudre de son regard.

— Moi! reprit-elle, de quel *moi* parlez-vous? Je sens bien des moi en moi! Ces deux enfants, ajouta-t-elle en montrant Madeleine et Jacques, sont des *moi*. Félix, dit-elle avec un accent déchirant, me croyez-vous donc égoïste? Pensez-vous que je saurais sacrifier toute une éternité pour récompenser celui qui me sacrifie sa vie? Cette pensée est horrible, elle froisse à jamais les sentiments religieux. Une femme ainsi déchue peut-elle se relever? son bonheur peut-il l'absoudre? Vous me feriez bientôt décider ces questions!... Oui, je vous livre enfin un secret de ma conscience: cette idée m'a souvent traversé le cœur, je l'ai souvent expiée par de dures pénitences, elle a causé des larmes dont vous m'avez demandé compte avant-hier....

— Ne donnez-vous pas trop d'importance à certaines choses que les femmes vulgaires mettent à haut prix et que vous devriez....

— Oh! dit-elle en m'interrompant, leur en donnez-vous moins? Cette logique arrêta tout raisonnement.

— Hé! bien, reprit-elle, sachez-le! Oui, j'aurais la lâcheté d'abandonner ce pauvre vieillard dont je suis la vie! Mais, mon ami, ces deux petites créatures si faibles qui sont en avant de nous, Madeleine et Jacques, ne resteraient-ils pas avec leur père? Eh! bien, croyez-vous, je vous le demande, croyez-vous qu'ils vécussent trois mois sous la domination insensée de cet homme? Si en manquant à mes devoirs, il ne s'agissait que de moi... Elle laissa échapper un superbe sourire. Mais n'est-ce pas tuer mes deux enfants? leur mort serait certaine. Mon Dieu! s'écria-t-elle, pourquoi parlons-nous de ces choses? Mariez-vous, et laissez-moi mourir!

Elle dit ces paroles d'un ton si amer, si profond, qu'elle étouffa la révolte de ma passion.

— Vous avez crié, là-haut, sous ce noyer; je viens de crier, moi, sous ces aulnes, voilà tout. Je me tairai désormais.

— Vos générosités me tuent, dit-elle en levant les yeux au ciel.

Nous étions arrivés sur la terrasse, nous y trouvâmes le comte assis dans un fauteuil, au soleil. L'aspect de cette figure fondue, à peine animée par un sourire faible, éteignit les flammes sorties des cendres. Je m'appuyai sur la balustrade, en contemplant le tableau que m'offrait ce moribond, entre ses deux enfants toujours malingres, et sa femme pâlie par les veilles, amaigrie par les excessifs travaux, par les alarmes et peut-être par les joies de ces deux terribles mois, mais que les émotions de cette scène avaient colorée outre mesure. A l'aspect de cette famille souffrante, enveloppée des feuillages tremblotants à travers lesquels passait la grise lumière d'un ciel d'automne nuageux, je sentis en moi-même se dénouer les liens qui rattachent le corps à l'esprit. Pour la première fois, j'éprouvai ce spleen moral que connaissent, dit-on, les plus robustes lutteurs au fort de leurs combats, espèce de folie froide qui fait un lâche de l'homme le plus brave, un dévot d'un incrédule, qui rend indifférent à toute chose, même aux sentiments les plus vitaux, à l'honneur, à l'amour; car le doute nous ôte la connaissance de nous-mêmes, et nous dégoûte de la vie. Pauvres créatures nerveuses que la richesse de votre organisation livre sans défense à je

26.

ne sais quel fatal génie, où sont vos pairs et vos juges? Je conçus comment le jeune audacieux qui avançait déjà la main sur le bâton des maréchaux de France, habile négociateur autant qu'intrépide capitaine, avait pu devenir l'innocent assassin que je voyais! Mes désirs, aujourd'hui couronnés de roses, pouvaient avoir cette fin? Épouvanté par la cause autant que par l'effet, demandant comme l'impie où était ici la Providence, je ne pus retenir deux larmes qui roulèrent sur mes joues.

— Qu'as-tu, mon bon Félix? me dit Madeleine de sa voix enfantine.

Puis Henriette acheva de dissiper ces noires vapeurs et ces ténèbres par un regard de sollicitude qui rayonna dans mon âme comme le soleil. En ce moment, le vieux piqueur m'apporta de Tours une lettre dont la vue m'arracha je ne sais quel cri de surprise, et qui fit trembler madame de Mortsauf par contre-coup. Je voyais le cachet du cabinet, le roi me rappelait. Je lui tendis la lettre, elle la lut d'un regard.

— Il s'en va! dit le comte.

— Que vais-je devenir? me dit-elle en apercevant pour la première fois son désert sans soleil.

Nous restâmes dans une stupeur de pensée qui nous oppressa tous également, car nous n'avions jamais si bien senti que nous nous étions tous nécessaires les uns aux autres. La comtesse eut, en me parlant de toutes choses, même indifférentes, un son de voix nouveau, comme si l'instrument eût perdu plusieurs cordes, et que les autres se fussent détendues. Elle eut des gestes d'apathie et des regards sans lueur. Je la priai de me confier ses pensées.

— En ai-je? me dit-elle.

Elle m'entraîna dans sa chambre, me fit asseoir sur son canapé, fouilla le tiroir de sa toilette, se mit à genoux devant moi, et me dit: — Voilà les cheveux qui me sont tombés depuis un an, prenez-les, ils sont bien à vous, vous saurez un jour comment et pourquoi.

Je me penchai lentement vers son front, elle ne se baissa pas pour éviter mes lèvres, je les appuyai saintement, sans coupable ivresse, sans volupté chatouilleuse, mais avec un solennel attendrissement. Voulait-elle tout sacrifier? Allait-elle seulement, comme je l'avais fait, au bord du précipice? Si l'amour l'avait amenée à se livrer, elle n'eût pas eu ce calme profond, ce regard religieux, et ne m'eût pas dit de sa voix pure : — Vous ne m'en voulez plus?

Je partis au commencement de la nuit, elle voulut m'accompagner par la route de Frapesle, et nous nous arrêtâmes au noyer; je le lui montrai, lui disant comment de là je l'avais aperçue quatre ans auparavant : — La vallée était bien belle! m'écriai-je.

— Et maintenant? reprit-elle vivement.

— Vous êtes sous le noyer, lui dis-je, et la vallée est à nous!

Elle baissa la tête, et notre adieu se fit là. Elle remonta dans sa voiture avec Madeleine, et moi dans la mienne, seul. De retour à Paris, je fus heureusement absorbé par des travaux pressants qui me donnèrent une violente distraction et me forcèrent à me dérober au monde qui m'oublia. Je correspondis avec madame de Mortsauf, à qui j'envoyais mon journal toutes les semaines, et qui me répondait deux fois par mois. Vie obscure et pleine, semblable à ces endroits touffus, fleuris et ignorés, que j'avais admirés naguère encore au fond des bois en faisant de nouveaux poëmes de fleurs pendant les deux dernières semaines.

O vous qui aimez! imposez-vous de ces belles obligations, chargez-vous de règles à accomplir comme l'Église en a donné pour chaque jour aux chrétiens. C'est de grandes idées que les observances rigoureuses créées par la Religion Romaine, elles tracent toujours plus avant dans l'âme les sillons du devoir par la répétition des actes qui conservent l'espérance et la crainte. Les sentiments courent toujours vifs dans ces ruisseaux creusés qui retiennent les eaux, les purifient, rafraîchissent incessamment le cœur, et fertilisent la vie par les abondants trésors d'une foi cachée, source divine où se multiplie l'unique pensée d'un unique amour.

Ma passion, qui recommençait le Moyen-Age et rappelait la chevalerie, fut connue je ne sais comment; peut-être le roi et le duc de Lenoncourt en causèrent-ils. De cette sphère supérieure, l'histoire à la fois romanesque et simple d'un jeune homme qui adorait pieusement une femme belle sans public, grande dans la solitude, fidèle sans l'appui du devoir, se répandit sans doute au cœur du faubourg Saint-Germain? Dans les salons, je me trouvais l'objet d'une attention gênante, car la modestie de la vie a des avantages qui, une fois éprouvés, rendent insupportable l'éclat d'une mise en scène constante. De même que les yeux habitués à ne voir que des couleurs douces sont blessés par le grand jour, de même il est certains esprits auxquels déplaisent les violents contrastes. J'étais alors ainsi ; vous pouvez vous en étonner aujourd'hui ; mais prenez patience, les bizarreries du Vandenesse actuel vont s'expliquer. Je trouvais donc les femmes bienveillantes et le monde parfait pour moi. Après le mariage du duc de Berry, la cour reprit du faste, les fêtes françaises revinrent. L'occupation étrangère avait cessé, la prospérité reparaissait, les plaisirs étaient possibles. Des personnages illustres par leur rang, ou considérables par leur fortune, abondèrent de tous les points de l'Europe dans la capitale de l'intelligence où se retrouvent les avantages des autres pays et leurs vices agrandis, aiguisés par l'esprit français. Cinq mois après avoir quitté Clochegourde au milieu de l'hiver, mon bon ange m'écrivit une lettre désespérée en me racontant une grave maladie de son fils, et à laquelle il avait échappé, mais qui laissait des craintes pour l'avenir ; le médecin avait parlé de précautions à prendre pour la poitrine, mot terrible qui, prononcé par la science, teint en noir toutes les heures d'une mère. A peine Henriette respirait-elle, à peine Jacques entrait-il en convalescence, que sa sœur inspira des inquiétudes. Madeleine, cette jolie plante qui répondait si bien à la culture maternelle, subissait une crise prévue, mais redoutable pour une si frêle constitution. Abattue déjà par les fatigues que lui avait causées la longue maladie de Jacques, la comtesse se trouvait sans courage pour supporter ce nouveau coup, et le spectacle que lui présentaient ces deux chers êtres la rendait insensible aux tourments redoublés du caractère de son mari. Ainsi, des orages de plus en plus troubles et chargés de graviers déracinaient par leurs vagues âpres les espérances le plus profondément plantées dans son cœur. Elle s'était d'ailleurs abandonnée à la tyrannie du comte, qui, de guerre lasse, avait regagné le terrain perdu.

« Quand toute ma force enveloppait mes enfants, m'écrivait-elle,
» pouvais-je l'employer contre monsieur de Mortsauf et pouvais-je
» me défendre de ses agressions en me défendant contre la mort ?
» En marchant aujourd'hui, seule et affaiblie, entre les deux jeunes
» mélancolies qui m'accompagnent, je suis atteinte par un invinci-
» ble dégoût de la vie. Quel coup puis-je sentir, à quelle affection
» puis-je répondre, quand je vois sur la terrasse Jacques immobile
» dont la vie ne m'est plus attestée que par ses deux beaux yeux
» agrandis de maigreur, caves comme ceux d'un vieillard, et dont,
» fatal pronostic ! l'intelligence avancée contraste avec sa débilité
» corporelle ? Quand je vois à mes côtés cette jolie Madeleine, si

» vive, si caressante, si colorée, maintenant blanche comme une
» morte; ses cheveux et ses yeux me semblent avoir pâli, elle tourne
» sur moi des regards languissants comme si elle voulait me faire ses
» adieux; aucun mets ne la tente, ou si elle désire quelque nourri-
» ture, elle m'effraie par l'étrangeté de ses goûts; la candide créa-
» ture, quoique élevée dans mon cœur, rougit en me les confiant.
» Malgré mes efforts, je ne puis amuser mes enfants; chacun d'eux
» me sourit, mais ce sourire leur est arraché par mes coquetteries,
» et ne vient pas d'eux; ils pleurent de ne pouvoir répondre à mes
» caresses. La souffrance a tout détendu dans leur âme, même les
» liens qui nous attachent. Ainsi vous comprenez combien Cloche-
» gourde est triste : monsieur de Mortsauf y règne sans obstacle.
» O mon ami, vous ma gloire! m'écrivait-elle plus loin, vous de-
» vez bien m'aimer pour m'aimer encore, pour m'aimer inerte, in-
» grate, et pétrifiée par la douleur. »

En ce moment, où jamais je ne me sentis plus vivement atteint
dans mes entrailles, et où je ne vivais que dans cette âme, sur laquelle je tâchais d'envoyer la brise lumineuse des matins et l'espérance des soirs empourprés, je rencontrai dans les salons de l'Élysée-Bourbon l'une de ces illustres ladies qui sont à demi souveraines.
D'immenses richesses, la naissance dans une famille qui depuis
la conquête était pure de toute mésalliance, un mariage avec l'un
des vieillards les plus distingués de la pairie anglaise, tous ces avantages n'étaient que des accessoires qui rehaussaient la beauté de
cette personne, ses grâces, ses manières, son esprit, je ne sais quel
brillant qui éblouissait avant de fasciner. Elle fut l'idole du jour,
et régna d'autant mieux sur la société parisienne, qu'elle eut les
qualités nécessaires à ses succès, la main de fer sous un gant de
velours dont parlait Bernadotte. Vous connaissez la singulière per-
sonnalité des Anglais, cette orgueilleuse Manche infranchissable,
ce froid canal Saint-Georges qu'ils mettent entre eux et les gens
qui ne leur sont point présentés; l'humanité semble être une four-
milière sur laquelle ils marchent; ils ne connaissent de leur espèce
que les gens admis par eux; les autres, ils n'en entendent pas le
langage : c'est bien des lèvres qui se remuent et des yeux qui voient,
mais ni le son ni le regard ne les atteignent; pour eux, ces gens
sont comme s'ils n'étaient point. Les Anglais offrent ainsi comme
une image de leur île où la loi régit tout, où tout est uniforme dans
chaque sphère, où l'exercice des vertus semble être le jeu néces-

saire de rouages qui marchent à heure fixe. Les fortifications d'acier poli élevées autour d'une femme anglaise, encagée dans son ménage par des fils d'or, mais où sa mangeoire et son abreuvoir, où ses bâtons et sa pâture sont des merveilles, lui prêtent d'irrésistibles attraits. Jamais un peuple n'a mieux préparé l'hypocrisie de la femme mariée en la mettant à tout propos entre la mort et la vie sociale ; pour elle, aucun intervalle entre la honte et l'honneur : ou la faute est complète, ou elle n'est pas ; c'est tout ou rien, le *to be, or not to be* d'Hamlet. Cette alternative, jointe au dédain constant auquel les mœurs l'habituent, fait d'une femme anglaise un être à part dans le monde. C'est une pauvre créature, vertueuse par force et prête à se dépraver, condamnée à de continuels mensonges enfouis en son cœur, mais délicieuse par la forme, parce que ce peuple a tout mis dans la forme. De là les beautés particulières aux femmes de ce pays : cette exaltation d'une tendresse où pour elles se résume nécessairement la vie, l'exagération de leurs soins pour elles-mêmes, la délicatesse de leur amour si gracieusement peinte dans la fameuse scène de Roméo et de Juliette où le génie de Shakspeare a d'un trait exprimé la femme anglaise. A vous qui leur enviez tant de choses, que vous dirai-je que vous ne sachiez de ces blanches sirènes, impénétrables en apparence et sitôt connues, qui croient que l'amour suffit à l'amour, et qui importent le spleen dans les jouissances en ne les variant pas, dont l'âme n'a qu'une note, dont la voix n'a qu'une syllabe, océan d'amour, où qui n'a pas nagé ignorera toujours quelque chose de la poésie des sens, comme celui qui n'a pas vu la mer aura des cordes de moins à sa lyre. Vous connaissez le pourquoi de ces paroles. Mon aventure avec la marquise Dudley eut une fatale célébrité. Dans un âge où les sens ont tant d'empire sur nos déterminations, chez un jeune homme où leurs ardeurs avaient été si violemment comprimées, l'image de la sainte qui souffrait son lent martyre à Clochegourde rayonna si fortement que je pus résister aux séductions. Cette fidélité fut le lustre qui me valut l'attention de lady Arabelle. Ma résistance aiguisa sa passion. Ce qu'elle désirait, comme le désirent beaucoup d'Anglaises, était l'éclat, l'extraordinaire. Elle voulait du poivre, du piment pour la pâture du cœur, de même que les Anglais veulent des condiments enflammés pour réveiller leur goût. L'atonie que mettent dans l'existence de ces femmes une perfection constante dans les choses, une régularité méthodique dans les habitudes, les conduit à l'adoration du romanesque et du difficile. Je ne sus pas juger ce caractère. Plus je me renfermais dans un froid dédain, plus lady Dudley se passionnait. Cette lutte, dont elle se faisait gloire, excita la curiosité de quelques salons, ce fut pour elle un premier bonheur qui lui faisait une obligation du triomphe. Ah! j'eusse été sauvé, si quelque ami m'avait répété le mot atroce qui lui échappa sur madame de Mortsauf et sur moi.

— Je suis, dit-elle, ennuyée de ces soupirs de tourterelle!

Sans vouloir ici justifier mon crime, je vous ferai observer, Natalie, qu'un homme a moins de ressources pour résister à une femme que vous n'en avez pour échapper à nos poursuites. Nos mœurs interdisent à notre sexe les brutalités de la répression qui, chez vous, sont des amorces pour un amant, et que d'ailleurs les convenances vous imposent; à nous, au contraire, je ne sais quelle jurisprudence de fatuité masculine ridiculise notre réserve; nous vous laissons le monopole de la modestie pour que vous ayez le privilége des faveurs; mais intervertissez les rôles, l'homme succombe sous la moquerie. Quoique gardé par ma passion, je n'étais pas à l'âge où l'on reste insensible aux triples séductions de l'orgueil, du dévouement et de la beauté. Quand lady Arabelle mettait à mes pieds, au milieu d'un bal dont elle était la reine, les hommages qu'elle y recueillait, et qu'elle épiait mon regard pour savoir si sa toilette était de mon goût, et qu'elle frissonnait de volupté lorsqu'elle me plaisait, j'étais ému de son émotion. Elle se tenait d'ailleurs sur un terrain où je ne pouvais pas la fuir; il m'était difficile de refuser certaines invitations parties du cercle diplomatique; sa qualité lui ouvrait tous les salons, et avec cette adresse que les femmes déploient pour obtenir ce qui leur plaît, elle se faisait placer à table par la maîtresse de la maison auprès de moi; puis elle me parlait à l'oreille. — « Si j'étais aimée comme l'est madame de Mortsauf, me disait-elle, je vous sacrifierais tout. » Elle me soumettait en riant les conditions les plus humbles, elle me promettait une discrétion à toute épreuve, ou me demandait de souffrir seulement qu'elle m'aimât. Elle me disait un jour ces mots qui satisfaisaient toutes les capitulations d'une conscience timorée et les effrénés désirs du jeune homme : « — Votre amie toujours, et votre maîtresse quand vous le voudrez! » Enfin elle médita de faire servir à ma perte la loyauté même de mon caractère, elle gagna mon valet de chambre, et après une soirée où elle s'était montrée si belle qu'elle était sûre d'avoir excité mes désirs, je la trouvai chez moi. Cet éclat retentit dans l'Angleterre, et son aristocratie se consterna comme le ciel à la chute de son plus bel ange. Lady Dudley quitta son nuage dans l'empyrée britannique, se réduisit à sa fortune, et voulut éclipser par ses sacrifices CELLE dont la vertu causa ce célèbre désastre. Lady Arabelle prit plaisir, comme le démon sur le faîte du temple, à me montrer les plus riches pays de son ardent royaume.

Lisez-moi, je vous en conjure, avec indulgence ? Il s'agit ici d'un des problèmes les plus intéressants de la vie humaine, d'une crise à laquelle ont été soumis la plus grande partie des hommes, et que je voudrais expliquer, ne fût-ce que pour allumer un phare sur cet écueil. Cette belle lady, si svelte, si frêle, cette femme de lait, si brisée, si brisable, si douce, d'un front si caressant, couronnée de cheveux de couleur fauve et si fins, cette créature dont l'éclat semble phosphorescent et passager, est une organisation de fer. Quelque fougueux qu'il soit, aucun cheval ne résiste à son poignet nerveux, à cette main molle en apparence et que rien ne lasse. Elle a le pied de la biche, un petit pied sec et musculeux, sous une grâce d'enveloppe indescriptible. Elle est d'une force à ne rien craindre dans une lutte ; nul homme ne peut la suivre à cheval, elle gagnerait le prix d'un *steep le chase* sur des centaures ; elle tire les daims et les cerfs sans arrêter son cheval. Son corps ignore la sueur, il aspire le feu dans l'atmosphère et vit dans l'eau sous peine de ne pas vivre. Aussi sa passion est-elle tout africaine ; son désir va comme le tourbillon du désert, le désert dont l'ardente immensité se peint dans ses yeux, le désert plein d'azur et d'amour, avec son ciel inaltérable, avec ses fraîches nuits étoilées. Quelles oppositions avec Clochegourde ! L'orient et l'occident, l'une attirant à elle les moindres parcelles humides pour s'en nourrir, l'autre exsudant son âme, enveloppant ses fidèles d'une lumineuse atmosphère ; celle-ci, vive et svelte ; celle-là, lente et grasse. Enfin, avez-vous jamais réfléchi au sens général des mœurs anglaises ? N'est-ce pas la divinisation de la matière, un épicuréisme défini, médité, savamment appliqué ? Quoi qu'elle fasse ou dise, l'Angleterre est matérialiste, à son insu peut-être. Elle a des prétentions religieuses et morales, d'où la spiritualité divine, d'où l'âme catholique est absente, et dont la grâce fécondante ne sera remplacée par aucune hypocrisie, quelque bien jouée qu'elle soit. Elle possède au plus haut degré cette science de l'existence qui bonifie les moindres parcelles de la matérialité, qui fait que votre pantoufle est la plus exquise pantoufle du monde, qui donne à votre linge une saveur indicible, qui double de cèdre et parfume les commodes; qui verse à l'heure dite un thé suave, savamment déplié, qui bannit la poussière, cloue des tapis depuis la première marche jusque dans les derniers replis de la maison, brosse les murs des caves, polit le marteau de la porte, assouplit les ressorts du carrosse, qui fait de la matière une pulpe nourrissante et cotonneuse, brillante et propre au sein de laquelle l'âme expire sous la jouissance; qui produit l'affreuse monotonie du bien-être, donne une vie sans opposition dénuée de spontanéité et qui pour tout dire vous machinise. Ainsi, je connus tout à coup au sein de ce luxe anglais une femme peut-être unique en son sexe, qui m'enveloppa dans les rets de cet amour renaissant de son agonie et aux prodigalités duquel j'apportais une continence sévère, de cet amour qui a des beautés accablantes, une électricité à lui, qui vous introduit souvent dans les cieux par les portes d'ivoire de son demi-sommeil, ou qui vous y enlève en croupe sur ses reins ailés. Amour horriblement ingrat, qui rit sur les cadavres de ceux qu'il tue; amour sans mémoire, un cruel amour qui ressemble à la politique anglaise, et dans lequel tombent presque tous les hommes. Vous comprenez déjà le problème. L'homme est composé de matière et d'esprit; l'animalité vient aboutir en lui, et l'ange commence à lui. De là cette lutte que nous éprouvons tous entre une destinée future que nous pressentons et les souvenirs de nos instincts antérieurs dont nous ne sommes pas entièrement détachés : un amour charnel et un amour divin. Tel homme les résout en un seul, tel autre s'abstient; celui-ci fouille le sexe entier pour y chercher la satisfaction de ses appétits antérieurs, celui-là l'idéalise en une seule femme dans laquelle se résume l'univers; les uns flottent indécis entre les voluptés de la matière et celles de l'esprit, les autres spiritualisent la chair en lui demandant ce qu'elle ne saurait donner. Si, pensant à ces traits généraux de l'amour, vous tenez compte des répulsions et des affinités qui résultent de la diversité des organisations, et qui brisent les pactes conclus entre ceux qui ne se sont pas éprouvés; si vous y joignez les erreurs produites par les espérances des gens qui vivent plus spécialement par l'esprit, par le cœur ou par l'action, qui pensent, qui sentent ou qui agissent, et dont les vocations sont trompées, méconnues dans une association où il se trouve deux êtres, également doubles ; vous aurez une grande indulgence pour les malheurs envers lesquels la société se montre sans pitié. Eh ! bien, lady Arabelle contente les instincts, les organes, les appétits, les vices et les vertus de la matière subtile dont nous sommes faits ; elle était la maîtresse du corps. Madame de Mortsauf était l'épouse de l'âme. L'amour que satisfaisait la maîtresse a des bornes, la matière est finie, ses propriétés ont des forces calculées, elle est soumise à d'inévitables saturations ; je sentais souvent je ne sais quel vide à Paris, près de lady Dudley. L'infini est le domaine du cœur, l'amour était sans bornes à Clochegourde. J'aimais passionnément lady Arabelle, et certes, si la bête était sublime en elle, elle avait aussi de la supériorité dans l'intelligence ; sa conversation moqueuse embrassait tout. Mais j'adorais Henriette. La nuit je pleurais de bonheur, le matin je pleurais de remords. Il est certaines femmes assez savantes pour cacher leur jalousie sous la bonté la plus angélique ; c'est celles qui, semblables à lady Dudley, ont dépassé trente ans. Ces femmes savent alors sentir et calculer, presser tout le suc du présent et penser à l'avenir ; elles peuvent étouffer des gémissements souvent légitimes avec l'énergie du chasseur qui ne s'aperçoit pas d'une blessure en poursuivant son bouillant hallali. Sans parler de madame de Mortsauf, Arabelle essayait de la tuer dans mon âme où elle la retrouvait toujours, et sa passion se ravivait au souffle de cet amour invincible. Afin de triompher par des comparaisons qui fussent à son avantage, elle ne se montra ni soupçonneuse, ni tracassière, ni curieuse, comme le sont la plupart des jeunes femmes ; mais, semblable à la lionne qui a saisi dans sa gueule et rapporté dans son antre une proie à ronger, elle veillait à ce que rien ne troublât son bonheur, et me gardait comme une conquête insoumise. J'écrivais à Henriette sous ses yeux, jamais elle ne lut une seule ligne, jamais elle ne chercha par aucun moyen à savoir l'adresse écrite sur mes lettres. J'avais ma liberté. Elle semblait s'être dit : — Si je le perds, je n'en accuserai que moi. Et elle s'appuyait fièrement sur un amour si dévoué qu'elle m'aurait donné sa vie sans hésiter si je la lui avais demandée. Enfin elle m'avait fait croire que, si je la quittais, elle se tuerait aussitôt. Il fallait l'entendre à ce sujet célébrer la coutume des veuves indiennes qui se brûlent sur le bûcher de leurs maris. — « Quoique dans l'Inde cet usage soit une distinction réservée à la classe noble, et que, sous ce rapport, il soit peu compris des Européens incapables de deviner la dédaigneuse grandeur de ce privilége, avouez, me disait-elle, que, dans nos plates mœurs modernes, l'aristocratie ne peut plus se relever que par l'extraordinaire des sentiments ? Comment puis-je apprendre aux bourgeois que le sang de mes veines ne ressemble pas au leur, si ce n'est en mourant autrement qu'ils ne meurent ? Des femmes sans naissance peuvent avoir les diamants, les étoffes, les chevaux, les écussons même qui devraient nous être réservés, car on achète un nom ! Mais, aimer, tête levée, à contre-sens de la loi, mourir pour l'idole que l'on s'est choisie en se taillant un linceul dans les draps de son lit, soumettre le monde et le ciel à un homme en dérobant ainsi au Tout-Puissant le droit de faire un Dieu, ne le trahir pour rien, pas même pour la vertu ; car se refuser à lui au nom du devoir, n'est-ce pas se donner à quelque chose qui n'est pas *lui?*... que ce soit un homme ou une idée, il y a toujours trahison ! Voilà des grandeurs où n'atteignent pas les femmes vulgaires ; elles ne connaissent que deux routes communes, ou le grand chemin de la vertu, ou le bourbeux sentier de la courtisane ! » Elle procédait, vous le voyez, par l'orgueil, elle flattait toutes les vanités en les défiant, elle me mettait si haut qu'elle ne pouvait vivre qu'à mes genoux ; aussi toutes les séductions de son esprit étaient-elles exprimées par sa pose d'esclave et par son entière soumission. Elle savait rester tout un jour, étendue à mes pieds, silencieuse, occupée à me regarder, épiant l'heure du plaisir comme une cadine du sérail et l'avançant par d'habiles coquetteries, tout en paraissant l'attendre. Par quels mots peindre les six premiers mois pendant lesquels je fus en proie aux énervantes jouissances d'un amour fertile en plaisirs, et qui les variait avec le savoir que donne l'expérience, mais en cachant son instruction sous les emportements de la passion. Ces plaisirs, subite révélation de la poésie des sens, constituent le lien vigoureux par lequel les jeunes gens s'attachent aux femmes plus âgées qu'eux ; mais ce lien est l'anneau du forçat, il laisse dans l'âme une ineffaçable empreinte, il y met un dégoût anticipé pour les amours frais, candides, riches de fleurs seulement, et qui ne savent pas servir d'alcohol dans des coupes d'or curieusement ciselées, enrichies de pierres où brillent d'inépuisables feux. En savourant les voluptés que je rêvais sans les connaître, que j'avais exprimées dans mes *selam*, et que l'union des âmes rend mille fois plus ardentes, je ne manquai pas de paradoxes pour me justifier à moi-même la complaisance avec laquelle je m'abreuvais à cette belle coupe. Souvent lorsque, perdue dans l'infini de la lassitude, mon âme dégagée du corps voltigeait loin de la terre, je pensais que ces plaisirs étaient un moyen d'annuler la matière et de rendre l'esprit à son vol sublime. Souvent lady Dudley, comme beaucoup de femmes, profitait de l'exaltation à laquelle conduit l'excès du bonheur, pour me lier par des serments; et, sous le coup d'un désir, elle m'arrachait des blasphèmes contre l'ange de Clochegourde. Une fois traître, je devins fourbe. Je continuai d'écrire à madame de Mortsauf comme si j'étais toujours le même enfant au méchant petit habit bleu qu'elle aimait tant; mais, je l'avoue, son don de seconde vue m'épouvantait quand je pensais aux désastres qu'une indiscrétion pouvait causer dans le joli château de mes espérances. Souvent, au milieu de mes joies, une soudaine douleur me glaçait, j'entendais le nom d'Henriette prononcé par une voix d'en haut comme le : — *Caïn, où est Abel ?* de l'Écriture. Mes lettres restèrent sans réponse. Je fus saisi d'une horrible inquiétude, je voulus partir pour Clochegourde. Arabelle ne s'y opposa point, mais elle parla naturellement de m'accompagner en Touraine. Son caprice aiguisé par la difficulté, ses pressentiments justifiés par un bonheur inespéré, tout avait engendré chez elle un amour réel qu'elle désirait rendre unique. Son génie de femme lui fit apercevoir dans ce voyage un moyen de me détacher entièrement de madame de Mortsauf; tandis que, aveuglé par la peur, emporté par la naïveté de la passion vraie, je ne vis pas le piége où j'allais être pris. Lady Dudley proposa les concessions les plus humbles et prévint toutes les objections. Elle consentit à demeurer près de Tours, à la campagne, inconnue, déguisée, sans sortir le jour, et à choisir pour nos rendez-vous les heures de la nuit où personne ne pouvait nous rencontrer. Je partis de Tours à cheval pour Clochegourde. J'avais mes raisons en y venant ainsi, car il me fallait pour mes excursions nocturnes un cheval, et le mien était un cheval arabe que lady Esther Stanhope avait envoyé à la marquise, et qu'elle m'avait échangé contre ce fameux tableau de Rembrandt, qu'elle a dans son salon à Londres, et que j'ai si singulièrement obtenu. Je pris le chemin que j'avais parcouru pédestrement six ans auparavant, et m'arrêtai sous le noyer. De là, je vis madame de Mortsauf en robe blanche au bord de la terrasse. Aussitôt je m'élançai vers elle avec la rapidité de l'éclair, et fus en

quelques minutes au bas du mur, après avoir franchi la distance en
droite ligne, comme s'il s'agissait d'une course au clocher. Elle entendit les bonds prodigieux de l'hirondelle du désert, et, quand je
l'arrêtai net au coin de la terrasse, elle me dit : — Ah ! vous voilà !

Ces trois mots me foudroyèrent. Elle savait mon aventure. Qui la
lui avait apprise? sa mère, de qui plus tard elle me montra la lettre odieuse ! La faiblesse indifférente de cette voix, jadis si pleine
de vie, la pâleur mate du son révélaient une douleur mûrie, exhalaient je ne sais quelle odeur de fleurs coupées sans retour. L'ouragan de l'infidélité, semblable à ces crues de la Loire qui ensablent à jamais une terre, avait passé sur son âme en faisant un désert là où verdoyaient d'opulentes prairies. Je fis entrer mon cheval par la petite porte ; il se coucha sur le gazon à mon commandement, et la comtesse, qui s'était avancée à pas lents, s'écria : —
Le bel animal ! Elle se tenait les bras croisés pour que je ne prisse
pas sa main, je devinai son intention. — Je vais prévenir monsieur
de Mortsauf, dit-elle en me quittant.

Je demeurai debout, confondu, la laissant aller, la contemplant,
toujours noble, lente, fière, plus blanche que je ne l'avais vue, mais
gardant au front la jaune empreinte du sceau de la plus amère
mélancolie, et penchant la tête comme un lys trop chargé de
pluie.

— Henriette ! criai-je avec la rage de l'homme qui se sent
mourir.

Elle ne se retourna point, elle ne s'arrêta pas, elle dédaigna de
me dire qu'elle m'avait retiré son nom, qu'elle n'y répondait plus,
elle marchait toujours. Je pourrai dans cette épouvantable vallée où
doivent tenir des millions de peuples devenus poussière et dont
l'âme anime maintenant la surface du globe, je pourrai me trouver
petit au sein de cette foule pressée sous les immensités lumineuses
qui l'éclaireront de leur gloire ; mais alors je serai moins aplati
que je ne le fus devant cette forme blanche, montant comme monte
dans les rues d'une ville quelque inflexible inondation, montant
d'un pas égal à son château de Clochegourde, la gloire et le supplice de cette Didon chrétienne ! Je maudis Arabelle par une seule
imprécation qui l'eût tuée si elle l'eût entendue, elle qui avait tout
laissé pour moi, comme on laisse tout pour Dieu ! Je restai perdu
dans un monde de pensées, en apercevant de tous côtés l'infini de la
douleur. Je les vis alors descendant tous. Jacques courait avec l'im-

pétuosité naïve de son âge. Gazelle aux yeux mourants, Madeleine accompagnait sa mère. Je serrai Jacques contre mon cœur en versant sur lui les effusions de l'âme et les larmes que rejetait sa mère. Monsieur de Mortsauf vint à moi, me tendit les bras, me pressa sur lui, m'embrassa sur les joues, en me disant : — Félix, j'ai su que je vous devais la vie!

Madame de Mortsauf nous tourna le dos pendant cette scène, en prenant le prétexte de montrer le cheval à Madeleine stupéfaite.

— Ha! diantre! voilà bien les femmes, cria le comte en colère, elles examinent votre cheval.

Madeleine se retourna, vint à moi, je lui baisai la main en regardant la comtesse qui rougit.

— Elle est bien mieux, Madeleine, dis-je.

— Pauvre fillette! répondit la comtesse en la baisant au front.

— Oui, pour le moment, ils sont tous bien, répondit le comte. Moi seul, mon cher Félix, suis délabré comme une vieille tour qui va tomber.

— Il paraît que le général a toujours ses dragons noirs, repris-je en regardant madame de Mortsauf.

— Nous avons tous nos *blues devils*, répondit-elle. N'est-ce pas le mot anglais?

Nous remontâmes vers les clos en nous promenant ensemble, et sentant tous qu'il était survenu quelque grave événement. Elle n'avait aucun désir d'être seule avec moi. Enfin j'étais son hôte.

— Pour le coup, et votre cheval? dit le comte quand nous fûmes sortis.

— Vous verrez, reprit la comtesse, que j'aurai tort en y pensant, et tort en n'y pensant plus.

— Mais oui, dit-il, il faut tout faire en temps utile.

— J'y vais, dis-je en trouvant ce froid accueil insupportable. Moi seul puis le faire sortir, et le caser comme il faut. Mon *groom* vient par la voiture de Chinon, il le pansera.

— Le *groom* arrive-t-il aussi d'Angleterre? dit-elle.

— Il ne s'en fait que là, répondit le comte qui devint gai en voyant sa femme triste.

La froideur de sa femme fut une occasion de la contredire, il m'accabla de son amitié. Je connus la pesanteur de l'attachement d'un mari. Ne croyez pas que le moment où leurs attentions assassinent les âmes nobles soit le temps où leurs femmes prodiguent une affection qui semble leur être volée; non! ils sont odieux et insupportables le jour où cet amour s'envole. La bonne intelligence, condition essentielle aux attachements de ce genre, apparaît alors comme un moyen; elle pèse alors, elle est horrible comme tout moyen que sa fin ne justifie plus.

— Mon cher Félix, me dit le comte en me prenant les mains et me les serrant affectueusement, pardonnez à madame de Mortsauf, les femmes ont besoin d'être quinteuses, leur faiblesse les excuse, elles ne sauraient avoir l'égalité d'humeur que nous donne la force du caractère. Elle vous aime beaucoup, je le sais; mais...

Pendant que le comte parlait, madame de Mortsauf s'éloigna de nous insensiblement de manière à nous laisser seuls.

— Félix, me dit-il alors à voix basse en contemplant sa femme qui remontait au château accompagnée de ses deux enfants, j'ignore ce qui se passe dans l'âme de madame de Mortsauf, mais son caractère a complétement changé depuis six semaines. Elle si douce, si dévouée jusqu'ici, devient d'une maussaderie incroyable!

Manette m'apprit plus tard que la comtesse était tombée dans un abattement qui la rendait insensible aux tracasseries du comte. En ne rencontrant plus de terre molle où planter ses flèches, cet homme était devenu inquiet comme l'enfant qui ne voit plus remuer le pauvre insecte qu'il tourmente. En ce moment il avait besoin d'un confident comme l'exécuteur a besoin d'un aide.

— Essayez, dit-il après une pause, de questionner madame de Mortsauf. Une femme a toujours des secrets pour son mari; mais elle vous confiera peut-être le sujet de ses peines. Dût-il m'en coûter la moitié des jours qui me restent et la moitié de ma fortune, je sacrifierais tout pour la rendre heureuse. Elle est si nécessaire à ma vie! Si dans ma vieillesse je ne sentais pas toujours cet ange à mes côtés, je serais le plus malheureux des hommes! je voudrais mourir tranquille. Dites-lui donc qu'elle n'a pas long-temps à me supporter. Moi, Félix, mon pauvre ami, je m'en vais, je le sais. Je cache à tout le monde la fatale vérité, pourquoi les affliger par avance? Toujours le pylore, mon ami! J'ai fini par saisir les causes de la maladie, la sensibilité m'a tué. En effet, toutes nos affections frappent sur le centre gastrique...

— En sorte, lui dis-je en souriant, que les gens de cœur périssent par l'estomac?

— Ne riez pas, Félix, rien n'est plus vrai. Les peines trop vives exagèrent le jeu du grand sympathique. Cette exaltation de la sensibilité entretient dans une constante irritation la muqueuse de l'estomac. Si cet état persiste, il amène des perturbations d'abord insensibles dans les fonctions digestives : les sécrétions s'altèrent, l'appétit se déprave et la digestion se fait capricieuse : bientôt des douleurs poignantes apparaissent, s'aggravent et deviennent de jour en jour plus fréquentes; puis la désorganisation arrive à son comble comme si quelque poison lent se mêlait au bol alimentaire; la muqueuse s'épaissit, l'induration de la valvule du pylore s'opère et il s'y forme un squirrhe dont il faut mourir. Eh! bien, j'en suis là, mon cher! L'induration marche sans que rien puisse l'arrêter. Voyez mon teint jaune-paille, mes yeux secs et brillants, ma maigreur excessive? Je me dessèche. Que voulez-vous, j'ai rapporté de l'émigration le germe de cette maladie : j'ai tant souffert alors! Mon mariage, qui pouvait réparer les maux de l'émigration, loin de calmer mon âme ulcérée, a ravivé la plaie. Qu'ai-je trouvé ici? d'éternelles alarmes causées par mes enfants, des chagrins domestiques, une fortune à refaire, des économies qui engendraient mille privations que j'imposais à ma femme et dont je pâtissais le premier. Enfin, je ne puis confier ce secret qu'à vous, mais voici ma plus dure peine. Quoique Blanche soit un ange, elle ne me comprend pas; elle ne sait rien de mes douleurs, elle les contrarie, je lui pardonne! Tenez, ceci est affreux à dire, mon ami; mais une femme moins vertueuse qu'elle m'aurait rendu plus heureux en se prêtant à des adoucissements que Blanche n'imagine pas, car elle est niaise comme un enfant! Ajoutez que mes gens me tourmentent, c'est des buses qui entendent grec lorsque je parle français. Quand notre fortune a été reconstruite, coussi coussi, quand j'ai eu moins d'ennui, le mal était fait, j'atteignais à la période des appétits dépravés; puis est venue ma grande maladie, si mal prise par Origet. Bref, aujourd'hui je n'ai pas six mois à vivre...

J'écoutais le comte avec terreur. En revoyant la comtesse, le brillant de ses yeux secs et la teinte jaune-paille de son front m'avaient frappé, j'entraînai le comte vers la maison en paraissant écouter ses plaintes mêlées de dissertations médicales; mais je ne songeais qu'à Henriette et voulais l'observer. Je trouvai la comtesse dans le salon, où elle assistait à une leçon de mathématiques donnée à Jacques par l'abbé de Dominis, en montrant à Madeleine un point de tapisserie. Autrefois elle aurait bien su, le jour de mon arrivée, remettre ses occupations pour être toute à moi ; mais mon amour était si profondément vrai que je refoulai dans mon cœur le chagrin que me causa ce contraste entre le présent et le passé ; car je voyais la fatale teinte jaune-paille qui, sur ce céleste visage, ressemblait au reflet des lueurs divines que les peintres italiens ont mises à la figure des saintes. Je sentis alors en moi le vent glacé de la mort. Puis quand le feu de ses yeux dénués de l'eau limpide où jadis nageait son regard tomba sur moi, je frissonnai ; j'aperçus alors quelques changements dus au chagrin et que je n'avais point remarqués en plein air : les lignes si menues qui, à ma dernière visite, n'étaient que légèrement imprimées sur son front, l'avaient creusé ; ses tempes bleuâtres semblaient ardentes et concaves ; ses yeux s'étaient enfoncés sous leurs arcades attendries, et le tour avait bruni ; elle était mortifiée comme le fruit sur lequel les meurtrissures commencent à paraître, et qu'un ver intérieur fait prématurément blondir. Moi, dont toute l'ambition était de verser le bonheur à flots dans son âme, n'avais-je pas jeté l'amertume dans la source où se rafraîchissait sa vie, où se retrempait son courage ? Je vins m'asseoir à ses côtés, et lui dis d'une voix où pleurait le repentir : — Êtes-vous contente de votre santé ?

— Oui, répondit-elle en plongeant ses yeux dans les miens. Ma santé, la voici, reprit-elle en me montrant Jacques et Madeleine.

Sortie victorieuse de sa lutte avec la nature, à quinze ans, Madeleine était femme ; elle avait grandi, ses couleurs de rose du Bengale renaissaient sur ses joues bistrées ; elle avait perdu l'insouciance de l'enfant qui regarde tout en face, et commençait à baisser les yeux ; ses mouvements devenaient rares et graves comme ceux de sa mère ; sa taille était svelte, et les grâces de son corsage fleurissaient déjà ; déjà la coquetterie lissait ses magnifiques cheveux noirs, séparés en deux bandeaux sur son front d'Espagnole. Elle ressemblait aux jolies statuettes du Moyen-Age, si fines de contour, si minces de forme que l'œil en les caressant craint de les voir se briser ; mais la santé, ce fruit éclos après tant d'efforts, avait mis sur ses joues le velouté de la pêche, et le long de son col le soyeux duvet où, comme chez sa mère, se jouait la lumière. Elle devait vivre ! Dieu l'avait écrit, cher bouton de la plus belle

27.

des fleurs humaines! sur les longs cils de tes paupières, sur la courbe de tes épaules qui promettaient de se développer richement comme celles de ta mère! Cette brune jeune fille, à la taille de peuplier, contrastait avec Jacques, frêle jeune homme de dix-sept ans, de qui la tête avait grossi, dont le front inquiétait par sa rapide extension, dont les yeux fiévreux, fatigués, étaient en harmonie avec une voix profondément sonore. L'organe livrait un trop fort volume de son, de même que le regard laissait échapper trop de pensées. C'était l'intelligence, l'âme, le cœur d'Henriette dévorant de leur flamme rapide un corps sans consistance ; car Jacques avait ce teint de lait animé des couleurs ardentes qui distinguent les jeunes Anglaises marquées par le fléau pour être abattues dans un temps déterminé ; santé trompeuse ! En obéissant au signe par lequel Henriette, après m'avoir montré Madeleine, indiquait Jacques qui traçait des figures de géométrie et des calculs algébriques sur un tableau devant l'abbé de Dominis, je tressaillis à l'aspect de cette mort cachée sous les fleurs, et respectai l'erreur de la pauvre mère.

— Quand je les vois ainsi, la joie fait taire mes douleurs, de même qu'elles se taisent et disparaissent quand je les vois malades. Mon ami, dit-elle l'œil brillant de plaisir maternel, si d'autres affections nous trahissent, les sentiments récompensés ici, les devoirs accomplis et couronnés de succès compensent la défaite essuyée ailleurs. Jacques sera comme vous un homme d'une haute instruction, plein de vertueux savoir ; il sera comme vous l'honneur de son pays, qu'il gouvernera peut-être, aidé par vous qui serez si haut placé ; mais je tâcherai qu'il soit fidèle à ses premières affections. Madeleine, la chère créature, a déjà le cœur sublime, elle est pure comme la neige du plus haut sommet des Alpes, elle aura le dévouement de la femme et sa gracieuse intelligence, elle est fière, elle sera digne des Lenoncourt ! La mère jadis si tourmentée est maintenant bien heureuse, heureuse d'un bonheur infini, sans mélange ; oui, ma vie est pleine, ma vie est riche. Vous le voyez, Dieu fait éclore mes joies au sein des affections permises et mêle de l'amertume à celles vers lesquelles m'entraînait un penchant dangereux...

— Bien, s'écria joyeusement l'abbé. Monsieur le vicomte en sait autant que moi...

En achevant sa démonstration Jacques toussa légèrement.

— Assez pour aujourd'hui, mon cher abbé, dit la comtesse émue, et surtout pas de leçon de chimie. Montez à cheval, Jacques, reprit-elle en se laissant embrasser par son fils avec la caressante mais digne volupté d'une mère, et les yeux tournés vers moi comme pour insulter mes souvenirs. Allez, cher, et soyez prudent.

— Mais, lui dis-je pendant qu'elle suivait Jacques par un long regard, vous ne m'avez pas répondu. Ressentez-vous quelques douleurs?

— Oui, parfois à l'estomac. Si j'étais à Paris, j'aurais les honneurs d'une gastrite, la maladie à la mode.

— Ma mère souffre souvent et beaucoup, me dit Madeleine.

— Ah! dit-elle, ma santé vous intéresse?...

Madeleine étonnée de la profonde ironie empreinte dans ces mots, nous regarda tour à tour; mes yeux comptaient des fleurs roses sur le coussin de son meuble gris et vert qui ornait le salon.

— Cette situation est intolérable, lui dis-je à l'oreille.

— Est-ce moi qui l'ai créée? me demanda-t-elle. Cher enfant, ajouta-t-elle à haute voix en affectant ce cruel enjouement par lequel les femmes enjolivent leurs vengeances, ignorez-vous l'histoire moderne? la France et l'Angleterre ne sont-elles pas toujours ennemies? Madeleine sait cela, elle sait qu'une mer immense les sépare, mer froide, mer orageuse.

Les vases de la cheminée étaient remplacés par des candélabres, afin sans doute de m'ôter le plaisir de les remplir de fleurs; je les retrouvai plus tard dans sa chambre. Quand mon domestique arriva, je sortis pour lui donner des ordres; il m'avait apporté quelques affaires que je voulus placer dans ma chambre.

— Félix, me dit la comtesse, ne vous trompez pas! L'ancienne chambre de ma tante est maintenant celle de Madeleine, vous êtes au-dessus du comte.

Quoique coupable, j'avais un cœur, et tous ces mots étaient des coups de poignard froidement donnés aux endroits les plus sensibles qu'elle semblait choisir pour frapper. Les souffrances morales ne sont pas absolues, elles sont en raison de la délicatesse des âmes, et la comtesse avait durement parcouru cette échelle des douleurs; mais, par cette raison même, la meilleure femme sera toujours d'autant plus cruelle qu'elle a été plus bienfaisante; je la regardai, mais elle baissa la tête. J'allai dans ma nouvelle chambre qui était jolie, blanche et verte. Là, je fondis en larmes. Henriette m'entendit, elle y vint en apportant un bouquet de fleurs.

— Henriette, lui dis-je, en êtes-vous à ne point pardonner la plus excusable des fautes?

— Ne m'appelez jamais Henriette, reprit-elle, elle n'existe plus, la pauvre femme; mais vous trouverez toujours madame de Mortsauf, une amie dévouée qui vous écoutera, qui vous aimera. Félix, nous causerons plus tard. Si vous avez encore de la tendresse pour moi, laissez-moi m'habituer à vous voir; et au moment où les mots me déchireront moins le cœur, à l'heure où j'aurai reconquis un peu de courage, eh! bien, alors, alors seulement. Voyez-vous cette vallée, dit-elle en me montrant l'Indre, elle me fait mal, je l'aime toujours.

— Ah! périsse l'Angleterre et toutes ses femmes! Je donne ma démission au roi, je meurs ici, pardonné.

— Non, aimez-la, cette femme! Henriette n'est plus, ceci n'est pas un jeu, vous le saurez.

Elle se retira, dévoilant par l'accent de ce dernier mot l'étendue de ses plaies. Je sortis vivement, la retins et lui dis : — Vous ne m'aimez donc plus?

— Vous m'avez fait plus de mal que tous les autres ensemble! Aujourd'hui je souffre moins, je vous aime donc moins; mais il n'y a qu'en Angleterre où l'on dise *ni jamais, ni toujours;* ici nous disons *toujours.* Soyez sage, n'augmentez pas ma douleur; et si vous souffrez, songez que je vis, moi!

Elle me retira sa main que je tenais froide, sans mouvement, mais humide, et se sauva comme une flèche en traversant le corridor où cette scène véritablement tragique avait eu lieu. Pendant le dîner, le marquis me réservait un supplice auquel je n'avais pas songé.

— La marquise Dudley n'est donc pas à Paris? me dit-il.

Je rougis excessivement en lui répondant : — Non.

— Elle n'est pas à Tours, dit le comte en continuant.

— Elle n'est pas divorcée, elle peut aller en Angleterre. Son mari serait bien heureux, si elle voulait revenir à lui, dis-je avec vivacité.

— A-t-elle des enfants, demanda madame de Mortsauf d'une voix altérée.

— Deux fils, lui dis-je.

— Où sont-ils?

— En Angleterre, avec le père.

— Voyons, Félix, soyez franc. Est-elle aussi belle qu'on le dit?

— Pouvez-vous lui faire une semblable question? la femme qu'on aime n'est-elle pas toujours la plus belle des femmes, s'écria la comtesse.

— Oui, toujours, dis-je avec orgueil en lui lançant un regard qu'elle ne soutint pas.

— Vous êtes heureux, reprit le comte, oui, vous êtes un heureux coquin. Ah! dans ma jeunesse, j'aurais été fou d'une semblable conquête...

— Assez, dit madame de Mortsauf, en montrant par un regard Madeleine à son père.

— Je ne suis pas un enfant, dit le comte qui se plaisait à redevenir jeune.

En sortant de table, la comtesse m'amena sur la terrasse, et quand nous y fûmes, elle s'écria : — Comment, il se rencontre des femmes qui sacrifient leurs enfants à un homme? La fortune, le monde, je le conçois, l'éternité, oui, peut-être! Mais les enfants! se priver de ses enfants!

— Oui, et ces femmes voudraient avoir encore à sacrifier plus, elles donnent tout...

Pour la comtesse, le monde se renversa, ses idées se confondirent. Saisie par ce grandiose, soupçonnant que le bonheur devait justifier cette immolation, entendant en elle-même les cris de la chair révoltée, elle demeura stupide en face de sa vie manquée. Oui, elle eut un moment de doute horrible; mais elle se releva grande et sainte, portant haut la tête.

— Aimez-la donc bien, Félix, cette femme, dit-elle avec des larmes aux yeux, ce sera ma sœur heureuse. Je lui pardonne les maux qu'elle m'a faits, si elle vous donne ce que vous ne deviez jamais trouver ici, ce que vous ne pouvez plus tenir de moi. Vous avez eu raison, je ne vous ai jamais dit que je vous aimasse, et je ne vous ai jamais aimé comme on aime dans ce monde. Mais si elle n'est pas mère, comment peut-elle aimer?

— Chère sainte, repris-je, il faudrait que je fusse moins ému que je ne le suis pour t'expliquer que tu planes victorieusement au-dessus d'elle, qu'elle est une femme de la terre, une fille des races déchues, et que tu es la fille des cieux, l'ange adoré, que tu as tout mon cœur et qu'elle n'a que ma chair; elle le sait, elle en est au désespoir, et elle changerait avec toi, quand même le plus cruel martyre lui serait imposé pour prix de ce changement. Mais tout est irrémédiable. A toi l'âme, à toi les pensées, l'amour pur, à toi la jeunesse et la vieillesse; à elle les désirs et les plaisirs de la passion fugitive; à toi mon souvenir dans toute son étendue, à elle l'oubli le plus profond.

— Dites, dites, dites-moi donc cela, ô mon ami ! Elle alla s'asseoir sur un banc et fondit en larmes. La vertu, Félix, la sainteté de la vie, l'amour maternel, ne sont donc pas des erreurs. Oh ! jetez ce baume sur mes plaies ! Répétez une parole qui me rend aux cieux où je voulais tendre d'un vol égal avec vous ! Bénissez-moi par un regard, par un mot sacré, je vous pardonnerai les maux que j'ai soufferts depuis deux mois.

— Henriette, il est des mystères de notre vie que vous ignorez. Je vous ai rencontrée dans un âge auquel le sentiment peut étouffer les désirs inspirés par notre nature; mais plusieurs scènes dont le souvenir me réchaufferait à l'heure où viendra la mort ont dû vous attester que cet âge finissait, et votre constant triomphe a été d'en prolonger les muettes délices. Un amour sans possession se soutient par l'exaspération même des désirs; puis il vient un moment où tout est souffrance en nous, qui ne ressemblons en rien à vous. Nous possédons une puissance qui ne saurait être abdiquée, sous peine de ne plus être hommes. Privé de la nourriture qui le doit alimenter, le cœur se dévore lui-même, et sent un épuisement qui n'est pas la mort, mais qui la précède. La nature ne peut donc pas être long-temps trompée; au moindre accident, elle se réveille avec une énergie qui ressemble à la folie. Non, je n'ai pas aimé, mais j'ai eu soif au milieu du désert.

— Du désert ! dit-elle avec amertume en montrant la vallée. Et, ajouta-t-elle, comme il raisonne, et combien de distinctions subtiles ? les fidèles n'ont pas tant d'esprit.

— Henriette, lui dis-je, ne nous querellons pas pour quelques expressions hasardées. Non, mon âme n'a pas vacillé, mais je n'ai pas été maître de mes sens. Cette femme n'ignore pas que tu es la seule aimée. Elle joue un rôle secondaire dans ma vie, elle le sait, et s'y résigne; j'ai le droit de la quitter, comme on quitte une courtisane...

— Et alors...

— Elle m'a dit qu'elle se tuerait, répondis-je en croyant que cette résolution surprendrait Henriette. Mais en m'entendant elle laissa échapper un de ces dédaigneux sourires plus expressifs encore que les pensées qu'ils traduisaient. — Ma chère conscience, repris-je, si tu me tenais compte de mes résistances et des séductions qui conspiraient ma perte, tu concevrais cette fatale...

— Oh! oui fatale! dit-elle, J'ai cru trop en vous! J'ai cru que vous ne manqueriez pas de la vertu que pratique le prêtre et... que possède monsieur de Mortsauf, ajouta-t-elle en donnant à sa voix le mordant de l'épigramme. — Tout est fini, reprit-elle après une pause, je vous dois beaucoup, mon ami; vous avez éteint en moi les flammes de la vie corporelle. Le plus difficile du chemin est fait, l'âge approche, me voilà souffrante, bientôt maladive; je ne pourrais être pour vous la brillante fée qui vous verse une pluie de faveurs. Soyez fidèle à lady Arabelle. Madeleine, que j'élevais si bien pour vous, à qui sera-t-elle? Pauvre Madeleine, pauvre Madeleine! répéta-t-elle comme un douloureux refrain. Si vous l'aviez entendue me disant : Ma mère, vous n'êtes pas gentille pour Félix! La chère créature!

Elle me regarda sous les tièdes rayons du soleil couchant qui glissaient à travers le feuillage, et prise de je ne sais quelle compassion pour nos débris, elle se replongea dans notre passé si pur, en se laissant aller à des contemplations qui furent mutuelles. Nous reprenions nos souvenirs, nos yeux allaient de la vallée aux clos, des fenêtres de Clochegourde à Frapesle, en peuplant cette rêverie de nos bouquets embaumés, des romans de nos désirs. Ce fut sa dernière volupté, savourée avec la candeur de l'âme chrétienne. Cette scène, si grande pour nous, nous avait jetés dans une même mélancolie. Elle crut à mes paroles, et se vit où je la mettais, dans les cieux.

— Mon ami, me dit-elle, j'obéis à Dieu, car son doigt est dans tout ceci.

Je ne connus que plus tard la profondeur de ce mot. Nous remontâmes lentement par les terrasses. Elle prit mon bras, s'y appuya résignée, saignant, mais ayant mis un appareil sur ses blessures.

— La vie humaine est ainsi, me dit-elle. Qu'a fait monsieur de Mortsauf pour mériter son sort? Ceci nous démontre l'existence d'un monde meilleur. Malheur à ceux qui se plaindraient d'avoir marché dans la bonne voie!

Elle se mit alors à si bien évaluer la vie, à la si profondément considérer sous ses diverses faces, que ces froids calculs me révélèrent le dégoût qui l'avait saisie pour toutes les choses d'ici-bas. En arrivant sur le perron, elle quitta mon bras, et dit cette dernière phrase : — Si Dieu nous a donné le sentiment et le goût du bonheur, ne doit-il pas se charger des âmes innocentes qui n'ont trouvé que des afflictions ici-bas. Cela est, ou Dieu n'est pas, ou notre vie serait une amère plaisanterie.

A ces derniers mots, elle rentra brusquement, et je la trouvai sur son canapé, couchée comme si elle avait été foudroyée par la voix qui terrassa saint Paul.

— Qu'avez-vous? lui dis-je.

— Je ne sais plus ce qu'est la vertu, dit-elle, et n'ai pas conscience de la mienne!

Nous restâmes pétrifiés tous deux, écoutant le son de cette parole comme celui d'une pierre jetée dans un gouffre.

— Si je me suis trompée dans ma vie, *elle* a raison, *elle!* reprit madame de Mortsauf.

Ainsi son dernier combat suivit sa dernière volupté. Quand le comte vint, elle se plaignit, elle qui ne se plaignait jamais; je la conjurai de me préciser ses souffrances, mais elle refusa de s'expliquer, et s'alla coucher en me laissant en proie à des remords qui naissaient les uns des autres. Madeleine accompagna sa mère; et le lendemain je sus par elle que la comtesse avait été prise de vomissements causés, dit-elle par les violentes émotions de cette journée. Ainsi, moi qui souhaitais donner ma vie pour elle, je la tuais.

— Cher comte, dis-je à monsieur de Mortsauf qui me força de jouer au trictrac, je crois la comtesse très-sérieusement malade, il est encore temps de la sauver; appelez Origet, et suppliez-la de suivre ses avis...

— Origet qui m'a tué? dit-il en m'interrompant. Non, non, je consulterai Carbonneau.

Pendant cette semaine, et surtout les premiers jours, tout me fut souffrance, commencement de paralysie au cœur, blessure à la vanité, blessure à l'âme. Il faut avoir été le centre de tout, des regards et des soupirs, avoir été le principe de la vie, le foyer d'où chacun tirait sa lumière, pour connaître l'horreur du vide. Les mêmes choses étaient là, mais l'esprit qui les vivifiait s'était éteint comme une flamme soufflée. J'ai compris l'affreuse nécessité où sont les amants de ne plus se revoir quand l'amour est envolé. N'être plus rien, là où l'on a régné! Trouver la silencieuse froideur de la mort là où scintillaient les joyeux rayons de la vie! les comparaisons accablent. Bientôt j'en vins à regretter la douloureuse ignorance de tout bonheur qui avait assombri ma jeunesse. Aussi mon désespoir devint-il si profond que la comtesse en fut, je crois, attendrie. Un jour, après le dîner, pendant que nous nous promenions tous sur le bord de l'eau, je fis un dernier effort pour obtenir mon pardon. Je priai Jacques d'emmener sa sœur en avant, je laissai le comte aller seul, et conduisant madame de Mortsauf vers la toue : — Henriette, lui dis-je, un mot, de grâce, ou je me jette dans l'Indre! J'ai failli, oui, c'est vrai; mais n'imité-je pas le chien dans son sublime attachement! je reviens comme lui, comme lui plein de honte; s'il fait mal, il est châtié, mais il adore la main qui le frappe; brisez-moi, mais rendez-moi votre cœur...

— Pauvre enfant! dit-elle, n'êtes-vous pas toujours mon fils?

Elle prit mon bras et regagna silencieusement Jacques et Madeleine, avec lesquels elle revint à Clochegourde par les clos en me laissant au comte, qui se mit à parler politique à propos de ses voisins.

— Rentrons, lui dis-je, vous avez la tête nue, et la rosée du soir pourrait causer quelque accident.

— Vous me plaigniez, vous! mon cher Félix, me répondit-il, en se méprenant sur mes intentions. Ma femme ne m'a jamais voulu consoler, par système peut-être.

Jamais elle ne m'aurait laissé seul avec son mari, maintenant j'avais besoin de prétextes pour l'aller rejoindre. Elle était avec ses enfants occupée à expliquer les règles du trictrac à Jacques.

— Voilà, dit le comte, toujours jaloux de l'affection qu'elle portait à ses deux enfants, voilà ceux pour lesquels je suis toujours abandonné. Les maris, mon cher Félix, ont toujours le dessous; la femme la plus vertueuse trouve encore le moyen de satisfaire son besoin de voler l'affection conjugale.

Elle continua ses caresses sans répondre.

— Jacques, dit-il, venez ici!

Jacques fit quelques difficultés.

— Votre père vous veut, allez, mon fils, dit la mère en le poussant.

— Ils m'aiment par ordre, reprit ce vieillard qui parfois voyait sa situation.

— Monsieur, répondit-elle en passant à plusieurs reprises sa main sur les cheveux de Madeleine qui était coiffée en belle Ferronnière, ne soyez pas injuste pour les pauvres femmes; la vie ne leur est pas toujours facile à porter, et peut-être les enfants sont-ils les vertus d'une mère !

— Ma chère, répondit le comte qui s'avisa d'être logique, ce que vous dites signifie que, sans leurs enfants, les femmes manqueraient de vertu et planteraient là leurs maris.

La comtesse se leva brusquement et emmena Madeleine sur le perron.

— Voilà le mariage, mon cher, dit le comte. Prétendez-vous dire en sortant ainsi que je déraisonne? cria-t-il en prenant son fils par la main et venant au perron auprès de sa femme sur laquelle il lança des regards furieux.

— Au contraire, monsieur, vous m'avez effrayée. Votre réflexion me fait un mal affreux, dit-elle d'une voix creuse en me jetant un regard de criminelle. Si la vertu ne consiste pas à se sacrifier pour ses enfants et pour son mari, qu'est-ce donc que la vertu ?

— Se sa-cri-fi-er ! reprit le comte, en faisant de chaque syllabe un coup de barre sur le cœur de sa victime. Que sacrifiez-vous donc à vos enfants? que me sacrifiez-vous donc? qui? quoi? répondez? répondrez-vous? Que se passe-t-il donc ici? que voulez-vous dire ?

— Monsieur, répondit-elle, seriez-vous donc satisfait d'être aimé pour l'amour de Dieu, ou de savoir votre femme vertueuse pour la vertu en elle-même ?

— Madame a raison, dis-je en prenant la parole d'une voix émue qui vibra dans ces deux cœurs où je jetai mes espérances à jamais perdues et que je calmai par l'expression de la plus haute de toutes les douleurs dont le cri sourd éteignit cette querelle comme, quand le lion rugit, tout se tait. Oui, le plus beau privilége que nous ait conféré la raison est de pouvoir rapporter nos vertus aux êtres dont le bonheur est notre ouvrage, et que nous ne rendons heureux ni par calcul, ni par devoir, mais par une inépuisable et volontaire affection.

Une larme brilla dans les yeux d'Henriette.

— Et, cher comte, si par hasard une femme était involontairement soumise à quelque sentiment étranger à ceux que la société lui impose, avouez que plus ce sentiment serait irrésistible, plus elle serait vertueuse en l'étouffant, en se *sacrifiant* à ses enfants, à son mari. Cette théorie n'est d'ailleurs applicable ni à moi, qui malheureusement offre un exemple du contraire, ni à vous qu'elle ne concernera jamais.

Une main à la fois moite et brûlante se posa sur ma main et s'y appuya silencieusement.

— Vous êtes une belle âme, Félix, dit le comte qui passa non sans grâce sa main sur la taille de sa femme et l'amena doucement à lui, pour lui dire : — Pardonnez, ma chère, à un pauvre malade qui voudrait sans doute être aimé plus qu'il ne le mérite.

— Il est des cœurs qui sont tout générosité, répondit-elle en appuyant sa tête sur l'épaule du comte qui prit cette phrase pour lui. Cette erreur causa je ne sais quel frémissement à la comtesse ; son peigne tomba, ses cheveux se dénouèrent, elle pâlit ; son mari qui la soutenait poussa une sorte de rugissement en la sentant défaillir, il la saisit comme il eût fait de sa fille et la porta sur le canapé du salon où nous l'entourâmes. Henriette garda ma main dans la sienne, comme pour me dire que nous seuls savions le secret de cette scène si simple en apparence, si épouvantable par les déchirements de son âme.

— J'ai tort, me dit-elle à voix basse en un moment où le comte nous laissa seuls pour aller demander un verre d'eau de fleurs d'oranger, j'ai mille fois tort envers vous, que j'ai voulu désespérer quand j'aurais dû vous recevoir à merci. Cher, vous êtes d'une adorable bonté que moi seule puis apprécier. Oui, je le sais, il est des bontés qui sont inspirées par la passion. Les hommes ont plusieurs manières d'être bons ; ils sont bons par dédain, par entraînement, par calcul, par indolence de caractère ; mais vous, mon ami, vous venez d'être d'une bonté absolue.

— Si cela est, lui dis-je, apprenez que tout ce que je puis avoir de grand en moi vient de vous. Ne savez-vous donc plus que je suis votre ouvrage ?

— Cette parole suffit au bonheur d'une femme, répondit-elle au moment où le comte revint. Je suis mieux, dit-elle en se levant, il me faut de l'air.

Nous descendîmes tous sur la terrasse embaumée par les acacias encore en fleurs. Elle avait pris mon bras droit et le serrait contre son cœur en exprimant ainsi de douloureuses pensées ; mais c'était, suivant son expression, de ces douleurs qu'elle aimait. Elle voulait sans doute être seule avec moi ; mais son imagination inhabile aux ruses de femme ne lui suggérait aucun moyen de renvoyer ses enfants et son mari ; nous causions donc de choses indifférentes, pendant qu'elle se creusait la tête en cherchant à se ménager un moment où elle pourrait enfin décharger son cœur dans le mien.

— Il y a bien long-temps que je ne me suis promenée en voiture, dit-elle enfin en voyant la beauté de la soirée. Monsieur, donnez des ordres, je vous prie, pour que je puisse aller faire un tour.

Elle savait qu'avant la prière toute explication serait impossible, et craignait que le comte ne voulût faire un trictrac. Elle pouvait bien se trouver avec moi sur cette tiède terrasse embaumée, quand son mari serait couché ; mais elle redoutait peut-être de rester sous ces ombrages à travers lesquels passaient des lueurs voluptueuses, de se promener le long de la balustrade d'où nos yeux embrassaient le cours de l'Indre dans la prairie. De même qu'une cathédrale aux voûtes sombres et silencieuses conseille la prière ; de même, les feuillages éclairés par la lune, parfumés de senteurs pénétrantes, et animés par les bruits sourds du printemps, remuent les fibres et affaiblissent la volonté. La campagne, qui calme les passions des vieillards, excite celles des jeunes cœurs ; nous le savions ! Deux coups de cloche annoncèrent l'heure de la prière, la comtesse tressaillit.

— Ma chère Henriette, qu'avez-vous?

— Henriette n'existe plus, répondit-elle. Ne la faites pas renaître, elle était exigeante, capricieuse ; maintenant vous avez une paisible amie dont la vertu vient d'être raffermie par des paroles que le Ciel vous a dictées. Nous parlerons de tout ceci plus tard. Soyons exacts à la prière. Aujourd'hui, mon tour de la dire est arrivé.

Quand la comtesse prononça les paroles par lesquelles elle demandait à Dieu son secours contre les adversités de la vie, elle y mit un accent dont je ne fus pas frappé seul ; elle semblait avoir usé de son don de seconde vue pour entrevoir la terrible émotion à laquelle devait la soumettre une maladresse causée par mon oubli de mes conventions avec Arabelle.

— Nous avons le temps de faire trois rois avant que les chevaux ne soient attelés, dit le comte en m'entraînant au salon. Vous irez vous promener avec ma femme, moi je me coucherai.

Comme toutes nos parties, celle-ci fut orageuse. De sa chambre ou de celle de Madeleine, la comtesse put entendre la voix de son mari.

— Vous abusez étrangement de l'hospitalité, dit-elle au comte quand elle revint au salon.

Je la regardai d'un air hébété, je ne m'habituais point à ses duretés ; elle se serait certes bien gardée jadis de me soustraire à la tyrannie du comte, autrefois elle aimait à me voir partageant ses souffrances et les endurant avec patience pour l'amour d'elle.

— Je donnerais ma vie, lui dis-je à l'oreille, pour vous entendre encore murmurant : — *Pauvre cher ! Pauvre cher !*

Elle baissa les yeux en se souvenant de l'heure à laquelle je faisais allusion ; son regard se coula vers moi, mais en dessous, et il exprima la joie de la femme qui voit les plus fugitifs accents de son cœur, préférés aux profondes délices d'un autre amour. Alors, comme toutes les fois que je subissais pareille injure, je la lui pardonnais en me sentant compris. Le comte perdait, il se dit fatigué pour pouvoir quitter la partie, et nous allâmes nous promener autour du boulingrin en attendant la voiture ; aussitôt qu'il nous eut laissés, le plaisir rayonna si vivement sur mon visage, que la comtesse m'interrogea par un regard curieux et surpris.

— Henriette existe, lui dis-je, je suis toujours aimé ; vous me blessez avec intention évidente de me briser le cœur ; je puis encore être heureux !

— Il ne restait plus qu'un lambeau de la femme, dit-elle avec épouvante, et vous l'emportez en ce moment. Dieu soit béni ! lui qui me donne le courage d'endurer mon martyre mérité. Oui, je vous aime encore trop, j'allais faillir, l'Anglaise m'éclaire un abîme.

En ce moment, nous montâmes en voiture, le cocher demanda l'ordre.

— Allez sur la route de Chinon par l'avenue, vous nous ramènerez par les landes de Charlemagne et le chemin de Saché.

— Quel jour sommes-nous ? dis-je avec trop de vivacité.

— Samedi.

— N'allez point par là, madame, le samedi soir la route est pleine de coquassiers qui vont à Tours, et nous rencontrerions leurs charrettes.

— Faites ce que je vous dis, reprit-elle en regardant le cocher.

Nous connaissions trop l'un et l'autre les modes de notre voix, quelque infinis qu'ils fussent, pour nous déguiser la moindre de nos émotions. Henriette avait tout compris.

— Vous n'avez pas pensé aux coquassiers, en choisissant cette nuit, dit-elle avec une légère teinte d'ironie. Lady Dudley est à Tours. Ne mentez pas, elle vous attend près d'ici. *Quel jour sommes-nous, les coquassiers! les charrettes!* reprit-elle. Avez-vous jamais fait de semblables observations quand nous sortions autrefois ?

— Elles prouvent que j'oublie tout à Clochegourde, répondis-je simplement.

— Elle vous attend? reprit-elle.

— Oui.

— A quelle heure?

— Entre onze heures et minuit.

— Où?

— Dans les landes.

— Ne me trompez point, n'est-ce pas sous le noyer ?

— Dans les landes.

— Nous irons, dit-elle, je la verrai.

En entendant ces paroles, je regardai ma vie comme définitivement arrêtée. Je résolus en un moment de terminer par un complet mariage avec lady Dudley la lutte douloureuse qui menaçait d'épuiser ma sensibilité, d'enlever par tant de chocs répétés ces voluptueuses délicatesses qui ressemblent à la fleur des fruits. Mon silence farouche blessa la comtesse, dont toute la grandeur ne m'était pas connue.

— Ne vous irritez point contre moi, dit-elle de sa voix d'or, ceci, cher, est ma punition. Vous ne serez jamais aimé comme vous l'êtes ici, reprit-elle en posant sa main sur son cœur. Ne vous l'ai-je pas avoué? La marquise Dudley m'a sauvée. A elle les souillures, je ne les lui envie point. A moi le glorieux amour des anges! J'ai parcouru des champs immenses depuis votre arrivée. J'ai jugé la vie. Élevez l'âme, vous la déchirez ; plus vous allez haut, moins de sympathie vous rencontrez ; au lieu de souffrir dans la vallée, vous souffrez dans les airs comme l'aigle qui plane en emportant au cœur une flèche décochée par quelque pâtre grossier. Je comprends aujourd'hui que le ciel et la terre sont incompatibles. Oui, pour qui veut vivre dans la zone céleste, Dieu seul est possible. Notre âme doit être alors détachée de toutes les choses terrestres. Il faut aimer ses amis comme on aime ses enfants, pour eux et non pour soi. Le moi cause les malheurs et les chagrins. Mon cœur ira plus haut que ne va l'aigle ; là est un amour qui ne me trompera point. Quant à vivre de la vie terrestre, elle nous ravale trop en faisant dominer l'égoïsme des sens sur la spiritualité de l'ange qui est en nous. Les jouissances que donne la passion sont horriblement orageuses, payées par d'énervantes inquiétudes qui brisent les ressorts de l'âme. Je suis venue au bord de la mer où s'agitent ces tempêtes, je les ai vues de trop près ; elles m'ont souvent enveloppée de leurs nuages, la lame ne s'est pas toujours brisée à mes pieds, j'ai senti sa rude étreinte qui froidit le cœur ; je dois me retirer sur les hauts lieux, je périrais au bord de cette mer immense. Je vois en vous, comme en tous ceux qui m'ont affligée, les gardiens de ma vertu. Ma vie a été mêlée d'angoisses heureusement proportionnées à mes forces, et s'est entretenue ainsi pure des passions mauvaises, sans repos séducteur et toujours prête à Dieu. Notre attachement *fut* la tentative insensée, l'effort de deux enfants candides essayant de satisfaire leur cœur, les hommes et Dieu... Folie, Félix ! Ha ! dit-elle après une pause, comment vous nomme cette femme?

— Amédée, répondis-je. Félix est un être à part, qui n'appartiendra jamais qu'à vous.

— Henriette a peine à mourir, dit-elle en laissant échapper un pieux sourire. Mais, reprit-elle, elle périra dans le premier effort de la chrétienne humble, de la mère orgueilleuse, de la femme aux vertus chancelantes hier, raffermies aujourd'hui. Que vous dirai-je ? Hé ! bien, oui, ma vie est conforme à elle-même dans ses plus grandes circonstances comme dans ses plus petites. Le cœur où je devais attacher les premières racines de la tendresse, le cœur de ma mère s'est fermé pour moi, malgré ma persistance à y chercher un pli où je pusse me glisser. J'étais fille, je venais après trois garçons morts, et je tâchai vainement d'occuper leur place dans l'affection de mes parents ; je ne guérissais point la plaie faite à l'orgueil de la famille. Quand, après cette sombre enfance, je connus mon adorable tante, la mort me l'enleva promptement. Monsieur de Mortsauf, à qui je me suis vouée, m'a constamment frappée, sans relâche, sans le savoir, pauvre homme ! Son amour a le naïf égoïsme de celui que nous portent nos enfants. Il n'est pas dans le secret des maux qu'il me cause, il est toujours pardonné ! Mes enfants, ces chers enfants qui tiennent à ma chair par toutes leurs douleurs, à mon âme par toutes leurs qualités, à ma nature par leurs joies innocentes ; ces enfants ne m'ont-ils pas été donnés pour montrer combien il se trouve de force et de patience dans le sein des mères ? Oh ! oui, mes enfants sont mes vertus ! Vous savez si je suis flagellée par eux, en eux, malgré eux. Devenir mère, pour moi ce fut acheter le droit de toujours souffrir. Quand Agar a crié dans le désert, un ange a fait jaillir pour cette esclave trop aimée une source pure ; mais à moi, quand la source limpide vers laquelle (vous en souvenez-vous ?) vous vouliez me guider est venue couler autour de Clochegourde, elle ne m'a versé que des eaux amères. Oui, vous m'avez infligé des souffrances inouïes. Dieu pardonnera sans doute à qui n'a connu l'affection que par la douleur. Mais, si les plus vives peines que j'aie éprouvées m'ont été imposées par vous, peut-être les ai-je méritées. Dieu n'est pas injuste. Ah ! oui, Félix, un baiser furtivement déposé sur un front comporte des crimes peut-être ! Peut-être doit-on rudement expier les pas que l'on a faits en avant de ses enfants et de son mari, lorsqu'on se promenait le soir afin d'être seule avec des souvenirs et des pensées qui ne leur appartenaient pas, et qu'en marchant ainsi, l'âme était mariée à une autre ! Quand l'être intérieur se ramasse et se rapetisse pour n'occuper que la place que l'on offre aux embrassements, peut-être est-ce le pire des crimes ! Lorsqu'une femme se baisse afin de recevoir dans ses cheveux le baiser de son mari pour se faire un front neutre, il y a crime ! Il y a crime à se forger un avenir en s'appuyant sur la mort, crime à se figurer dans l'avenir une maternité sans alarmes, de beaux enfants jouant le soir avec un père adoré de toute sa famille, et sous les yeux attendris d'une mère heureuse. Oui, j'ai péché, j'ai grandement péché ! J'ai trouvé goût aux pénitences infligées par l'Église, et qui ne rachetaient point assez ces fautes pour lesquelles le prêtre fut sans doute trop indulgent. Dieu sans doute a placé la punition au cœur de toutes ces erreurs en chargeant de sa vengeance celui pour qui elles furent commises. Donner mes che-

veux, n'était-ce pas me promettre? Pourquoi donc aimai-je à mettre une robe blanche? ainsi je me croyais mieux votre lys ; ne m'aviez-vous pas aperçue, pour la première fois, ici, en robe blanche? Hélas! j'ai moins aimé mes enfants, car toute affection vive est prise sur les affections dues. Vous voyez bien, Félix? toute souffrance a sa signification. Frappez, frappez plus fort que n'ont frappé monsieur de Mortsauf et mes enfants. Cette femme est un instrument de la colère de Dieu, je vais l'aborder sans haine, je lui sourirai ; sous peine de ne pas être chrétienne, épouse et mère, je dois l'aimer. Si, comme vous le dites, j'ai pu contribuer à préserver votre cœur du contact qui l'eût défleuri, cette Anglaise ne saurait me haïr. Une femme doit aimer la mère de celui qu'elle aime, et je suis votre mère. Qu'ai-je voulu dans votre cœur? la place laissée vide par madame de Vandenesse. Oh! oui, vous vous êtes toujours plaint de ma froideur! Oui, je ne suis bien que votre mère. Pardonnez-moi donc les duretés involontaires que je vous ai dites à votre arrivée, car une mère doit se réjouir en sachant son fils si bien aimé. Elle appuya sa tête sur mon sein, en répétant :
— Pardon! pardon! J'entendis alors des accents inconnus. Ce n'était ni sa voix de jeune fille et ses notes joyeuses, ni sa voix de femme et ses terminaisons despotiques, ni les soupirs de la mère endolorie ; c'était une déchirante, une nouvelle voix pour des douleurs nouvelles. — Quant à vous, Félix, reprit-elle en s'animant, vous êtes l'ami qui ne saurait mal faire. Ah! vous n'avez rien perdu dans mon cœur, ne vous reprochez rien, n'ayez pas le plus léger remords. N'était-ce pas le comble de l'égoïsme que de vous demander de sacrifier à un avenir impossible les plaisirs les plus immenses, puisque pour les goûter une femme abandonne ses enfants, abdique son rang, et renonce à l'éternité. Combien de fois ne vous ai-je pas trouvé supérieur à moi! vous étiez grand et noble, moi, j'étais petite et criminelle! Allons, voilà qui est dit, je ne puis être pour vous qu'une lueur élevée, scintillante et froide, mais inaltérable. Seulement, Félix, faites que je ne sois pas seule à aimer le frère que je me suis choisi. Chérissez-moi! L'amour d'une sœur n'a ni mauvais lendemain, ni moments difficiles. Vous n'aurez pas besoin de mentir à cette âme indulgente qui vivra de votre belle vie, qui ne manquera jamais à s'affliger de vos douleurs, qui s'égaiera de vos joies, aimera les femmes qui vous rendront heureux et s'indignera des trahisons. Moi je n'ai pas eu de

28.

frère à aimer ainsi. Soyez assez grand pour vous dépouiller de tout amour-propre, pour résoudre notre attachement jusqu'ici si douteux et plein d'orages par cette douce et sainte affection. Je puis encore vivre ainsi. Je commencerai la première en serrant la main de lady Dudley.

Elle ne pleurait pas, elle! en prononçant ces paroles pleines d'une science amère, et par lesquelles, en arrachant le dernier voile qui me cachait son âme et ses douleurs, elle me montrait par combien de liens elle s'était attachée à moi, combien de fortes chaînes j'avais hachées. Nous étions dans un tel délire, que nous ne nous apercevions point de la pluie qui tombait à torrents.

— Madame la comtesse ne veut-elle pas entrer un moment ici? dit le cocher en désignant la principale auberge de Ballan.

Elle fit un signe de consentement, et nous restâmes une demi-heure environ sous la voûte d'entrée au grand étonnement des gens de l'hôtellerie qui se demandèrent pourquoi madame de Mortsauf était à onze heures par les chemins. Allait-elle à Tours? En revenait-elle? Quand l'orage eut cessé, que la pluie fut convertie en ce qu'on nomme à Tours une *brouée*, qui n'empêchait pas la lune d'éclairer les brouillards supérieurs rapidement emportés par le vent du haut, le cocher sortit et retourna sur ses pas, à ma grande joie.

— Suivez mon ordre, lui cria doucement la comtesse.

Nous prîmes donc le chemin des landes de Charlemagne où la pluie recommença. A moitié des landes, j'entendis les aboiements du chien favori d'Arabelle; un cheval s'élança tout à coup de dessous une truisse de chêne, franchit d'un bond le chemin, sauta le fossé creusé par les propriétaires pour distinguer leurs terrains respectifs dans ces friches que l'on croyait susceptibles de culture, et lady Dudley s'alla placer dans la lande pour voir passer la calèche.

— Quel plaisir d'attendre ainsi son amant, quand on le peut sans crime! dit Henriette.

Les aboiements du chien avaient appris à lady Dudley que j'étais dans la voiture, elle crut sans doute que je venais ainsi la chercher à cause du mauvais temps; quand nous arrivâmes à l'endroit où se tenait la marquise, elle vola sur le bord du chemin avec cette dextérité de cavalier qui lui est particulière, et dont Henriette s'émerveilla comme d'un prodige. Par mignonnerie, Arabelle ne disait que la dernière syllabe de mon nom, prononcée à l'anglaise, espèce d'appel qui sur ses lèvres avait un charme digne d'une fée. Elle savait ne devoir être entendue que de moi en criant : *My Dee.*

— C'est lui, madame, répondit la comtesse en contemplant sous un clair rayon de la lune la fantastique créature dont le visage impatient était bizarrement accompagné de ses longues boucles défrisées.

Vous savez avec quelle rapidité deux femmes s'examinent. L'Anglaise reconnut sa rivale et fut glorieusement Anglaise ; elle nous enveloppa d'un regard plein de son mépris anglais et disparut dans la bruyère avec la rapidité d'une flèche.

— Vite à Clochegourde ! cria la comtesse pour qui cet âpre coup-d'œil fut comme un coup de hache au cœur.

Le cocher retourna pour prendre le chemin de Chinon qui était meilleur que celui de Saché. Quand la calèche longea de nouveau les landes, nous entendîmes le galop furieux du cheval d'Arabelle et les pas de son chien. Tous trois, ils rasaient les bois de l'autre côté de la bruyère.

— Elle s'en va, vous la perdez à jamais, me dit Henriette.

— Eh ! bien, lui répondis-je, qu'elle s'en aille ! Elle n'aura pas un regret.

— Oh ! les pauvres femmes, s'écria la comtesse en exprimant une compatissante horreur. Mais où va-t-elle ?

— A la Grenadière, une petite maison près de Saint-Cyr, dis-je.

— Elle s'en va seule, reprit Henriette d'un ton qui me prouva que les femmes se croient solidaires en amour et ne s'abandonnent jamais.

Au moment où nous entrions dans l'avenue de Clochegourde, le chien d'Arabelle jappa d'une façon joyeuse en accourant au-devant de la calèche.

— Elle nous a devancés, s'écria la comtesse. Puis elle reprit, après une pause : Je n'ai jamais vu de plus belle femme. Quelle main et quelle taille ! Son teint efface le lys, et ses yeux ont l'éclat du diamant ! Mais elle monte trop bien à cheval, elle doit aimer à déployer sa force, je la crois active et violente ; puis elle me semble se mettre un peu trop hardiment au-dessus des conventions : la femme qui ne reconnaît pas de lois est bien près de n'écouter que ses caprices. Ceux qui aiment tant à briller, à se mouvoir, n'ont pas reçu le don de constance. Selon mes idées, l'amour veut plus de tranquillité : je me le suis figuré comme un lac immense où la sonde ne trouve point de fond, où les tempêtes peuvent être violentes, mais rares et contenues en des bornes infranchissables, où deux êtres vivent dans une île fleurie, loin du monde dont le luxe et l'éclat les offenseraient. Mais l'amour doit prendre l'empreinte des caractères, j'ai tort peut-être. Si les principes de la nature se plient aux formes voulues par les climats, pourquoi n'en serait-il pas ainsi des sentiments chez les individus? Sans doute les sentiments, qui tiennent à la loi générale par la masse, ne contrastent que dans l'expression seulement. Chaque âme a sa manière. La marquise est la femme forte qui franchit les distances et agit avec la puissance de l'homme; qui délivrerait son amant de captivité, tuerait geôlier, gardes et bourreaux ; tandis que certaines créatures ne savent qu'aimer de toute leur âme ; dans le danger, elles s'agenouillent, prient et meurent. Quelle est de ces deux femmes celle qui vous plaît le plus, voilà toute la question. Mais oui, la marquise vous aime, elle vous a fait tant de sacrifices! Peut-être est-ce elle qui vous aimera toujours quand vous ne l'aimerez plus!

— Permettez-moi, cher ange, de répéter ce que vous m'avez dit un jour : comment savez-vous ces choses?

— Chaque douleur a son enseignement, et j'ai souffert sur tant de points, que mon savoir est vaste.

Mon domestique avait entendu donner l'ordre, il crut que nous reviendrions par les terrasses, et tenait mon cheval tout prêt dans l'avenue : le chien d'Arabelle avait senti le cheval; et sa maîtresse, conduite par une curiosité bien légitime, l'avait suivi à travers les bois où sans doute elle était cachée.

— Allez faire votre paix, me dit Henriette en souriant et sans trahir de mélancolie. Dites-lui combien elle s'est trompée sur mes intentions; je voulais lui révéler tout le prix du trésor qui lui est échu; mon cœur n'enferme que de bons sentiments pour elle et n'a surtout ni colère ni mépris; expliquez-lui que je suis sa sœur et non pas sa rivale.

— Je n'irai point! m'écriai-je.

— N'avez-vous jamais éprouvé, dit-elle avec l'étincelante fierté des martyrs, que certains ménagements arrivent jusqu'à l'insulte? Allez, allez.

Je courus alors vers lady Dudley pour savoir en quelles dispositions elle était. — Si elle pouvait se fâcher et me quitter! pensai-je, je reviendrais à Clochegourde. Le chien me conduisit sous un chêne, d'où la marquise s'élança en me criant : — *Away ! away !* Tout ce que je pus faire fut de la suivre jusqu'à Saint-Cyr, où nous arrivâmes à minuit.

— Cette dame est en parfaite santé, me dit Arabelle quand elle descendit de cheval.

Ceux qui l'ont connue peuvent seuls imaginer tous les sarcasmes que contenait cette observation sèchement jetée d'un air qui voulait dire : — Moi je serais morte !

— Je te défends de hasarder une seule de tes plaisanteries à triple dard sur madame de Mortsauf, lui répondis-je.

— Serait-ce déplaire à Votre Grâce que de remarquer la parfaite santé dont jouit un être cher à votre précieux cœur ? Les femmes françaises haïssent, dit-on, jusqu'au chien de leurs amants ; en Angleterre, nous aimons tout ce que nos souverains seigneurs aiment, nous haïssons tout ce qu'ils haïssent, parce que nous vivons dans la peau de nos seigneurs. Permettez-moi donc d'aimer cette dame autant que vous l'aimez vous-même. Seulement, cher enfant, dit-elle en m'enlaçant de ses bras humides de pluie, si tu me trahissais, je ne serais ni debout ni couchée, ni dans une calèche flanquée de laquais, ni à me promener dans les landes de Charlemagne, ni dans aucune des landes d'aucun pays d'aucun monde, ni dans mon lit, ni sous le toit de mes pères ! Je ne serais plus, moi. Je suis née dans le Lancashire, pays où les femmes meurent d'amour. Te connaître et te céder ! Je ne te céderais à aucune puissance, pas même à la mort, car je m'en irais avec toi.

Elle m'emmena dans sa chambre, où déjà le comfort avait étalé ses jouissances.

— Aime-la, ma chère, lui dis-je avec chaleur, elle t'aime, elle, non pas d'une façon railleuse, mais sincèrement.

— Sincèrement, petit ? dit-elle en délaçant son amazone.

Par vanité d'amant, je voulus révéler la sublimité du caractère d'Henriette à cette orgueilleuse créature. Pendant que la femme de chambre, qui ne savait pas un mot de français, lui arrangeait les cheveux, j'essayai de peindre madame de Mortsauf en en esquissant la vie, et je répétai les grandes pensées que lui avait suggérées la crise où toutes les femmes deviennent petites et mauvaises. Quoique Arabelle parût ne pas me prêter la moindre attention, elle ne perdit aucune de mes paroles.

— Je suis enchantée, dit-elle quand nous fûmes seuls, de connaître ton goût pour ces sortes de conversations chrétiennes ; il existe dans une de mes terres un vicaire qui s'entend comme personne à composer des sermons, nos paysans les comprennent, tant cette prose est bien appropriée à l'auditeur. J'écrirai demain à mon père de m'envoyer ce bonhomme par le paquebot, et tu le trouveras à Paris ; quand tu l'auras une fois écouté, tu ne voudras plus écouter que lui, d'autant plus qu'il jouit aussi d'une parfaite santé ; sa morale ne te causera point de ces secousses qui font pleurer, elle coule sans tempêtes, comme une source claire, et procure un délicieux sommeil. Tous les soirs, si cela te plaît, tu satisferas ta passion pour les sermons en digérant ton dîner. La morale anglaise, cher enfant, est aussi supérieure à celle de Touraine que notre coutellerie, notre argenterie et nos chevaux le sont à vos couteaux et à vos bêtes. Fais-moi la grâce d'entendre mon vicaire, promets-le-moi ? Je ne suis que femme, mon amour, je sais aimer, je puis mourir pour toi si tu le veux ; mais je n'ai point étudié à Eton, ni à Oxford, ni à Édimbourg ; je ne suis ni docteur, ni révérend ; je ne saurais donc te préparer de la morale, j'y suis tout à fait impropre, je serais de la dernière maladresse si j'essayais. Je ne te reproche pas tes goûts, tu en aurais de plus dépravés que celui-ci, je tâcherais de m'y conformer ; car je veux te faire trouver près de moi tout ce que tu aimes, plaisirs d'amour, plaisirs de table, plaisirs d'église, bon claret et vertus chrétiennes. Veux-tu que je mette un cilice ce soir ? Elle est bien heureuse, cette femme, de te servir de la morale ! Dans quelle université les femmes françaises prennent-elles leurs grades ? Pauvre moi ! je ne puis que me donner, je ne suis que ton esclave...

— Alors, pourquoi t'es-tu donc enfuie quand je voulais vous voir ensemble ?

— Es-tu fou, *my dee ?* J'irais de Paris à Rome déguisée en laquais, je ferais pour toi les choses les plus déraisonnables ; mais comment puis-je parler sur les chemins à une femme qui ne m'a pas été présentée et qui allait commencer un sermon en trois points ? Je parlerai à des paysans, je demanderai à un ouvrier de partager son pain avec moi, si j'ai faim, je lui donnerai quelques guinées, et tout sera convenable ; mais arrêter une calèche, comme font les gentilshommes de grande route en Angleterre, ceci n'est pas dans mon code, à moi. Tu ne sais donc qu'aimer, pauvre enfant, tu ne sais donc pas vivre ? D'ailleurs, je ne te ressemble pas encore complétement, mon ange! Je n'aime pas la morale. Mais pour te plaire, je suis capable des plus grands efforts. Allons, tais-toi, je m'y mettrai! Je tâcherai de devenir prêcheuse. Auprès de moi, Jérémie ne sera bientôt qu'un bouffon. Je ne me permettrai plus de caresses sans les larder de versets de la Bible.

Elle usa de son pouvoir, elle en abusa dès qu'elle vit dans mon regard cette ardente expression qui s'y peignait aussitôt que commençaient ses sorcelleries. Elle triompha de tout, et je mis complaisamment au-dessus des finasseries catholiques, la grandeur de la femme qui se perd, qui renonce à l'avenir et fait toute sa vertu de l'amour.

— Elle s'aime donc mieux qu'elle ne t'aime? me dit-elle. Elle te préfère donc quelque chose qui n'est pas toi? Comment attacher à ce qui est de nous d'autre importance que celle dont vous l'honorez? Aucune femme, quelque grande moraliste qu'elle soit, ne peut être l'égale d'un homme. Marchez sur nous, tuez-nous, n'embarrassez jamais votre existence de nous. A nous de mourir, à vous de vivre grands et fiers. De vous à nous le poignard, de nous à vous l'amour et le pardon. Le soleil s'inquiète-t-il des moucherons qui sont dans ses rayons et qui vivent de lui? ils restent tant qu'ils peuvent, et quand il disparaît ils meurent...

— Ou ils s'envolent, dis-je en l'interrompant.

— Ou ils s'envolent, reprit-elle avec une indifférence qui aurait piqué l'homme le plus déterminé à user du singulier pouvoir dont elle l'investissait. Crois-tu qu'il soit digne d'une femme de faire avaler à un homme des tartines beurrées de vertu pour lui persuader que la religion est incompatible avec l'amour? Suis-je donc une impie? On se donne, ou l'on se refuse; mais se refuser et moraliser, il y a double peine, ce qui est contraire au droit de tous les pays. Ici tu n'auras que d'excellents *sandwiches* apprêtés par la main de ta servante Arabelle, de qui toute la morale sera d'imaginer des caresses qu'aucun homme n'a encore ressenties et que les anges m'inspirent.

Je ne sais rien de plus dissolvant que la plaisanterie maniée par une Anglaise, elle y met le sérieux éloquent, l'air de pompeuse conviction sous lequel les Anglais couvrent les hautes niaiseries de leur vie à préjugés. La plaisanterie française est une dentelle avec laquelle les femmes savent embellir la joie qu'elles donnent et les querelles qu'elles inventent; c'est une parure morale, gracieuse comme leur toilette. Mais la plaisanterie anglaise est un acide qui corrode si bien les êtres sur lesquels il tombe qu'il en fait des squelettes lavés et brossés. La langue d'une Anglaise spirituelle ressemble à celle d'un tigre qui emporte la chair jusqu'à l'os en voulant jouer. Arme toute puissante du démon qui vient dire en ricanant : *Ce n'est que cela?* la moquerie laisse un venin mortel dans les blessures qu'elle ouvre à plaisir. Pendant cette nuit, Arabelle voulut montrer son pouvoir comme un sultan qui, pour prouver son adresse, s'amuse à décoller des innocents.

— Mon ange, me dit-elle quand elle m'eut plongé dans ce demi-sommeil où l'on oublie tout excepté le bonheur, je viens de me faire de la morale aussi, moi! Je me suis demandé si je commettais un crime en t'aimant, si je violais les lois divines, et j'ai trouvé que rien n'était plus religieux ni plus naturel. Pourquoi Dieu créerait-il des êtres plus beaux que les autres si ce n'est pour nous indiquer que nous devons les adorer? Le crime serait de ne pas t'aimer, n'es-tu pas un ange? Cette dame t'insulte en te confondant avec les autres hommes, les règles de la morale ne te sont pas applicables, Dieu t'a mis au-dessus de tout. N'est-ce pas se rapprocher de lui que de t'aimer? pourra-t-il en vouloir à une pauvre femme d'avoir appétit des choses divines? Ton vaste et lumineux cœur ressemble tant au ciel que je m'y trompe comme les moucherons qui viennent se brûler aux bougies d'une fête! les punira-t-on, ceux-ci, de leur erreur? d'ailleurs, est-ce une erreur, n'est-ce pas une haute adoration de la lumière? Ils périssent par trop de religion, si l'on appelle périr se jeter au cou de ce qu'on aime. J'ai la faiblesse de t'aimer, tandis que cette femme a la force de rester dans sa chapelle catholique. Ne fronce pas le sourcil! tu crois que je lui en veux? Non, petit! J'adore sa morale qui lui a conseillé de te laisser libre et m'a permis ainsi de te conquérir, de te garder à jamais; car tu es à moi pour toujours, n'est-ce pas?

— Oui.

— A jamais?

— Oui.

— Me fais-tu donc une grâce, sultan? Moi seule ai deviné tout ce que tu valais! Elle sait cultiver les terres, dis-tu? Moi je laisse cette science aux fermiers, j'aime mieux cultiver ton cœur.

Je tâche de me rappeler ces enivrants bavardages afin de vous bien peindre cette femme, de vous justifier ce que je vous en ai dit, et vous mettre ainsi dans tout le secret du dénoûment. Mais comment vous décrire les accompagnements de ces jolies paroles que vous savez! C'était des folies comparables aux fantaisies les plus exorbitantes de nos rêves; tantôt des créations semblables à celles de mes bouquets : la grâce unie à la force, la tendresse et ses molles lenteurs, opposées aux irruptions volcaniques de la fougue; tantôt les gradations les plus savantes de la musique appliquées au concert de nos voluptés; puis des jeux pareils à ceux des serpents entrelacés; enfin, les plus caressants discours ornés des plus riantes idées, tout ce que l'esprit peut ajouter de poésie aux plaisirs des sens. Elle voulait anéantir sous les foudroiements de son amour impétueux les impressions laissées dans mon cœur par l'âme chaste et recueillie d'Henriette. La marquise avait aussi bien vu la comtesse, que madame de Mortsauf l'avait vue : elles s'étaient bien jugées toutes deux. La grandeur de l'attaque faite par Arabelle me révélait l'étendue de sa peur et sa secrète admiration pour sa rivale. Au matin, je la trouvai les yeux en pleurs et n'ayant pas dormi.

— Qu'as-tu? lui dis-je.

— J'ai peur que mon extrême amour ne me nuise, répondit-elle. J'ai tout donné. Plus adroite que je ne le suis, cette femme possède quelque chose en elle que tu peux désirer. Si tu la préfères, ne pense plus à moi : je ne t'ennuierai point de mes douleurs, de mes remords, de mes souffrances; non, j'irai mourir loin de toi, comme une plante sans son vivifiant soleil.

Elle sut m'arracher des protestations d'amour qui la comblèrent de joie. Que dire en effet à une femme qui pleure au matin? Une dureté me semble alors infâme. Si nous ne lui avons pas résisté la veille, le lendemain, ne sommes-nous pas obligés à mentir, car le Code-Homme nous fait en galanterie un devoir du mensonge.

— Hé! bien, je suis généreuse, dit-elle en essuyant ses larmes, retourne auprès d'elle, je ne veux pas te devoir à la force de mon amour, mais à ta propre volonté. Si tu reviens ici, je croirai que tu m'aimes autant que je t'aime, ce qui m'a toujours paru impossible.

Elle sut me persuader de retourner à Clochegourde. La fausseté de la situation dans laquelle j'allais entrer ne pouvait être devinée par un homme gorgé de bonheur. En refusant d'aller à Clochegourde, je donnais gain de cause à lady Dudley sur Henriette. Arabelle m'emmenait alors à Paris. Mais y aller, n'était-ce pas insulter madame de Mortsauf? dans ce cas, je devais revenir encore plus sûrement à Arabelle. Une femme a-t-elle jamais pardonné de semblables crimes de lèse-amour? À moins d'être un ange descendu des cieux, et non l'esprit purifié qui s'y rend, une femme aimante préférerait voir son amant souffrant une agonie à le voir heureux par une autre : plus elle aime, plus elle sera blessée. Ainsi vue sous ses deux faces, ma situation, une fois sorti de Clochegourde pour aller à la Grenadière, était aussi mortelle à mes amours d'élection que profitable à mes amours de hasard. La marquise avait calculé tout avec une profondeur étudiée. Elle m'avoua plus tard que si madame de Mortsauf ne l'avait pas rencontrée dans les landes, elle avait médité de me compromettre en rôdant autour de Clochegourde.

Au moment où j'abordai la comtesse, que je vis pâle, abattue comme une personne qui a souffert quelque dure insomnie, j'exerçai soudain, non pas ce tact, mais le *flairer* qui fait ressentir aux cœurs encore jeunes et généreux la portée de ces actions indifférentes aux yeux de la masse, criminelles selon la jurisprudence des grandes âmes. Aussitôt, comme un enfant qui, descendu dans un abîme en jouant, en cueillant des fleurs, voit avec angoisse qu'il lui sera impossible de remonter, n'aperçoit plus le sol humain qu'à une distance infranchissable, se sent tout seul, à la nuit, et entend les hurlements sauvages, je compris que nous étions séparés par tout un monde. Il se fit dans nos deux âmes une grande clameur et comme un retentissement du lugubre *Consummatum est!* qui se crie dans les églises le vendredi-saint à l'heure où le Sauveur expira, horrible scène qui glace les jeunes âmes pour qui la religion est un premier amour. Toutes les illusions d'Henriette étaient mortes d'un seul coup, son cœur avait souffert une passion. Elle, si respectée par le plaisir qui ne l'avait jamais enlacée de ses engourdissants replis, devinait-elle aujourd'hui les voluptés de l'amour heureux, pour me refuser ses regards? car elle me retira la lumière qui depuis six ans brillait sur ma vie. Elle savait donc que la source des rayons épanchés de nos yeux était dans nos âmes, auxquelles ils servaient de route pour pénétrer l'une chez l'autre ou pour se confondre en une seule, se séparer, jouer comme deux femmes sans défiance qui se disent tout? Je sentis amèrement la faute d'apporter sous ce toit inconnu aux caresses un visage où les ailes du plaisir avaient semé leur poussière diaprée. Si, la veille, j'avais laissé lady Dudley s'en aller seule; si j'étais revenu à Clochegourde, où peut-être Henriette m'avait attendu ; peut-être... enfin peut-être madame de Mortsauf ne se serait-elle pas si cruellement proposé d'être ma sœur. Elle mit à toutes ses complaisances le faste d'une force exagérée, elle entrait violemment dans son rôle pour n'en point sortir. Pendant le déjeuner, elle eut pour moi mille attentions, des attentions humiliantes, elle me soignait comme un malade de qui elle avait pitié.

—Vous vous êtes promené de bonne heure, me dit le comte; vous devez alors avoir un excellent appétit, vous dont l'estomac n'est pas détruit !

Cette phrase, qui n'attira pas sur les lèvres de la comtesse le sourire d'une sœur rusée, acheva de me prouver le ridicule de ma position. Il était impossible d'être à Clochegourde le jour, à Saint-Cyr la nuit. Arabelle avait compté sur ma délicatesse et sur la grandeur de madame de Mortsauf. Pendant cette longue journée, je sentis combien il est difficile de devenir l'ami d'une femme longtemps désirée. Cette transition, si simple quand les ans la préparent, est une maladie au jeune âge. J'avais honte, je maudissais le plaisir, j'aurais voulu que madame de Mortsauf me demandât mon sang. Je ne pouvais lui déchirer à belles dents sa rivale, elle évitait d'en parler, et médire d'Arabelle était une infamie qui m'aurait fait mépriser Henriette magnifique et noble jusque dans les derniers replis de son cœur. Après cinq ans de délicieuse intimité, nous ne savions de quoi parler ; nos paroles ne répondaient point à nos pensées ; nous nous cachions mutuellement de dévorantes douleurs, nous pour qui la douleur avait toujours été un fidèle truchement. Henriette affectait un air heureux et pour elle et pour moi ; mais elle était triste. Quoiqu'elle se dît à tout propos ma sœur, et qu'elle fût femme, elle ne trouvait aucune idée pour entretenir la conversation, et nous demeurions la plupart du temps dans un silence contraint. Elle accrut mon supplice intérieur, en feignant de se croire la seule victime de cette lady.

—Je souffre plus que vous, lui dis-je en un moment où la sœur laissa échapper une ironie toute féminine.

— Comment ? répondit-elle avec ce ton de hauteur que prennent les femmes quand on veut primer leurs sensations.

— Mais j'ai tous les torts.

Il y eut un moment où la comtesse prit avec moi un air froid et indifférent qui me brisa; je résolus de partir. Le soir, sur la terrasse, je fis mes adieux à la famille réunie. Tous me suivirent au boulingrin où piaffait mon cheval dont ils s'écartèrent. Elle vint à moi quand j'en pris la bride.

— Allons seuls, à pied, dans l'avenue, me dit-elle.

Je lui donnai le bras, et nous sortîmes par les cours en marchant à pas lents, comme si nous savourions nos mouvements confondus; nous atteignîmes ainsi un bouquet d'arbres qui enveloppait un coin de l'enceinte extérieure.

— Adieu, mon ami, dit-elle en s'arrêtant, en jetant sa tête sur mon cœur et ses bras à mon cou. Adieu, nous ne nous reverrons plus. Dieu m'a donné le triste pouvoir de regarder dans l'avenir. Ne vous rappelez-vous pas la terreur qui m'a saisie, un jour, quand vous êtes revenu si beau! si jeune! et que je vous ai vu me tournant le dos comme aujourd'hui que vous quittez Clochegourde pour aller à la Grenadière. Hé! bien, encore une fois, pendant cette nuit j'ai pu jeter un coup d'œil sur nos destinées. Mon ami, nous nous parlons en ce moment pour la dernière fois. A peine pourrai-je vous dire encore quelques mots, car ce ne sera plus moi tout entière qui vous parlerai. La mort a déjà frappé quelque chose en moi. Vous aurez alors enlevé leur mère à mes enfants, remplacez-la près d'eux! vous le pourrez! Jacques et Madeleine vous aiment comme si vous les aviez toujours fait souffrir.

— Mourir! dis-je effrayé en la regardant et revoyant le feu sec de ses yeux luisants dont on ne peut donner une idée à ceux qui n'ont pas connu des êtres chers atteints de cette horrible maladie, qu'en comparant ses yeux à des globes d'argent bruni. Mourir! Henriette, je t'ordonne de vivre. Tu m'as autrefois demandé des serments, eh! bien, aujourd'hui j'en exige un de toi: jure-moi de consulter Origet et de lui obéir en tout...

— Voulez-vous donc vous opposer à la clémence de Dieu? dit-elle en m'interrompant par le cri du désespoir indigné d'être méconnu.

— Vous ne m'aimez donc pas assez pour m'obéir aveuglément en toute chose comme cette misérable lady...

— Oui, tout ce que tu voudras, dit-elle poussée par une jalousie qui lui fit en un moment franchir les distances qu'elle avait respectées jusqu'alors.

— Je reste ici, lui dis-je en la baisant sur les yeux.

Effrayée de ce consentement, elle s'échappa de mes bras, alla s'appuyer contre un arbre ; puis elle rentra chez elle en marchant avec précipitation, sans tourner la tête ; mais je la suivis, elle pleurait et priait. Arrivé au boulingrin, je lui pris la main et la baisai respectueusement. Cette soumission inespérée la toucha.

— A toi quand même ! lui dis-je, car je t'aime comme t'aimait ta tante.

Elle tressaillit en me serrant alors violemment la main.

— Un regard, lui dis-je, encore un de nos anciens regards ! La femme qui se donne tout entière, m'écriai-je en sentant mon âme illuminée par le coup d'œil qu'elle me jeta, donne moins de vie et d'âme que je viens d'en recevoir. Henriette, tu es la plus aimée, la seule aimée.

— Je vivrai ! me dit-elle, mais guérissez-vous aussi.

Ce regard avait effacé l'impression des sarcasmes d'Arabelle. J'étais donc le jouet des deux passions inconciliables que je vous ai décrites et dont j'éprouvais alternativement l'influence. J'aimais un ange et un démon ; deux femmes également belles, parées l'une de toutes les vertus que nous meurtrissons en haine de nos imperfections, l'autre de tous les vices que nous déifions par égoïsme. En parcourant cette avenue, où je retournais de moments en moments pour revoir madame de Mortsauf appuyée sur un arbre et entourée de ses enfants qui agitaient leurs mouchoirs, je surpris dans mon âme un mouvement d'orgueil de me savoir l'arbitre de deux destinées si belles, d'être la gloire à des titres si différents de deux femmes si supérieures, et d'avoir inspiré de si grandes passions que de chaque côté la mort arriverait si je leur manquais. Cette fatuité passagère a été doublement punie, croyez-le bien ! Je ne sais quel démon me disait d'attendre près d'Arabelle le moment où quelque désespoir, où la mort du comte me livrerait Henriette, car Henriette m'aimait toujours : ses duretés, ses larmes, ses remords, sa chrétienne résignation étaient d'éloquentes traces d'un sentiment qui ne pouvait pas plus s'effacer de son cœur que du mien. En allant au pas dans cette jolie avenue, et faisant ces réflexions, je n'avais plus vingt-cinq ans, j'en avais cinquante. N'est-ce pas encore plus le jeune homme que la femme qui passe en un moment de trente à soixante ans ? Quoique j'aie chassé d'un souffle ces mauvaises pensées, elles m'obsédèrent, je dois l'avouer ! Peut-être leur principe se trouvait-il aux Tuileries, sous les lambris du cabinet royal. Qui pouvait résister à l'esprit déflorateur de Louis XVIII, lui qui disait qu'on n'a de véritables passions que dans l'âge mûr, parce que la passion n'est belle et furieuse que quand il s'y mêle de l'impuissance et qu'on se trouve alors à chaque plaisir comme un joueur à son dernier enjeu. Quand je fus au bout de l'avenue, je me retournai et la franchis en un clin-d'œil en voyant qu'Henriette y était encore, elle seule ! Je vins lui dire un dernier adieu, mouillé de larmes expiatrices dont la cause lui fut cachée. Larmes sincères, accordées sans le savoir à ces belles amours à jamais perdues, à ces vierges émotions, à ces fleurs de la vie qui ne renaissent plus ; car, plus tard, l'homme ne donne plus, il reçoit ; il s'aime lui-même dans sa maîtresse ; tandis qu'au jeune âge il aime sa maîtresse en lui : plus tard nous inoculons nos goûts, nos vices peut-être à la femme qui nous aime ; tandis qu'au début de la vie, celle que nous aimons nous impose ses vertus, ses délicatesses ; elle nous convie au beau par un sourire, et nous apprend le dévouement par son exemple. Malheur à qui n'a pas eu son Henriette ! Malheur à qui n'a pas connu quelque lady Dudley ! S'il se marie, celui-ci ne gardera pas sa femme, celui-là sera peut-être abandonné par sa maîtresse ; mais heureux qui peut trouver les deux en une seule ; heureux, Natalie, l'homme que vous aimez !

De retour à Paris, Arabelle et moi nous devînmes plus intimes que par le passé. Bientôt nous abolîmes insensiblement l'un et l'autre les lois de convenance que je m'étais imposées, et dont la stricte observation fait souvent pardonner par le monde la fausseté de la position où s'était mise lady Dudley. Le monde, qui aime tant à pénétrer au delà des apparences, les légitime dès qu'il connaît le secret qu'elles enveloppent. Les amants forcés de vivre au milieu du grand monde auront toujours tort de renverser ces barrières exigées par la jurisprudence des salons, tort de ne pas obéir scrupuleusement à toutes les conventions imposées par les mœurs ; il s'agit alors moins des autres que d'eux-mêmes. Les distances à franchir, le respect extérieur à conserver, les comédies à jouer, le mystère à obscurcir, toute cette stratégie de l'amour heureux occupe la vie, renouvelle le désir et protége notre cœur contre les relâchements de l'habitude. Mais essentiellement dissipatrices, les premières passions, de même que les jeunes gens, coupent leurs forêts à blanc au lieu de les aménager. Arabelle n'adoptait pas ces idées bourgeoises, elle s'y était pliée pour me plaire ; semblable au bourreau marquant d'avance sa proie afin de se l'approprier, elle voulait me compromettre à la face de tout Paris pour faire de moi son *sposo*. Aussi employa-t-elle ses coquetteries à me garder chez elle, car elle n'était pas contente de son élégant esclandre qui, faute de preuves, n'encourageait que les chuchotteries sous l'éventail. En la voyant si heureuse de commettre une imprudence qui dessinerait franchement sa position, comment n'aurais-je pas cru à son amour? Une fois plongé dans les douceurs d'un mariage illicite, le désespoir me saisit, car je voyais ma vie arrêtée au rebours des idées reçues et des recommandations d'Henriette. Je vécus alors avec l'espèce de rage qui saisit un poitrinaire quand, pressentant sa fin, il ne veut pas qu'on interroge le bruit de sa respiration. Il y avait un coin de mon cœur où je ne pouvais me retirer sans souffrance; un esprit vengeur me jetait incessamment des idées sur lesquelles je n'osais m'appesantir. Mes lettres à Henriette peignaient cette maladie morale, et lui causaient un mal infini. « Au prix de tant de trésors perdus, elle me voulait au moins heureux! » me dit-elle dans la seule réponse que je reçus. Et je n'étais pas heureux! Chère Natalie, le bonheur est absolu, il ne souffre pas de comparaisons. Ma première ardeur passée, je comparai nécessairement ces deux femmes l'une à l'autre, contraste que je n'avais pas encore pu étudier. En effet, toute grande passion pèse si fortement sur notre caractère qu'elle en refoule d'abord les aspérités et comble la trace des habitudes qui constituent nos défauts ou nos qualités; mais plus tard, chez deux amants bien accoutumés l'un à l'autre, les traits de la physionomie morale reparaissent; tous deux se jugent alors mutuellement, et souvent il se déclare, durant cette réaction du caractère sur la passion, des antipathies qui préparent ces désunions dont s'arment les gens superficiels pour accuser le cœur humain d'instabilité. Cette période commença donc. Moins aveuglé par les séductions, et détaillant pour ainsi dire mon plaisir, j'entrepris, sans le vouloir peut-être, un examen qui nuisit à lady Dudley.

Je lui trouvai d'abord en moins l'esprit qui distingue la Française entre toutes les femmes, et la rend la plus délicieuse à aimer, selon l'aveu des gens que les hasards de leur vie ont mis à même d'éprouver les manières d'aimer de chaque pays. Quand une Française aime, elle se métamorphose; sa coquetterie si vantée, elle l'emploie à parer son amour; sa vanité si dangereuse, elle l'immole et met toutes ses prétentions à bien aimer. Elle épouse les intérêts, les haines, les amitiés de son amant; elle acquiert en un jour les subtilités expérimentées de l'homme d'affaires, elle étudie le code, elle comprend le mécanisme du crédit, et séduit la caisse d'un banquier; étourdie et prodigue, elle ne fera pas une seule faute et ne gaspillera pas un seul louis; elle devient à la fois mère, gouvernante, médecin, et donne à toutes ses transformations une grâce de bonheur qui révèle dans les plus légers détails un amour infini; elle réunit les qualités spéciales qui recommandent les femmes de chaque pays en donnant à ce mélange de l'unité par l'esprit, cette semence française qui anime, permet, justifie, varie tout et détruit la monotonie d'un sentiment appuyé sur le premier temps d'un seul verbe. La femme française aime toujours, ans relâche ni fatigue, à tout moment, en public et seule; en public, elle trouve un accent qui ne résonne que dans une oreille, elle parle par son silence même, et sait vous regarder les yeux baissés; si l'occasion lui interdit la parole et le regard, elle emploiera le sable sur lequel s'imprime son pied pour y écrire une pensée; seule, elle exprime sa passion même pendant le sommeil; enfin elle plie le monde à son amour. Au contraire, l'Anglaise plie son amour au monde. Habituée par son éducation à conserver cette habitude glaciale, ce maintien britannique si égoïste dont je vous ai parlé, elle ouvre et ferme son cœur avec la facilité d'une mécanique anglaise. Elle possède un masque impénétrable qu'elle met et qu'elle ôte flegmatiquement; passionnée comme une Italienne quand aucun œil ne la voit, elle devient froidement digne aussitôt que le monde intervient. L'homme le plus aimé doute alors de son empire en voyant la profonde immobilité du visage, le calme de la voix, la parfaite liberté de contenance qui distingue une Anglaise sortie de son boudoir. En ce moment, l'hypocrisie va jusqu'à l'indifférence, l'Anglaise a tout oublié. Certes la femme qui sait jeter son amour comme un vêtement fait croire qu'elle peut en changer. Quelles tempêtes soulèvent alors les vagues du cœur quand elles sont remuées par l'amour-propre blessé de voir une femme prenant, interrompant, reprenant l'amour comme une tapisserie à main! Ces femmes sont trop maîtresses d'elles-mêmes pour vous bien appartenir; elles accordent trop d'influence au monde pour que notre règne soit entier. Là où la Française console le patient par un regard, trahit sa colère contre les visiteurs par quelques jolies moqueries, le silence des Anglaises est absolu, agace l'âme et taquine l'esprit. Ces femmes trônent si constamment en toute occasion que, pour la plupart d'entre elles, l'omnipotence de la *fashion* doit s'étendre jusque sur leurs plaisirs. Qui exagère la pudeur doit exagérer l'amour, les Anglaises sont ainsi ; elles mettent tout dans la forme, sans que chez elles l'amour de la forme produise le sentiment de l'art : quoi qu'elles puissent dire, le protestantisme et le catholicisme expliquent les différences qui donnent à l'âme des Françaises tant de supériorité sur l'amour raisonné, calculateur des Anglaises. Le protestantisme doute, examine et tue les croyances, il est donc la mort de l'art et de l'amour. Là où le monde commande, les gens du monde doivent obéir; mais les gens passionnés le fuient aussitôt, il leur est insupportabl . Vous comprendrez alors combien fut choqué mon amour-propre en découvrant que lady Dudley ne pouvait point se passer du monde, et que la transition britannique lui était familière : ce n'était pas un sacrifice que le monde lui imposait; non, elle se manifestait naturellement sous deux formes ennemies l'une de l'autre; quand elle aimait, elle aimait avec ivresse; aucune femme d'aucun pays ne lui était comparable, elle valait tout un sérail; mais le rideau tombé sur cette scène de féerie en bannissait jusqu'au souvenir. Elle ne répondait ni à un regard ni à un sourire; elle n'était ni maîtresse ni esclave, elle était comme une ambassadrice obligée d'arrondir ses phrases et ses coudes, elle impatientait par son calme, elle outrageait le cœur par son décorum ; elle ravalait ainsi l'amour jusqu'au besoin, au lieu de l'élever jusqu'à l'idéal par l'enthousiasme. Elle n'exprimait ni crainte, ni regrets, ni désir; mais à l'heure dite sa tendresse se dressait comme des feux subitement allumés, et semblait insulter à sa réserve. A laquelle de ces deux femmes devais-je croire? Je sentis alors par mille piqûres d'épingle les différences infinies qui séparaient Henriette d'Arabelle. Quand madame de Mortsauf me quittait pour un moment, elle semblait laisser à l'air le soin de me parler d'elle; les plis de sa robe, quand elle s'en allait, s'adressaient à mes yeux comme leur bruit onduleux arrivait joyeusement à mon oreille quand elle revenait ; il y avait des tendresses infinies dans la manière dont elle dépliait ses paupières en abaissant ses yeux vers la terre; sa voix, cette voix musicale, était une caresse continuelle; ses discours témoignaient d'une pensée constante, elle se ressemblait toujours à elle-même; elle ne scindait pas son âme en deux atmosphères, l'une ardente et l'autre glacée; enfin, madame de Mortsauf réservait son

29.

esprit et la fleur de sa pensée pour exprimer ses sentiments, elle se faisait coquette par les idées avec ses enfants et avec moi. Mais l'esprit d'Arabelle ne lui servait pas à rendre la vie aimable, elle ne l'exerçait point à mon profit, il n'existait que par le monde et pour le monde, elle était purement moqueuse; elle aimait à déchirer, à mordre, non pour m'amuser, mais pour satisfaire un goût. Madame de Mortsauf aurait dérobé son bonheur à tous les regards, lady Arabelle voulait montrer le sien à tout Paris, et, par une horrible grimace, elle restait dans les convenances tout en paradant au Bois avec moi. Ce mélange d'ostentation et de dignité, d'amour et de froideur, blessait constamment mon âme, à la fois vierge et passionnée; et, comme je ne savais point passer ainsi d'une température à l'autre, mon humeur s'en ressentait; j'étais palpitant d'amour quand elle reprenait sa pudeur de convention. Quand je m'avisai de me plaindre, non sans de grands ménagements, elle tourna sa langue à triple dard contre moi, mêlant les gasconnades de sa passion à ces plaisanteries anglaises que j'ai tâché de vous peindre. Aussitôt qu'elle se trouvait en contradiction avec moi, elle se faisait un jeu de froisser mon cœur et d'humilier mon esprit, elle me maniait comme une pâte. A des observations sur le milieu que l'on doit garder en tout, elle répondait par la caricature de mes idées, qu'elle portait à l'extrême. Quand je lui reprochais son attitude, elle me demandait si je voulais qu'elle m'embrassât devant tout Paris, aux Italiens; elle s'y engageait si sérieusement, que, connaissant son envie de faire parler d'elle, je tremblais de lui voir exécuter sa promesse. Malgré sa passion réelle, je ne sentais jamais rien de recueilli, de saint, de profond comme chez Henriette : elle était toujours insatiable comme une terre sablonneuse. Madame de Mortsauf était toujours rassurée et sentait mon âme dans une accentuation ou dans un coup d'œil, tandis que la marquise n'était jamais accablée par un regard, ni par un serrement de main, ni par une douce parole. Il y a plus! le bonheur de la veille n'était rien le lendemain; aucune preuve d'amour ne l'étonnait; elle éprouvait un si grand désir d'agitation, de bruit, d'éclat, que rien n'atteignait sans doute à son beau idéal en ce genre, et de là ses furieux efforts d'amour; dans sa fantaisie exagérée, il s'agissait d'elle et non de moi. Cette lettre de madame de Mortsauf, lumière qui brillait encore sur ma vie, et qui prouvait la manière dont la femme la plus vertueuse sait obéir au génie de la Française, en accusant une perpétuelle vigilance, une entente continuelle de toutes mes fortunes ; cette lettre a dû vous faire comprendre avec quel soin Henriette s'occupait de mes intérêts matériels, de mes relations politiques, de mes conquêtes morales, avec quelle ardeur elle embrassait ma vie par les endroits permis. Sur tous ces points, lady Dudley affectait la réserve d'une personne de simple connaissance. Jamais elle ne s'informa ni de mes affaires, ni de ma fortune, ni de mes travaux, ni des difficultés de ma vie, ni de mes haines, ni de mes amitiés d'homme. Prodigue pour elle-même sans être généreuse, elle séparait vraiment un peu trop les intérêts et l'amour; tandis que, sans l'avoir éprouvé, je savais qu'afin de m'éviter un chagrin, Henriette aurait trouvé pour moi ce qu'elle n'aurait pas cherché pour elle. Dans un de ces malheurs qui peuvent attaquer les hommes les plus élevés et les plus riches, l'histoire en atteste assez ! j'aurais consulté Henriette, mais je me serais laissé traîner en prison sans dire un mot à lady Dudley.

Jusqu'ici le contraste repose sur les sentiments, mais il en était de même pour les choses. Le luxe est en France l'expression de l'homme, la reproduction de ses idées, de sa poésie spéciale; il peint le caractère, et donne entre amants du prix aux moindres soins en faisant rayonner autour de nous la pensée dominante de l'être aimé; mais ce luxe anglais dont les recherches m'avaient séduit par leur finesse était mécanique aussi! lady Dudley n'y mettait rien d'elle, il venait des gens, il était acheté. Les mille attentions caressantes de Clochegourde étaient, aux yeux d'Arabelle, l'affaire des domestiques; à chacun d'eux son devoir et sa spécialité. Choisir les meilleurs laquais était l'affaire de son majordome, comme s'il se fût agi de chevaux. Elle ne s'attachait point à ses gens, la mort du plus précieux d'entre eux ne l'aurait point affectée : on l'eût à prix d'argent remplacé par quelque autre également habile. Quant au prochain, jamais je ne surpris dans ses yeux une larme pour les malheurs d'autrui, elle avait même une naïveté d'égoïsme de laquelle il fallait absolument rire. Les draperies rouges de la grande dame couvraient cette nature de bronze. La délicieuse Almée qui se roulait le soir sur ses tapis, qui faisait sonner tous les grelots de son amoureuse folie, réconciliait promptement un homme jeune avec l'Anglaise insensible et dure; aussi ne découvris-je que pas à pas le tuf sur lequel je perdais mes semailles, et qui ne devait point donner de moissons. Madame de Mortsauf avait pénétré tout d'un coup cette nature dans sa rapide rencontre ; je me souvins de ses paroles prophétiques : Henriette avait eu raison en tout, l'amour d'Arabelle me devenait insupportable. J'ai remarqué depuis que la plupart des femmes qui montent bien à cheval ont peu de tendresse. Comme aux amazones, il leur manque une mamelle, et leurs cœurs sont endurcis en un certain endroit, je ne sais lequel.

Au moment où je commençais à sentir la pesanteur de ce joug, où la fatigue me gagnait le corps et l'âme, où je comprenais bien tout ce que le sentiment vrai donne de sainteté à l'amour, où j'étais accablé par les souvenirs de Clochegourde en respirant, malgré la distance, le parfum de toutes ses roses, la chaleur de sa terrasse, en entendant le chant de ses rossignols, en ce moment affreux où j'apercevais le lit pierreux du torrent sous ses eaux diminuées, je reçus un coup qui retentit encore dans ma vie, car à chaque heure il trouve un écho. Je travaillais dans le cabinet du roi qui devait sortir à quatre heures, le duc de Lenoncourt était de service ; en le voyant entrer le roi lui demanda des nouvelles de la comtesse ; je levai brusquement la tête d'une façon trop significative ; le roi, choqué de ce mouvement, me jeta le regard qui précédait ces mots durs qu'il savait si bien dire.

— Sire, ma pauvre fille se meurt, répondit le duc.

— Le roi daignera-t-il m'accorder un congé? dis-je les larmes aux yeux en bravant une colère près d'éclater.

— Courez, mylord, me répondit-il en souriant de mettre une épigramme dans chaque mot et me faisant grâce de sa réprimande en faveur de son esprit.

Plus courtisan que père, le duc ne demanda point de congé et monta dans la voiture du roi pour l'accompagner. Je partis sans dire adieu à lady Dudley, qui par bonheur était sortie et à laquelle j'écrivis que j'allais en mission pour le service du roi. A la Croix de Berny, je rencontrai Sa Majesté qui revenait de Verrières. En acceptant un bouquet de fleurs qu'il laissa tomber à ses pieds, le roi me jeta un regard plein de ces royales ironies accablantes de profondeur, et qui semblait me dire : — « Si tu veux être quelque chose en politique, reviens ! Ne t'amuse pas à parlementer avec les morts ! » Le duc me fit avec la main un signe de mélancolie. Les deux pompeuses calèches à huit chevaux, les colonels dorés, l'escorte et ses tourbillons de poussière passèrent rapidement aux cris de Vive le roi! Il me sembla que la cour avait foulé le corps de madame de Mortsauf avec l'insensibilité que la nature témoigne pour nos catastrophes. Quoique ce fût un excellent homme, le duc allait sans doute faire le whist de MONSIEUR, après le coucher du roi. Quant à la duchesse, elle avait depuis long-temps porté le premier coup à sa fille en lui parlant, elle seule, de lady Dudley.

Mon rapide voyage fut comme un rêve, mais un rêve de joueur ruiné ; j'étais au désespoir de ne point avoir reçu de nouvelles. Le confesseur avait-il poussé la rigidité jusqu'à m'interdire l'accès de Clochegourde? J'accusais Madeleine, Jacques, l'abbé Dominis, tout, jusqu'à monsieur de Mortsauf. Au delà de Tours, en débouchant par les ponts Saint-Sauveur, pour descendre dans le chemin bordé de peupliers qui mène à Poncher, et que j'avais tant admiré quand je courais à la recherche de mon inconnue, je rencontrai monsieur Origet; il devina que je me rendais à Clochegourde, je devinai qu'il en revenait ; nous arrêtames chacun notre voiture et nous en descendîmes, moi pour demander des nouvelles et lui pour m'en donner.

— Hé! bien, comment va madame de Mortsauf? lui dis-je.

— Je doute que vous la trouviez vivante, me répondit-il. Elle meurt d'une affreuse mort, elle meurt d'inanition. Quand elle me fit appeler au mois de juin dernier, aucune puissance médicale ne pouvait plus combattre la maladie; elle avait les affreux symptômes que monsieur de Mortsauf vous aura sans doute décrits, puisqu'il croyait les éprouver. Madame la comtesse n'était pas alors sous l'influence passagère d'une perturbation due à une lutte intérieure que la médecine dirige et qui devient la cause d'un état meilleur, ou sous le coup d'une crise commencée et dont le désordre se répare; non, la maladie était arrivée au point où l'art est inutile : c'est l'incurable résultat d'un chagrin, comme une blessure mortelle est la conséquence d'un coup de poignard. Cette affection est produite par l'inertie d'un organe dont le jeu est aussi nécessaire à la vie que celui du cœur. Le chagrin a fait l'office du poignard. Ne vous y trompez pas! madame de Mortsauf meurt de quelque peine inconnue.

— Inconnue! dis-je. Ses enfants n'ont point été malades?

— Non, me dit-il en me regardant d'un air significatif, et depuis qu'elle est sérieusement atteinte, monsieur de Mortsauf ne l'a plus tourmentée. Je ne suis plus utile, monsieur Deslandes d'Azay suffit, il n'existe aucun remède, et les souffrances sont horribles. Riche, jeune, belle, et mourir maigrie, vieillie par la faim, car elle mourra de faim! Depuis quarante jours, l'estomac étant comme fermé rejette tout aliment, sous quelque forme qu'on le présente.

Monsieur Origet me pressa la main que je lui tendis, il me l'avait presque demandée par un geste de respect.

— Du courage, monsieur, dit-il en levant les yeux au ciel.

Sa phrase exprimait de la compassion pour des peines qu'il croyait également partagées ; il ne soupçonnait pas le dard envenimé de ses paroles qui m'atteignirent comme une flèche au cœur. Je montai brusquement en voiture en promettant une bonne récompense au postillon si j'arrivais à temps.

Malgré mon impatience, je crus avoir fait le chemin en quelques minutes, tant j'étais absorbé par les réflexions amères qui se pressaient dans mon âme. Elle meurt de chagrin, et ses enfants vont bien! elle mourait donc par moi! Ma conscience menaçante prononça un de ces réquisitoires qui retentissent dans toute la vie et quelquefois au delà. Quelle faiblesse et quelle impuissance dans la justice humaine! elle ne venge que les actes patents. Pourquoi la mort et la honte au meurtrier qui tue d'un coup, qui vous surprend généreusement dans le sommeil et vous endort pour toujours, ou qui frappe à l'improviste, en vous évitant l'agonie? Pourquoi la vie heureuse, pourquoi l'estime au meurtrier qui verse goutte à goutte le fiel dans l'âme et mine le corps pour le détruire? Combien de meurtriers impunis! Quelle complaisance pour le vice élégant! quel acquittement pour l'homicide causé par les persécutions morales! Je ne sais quelle main vengeresse leva tout à coup le rideau peint qui couvre la société. Je vis plusieurs de ces victimes qui vous sont aussi connues qu'à moi : madame de Beauséant partie mourante en Normandie quelques jours avant mon départ! La duchesse de Langeais compromise! Lady Brandon arrivée en Touraine pour y mourir dans cette humble maison où lady Dudley était restée deux semaines, et tuée, par quel horrible dénoûment? vous le savez! Notre époque est fertile en événements de ce genre. Qui n'a connu cette pauvre jeune femme qui s'est empoisonnée, vaincue par la jalousie qui tuait peut-être madame de Mortsauf? Qui n'a frémi du destin de cette délicieuse jeune fille qui, semblable à une fleur piquée par un taon, a dépéri en deux ans de mariage, victime de sa pudique ignorance, victime d'un misérable auquel Ronquerolles, Montriveau, de Marsay donnent la main parce qu'il sert leurs projets politiques ? Qui n'a palpité au récit des derniers moments de cette femme qu'aucune prière n'a pu fléchir et qui n'a jamais voulu revoir son mari après en avoir si noblement payé les dettes ? Madame d'Aiglemont n'a-t-elle pas vu la tombe de bien près, et sans les soins de mon frère vivrait-elle ? Le monde et la science sont complices de ces crimes pour lesquels il n'est point de Cour d'Assises. Il semble que personne ne meure de chagrin, ni de désespoir, ni d'amour, ni de misères cachées, ni d'espérances cultivées sans fruit, incessamment replantées et déracinées. La nomenclature nouvelle a des mots ingénieux pour tout expliquer : la gastrite, la péricardite, les mille maladies de femme dont les noms se disent à l'oreille, servent de passe-port aux cercueils escortés de larmes hypocrites que la main du notaire a bientôt essuyées. Y a-t-il au fond de ce malheur quelque loi que nous ne connaissons pas ? Le centenaire doit-il impitoyablement joncher le terrain de morts, et le dessécher autour de lui pour s'élever, de même que le millionnaire s'assimile les efforts d'une multitude de petites industries ? Y a-t-il une forte vie venimeuse qui se repaît des créatures douces et tendres ? Mon Dieu ! appartenais-je donc à la race des tigres ? Le remords me serrait le cœur de ses doigts brûlants, et j'avais les joues sillonnées de larmes quand j'entrai dans l'avenue de Clochegourde par une humide matinée d'octobre qui détachait les feuilles mortes des peupliers dont la plantation avait été dirigée par Henriette, dans cette avenue où naguère elle agitait son mouchoir comme pour me rappeler ! Vivait-elle ? Pourrais-je sentir ses deux blanches mains sur ma tête prosternée ? En un moment je payai tous les plaisirs donnés par Arabelle et les trouvai chèrement vendus ! je me jurai de ne jamais la revoir, et je pris en haine l'Angleterre. Quoique lady Dudley soit une variété de l'espèce, j'enveloppai toutes les Anglaises dans les crêpes de mon arrêt.

En entrant à Clochegourde, je reçus un nouveau coup. Je trouvai Jacques, Madeleine et l'abbé de Dominis agenouillés tous trois au pied d'une croix de bois plantée au coin d'une pièce de terre qui avait été comprise dans l'enceinte, lors de la construction de la grille, et que ni le comte, ni la comtesse n'avaient voulu abattre. Je sautai hors de ma voiture et j'allai vers eux le visage plein de larmes, et le cœur brisé par le spectacle de ces deux enfants et de ce grave personnage implorant Dieu. Le vieux piqueur y était aussi, à quelques pas, la tête nue.

— Eh! bien, monsieur? dis-je à l'abbé de Dominis en baisant au front Jacques et Madeleine qui me jetèrent un regard froid, sans cesser leur prière. L'abbé se leva, je lui pris le bras pour m'y appuyer en lui disant : — Vit-elle encore? Il inclina la tête par un mouvement triste et doux. — Parlez, je vous en supplie, au nom de la Passion de Notre Seigneur! Pourquoi priez-vous au pied de cette croix? pourquoi êtes-vous ici et non près d'elle? pourquoi ses enfants sont-ils dehors par une si froide matinée? dites-moi tout, afin que je ne cause pas quelque malheur par ignorance.

— Depuis plusieurs jours, madame la comtesse ne veut voir ses enfants qu'à des heures déterminées. — Monsieur, reprit-il après une pause, peut-être devriez-vous attendre quelques heures avant de revoir madame de Mortsauf, elle est bien changée! mais il est utile de la préparer à cette entrevue, vous pourriez lui causer quelque surcroît de souffrance..... Quant à la mort, ce serait un bienfait.

Je serrai la main de cet homme divin dont le regard et la voix caressaient les blessures d'autrui sans les aviver.

— Nous prions tous ici pour elle, reprit-il; car elle, si sainte, si résignée, si faite à mourir, depuis quelques jours elle a pour la mort une horreur secrète, elle jette sur ceux qui sont pleins de vie des regards où, pour la première fois, se peignent des sentiments sombres et envieux. Ses vertiges sont excités, je crois, moins par l'effroi de la mort que par une ivresse intérieure, par les fleurs fanées de sa jeunesse qui fermentent en se flétrissant. Oui, le mauvais ange dispute cette belle âme au ciel. Madame subit sa lutte au mont des Oliviers, elle accompagne de ses larmes la chute des roses blanches qui couronnaient sa tête de Jephté mariée, et tombées une à une. Attendez, ne vous montrez pas encore, vous lui apporteriez les clartés de la cour, elle retrouverait sur votre visage un reflet des fêtes mondaines et vous rendriez de la force à ses plaintes. Ayez pitié d'une faiblesse que Dieu lui-même a pardonnée à son Fils devenu homme. Quels mérites aurions-nous d'ailleurs à vaincre sans adversaire? Permettez que son confesseur ou moi, deux vieillards dont les ruines n'offensent point sa vue, nous la préparions à une entrevue inespérée, à des émotions auxquelles l'abbé Birotteau avait exigé qu'elle renonçât. Mais il est dans les choses de ce monde une invisible trame de causes célestes qu'un œil religieux aperçoit, et si vous êtes venu ici, peut-être y êtes-vous amené par une de ces célestes étoiles qui brillent dans le monde moral, et qui conduisent vers le tombeau comme vers la crèche...

Il me dit alors, en employant cette onctueuse éloquence qui tombe sur le cœur comme une rosée, que depuis six mois la comtesse avait chaque jour souffert davantage, malgré les soins de monsieur Origet. Le docteur était venu pendant deux mois, tous les soirs, à Clochegourde, voulant arracher cette proie à la mort, car la comtesse avait dit : — « Sauvez-moi ! » — « Mais, pour guérir le corps, il aurait fallu que le cœur fût guéri ! » s'était un jour écrié le vieux médecin.

— Selon les progrès du mal, les paroles de cette femme si douce sont devenues amères, me dit l'abbé de Dominis. Elle crie à la terre de la garder, au lieu de crier à Dieu de la prendre ; puis, elle se repent de murmurer contre les décrets d'en haut. Ces alternatives lui déchirent le cœur, et rendent horrible la lutte du corps et de l'âme. Souvent le corps triomphe ! — « Vous me coûtez bien cher ! » a-t-elle dit un jour à Madeleine et à Jacques en les repoussant de son lit. Mais en ce moment, rappelée à Dieu par ma vue, elle a dit à mademoiselle Madeleine ces angéliques paroles : « Le bonheur des autres devient la joie de ceux qui ne peuvent plus être heureux. » Et son accent fut si déchirant que j'ai senti mes paupières se mouiller. Elle tombe, il est vrai ; mais, à chaque faux pas, elle se relève plus haut vers le ciel.

Frappé des messages successifs que le hasard m'envoyait, et qui, dans ce grand concert d'infortunes, préparaient par de douloureuses modulations le thème funèbre, le grand cri de l'amour expirant, je m'écriai : — Vous le croyez, ce beau lys coupé refleurira dans le ciel ?

— Vous l'avez laissée fleur encore, me répondit-il, mais vous la retrouverez consumée, purifiée dans le feu des douleurs, et pure comme un diamant encore enfoui dans les cendres. Oui, ce brillant esprit, étoile angélique, sortira splendide de ses nuages pour aller dans le royaume de lumière.

Au moment où je serrais la main de cet homme évangélique, le cœur oppressé de reconnaissance, le comte montra hors de la maison sa tête entièrement blanchie et s'élança vers moi par un mouvement où se peignait la surprise.

— Elle a dit vrai ! le voici. « Félix, Félix, voici Félix qui vient! » s'est écriée madame de Mortsauf. Mon ami, reprit-il en me jetant des regards insensés de terreur, la mort est ici. Pourquoi n'a-t-elle pas pris un vieux fou comme moi qu'elle avait entamé.....

Je marchai vers le château, rappelant mon courage ; mais sur le seuil de la longue antichambre qui menait du boulingrin au perron, en traversant la maison, l'abbé Birotteau m'arrêta.

— Madame la comtesse vous prie de ne pas entrer encore, me dit-il.

En jetant un coup d'œil, je vis les gens allant et venant, tous affairés, ivres de douleur et surpris sans doute des ordres que Manette leur communiquait.

— Qu'arrive-t-il ? dit le comte effarouché de ce mouvement autant par crainte de l'horrible événement, que par l'inquiétude naturelle à son caractère.

— Une fantaisie de malade, répondit l'abbé. Madame la comtesse ne veut pas recevoir monsieur le vicomte dans l'état où elle est ; elle parle de toilette, pourquoi la contrarier ?

Manette alla chercher Madeleine, et nous vîmes Madeleine sortant quelques moments après être entrée chez sa mère. Puis en nous promenant tous les cinq, Jacques et son père, les deux abbés et moi, tous silencieux le long de la façade sur le boulingrin, nous dépassâmes la maison. Je contemplai tour à tour Montbazon et Azay, regardant la vallée jaunie dont le deuil répondait alors comme en toute occasion aux sentiments qui m'agitaient. Tout à coup j'aperçus la chère mignonne courant après les fleurs d'automne et les cueillant sans doute pour composer des bouquets. En pensant à tout ce que signifiait cette réplique de mes soins amoureux, il se fit en moi je ne sais quel mouvement d'entrailles, je chancelai, ma vue s'obscurcit, et les deux abbés entre lesquels je me trouvais me portèrent sur la margelle d'une terrasse où je demeurai pendant un moment comme brisé, mais sans perdre entièrement connaissance.

— Pauvre Félix, me dit le comte, elle avait bien défendu de vous écrire, elle sait combien vous l'aimez !

Quoique préparé à souffrir, je m'étais trouvé sans force contre une attention qui résumait tous mes souvenirs de bonheur. « La voilà, pensai-je, cette lande desséchée comme un squelette, éclairée par un jour gris au milieu de laquelle s'élevait un seul buisson de

fleurs, que jadis dans mes courses je n'ai pas admirée sans un sinistre frémissement et qui était l'image de cette heure lugubre! »
Tout était morne dans ce petit castel, autrefois si vivant, si animé! tout pleurait, tout disait le désespoir et l'abandon. C'était des allées ratissées à moitié, des travaux commencés et abandonnés, des ouvriers debout regardant le château. Quoique l'on vendangeât les clos, l'on n'entendait ni bruit ni babil. Les vignes semblaient inhabitées, tant le silence était profond. Nous allions comme des gens dont la douleur repousse des paroles banales, et nous écoutions le comte, le seul de nous qui parlât. Après les phrases dictées par l'amour machinal qu'il ressentait pour sa femme, le comte fut conduit par la pente de son esprit à se plaindre de la comtesse. Sa femme n'avait jamais voulu se soigner ni l'écouter quand il lui donnait de bons avis; il s'était aperçu le premier des symptômes de la maladie; car il les avait étudiés sur lui-même, les avait combattus et s'en était guéri tout seul sans autre secours que celui d'un régime, et en évitant toute émotion forte. Il aurait bien pu guérir aussi la comtesse; mais un mari ne saurait accepter de semblables responsabilités, surtout lorsqu'il a le malheur de voir en toute affaire son expérience dédaignée. Malgré ses représentations, la comtesse avait pris Origet pour médecin. Origet, qui l'avait jadis si mal soigné, lui tuait sa femme. Si cette maladie a pour cause d'excessifs chagrins, il avait été dans toutes les conditions pour l'avoir; mais quels pouvaient être les chagrins de sa femme? La comtesse était heureuse, elle n'avait ni peines ni contrariétés! leur fortune était, grâce à ses soins et à ses bonnes idées, dans un état satisfaisant; il laissait madame de Mortsauf régner à Clochegourde; ses enfants, bien élevés, bien portants, ne donnaient plus aucune inquiétude; d'où pouvait donc procéder le mal? Et il discutait et il mêlait l'expression de son désespoir à des accusations insensées. Puis, ramené bientôt par quelque souvenir à l'admiration que méritait cette noble créature, quelques larmes s'échappaient de ses yeux, secs depuis si long-temps.

Madeleine vint m'avertir que sa mère m'attendait. L'abbé Birotteau me suivit. La grave jeune fille resta près de son père, en disant que la comtesse désirait être seule avec moi, et prétextait la fatigue que lui causerait la présence de plusieurs personnes. La solennité de ce moment produisit en moi cette impression de chaleur intérieure et de froid au dehors qui nous brise dans les grandes circonstances de la vie. L'abbé Birotteau, l'un de ces hommes que Dieu a marqués comme siens en les revêtant de douceur, de simplicité, en leur accordant la patience et la miséricorde, me prit à part.

— Monsieur, me dit-il, sachez que j'ai fait tout ce qui était humainement possible pour empêcher cette réunion. Le salut de cette sainte le voulait ainsi. Je n'ai vu qu'elle et non vous. Maintenant que vous allez revoir celle dont l'accès aurait dû vous être interdit par les anges, apprenez que je resterai entre vous pour la défendre contre vous-même et contre elle peut-être! Respectez sa faiblesse. Je ne vous demande pas grâce pour elle comme prêtre, mais comme un humble ami que vous ne saviez pas avoir, et qui veut vous éviter des remords. Notre chère malade meurt exactement de faim et de soif. Depuis ce matin, elle est en proie à l'irritation fiévreuse qui précède cette horrible mort, et je ne puis vous cacher combien elle regrette la vie. Les cris de sa chair révoltée s'éteignent dans mon cœur où ils blessent des échos encore trop tendres; mais monsieur de Dominis et moi nous avons accepté cette tâche religieuse, afin de dérober le spectacle de cette agonie morale à cette noble famille qui ne reconnaît plus son étoile du soir et du matin. Car l'époux, les enfants, les serviteurs, tous demandent : Où est-elle? tant elle est changée. A votre aspect, les plaintes vont renaître. Quittez les pensées de l'homme du monde, oubliez les vanités du cœur, soyez près d'elle l'auxiliaire du ciel et non celui de la terre. Que cette sainte ne meure pas dans une heure de doute, en laissant échapper des paroles de désespoir....

Je ne répondis rien. Mon silence consterna le pauvre confesseur. Je voyais, j'entendais, je marchais et n'étais cependant plus sur la terre. Cette réflexion : « Qu'est-il donc arrivé? dans quel état dois-je la trouver, pour que chacun use de telles précautions? » engendrait des appréhensions d'autant plus cruelles qu'elles étaient indéfinies : elle comprenait toutes les douleurs ensemble. Nous arrivâmes à la porte de la chambre que m'ouvrit le confesseur inquiet. J'aperçus alors Henriette en robe blanche, assise sur son petit canapé, placé devant la cheminée ornée de nos deux vases pleins de fleurs; puis des fleurs encore sur le guéridon placé devant la croisée. Le visage de l'abbé Birotteau, stupéfait à l'aspect de cette fête improvisée et du changement de cette chambre subitement rétablie en son ancien état, me fit deviner que la mourante avait banni le repoussant appareil qui environne le lit des malades. Elle avait dépensé les dernières forces d'une fièvre expirante à parer sa chambre en désordre pour y recevoir dignement celui qu'elle aimait en ce moment plus que toute chose. Sous les flots de dentelles, sa figure amaigrie, qui avait la pâleur verdâtre des fleurs du magnolia quand elles s'entr'ouvrent, apparaissait comme sur la toile jaune d'un portrait les premiers contours d'une tête chérie dessinée à la craie; mais, pour sentir combien la griffe du vautour s'enfonça profondément dans mon cœur, supposez achevés et pleins de vie les yeux de cette esquisse, des yeux caves qui brillaient d'un éclat inusité dans une figure éteinte. Elle n'avait plus la majesté calme que lui communiquait la constante victoire remportée sur ses douleurs. Son front, seule partie du visage qui eût gardé ses belles proportions, exprimait l'audace agressive du désir et des menaces réprimées. Malgré les tons de cire de sa face allongée, des feux intérieurs s'en échappaient par un rayonnement semblable au fluide qui flambe au-dessus des champs par une chaude journée. Ses tempes creusées, ses joues rentrées montraient les formes intérieures du visage, et le sourire que formaient ses lèvres blanches ressemblait vaguement au ricanement de la mort. Sa robe croisée sur son sein attestait la maigreur de son beau corsage. L'expression de sa tête disait assez qu'elle se savait changée et qu'elle en était au désespoir. Ce n'était plus ma délicieuse Henriette, ni la sublime et sainte madame de Mortsauf; mais le quelque chose sans nom de Bossuet qui se débattait contre le néant, et que la faim, les désirs trompés poussaient au combat égoïste de la vie contre la mort. Je vins m'asseoir près d'elle en lui prenant pour la baiser sa main que je sentis brûlante et desséchée. Elle devina ma douloureuse surprise dans l'effort même que je fis pour la déguiser. Ses lèvres décolorées se tendirent alors sur ses dents affamées pour essayer un de ces sourires forcés sous lesquels nous cachons également l'ironie de la vengeance, l'attente du plaisir, l'ivresse de l'âme et la rage d'une déception.

— Ah! c'est la mort, mon pauvre Félix, me dit-elle, et vous n'aimez pas la mort! la mort odieuse, la mort de laquelle toute créature, même l'amant le plus intrépide, a horreur. Ici finit l'amour : je le savais bien. Lady Dudley ne vous verra jamais étonné de son changement. Ah! pourquoi vous ai-je tant souhaité, Félix? vous êtes enfin venu : je vous récompense de ce dévouement par l'horrible spectacle qui fit jadis du comte de Rancé un trappiste, moi qui désirais demeurer belle et grande dans votre souvenir, y vivre comme un lys éternel, je vous enlève vos illusions. Le véritable amour ne calcule rien. Mais ne vous enfuyez pas, restez. Monsieur Origet m'a trouvée beaucoup mieux ce matin, je vais revenir à la vie, je renaîtrai sous vos regards. Puis, quand j'aurai recouvré quelques forces, quand je commencerai à pouvoir prendre quelque nourriture, je redeviendrai belle. A peine ai-je trente-cinq ans, je puis encore avoir de belles années. Le bonheur rajeunit, et je veux connaître le bonheur. J'ai fait des projets délicieux, nous les laisserons à Clochegourde et nous irons ensemble en Italie.

Des pleurs humectèrent mes yeux, je me tournai vers la fenêtre comme pour regarder les fleurs; l'abbé Birotteau vint à moi précipitamment, et se pencha vers le bouquet : — Pas de larmes! me dit-il à l'oreille.

— Henriette, vous n'aimez donc plus notre chère vallée? lui répondis-je afin de justifier mon brusque mouvement.

— Si, dit-elle en apportant son front sous mes lèvres par un mouvement de câlinerie; mais, sans vous, elle m'est funeste...... *sans toi*, reprit-elle en effleurant mon oreille de ses lèvres chaudes pour y jeter ces deux syllabes comme deux soupirs.

Je fus épouvanté par cette folle caresse qui agrandissait encore les terribles discours des deux abbés. En ce moment ma première surprise se dissipa; mais si je pus faire usage de ma raison, ma volonté ne fut pas assez forte pour réprimer le mouvement nerveux qui m'agita pendant cette scène. J'écoutais sans répondre, ou plutôt je répondais par un sourire fixe et par des signes de consentement, pour ne pas la contrarier, agissant comme une mère avec son enfant. Après avoir été frappé de la métamorphose de la personne, je m'aperçus que la femme, autrefois si imposante par ses sublimités, avait dans l'attitude, dans la voix, dans les manières, dans les regards et les idées, la naïve ignorance d'un enfant, les grâces ingénues, l'avidité de mouvement, l'insouciance profonde de ce qui n'est pas son désir ou lui, enfin toutes les faiblesses qui recommandent l'enfant à la protection. En est-il ainsi de tous les mourants? dépouillent-ils tous les déguisements sociaux, de même que l'enfant ne les a pas encore revêtus? Ou, se trouvant au bord de l'éternité, la comtesse, en n'acceptant plus de tous les sentiments humains que l'amour, en exprimait-elle la suave innocence à la manière de Chloé?

— Comme autrefois vous allez me rendre à la santé, Félix, dit-elle, et ma vallée me sera bienfaisante. Comment ne mangerais-je pas ce que vous me présenterez? Vous êtes un si bon garde-malade! Puis, vous êtes si riche de force et de santé, qu'auprès de vous la vie est contagieuse. Mon ami, prouvez-moi donc que je ne puis mourir, mourir trompée! Ils croient que ma plus vive douleur est la soif. Oh! oui, j'ai bien soif, mon ami. L'eau de l'Indre me fait bien mal à voir, mais mon cœur éprouve une plus ardente soif. J'avais soif de toi, me dit-elle d'une voix plus étouffée en me prenant les mains dans ses mains brûlantes et m'attirant à elle pour me jeter ces paroles à l'oreille : mon agonie a été de ne pas te voir! Ne m'as-tu pas dit de vivre? je veux vivre. Je veux monter à cheval aussi, moi! je veux tout connaître, Paris, les fêtes, les plaisirs.

Ah! Natalie, cette clameur horrible que le matérialisme des sens trompés rend froide à distance, nous faisait tinter les oreilles au vieux prêtre et à moi : les accents de cette voix magnifique peignaient les combats de toute une vie, les angoisses d'un véritable amour déçu. La comtesse se leva par un mouvement d'impatience, comme un enfant qui veut un jouet. Quand le confesseur vit sa pénitente ainsi, le pauvre homme tomba soudain à genoux, joignit les mains, et récita des prières.

— Oui, vivre! dit-elle en me faisant lever et s'appuyant sur moi, vivre de réalités et non de mensonges. Tout a été mensonge dans ma vie, je les ai comptées depuis quelques jours, ces impostures. Est-il possible que je meure, moi qui n'ai pas vécu? moi qui ne suis jamais allée chercher quelqu'un dans une lande? Elle s'arrêta, parut écouter, et sentit à travers les murs je ne sais quelle odeur. — Félix! les vendangeuses vont dîner, et moi, moi, dit-elle d'une voix d'enfant, qui suis la maîtresse, j'ai faim. Il en est ainsi de l'amour, elles sont heureuses, elles!

— *Kyrie eleison!* disait le pauvre abbé, qui, les mains jointes, l'œil au ciel, récitait les litanies.

Elle jeta ses bras autour de mon cou, m'embrassa violemment, et me serra en disant : — Vous ne m'échapperez plus! Je veux être aimée, je ferai des folies comme lady Dudley, j'apprendrai l'anglais pour bien dire : *my dee*. Elle me fit un signe de tête comme elle en faisait autrefois en me quittant, pour me dire qu'elle allait revenir à l'instant : Nous dînerons ensemble, me dit-elle, je vais prévenir Manette... Elle fut arrêtée par une faiblesse qui survint, et je la couchai tout habillée sur son lit.

— Une fois déjà, vous m'avez portée ainsi, me dit-elle en ouvrant les yeux.

Elle était bien légère, mais surtout bien ardente; en la prenant, je sentis son corps entièrement brûlant. Monsieur Deslandes entra, fut étonné de trouver la chambre ainsi parée ; mais en me voyant tout lui parut expliqué.

— On souffre bien pour mourir, monsieur, dit-elle d'une voix altérée.

Il s'assit, tâta le pouls de sa malade, se leva brusquement, vint parler à voix basse au prêtre, et sortit; je le suivis.

— Qu'allez-vous faire, lui demandai-je.

— Lui éviter une épouvantable agonie, me dit-il. Qui pouvait croire à tant de vigueur ? Nous ne comprenons comment elle vit encore qu'en pensant à la manière dont elle a vécu. Voici le quarante-deuxième jour que madame la comtesse n'a bu, ni mangé, ni dormi.

Monsieur Deslandes demanda Manette. L'abbé Birotteau m'emmena dans les jardins.

— Laissons faire le docteur, me dit-il. Aidé par Manette, il va l'envelopper d'opium. Eh ! bien, vous l'avez entendue, me dit-il, si toutefois elle est complice de ces mouvements de folie !...

— Non, dis-je, ce n'est plus elle.

J'étais hébété de douleur. Plus j'allais, plus chaque détail de cette scène prenait d'étendue. Je sortis brusquement par la petite porte au bas de la terrasse, et vins m'asseoir dans la toue, où je me cachai pour demeurer seul à dévorer mes pensées. Je tâchai de me détacher moi-même de cette force par laquelle je vivais; supplice comparable à celui par lequel les Tartares punissaient l'adultère en prenant un membre du coupable dans une pièce de bois, et lui laissant un couteau pour se le couper, s'il ne voulait pas mourir de faim : leçon terrible que subissait mon âme, de laquelle il fallait me retrancher la plus belle moitié. Ma vie était manquée aussi ! Le désespoir me suggérait les plus étranges idées. Tantôt je voulais mourir avec elle, tantôt aller m'enfermer à la Meilleraye où venaient de s'établir les trappistes. Mes yeux ternis ne voyaient plus les objets extérieurs. Je contemplais les fenêtres de la chambre où souffrait Henriette, croyant y apercevoir la lumière qui l'éclairait pendant la nuit où je m'étais fiancé à elle. N'aurais-je pas dû obéir à la vie simple qu'elle m'avait créée ; en me conservant à elle dans le travail des affaires ? Ne m'avait-elle pas ordonné d'être un grand homme, afin de me préserver des passions basses et honteuses que j'avais subies, comme tous les hommes? La chasteté n'était-elle pas une sublime distinction que je n'avais pas su garder? L'amour, comme le concevait Arabelle, me dégoûta soudain. Au moment où je relevais ma tête abattue en me demandant d'où me viendraient désormais la lumière et l'espérance, quel intérêt j'aurais à vivre, l'air fut agité d'un léger bruit ; je me tournai vers la terrasse, j'y aperçus Madeleine se promenant seule, à pas lents. Pendant que je remontais vers la terrasse pour demander compte à cette chère enfant du froid regard qu'elle m'avait jeté au pied de la croix, elle s'était assise sur le banc; quand elle m'aperçut à moitié chemin, elle se leva, et feignit de ne pas m'avoir vu, pour ne pas se trouver seule avec moi ; sa démarche était hâtée, significative. Elle me haïssait, elle fuyait l'assassin de sa mère. En revenant par les perrons à Clochegourde, je vis Madeleine comme une statue, immobile et debout, écoutant le bruit de mes pas. Jacques était assis sur une marche, et son attitude exprimait la même insensibilité qui m'avait frappé quand nous nous étions promenés tous ensemble, et m'avait inspiré de ces idées que nous laissons dans un coin de notre âme, pour les reprendre et les creuser plus tard, à loisir. J'ai remarqué que les jeunes gens qui portent en eux la mort sont tous insensibles aux funérailles. Je voulus interroger cette âme sombre. Madeleine avait-elle gardé ses pensées pour elle seule, avait-elle inspiré sa haine à Jacques?

— Tu sais, lui dis-je pour entamer la conversation, que tu as en moi le plus dévoué des frères.

— Votre amitié m'est inutile, je suivrai ma mère ! répondit-il en me jetant un regard farouche de douleur.

— Jacques, m'écriai-je, toi aussi?

Il toussa, s'écarta loin de moi ; puis, quand il revint, il me montra rapidement son mouchoir ensanglanté.

— Comprenez-vous? dit-il.

Ainsi chacun d'eux avait un fatal secret. Comme je le vis depuis, la sœur et le frère se fuyaient. Henriette tombée, tout était en ruine à Clochegourde.

— Madame dort, vint nous dire Manette heureuse de savoir la comtesse sans souffrance.

Dans ces affreux moments, quoique chacun en sache l'inévitable fin, les affections vraies deviennent folles et s'attachent à de petits bonheurs. Les minutes sont des siècles que l'on voudrait rendre bienfaisants. On voudrait que les malades reposassent sur des roses, on voudrait prendre leurs souffrances, on voudrait que le dernier soupir fût pour eux inattendu.

— Monsieur Deslandes a fait enlever les fleurs qui agissaient trop fortement sur les nerfs de madame, me dit Manette.

Ainsi donc les fleurs avaient causé son délire, elle n'en était pas complice. Les amours de la terre, les fêtes de la fécondation, les caresses des plantes l'avaient enivrée de leurs parfums et sans doute avaient réveillé les pensées d'amour heureux qui sommeillaient en elle depuis sa jeunesse.

— Venez donc, monsieur Félix, me dit-elle, venez voir madame, elle est belle comme un ange.

Je revins chez la mourante au moment où le soleil se couchait et dorait la dentelle des toits du château d'Azay. Tout était calme et pur. Une douce lumière éclairait le lit où reposait Henriette baignée d'opium. En ce moment le corps était pour ainsi dire annulé; l'âme seule régnait sur ce visage, serein comme un beau ciel après la tempête. Blanche et Henriette, ces deux sublimes faces de la même femme, reparaissaient d'autant plus belles que mon souvenir, ma pensée, mon imagination, aidant la nature, réparaient les altérations de chaque trait où l'âme triomphante envoyait ses lueurs par des vagues confondues avec celles de la respiration. Les deux abbés étaient assis auprès du lit. Le comte resta foudroyé, debout, en reconnaissant les étendards de la mort qui flottaient sur cette créature adorée. Je pris sur le canapé la place qu'elle avait occupée. Puis nous échangeâmes tous quatre des regards où l'admiration de cette beauté céleste se mêlait à des larmes de regret. Les lumières de la pensée annonçaient le retour de Dieu dans un de ses plus beaux tabernacles. L'abbé de Dominis et moi, nous nous parlions par signes, en nous communiquant des idées mutuelles. Oui, les anges veillaient Henriette! Oui, leurs glaives brillaient au-dessus de ce noble front où revenaient les augustes expressions de la vertu qui en faisaient jadis comme une âme visible avec laquelle s'entretenaient les esprits de sa sphère. Les lignes de son visage se purifiaient, en elle tout s'agrandissait et devenait majestueux sous les invisibles encensoirs des Séraphins qui la gardaient.

Les teintes vertes de la souffrance corporelle faisaient place aux tons entièrement blancs, à la pâleur mate et froide de la mort prochaine. Jacques et Madeleine entrèrent, Madeleine nous fit tous frissonner par le mouvement d'adoration qui la précipita devant le lit, lui joignit les mains et lui inspira cette sublime exclamation :
— Enfin ! voilà ma mère ! Jacques souriait, il était sûr de suivre sa mère là où elle allait.

— Elle arrive au port, dit l'abbé Birotteau.

L'abbé de Dominis me regarda comme pour me répéter : — N'ai-je pas dit que l'étoile se lèverait brillante?

Madeleine resta les yeux attachés sur sa mère, respirant quand elle respirait, imitant son souffle léger, dernier fil par lequel elle tenait à la vie, et que nous suivions avec terreur, craignant à chaque effort de le voir se rompre. Comme un ange aux portes du sanctuaire, la jeune fille était avide et calme, forte et prosternée. En ce moment, l'Angélus sonna au clocher du bourg. Les flots de l'air adouci jetèrent par ondées les tintements qui nous annonçaient qu'à cette heure la chrétienté tout entière répétait les paroles dites par l'ange à la femme qui racheta les fautes de son sexe. Ce soir, l'*Ave Maria* nous parut une salutation du ciel. La prophétie était si claire et l'événement si proche que nous fondîmes en larmes. Les murmures du soir, brise mélodieuse dans les feuillages, derniers gazouillements d'oiseau, refrains et bourdonnements d'insectes, voix des eaux, cri plaintif de la rainette, toute la campagne disait adieu au plus beau lys de la vallée, à sa vie simple et champêtre. Cette poésie religieuse unie à toutes ces poésies naturelles exprimait si bien le chant du départ que nos sanglots furent aussitôt répétés. Quoique la porte de la chambre fût ouverte, nous étions si bien plongés dans cette terrible contemplation, comme pour en empreindre à jamais dans notre âme le souvenir, que nous n'avions pas aperçu les gens de la maison agenouillés en un groupe où se disaient de ferventes prières. Tous ces pauvres gens, habitués à l'espérance, croyaient encore conserver leur maîtresse, et ce présage si clair les accabla. Sur un geste de l'abbé Birotteau, le vieux piqueur sortit pour aller chercher le curé de Saché. Le médecin, debout près du lit, calme comme la science, et qui tenait la main endormie de la malade, avait fait un signe au confesseur pour lui dire que ce sommeil était la dernière heure sans souffrance qui restait à l'ange rappelé. Le moment était venu de lui administrer les derniers sacrements de l'Église. A neuf heures, elle s'éveilla doucement, nous regarda d'un œil surpris mais doux, et nous revîmes tous notre idole dans la beauté de ses beaux jours.

— Ma mère, tu es trop belle pour mourir, la vie et la santé te reviennent, cria Madeleine.

— Chère fille, je vivrai, mais en toi, dit-elle en souriant.

Ce fut alors des embrassements déchirants de la mère aux enfants et des enfants à la mère. Monsieur de Mortsauf baisa sa femme pieusement au front. La comtesse rougit en me voyant.

— Cher Félix, dit-elle, voici, je crois, le seul chagrin que je vous aurai donné, moi! Mais oubliez ce que j'aurai pu vous dire, pauvre insensée que j'étais. Elle me tendit la main, je la pris pour la baiser, elle me dit alors avec son gracieux sourire de vertu : — Comme autrefois, Félix ?...

Nous sortîmes tous, et nous allâmes dans le salon pendant tout le temps que devait durer la dernière confession de la malade. Je me plaçai près de Madeleine. En présence de tous, elle ne pouvait me fuir sans impolitesse; mais, à l'imitation de sa mère, elle ne regardait personne, et garda le silence sans jeter une seule fois les yeux sur moi.

— Chère Madeleine, lui dis-je à voix basse, qu'avez-vous contre moi? Pourquoi des sentiments froids quand en présence de la mort chacun doit se réconcilier?

— Je crois entendre ce que dit en ce moment ma mère, me répondit-elle en prenant l'air de tête qu'Ingres a trouvé pour sa *Mère de Dieu*, cette vierge déjà douloureuse et qui s'apprête à protéger le monde où son fils va périr.

— Et vous me condamnez au moment où votre mère m'absout, si toutefois je suis coupable.

— *Vous*, et toujours *vous!*

Son accent trahissait une haine réfléchie comme celle d'un Corse, implacable comme sont les jugements de ceux qui, n'ayant pas étudié la vie, n'admettent aucune atténuation aux fautes commises contre les lois du cœur. Une heure s'écoula dans un silence profond. L'abbé Birotteau revint après avoir reçu la confession générale de la comtesse de Mortsauf, et nous rentrâmes tous au moment où, suivant une de ces idées qui saisissent ces nobles âmes, toutes sœurs d'intention, Henriette s'était fait revêtir d'un long vêtement qui devait lui servir de linceul. Nous la trouvâmes sur son séant, belle de ses expiations et belle de ses espérances : je vis dans la cheminée les cendres noires de mes lettres, qui venaient d'être brûlées, sacrifice qu'elle n'avait voulu faire, me dit son confesseur, qu'au moment de la mort. Elle nous sourit à tous de son sourire d'autrefois. Ses yeux humides de larmes annonçaient un dessillement suprême, elle apercevait déjà les joies célestes de la terre promise.

— Cher Félix, me dit-elle en me tendant la main et en serrant la mienne, restez. Vous devez assister à l'une des dernières scènes de ma vie, et qui ne sera pas la moins pénible de toutes, mais où vous êtes pour beaucoup.

Elle fit un geste, la porte se ferma. Sur son invitation le comte s'assit, l'abbé Birotteau et moi nous restâmes debout. Aidée de Manette, la comtesse se leva, se mit à genoux devant le comte surpris, et voulut rester ainsi. Puis, quand Manette se fut retirée, elle releva sa tête, qu'elle avait appuyée sur les genoux du comte étonné.

— Quoique je me sois conduite envers vous comme une fidèle épouse, lui dit-elle d'une voix altérée, il peut m'être arrivé, monsieur, de manquer parfois à mes devoirs ; je viens de prier Dieu de m'accorder la force de vous demander pardon de mes fautes. J'ai pu porter dans les soins d'une amitié placée hors de la famille des attentions plus affectueuses encore que celles que je vous devais. Peut-être vous ai-je irrité contre moi par la comparaison que vous pouviez faire de ces soins, de ces pensées et de celles que je vous donnais. J'ai eu, dit-elle à voix basse, une amitié vive que personne, pas même celui qui en fut l'objet, n'a connue en entier. Quoique je sois demeurée vertueuse selon les lois humaines, que j'aie été pour vous une épouse irréprochable, souvent des pensées, involontaires ou volontaires, ont traversé mon cœur, et j'ai peur en ce moment de les avoir trop accueillies. Mais comme je vous ai tendrement aimé, que je suis restée votre femme soumise, que les nuages, en passant sous le ciel, n'en ont point altéré la pureté, vous me voyez sollicitant votre bénédiction d'un front pur. Je mourrai sans aucune pensée amère si j'entends de votre bouche une douce parole pour votre Blanche, pour la mère de vos enfants, et si vous lui pardonnez toutes ces choses qu'elle ne s'est pardonnées à elle-même qu'après les assurances du tribunal duquel nous relevons tous.

— Blanche, Blanche, s'écria le vieillard en versant soudain des larmes sur la tête de sa femme, veux-tu me faire mourir? Il l'éleva jusqu'à lui avec une force inusitée, la baisa saintement au front, et, la gardant ainsi : N'ai-je pas des pardons à te demander? reprit-il. N'ai-je pas été souvent dur, moi? Ne grossis-tu pas des scrupules d'enfant?

— Peut-être, reprit-elle. Mais, mon ami, soyez indulgent aux faiblesses des mourants, tranquillisez-moi. Quand vous arriverez à cette heure, vous penserez que je vous ai quitté vous bénissant. Me permettez-vous de laisser à notre ami que voici ce gage d'un sentiment profond, dit-elle en montrant une lettre qui était sur la cheminée? il est maintenant mon fils d'adoption, voilà tout. Le cœur, cher comte, a ses testaments : mes derniers vœux imposent à ce cher Félix des œuvres sacrées à accomplir, je ne crois pas avoir trop présumé de lui, faites que je n'aie pas trop présumé de vous en me permettant de lui léguer quelques pensées. Je suis toujours femme, dit-elle en penchant la tête avec une suave mélancolie, après mon pardon je vous demande une grâce. — Lisez; mais seulement après ma mort, me dit-elle en me tendant le mystérieux écrit.

Le comte vit pâlir sa femme, il la prit et la porta lui-même sur le lit, où nous l'entourâmes.

— Félix, me dit-elle, je puis avoir des torts envers vous. Souvent j'ai pu vous causer quelques douleurs en vous laissant espérer des joies devant lesquelles j'ai reculé; mais n'est-ce pas au courage de l'épouse et de la mère que je dois de mourir réconciliée avec tous? Vous me pardonnerez donc aussi, vous qui m'avez accusée si souvent, et dont l'injustice me faisait plaisir!

L'abbé Birotteau mit un doigt sur ses lèvres. A ce geste, la mourante pencha la tête, une faiblesse survint, elle agita les mains pour dire de faire entrer le clergé, ses enfants et ses domestiques; puis elle me montra par un geste impérieux le comte anéanti et ses enfants qui survinrent. La vue de ce père de qui seuls nous connaissions la secrète démence, devenu le tuteur de ces êtres si délicats, lui inspira de muettes supplications qui tombèrent dans mon âme comme un feu sacré. Avant de recevoir l'extrême-onction, elle demanda pardon à ses gens de les avoir quelquefois brusqués; elle implora leurs prières, et les recommanda tous individuellement au comte; elle avoua noblement avoir proféré, durant ce dernier mois, des plaintes peu chrétiennes qui avaient pu scandaliser ses gens ; elle avait repoussé ses enfants, elle avait conçu des sentiments peu convenables ; mais elle rejeta ce défaut de soumission aux volontés de Dieu sur ses intolérables douleurs. Enfin elle remercia publiquement avec une touchante effusion de cœur l'abbé Birotteau de lui avoir montré le néant des choses humaines. Quand elle eut cessé de parler, les prières commencèrent; puis le curé de Saché lui donna le viatique. Quelques moments après, sa respiration s'embarrassa, un nuage se répandit sur ses yeux qui bientôt se rouvrirent, elle me lança un dernier regard, et mourut aux yeux de tous, en entendant peut-être le concert de nos sanglots. Par un hasard assez naturel à la campagne, nous entendîmes alors le chant alternatif de deux rossignols qui répétèrent plusieurs fois leur note unique, purement filée comme un tendre appel. Au moment où son dernier soupir s'exhala, dernière souffrance d'une vie qui fut une longue souffrance, je sentis en moi-même un coup par lequel toutes mes facultés furent atteintes. Le comte et moi, nous restâmes auprès du lit funèbre pendant toute la nuit, avec les deux abbés et le curé, veillant à la lueur des cierges, la morte étendue sur le sommier de son lit; maintenant calme, là où elle avait tant souffert. Ce fut ma première communication avec la mort. Je demeurai pendant toute cette nuit les yeux attachés sur Henriette, fasciné par l'expression pure que donne l'apaisement de toutes les tempêtes, par la blancheur du visage que je douais encore de ses innombrables affections, mais qui ne répondait plus à mon amour. Quelle majesté dans ce silence et dans ce froid ! combien de réflexions n'exprime-t-il pas ? Quelle beauté dans ce repos absolu, quel despotisme dans cette immobilité : tout le passé s'y trouve encore, et l'avenir y commence. Ah ! je l'aimais morte, autant que je l'aimais vivante. Au matin, le comte s'alla coucher, les trois prêtres fatigués s'endormirent à cette heure pesante, si connue de ceux qui veillent. Je pus alors, sans témoins, la baiser au front avec tout l'amour qu'elle ne m'avait jamais permis d'exprimer.

Le surlendemain, par une fraîche matinée d'automne, nous accompagnâmes la comtesse à sa dernière demeure. Elle était portée par le vieux piqueur, les deux Martineau et le mari de Manette. Nous descendîmes par le chemin que j'avais si joyeusement monté le jour où je la retrouvai; nous traversâmes la vallée de l'Indre pour arriver au petit cimetière de Saché ; pauvre cimetière de village, situé au revers de l'église, sur la croupe d'une colline, et où par humilité chrétienne elle voulut être enterrée avec une simple croix de bois noir, comme une pauvre femme des champs, avait-elle dit. Lorsque du milieu de la vallée, j'aperçus l'église du bourg et la place du cimetière, je fus saisi d'un frisson convulsif. Hélas! nous avons tous dans la vie un Golgotha où nous laissons nos trente-trois premières années en recevant un coup de lance au cœur, en sentant sur notre tête la couronne d'épines qui remplace la couronne de roses : cette colline devait être pour moi le mont des expiations. Nous étions suivis d'une foule immense accourue pour dire les regrets de cette vallée où elle avait enterré dans le silence une foule de belles actions. On sut par Manette, sa confidente, que pour secourir les pauvres elle économisait sur sa toilette, quand ses épargnes ne suffisaient plus. C'était des enfants nus habillés, des layettes envoyées, des mères secourues, des sacs de blé payés aux meuniers en hiver pour des vieillards impotents, une vache donnée à propos à quelque pauvre ménage ; enfin les œuvres de la chrétienne, de la mère et de la châtelaine, puis des dots offertes à propos pour unir des couples qui s'aimaient, et des remplacements payés à des jeunes gens tombés au sort, touchantes offrandes de la femme aimante qui disait : — *Le bonheur des autres est la consolation de ceux qui ne peuvent plus être heureux.* Ces choses contées à toutes les veillées depuis trois jours avaient rendu la foule immense. Je marchais avec Jacques et les deux abbés derrière le cercueil. Suivant l'usage, ni Madeleine, ni le comte n'étaient avec nous, ils demeuraient seuls à Clochegourde. Manette voulut absolument venir.

— Pauvre madame! Pauvre madame! La voilà heureuse, entendis-je à plusieurs reprises à travers ses sanglots.

Au moment où le cortége quitta la chaussée des moulins, il y eut un gémissement unanime mêlé de pleurs qui semblait faire croire que cette vallée pleurait son âme. L'église était pleine de monde. Après le service, nous allâmes au cimetière où elle devait être enterrée près de la croix. Quand j'entendis rouler les cailloux et le gravier de la terre sur le cercueil, mon courage m'abandonna, je chancelai, je priai les deux Martineau de me soutenir, et ils me conduisirent mourant jusqu'au château de Saché; les maîtres m'offrirent poliment un asile que j'acceptai. Je vous l'avoue, je ne voulus point retourner à Clochegourde, il me répugnait de me retrouver à Frapesle d'où je pouvais voir le castel d'Henriette. Là, j'étais près d'elle. Je demeurai quelques jours dans une chambre dont les fenêtres donnent sur ce vallon tranquille et solitaire dont je vous ai parlé. C'est un vaste pli de terrain bordé par des chênes deux fois centenaires, et où par les grandes pluies coule un torrent. Cet aspect convenait à la méditation sévère et solennelle à laquelle je voulais me livrer. J'avais reconnu, pendant la journée qui suivit la fatale nuit, combien ma présence allait être importune à Clochegourde. Le comte avait ressenti de violentes émotions à la mort d'Henriette, mais il s'attendait à ce terrible événement, et il y avait dans le fond de sa pensée un parti pris qui ressemblait à de l'indifférence. Je m'en étais aperçu plusieurs fois, et quand la comtesse prosternée me remit cette lettre que je n'osais ouvrir, quand elle parla de son affection pour moi, cet homme ombrageux ne me jeta pas le foudroyant regard que j'attendais de lui. Les paroles d'Henriette, il les avait attribuées à l'excessive délicatesse de cette conscience qu'il savait si pure. Cette insensibilité d'égoïste était naturelle. Les âmes de ces deux êtres ne s'étaient pas plus mariées que leurs corps, ils n'avaient jamais eu ces constantes communications qui ravivent les sentiments; ils n'avaient jamais échangé ni peines ni plaisirs, ces liens si forts qui nous brisent par mille points quand ils se rompent, parce qu'ils touchent à toutes nos fibres, parce qu'ils se sont attachés dans les replis de notre cœur, en même temps qu'ils ont caressé l'âme qui sanctionnait chacune de ces attaches. L'hostilité de Madeleine me fermait Cochegourde. Cette dure jeune fille n'était pas disposée à pactiser avec sa haine sur le cercueil de sa mère, et j'aurais été horriblement gêné entre le comte, qui m'aurait parlé de lui, et la maîtresse de la maison, qui m'aurait marqué d'invincibles répugnances. Être ainsi, là où jadis les fleurs mêmes étaient caressantes, où les marches des perrons étaient éloquentes, où tous mes souvenirs revêtaient de poésie les balcons, les margelles, les balustrades et les terrasses, les arbres et les points de vue; être haï là où tout m'aimait : je ne supportais point cette pensée. Aussi, dès l'abord mon parti fut-il pris. Hélas! tel était donc le dénoûment du plus vif amour qui jamais ait atteint le cœur d'un homme. Aux yeux des étrangers, ma conduite allait être condamnable, mais elle avait la sanction de ma conscience. Voilà comment finissent les plus beaux sentiments et les plus grands drames de la jeunesse. Nous partons presque tous au matin, comme moi de Tours pour Clochegourde, nous emparant du monde, le cœur affamé d'amour; puis, quand nos richesses ont passé par le creuset, quand nous nous sommes mêlés aux hommes et aux événements, tout se rapetisse insensiblement, nous trouvons peu d'or parmi beaucoup de cendres. Voilà la vie! la vie telle qu'elle est : de grandes prétentions, de petites réalités. Je méditai longuement sur moi-même, en me demandant ce que j'allais faire après un coup qui fauchait toutes mes fleurs. Je résolus de m'élancer vers la politique et la science, dans les sentiers tortueux de l'ambition, d'ôter la femme de ma vie et d'être un homme d'état, froid et sans passions, de demeurer fidèle à la sainte que j'avais aimée. Mes méditations allaient à perte de vue, pendant que mes yeux restaient attachés sur la magnifique tapisserie des chênes dorés, aux cimes sévères, aux pieds de bronze : je me demandais si la vertu d'Henriette n'avait pas été de l'ignorance, si j'étais bien coupable de sa mort. Je me débattais au milieu de mes remords. Enfin, par un suave midi d'automne, un de ces derniers sourires du ciel, si beaux en Touraine, je lus sa lettre que, suivant sa recommandation, je ne devais ouvrir qu'après sa mort. Jugez de mes impressions en la lisant?

LETTRE DE MADAME DE MORTSAUF AU VICOMTE FÉLIX DE VANDENESSE.

« Félix, ami trop aimé, je dois maintenant vous ouvrir mon
» cœur, moins pour vous montrer combien je vous aime que pour
» vous apprendre la grandeur de vos obligations en vous dévoilant
» la profondeur et la gravité des plaies que vous y avez faites. Au
» moment où je tombe harassée par les fatigues du voyage, épuisée
» par les atteintes reçues pendant le combat, heureusement la
» femme est morte, la mère seule a survécu. Vous allez voir, cher,
» comment vous avez été la cause première de mes maux. Si plus
» tard je me suis complaisamment offerte à vos coups, aujourd'hui
» je meurs atteinte par vous d'une dernière blessure; mais il y a
» d'excessives voluptés à se sentir brisée par celui qu'on aime.
» Bientôt les souffrances me priveront sans doute de ma force, je
» mets donc à profit les dernières lueurs de mon intelligence pour
» vous supplier encore de remplacer auprès de mes enfants le cœur
» dont vous les aurez privés. Je vous imposerais cette charge avec

» autorité si je vous aimais moins ; mais je préfère vous la laisser
» prendre de vous-même, par l'effet d'un saint repentir, et aussi
» comme une continuation de votre amour : l'amour ne fut-il pas
» en nous constamment mêlé de repentantes méditations et de
» craintes expiatoires ? Et, je le sais, nous nous aimons toujours.
» Votre faute n'est pas si funeste par vous que le retentissement
» que je lui ai donné au dedans de moi-même. Ne vous avais-je pas
» dit que j'étais jalouse, mais jalouse à mourir ? eh ! bien, je
» meurs. Consolez-vous, cependant : nous avons satisfait aux lois
» humaines. L'Église, par une de ses voix les plus pures, m'a dit
» que Dieu serait indulgent à ceux qui avaient immolé leurs pen-
» chants naturels à ses commandements. Mon aimé, apprenez donc
» tout, car je ne veux pas que vous ignoriez une seule de mes
» pensées. Ce que je confierai à Dieu dans mes derniers moments,
» vous devez le savoir aussi, vous le roi de mon cœur, comme il
» est le roi du ciel. Jusqu'à cette fête donnée au duc d'Angoulême,
» la seule à laquelle j'aie assisté, le mariage m'avait laissée dans
» l'ignorance qui donne à l'âme des jeunes filles la beauté des an-
» ges. J'étais mère, il est vrai ; mais l'amour ne m'avait point en-
» vironnée de ses plaisirs permis. Comment suis-je restée ainsi ? je
» n'en sais rien ; je ne sais pas davantage par quelles lois tout en
» moi fut changé dans un instant. Vous souvenez-vous encore au-
» jourd'hui de vos baisers ? ils ont dominé ma vie, ils ont sillonné
» mon âme ; l'ardeur de votre sang a réveillé l'ardeur du mien ;
» votre jeunesse a pénétré ma jeunesse, vos désirs sont entrés dans
» mon cœur. Quand je me suis levée si fière, j'éprouvais une sen-
» sation pour laquelle je ne sais de mot dans aucun langage, car
» les enfants n'ont pas encore trouvé de parole pour exprimer le
» mariage de la lumière et de leurs yeux, ni le baiser de la vie sur
» leurs lèvres. Oui, c'était bien le son arrivé dans l'écho, la lu-
» mière jetée dans les ténèbres, le mouvement donné à l'univers,
» ce fut du moins rapide comme toutes ces choses ; mais beaucoup
» plus beau, car c'était la vie de l'âme ! Je compris qu'il existait
» je ne sais quoi d'inconnu pour moi dans le monde, une force
» plus belle que la pensée, c'était toutes les pensées, toutes les
» forces, tout un avenir dans une émotion partagée. Je ne me sentis
» plus mère qu'à demi. En tombant sur mon cœur, ce coup de
» foudre y alluma des désirs qui sommeillaient à mon insu ; je de-
» vinai soudain tout ce que voulait dire ma tante quand elle me

» baisait sur le front en s'écriant : — *Pauvre Henriette !* En
» retournant à Clochegourde, le printemps, les premières feuilles,
» le parfum des fleurs, les jolis nuages blancs, l'Indre, le ciel,
» tout me parlait un langage jusqu'alors incompris, et qui rendait
» à mon âme un peu du mouvement que vous aviez imprimé à mes
» sens. Si vous avez oublié ces terribles baisers, moi, je n'ai ja-
» mais pu les effacer de mon souvenir : j'en meurs ! Oui, chaque
» fois que je vous ai vu depuis, vous en ranimiez l'empreinte ;
» j'étais émue de la tête aux pieds par votre aspect, par le seul
» pressentiment de votre arrivée. Ni le temps, ni ma ferme vo-
» lonté n'ont pu dompter cette impérieuse volupté. Je me deman-
» dais involontairement : Que doivent être les plaisirs ? Nos regards
» échangés, les respectueux baisers que vous mettiez sur mes
» mains, mon bras posé sur le vôtre, votre voix dans ses tons de
» tendresse, enfin les moindres choses me remuaient si violem-
» ment que presque toujours il se répandait un nuage sur mes
» yeux : le bruit des sens révoltés remplissait alors mon oreille.
» Ah ! si dans ces moments où je redoublais de froideur, vous
» m'eussiez prise dans vos bras, je serais morte de bonheur. J'ai
» parfois désiré de vous quelque violence, mais la prière chassait
» promptement cette mauvaise pensée. Votre nom prononcé par
» mes enfants m'emplissait le cœur d'un sang plus chaud qui colo-
» rait aussitôt mon visage, et je tendais des piéges à ma pauvre
» Madeleine pour le lui faire dire, tant j'aimais les bouillonnements
» de cette sensation. Que vous dirai-je ? votre écriture avait un
» charme, je regardais vos lettres comme on contemple un portrait.
» Si, dès ce premier jour, vous aviez déjà conquis sur moi je ne
» sais quel fatal pouvoir, vous comprenez, mon ami, qu'il devint
» infini quand il me fut donné de lire dans votre âme. Quelles dé-
» lices m'inondèrent en vous trouvant si pur, si complétement
» vrai, doué de qualités si belles, capable de si grandes choses, et
» déjà si éprouvé ! Homme et enfant, timide et courageux ! Quelle
» joie quand je nous trouvai sacrés tous deux par de communes
» souffrances ! Depuis cette soirée où nous nous confiâmes l'un à
» l'autre, vous perdre, pour moi c'était mourir : aussi vous ai-je
» laissé près de moi par égoïsme. La certitude qu'eut monsieur de
» la Berge de la mort que me causerait votre éloignement le toucha
» beaucoup, car il lisait dans mon âme. Il jugea que j'étais néces-
» saire à mes enfants, au comte : il ne m'ordonna point de vous

» fermer l'entrée de ma maison, car je lui promis de rester pure
» d'action et de pensée. — « La pensée est involontaire, me dit-il,
» mais elle peut être gardée au milieu des supplices. — Si je
» pense, lui répondis-je, tout sera perdu, sauvez-moi de moi-même.
» Faites qu'il demeure près de moi, et que je reste pure ! » Le bon
» vieillard, quoique bien sévère, fut alors indulgent à tant de
» bonne foi. — « Vous pouvez l'aimer comme on aime un fils, en
» lui destinant votre fille, » me dit-il. J'acceptai courageusement
» une vie de souffrances pour ne pas vous perdre ; et je souffris
» avec amour en voyant que nous étions attelés au même joug.
» Mon Dieu ! je suis restée neutre, fidèle à mon mari, ne vous
» laissant pas faire un seul pas, Félix, dans votre propre royaume. La
» grandeur de mes passions a réagi sur mes facultés, j'ai regardé
» les tourments que m'infligeait monsieur de Mortsauf comme des
» expiations, et je les endurais avec orgueil pour insulter à mes
» penchants coupables. Autrefois j'étais disposée à murmurer, mais
» depuis que vous êtes demeuré près de moi, j'ai repris quelque
» gaieté, dont monsieur de Mortsauf s'est bien trouvé. Sans cette
» force que vous me prêtiez, j'aurais succombé depuis long-temps
» à ma vie intérieure que je vous ai racontée. Si vous avez été
» pour beaucoup dans mes fautes, vous avez été pour beaucoup
» dans l'exercice de mes devoirs. Il en fut de même pour mes en-
» fants. Je croyais les avoir privés de quelque chose, et je crai-
» gnais de ne faire jamais assez pour eux. Ma vie fut dès lors une
» continuelle douleur que j'aimais. En sentant que j'étais moins
» mère, moins honnête femme, le remords s'est logé dans mon
» cœur; et, craignant de manquer à mes obligations, j'ai constam-
» ment voulu les outrepasser. Pour ne pas faillir, j'ai donc mis
» Madeleine entre vous et moi, et je vous ai destiné l'un à l'autre,
» en m'élevant ainsi des barrières entre nous deux. Barrières im-
» puissantes ! rien ne pouvait étouffer les tressaillements que vous
» me causiez. Absent ou présent, vous aviez la même force. J'ai
» préféré Madeleine à Jacques, parce que Madeleine devait être à
» vous. Mais je ne vous cédais pas à ma fille sans combats. Je me
» disais que je n'avais que vingt-huit ans quand je vous rencontrai,
» que vous en aviez presque vingt-deux ; je rapprochais les dis-
» tances, je me livrais à de faux espoirs. O mon Dieu, Félix, je
» vous fais ces aveux afin de vous épargner des remords, peut-être
» aussi afin de vous apprendre que je n'étais pas insensible, que

» nos souffrances d'amour étaient bien cruellement égales, et
» qu'Arabelle n'avait aucune supériorité sur moi. J'étais aussi une
» de ces filles de la race déchue que les hommes aiment tant. Il y
» eut un moment où la lutte fut si terrible que je pleurais pendant
» toutes les nuits : mes cheveux tombaient. Ceux-là, vous les avez
» eus ! Vous vous souvenez de la maladie que fit monsieur de Mort-
» sauf. Votre grandeur d'âme d'alors, loin de m'élever, m'a rape-
» tissée. Hélas ! dès ce jour je souhaitais me donner à vous comme
» une récompense due à tant d'héroïsme ; mais cette folie a été
» courte. Je l'ai mise aux pieds de Dieu pendant la messe à la-
» quelle vous avez refusé d'assister. La maladie de Jacques et les
» souffrances de Madeleine m'ont paru des menaces de Dieu, qui
» tirait fortement à lui la brebis égarée. Puis votre amour si natu-
» rel pour cette Anglaise m'a révélé des secrets que j'ignorais moi-
» même. Je vous aimais plus que je ne croyais vous aimer. Made-
» leine a disparu. Les constantes émotions de ma vie orageuse, les
» efforts que je faisais pour me dompter moi-même sans autre se-
» cours que la religion, tout a préparé la maladie dont je meurs.
» Ce coup terrible a déterminé des crises sur lesquelles j'ai gardé
» le silence. Je voyais dans la mort le seul dénoûment possible de
» cette tragédie inconnue. Il y a eu toute une vie emportée, ja-
» louse, furieuse, pendant les deux mois qui se sont écoulés entre
» la nouvelle que me donna ma mère de votre liaison avec lady
» Dudley et votre arrivée. Je voulais aller à Paris, j'avais soif
» de meurtre, je souhaitais la mort de cette femme, j'étais in-
» sensible aux caresses de mes enfants. La prière, qui jusqu'alors
» avait été pour moi comme un baume, fut sans action sur mon
» âme. La jalousie a fait la large brèche par où la mort est en-
» trée. Je suis restée néanmoins le front calme. Oui, cette saison
» de combats fut un secret entre Dieu et moi. Quand j'ai bien
» su que j'étais aimée autant que je vous aimais moi-même et que
» je n'étais trahie que par la nature et non par votre pensée, j'ai
» voulu vivre... et il n'était plus temps. Dieu m'avait mise sous sa
» protection, pris sans doute de pitié pour une créature vraie avec
» elle-même, vraie avec lui, et que ses souffrances avaient souvent
» amenée aux portes du sanctuaire. Mon bien-aimé, Dieu m'a
» jugée, monsieur de Mortsauf me pardonnera sans doute ; mais
» vous, serez-vous clément ? écouterez-vous la voix qui sort en ce
» moment de ma tombe ? réparerez-vous les malheurs dont nous

» sommes également coupables, vous moins que moi peut-être?
» Vous savez ce que je veux vous demander. Soyez auprès de mon-
» sieur de Mortsauf comme est une sœur de charité auprès d'un
» malade, écoutez-le, aimez-le; personne ne l'aimera. Interposez-
» vous entre ses enfants et lui comme je le faisais. Votre tâche ne
» sera pas de longue durée : Jacques quittera bientôt la maison
» pour aller à Paris auprès de son grand-père, et vous m'avez pro-
» mis de le guider à travers les écueils de ce monde. Quant à Ma-
» deleine, elle se mariera; puissiez-vous un jour lui plaire! elle
» est tout moi-même, et de plus elle est forte, elle a cette volonté
» qui m'a manqué, cette énergie nécessaire à la compagne d'un
» homme que sa carrière destine aux orages de la vie politique,
» elle est adroite et pénétrante. Si vos destinées s'unissaient, elle
» serait plus heureuse que ne le fut sa mère. En acquérant ainsi
» le droit de continuer mon œuvre à Clochegourde, vous effaceriez
» des fautes qui n'auront pas été suffisamment expiées, bien que
» pardonnées au ciel et sur la terre, car *il* est généreux et me par-
» donnera. Je suis, vous le voyez, toujours égoïste; mais n'est-ce
» pas la preuve d'un despotique amour? Je veux être aimée par
» vous dans les miens. N'ayant pu être à vous, je vous lègue mes
» pensées et mes devoirs! Si vous m'aimez trop pour m'obéir, si
» vous ne voulez pas épouser Madeleine, vous veillerez du moins
» au repos de mon âme en rendant monsieur de Mortsauf aussi
» heureux qu'il peut l'être.

» Adieu, cher enfant de mon cœur, ceci est l'adieu complète-
» ment intelligent, encore plein de vie, l'adieu d'une âme où tu as
» répandu de trop grandes joies pour que tu puisses avoir le moindre
» remords de la catastrophe qu'elles ont engendrée; je me sers de
» ce mot en pensant que vous m'aimez, car moi j'arrive au lieu du
» repos, immolée au devoir, et, ce qui me fait frémir, non sans
» regret! Dieu saura mieux que moi si j'ai pratiqué ses saintes lois
» selon leur esprit. J'ai sans doute chancelé souvent, mais je ne
» suis point tombée, et la plus puissante excuse de mes fautes est
» dans la grandeur même des séductions qui m'ont environnée. Le
» Seigneur me verra tout aussi tremblante que si j'avais succombé.
» Encore adieu, un adieu semblable à celui que j'ai fait hier à notre
» belle vallée, au sein de laquelle je reposerai bientôt, et où vous
» reviendrez souvent, n'est-ce pas?

» HENRIETTE. »

Je tombai dans un abîme de réflexions en apercevant les profondeurs inconnues de cette vie alors éclairée par cette dernière flamme. Les nuages de mon égoïsme se dissipèrent. Elle avait donc souffert autant que moi, plus que moi, car elle était morte. Elle croyait que les autres devaient être excellents pour son ami; elle avait été si bien aveuglée par son amour qu'elle n'avait pas soupçonné l'inimitié de sa fille. Cette dernière preuve de sa tendresse me fit bien mal. Pauvre Henriette qui voulait me donner Clochegourde et sa fille !

Natalie, depuis ce jour à jamais terrible où je suis entré pour la première fois dans un cimetière en accompagnant les dépouilles de cette noble Henriette, que maintenant vous connaissez, le soleil a été moins chaud et moins lumineux, la nuit plus obscure, le mouvement moins prompt, la pensée plus lourde. Il est des personnes que nous ensevelissons dans la terre, mais il en est de plus particulièrement chéries qui ont eu notre cœur pour linceul, dont le souvenir se mêle chaque jour à nos palpitations; nous pensons à elles comme nous respirons, elles sont en nous par la douce loi d'une métempsycose propre à l'amour. Une âme est en mon âme. Quand quelque bien est fait par moi, quand une belle parole est dite, cette âme parle, elle agit; tout ce que je puis avoir de bon émane de cette tombe, comme d'un lys les parfums qui embaument l'atmosphère. La raillerie, le mal, tout ce que vous blâmez en moi vient de moi-même. Maintenant, quand mes yeux sont obscurcis par un nuage et se reportent vers le ciel, après avoir long-temps contemplé la terre, quand ma bouche est muette à vos paroles et à vos soins, ne me demandez plus : — *A quoi pensez-vous?*

Chère Natalie, j'ai cessé d'écrire pendant quelque temps, ces souvenirs m'avaient trop ému. Maintenant je vous dois le récit des événements qui suivirent cette catastrophe, et qui veulent peu de paroles. Lorsqu'une vie ne se compose que d'action et de mouvement, tout est bientôt dit; mais quand elle s'est passée dans les régions les plus élevées de l'âme, son histoire est diffuse. La lettre d'Henriette faisait briller un espoir à mes yeux. Dans ce grand naufrage, j'apercevais une île où je pouvais aborder. Vivre à Clochegourde auprès de Madeleine en lui consacrant ma vie était une destinée où se satisfaisaient toutes les idées dont mon cœur était agité; mais il fallait connaître les véritables pensées de Madeleine. Je devais faire mes adieux au comte; j'allai donc à Clochegourde le voir, et je le rencontrai sur la terrasse. Nous nous promenâmes pendant long-temps. D'abord il me parla de la comtesse en homme qui connaissait l'étendue de sa perte, et tout le dommage qu'elle causait à sa vie intérieure. Mais, après le premier cri de sa douleur, il se montra plus préoccupé de l'avenir que du présent. Il craignait sa fille, qui n'avait pas, me dit-il, la douceur de sa mère. Le caractère ferme de Madeleine, chez laquelle je ne sais quoi d'héroïque se mêlait aux qualités gracieuses de sa mère, épouvantait ce vieillard accoutumé aux tendresses d'Henriette, et qui pressentait une volonté que rien ne devait plier. Mais ce qui pouvait le consoler de cette perte irréparable était la certitude de bientôt rejoindre sa femme : les agitations et les chagrins de ces derniers jours avaient augmenté son état maladif, et réveillé ses anciennes douleurs ; le combat qui se préparait entre son autorité de père et celle de sa fille, qui devenait maîtresse de maison, allait lui faire finir ses jours dans l'amertume ; car là où il avait pu lutter avec sa femme, il devait toujours céder à son enfant. D'ailleurs son fils s'en irait, sa fille se marierait ; quel gendre aurait-il ? Quoiqu'il parlât de mourir promptement, il se sentait seul, sans sympathies pour long-temps encore.

Pendant cette heure où il ne parla que de lui-même en me demandant mon amitié au nom de sa femme, il acheva de me dessiner complétement la grande figure de l'Émigré, l'un des types les plus imposants de notre époque. Il était en apparence faible et cassé, mais la vie semblait devoir persister en lui, précisément à cause de ses mœurs sobres et de ses occupations champêtres. Au moment où j'écris il vit encore. Quoique Madeleine pût nous apercevoir allant le long de la terrasse, elle ne descendit pas ; elle s'avança sur le perron et rentra dans la maison à plusieurs reprises, afin de me marquer son mépris. Je saisis le moment où elle vint sur le perron, je priai le comte de monter au château ; j'avais à parler à Madeleine, je prétextai une dernière volonté que la comtesse m'avait confiée, je n'avais plus que ce moyen de la voir, le comte l'alla chercher et nous laissa seuls sur la terrasse.

— Chère Madeleine, lui dis-je, si je dois vous parler, n'est-ce pas ici où votre mère m'écouta quand elle eut à se plaindre moins de moi que des événements de la vie. Je connais vos pensées, mais ne me condamnez-vous pas sans connaître les faits ? Ma vie et mon bonheur sont attachés à ces lieux, vous le savez, et vous m'en bannissez par la froideur que vous faites succéder à l'amitié fraternelle qui nous unissait, et que la mort a resserrée par le lien d'une même douleur. Chère Madeleine, vous pour qui je donnerais à l'instant ma vie sans aucun espoir de récompense, sans que vous le sachiez même, tant nous aimons les enfants de celles qui nous ont protégés dans la vie, vous ignorez le projet caressé par votre adorable mère pendant ces sept années, et qui modifierait sans doute vos sentiments; mais je ne veux point de ces avantages. Tout ce que j'implore de vous, c'est de ne pas m'ôter le droit de venir respirer l'air de cette terrasse, et d'attendre que le temps ait changé vos idées sur la vie sociale; en ce moment je me garderais bien de les heurter; je respecte une douleur qui vous égare, car elle m'ôte à moi-même la faculté de juger sainement les circonstances dans lesquelles je me trouve. La sainte qui veille en ce moment sur nous approuvera la réserve dans laquelle je me tiens en vous priant seulement de demeurer neutre entre vos sentiments et moi. Je vous aime trop malgré l'aversion que vous me témoignez pour expliquer au comte un plan qu'il embrasserait avec ardeur. Soyez libre. Plus tard, songez que vous ne connaîtrez personne au monde mieux que vous ne me connaissez, que nul homme n'aura dans le cœur des sentiments plus dévoués...

Jusque-là Madeleine m'avait écouté les yeux baissés, mais elle m'arrêta par un geste.

— Monsieur, dit-elle d'une voix tremblante d'émotion, je connais aussi toutes vos pensées; mais je ne changerai point de sentiments à votre égard, et j'aimerais mieux me jeter dans l'Indre que de me lier à vous. Je ne vous parlerai pas de moi; mais si le nom de ma mère conserve encore quelque puissance sur vous, c'est en son nom que je vous prie de ne jamais venir à Clochegourde tant que j'y serai. Votre aspect seul me cause un trouble que je ne puis exprimer, et que je ne surmonterai jamais.

Elle me salua par un mouvement plein de dignité, et remonta vers Clochegourde, sans se retourner, impassible comme l'avait été sa mère un seul jour, mais impitoyable. L'œil clairvoyant de cette jeune fille avait, quoique tardivement, tout deviné dans le cœur de sa mère, et peut-être sa haine contre un homme qui lui semblait funeste s'était-elle augmentée de quelques regrets sur son innocente complicité. Là tout était abîme. Madeleine me haïssait, sans vouloir s'expliquer si j'étais la cause ou la victime de ces malheurs : elle nous eût haïs peut-être également, sa mère et moi, si nous avions été heureux. Ainsi tout était détruit dans le bel édifice de mon bonheur. Seul, je devais savoir en son entier la vie de cette grande femme inconnue, seul j'étais dans le secret de ses sentiments, seul j'avais parcouru son âme dans toute son étendue; ni sa mère, ni son père, ni son mari, ni ses enfants ne l'avaient connue. Chose étrange! Je fouille ce monceau de cendres et prends plaisir à les étaler devant vous, nous pouvons tous y trouver quelque chose de nos plus chères fortunes. Combien de familles ont aussi leur Henriette! combien de nobles êtres quittent la terre sans avoir rencontré un historien intelligent qui ait sondé leurs cœurs, qui en ait mesuré la profondeur et l'étendue! Ceci est la vie humaine dans toute sa vérité : souvent les mères ne connaissent pas plus leurs enfants que leurs enfants ne les connaissent; il en est ainsi des époux, des amants et des frères! Savais-je, moi, qu'un jour, sur le cercueil même de mon père, je plaiderais avec Charles de Vandenesse, avec mon frère à l'avancement de qui j'ai tant contribué? Mon Dieu! combien d'enseignements dans la plus simple histoire. Quand Madeleine eut disparu par la porte du perron, je revins le cœur brisé, dire adieu à mes hôtes, et je partis pour Paris en suivant la rive droite de l'Indre, par laquelle j'étais venu dans cette vallée pour la première fois. Je passai triste à travers le joli village de Pont-de-Ruan. Cependant j'étais riche, la vie politique me souriait, je n'étais plus le piéton fatigué de 1814. Dans ce temps-là, mon cœur était plein de désirs, aujourd'hui mes yeux étaient pleins de larmes; autrefois j'avais ma vie à remplir, aujourd'hui je la sentais déserte. J'étais bien jeune, j'avais vingt-neuf ans, mon cœur était déjà flétri. Quelques années avaient suffi pour dépouiller ce paysage de sa première magnificence et pour me dégoûter de la vie. Vous pouvez maintenant comprendre quelle fut mon émotion, lorsqu'en me retournant je vis Madeleine sur la terrasse.

Dominé par une impérieuse tristesse, je ne songeais plus au but de mon voyage. Lady Dudley était bien loin de ma pensée, que j'entrais dans sa cour sans le savoir. Une fois la sottise faite, il fallait la soutenir. J'avais chez elle des habitudes conjugales, je montai chagrin en songeant à tous les ennuis d'une rupture. Si vous avez bien compris le caractère et les manières de lady Dudley, vous imaginerez ma déconvenue, quand son majordome m'introduisit en habit de voyage dans un salon où je la trouvai pompeusement habillée, environnée de cinq personnes. Lord Dudley, l'un des vieux hommes d'état les plus considérables de l'Angleterre, se tenait debout devant la cheminée, gourmé, plein de morgue, froid, avec l'air railleur qu'il doit avoir au Parlement, il sourit en entendant mon nom. Les deux enfants d'Arabelle qui ressemblaient prodigieusement à de Marsay, l'un des fils naturels du vieux lord, et qui était là, sur la causeuse près de la marquise, se trouvaient près de leur mère. Arabelle en me voyant prit aussitôt un air hautain, fixa son regard sur ma casquette de voyage, comme si elle eût voulu me demander à chaque instant ce que je venais faire chez elle. Elle me toisa comme elle eût fait d'un gentilhomme campagnard qu'on lui aurait présenté. Quant à notre intimité, à cette passion éternelle, à ces serments de mourir si je cessais de l'aimer, à cette fantasmagorie d'Armide, tout avait disparu comme un rêve. Je n'avais jamais serré sa main, j'étais un étranger, elle ne me connaissait pas. Malgré le sang-froid diplomatique auquel je commençais à m'habituer, je fus surpris, et tout autre à ma place ne l'eût pas été moins. De Marsay souriait à ses bottes qu'il examinait avec une affectation singulière. J'eus bientôt pris mon parti. De toute autre femme, j'aurais accepté modestement une défaite ; mais outré de voir debout l'héroïne qui voulait mourir d'amour, et qui s'était moquée de la morte, je résolus d'opposer l'impertinence à l'impertinence. Elle savait le désastre de lady Brandon : le lui rappeler, c'était lui donner un coup de poignard au cœur quoique l'arme dût s'y émousser.

— Madame, lui dis-je, vous me pardonnerez d'entrer chez vous si cavalièrement, quand vous saurez que j'arrive de Touraine, et que lady Brandon m'a chargé pour vous d'un message qui ne souffre aucun retard. Je craignais de vous trouver partie pour le Lancashire ; mais, puisque vous restez à Paris, j'attendrai vos ordres et l'heure à laquelle vous daignerez me recevoir.

Elle inclina la tête et je sortis. Depuis ce jour, je ne l'ai plus rencontrée que dans le monde où nous échangeons un salut amical et quelquefois une épigramme. Je lui parle des femmes inconsolables du Lancashire, elle me parle des Françaises qui font honneur à leur désespoir de leurs maladies d'estomac. Grâce à ses soins, j'ai un ennemi mortel dans de Marsay, qu'elle affectionne beaucoup. Et moi je dis qu'elle épouse les deux générations. Ainsi rien ne manquait à mon désastre. Je suivis le plan que j'avais arrêté pendant ma retraite à Saché. Je me jetai dans le travail, je m'occupai de science, de littérature et de politique; j'entrai dans la diplomatie à l'avénement de Charles X qui supprima l'emploi que j'occupais sous le feu roi. Dès ce moment je résolus de ne jamais faire attention à aucune femme si belle, si spirituelle, si aimante qu'elle pût être. Ce parti me réussit à merveille : j'acquis une tranquillité d'esprit incroyable, une grande force pour le travail, et je compris tout ce que ces femmes dissipent de notre vie en croyant nous avoir payé par quelques paroles gracieuses. Mais toutes mes résolutions échouèrent : vous savez comment et pourquoi. Chère Nathalie, en vous disant ma vie sans réserve et sans artifice, comme je me la dirais à moi-même ; en vous racontant des sentiments où vous n'étiez pour rien, peut-être ai-je froissé quelque pli de votre cœur jaloux et délicat; mais ce qui courroucerait une femme vulgaire sera pour vous, j'en suis sûr, une nouvelle raison de m'aimer. Auprès des âmes souffrantes et malades, les femmes d'élite ont un rôle sublime à jouer, celui de la sœur de charité qui panse les blessures, celui de la mère qui pardonne à l'enfant. Les artistes et les grands poètes ne sont pas seuls à souffrir : les hommes qui vivent pour leurs pays, pour l'avenir des nations, en élargissant le cercle de leurs passions et de leurs pensées, se font souvent une bien cruelle solitude. Ils ont besoin de sentir à leurs côtés un amour pur et dévoué; croyez bien qu'ils en comprennent la grandeur et le prix. Demain, je saurai si je me suis trompé en vous aimant.

A MONSIEUR LE COMTE FÉLIX DE VANDENESSE.

« Cher comte, vous avez reçu de cette pauvre madame de Mort-
» sauf une lettre qui, dites-vous, ne vous a pas été inutile pour
» vous conduire dans le monde, lettre à laquelle vous devez votre
» haute fortune. Permettez-moi d'achever votre éducation. De
» grâce, défaites-vous d'une détestable habitude ; n'imitez pas les
» veuves qui parlent toujours de leur premier mari, qui jettent
» toujours à la face du second les vertus du défunt. Je suis Fran-
» çaise, cher comte ; je voudrais épouser tout l'homme que j'aime-
» rais, et ne saurais en vérité épouser madame de Mortsauf. Après
» avoir lu votre récit avec l'attention qu'il mérite ; et vous savez
» quel intérêt je vous porte, il m'a semblé que vous aviez considé-
» rablement ennuyé lady Dudley en lui opposant les perfections de
» madame de Mortsauf, et fait beaucoup de mal à la comtesse en
» l'accablant des ressources de l'amour anglais. Vous avez manqué
» de tact envers moi, pauvre créature, qui n'ai d'autre mérite que
» celui de vous plaire ; vous m'avez donné à entendre que je ne
» vous aimais ni comme Henriette, ni comme Arabelle. J'avoue
» mes imperfections, je les connais ; mais pourquoi me les faire si
» rudement sentir ? Savez-vous pour qui je suis prise de pitié ? pour
» la quatrième femme que vous aimerez. Celle-là sera nécessairement
» forcée de lutter avec trois personnes ; aussi dois-je vous prému-
» nir, dans votre intérêt comme dans le sien, contre le danger de
» votre mémoire. Je renonce à la gloire laborieuse de vous aimer :
» il faudrait trop de qualités catholiques ou anglicanes, et je ne me
» soucie pas de combattre des fantômes. Les vertus de la Vierge de
» Clochegourde désespéreraient la femme la plus sûre d'elle-même,
» et votre intrépide Amazone décourage les plus hardis désirs de
» bonheur. Quoi qu'elle fasse, une femme ne pourra jamais espérer
» pour vous des joies égales à son ambition. Ni le cœur ni les sens
» ne triompheront jamais de vos souvenirs. Vous avez oublié que nous
» montons souvent à cheval. Je n'ai pas su réchauffer le soleil at-
» tiédi par la mort de votre sainte Henriette, le frisson vous pren-
» drait à côté de moi. Mon ami, car vous serez toujours mon ami,
» gardez-vous de recommencer de pareilles confidences qui mettent

» à nu votre désenchantement, qui découragent l'amour et forcent
» une femme à douter d'elle-même. L'amour, cher comte, ne vit
» que de confiance. La femme qui, avant de dire une parole, ou de
» monter à cheval, se demande si une céleste Henriette ne parlait
» pas mieux, si une écuyère comme Arabelle ne déployait pas plus
» de grâces, cette femme-là, soyez-en sûr, aura les jambes et la
» langue tremblantes. Vous m'avez donné le désir de recevoir quel-
» ques-uns de vos bouquets enivrants, mais vous n'en composez
» plus. Il est ainsi une foule de choses que vous n'osez plus faire,
» de pensées et de jouissances qui ne peuvent plus renaître pour
» vous. Nulle femme, sachez-le bien, ne voudra coudoyer dans vo-
» tre cœur la morte que vous y gardez. Vous me priez de vous ai-
» mer par charité chrétienne. Je puis faire, je vous l'avoue, une
» infinité de choses par charité, tout, excepté l'amour. Vous êtes
» parfois ennuyeux et ennuyé, vous appelez votre tristesse du nom
» de mélancolie : à la bonne heure ; mais vous êtes insupportable et
» vous donnez de cruels soucis à celle qui vous aime. J'ai trop sou-
» vent rencontré entre nous deux la tombe de la sainte : je me suis
» consultée, je me connais et je ne voudrais pas mourir comme
» elle. Si vous avez fatigué lady Dudley, qui est une femme extrê-
» mement distinguée, moi qui n'ai pas ses désirs furieux, j'ai peur
» de me refroidir plus tôt qu'elle encore. Supprimons l'amour en-
» tre nous, puisque vous ne pouvez plus en goûter le bonheur
» qu'avec les mortes, et restons amis, je le veux. Comment, cher
» comte ? vous avez eu pour votre début une adorable femme, une
» maîtresse parfaite qui songeait à votre fortune, qui vous a donné
» la pairie, qui vous aimait avec ivresse, qui ne vous demandait
» que d'être fidèle, et vous l'avez fait mourir de chagrin ; mais je
» ne sais rien de plus monstrueux. Parmi les plus ardents et les
» plus malheureux jeunes gens qui traînent leurs ambitions sur le
» pavé de Paris, quel est celui qui ne resterait pas sage pendant
» dix ans pour obtenir la moitié des faveurs que vous n'avez pas su
» reconnaître ? Quand on est aimé ainsi, que peut-on demander de
» plus ? Pauvre femme ! elle a bien souffert, et quand vous avez
» fait quelques phrases sentimentales, vous vous croyez quitte avec
» son cercueil. Voilà sans doute le prix qui attend ma tendresse
» pour vous. Merci, cher comte, je ne veux de rivale ni au delà ni
» en deçà de la tombe. Quand on a sur la conscience de pareils cri-
» mes, au moins ne faut-il pas les dire. Je vous ai fait une impru-

» dente demande, j'étais dans mon rôle de femme, de fille d'Ève,
» le vôtre consistait à calculer la portée de votre réponse. Il fallait
» me tromper ; plus tard, je vous aurais remercié. N'avez-vous
» donc jamais compris la vertu des hommes à bonnes fortunes ? Ne
» sentez-vous pas combien ils sont généreux en nous jurant qu'ils
» n'ont jamais aimé, qu'ils aiment pour la première fois ? Votre
» programme est inexécutable. Être à la fois madame de Mortsauf
» et lady Dudley, mais, mon ami, n'est-ce pas vouloir réunir l'eau
» et le feu ? Vous ne connaissez donc pas les femmes ? elles sont ce
» qu'elles sont, elles doivent avoir les défauts de leurs qualités. Vous
» avez rencontré lady Dudley trop tôt pour pouvoir l'apprécier, et
» le mal que vous en dites me semble une vengeance de votre vanité
» blessée ; vous avez compris madame de Mortsauf trop tard, vous
» avez puni l'une de ne pas être l'autre ; que va-t-il m'arriver à moi
» qui ne suis ni l'une ni l'autre ? Je vous aime assez pour avoir pro-
» fondément réfléchi à votre avenir, car je vous aime réellement
» beaucoup. Votre air de chevalier de la Triste Figure m'a toujours
» profondément intéressée : je croyais à la constance des gens mé-
» lancoliques ; mais j'ignorais que vous eussiez tué la plus belle et la
» plus vertueuse des femmes à votre entrée dans le monde. Eh !
» bien, je me suis demandé ce qui vous reste à faire : j'y ai bien
» songé. Je crois, mon ami, qu'il faut vous marier à quelque ma-
» dame Shandy, qui ne saura rien de l'amour, ni des passions, qui
» ne s'inquiétera ni de lady Dudley, ni de madame de Mortsauf,
» très-indifférente à ces moments d'ennui que vous appelez mélan-
» colie pendant lesquels vous êtes amusant comme la pluie, et qui
» sera pour vous cette excellente sœur de charité que vous deman-
» dez. Quant à aimer, à tressaillir d'un mot, à savoir attendre le
» bonheur, le donner, le recevoir ; à ressentir les mille orages de la
» passion, à épouser les petites vanités d'une femme aimée, mon
» cher comte, renoncez-y. Vous avez trop bien suivi les conseils
» que votre bon ange vous a donnés sur les jeunes femmes ; vous
» les avez si bien évitées que vous ne les connaissez point. Madame
» de Mortsauf a eu raison de vous placer haut du premier coup,
» toutes les femmes auraient été contre vous, et vous ne seriez ar-
» rivé à rien. Il est trop tard maintenant pour commencer vos étu-
» des, pour apprendre à nous dire ce que nous aimons à entendre,
» pour être grand à propos, pour adorer nos petitesses quand il
» nous plaît d'être petites. Nous ne sommes pas si sottes que vous

» le croyez : quand nous aimons, nous plaçons l'homme de notre
» choix au-dessus de tout. Ce qui ébranle notre foi dans notre su-
» périorité, ébranle notre amour. En nous flattant, vous vous flat-
» tez vous-mêmes. Si vous tenez à rester dans le monde, à jouir
» du commerce des femmes, cachez-leur avec soin tout ce que
» vous m'avez dit : elles n'aiment ni à semer les fleurs de leur
» amour sur des rochers, ni à prodiguer leurs caresses pour pan-
» ser un cœur malade. Toutes les femmes s'apercevraient de la sé-
» cheresse de votre cœur, et vous seriez toujours malheureux.
» Bien peu d'entre elles seraient assez franches pour vous dire ce
» que je vous dis, et assez bonnes personnes pour vous quitter sans
» rancune en vous offrant leur amitié, comme le fait aujourd'hui
» celle qui se dit votre amie dévouée,

» NATALIE DE MANERVILLE. »

Paris, octobre 1835.

FIN DU TOME SEPTIÈME.

TABLE DES MATIÈRES.

SCÈNES DE LA VIE DE PROVINCE.

LES RIVALITÉS (première histoire) : LA VIEILLE FILLE............... 1
— (Deuxième histoire) : LE CABINET DES ANTIQUES............... 120
LE LYS DANS LA VALLÉE.. 245

FIN DE LA TABLE.

www.ingramcontent.com/pod-product-compliance
Lightning Source LLC
Chambersburg PA
CBHW071616230426
43669CB00012B/1960